Speth
Hug
Kaier
Hahn
Hartmann
Härter
Waltermann

Volks- und Betriebswirtschaftslehre mit Rechnungswesen

für Wirtschaftsschulen

Band 1

Merkur
Verlag Rinteln

Wirtschaftswissenschaftliche Bücherei für Schule und Praxis
Begründet von Handelsschul-Direktor Dipl.-Hdl. Friedrich Hutkap †

Verfasser:

Dr. Hermann Speth, Dipl.-Handelslehrer

Hartmut Hug, Dipl.-Handelslehrer

Alfons Kaier, Dipl.-Handelslehrer

Hans-Jürgen Hahn, Dipl.-Handelslehrer

Gernot B. Hartmann, Dipl.-Handelslehrer

Friedrich Härter, Dipl.-Volkswirt

Aloys Waltermann, Dipl.-Kaufmann Dipl.-Handelslehrer

* * * * *

8. Auflage 2014

© 2005 by MERKUR VERLAG RINTELN

Gesamtherstellung:
MERKUR VERLAG RINTELN Hutkap GmbH & Co. KG, 31735 Rinteln

E-Mail: info@merkur-verlag.de
            lehrer-service@merkur-verlag.de
Internet: www.merkur-verlag.de

ISBN 978-3-8120-**0528-9**

Vorwort zur 1. Auflage

Für das Fach „Volks- und Betriebswirtschaftslehre mit Rechnungswesen" gilt in Baden-Württemberg für die Berufsfachschule (Wirtschaftsschule) ein neuer Lehrplan. Das vorliegende Schulbuch deckt den Lehrplan für das erste Schuljahr ab. Das Konzept, Jahrbücher anzubieten, erscheint uns sinnvoll, weil sich damit der geforderte themen- und fächerverbindende Unterricht besonders gut realisieren lässt.

Um dennoch systematisches Lernen zu ermöglichen, sind die Sachgebiete Volks- und Betriebswirtschaftslehre – Rechnungswesen – Integrierte Unternehmenssoftware (IUS) in verschiedene Abschnitte gegliedert. Die Teilbereiche sind durch eine Vielzahl von Querverweisen miteinander verknüpft.

Für Ihre Arbeit mit dem vorgelegten Lehrbuch möchten wir auf Folgendes hinweisen:

■ Die Lerninhalte werden zu klar abgegrenzten Einheiten zusammengefasst, die sich in die Bereiche Stoffinformationen, Zusammenfassungen und Übungsmaßnahmen aufgliedern. Viele Merksätze, Beispiele und Schaubilder veranschaulichen die praxisbezogenen Lerninhalte.

■ Fachwörter, Fachbegriffe und Fremdwörter werden grundsätzlich im Text oder in Fußnoten erklärt.

■ Der Anfangsunterricht in der Buchführung ist, wie vom Lehrplan gefordert, nach der Kontenmethode aufgebaut und beginnt mit der Einführung des Kontos Kasse.

Die Einführungskapitel im Buchführungsteil sind dabei bewusst in kleinere Lernschritte aufgeteilt worden. Wir wollen damit erreichen, dass der Schüler/die Schülerin behutsam in die Denkweise der Buchführung eingeführt wird und die Grundzusammenhänge genau erkennt. Aus unserer Praxis des Buchführungsunterrichts wissen wir, dass der Schüler, der die Grundlagen nicht beherrscht, bei dem streng logischen Stoffaufbau der Buchführung stets Schwierigkeiten haben wird.

■ Als unterstützende Anschauungshilfe werden in der Einführungsphase im Buchführungsteil bei allen Beispielen folgende Farben beim Buchen verwendet: Aktivkonten: grün, Passivkonten: rot, Aufwendungen: violett, Erträge: blau.

■ Als integrierte Unternehmenssoftware wird die Software **Microsoft Dynamics NAV**® verwendet.

■ Durch die übersichtliche Aufbereitung des Fachwissens werden Lehrer und Schüler in die Lage versetzt, die Projektarbeit auf einer gesicherten Wissensgrundlage aufzubauen.

Projektkompetenz verlangt Eigenständigkeit, Aktivität und Kreativität vom Schüler. Aus diesem Grund werden fertige Projekte, die vom Schüler nur noch nachvollzogen werden müssen, von den Autoren bewusst nicht angeboten. Eine solche Vorgehensweise würde keine Projektkompetenz schaffen und daher den Intentionen des Lehrplans widersprechen.

Vorwort zur 8. Auflage

Die vorliegende Neuauflage wurde zur SEPA-konformen Gestaltung aller Belege genutzt. Sie enthält außerdem Aktualisierungen des Datenmaterials (z. B. die Rechengrößen der Sozialversicherung für das Jahr 2014) und einige kleinere redaktionelle Verbesserungen (z. B. sprachliche Vereinfachungen). Der parallele Einsatz dieser Auflage mit der vorangegangenen Auflage ist möglich.

Wir wünschen Ihnen einen guten Lehr- und Lernerfolg!

Die Verfasser

Inhaltsverzeichnis

Abschnitt 1: Grundlagen kaufmännischen Handelns und Verwaltens

1	**Grundlagen unternehmerischer Entscheidungen**	13
1.1	Wirtschaftliches Denken	13
1.2	Einfaches Unternehmensmodell	13
1.3	Lernen mithilfe von Unternehmensplanspielen	14
1.3.1	Typische Merkmale	14
1.3.2	Hinweise zum Planspiel „Brunos Brezeln"	14
1.3.2.1	Ausgangssituation	14
1.3.2.2	Besonderheiten des Absatzmarktes	15
1.3.3	Hinweise zum Entscheidungsprozess	18
1.3.4	Ergebnisse des Finanzierungsprozesses	19
2	**Grundlagen des Rechnungswesens**	23
2.1	Dreisatz	23
2.1.1	Dreisatz mit geradem Verhältnis	23
2.1.2	Dreisatz mit ungeradem Verhältnis	24
2.2	Prozentrechnung	27
2.2.1	Einführung in die Prozentrechnung	27
2.2.2	Prozentrechnung vom Hundert	28
2.2.2.1	Berechnung des Grundwertes	28
2.2.2.2	Berechnung des Prozentwertes	29
2.2.2.3	Berechnung des Prozentsatzes	31
2.2.3	Prozentrechnung im Hundert (verminderter Grundwert)	32
2.2.4	Prozentrechnung auf Hundert (vermehrter Grundwert)	34
2.3	Einführung in die Unternehmensbuchführung am Beispiel der Kassenbuchführung	37
2.3.1	Geschäftsvorfälle und Belege als Grundlage der kaufmännischen Buchführung	37
2.3.2	Erfassung von Geschäftsvorfällen am Beispiel des Kontos Kasse	37
2.4	Bestandskonten	45
2.4.1	Vermögenskonten	45
2.4.1.1	Buchungsregeln für die Vermögenskonten	45
2.4.1.2	Überleitung zum System der doppelten Buchführung	47
2.4.2	Schuldkonten	52
2.4.2.1	Allgemeines	52
2.4.2.2	Buchungsregeln für die Schuldkonten	52
2.5	Buchungssatz	56
2.5.1	Einfacher Buchungssatz ohne Buchung nach Belegen	56
2.5.2	Einfacher Buchungssatz mit Buchung nach Belegen	59
2.5.3	Zusammengesetzter Buchungssatz	63
2.6	Eröffnung und Abschluss der Bestandskonten im System der doppelten Buchführung (Eröffnungsbilanzkonto und Schlussbilanzkonto)	65
2.6.1	Schlussbilanzkonto	65
2.6.2	Einordnung des Kontos Eigenkapital in die Gruppe der Schuldkonten	67
2.6.3	Eröffnungsbilanzkonto	69
2.7	Erfolgskonten (Ergebniskonten)	72
2.7.1	Problemstellung	72
2.7.2	Buchungen von Aufwendungen und Erträgen	73
2.7.2.1	Einführung der Begriffe Aufwendungen und Erträge	73
2.7.2.2	Einführung der Erfolgskonten	73
2.7.2.3	Buchungsregeln für die Erfolgskonten	75
2.7.2.4	Beispiele für die Buchungen von Aufwendungen und Erträgen	76

2.7.3	Abschluss der Aufwands- und Ertragskonten	80
2.8	Geschäftsgang mit Bestands- und Erfolgskonten	83
2.8.1	Beispiel	83
2.8.2	Doppelte Erfolgsermittlung	85
2.9	Erfolg aus Warengeschäften – Buchungen beim Verkauf von Waren	87
2.9.1	Vorbemerkungen	87
2.9.2	Einführung der Warenkonten	87
2.9.3	Buchungen auf den Warenkonten und Abschluss der Warenkonten	88
2.10	Buchen auf Bestands- und Ergebniskonten unter Verwendung des Kontenrahmens	91
2.10.1	Allgemeines zum Kontenrahmen	91
2.10.2	Bedeutung des Kontenrahmens	91
2.10.3	Vom Kontenrahmen zum Kontenplan	91
2.10.4	Aufbau des Schulkontenrahmens Großhandel	93
2.11	Eröffnung der Bestandskonten und Abschluss der Bestands- und Erfolgskonten unter Einbeziehung der Warenkonten	97
2.12	Inventur, Inventar, Bilanz und Gewinn- und Verlustrechnung	101
2.12.1	Zusammenhänge	101
2.12.2	Inventur und Inventar	103
2.12.2.1	Gesetzliche Grundlagen und begriffliche Klarstellungen	103
2.12.2.2	Form, Inhalt und Aufbau des Inventars	104
2.12.3	Bilanz	108
2.12.3.1	Gesetzliche Grundlagen zur Aufstellung der Bilanz	108
2.12.3.2	Deutungsmöglichkeiten der Bilanz	110
2.12.3.3	Zusammenhang zwischen Buchführung und Bilanz	111
2.12.4	Gewinn- und Verlustrechnung	112

Abschnitt 2: Geschäftsprozess Verkauf

1	**Konzept der Geschäftsprozesse**	116
1.1	Begriff und Merkmale von Geschäftsprozessen	116
1.2	Arten von Geschäftsprozessen	117
2	**Einbettung des Verkaufsprozesses in das Gesamtsystem betrieblicher Prozesse**	119
3	**Rechtliche Grundlagen**	121
3.1	Rechts- und Geschäftsfähigkeit	121
3.1.1	Rechtsfähigkeit	121
3.1.2	Geschäftsfähigkeit	121
3.2	Rechtsgeschäfte und Willenserklärungen	126
3.2.1	Willenserklärung als wesentlicher Bestandteil eines Rechtsgeschäfts	126
3.2.2	Arten von Rechtsgeschäften	127
3.2.3	Wirksamwerden der Willenserklärungen	129
3.2.4	Form der Rechtsgeschäfte	129
3.3	Besitz und Eigentum	134
3.3.1	Begriffe Besitz und Eigentum	134
3.3.2	Eigentumsübertragung	134
3.3.3	Eigentumsvorbehalt	136
3.4	Anfechtung von Rechtsgeschäften	140
3.4.1	Begriff Anfechtung	140
3.4.2	Gründe für die Anfechtung von Rechtsgeschäften	141

3.5	Kaufvertrag	144
3.5.1	Abschluss des Kaufvertrags (Verpflichtungsgeschäft)	144
	3.5.1.1 Begriff und Zustandekommen von Verträgen	144
	3.5.1.2 Begriff und Zustandekommen von Kaufverträgen	145
3.5.2	Erfüllung des Kaufvertrags (Erfüllungsgeschäft)	146
	3.5.2.1 Rechte und Pflichten aus dem Kaufvertrag	146
	3.5.2.2 Erfüllung des Kaufvertrags durch den Verkäufer	147
	3.5.2.3 Erfüllung des Kaufvertrags durch den Käufer	151
4	**Anfragen der Kunden bearbeiten**	155
4.1	Anfrage	155
4.2	Angebot	157
4.2.1	Begriff Angebot und rechtliche Bindung an das Angebot	157
	4.2.1.1 Begriff Angebot	157
	4.2.1.2 Rechtliche Bindung an das Angebot	157
4.2.2	Inhalt des Angebots	159
	4.2.2.1 Art, Güte, Beschaffenheit und Menge der Ware	159
	4.2.2.2 Preis der Ware	160
	4.2.2.3 Zahlungs- und Lieferbedingungen	161
	4.2.2.4 Leistungsort und Gerichtsstand	163
	4.2.2.5 Beispiel für ein Angebot	164
5	**Auftrag der Kunden ausführen**	167
5.1	Kundenauftrag (Bestellung)	167
5.2	Auftragsbestätigung	168
5.3	Lieferschein	168
5.4	Grundlagen einer prozessorientierten Darstellung – vorgestellt am Beispiel „Kundenauftrag prüfen".	172
6	**Zahlung abwickeln**	176
6.1	Ausgangsrechnung	176
6.2	Zahlungseingang	177
7	**Der Verkaufsprozess im Rechnungswesen**	180
7.1	Buchung von Verkäufen unter Berücksichtigung der Umsatzsteuer	180
7.1.1	Rechtliche Grundlagen der Umsatzsteuer	180
7.1.2	Buchhalterische Erfassung der Umsatzsteuer beim Warenverkauf	181
7.1.3	Buchhalterische Erfassung der Umsatzsteuer bei weiteren Fällen	182
7.2	Debitorenbuchhaltung	184
7.2.1	Grundbuch und Hauptbuch	184
7.2.2	Nebenbücher	185
7.2.3	Darstellung der Zusammenhänge zwischen Hauptbuchhaltung und Nebenbuchhaltung am Beispiel der Debitorenbuchhaltung	186
7.3	Verkaufskalkulation	192
7.3.1	Problemstellung	192
7.3.2	Aufbau der Warenhandelskalkulation (Vorwärtskalkulation)	192
	7.3.2.1 Einkaufs- und Bezugskalkulation	192
	7.3.2.2 Kalkulation der Selbstkosten	195
	7.3.2.3 Kalkulation des Barverkaufspreises und des Listenverkaufspreises	198
7.3.3	Kalkulatorische Rückrechnung (retrograde Kalkulation)	204
7.3.4	Differenzkalkulation	206
7.4	Preisnachlässe im Rahmen des Warenverkaufs	210
7.5	Rechnungsausgleich	213
7.5.1	Buchung des Zahlungseingangs mit und ohne Skonto	213

7.5.2 Zahlungsverzug (Nicht-Rechtzeitig-Zahlung) 216
      7.5.2.1 Begriff Leistungsstörungen und
              Überblick über mögliche Leistungsstörungen 216
      7.5.2.2 Begriff und Eintritt des Zahlungsverzugs 217
      7.5.2.3 Rechtsfolgen (Rechte des Verkäufers) 219
7.5.3 Zinsrechnung. 223
      7.5.3.1 Einführung in die Zinsrechnung 223
      7.5.3.2 Berechnung der Jahreszinsen 224
      7.5.3.3 Berechnung der Monatszinsen 225
      7.5.3.4 Berechnung der Tageszinsen 226
      7.5.3.5 Berechnung der Größen Kapital, Zeit und Zinssatz 229
7.5.4 Sicherung und Durchsetzung von Ansprüchen (außergerichtliches Mahnverfahren) . . . 234

Abschnitt 3: Bewerbung und Ausbildung

1 Person und Beruf als Elemente der Berufsfindung 238
1.1 Ermittlung der persönlichen Fähigkeiten und Fertigkeiten 238
1.2 Informationsmöglichkeiten zu den Berufen. 240
1.3 Berufswahlentscheidung 241

2 Bewerbung 242
2.1 Bewerbungsmanagement 242
2.1.1 Aktions- und Zeitplanung 242
2.1.2 Checkliste zum Bewerbungsmanagement 243
2.2 Bewerbungsunterlagen 243
2.2.1 Bewerbungsschreiben 245
2.2.2 Lebenslauf 245
2.2.3 Zeugnisse und andere Referenzen 246
2.3 Einstellungstests 246
2.4 Bewerbungsgespräch 249
2.4.1 Grundregeln der Kommunikation 250
2.4.2 Wirkung der Körpersprache 254
2.4.3 Mögliche Inhalte eines Bewerbungsgesprächs 258

3 Ausbildungsverhältnis 261
3.1 Ausbildungsordnung 261
3.2 Berufsausbildungsvertrag 261
3.3 Arbeitsschutzvorschriften 266
3.3.1 Jugendarbeitsschutz 266
3.3.2 Mutterschutz 268

4 Gehaltsabrechnung 272
4.1 Unterschiedliche Bedeutung von Lohn und Gehalt für Arbeitnehmer und Arbeitgeber. . 272
4.2 Berechnung der Arbeitsentgelte 273
4.3 Berechnung der Lohnsteuer, des Solidaritätszuschlags, der Kirchensteuer und
    der Sozialversicherungsbeiträge. 274
4.4 Vermögenswirksame Leistungen 278
4.5 Lohn- und Gehaltsabrechnung. 279

1	**Zahlungsverkehr**	283
1.1	Überblick über die Geld- und Zahlungsarten	283
1.1.1	Geldarten	283
1.1.2	Zahlungsarten	284
1.2	Eröffnung eines Girokontos	284
1.3	SEPA-Zahlungsverfahren	285
1.3.1	Grundlagen	285
1.3.2	SEPA-Überweisung	286
1.3.3	SEPA-Lastschriftverfahren	289
1.4	Moderne Zahlungssysteme	290
1.4.1	Zahlungen mit der Girocard	290
1.4.1.1	Begriff Girocard	290
1.4.1.2	Nutzung der Girocard als Pay-now-Karte	291
1.4.1.3	Elektronisches Lastschriftverfahren (ELV)	293
1.4.1.4	Nutzung der Girocard als Geldkarte (Pay-before-Karte)	293
1.4.2	Kreditkarte (Pay-later-Karte)	294
1.4.3	Onlinebanking	295
1.4.4	Bevorzugte Zahlungsformen beim E-Commerce	295
1.5	Vorteile der bargeldlosen Zahlung	297
2	**Wichtige Kredit- und Darlehensarten**	301
2.1	Grundlagen des Bankkredits	301
2.2	Kreditvertrag	301
2.3	Kreditarten	303
2.3.1	Kontokorrentkredit	303
2.3.2	Darlehen	307
2.3.2.1	Begriff Darlehen, die Inhalte des Darlehensvertrags und die Gliederung nach der Laufzeit der Darlehen	307
2.3.2.2	Kurzfristige Darlehen	308
2.3.2.3	Langfristige Darlehen	309
3	**Leasing**	314
3.1	Begriff und Wesen des Leasings	314
3.2	Arten des Leasings	315
3.3	Leasingkosten	316
3.4	Beurteilung des Leasings	317
3.5	Vergleich von Leasing und Kredit	317
4	**Kreditsicherungsmittel der Banken**	321
4.1	Begriff und Arten der Kreditsicherung	321
4.2	Ausgewählte Kreditsicherheiten	321
4.2.1	Bürgschaft	321
4.2.2	Sicherungsübereignung	323
5	**Bedürfnisse und Konsumverhalten der Menschen**	326
5.1	Bedürfnisse der Menschen	326
5.1.1	Begriff und Arten der Bedürfnisse	326
5.1.2	Bedürfnispyramide nach Maslow	328
5.1.3	Bedarf	328
5.2	Konsumverhalten der Menschen	330
5.2.1	Problemstellung	330
5.2.2	Erklärungsansätze zum Konsumverhalten	331
5.2.3	Veränderung der Konsumwünsche	332

5.2.4   Fehlentwicklungen im Konsumverhalten 332
5.2.5   Marktmacht der Konsumenten 334

6   Verschuldung der Konsumenten **337**

6.1   Gründe für den privaten Schuldenberg 337

6.2   Schuldnerberatung 337

6.3   Verbraucherinsolvenz (Privatinsolvenz) 338
6.3.1   Begriff und Gründe für die Eröffnung eines Insolvenzverfahrens 338
6.3.2   Voraussetzungen für die Eröffnung des Verbraucherinsolvenzverfahrens 339
6.3.3   Ablauf des Verbraucherinsolvenzverfahrens 339

6.4   Maßnahmen der privaten Haushalte zur Vermeidung von Zahlungsunfähigkeit
      und Überschuldung 343
6.4.1   Überblick 343
6.4.2   Haushaltsbudget 343

7   Zukunftssicherung **346**

7.1   Notwendigkeit der privaten Vorsorge 346

7.2   Überblick über die privaten Vorsorgemöglichkeiten 347

7.3   Vorsorge durch private Versicherungen (Individualversicherungen) 347
7.3.1   Wesen der Versicherung 347
7.3.2   Private Rentenversicherung 348
7.3.3   Berufsunfähigkeitsversicherung 350
7.3.4   Erwerbsunfähigkeitsversicherung 350
7.3.5   Private Unfallversicherung 351

Abschnitt 5:   Abwicklung betrieblicher Geschäftsprozesse mit Einsatz einer integrierten Unternehmenssoftware

1   Softwareunterstützung der Geschäftsprozesse **353**

1.1   Bedeutung 353

1.2   Praktische Hinweise zum Einsatz des Softwaresystems 353

1.3   Überblick über das Modellunternehmen und Einstieg in das ERP-System 356

2   Projekt: Verkaufsprozess **358**

2.1   Grundlagen 358

2.2   Abwicklung des Verkaufsprozesses 360

Anhang: Wichtige Vorgehensweisen zum Erreichen einer Projektkompetenz

1   Brainstorming-Methoden **374**

1.1   Klassisches Brainstorming 374

1.2   Brainwriting 374
1.2.1   635-Methode 375
1.2.2   Kartenabfrage 376

2   Mind-Mapping **377**

3   Rollenspiel **378**

4   Expertenbefragung **380**

5   Projekt **380**

6   Feedback geben **385**

7   Teamarbeit **387**

Stichwortverzeichnis 389

1 Grundlagen unternehmerischer Entscheidungen

1.1 Wirtschaftliches Denken

Wirtschaftliche Zusammenhänge prägen nicht nur das unternehmerische Handeln, sondern füllen auch unseren Alltag aus. Die Förderung des wirtschaftlichen Denkens ist daher fester Bestandteil aller Berufsausbildungen.

Ein erster wichtiger Schritt, wirtschaftliches Denken und Bewusstsein stärker zu verankern, ist die Beschäftigung mit den grundlegenden Abläufen unseres Wirtschaftssystems. Die Entwicklung von Eigeninitiative, die Verbesserung der Entscheidungsfähigkeit, die Übernahme von Verantwortung und Teamgeist sind die wesentlichen Voraussetzungen für jeden Unternehmer und seine Mitarbeiter.

1.2 Einfaches Unternehmensmodell

Zur Bereitstellung von verkaufsfähigen Waren und Dienstleistungen muss sich jedes Unternehmen (z.B. ein Backshop) zunächst die erforderlichen **Produktionsfaktoren** (z.B. Personal, Backofen, Teiglinge usw.) beschaffen.

Die eingekauften Waren (z.B. Teiglinge) müssen durch **unternehmerisches Handeln** fertiggestellt und verkauft werden. Die Verkaufserlöse dienen einerseits zur Bezahlung der eingesetzten Produktionsfaktoren[1] (z.B. Löhne, Lieferantenrechnungen) und andererseits zur Erwirtschaftung eines angemessenen **Gewinns** für den Unternehmer.

Dem **Güterstrom** (Sachgüter und Dienstleistungen) fließt also ein Geldstrom entgegen, der z.B. in der Buchführung seinen Niederschlag findet.

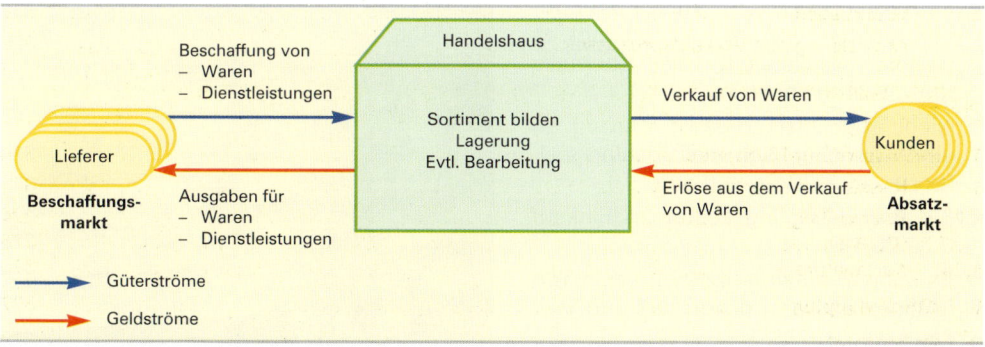

Die Abbildung verdeutlicht die Bedeutung der **Märkte** als wichtige Bindeglieder für jedes Unternehmen, weil es nicht alle Aufgaben selbst wahrnehmen kann. Die Arbeitsteilung und die damit erforderliche Zusammenarbeit zwischen den Unternehmen ist ein wichtiges Kennzeichen unserer Wirtschaft und Gesellschaft.

---

1 Produktionsfaktoren sind Grundelemente, die bei der Leistungserstellung mitwirken.

1.3 Lernen mithilfe von Unternehmensplanspielen

1.3.1 Typische Merkmale

Das Wirtschaftsgeschehen ist auf den ersten Blick sehr vielschichtig und daher schwer zu durchschauen.

Unternehmensplanspiele wollen hier Abhilfe schaffen. Durch vereinfachte, **modellhafte,** aber **wirklichkeitsnahe** Abbildungen von Ausschnitten aus dem Wirtschaftsleben können spielerisch erste Einblicke in ökonomische Zusammenhänge gewonnen werden.

Dabei übernehmen die Planspielgruppen die Leitung eines Modellunternehmens und treffen typische unternehmerische Entscheidungen hinsichtlich Verkaufspreis, Aufwendungen für Werbung, Einkaufs- bzw. Fertigungsmenge usw. Das Planspielprogramm des Lehrers „kennt" das Verhalten der Käufer. Hier werden die Entscheidungen aller Unternehmen zusammengefasst und verarbeitet. Jedes Unternehmen erhält Rückmeldungen in Form von Berichten.

Wirtschaftliches Denken und Handeln sind Voraussetzung für den Erfolg im Planspiel.

Merke:

Ein **Unternehmensplanspiel** bildet nur einen **Ausschnitt** der **wirtschaftlichen Realität** (Wirklichkeit) ab. Wie alle gedanklichen Modelle sollen sie den Zugang zu grundsätzlichen Erkenntnissen erleichtern.

1.3.2 Hinweise zum Planspiel „Brunos Brezeln"[1]

1.3.2.1 Ausgangssituation

Beim Planspiel Brunos Brezeln wird von folgendem Sachverhalt ausgegangen:

- Ihr Backshop verkauft Brezeln an Endverbraucher. Auf dem Markt gibt es weitere Bäckereien, die ebenfalls diese Waren anbieten.
- Nicht abgesetzte Brezeln werden an einen örtlichen Semmelbröselhersteller zu 0,05 EUR/St. verkauft.
- Ein Brezel-Teigling kostet im Einkauf 0,20 EUR/St.
- Es können maximal 2 000 Brezeln/Tag in einer Bäckerei produziert und verkauft werden.
- Täglich fallen 200,00 EUR für andere Aufwendungen (Miete, Löhne, Energie usw.) an.
- Auf dem Bankkonto Ihrer Bäckerei ist ein Guthaben von 5 000,00 EUR.

---

1 Im Folgenden wird dieses Beispiel vorgestellt, da es an baden-württembergischen Wirtschaftsschulen eine weite Verbreitung gefunden hat. Vgl. hierzu die Handreichung H 04/47 des Landesinstituts für Schulentwicklung, Stuttgart, S. D 4.

1.3.2.2 Besonderheiten des Absatzmarktes

Auf dem vom Planspielprogramm vorgegebenen Absatzmarkt[1] zeigt sich, ob die getroffenen Entscheidungen bezüglich

- des **festgesetzten Verkaufspreises,**
- der **angebotenen Menge,**
- der **Aufwendungen für Werbung**

den Käufererwartungen und der Konkurrenz standhalten können.

Die Nachfragemenge des Marktes hängt dabei von zwei Faktoren ab:

1. der **Kauflaune** (diese wird im Unternehmensplanspiel vorgegeben) und
2. vom **durchschnittlichen Preisniveau** aller Unternehmen.

Durch diese Wechselwirkung ist eine genaue Vorhersage nicht möglich.

(1) Zusammenhang zwischen Kosten und Preis

Eine wichtige Orientierungsgröße für die Festsetzung des Verkaufspreises sind die entstehenden Selbstkosten für eine Brezel. Kosten, die **unabhängig von der produzierten Stückzahl** anfallen, nennt man **fixe Kosten** (z. B. Miete, Löhne, Werbekosten). Die Summe der **variablen Kosten** ist hingegen **abhängig von der hergestellten Menge** (z. B. Zahl der benötigten Teiglinge).

Beispiel:

Am vergangenen Montag wurden 1600 Brezeln verkauft. Ein Teigling kostete 0,20 EUR. Die anderen Aufwendungen lagen an diesem Tag bei 200,00 EUR. Für Werbung (Flyer) wurde 60,00 EUR ausgegeben.

Aufgaben:

1. Wie viel EUR betrugen die Selbstkosten für eine Brezel an diesem Tag?
2. Wie viel EUR hätten die Selbstkosten betragen, wenn bei einer Verdoppelung der Werbeausgaben 1700 Brezeln absetzbar gewesen wären?

Lösung:[2]

Zu 1.

Kosten für den Teigling:		0,20 EUR
Andere Aufwendungen:	200 : 1600 =	0,13 EUR
Werbekosten:	60 : 1600 =	0,04 EUR
Selbstkosten pro Brezel		0,37 EUR

Zu 2.

Kosten für den Teigling:		0,20 EUR
Andere Aufwendungen:	200 : 1700 =	0,12 EUR
Werbekosten:	120 : 1700 =	0,07 EUR
Selbstkosten pro Brezel		0,39 EUR

---

1 Beim Unternehmensplanspiel gibt der Computer die jeweilige wirtschaftliche Situation vor. Die Spielleitung kann dabei die auf den verschiedenen Märkten herrschenden Bedingungen immer wieder verändern.

2 Die Zahlen sind auf zwei Dezimale gerundet.

(2) Zusammenhang zwischen Preis und Absatzmenge

In der Regel werden bei **Preiserhöhungen Kunden „abspringen"**, bei **Preissenkungen** hingegen **neue Kunden** gewonnen. Die folgende Abbildung zeigt, dass Preisabweichungen bis zu etwa ±10 % des Durchschnittspreises in der Regel noch zu keinen großen Kundenwanderungen führen. In diesem mittleren Bereich führt eine Änderung des Durchschnittspreises zu einer deutlich geringeren Änderung der Gesamtabsatzmenge.

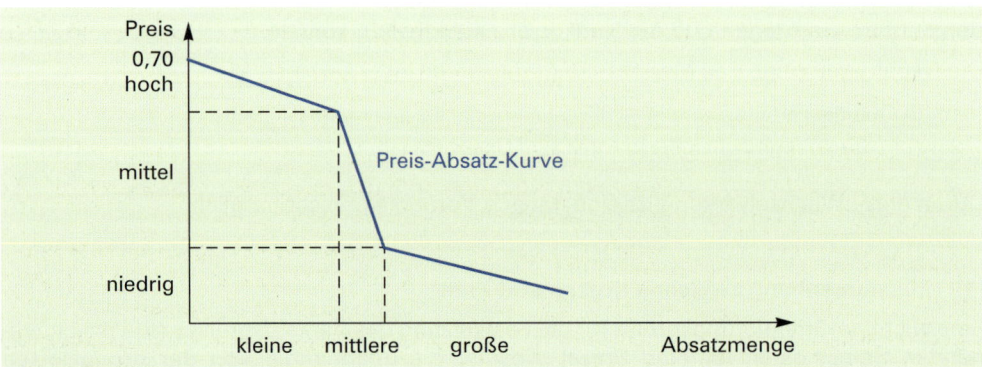

Weicht der Preis eines Unternehmens jedoch deutlich vom Durchschnittspreis aller Unternehmen ab, dann verringert sich (bei hohem Preis) oder vergrößert sich (bei niedrigem Preis) die Nachfrage für das Produkt dieses Unternehmens stark. Eine **Änderung des Durchschnittspreises** führt immer auch zu einer **Änderung in der Gesamtabsatzmenge**. Ab einem Preis von 0,70 EUR/Stück lassen sich schließlich keine Brezeln mehr verkaufen.

Die dargestellten Zusammenhänge haben erhebliche Auswirkungen auf **Umsatz** und **Gewinn**.

Beispiel:

Angenommen, der Durchschnittsverkaufspreis am Gesamtmarkt für eine Brezel liegt bei 0,50 EUR. Bietet eine Bäckerei zu genau diesem Durchschnittsverkaufspreis an, dann sind bei einem bestimmten Aufwand für Werbung ca. 1450 Brezeln absetzbar. Verlangt diese Bäckerei jedoch – bei unverändertem Werbeaufwand – einen Preis von 0,60 EUR, so sinkt ihr Absatz auf ca. 1100 Brezeln; bei 0,40 EUR steigt er auf 1820 Brezeln.

Aufgaben:

1. Bei welcher Absatzmenge ist der Tagesumsatz am größten?
2. Bei welcher Absatzmenge ist der Gewinn am größten, wenn folgende Kostensituation vorliegt?

Produktionsmenge (Brezeln)	Selbstkosten ohne Werbung (EUR/St.)
1100	0,38
1450	0,34
1820	0,31

3. Welche Beziehungen bestehen zwischen Umsatzmaximum, Gewinnmaximum und Absatzmenge?

Lösung:

Zu 1.: Folgende Tagesumsätze sind erzielbar:

$1\,100 \cdot 0{,}60 = 660{,}00$ EUR
$1\,450 \cdot 0{,}50 = 725{,}00$ EUR
$1\,820 \cdot 0{,}40 = \mathbf{728{,}00}$ **EUR**

Zu 2.: Die Gewinnsituation stellt sich so dar:

$1\,100 \cdot 0{,}22^* = \mathbf{242{,}00}$ **EUR**
$1\,450 \cdot 0{,}16 = 232{,}00$ EUR
$1\,820 \cdot 0{,}09 = 163{,}80$ EUR

Zu 3.: Umsatzmaximum und Gewinnmaximum liegen bei unterschiedlichen Absatzmengen.

* Verkaufspreis 0,60 EUR – Selbstkosten 0,38 EUR = Gewinn 0,22 EUR

(3) Zusammenhang zwischen Werbeaufwand und Absatzmenge

Aufwendungen für Werbung fördern im Allgemeinen den Absatz. Nicht jeder Euro, der für die Werbung ausgegeben wird, hat jedoch die gleiche Absatzwirkung:

- Zu **wenig Werbung** wirkt sich kaum auf den Absatz aus, weil sie nicht ausreichend wahrgenommen wird.
- Zu **viel Werbung** steigert ebenfalls die Absatzmenge nur minimal; sie „verpufft", d.h., das Geld ist nahezu umsonst ausgegeben worden. Werbeausgaben von mehr als 200,00 EUR/Tag wirken sich nicht mehr auf die Zahl der abzusetzenden Brezeln aus.

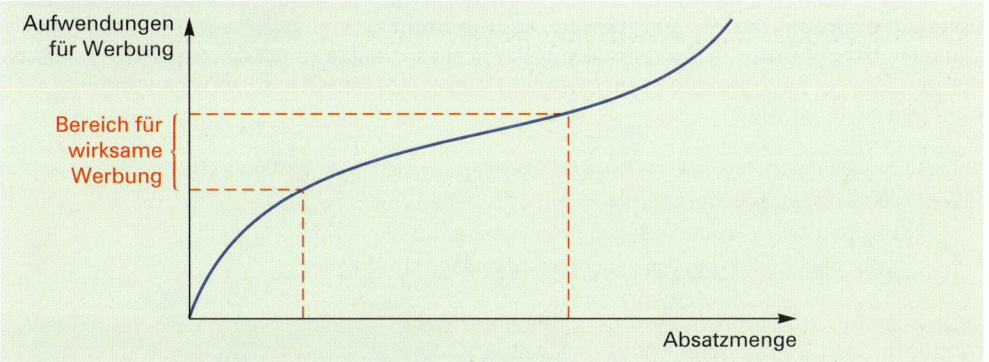

Der **Preis** und die **geschätzte Absatzmenge** sind die **Grundlage** für die Berechnung des voraussichtlichen **Umsatzes**. Große Absatzmengen sind nur bei niedrigem Preis und hohen Ausgaben für Werbung zu erreichen. In der Regel ist damit aber nicht der größte Gewinn zu erzielen.

Merke:

Werbung ist dann **wirtschaftlich,** wenn der auf die Werbung zurückzuführende **zusätzliche Ertrag höher** als die **Aufwendungen für Werbung** ist.

17

2   Speth u.a. - ISBN 978-3-8120-0528-9

(4) Bedeutung der Lieferfähigkeit

Wird durch die Marketingentscheidungen[1] eine stärkere Nachfrage erzeugt, als das Unternehmen befriedigen kann, so verteilt sich die überschießende Nachfragemenge teilweise oder ganz auf die anderen Anbieter. In diesem Fall profitieren die Mitbewerber von den Fehlentscheidungen des nicht lieferfähigen Unternehmens, weil dieses

● entweder zu wenig Teiglinge eingekauft hat und/oder

● den verlangten Preis zu niedrig festgesetzt hat und/oder

● zu viel geworben hat.

Beispiel:
Eines der Planspielunternehmen produziert 1 500 Brezeln. Da der Preis auf 0,49 EUR festgesetzt und kräftig geworben wird, könnten 1 720 Brezeln verkauft werden. Die nicht lieferbaren 220 Brezeln kaufen diese Kunden nun bei den Konkurrenzunternehmen.

Merke:
■ Ist die **Nachfrage** nach dem Produkt eines Unternehmens **größer** als seine **Lieferfähigkeit,** so geht dieser **Nachfrageüberhang** an die Mitbewerber verloren. ■ Die durch Preis und Werbung hervorgerufene **Nachfragemenge** ist mit der **angebotenen Menge** (Lieferfähigkeit) in **Einklang** zu bringen.

1.3.3 Hinweise zum Entscheidungsprozess

Der Erfolg einer Planspielgruppe ist stark abhängig von der **Qualität der Informationsaufbereitung** und der **Verständigung** (Kommunikation) zwischen den Gruppenmitgliedern. Bei der Entscheidungsfindung ist vor allem darauf zu achten, dass die Entscheidungen in einzelnen Bereichen nicht isoliert betrachtet werden dürfen. Es empfiehlt sich folgende Reihenfolge:

1. Entscheidung treffen hinsichtlich des Marketing-Mixes (Preis, Werbung usw.).
2. Festlegung der Angebotsmenge.
3. Festlegung der zu produzierenden Brezelmenge.
4. Entscheidung treffen bezüglich der Einkaufsmenge von Teiglingen.

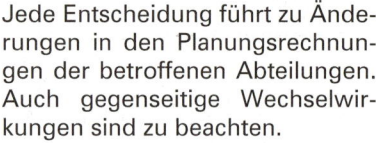

Jede Entscheidung führt zu Änderungen in den Planungsrechnungen der betroffenen Abteilungen. Auch gegenseitige Wechselwirkungen sind zu beachten.

Beispiel:
Entscheidungen über die Höhe der Werbeausgaben beeinflussen die Selbstkosten. Diese wiederum bilden eine wichtige Grundlage für die Preisfestsetzung. Die Preishöhe beeinflusst ihrerseits den Umfang der Werbeanstrengungen.

---

1 Unter **Marketing** versteht man alle Aktivitäten des Unternehmens, die für den Verkauf der Erzeugnisse erforderlich sind.

In der Entscheidungsphase geht es darum, ein **angemessenes Ziel** (z. B. großer Marktanteil, möglichst hoher Gewinn) und den **geeigneten Lösungsweg** (Marketing-Mix) auszuwählen. Im Hinblick auf die nächste Planspielrunde ist es sinnvoll, die Begründungen für die getroffenen Entscheidungen zu protokollieren.

In einem Planspiel mit vier Unternehmen hat sich ein Unternehmen einen Marktanteil von 30 % zum Ziel gesetzt. Auf der Grundlage der bisherigen Absatzentwicklung wird die Absatzmenge der nächsten Periode geplant. Das hat Folgen für die zu planende Fertigungsmenge und die dazu erforderlichen Produktionsfaktoren sowie den Umfang der Ausgaben für Werbung.

Nach Ablauf der Periode erhält die Planspielgruppe von der Spielleitung die Ergebnisse (Tabellen und Grafiken). Der Vergleich der Planzahlen mit den tatsächlich erreichten Zahlen ergibt, dass das gesteckte Ziel nicht erreicht wurde. Nunmehr ist zu überlegen, welche Ursachen zur Planabweichung führten und welche Maßnahmen ergriffen werden können, damit zukünftige Planabweichungen verringert oder ganz vermieden werden.

Merke:

Je vollständiger die Informationen sind, desto besser ist die Geschäftsführung in der Lage, die erforderlichen Entscheidungen zu fällen.

1.3.4 Ergebnisse des Finanzierungsprozesses

Alle **Einnahmen** und **Ausgaben** werden in diesem Unternehmensplanspiel über die Bank abgewickelt.

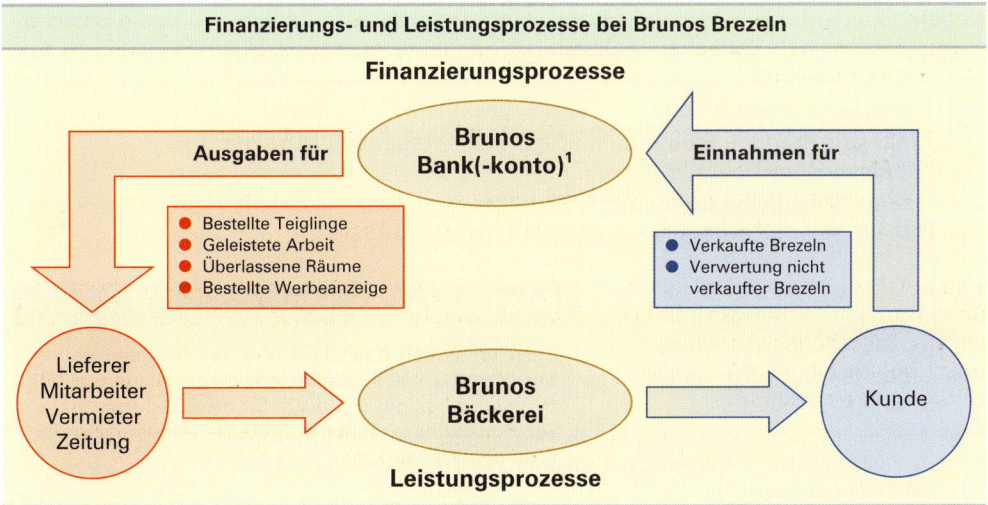

Finanzierungs- und Leistungsprozesse bei Brunos Brezeln

Finanzierungsprozesse

Ausgaben für | Brunos Bank(-konto)[1] | Einnahmen für

- Bestellte Teiglinge
- Geleistete Arbeit
- Überlassene Räume
- Bestellte Werbeanzeige

- Verkaufte Brezeln
- Verwertung nicht verkaufter Brezeln

Lieferer Mitarbeiter Vermieter Zeitung → Brunos Bäckerei → Kunde

Leistungsprozesse

---

1 Hier „lagert" Brunos finanzieller Gegenwert für die verkauften Brezeln bzw. er verfügt von hier aus über sein Geld, um Teiglinge usw. zu bezahlen.

Überwiegen die Einnahmen gegenüber den Ausgaben (gestiegener Schlussbestand an Geldmitteln), liegt ein **Gewinn** vor.[1] Liegt der umgekehrte Fall (gesunkener Schlussbestand an Geldmitteln) vor, hat das Unternehmen mit **Verlust** gearbeitet.

Zu Beginn des ersten Verkaufstags weist das Bankkonto ein Guthaben von 5 000,00 EUR auf. Es werden 1.600 Brezeln produziert und für 0,50 EUR/Stück verkauft. Ein Teigling kostet 0,20 EUR. Die Ausgaben für Löhne, Miete usw. liegen bei 200,00 EUR. Die Werbeausgaben belaufen sich auf 60,00 EUR.

Aufgaben:

1. Wie viel EUR beträgt der neue Kontostand?
2. Wie viel EUR würde der neue Kontostand betragen, wenn von den 1 600 produzierten Brezeln nur 1 490 Brezeln verkauft worden wären? Hinweis: Die nicht verkauften Brezeln gehen an einen Semmelbröselhersteller für 0,05 EUR/Stück.

Lösung:[2]

Zu 1.:	Anfangsbestand des Bankguthabens	5 000,00 EUR	
+	Umsatzerlöse für 1 600 verkaufte Brezeln	800,00 EUR	5 800,00 EUR
−	Ausgaben für 1 600 Teiglinge	320,00 EUR	
−	Ausgaben für Löhne, Miete usw.	200,00 EUR	
−	Ausgaben für Werbung	60,00 EUR	580,00 EUR
=	Schlussbestand des Bankguthabens		5 220,00 EUR
Zu 2.:	Anfangsbestand des Bankguthabens	5 000,00 EUR	
+	Umsatzerlöse für 1 490 verkaufte Brezeln	745,00 EUR	
+	Umsatzerlöse für 110 nicht verkaufte Brezeln	5,50 EUR	5 750,50 EUR
−	Ausgaben für 1 600 Teiglinge	320,00 EUR	
−	Ausgaben für Löhne, Miete usw.	200,00 EUR	
−	Ausgaben für Werbung	60,00 EUR	580,00 EUR
=	Schlussbestand des Bankguthabens		5 170,50 EUR

Merke:

- Für das **Geldvermögen** gilt:

  Anfangsbestand + Einnahmen (Zugänge) – Ausgaben (Abgänge) = Schlussbestand

- Ist der **Schlussbestand negativ,** bedeutet dies, dass ein **Kredit** in entsprechender Höhe in Anspruch genommen werden musste.

Zusammenfassung

- **Unternehmensplanspiele** bilden jeweils nur einen vereinfachten Ausschnitt der wirtschaftlichen Realität ab.

- Wichtige Orientierungsgrößen für die **Festsetzung des Verkaufspreises** sind die entstehenden **Selbstkosten,** die **Preise der Konkurrenz** und die **Bereitschaft** der Käufer, einen bestimmten **Preis zu akzeptieren.**

---

1 Aufwendungen, die nicht zu Ausgaben führen (z. B. Abschreibungen), bleiben hier noch unberücksichtigt.
2 Auf die Kontendarstellung wird im Anfangsunterricht im Hinblick auf einen möglichen negativen Schlussbestand bewusst verzichtet.

- **Große Absatzmengen** sind nur bei **niedrigem Preis** und **hohen Ausgaben für Werbung** zu erreichen, wobei Werbung nur so lange wirtschaftlich ist, wie der auf die Werbung zurückzuführende zusätzliche Ertrag höher ist als der Werbeaufwand.

- Ist die **Nachfrage** nach dem Produkt eines Unternehmens **größer als** seine **Lieferfähigkeit,** so geht dieser **Nachfrageüberhang** an die Mitbewerber verloren.

- Für die Ermittlung des Geldvermögens gilt:

    Anfangsbestand + Einnahmen – Ausgaben = Schlussbestand

- Überwiegen die Einnahmen (gestiegener Schlussbestand an Geldmitteln), liegt ein **Gewinn** vor. Liegt der umgekehrte Fall (gesunkener Schlussbestand an Geldmitteln) vor, hat das Unternehmen mit **Verlust** gearbeitet.

Aufgaben zur Sicherung und Vertiefung des Lernerfolgs

1   1. Sie haben einen Backshop gegründet und müssen nun mit Ihrem Team alles regeln, damit der Verkauf von Backwaren starten kann.

   Hinweis: Lesen Sie die Ausführungen zum Projektplan im Anhang dieses Buches!

   Fassen Sie Ihre Ergebnisse in einer Tabelle nach folgendem Muster zusammen!

Was?	Wer?	Womit?	Bis wann?

   2. Welche Aussagen sind richtig?

      2.1 Werbung verbessert meine Verkaufschancen.

      2.2 Werbeausgaben erhöhen meine Selbstkosten.

      2.3 Ein hoher Verkaufspreis steigert den Tagesgewinn.

      2.4 Ein Verkaufspreis unterhalb der Selbstkosten führt zu Verlusten.

      2.5 Es ist sinnvoll, täglich so viel Brezeln wie möglich zu backen.

      2.6 Die Preise der Konkurrenten sind unwichtig.

2   Ein Backshop kann täglich 2 000 Brötchen-Teiglinge fertig backen und anbieten. Gegeben ist folgende Absatzsituation:

   (1) in Abhängigkeit vom Preis

Preis (EUR) je Brötchen	Werbung (EUR)	Absatzmenge (Stück)	
		theoretisch	tatsächlich
0,35	50,00	2 200	2 000
0,40	50,00	1 900	1 900
0,45	50,00	1 600	1 680
0,50	50,00	1 300	1 460
0,55	50,00	1 000	1 100

(2) in Abhängigkeit von den Aufwendungen für Werbung

Preis (EUR) je Brötchen	Werbung (EUR)	Absatzmenge (Stück)	
		theoretisch	tatsächlich
0,50	50,00	1 300	1 460
0,50	100,00	1 450	1 500
0,50	150,00	1 600	1 590
0,50	200,00	1 700	1 650

Aufgaben:

1. Erklären Sie die Abweichungen zwischen theoretischer und tatsächlicher Absatzmenge!

2. Die Brötchen-Teiglinge kosten 0,18 EUR/Stück. Der sonstige Aufwand beträgt 250,00 EUR/Tag.

   Bei welchem Werbeaufwand erzielt das Unternehmen das beste Ergebnis, wenn es den Verkaufspreis auf 0,50 EUR/Brötchen festlegt?

3. Wie entwickelt sich das Bankguthaben, wenn zu Beginn der Periode 4 800,00 EUR auf dem Konto waren?

4. Eine Planspielgruppe setzt den Preis bei gleicher Kostenstruktur auf 0,45 EUR/Brötchen fest und gibt für Werbung 100,00 EUR aus.

   Welche Gründe könnte es für diese Entscheidungen geben?

5. Ein Planspielunternehmen hat am vergangenen Verkaufstag einen Verlust erwirtschaftet, obwohl es 2 000 Brötchen verkaufen konnte.

   Welchen Preis hätte das Unternehmen mindestens verlangen müssen?

   (Hinweis: Der Werbeaufwand betrug hier 120,00 EUR.)

6. Ein Planspielunternehmen hat von den 1 800 gebackenen Brötchen nur 1 640 Stück verkauft.

   Um wie viel EUR haben die liegen gebliebenen Brötchen die Tageseinnahmen geschmälert, wenn der örtliche Semmelbröselhersteller für diese Brötchen noch 4 Cent bezahlt hat?

2 Grundlagen des Rechnungswesens

2.1 Dreisatz

2.1.1 Dreisatz mit geradem Verhältnis

Der Verkaufserlös für 108 kg eines Artikels beträgt 345,60 EUR.

Aufgabe:

Wie viel EUR beträgt der Verkaufserlös für 42 kg?

Lösung:

Gegeben: 108 kg bringen einen Erlös von 345,60 EUR ← Bedingungssatz

Gesucht: 42 kg bringen einen Erlös von x EUR ← Fragesatz

$$x = \frac{345{,}60 \cdot 42}{108} = 134{,}40 \text{ EUR}$$ ← Bruchsatz

Ergebnis: Der Verkaufserlös von 42 kg beträgt 134,40 EUR.

Allgemeiner Lösungsweg

1. Schreiben Sie den **Bedingungssatz** so auf, dass die gefragte Größe am Ende des Satzes steht.

2. Schreiben Sie den **Fragesatz** darunter. Achten Sie darauf, dass gleiche Bezeichnungen (z.B. kg, EUR, m usw.) immer untereinander stehen.

3. Bei der Erstellung des **Bruchsatzes** ist von dem gegebenen Wert (**Erlös für 108 kg**) auszugehen. Er ist dann immer auf den Wert einer Einheit zurückzuführen (**Erlös für 1 kg**), und anschließend ist der Wert für die gesuchte Mehrheit zu berechnen (**Erlös für 42 kg** $\widehat{=}$ **x EUR**). Die Erstellung des Bruchsatzes erfolgt also über die folgenden drei Sätze:

1. Satz: 108 kg bringen einen Erlös von 345,60 EUR

2. Satz: 1 kg bringt einen Erlös von $\dfrac{345{,}60}{108}$ EUR

3. Satz: 42 kg bringen einen Erlös von $\dfrac{345{,}60 \cdot 42}{108}$ EUR

} je weniger, desto weniger

je mehr, desto mehr

Merke:

■ Beim 2. Satz gilt im Verhältnis zum 1. Satz: **Je weniger, desto weniger.** (Je weniger verkauft wird, desto weniger beträgt der Erlös.) Es handelt sich um ein **gerades Verhältnis**.

■ Beim 3. Satz gilt im Verhältnis zum 2. Satz: **Je mehr, desto mehr.** (Je mehr verkauft wird, desto mehr nimmt der Erlös zu.) Es handelt sich um ein **gerades Verhältnis**.

2.1.2 Dreisatz mit ungeradem Verhältnis

Beispiel:

Der Vorrat an einer bestimmten Warenart reicht bei einem täglichen Verkauf von 42 kg noch 18 Tage.

Aufgabe:

Wie viel Tage reicht der Vorrat, wenn es sich herausstellt, dass pro Tag nur 36 kg verkauft werden?

Lösung:

Gegeben: 42 kg täglicher Verkauf → Vorrat reicht 18 Tage   ◀— Bedingungssatz

Gesucht: 36 kg täglicher Verkauf → Vorrat reicht x Tage   ◀— Fragesatz

$$x = \frac{18 \cdot 42}{36} = \underline{\underline{21 \text{ Tage}}}$$ ◀— Bruchsatz

Ergebnis: Bei einem täglichen Verkauf von 36 kg reicht der Vorrat 21 Tage.

Allgemeiner Lösungsweg

Für die Aufstellung der 3 Sätze gilt die gleiche Vorgehensweise wie beim Dreisatz mit geradem Verhältnis.

1. Satz: Bei einem täglichen Verkauf von 42 kg reicht der Vorrat 18 Tage

2. Satz: Wird täglich nur 1 kg verkauft, reicht der Vorrat $18 \cdot 42$ Tage   } je weniger, desto mehr

3. Satz: Werden täglich 36 kg verkauft, reicht der Vorrat $\frac{18 \cdot 42}{36}$ Tage   } je mehr, desto weniger

Merke:

- Beim 2. Satz gilt im Verhältnis zum 1. Satz: **Je weniger, desto mehr.** (Je weniger an einem Tag verkauft wird, desto mehr Tage reicht der Vorrat.) Es handelt sich um ein **ungerades Verhältnis.**

- Beim 3. Satz gilt im Verhältnis zum 2. Satz: **Je mehr, desto weniger.** (Je mehr der Tagesverkauf zunimmt, desto weniger Tage reicht der Vorrat.) Es handelt sich um ein **ungerades Verhältnis.**

Den **Unterschied** zwischen dem **Dreisatz mit geradem Verhältnis** und dem **Dreisatz mit ungeradem Verhältnis** zeigt die folgende Gegenüberstellung auf:

Gerades Verhältnis	Ungerades Verhältnis
Beispiel: 20 kg Zucker kosten 24,00 EUR 5 kg Zucker kosten 6,00 EUR	**Beispiel:** 10 Arbeiter benötigen 8 Tage 4 Arbeiter benötigen 20 Tage
Allgemein: **Weniger** Zucker **weniger** Geld **Mehr** Zucker **mehr** Geld	**Allgemein:** **Weniger** Arbeiter **mehr** Tage **Mehr** Arbeiter **weniger** Tage

Gerades Verhältnis	Ungerades Verhältnis
Die **Größen** (Zucker und Geld) verändern sich **in die gleiche Richtung.**	Die **Größen** (Arbeiter und Tage) verändern sich **entgegengerichtet.**
Das Zurückführen auf **eine Einheit** (1 kg Zucker) erfordert eine **Division.**	Das Zurückführen auf **eine Einheit** (ein Arbeiter) erfordert eine **Multiplikation.**
Das Schließen von der Einheit auf die gesuchte Mehrheit erfordert eine **Multiplikation.**	Das Schließen von der Einheit auf die gesuchte Mehrheit erfordert eine **Division.**

Aufgaben zur Sicherung und Vertiefung des Lernerfolgs

3 Lösen Sie die nachfolgenden Dreisatzaufgaben mit geradem Verhältnis!

1. Ein Kaufhaus bezieht eine Wagenladung Orangen mit einem Gesamtnettogewicht von 1 570 kg zu 879,20 EUR.

   Wie viel EUR kostet ein Netz Orangen mit 2,5 kg Nettoinhalt?

2. Ein Wirtschaftsschüler erhält für seine Ferienarbeit von 24 Arbeitsstunden einen Bruttolohn von 283,20 EUR.

   Berechnen Sie den Bruttolohn, wenn der Wirtschaftsschüler in der 2. Woche 34 Arbeitsstunden beschäftigt ist!

3.

Nr.	Menge der eingekauften Waren	gesamte Kosten	Wie viel kosten ...
3.1	42 m^2	1 470,20 EUR	18 m^2
3.2	184 Stück	470,60 EUR	265 Stück
3.3	62 kg	155,20 EUR	78 kg
3.4	310 Liter	2 720,00 EUR	158 Liter
3.5	48 Säcke	245,00 EUR	112 Säcke

4. 4.1 Wie viel EUR kosten jeweils 10 g Klebstoff bei den einzelnen Packungsgrößen (siehe nebenstehende Abbildung)?

   4.2 Nennen Sie Gründe, die das Unternehmen veranlasst haben könnten, diese Preisgestaltung zu wählen!

Bezeichnung	SPARPREIS pro Stück
UHU Stic 8,2 g	0,49
UHU Stic 20 g	0,89
UHU Stic 40 g	1,29

4   Lösen Sie die nachfolgenden Dreisatzaufgaben mit ungeradem Verhältnis!

1. Der Wirtschaftsschülerin Franziska reicht das monatliche Handygeld der Eltern für 26 Tage, wenn sie täglich 76 Cents an Handygebühren verbraucht.

   Wie viel Tage reicht das Handygeld, wenn sie täglich nur 66 Cents verbraucht?

2. Um bei einem Straßenbau den Teerbelag aufzubringen, benötigen 20 Arbeiter 15 Tage zu je 8 Stunden.

   Wie viel Arbeiter müssten noch hinzugezogen werden, wenn die Straßenbauarbeiten in 10 Tagen fertig sein sollen, die tägliche Arbeitszeit jedoch nicht erhöht werden kann?

3. Bei einem täglichen Bedarf von 140 Blatt reicht das Fotokopierpapier noch 66 Tage.

   Wie viel Tage reicht der Vorrat, wenn der Tagesbedarf auf 180 Blatt ansteigt?

4. 16 Einzelhändler eines Einkaufszentrums starten eine gemeinsame Werbeaktion, wobei jeder anteilige Kosten in Höhe von 362,40 EUR zu tragen hat.

   Wie viel EUR beträgt der Kostenanteil, wenn alle 24 Einzelhandelsgeschäfte des Einkaufszentrums die Aktion mittragen würden?

5. Der Heizölvorrat von 11 340 Litern reicht bei gewöhnlichem Verbrauch 210 Tage.

   Wie viel Tage reicht der Vorrat, wenn durch den Einbau eines neuen Kessels täglich 10 Liter gespart werden könnten?

6. Zum Belegen eines Klassenzimmers mit Teppichboden benötigen wir 12 Rollen mit einer Breite von 1,20 m.

   Wie viel Rollen braucht man, wenn die Breite 1,80 m beträgt?

5   Lösen Sie die gemischten Dreisatzaufgaben!

1. Ein Einzelhändler beliefert in regelmäßigen Abständen seine 5 Filialen. Er legt hierbei eine Strecke von 200 km zurück. Seine Durchschnittsgeschwindigkeit beträgt 50 km. Aufgrund einer Umleitung muss er einen Umweg von 30 km fahren.

   Wie viel Minuten muss er früher abfahren, wenn er seine ursprüngliche Durchschnittsgeschwindigkeit beibehalten möchte?

2. Ein Lebensmittelgeschäft hat 192 Gläser Senf auf Lager.

   Wie viel Tage reicht der Vorrat, wenn wöchentlich (6 Tage) im Durchschnitt 48 Gläser verkauft werden?

3. Die Kosten für die Reinigung der Geschäftsräume belaufen sich im Monat März bei 24 Arbeitstagen auf insgesamt 620,00 EUR.

   Wie viel EUR betragen die Reinigungskosten

   3.1 im Mai (22 Arbeitstage) und

   3.2 im Juli (18 Arbeitstage wegen Betriebsferien)?

2.2 Prozentrechnung

2.2.1 Einführung in die Prozentrechnung

(1) Begriffe

Die Prozentrechnung ist dazu geeignet, Zahlenverhältnisse besser zu durchschauen und vergleichen zu können. Zum Vergleich benötigt man einen einheitlichen **Vergleichsmaßstab**. Beim Prozentrechnen ist es die Zahl 100.[1]

> **Prozent** bedeutet stets: bezogen auf 100 (pro → für; centum → 100).

(2) Problemstellung

Beispiel:

Einem Kaufmann liegen 2 Rechnungen zur Zahlung vor:

Rechnung 1: Rechnungspreis   480,00 EUR
Rechnung 2: Rechnungspreis 1 440,00 EUR

Auf jede Rechnung wird ein Rabatt von 144,00 EUR gewährt. Obwohl der Rabatt betragsmäßig in beiden Fällen gleich hoch ist, ist der Rabatt auf der ersten Rechnung im Verhältnis zur zweiten Rechnung wesentlich höher.

Aufgabe:

Weisen Sie die Richtigkeit dieser Aussage nach!

Lösung:

Das **Verhältnis Rechnungsbetrag zu Rabatt** bei den beiden Rechnungen ist **direkt nicht vergleichbar,** da die Rechnungsbeträge unterschiedlich hoch sind. Ein Vergleich ist erst möglich, wenn der Rabatt auf einen **gleich großen Betrag (Vergleichszahl)** bezogen wird. Als Vergleichszahl wird zweckmäßigerweise die **Zahl 100** genommen.

Neue Fragestellung: Wie viel EUR beträgt der Rabatt, bezogen auf 100,00 EUR?

Die **Lösung** der neuen Fragestellung erfolgt mithilfe des **Dreisatzes:**

Rechnung 1:

Bei 480,00 EUR Re.-Betrag 144,00 EUR Rabatt
Bei 100,00 EUR Re.-Betrag   x   EUR Rabatt

$$x = \frac{144 \cdot 100}{480} = \underline{\underline{30,00 \text{ EUR Rabatt}}}$$

● Der Rabatt beträgt

  30,00 EUR je 100,00 EUR Rechnungsbetrag

  → entspricht: 30 vom Hundert (pro centum)

  → kürzer: 30 v. H. → 30 Prozent → 30 %

Rechnung 2:

Bei 1 440,00 EUR Re.-Betrag 144,00 EUR Rabatt
Bei   100,00 EUR Re.-Betrag   x   EUR Rabatt

$$x = \frac{144 \cdot 100}{1\,440} = \underline{\underline{10,00 \text{ EUR Rabatt}}}$$

● Der Rabatt beträgt

  10,00 EUR je 100,00 EUR Rechnungsbetrag

  → 10 vom Hundert (pro centum)

  → 10 v. H. → 10 Prozent → 10 %

Ergebnis: Verglichen mit einem Rechnungsbetrag von 100,00 EUR sind die beiden Rechnungsnachlässe verschieden hoch. Der Rabatt bei Rechnung 1 beträgt 30 %, bei Rechnung 2 nur 10 %.

---

[1] Bei der **Promillerechnung** ist es die Zahl 1 000. **Promille** bedeutet stets: bezogen auf 1 000. Pro: für, mille: 1 000. Im Folgenden werden auch einige Übungsaufgaben gestellt, die der Promillerechnung angehören.

Die Prozentrechnung ist eine angewandte Dreisatzrechnung. Wir unterscheiden drei **Begriffe:**

Rechnungsbetrag 480,00 EUR	30 %	144,00 EUR Rabatt
⬇	⬇	⬇
Grundwert	**Prozentsatz**	**Prozentwert**
ist der Ausgangswert, der das Ganze betrifft. In Prozenten ausgedrückt, muss er immer 100 % betragen.	gibt an, wie viel Teile vergleichsweise auf 100 entfallen (Anzahl der Hundertstel).	ist der wertmäßige Betrag (EUR, kg, Liter usw.) des Prozentsatzes.

Von den drei Größen Prozentwert, Grundwert und Prozentsatz müssen stets zwei **Größen** in der Aufgabe **gegeben sein,** um die dritte Größe mithilfe des Dreisatzes errechnen zu können.

2.2.2 Prozentrechnung vom Hundert

2.2.2.1 Berechnung des Grundwertes

Beispiel:

Ein Kaufmann hat für die Versicherung des Warenlagers 1 692,60 EUR Prämie zu begleichen. Das sind $2\frac{1}{3}$ % der Versicherungssumme.

Aufgabe:

Wie viel EUR beträgt die Versicherungssumme?

Lösung:

Gegeben: Prozentsatz: $2\frac{1}{3}$ %
Prozentwert: 1 692,60 EUR

Gesucht: Grundwert: ?

Bedingungssatz ➡ $2\frac{1}{3}$ % ≙ 1 692,60 EUR

Fragesatz ➡ 100 % ≙ x EUR

Berechnung des Grundwertes mithilfe der Formel:

Bruchsatz ➡ $x = \dfrac{1\,692{,}60 \cdot 100}{2\frac{1}{3}}$ ⬌ $\text{Grundwert} = \dfrac{\text{Prozentwert} \cdot 100}{\text{Prozentsatz}}$

$x = \dfrac{1\,692{,}60 \cdot 100 \cdot 3}{7}$

$x = 72\,540{,}00 \text{ EUR}$

Ergebnis: Die Versicherungssumme für das Lager beträgt 72 540,00 EUR.

6 1. Bei einem Aktionsverkauf wurden die nachfolgenden Nachlässe festgesetzt.

Nr.	Nachlass in %	Nachlass in EUR	Nr.	Nachlass in %	Nachlass in EUR
1.1	15 %	209,25 EUR	1.4	2,5 %	105,00 EUR
1.2	11,5 %	402,50 EUR	1.5	3 %	81,00 EUR
1.3	8 %	1 081,60 EUR	1.6	18 %	2 214,00 EUR

Berechnen Sie den ursprünglichen Ladenverkaufspreis (Bruttoverkaufspreis)!

2. Eine 14-tägige Ferienreise ans Meer kostet in der Hochsaison einen Aufschlag von 12 % oder 118,20 EUR pro Person.

Wie viel EUR kostet die Reise in der Nachsaison?

3. Die veranschlagten Kosten für Renovierungsarbeiten der Büroräume wurden um 1 092,25 EUR überschritten. Das sind $8\frac{1}{2}$ % über dem Kostenvoranschlag.

   3.1 Berechnen Sie den ursprünglichen Kostenvoranschlag!

   3.2 Wie viel EUR kosteten die Renovierungsarbeiten tatsächlich?

2.2.2.2 Berechnung des Prozentwertes

Beispiel:

Auf die Rechnung über 1 450,00 EUR für einen Motorroller erhält der Kunde 3 % Skonto.

Aufgabe:

Wie viel EUR beträgt der Skontobetrag?

Lösung:

Gegeben: Grundwert: 1 450,00 EUR
Prozentsatz: 3 %

Gesucht: Prozentwert: ?

Bedingungssatz ➤ 100 % ≙ 1 450,00 EUR

Fragesatz ➤ 3 % ≙ x EUR

Bruchsatz ➤ $x = \dfrac{1450 \cdot 3}{100}$ ⬌

$x = \underline{43,50\ EUR}$

Berechnung des Prozentwertes mithilfe der Formel:

$$\text{Prozentwert} = \frac{\text{Grundwert} \cdot \text{Prozentsatz}}{100}$$

$\dfrac{\text{Grundwert}}{100} = 1\ \%$ des Grundwertes

Ergebnis: Der Skonto beträgt 43,50 EUR.

Prozentwert = 1 % des Grundwertes · Prozentsatz

7

1. Beim Rösten von Kaffee entsteht erfahrungsgemäß ein Gewichtsverlust von 19 %.

   Wie viel kg Röstkaffee erhalten wir, wenn 720 kg Rohkaffee geröstet werden?

2. Das Bruttogehalt eines Angestellten betrug 2 680,00 EUR. Durch Tarifänderungen hat sich das Gehalt innerhalb eines Jahres zunächst um $3\,^1/_2$ % und dann nochmals um $1\,^3/_4$ % erhöht. Am Ende des Geschäftsjahres erhielt der Angestellte noch eine hausinterne Leistungszulage von $1\,^1/_2$ %.

   Auf welchen Betrag lautet der Bruttolohn nach diesen Erhöhungen?

3. Überprüfen Sie die nachfolgende Rechnung auf ihre Richtigkeit, nehmen Sie außerhalb des Buches die erforderlichen Korrekturen bei den Einzelposten und beim Nettobetrag vor und berechnen Sie die anfallende Umsatzsteuer (Umsatzsteuer 19 %)!

Lener-Service-Handelsgesellschaft mbH & Co. KG

Ostendstr. 4 · 64319 Pfungstadt · Telefon 06157 80413

Kaufhaus
Fritz Hempel e. Kfm.
Gartenweg 7
77656 Offenburg

Rechnung Nr. 157/19

Rechnungsdatum: 20..–04–10
Lieferdatum: 20..–04–02

Artikel-Nr.	Artikel-Bezeichnung	Menge	Einzelpreis	Bruttobetrag
10 001	Nähnadel lang 3/7	25	2,40 EUR	60,00 EUR
10 016	Glaskopf-Stecknadel bunt	12	4,20 EUR	50,40 EUR
11 011	Gummiband glatt 3 m	5	2,90 EUR	14,50 EUR
12 440	Zwirn 2er schwarz	30	1,29 EUR	83,70 EUR
13 041	Klebefilm-Ersatzrolle	40	1,39 EUR	45,60 EUR
20 005	Herrenkamm Celluloid	18	1,48 EUR	26,64 EUR
40 020	Vokabelheft 32 Blatt A6	95	0,99 EUR	54,54 EUR
40 161	Spiralkassetten A7	60	1,02 EUR	6,12 EUR
41 256	Micro-Feinschreiber blau	15	3,99 EUR	59,85 EUR
	Nettobetrag			421,34 EUR
	+ 19 % Umsatzsteuer			?
	Bruttobetrag			?

Sitz der Gesellschaft: Pfungstadt;   RG Pfungstadt, HRA 710;   Steuer-Nr.: 23145/17212

---

4. Ein Reisender erhält ein monatliches Fixum (Festgehalt) von 1 240,00 EUR. Außerdem erhält er eine Umsatzprovision in Höhe von 4,5 %. Im Monat Mai betrug sein Umsatz 132 700,00 EUR.

   Wie viel EUR verdiente der Reisende insgesamt im Monat Mai?

2.2.2.3 Berechnung des Prozentsatzes

Wir bestellen Waren bei einem Versandhaus im Wert von 1 500,00 EUR und erhalten einen Mengenrabatt von 60,00 EUR.

Aufgabe:
Welchem Rabattsatz entspricht dies?

Lösung:

Gegeben:	Grundwert:	1 500,00 EUR
	Prozentwert:	60,00 EUR
Gesucht:	Prozentsatz:	?

Bedingungssatz ➡ 1 500,00 EUR ≙ 100 %

Fragesatz ➡ 60,00 EUR ≙ x %

Bruchsatz ➡ $x = \dfrac{100 \cdot 60}{1\,500} = \underline{\underline{4\,\%}}$ ⬅➡

Berechnung des Prozentsatzes mithilfe der Formel:

$$\text{Prozentsatz} = \dfrac{100 \cdot \text{Prozentwert}}{\text{Grundwert}}$$

Ergebnis: Der Rabattsatz beträgt 4 %.

oder verkürzt:

Prozentsatz = Prozentwert : 1 % des Grundwertes

Aufgaben zur Sicherung und Vertiefung des Lernerfolgs

8

1. Welchen Rabattsatz hat der Lieferer bei den nachfolgenden Wareneinkäufen gewährt?

Nr.	Einkaufsbetrag	Rabatt	Nr.	Einkaufsbetrag	Rabatt
1.1	2 720,00 EUR	429,76 EUR	1.4	210,00 EUR	58,80 EUR
1.2	631,00 EUR	44,17 EUR	1.5	4 186,00 EUR	376,74 EUR
1.3	800,00 EUR	113,60 EUR	1.6	742,00 EUR	185,50 EUR

2.

Salomon
**Skischuh
Verse 5.0 Men**
4954.224

Sie sparen 130.–

159.–
~~289.–~~

Wie viel Prozent spart der Verbraucher bei diesem Sonderangebot eines Sportartikelgeschäftes?

3. Bei einer Warenzustellung wird unser Lieferwagen in einen Unfall verwickelt. Die mitgeführte Ware ist verdorben. Die Versicherung kommt teilweise für den Schaden auf. Der Schaden beläuft sich auf 388,00 EUR. Als Entschädigung erhalten wir 318,16 EUR.

Wie viel Prozent hat die Versicherung ersetzt?

2.2.3 Prozentrechnung im Hundert (verminderter Grundwert)

Beispiel:

Wegen kleiner Fehler wird eine Ware mit einem Nachlass von 15 % zum Sonderpreis von 104,55 EUR verkauft.

Aufgaben:
1. Wie viel EUR betrug der reguläre Preis?
2. Wie viel EUR beträgt die Preissenkung?

Problemstellung

Die Preissenkung von 15 % bezieht sich auf den **ursprünglichen (regulären) Preis** (wir sprechen hier vom **reinen Grundwert**). Der reine Grundwert entspricht 100 %. Der herabgesetzte Preis entspricht daher in Prozenten ausgedrückt 85 % (**verminderter Grundwert**). Da der gegebene Betrag **unter** (und damit **innerhalb**) 100 % liegt, spricht man auch von **Prozentrechnung im Hundert.**

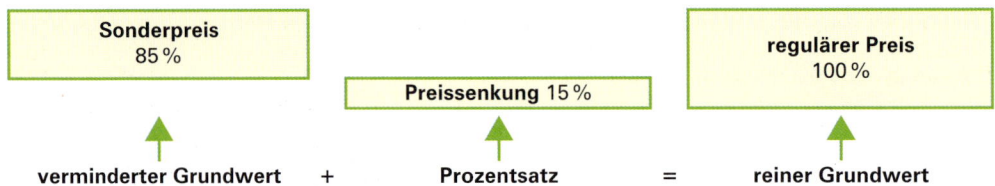

Lösung:

Die Lösung erfolgt mithilfe des Dreisatzes.

Gegeben:	Prozentsatz:	15 %
	Verminderter Grundwert in Prozent:	85 %
	Verminderter Grundwert in EUR:	104,55 EUR
Gesucht:	Grundwert: ?	

Bedingungssatz ➡ 85 % ≙ 104,55 EUR

Fragesatz ➡ 100 % ≙ x EUR

Bruchsatz ➡ $x = \dfrac{104{,}55 \cdot 100}{85} = 123{,}00$ EUR

	Regulärer Preis	123,00 EUR
−	Sonderpreis	104,55 EUR
	Preissenkung	18,45 EUR

Anmerkung: Es ist auch möglich, zuerst die Preissenkung von 15 % in EUR zu errechnen. Allerdings wäre es ein Umweg. Man steuert vielmehr im Ansatz direkt auf die gefragte Größe zu. Das ist der alte Preis, anders ausgedrückt: der reine Grundwert. Dieser entspricht 100 % (Fragesatz).

Ergebnisse:
1. Der reguläre Preis betrug 123,00 EUR.
2. Die Preissenkung beträgt 18,45 EUR.

Allgemeiner Lösungsweg

1. Beginnen Sie den Rechenansatz mit dem verminderten Grundwert, für den ja der Prozentsatz (unter 100 %) und der absolute Betrag bekannt sind.
2. Berechnen Sie den Grundwert bzw. den Prozentwert mithilfe des Dreisatzes.

9 1. Nach einem Brand werden verschiedene Waren mit kleinen Rauchschäden zu folgenden Auszeichnungspreisen angeboten:

Nr.	Sonderpreis	Preisnachlass
1.1	118,90 EUR	18%
1.2	158,76 EUR	16%
1.3	152,75 EUR	35%

Wie viel EUR betragen die ursprünglichen Verkaufspreise, wenn die angegebenen Preisnachlässe gewährt wurden?

2. Der Preis eines Liegestuhls war um 20% ermäßigt worden. Da der Liegestuhl immer noch nicht verkauft werden konnte, wurde dieser Preis nochmals um 30% gesenkt. Er kostet jetzt 24,50 EUR.

   2.1 Wie viel EUR betrug der ursprüngliche Preis?

   2.2 Um wie viel Prozent wurde der Liegestuhl insgesamt billiger?

3. Berechnen Sie den ursprünglichen Preis des stapelbaren Rollers (siehe nebenstehende Abbildung)!

4. Eine Mitarbeiterin bekommt vom Geschäft einen Personalrabatt von $12\frac{1}{2}$%.

Mit wie viel EUR war ein Artikel ausgezeichnet, wenn sie ihn für 112,00 EUR kaufte?

5. Berechnen Sie bei dem nachfolgenden Überweisungsauftrag den Skontobetrag und den Rechnungsbetrag!

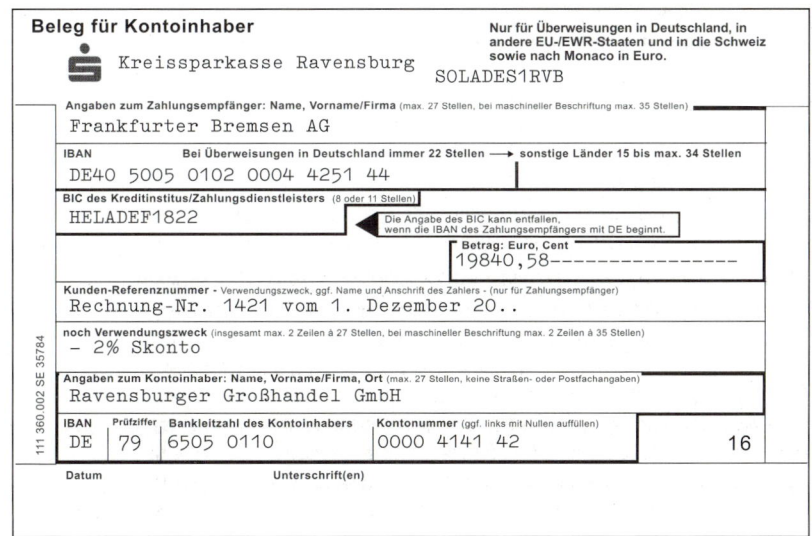

3 Speth u.a. - ISBN 978-3-8120-0528-9

2.2.4 Prozentrechnung auf Hundert (vermehrter Grundwert)

Beispiel:

Eine Eingangsrechnung der Papiergroßhandlung Karl Kroll GmbH beträgt einschließlich 19% USt 2910,74 EUR.

Aufgaben:
1. Berechnen Sie den Nettowert der Rechnung!
2. Wie viel EUR beträgt die Umsatzsteuer?

Problemstellung

Die Bezugsgrundlage für die Umsatzsteuer ist der Nettowert (reiner Warenwert) der Eingangsrechnung. Der Warenwert entspricht daher 100%. Da im angegebenen Rechnungsbetrag die Umsatzsteuer von 19% enthalten ist, entspricht dieser Wert 119%. Man bezeichnet ihn als **vermehrten Grundwert.** Dieser Bruttowert (vermehrter Grundwert) bildet den Ausgangspunkt für die Berechnung des Nettowertes der Eingangsrechnung.

Wert der Eingangsrechnung einschl. Umsatzsteuer ≙ 119%	Umsatzsteuer ≙ 19%	Nettowert der Eingangsrechnung ≙ 100%
vermehrter Grundwert –	**Prozentsatz** =	**reiner Grundwert**

Lösung:

Die Lösung erfolgt mithilfe des Dreisatzes.

Gegeben: Prozentsatz: 19%
                    vermehrter Grundwert in Prozent: 119%
                    vermehrter Grundwert in EUR: 2910,74 EUR

Gesucht: Grundwert: ?

Bedingungssatz: ➤   119% ≙   2910,74 EUR

Fragesatz: ➤   100% ≙   x   EUR

Bruchsatz: ➤ $x = \dfrac{2910,74 \cdot 100}{119} = 2446,00$ EUR

Ergebnisse: 1. Der Nettowert der Eingangsrechnung beträgt 2446,00 EUR.
                     2. Die Umsatzsteuer beträgt 464,74 EUR.

Aufgaben   **zur Sicherung und Vertiefung des Lernerfolgs**

10 1. Die Monatsmiete für unsere Geschäftsräume hat sich um $6\frac{1}{4}$% erhöht. Sie beträgt nun 2316,25 EUR.

   Um wie viel EUR ist die Miete angestiegen?

2. Verschiedene Waren wurden neu ausgezeichnet.

Nr.	Auszeichnungspreis	Preiserhöhung
2.1	192,28 EUR	$4\frac{1}{2}$ %
2.2	33,15 EUR	2 %
2.3	297,00 EUR	$12\frac{1}{2}$ %
2.4	419,75 EUR	15 %

Berechnen Sie den bisherigen Verkaufspreis vor den angegebenen Preiserhöhungen!

3.

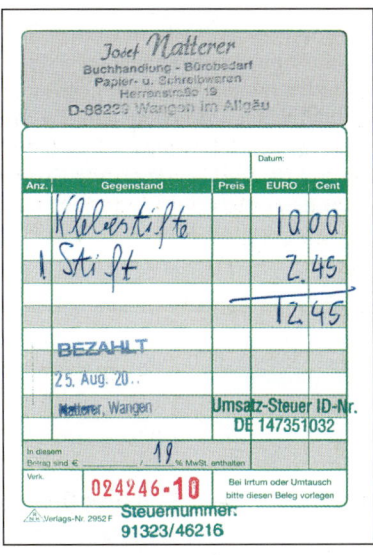

Berechnen Sie den Nettowarenwert und die Umsatzsteuer!

4. Ein Versandhaus hat den Listenverkaufspreis eines Artikels mit 24,15 EUR neu ausgezeichnet, nachdem der bisherige Listenverkaufspreis um einen Teuerungszuschlag von 5 % angehoben wurde.

Wie viel EUR betrug der Listenverkaufspreis vor der Preiserhöhung?

Aufgaben aus den verschiedenen Gebieten der Prozentrechnung

11 1. Laut Katalog bestellen wir 156 Stück einer Ware, wobei folgende Bedingungen gelten:

> Listeneinkaufspreis je Artikel: 14,20 EUR
>
> Mengenrabatt: bei Abnahme von mindestens 100 Stück: 5 %
> bei Abnahme von mindestens 200 Stück: 6 %
> Bis zu einer Abnahme von 200 Stück wird eine Frachtpauschale
> von 45,00 EUR erhoben.

Wie viel EUR beträgt der Bezugspreis?

2. Die Frequenzanalyse[1] eines Einzelhandelsunternehmens weist folgende Daten aus:

Samstag, 18. Febr. 20..		
Zeitraum	Kunden	Umsatz (EUR)
08:00 – 09:00 Uhr	73	3 170,00
09:00 – 10:00 Uhr	120	5 424,00
10:00 – 11:00 Uhr	260	12 272,00
11:00 – 12:00 Uhr	95	3 781,00
Summe	548	24 647,00

2.1 Wie viel Prozent des Tagesumsatzes werden in der Zeit von 10:00 – 11:00 Uhr erwirtschaftet?

2.2 Wie viel Prozent der Kunden kaufen in der Zeit von 10:00 – 11:00 Uhr in diesem Einzelhandelsunternehmen ein?

2.3 Berechnen Sie den durchschnittlichen Kaufbetrag je Kunde, bezogen auf den Tagesumsatz!

2.4 Wie viel EUR beträgt der durchschnittliche Kaufbetrag je Kunde in der Zeit von 10:00 bis 11:00 Uhr?

3. Ein Einzelhändler weist im 1. Halbjahr folgende Umsätze auf:

Januar:	80 500,00 EUR	April:	95 600,00 EUR
Februar:	91 700,00 EUR	Mai:	92 300,00 EUR
März:	78 900,00 EUR	Juni:	89 750,00 EUR

Im Juli beträgt der Umsatz 93 412,50 EUR.

Um wie viel Prozent übersteigt der Juliumsatz den monatlichen Durchschnittsumsatz des 1. Halbjahres?

4. Wie viel Prozent beträgt (siehe nebenstehende Abbildung) der Preisnachlass?

DALVIKEN Wandschrank.
Weiß/antik gebeizt
32x17 cm, 69 cm hoch.
45.- 19.-

5. Einem Kunden wurde ein Kassenzettel über 443,12 EUR ausgeschrieben. Auf Bitten des Kunden wird die darin enthaltene Umsatzsteuer gesondert ausgewiesen. Steuersatz: 19 %.

Wie viel EUR beträgt die eingerechnete Umsatzsteuer?

6. Nach einer Werbeaktion für französischen Käse konnte ein Supermarkt in der Käseabteilung eine Umsatzsteigerung für den Monat Juli um $8\frac{1}{4}$ % auf 6 087,98 EUR gegenüber dem Vormonat erzielen.

Wie viel EUR beträgt die Umsatzsteigerung?

---

1 Die Aufgliederung des Umsatzes nach dem Kaufzeitpunkt und nach der Anzahl der Kunden über einen Verkaufstag verteilt bezeichnet man als **Frequenzanalyse** (Frequenz: Besucherzahl). Durch die Frequenzanalyse kann der Einzelhändler wichtige und weniger wichtige Verkaufszeiten erkennen und danach z.B. seinen Personaleinsatz steuern.

2.3 Einführung in die Unternehmensbuchführung am Beispiel der Kassenbuchführung

2.3.1 Geschäftsvorfälle und Belege als Grundlage der kaufmännischen Buchführung

In den privaten Unternehmen fällt täglich eine Vielzahl von baren und unbaren Vorgängen an, die den Wert des Vermögens und/oder der Schulden verändern. Man bezeichnet sie als Geschäftsvorfälle.

Merke:

Geschäftsvorfälle sind Vorgänge, die eine Veränderung der **Vermögenswerte** bzw. der **Schulden** auslösen.

In der Praxis existiert über jeden Geschäftsvorfall ein Beleg. Die Buchungssätze werden somit dort immer nur aufgrund von Belegen (Überweisungen, Rechnungen, Quittungen, Lohnlisten usw.) gebildet.

Merke:

In der Praxis gilt daher der Grundsatz: **Keine Buchung ohne Beleg!**

Nur durch den Beleg kann die Richtigkeit bzw. Vollständigkeit der Buchführung nachgewiesen werden. Belege sind daher die Grundvoraussetzung für eine ordnungsmäßige Buchführung.

Um die Übersicht über sein Vermögen und seine Schulden zu behalten, muss der Kaufmann die zu Beginn der Geschäftsperiode vorhandenen Bestände an Vermögen und Schulden sowie die durch die Geschäftsvorfälle hervorgerufenen Veränderungen festhalten, d.h., er muss über die Geschäftsvorfälle „Buch führen".

Merke:

Die **Buchführung** ist die lückenlose Erfassung aller Geschäftsvorfälle eines Unternehmens aufgrund von Belegen.

2.3.2 Erfassung von Geschäftsvorfällen am Beispiel des Kontos Kasse

(1) Standpunkt für die Erfassung von Geschäftsvorfällen

Ein Geschäftsvorfall kann immer von zwei Seiten aus betrachtet werden.

Beispiel:

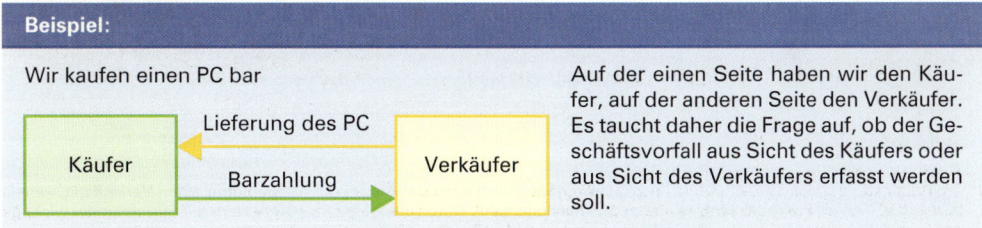

Wir kaufen einen PC bar

Käufer — Lieferung des PC / Barzahlung — Verkäufer

Auf der einen Seite haben wir den Käufer, auf der anderen Seite den Verkäufer. Es taucht daher die Frage auf, ob der Geschäftsvorfall aus Sicht des Käufers oder aus Sicht des Verkäufers erfasst werden soll.

Um keine Missverständnisse aufkommen zu lassen und um nicht ständig umdenken zu müssen, werden **alle Geschäftsvorfälle** nur von **einem Standpunkt** aus betrachtet und erfasst. Dabei versetzen **wir** uns in die Rolle eines Kaufmanns, der seine Bücher führt. Alle Geschäftsvorfälle sind als Ereignisse **unseres Unternehmens** anzusehen. Wie der Geschäftsvorfall bei unserem Geschäftspartner zu buchen ist, interessiert uns daher nicht.

In diesem Zusammenhang unterscheidet man zwischen Eigen- und Fremdbelegen. **Eigenbelege** (z. B. Kassenquittung, Ausgangsrechnung an unsere Kunden) werden vom Unternehmen selbst erstellt. **Fremdbelege** (z. B. Kontoauszug, Eingangsrechnung von den Lieferanten) erhält das Unternehmen von seinen Geschäftspartnern.

Sie arbeiten bei der Papiergroßhandlung Tiermann OHG. Auf Ihrem Schreibtisch liegen folgende Belege.

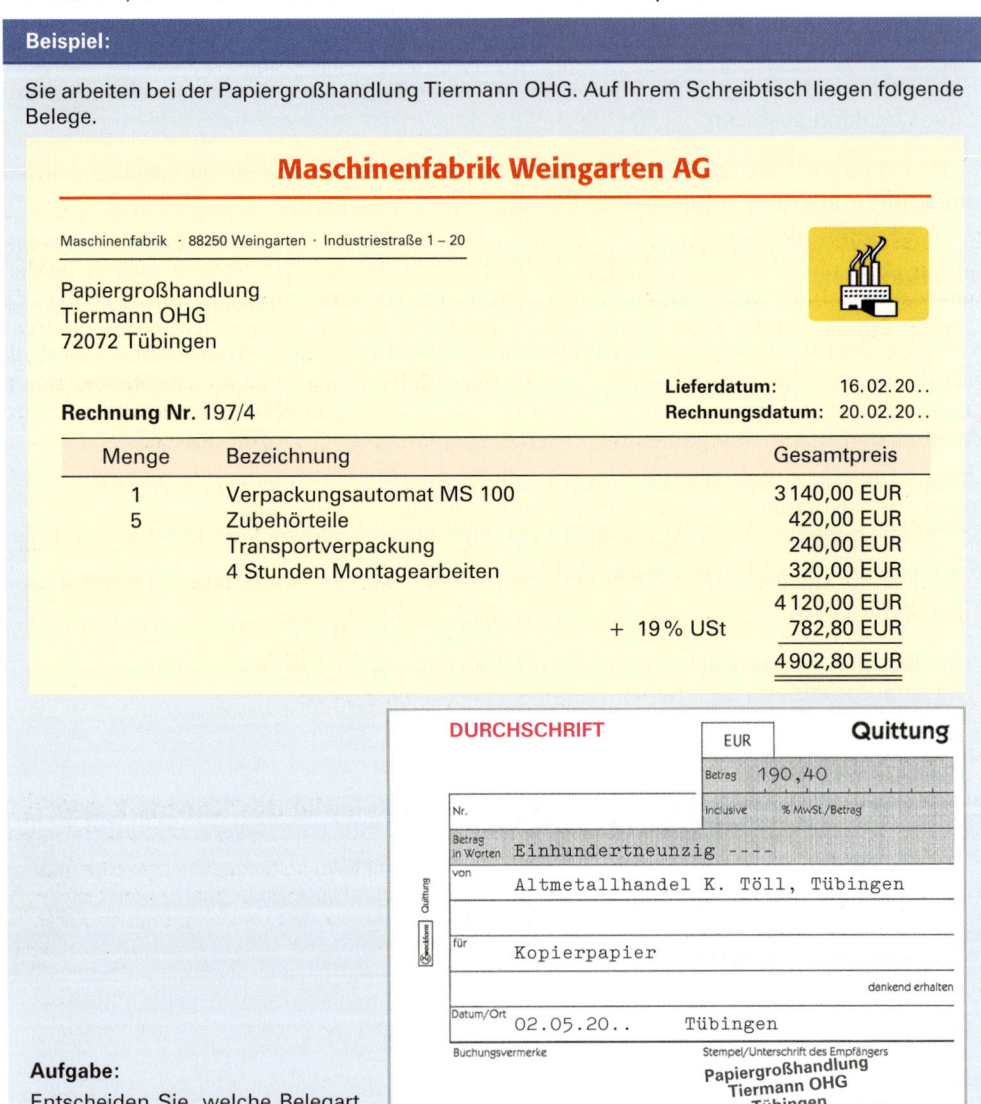

Aufgabe:
Entscheiden Sie, welche Belegart jeweils vorliegt!

Beim ersten Beleg handelt es sich um einen Fremdbeleg (Eingangsrechnung). Der zweite Beleg ist ein Eigenbeleg (Kassenbeleg).

Die Fälle, in denen der „Wir-Standpunkt" nicht ausdrücklich in die Formulierung aufgenommen ist, sind in gleicher Weise zu verstehen.

Beispiel:

Wareneinkauf bar ⟶	d.h. **„Wir** kaufen Waren bar."
Banküberweisung eines Kunden ⟶	d.h. „Der Kunde überweist **uns** einen Rechnungsbetrag."
Zahlung einer Liefererrechnung ⟶ durch Banküberweisung	d.h. **„Wir** zahlen eine Liefererrechnung durch Banküberweisung."

(2) Einführung des Kontos Kasse

Bei Kassenvorgängen kann es sich nur um zweierlei handeln, entweder um Zahlungseingänge oder um Zahlungsausgänge. Es bietet sich daher an, zwischen diesen beiden unterschiedlichen Tatbeständen, die es zu erfassen gilt, eine Trennungslinie zu ziehen. Zu diesem Zweck teilen wir unser Aufzeichnungsblatt in zwei Hälften und vereinbaren, dass wir unsere **Geldeingänge** auf der **linken Hälfte der Seite** erfassen (wir nennen sie **Sollseite**[1]) und die **Geldausgänge** auf der **rechten Seite** (diese nennen wir **Habenseite**[1]). Diese Art der Erfassung der Geschäftsvorfälle nennen wir **Kontoform**. Das Konto, auf dem die Kassenvorgänge festgehalten werden, bezeichnet man als **Konto Kasse**.

Merke:

Typisch für die Geschäftsvorfälle ist ihre Zweiseitigkeit. Für die Erfassung der Bargeschäfte auf dem Konto Kasse gilt das folgende Grundschema:

Soll	Kasse	Haben
Geldeinnahmen		Geldausgaben

Beispiel:

I. Sachverhalt:

Wir betreiben ein Elektrogroßhandelsgeschäft. Es sollen die Einnahmen und Ausgaben der Geschäftskasse in unserem Unternehmen auf einem Kassenkonto festgehalten werden. Vorgänge, die Einnahmen oder Ausgaben der Kasse hervorrufen, bezeichnet man als Bargeschäfte.

---

1 Die Seitenbezeichnungen „Soll" und „Haben" hängen mit der Entwicklungsgeschichte der Buchführung zusammen. Es sind Restbestände aus der Führung der ersten Konten, bei denen es sich um Personenkonten handelte (Kunden **„sollen"** zahlen [Warenlieferungen] und sie **„haben"** gezahlt [Zahlungen]). Diese für **alle** Konten geltenden Seitenbezeichnungen können bei anderen Konten nicht mehr zum Konteninhalt in Beziehung gebracht werden.

Es ereignen sich folgende Bargeschäfte:

1. Karl Kunde e. Kfm. kauft 5 Radiogeräte zum Gesamtpreis von 1 750,00 EUR.
2. Fritz Müller OHG kauft bei uns 10 Fernsehgeräte für 6 500,00 EUR.
3. Wir zahlen für einen Auszubildenden die Ausbildungsvergütung in Höhe von 620,00 EUR.
4. Wir erhalten eine Lieferung Ersatzteile per Nachnahme. Wir lösen die Nachnahme über 1 480,00 EUR ein.
5. Die Klaus Abel KG zahlt für erhaltene CDs 1 980,00 EUR.
6. Die Anton Beyer GmbH kauft diverse Lampen für insgesamt 1 460,00 EUR.

II. Aufgabe:

Führen Sie das Kassenkonto!

Lösung:

Aufgrund der getroffenen Vereinbarung sind alle Einnahmen aus Bargeschäften auf der Sollseite des Kassenkontos und demnach alle Barausgaben auf der Habenseite zu buchen sind.

Soll		Kasse	Haben
Karl Kunde	1 750,00	Ausbildungsvergütung	620,00
Fritz Müller	6 500,00	Nachnahme	1 480,00
Klaus Abel	1 980,00		
Anton Beyer	1 460,00		

Wollen wir den **Schlussbestand ermitteln,** muss das Konto zu diesem Zweck **abgeschlossen** werden. Den ermittelten Schlussbestand nennt man in der Sprache des Buchhalters **Saldo,** den Vorgang des Kontoabschlusses bezeichnet man als Saldieren.

Um **nach dem Abschluss** weitere Eintragungen vornehmen zu können, muss ein bereits abgeschlossenes Konto für die nächste Abrechnungsperiode wieder **neu eröffnet** werden. Dies ergibt folgende Darstellung:

Abschluss des Kontos:

Soll		Kasse	Haben
Karl Kunde	1 750,00	Ausbildungsvergütung	620,00
Fritz Müller	6 500,00	Nachnahme	1 480,00
Klaus Abel	1 980,00	Schlussbestand	9 590,00
Anton Beyer	1 460,00	(Saldo)	
	11 690,00		11 690,00

Neueröffnung des Kontos:

Soll		Kasse	Haben
Anfangsbestand (Saldovortrag)	9 590,00		

Schematische Darstellung:

Erläuterungen:

Der ermittelte Restbetrag (Saldo) auf einem Konto heißt Schlussbestand. Dieser steht immer auf der wertmäßig kleineren Seite. Das ist bei einem Kassenkonto die Habenseite (niemand kann mehr Geld aus der Kasse entnehmen, als vorher hineingelegt wurde).

Der Anfangsbestand (Saldovortrag) auf dem neu eröffneten Konto steht immer auf der entgegengesetzten Seite wie der Schlussbestand (Saldo). Da auf dem Kassenkonto der Schlussbestand auf der Habenseite steht, muss der Anfangsbestand auf der Sollseite erscheinen.

Der Abschluss eines Kontos vollzieht sich in fünf Schritten:

1. Schritt: Das Wort Schlussbestand wird auf der wertmäßig kleineren Seite eingetragen.

2. Schritt: Die wertmäßig größere Seite wird addiert.

3. Schritt: Die errechnete Summe wird auf die wertmäßig kleinere Seite übertragen.

4. Schritt: Der Schlussbestand (Saldo) wird ermittelt.

5. Schritt: Die Abschlussstriche sind zu ziehen.

Zusammenfassung

- **Geschäftsvorfälle** lösen Veränderungen des Vermögens bzw. der Schulden aus. Sie sind der **Erfassungsgegenstand der Buchführung.** Es gilt der Grundsatz: **„Keine Buchung ohne Beleg".**

- Die **kaufmännische Buchführung** erfasst neben den Anfangsbeständen zu Beginn der Geschäftsperiode alle Geschäftsvorfälle eines Unternehmens für die jeweilige Geschäftsperiode.

- Das **Konto** ist ein zweiseitiges Verrechnungsschema. Die linke Seite eines Kontos ist immer die **Sollseite,** die rechte immer die **Habenseite.**

- Soll auf einem Konto der **Restbetrag (Saldo,** d. h. Ausgleich) ermittelt werden, muss man es abschließen. Rein rechnerisch wird dabei die wertmäßig kleinere Seite von der wertmäßig größeren Seite abgezogen.

- Der Saldo (z. B. Schlussbestand beim Konto Kasse) wird auf der **wertmäßig kleineren Seite** in der unmittelbar folgenden freien Zeile eingetragen. Der Saldo **gleicht die beiden Seiten wertmäßig** aus.

- Um in der nächsten Abrechnungsperiode weitere Buchungen vornehmen zu können, muss ein einmal abgeschlossenes Konto **neu eröffnet** werden. Dabei wird der Saldovortrag (z. B. der Anfangsbestand auf dem Konto Kasse) immer auf der entgegengesetzten Seite eingetragen, auf der der Saldo beim Abschluss stand.

- Der **Saldovortrag (Anfangsbestand)** auf dem **Konto Kasse** steht daher auf der **Sollseite.**

12 Führen Sie das Konto **Kasse** und schließen Sie es nach Buchung der Geschäftsvorfälle ab!

> **Bearbeitungshinweis:** Denken Sie daran, dass alle Geschäftsvorfälle jeweils nur nach ihrer Auswirkung auf den Kassenbestand befragt werden müssen. Für die Beantwortung gibt es nur zwei Möglichkeiten: Entweder der Kassenbestand nimmt durch den Geschäftsvorfall zu oder er nimmt ab. Zugänge gehören bei der Kasse auf die Sollseite, Abgänge auf die Habenseite.

I. Anfangsbestand:

Die Kasse weist einen Anfangsbestand (Saldovortrag) von 2 160,00 EUR aus.

II. Geschäftsvorfälle:

Es ereignen sich folgende Geschäftsvorfälle, die den Kassenbestand verändern:

1.	Barverkauf von Waren	3 070,00 EUR
2.	Zeitungsinserat bar bezahlt	190,00 EUR
3.	Kauf von Briefmarken	45,00 EUR
4.	Barzahlung eines Kunden	910,00 EUR
5.	Mietzahlung unseres Mieters bar	300,00 EUR
6.	Barzahlung einer Lieferantenrechnung	1 940,00 EUR
7.	Barverkauf von Waren	180,00 EUR
8.	Provisionszahlung bar	2 700,00 EUR

13 Führen Sie das Konto **Kasse** und schließen Sie es nach Buchung der Geschäftsvorfälle ab!

I. Anfangsbestand:

Die Kasse weist einen Anfangsbestand von 2 370,00 EUR aus.

II. Geschäftsvorfälle:

Es ereignen sich folgende Geschäftsvorfälle, die den Kassenbestand verändern:

1.	Ein Kunde zahlt einen Rechnungsbetrag bar	350,00 EUR
2.	Wir kaufen Waren bar ein	500,00 EUR
3.	Wir heben vom Bankkonto ab und legen das Geld in die Geschäftskasse	1 000,00 EUR
4.	Wir zahlen die Aushilfslöhne bar	900,00 EUR
5.	Wir kaufen Waren bar	850,00 EUR
6.	Wir kaufen Büromaterial bar	78,00 EUR
7.	Wir kaufen einen Bürostuhl bar	425,00 EUR
8.	Wir zahlen auf unser Bankkonto bar ein	400,00 EUR

14 **I. Anfangsbestand:**

Die Kasse weist einen Anfangsbestand von 3 540,25 EUR aus.

II. Geschäftsvorfälle:

1. Führen Sie aufgrund der folgenden Belege für den Lehrmittelvertrieb Stefan Wunder KG das Konto **Kasse**!

2. Formulieren Sie aufgrund der vorliegenden Belege die zugrunde liegenden Geschäftsvorfälle und buchen Sie die Belege auf dem Kassenkonto. Geben Sie jeweils an, ob es sich um Eigen- oder Fremdbelege handelt!

3. Schließen Sie das Kassenkonto nach Buchung der Geschäftsvorfälle ab!

Beleg 1

```
RAN-STATION
Konrad Wessle

*      57,41 Liter SÄULENR 3*
*Super Blfr.   A   67,11 EUR*

TOTAL           67,11 EUR


#31366 18.03.20..18:57 B01 K.0001
Der Verkauf von Kraft- und
Schmierstoffen erfolgt im
Namen und für Rechnung der
Südtank GmbH & Co.KG,
Ulmer Str. 29, 89331 Burgau
StNr.Kraftst.: 121/174/54108
StNr.Shopware: 91389/17030
  Vielen Dank für Ihren Einkauf
    und gute Fahrt!
```

Beleg 2

Lehrmittel
Stefan Wunder KG

Lehrmittel Stefan Wunder KG, Steinbeisstr. 20, 88046 Friedrichshafen

Büchermarkt Markus Böhlen
Edelweißweg 8
88046 Friedrichshafen

Kunden-nummer	Rechnungs-nummer	Rechnungs-datum	Auftrags-nummer	Auftrags-datum	Liefer-datum	Bestell-nummer
24003	1502	20..-03-18			20..-03-08	26831

Barverkauf

Pos.	Art.-Nr.	Bezeichnung	Menge	Einzelpreis EUR	Gesamtpreis EUR
1	0563	Betriebswirtschaftslehre Einzelhandel	250	22,00	5 500,00
2	0561	Gesamtwirtschaft Einzelhandel	150	11,80	1 770,00
				Rechnungsbetrag	7 270,00

Betrag dankend erhalten
Wunder

Zahlungsbedingungen: Barzahlung

Hinweis: Die Umsatzsteuer wird hier und bei den folgenden Belegen der Aufgabe nicht ausgewiesen. Die Umsatzsteuer wird erst später behandelt.

Beleg 3

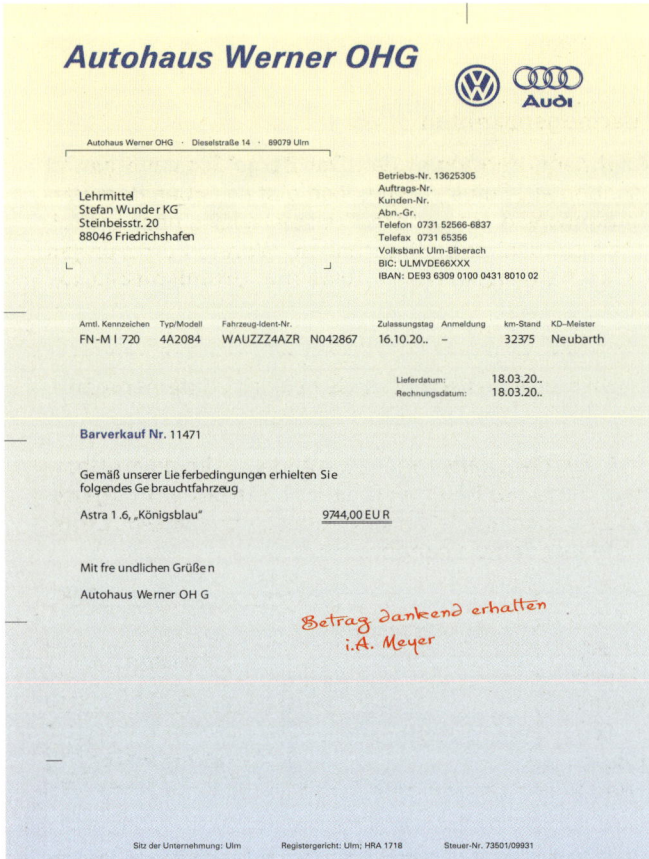

Autohaus Werner OHG

VW Audi

Autohaus Werner OHG · Dieselstraße 14 · 89079 Ulm

Lehrmittel
Stefan Wunder KG
Steinbeisstr. 20
88046 Friedrichshafen

Betriebs-Nr. 13625305
Auftrags-Nr.
Kunden-Nr.
Abn.-Gr.
Telefon 0731 52566-6837
Telefax 0731 65356
Volksbank Ulm-Biberach
BIC: ULMVDE66XXX
IBAN: DE93 6309 0100 0431 8010 02

Amtl. Kennzeichen	Typ/Modell	Fahrzeug-Ident.-Nr.		Zulassungstag	Anmeldung	km-Stand	KD–Meister
FN-M I 720	4A2084	WAUZZZ4AZR	N042867	16.10.20..	–	32375	Neubarth

Lieferdatum: 18.03.20..
Rechnungsdatum: 18.03.20..

Barverkauf Nr. 11471

Gemäß unserer Lieferbedingungen erhielten Sie
folgendes Gebrauchtfahrzeug

Astra 1.6, „Königsblau"　　　9744,00 EUR

Mit freundlichen Grüßen

Autohaus Werner OHG

*Betrag dankend erhalten
i.A. Meyer*

Sitz der Unternehmung: Ulm　　Registergericht: Ulm; HRA 1718　　Steuer-Nr. 73501/09931

Beleg 4

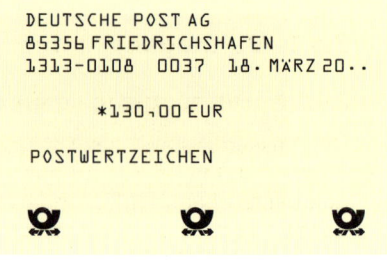

DEUTSCHE POST AG
85356 FRIEDRICHSHAFEN
1313-0108　0037　18. MÄRZ 20..

*130,00 EUR

POSTWERTZEICHEN

Beleg 5

Nessensohn Werkverkauf GmbH	Lindauer Straße 51 Wangen

*Lehrmittel Stefan Wunder KG.
Steinbeisstr. 20
88046 Friedrichshafen*

278,00

Datum	18. März 20..	EUR	Cent
	Lagerregal	150	00
	Schreibtisch	128	00
		278	00
	Eingeräumter Sonderrabatt wegen Räumungsverkauf 25%		

Zu reduzierten Preisen kein Umtausch möglich!

6 - 003677　　Volksbank Wangen
DE73 6509 2010 0031 2510 05

W. Kohlhammer Druckerei GmbH + Co. Stuttgart, Abt. Kassenblock

Beleg 6

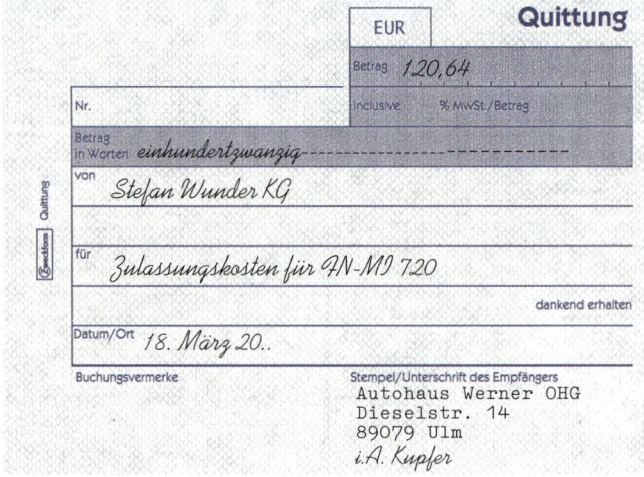

EUR	**Quittung**

Betrag　*1.20,64*

Nr.

inclusive　% MwSt./Betrag

Betrag
in Worten　*einhundertzwanzig----------------------------*

von　*Stefan Wunder KG*

für　*Zulassungskosten für FN-MJ 720*

dankend erhalten

Datum/Ort　*18. März 20..*

Buchungsvermerke　　Stempel/Unterschrift des Empfängers

Autohaus Werner OHG
Dieselstr. 14
89079 Ulm
i.A. Kupfer

44

2.4 Bestandskonten

2.4.1 Vermögenskonten

2.4.1.1 Buchungsregeln für die Vermögenskonten

Der Kassenbestand stellt für den Kaufmann Vermögen dar. Der Bargeldbestand nimmt durch Einnahmen zu und durch Ausgaben ab. Selbstverständlich gibt es neben dem Bargeldbestand auch noch andere Vermögensteile. So gehören beispielsweise noch die folgenden Posten zum Vermögen eines Kaufmanns: **Bankguthaben, Waren, Forderungen an Kunden, Fahrzeuge (Fuhrpark), Geschäftsausstattung, Gebäude, Grundstücke** usw.

Merke:

Das **Vermögen** gibt Aufschluss darüber, welche Gegenstände in einem Unternehmen vorhanden sind.

Alle Vermögensposten können sich durch Geschäftsvorfälle verändern. Um einen Überblick über sein Vermögen zu behalten, muss der Kaufmann daher für **jeden Vermögensposten ein Konto** führen. Auf diese Weise kann er alle Veränderungen übersichtlich erfassen, wie wir das beim Konto Kasse bereits erfahren haben.

Für alle Vermögensposten gilt, dass sie zu Beginn der Geschäftsperiode einen bestimmten Bestand haben, den wir **Anfangsbestand** nennen wollen. Dieser kann sich aufgrund von Geschäftsvorfällen verändern. Er kann zunehmen **(Zugang)** oder er kann abnehmen **(Abgang)**. Am Ende der Geschäftsperiode ergibt sich ein **Schlussbestand.**

Soll	Kasse	Haben
Anfangsbestand (AB)		Abgänge
Zugänge		Schlussbestand (SB)

Diese allgemein gültigen Begriffe wollen wir nun bei der Führung der Vermögenskonten übernehmen. Für das uns bereits bekannte **Konto Kasse** ergibt sich folgender **Kontoaufbau:**

- Der **Anfangsbestand** an Bargeld erscheint auf der Sollseite des Kassenkontos.
- Die **Zugänge** an Bargeld erscheinen auf der Sollseite des Kassenkontos.
- Die **Abgänge** an Bargeld erscheinen auf der Habenseite des Kassenkontos.
- Der **Schlussbestand** an Bargeld erscheint auf der Habenseite des Kassenkontos.

Was für das Kassenkonto gilt, gilt auch für alle andere Vermögenskonten. Damit kommen wir zu folgenden allgemein gültigen **Buchungsregeln für die Vermögenskonten:**

Bei den **Vermögenskonten**[1] gehören der **Anfangsbestand** und die **Zugänge** auf die **Sollseite,** die **Abgänge** und der **Schlussbestand** (Saldo) auf die **Habenseite.**

Soll	Vermögenskonten	Haben
Anfangsbestand (AB)		Abgänge
Zugänge		Schlussbestand (SB)

---

1 Die Vermögenskonten bezeichnet man auch als **Aktivkonten,** weil sie auf der Aktivseite der Bilanz stehen (siehe hierzu S. 111).

Bitte beachten Sie bei den Aufgaben 15 und 16:

1. dass es sich bei den zu führenden Konten jeweils um **ein Vermögenskonto** handelt;
2. dass wir die Auswirkungen der Geschäftsvorfälle jeweils **nur** im Hinblick auf das zu führende Konto beurteilen wollen. Nimmt der Bestand auf diesem Konto zu oder nimmt er ab?

15 1. Führen Sie das Konto **Bank**[1] und schließen Sie es nach Buchung der Geschäftsvorfälle ab!

     I. Anfangsbestand:

     Das Konto Bank weist einen Anfangsbestand von 2 500,00 EUR aus.

     II. Geschäftsvorfälle:

1. Wir überweisen an einen Warenlieferanten	280,00 EUR
2. Wir heben vom Bankkonto ab und legen das Geld in die Geschäftskasse	350,00 EUR
3. Ein Kunde überweist einen Rechnungsbetrag auf unser Bankkonto	420,00 EUR
4. Wir begleichen betriebliche Steuern durch Banküberweisung	750,00 EUR
5. Ein Kunde zahlt einen Rechnungsbetrag durch Banküberweisung	365,00 EUR

    2. Führen Sie das Konto **Geschäftsausstattung** und schließen Sie es nach Buchung der Geschäftsvorfälle ab!

Anfangsbestand	25 350,00 EUR
Einkauf körpergerechter Bürosessel gegen Banküberweisung	10 320,00 EUR
Barverkauf nicht mehr benötigter Wandregale zum Buchwert in Höhe von	475,00 EUR
Einkauf neuer Wandschränke gegen Banküberweisung	5 765,00 EUR
Einkauf eines Kopiergerätes gegen Barzahlung	3 120,00 EUR
Barverkauf von nicht mehr benötigten PCs	1 400,00 EUR

16 Führen Sie die folgenden Vermögenskonten und stellen Sie jeweils durch Abschluss der Konten den Schlussbestand fest!

Forderungen aus Lieferungen und Leistungen

Anfangsbestand	4 150,00 EUR
1. Ein Kunde zahlt einen Rechnungsbetrag bar	2 000,00 EUR
2. Ein Kunde überweist einen Rechnungsbetrag auf unser Bankkonto	1 500,00 EUR

Geschäftsausstattung

Anfangsbestand	3 750,00 EUR
3. Wir kaufen einen PC bar	1 350,00 EUR
4. Wir verkaufen ein ausgedientes Faxgerät bar zum Buchwert	50,00 EUR

Maschinen

Anfangsbestand	4 750,00 EUR
5. Wir kaufen eine gebrauchte Druckmaschine bar	2 500,00 EUR
6. Wir kaufen eine kleine Verpackungsmaschine gegen Banküberweisung	7 400,00 EUR

Bank

Anfangsbestand	11 300,00 EUR
7. Wir heben vom Bankkonto ab und legen das Geld in die Geschäftskasse	1 200,00 EUR

---

1 In diesem Lehrbuch gehen wir davon aus, dass das Bankkonto immer ein Guthaben aufweist.

| 8. Ein Kunde überweist einen Rechnungsbetrag auf unser Bankkonto | 1 500,00 EUR |
| 9. Wir kaufen eine kleine Verpackungsmaschine gegen Banküberweisung | 7 400,00 EUR |

Kasse

Anfangsbestand	6 560,00 EUR
10. Ein Kunde zahlt einen Rechnungsbetrag bar	2 000,00 EUR
11. Wir heben vom Bankkonto ab und legen das Geld in die Geschäftskasse	1 200,00 EUR
12. Wir kaufen einen PC bar	1 350,00 EUR
13. Wir kaufen eine gebrauchte Druckmaschine bar	2 500,00 EUR
14. Wir verkaufen ein ausgedientes Faxgerät bar zum Buchwert	50,00 EUR

2.4.1.2 Überleitung zum System der doppelten Buchführung

(1) Buchung von Geschäftsvorfällen mithilfe eines Überlegungsschemas

Anstatt die Auswirkungen eines Geschäftsvorfalles nur einseitig von einem bestimmten Konto ausgehend zu betrachten, wollen wir jetzt den Geschäftsvorfall in seinen gesamten Auswirkungen untersuchen. Das führt zu einer anderen Fragestellung. Wir wählen nicht mehr ein bestimmtes Konto zum Ausgangspunkt unserer Betrachtung, sondern den Geschäftsvorfall selbst, und stellen uns nacheinander die folgenden Fragen:

● Welche Konten werden durch diesen Geschäftsvorfall berührt?

● Wie verändern sich die Kontobestände?

● Auf welcher Kontoseite ist nach den Buchungsregeln zu buchen?

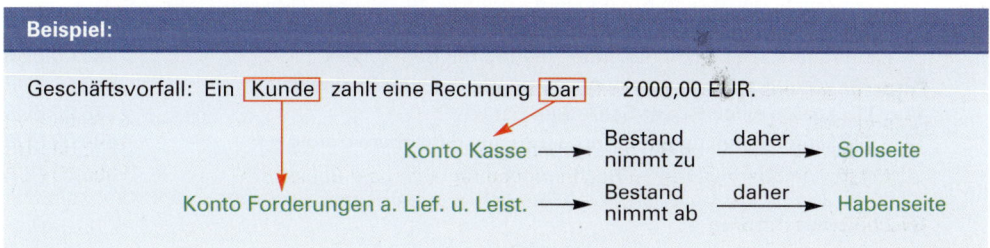

Beispiel:

Geschäftsvorfall: Ein Kunde zahlt eine Rechnung bar 2 000,00 EUR.

Konto Kasse → Bestand nimmt zu → daher → Sollseite

Konto Forderungen a. Lief. u. Leist. → Bestand nimmt ab → daher → Habenseite

Um die Auswirkungen von mehreren Geschäftsvorfällen übersichtlich darstellen zu können, schlagen wir das folgende Überlegungsschema vor.

| Geschäftsvorfälle | I. Welche Konten werden berührt? | II. Wie verändert sich jeweils der Bestand auf den Konten? | III. Auf welcher Kontoseite ist zu buchen? | |
			Soll	Haben
1. Ein Kunde zahlt einen Rechnungsbetrag bar 2 000,00 EUR.	Kasse Ford.a.Lief.u.Leist.	Zugang Abgang	2 000,00	2 000,00

47

Stellen Sie anhand des Überlegungsschemas fest, welche Konten durch die folgenden Geschäftsvorfälle berührt werden, welche Veränderung sich auf dem jeweiligen Konto ergibt und auf welcher Seite jeweils zu buchen ist!

17

1.	Ein Kunde zahlt einen Rechnungsbetrag bar	350,00 EUR
2.	Wir kaufen einen gebrauchten Pkw gegen Banküberweisung	14 500,00 EUR
3.	Wir verkaufen einen alten Schreibtisch bar zum Buchwert	150,00 EUR
4.	Ein Kunde bezahlt einen Rechnungsbetrag mit Bankscheck	720,00 EUR
5.	Wir heben Bargeld vom Bankkonto ab und legen das Geld in die Geschäftskasse	900,00 EUR
6.	Wir kaufen eine PC-Anlage gegen Bankscheck	4 310,00 EUR
7.	Wir verkaufen eine alte Ladentheke gegen Bankscheck zum Buchwert	680,00 EUR
8.	Ein Kunde zahlt einen Rechnungsbetrag durch Banküberweisung	165,00 EUR
9.	Wir zahlen auf unser Bankkonto bar ein	2 200,00 EUR
10.	Kundenüberweisung lt. Bankauszug	910,00 EUR

18

1.	Wir heben Bargeld vom Bankkonto ab und legen das Geld in die Kasse	10 000,00 EUR
2.	Wir kaufen einen Kombiwagen bar	42 000,00 EUR
3.	Ein Kunde zahlt einen Rechnungsbetrag bar	1 200,00 EUR
4.	Wir zahlen auf das Bankkonto bar ein	500,00 EUR
5.	Wir kaufen ein Kopiergerät gegen Bankscheck	1 750,00 EUR
6.	Wir richten bei der Bank ein Konto ein und zahlen darauf bar ein	500,00 EUR
7.	Ein Kunde überweist einen Rechnungsbetrag auf unser Bankkonto	3 200,00 EUR
8.	Die Forderung gegenüber dem Kunden (vgl. Nr. 7) beträgt nur 2 300,00 EUR. Wir zahlen daher dem Kunden den irrtümlich zu viel gezahlten Betrag durch Banküberweisung zurück	900,00 EUR
9.	Ein Kunde zahlt einen Rechnungsbetrag mit Bankscheck	780,00 EUR
10.	Wir verkaufen einen veralteten Computer bar zum Buchwert	500,00 EUR
11.	Wir kaufen einen Papier-Schredder bar	325,00 EUR
12.	Wir kaufen einen neuen Computer gegen Banküberweisung	1 500,00 EUR

(2) Buchung von Geschäftsvorfällen im System der doppelten Buchführung (im Überlegungsschema und auf Konten)

Um die Vorteile der neuen Sichtweise, bei der als Ausgangspunkt nicht ein bestimmtes Konto, sondern der Geschäftsvorfall gewählt wird, besser verstehen zu können, greifen wir auf die Aufgabe 16 auf der S. 46 f. zurück. Bei der alten Sichtweise, bei der wir von einem bestimmten Konto ausgingen, musste jeder Geschäftsvorfall zweimal erscheinen, da jeder Geschäftsvorfall zwei Konten berührt (vgl. in Aufgabe 16 z.B. Nr. 1 und Nr. 10, Nr. 2 und Nr. 8 usw.). Bei der neuen Vorgehensweise, bei der wir den Geschäftsvorfall als Ausgangspunkt unserer Bearbeitung wählen, kommen wir bei der gleichen Aufgabe mit der Hälfte der Geschäftsvorfälle aus. Wir wählen dabei nur eine andere Form der Aufgabenstellung und kommen zu den gleichen Ergebnissen auf den Konten.

I. Anfangsbestände:

Forderungen aus Lieferungen und Leistungen 4 150,00 EUR; Geschäftsausstattung 3 750,00 EUR; Maschinen 4 750,00 EUR; Bank 11 300,00 EUR; Kasse 6 560,00 EUR.

II. Aufgaben:

1. Stellen Sie mithilfe der drei Fragen unseres eingeführten Überlegungsschemas (siehe S. 47) jeweils fest, auf welcher Kontoseite die Auswirkungen der folgenden Geschäftsvorfälle jeweils zu buchen sind!

2. Übertragen Sie die Ergebnisse Ihrer Überlegungen jeweils auf die Konten und schließen Sie die Konten ab!

Lösung:

Zu 1. Feststellung der Auswirkungen der Geschäftsvorfälle:

III. Geschäftsvorfälle	I. Welche Konten werden berührt?	II. Wie verändert sich der Bestand auf den Konten	III. Auf welcher Kontoseite ist zu buchen? Soll	Haben
1. Ein Kunde zahlt einen Rechnungsbetrag bar 2 000,00 EUR	Kasse Ford.a.Lief.u.Leist.	Zugang[1] Abgang[1]	2 000,00	2 000,00
2. Ein Kunde überweist einen Rechnungsbetrag auf unser Bankkonto 1 500,00 EUR	Bank Ford.a.Lief.u.Leist.	Zugang Abgang	1 500,00	1 500,00
3. Wir kaufen einen PC bar 1 350,00 EUR	Geschäftsausst. Kasse	Zugang Abgang	1 350,00	1 350,00
4. Wir verkaufen ein ausgedientes Faxgerät bar zum Buchwert 50,00 EUR	Kasse Geschäftsausst.	Zugang Abgang	50,00	50,00
5. Wir kaufen eine gebrauchte Druckmaschine bar 2 500,00 EUR	Maschinen Kasse	Zugang Abgang	2 500,00	2 500,00
6. Wir kaufen eine kleine Verpackungsmaschine gegen Banküberweisung 7 400,00 EUR	Maschinen Bank	Zugang Abgang	7 400,00	7 400,00
7. Wir heben 1 200,00 EUR vom Bankkonto ab und legen das Geld in die Geschäftskasse	Kasse Bank	Zugang Abgang	1 200,00	1 200,00

---

1 **Hinweis:** Die scheinbare Gesetzmäßigkeit in Spalte II (Zugang einerseits, Abgang andererseits) haben wir bewusst nicht angesprochen. Dieses Wechselspiel gilt nur im Bereich der Vermögenskonten. Nach Einbeziehung der Schuldkonten werden wir sehen, dass durchaus auf beiden Konten ein Zugang bzw. Abgang möglich ist, ohne dass dabei das aus Spalte III ableitbare Grundprinzip des Systems der doppelten Buchführung (Betrag der Sollbuchung entspricht dem Betrag der Habenbuchung), auf das wir noch zurückkommen, durchbrochen wird. Außerdem haben wir die Reihenfolge der Konten so gewählt, dass das Konto, auf dem auf der Sollseite zu buchen ist, immer an erster Stelle steht. An diese Ordnung sind Sie vorläufig nicht gebunden.

4 Speth u.a. - ISBN 978-3-8120-0528-9

Zu 2. Übertragung der festgestellten Auswirkungen auf die Konten und Abschluss der Konten:

Soll	Forderungen a. Lief. u. Leist.	Haben		Soll	Geschäftsausstattung	Haben
AB	4 150,00	Kasse	2 000,00	AB	3 750,00	Kasse	50,00
		Bank	1 500,00	Kasse	1 350,00	SB	5 050,00
		SB	650,00		5 100,00		5 100,00
	4 150,00		4 150,00				

Soll	Maschinen	Haben		Soll	Bank	Haben
AB	4 750,00	SB	14 650,00	AB	11 300,00	Maschinen	7 400,00
Kasse	2 500,00			Ford.a.L.u.L.	1 500,00	Kasse	1 200,00
Bank	7 400,00					SB	4 200,00
	14 650,00		14 650,00		12 800,00		12 800,00

Soll	Kasse	Haben
AB	6 560,00	G.-Ausst.	1 350,00
Ford.a.L.u.L.	2 000,00	Maschinen	2 500,00
G.-Ausst.	50,00	SB	5 960,00
Bank	1 200,00		
	9 810,00		9 810,00

Erläuterungen zu den Buchungen auf den Konten:

1. Die erforderlichen Buchungen auf den Konten sind jeweils aus dem Überlegungsschema (S. 49) abzulesen. Aus dem Geschäftsvorfall Nr. 1 ist z. B. ablesbar, dass auf dem Kassenkonto auf der Sollseite 2 000,00 EUR einzutragen sind und auf dem Forderungskonto ebenfalls 2 000,00 EUR, allerdings auf der Habenseite.

2. Um feststellen zu können, wie es zu diesem Betrag auf dem betreffenden Konto gekommen ist, trägt man in Höhe des gebuchten Betrages in der Textspalte jeweils das andere Konto (das sogenannte Gegenkonto) ein. Aus praktischen Gründen (Platzmangel, Zeit) kann der Kontoname abgekürzt werden.

Merke:

■ Jeder Geschäftsvorfall wird doppelt gebucht und berührt (mindestens) zwei Konten.

■ Bei jedem Geschäftsvorfall wird der Betrag auf einem Konto auf der Sollseite und auf einem anderen Konto auf der Habenseite gebucht.

■ Für jeden Geschäftsvorfall gilt:

> gebuchter Sollbetrag $\widehat{=}$ gebuchter Habenbetrag

Das ist das **Grundprinzip** des Systems der doppelten Buchführung.[1]

---

[1] Das System der doppelten Buchführung war bereits im Mittelalter bekannt. Es ist von dem Grundgedanken her so genial, dass es sich bis in unsere heutigen Tage bewährt hat und sich auch sicher in Zukunft bewähren wird.

19 **I. Anfangsbestände:**

Grundstücke und Bauten 420 000,00 EUR; Geschäftsausstattung 20 000,00 EUR; Waren 35 900,00 EUR; Forderungen aus Lieferungen und Leistungen 16 450,00 EUR; Kasse 3 500,00 EUR; Bank 9 100,00 EUR.

II. Geschäftsvorfälle:

1.	Wir kaufen zwei PC bar	2 800,00 EUR
2.	Wir heben vom Bankkonto ab und legen das Geld in die Kasse	2 500,00 EUR
3.	Wir kaufen einen Aktenschrank und zahlen mit Bankscheck	1 750,00 EUR
4.	Ein Kunde überweist einen Rechnungsbetrag auf unser Bankkonto	2 000,00 EUR
5.	Wir kaufen eine Telefonanlage gegen Banküberweisung	3 000,00 EUR
6.	Ein nicht mehr benötigter Bürotisch wird zum Buchwert bar verkauft	250,00 EUR

III. Aufgaben:

1. Richten Sie für die angegebenen Anfangsbestände die Konten ein und tragen Sie die Anfangsbestände vor!
2. Erfassen Sie die Veränderungen durch die Geschäftsvorfälle zunächst in dem eingeführten Überlegungsschema und übertragen Sie diese anschließend unter Angabe des entsprechenden Gegenkontos auf die Konten!
3. Schließen Sie die Konten ordnungsmäßig ab!

20 **I. Anfangsbestände:**

Geschäftsausstattung 12 400,00 EUR; Waren 8 900,00 EUR; Forderungen aus Lieferungen und Leistungen 10 400,00 EUR; Kasse 1 700,00 EUR; Bank 4 200,00 EUR.

II. Geschäftsvorfälle:

1.	Wir kaufen einen Büroschrank gegen Banküberweisung	1 400,00 EUR
2.	Ein Kunde zahlt den Rechnungsbetrag bar	2 200,00 EUR
3.	Wir kaufen ein Faxgerät gegen Bankscheck	460,00 EUR
4.	Wir heben vom Bankkonto ab und legen das Geld in die Geschäftskasse	900,00 EUR
5.	Ein Kunde zahlt den Rechnungsbetrag durch Überweisung auf das Bankkonto	1 050,00 EUR
6.	Wir verkaufen ein altes Bücherregal zum Buchwert bar	400,00 EUR

III. Aufgaben:

1. Richten Sie für die angegebenen Anfangsbestände die Konten ein und tragen Sie die Anfangsbestände vor!
2. Erfassen Sie die Veränderungen durch die Geschäftsvorfälle zunächst in dem eingeführten Überlegungsschema und übertragen Sie diese anschließend unter Angabe des entsprechenden Gegenkontos auf die Konten!
3. Schließen Sie die Konten ordnungsmäßig ab!

2.4.2 Schuldkonten

2.4.2.1 Allgemeines

Neben Vermögen hat ein Kaufmann im Allgemeinen auch Schulden. Diese müssen bei der Beurteilung der Vermögenslage eines Kaufmanns vom Vermögen (Rohvermögen) abgezogen werden.

	Rohvermögen
–	Schulden
=	Reinvermögen

Genau wie das Vermögen kann sich die Höhe der Schulden aufgrund von Geschäftsvorfällen verändern. Um also diese Wertveränderungen erfassen zu können, müssen wir auch für die verschiedenen Schuldposten Konten einrichten. Als Schuldposten kommen z. B. infrage: **Verbindlichkeiten aus Lieferungen und Leistungen, Verbindlichkeiten gegenüber Kreditinstituten, Verbindlichkeiten gegenüber Finanzbehörden** usw.

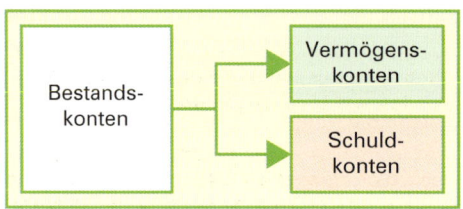

Da sowohl im Vermögens- als auch im Schuldbereich „Bestände" erfasst werden, bilden beide Kontoarten zusammengefasst den Bereich der **Bestandskonten.**[1] Dieser besteht also aus **Vermögenskonten und Schuldkonten.**[2]

2.4.2.2 Buchungsregeln für die Schuldkonten

Der gegensätzliche Charakter von Vermögen und Schulden führt zwangsläufig dazu, dass auf den Schuldkonten **anders** zu buchen ist als auf den Vermögenskonten. Auf einem Konto, das durch die zweiseitige Verrechnungsmöglichkeit charakterisiert ist (Soll- oder Habenseite), kann das Wort „anders" nur bedeuten: „auf der **anderen Kontoseite**". Das führt dazu, dass auf den Schuldkonten der Anfangsbestand und die Zugänge auf der Habenseite, die Abgänge und der Schlussbestand auf der Sollseite zu buchen sind. In der Gegenüberstellung zu den Vermögenskonten ergeben sich daher für die Schuldkonten folgende **Buchungsregeln:**

Soll	Vermögenskonto	Haben
Anfangsbestand		Abgänge
Zugänge		Schlussbestand

Soll	Schuldkonto	Haben
Abgänge		Anfangsbestand
Schlussbestand		Zugänge

Bei den Vermögenskonten erscheinen:
- der **Anfangsbestand** und die **Zugänge** auf der **Sollseite,**
- die **Abgänge** und der **Schlussbestand** auf der **Habenseite.**

Bei den Schuldkonten erscheinen:
- der **Anfangsbestand** und die **Zugänge** auf der **Habenseite,**
- die **Abgänge** und der **Schlussbestand** auf der **Sollseite.**

---

1 Die **Bestandskonten** bezeichnet man auch als **Bilanzkonten** (vgl. hierzu S. 111).

2 Die **Schuldkonten** bezeichnet man auch als **Passivkonten,** weil sie auf der Passivseite der Bilanz stehen (siehe hierzu S. 111).

Wir kaufen bei der Karl Sende OHG Büromöbel auf Ziel (Zahlung später) für 5 000,00 EUR.

Aufgabe:

Buchen Sie den Geschäftsvorfall auf den entsprechenden Konten!

Lösung:

Der Geschäftsvorfall besagt, dass wir bei der Karl Sende OHG zunächst Schulden machen, weil wir nicht sofort zahlen. Die Karl Sende OHG ist unser Lieferant. Schulden bei Lieferanten buchen wir auf dem Schuldkonto „Verbindlichkeiten aus Lieferungen und Leistungen".

Der Geschäftsvorfall berührt also die beiden Konten **Geschäftsausstattung** und **Verbindlichkeiten aus Lieferungen und Leistungen**.

Betrachtungspunkt: Konto Geschäfts-ausstattung	Betrachtungspunkt: Konto Verbindlichkeiten aus Lieferungen und Leistungen

Durch den Kauf der Büromöbel nimmt der Bestand auf dem Konto Geschäftsausstattung **zu**. Das Konto Geschäftsausstattung ist ein Vermögenskonto. Der **Zugang** auf einem **Vermögenskonto** wird nach den festgelegten Buchungsregeln auf der **Sollseite** erfasst.

Durch den Einkauf der Büromöbel auf Ziel nehmen die Verbindlichkeiten aus Lieferungen und Leistungen **zu**. Das Konto Verbindlichkeiten aus Lieferungen und Leistungen ist ein Schuldkonto. Der **Zugang** bei **Schuldkonten** wird nach den geltenden Buchungsregeln auf der **Habenseite** erfasst.

Soll	Geschäftsausstattung	Haben		Soll	Verbindlichkeiten a. L. u. L.	Haben
Verb.a.L.u.L.	5 000,00				G.-Ausst.	5 000,00

Erläuterungen:

Wir stellen fest, dass auf beiden Konten ein Zugang zu verzeichnen ist. Damit wird klargestellt, dass das Prinzip der doppelten Buchführung nicht in einem Wechsel von Zugang und Abgang besteht. Das ist, wie dieser Fall zeigt, eben nicht so. Dagegen bleibt das Grundprinzip der doppelten Buchführung (Sollbuchung auf dem einen Konto, Habenbuchung auf dem anderen Konto) selbstverständlich erhalten. Um nachvollziehen zu können, wie es jeweils zu dem Betrag auf dem Konto gekommen ist, tragen wir vor dem Betrag jeweils das andere Konto (Gegenkonto) ein.

Zusammenfassung

- Die Wertveränderungen, die durch Geschäftsvorfälle hervorgerufen werden, sind auf den betroffenen Konten zu buchen. Dies setzt voraus, dass für **jeden Vermögens- und Schuldposten** ein **besonderes Konto** eröffnet wird **(Bestandskonto)**.

- Wir unterscheiden zwischen **Vermögenskonten** und **Schuldkonten**.

- Um auf den Bestandskonten (Vermögens- und Schuldkonten) richtig buchen zu können, muss man die **Buchungsregeln** kennen, die schematisch dargestellt wie folgt lauten:

Kontoart	Soll	Haben
Vermögenskonto	Anfangsbestand Zugänge	Abgänge Schlussbestand
Schuldkonto	Abgänge Schlussbestand	Anfangsbestand Zugänge

- Wichtige **Grundsätze bei der doppelten Buchführung** sind:
  - **Jeder Geschäftsvorfall** berührt (mindestens) **zwei Konten.**
  - Bei jedem Geschäftsvorfall wird auf **einem Konto** auf der **Sollseite** und bei dem **anderen Konto** auf der **Habenseite** gebucht. Es gilt daher immer:

  > gebuchter Sollbetrag $\triangleq$ gebuchter Habenbetrag

  Da die Gleichung „Sollbetrag entspricht dem Habenbetrag" immer stimmen muss, besitzt das System der doppelten Buchführung dadurch eine **Kontrollmöglichkeit.** Wenn die Gleichung nicht stimmt, ist ein Fehler beim Buchen unterlaufen.

Aufgaben zur Sicherung und Vertiefung des Lernerfolgs

21 Führen Sie das Konto Verbindlichkeiten aus Lieferungen und Leistungen und schließen Sie es bei Geschäftsschluss ab!

Bearbeitungshinweis:

Denken Sie daran, dass alle Geschäftsvorfälle jeweils nur nach ihrer Auswirkung auf den Bestand an Verbindlichkeiten befragt werden müssen. Für die Beantwortung gibt es nur zwei Möglichkeiten: Entweder der Bestand an Verbindlichkeiten nimmt durch den Geschäftsvorfall zu oder er nimmt ab. Zugänge gehören bei dem Verbindlichkeitskonto auf die Habenseite, Abgänge auf die Sollseite.

I. Anfangsbestand:

Bei Geschäftsöffnung weist das Konto Verbindlichkeiten aus Lieferungen und Leistungen einen Anfangsbestand von 10 400,00 EUR aus.

II. Geschäftsvorfälle:

Es ereignen sich folgende Geschäftsvorfälle, die den Bestand an Verbindlichkeiten verändern:

1. Wir kaufen einen PC auf Ziel	1 460,00 EUR
2. Wir bezahlen eine Liefererrechnung durch Banküberweisung	3 100,00 EUR
3. Wir senden einen falsch gelieferten Bürostuhl zurück	800,00 EUR
4. Kauf eines Kassenautomaten gegen Rechnung	9 400,00 EUR
5. Wir bezahlen eine Liefererrechnung bar	7 200,00 EUR

22 Buchen Sie die nachfolgenden Geschäftsvorfälle!

Bearbeitungshinweis:

Um Fehler zu vermeiden, verwenden Sie bitte das **Überlegungsschema** auf S. 55. Da wir es jetzt mit zwei unterschiedlichen Kontoarten zu tun haben, müssen wir das bereits auf S. 47 eingeführte Überlegungsschema um eine Spalte erweitern.

1. Wir kaufen einen gebrauchten PC auf Ziel	340,00 EUR
2. Wir kaufen ein Regal für das Büro auf Ziel	980,00 EUR
3. Wir bezahlen eine bereits gebuchte Liefererrechnung mit Bankscheck[1]	1 210,00 EUR
4. Wir tilgen einen Teil des Bankdarlehens durch Banküberweisung	600,00 EUR
5. Ein Kunde zahlt einen Rechnungsbetrag bar	55,00 EUR
6. Kauf eines PCs auf Ziel	3 980,00 EUR
7. Barabhebung vom Bankkonto	500,00 EUR
8. Zielkauf eines Büroschrankes	1 720,00 EUR
9. Kauf eines Kopiergerätes auf Ziel	598,00 EUR

---

1 Bei Zahlungen an Lieferanten bzw. Zahlungseingängen von Kunden ist stets davon auszugehen, dass die entsprechenden Eingangs- bzw. Ausgangsrechnungen bereits gebucht wurden, auch wenn nicht ausdrücklich darauf hingewiesen wird.

Geschäftsvorfälle	I. Welche Konten werden berührt?	II. Um welche Kontoart handelt es sich?	III. Wie verändert sich jeweils der Bestand auf den Konten	IV. Auf welcher Kontoseite ist zu buchen?	
				Soll	Haben
1. Wir kaufen einen gebrauchten PC auf Ziel für 340,00 EUR	Geschäftsausst. Verb.a.Lief.u.Leist.	Vermögenskonto Schuldkonto	Zugang Zugang	340,00	340,00

23 Buchen Sie mithilfe des oben dargestellten Überlegungsschemas die nachfolgenden Geschäftsvorfälle!

1.	Einkauf eines Pkw gegen Rechnung	14 950,00 EUR
2.	Einkauf einer Abfüllmaschine gegen Bankscheck	21 748,00 EUR
3.	Zahlung der Liefererrechnung durch Banküberweisung (Fall 1)	14 950,00 EUR
4.	Banküberweisung zwecks Tilgung eines Bankdarlehens	7 000,00 EUR
5.	Einkauf von Lagerregalen auf Ziel	6 812,00 EUR
6.	Einkauf eines Bürosessels bar	1 745,00 EUR
7.	Bareinzahlung auf unser Bankkonto	10 800,00 EUR
8.	Ein Kunde begleicht eine Rechnung durch Banküberweisung	14 500,00 EUR
9.	Barkauf einer PC-Anlage	19 220,00 EUR
10.	Aufnahme eines Darlehens bei der Bank in Höhe von	50 000,00 EUR
	Der Betrag wird uns von der Bank auf dem Kontokorrentkonto zur Verfügung gestellt.	
11.	Barverkauf eines nicht mehr benötigten Faxgerätes zum Buchwert von	120,00 EUR
12.	Ein Kunde überweist einen Rechnungsbetrag auf unser Bankkonto	1 730,00 EUR
13.	Einkauf von Büroschränken auf Ziel	2 160,00 EUR
14.	Rücksendung eines mangelhaften Bürostuhls an den Lieferer im Wert von	210,00 EUR
15.	Zahlung einer Liefererrechnung durch Bankscheck in Höhe von	960,00 EUR
16.	Barabhebung vom Bankkonto in Höhe von zur Auffüllung der Geschäftskasse	1 500,00 EUR
17.	Barkauf eines Schreibtisches für das Chefbüro im Wert von	595,00 EUR
18.	Ein Geschäftsfahrzeug wird zum Buchwert von gegen Barzahlung verkauft	4 500,00 EUR
19.	Bareinzahlung auf das Bankkonto	4 200,00 EUR
20.	Ein Kunde zahlt eine Rechnung auf unser Bankkonto mittels Überweisung	430,00 EUR
21.	Kundenüberweisung lt. Bankauszug	7 070,00 EUR
22.	Wir richten bei einer Bank ein Konto ein und zahlen darauf bar ein	800,00 EUR
23.	Die Forderung gegenüber einem Kunden beträgt nur 7 000,00 EUR (vgl. Fall 21). Wir zahlen daher dem Kunden den von ihm irrtümlich zu viel gezahlten Betrag durch Bankscheck zurück	70,00 EUR
24.	Wir senden einen defekten Drucker im Wert von 180,00 EUR an den Lieferanten zurück	

24 I. **Anfangsbestände:**

Geschäftsausstattung 125 420,00 EUR; Fuhrpark 95 810,00 EUR; Kasse 1 950,00 EUR; Bank 35 610,00 EUR; Ford. aus Lieferungen und Leistungen 12 160,00 EUR; Waren 150 600,00 EUR; Verbindlichkeiten aus Lieferungen und Leistungen 20 625,00 EUR.

II. Geschäftsvorfälle:

1.	Barverkauf eines nicht mehr benötigten Kassencomputers zum Buchwert von	450,00 EUR
2.	Ein Kunde überweist einen Rechnungsbetrag auf unser Bankkonto	3 470,00 EUR
3.	Kauf eines Notebooks auf Ziel	1 760,00 EUR
4.	Rücksendung eines Bürotisches an den Lieferer im Wert von	500,00 EUR
5.	Zahlung einer Liefererrechnung durch Banküberweisung	2 543,00 EUR
6.	Barabhebung vom Bankkonto zur Auffüllung der Geschäftskasse	2 000,00 EUR
7.	Barkauf eines Regals für das Büro	1 780,00 EUR
8.	Ein Geschäftsfahrzeug wird zum Buchwert gegen Barzahlung verkauft	8 000,00 EUR

III. Aufgaben:

1. Richten Sie für die angegebenen Anfangsbestände die Konten ein und tragen Sie die Anfangsbestände vor!
2. Erfassen Sie die Veränderungen durch die Geschäftsvorfälle zunächst in dem eingeführten Überlegungsschema und übertragen Sie diese anschließend auf die Konten!
3. Schließen Sie die Konten ordnungsmäßig ab!

2.5 Buchungssatz

2.5.1 Einfacher Buchungssatz ohne Buchung nach Belegen

Das bisher benutzte „Überlegungsschema" (vgl. S. 55) zur Festlegung der erforderlichen Buchungen auf den Konten ist recht aufwendig. Es genügt, wenn wir uns in Zukunft auf **zwei Angaben** beschränken:

- die **Konten,** auf denen zu buchen ist,
- die Angabe der **Kontoseite,** auf der jeweils auf dem Konto zu buchen ist.

Diese beiden Angaben sind in den Spalten I und IV unseres Überlegungsschemas enthalten. Die übrigen Spalten (II und III) sind daher entbehrlich. Eine solche auf das Mindestmaß beschränkte Buchungsanweisung nennen wir **Buchungssatz (Kontierung).**

Geschäftsvorfälle	Konten	Soll	Haben
Wir kaufen ein Notebook auf Ziel für 1 500,00 EUR	Geschäftsausstattung an Verbindlichkeiten a. L. u. L.	1 500,00	1 500,00

Buchungssatz

Erläuterungen:

1. Da bezüglich der Kontoseite immer nur zwei Möglichkeiten infrage kommen können (Soll- oder Habenseite), hat man die Vereinbarung getroffen, dass das Konto, auf dem auf der **Sollseite** zu buchen ist, immer **zuerst** genannt wird. Des Weiteren hat man vereinbart, **vor** das Konto, auf dem auf der Habenseite zu buchen ist, das Wörtchen **„an"** zu setzen. Unter Beachtung dieser Vereinbarung kann ein Buchungssatz daher immer nur lauten:

> Konto mit der **Sollbuchung**
> **an** Konto mit der **Habenbuchung.**

2. Zur Vereinheitlichung der Schreibweise legen wir fest, dass beim Bilden von Buchungssätzen für jedes Konto eine Zeile benutzt wird. Es sollen auch immer die drei Spalten des oben dargestellten Schemas eingerichtet werden. Nur so ist eine eindeutige Zuordnung von Konto und Betrag möglich.

Zur Bildung des richtigen Buchungssatzes müssen selbstverständlich auch weiterhin die Denkschritte 1 – 5 vollzogen werden.

Beispiel:

Geschäftsvorfall: Wir kaufen ein Notebook auf Ziel für 1 500,00 EUR.

Aufgabe:

Bilden Sie zu dem Geschäftsvorfall den Buchungssatz!

Lösung:

Wir fragen:	Wir antworten:		
1. **Welche Konten werden berührt?**	Das Konto Geschäftsausstattung und das Konto Verbindlichkeiten aus Lieferungen und Leistungen.		
2. **Um welche Kontoart handelt es sich jeweils?**	Das Konto Geschäftsausstattung ist ein Vermögenskonto. Das Konto Verbindlichkeiten aus Lieferungen und Leistungen ist ein Schuldkonto.		
3. **Welche Veränderungen ergeben sich jeweils auf den Konten?**	Der Bestand auf dem Konto Geschäftsausstattung nimmt durch den Einkauf zu, die Verbindlichkeiten aus Lieferungen und Leistungen nehmen ebenfalls zu.		
4. **Welche Buchungsregeln sind jeweils anzuwenden?**	Zugänge auf dem Konto Geschäftsausstattung (Vermögenskonto) erscheinen auf der Sollseite.		
	Zugänge auf dem Konto Verbindl. a. Lief. u. Leist. (Schuldkonto) gehören auf die Habenseite.		
5. **Wie lautet der Buchungssatz?**	Konten	Soll	Haben
	Geschäftsausstattung	1 500,00	
	an Verbindlichkeiten a. L. u. L.		1 500,00

Zusammenfassung

- Der **Buchungssatz (Buchungsanweisung, Kontierung)** ist das Verständigungsmittel unter Fachleuten. Er gibt mit kurzen und eindeutigen Hinweisen an, wie ein Geschäftsvorfall auf den Konten zu buchen ist.

- Dabei wird das Konto, auf dem auf der **Sollseite** zu buchen ist, **zuerst genannt.** Danach folgt das Konto, auf dem auf der Habenseite zu buchen ist.

- Vor dem Konto mit der Habenbuchung sollte das Verbindungswort **„an"** stehen. Zur Vermeidung von Missverständnissen sollte der Übersicht halber für die Eintragung der erforderlichen Daten beim Buchungssatz das folgende Drei-Spalten-Schema benutzt werden:

Konto	Soll	Haben
Konto x an Konto y	...	...

25 Bilden Sie zu folgenden Geschäftsvorfällen die Buchungssätze bzw. ermitteln Sie die Geschäftsvorfälle:

1.	Wir zahlen auf unser Bankkonto bar ein	500,00 EUR
2.	Wir zahlen eine Lieferantenrechnung durch Banküberweisung	375,00 EUR
3.	Ein Kunde zahlt einen Rechnungsbetrag bar	570,00 EUR
4.	Wir kaufen ein Lagerregal bar	1 250,00 EUR
5.	Wir kaufen ein Kopiergerät bar	1 320,00 EUR
6.	Wir zahlen die Tilgungsrate für ein Bankdarlehen bar	500,00 EUR
7.	Ein Kunde zahlt einen Rechnungsbetrag durch Banküberweisung	650,00 EUR
8.	Wir heben vom Bankkonto bar ab und legen das Geld in die Kasse	750,00 EUR
9.	Aufnahme eines Darlehens bei der Bank. Die Bank stellt uns den Darlehensbetrag auf dem Girokonto zur Verfügung	50 000,00 EUR
10.	Zielkauf einer gebrauchten Abfüllmaschine	8 200,00 EUR
11.	Zieleinkauf einer Verpackungsmaschine für das Lager	48 800,00 EUR
12.	Teilweise Tilgung der Darlehensschuld durch Bankabbuchung	3 800,00 EUR
13.	Wir verkaufen nicht mehr benötigte Lagerregale gegen Barzahlung	970,00 EUR
14.	Kauf einer DV-Anlage auf Ziel	17 430,00 EUR
15.	Kauf einer Fertiggarage gegen Bankscheck	15 400,00 EUR
16.	Begleichung einer Eingangsrechnung mit Banküberweisung	9 190,00 EUR
17.	Zur Erhöhung unseres Bankguthabens tätigen wir eine Bareinzahlung	6 000,00 EUR
18.	Kauf von Büromöbeln auf Ziel	12 600,00 EUR
19.	Wir kaufen einen neuen Pkw für unseren Vertreter. Den alten Pkw nimmt das Fahrzeughaus mit 9 300,00 EUR in Zahlung. Den Restbetrag in Höhe von 31 000,00 EUR zahlen wir mit Bankscheck.	
20.	Wir zahlen eine Eingangsrechnung durch Banküberweisung	4 312,00 EUR
21.	Kauf eines Baugrundstücks gegen Bankscheck	95 000,00 EUR
22.	Welche Geschäftsvorfälle liegen folgenden Buchungssätzen zugrunde?	

Nr.	Konten	Soll	Haben
1	Fuhrpark	44 800,00	
	an Bank		44 800,00
2	Verbindlichkeiten geg. Kreditinstituten	8 000,00	
	an Bank		8 000,00
3	Kasse	1 450,00	
	an Forderungen a. Lief. u. Leist.		1 450,00
4	Forderungen a. Lief. u. Leist.	900,00	
	an Geschäftsausstattung		900,00
5	Verbindlichkeiten a. Lief. u. Leist.	900,00	
	an Bank		900,00

Nr.	Konten	Soll	Haben
6	Kasse	500,00	
	an Bank		500,00
7	Maschine	350,00	
	an Kasse		350,00

2.5.2 Einfacher Buchungssatz mit Buchung nach Belegen

Die Bearbeitung der Buchungsbelege erfolgt in drei Schritten:

→ 1. Schritt: Buchungsvorbereitung

Die Buchungsvorbereitung umfasst im Allgemeinen **drei Arbeitsstufen:**

Prüfung der Belege	Hierdurch wird festgestellt, ob der Beleg überhaupt für die Buchführung von Bedeutung ist. Wird diese Frage bejaht, dann muss nachgeprüft werden, ob der ausgewiesene Betrag **rechnerisch** richtig ist. Außerdem muss der Beleg daraufhin überprüft werden, ob der Vorgang **sachlich** richtig dargestellt worden ist.
Belegsortierung	Bei diesem Arbeitsvorgang werden die Belege nach ihrem Inhalt geordnet, z.B. Eingangsrechnungen, Bankbelege, Kassenbelege, Ausgangsrechnungen usw. Dabei wird aus Kostengründen versucht, gleichartige Belege soweit wie möglich zu **Sammelbelegen** zusammenzufassen. Anschließend werden die Belege nummeriert.
Buchungsanweisung (Buchungssatz, Kontierung)	In der dritten Arbeitsstufe wird der Buchungssatz auf dem Beleg festgehalten (siehe Beispiel S. 60). Zu diesem Zweck benutzt man in der Regel einen sogenannten Kontierungsstempel, mit dem man die benötigten Spalten auf den Beleg aufdruckt, sodass diese nur noch mit den erforderlichen Daten versehen werden müssen. Da später so gebucht wird, wie kontiert wurde, ist die Kontierungsarbeit von grundlegender Bedeutung.

→ 2. Schritt: Buchung der Belege

An die Vorkontierung schließt sich dann der eigentliche Buchungsvorgang an. Hierbei wird bei jeder Buchung im Grundbuch[1] die Belegnummer vermerkt (z.B. ER 9 bedeutet Eingangsrechnungsnummer 9), um jederzeit von der Buchung auf den Beleg schließen zu können. Da der Buchhalter auch den Beleg mit einem Buchungsvermerk versieht (Buchungsnummer, Seitennummer, Datum, Zeichen des Buchhalters), kann umgekehrt vom Beleg auf die Buchung geschlossen werden.

→ 3. Schritt: Ablage und Aufbewahrung der Belege

Nach dem Buchungsvorgang werden die Belege abgelegt und aufbewahrt. Die Belege sind sowohl nach Handelsrecht [§ 257 HGB] als auch nach Steuerrecht [§ 147 AO] geordnet aufzubewahren. In der Art der Belegaufbewahrung ist das Unternehmen völlig frei (z.B. chronologisch, alphabetisch, laufende Belegnummerierung, Gliederung nach Sachgebieten u.Ä.).

---

1 Im Grundbuch werden die Geschäftsvorfälle in der zeitlichen Reihenfolge ihres Anfalls (chronologisch) gebucht. Siehe S. 184.

Möbelgroßhandlung
Rudolf Walterbeck e. Kfm., Dortmund

ER 9 ← Beleg-Nummerierung

Rudolf Walterbeck e. Kfm. · Brügmannstr. 101 · 44135 Dortmund

Früchtegroßhandlung
Herbert Loske e. Kfm.
Kirschstraße 14
76189 Karlsruhe

EINGEGANGEN
1. AUG. 20..
Erl.............

Bei Bezahlung und Schriftwechsel angeben		
Kundennummer	Rechnungsnummer	Datum
411	679719	31. Juli 20..

Rechnung

Liefer-Datum	Menge	Bezeichnung	Bestell-Nr.	Einzelpreis	Gesamtpreis[1]
28. Juli 20..	15	Lagerregale	B 1714	520,00	7 800,00

Konten | Soll | Haben
Lager- u. Tr.-Einr. | 7 800,00 |
an Verb.a.L.u.L. | | 7 800,00
Gebucht: J VIII/7 2. Aug./Hu

← Vorkontierung

Abkürzungen:

J	≙	Journal
VIII	≙	August
7	≙	Journalseite 7
2. Aug.	≙	Buchungsdatum
Hu	≙	Buchhalter Huchler

Bei Bezahlung innerhalb 8 Tagen 2% Skonto.
Die Ware bleibt bis zur völligen Bezahlung mein Eigentum.

Sitz des Unternehmens:

44135 Dortmund	RG Dortmund	Dortmunder Volksbank e. G.	Steuer-Nr.:
Brügmannstr. 101	HRA 2020	IBAN: DE79 4416 0014 0004 5698 72	69140/72119
Telefon: 0231 593535		BIC: GENODEM1DOR	
Telefax: 0231 593539			

Aufgaben zur Sicherung und Vertiefung des Lernerfolgs

26 1. Formulieren Sie aufgrund der im Folgenden dargestellten Belege den jeweils zugrunde liegenden Geschäftsvorfall!

2. Bilden Sie die Buchungssätze für den Lebensmittelgroßhandel Weber Markt e. Kfm., Huberweg 8, 74078 Heilbronn!

---

1 Auf den Ausweis der Umsatzsteuer wird verzichtet. Die Umsatzsteuer wurde bisher noch nicht behandelt.

Beleg 1

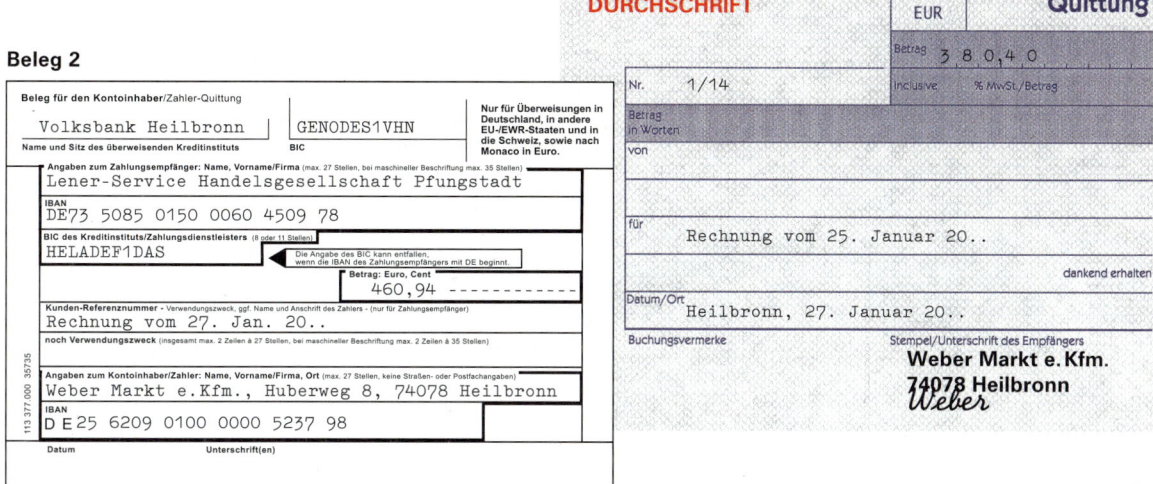

DURCHSCHRIFT | EUR | **Quittung**

Betrag 3 8 0,4 0

Nr. 1/14 Inclusive % MwSt./Betrag

Betrag in Worten

von

für Rechnung vom 25. Januar 20..

dankend erhalten

Datum/Ort Heilbronn, 27. Januar 20..

Buchungsvermerke

Stempel/Unterschrift des Empfängers
Weber Markt e. Kfm.
74078 Heilbronn
Weber

Beleg 2

Beleg für den Kontoinhaber/Zahler-Quittung

Volksbank Heilbronn | GENODES1VHN
Name und Sitz des überweisenden Kreditinstituts | BIC

Nur für Überweisungen in Deutschland, in andere EU-/EWR-Staaten und in die Schweiz, sowie nach Monaco in Euro.

Angaben zum Zahlungsempfänger: Name, Vorname/Firma (max. 27 Stellen, bei maschineller Beschriftung max. 35 Stellen)

Lener-Service Handelsgesellschaft Pfungstadt

IBAN
DE73 5085 0150 0060 4509 78

BIC des Kreditinstituts/Zahlungsdienstleisters (8 oder 11 Stellen)
HELADEF1DAS
Die Angabe des BIC kann entfallen, wenn die IBAN des Zahlungsempfängers mit DE beginnt.

Betrag: Euro, Cent
460,94 -----------

Kunden-Referenznummer – Verwendungszweck, ggf. Name und Anschrift des Zahlers - (nur für Zahlungsempfänger)
Rechnung vom 27. Jan. 20..

noch Verwendungszweck (insgesamt max. 2 Zeilen à 27 Stellen, bei maschineller Beschriftung max. 2 Zeilen à 35 Stellen)

Angaben zum Kontoinhaber/Zahler: Name, Vorname/Firma, Ort (max. 27 Stellen, keine Straßen- oder Postfachangaben)
Weber Markt e.Kfm., Huberweg 8, 74078 Heilbronn

IBAN
D E 25 6209 0100 0000 5237 98

113 377 000 35735

Datum | Unterschrift(en)

Beleg 3

Büromöbel Topauer KG

Büromöbel Topauer KG, Tengstr. 28, 80798 München

Weber Markt e. Kfm.
Huberweg 8
74078 Heilbronn

Kunden-nummer	Rechnungs-nummer	Rechnungs-datum	Liefer-datum	Auftrags-datum	Bestell-nummer
24003	1502	27.01.20..	10.01.20..	08.01.20..	268F1

Rechnung

Pos.	Art.Nr.	Bezeichnung	Menge	Einzelpreis EUR	Gesamtpreis EUR
1	20100	Computertisch Standard 160 x 80 x 75	12	525,00	6.300,00
2	10100	Schreibtisch Eibe furniert 180 x 80 x 75	8	980,00	7.840,00
				Rechnungsbetrag	14.140,00*

Zahlungs-bedingungen: Innerhalb 8 Tagen abzüglich 2 % Skonto = 278,84 EUR
Innerhalb 30 Tagen rein netto

Sitz der Gesellschaft: München
Registergericht München
HRA 8966
UID-Nr. DE 129 000 000
St.-Nr. 91417/77/040

Tengstr. 28
80798 München
Tel. 089 25919-0
Fax 089 25919-10

Postbank München
BIC: PBNKDEFFXXX
IBAN: DE94 7001 0080 0134 3834 64
HypoVereinsbank München
BIC: HYVEDEMMXXX
IBAN: DE17 7002 0270 0004 6462 32

* Die Umsatzsteuer wird hier nicht ausgewiesen, da diese erst später behandelt wird.

27 1. Formulieren Sie aufgrund der nachfolgenden Belege den jeweils zugrunde liegenden Geschäftsvorfall!

2. Bilden Sie die Buchungssätze für die Möbelwerke Konrad Krause KG, Schlesienstr. 14–18, 53119 Bonn!

Beleg 1[1]

Maschinenfabrik Hans Werner GmbH
ESSEN

Hans Werner GmbH, Winkelstr. 20, 45149 Essen

Möbelwerke
Konrad Krause KG
Schlesienstr. 14–18
53119 Bonn

Rechnung 144/80

Ihre Bestellung 15.10.20..	Unsere Lieferung 28.10.20..	Rechnungsdatum 05.11.20..	
Menge	Warenbezeichnung	Einzelpreis EUR	Gesamtbetrag EUR
4	Schleifmaschine	1 420,00	5 680,00

Beleg 2[1]

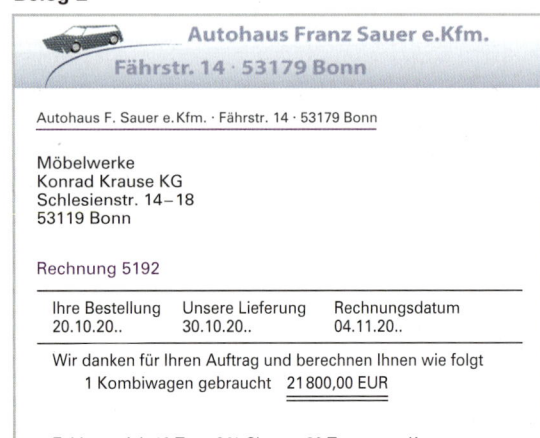

Autohaus Franz Sauer e.Kfm.
Fährstr. 14 · 53179 Bonn

Autohaus F. Sauer e.Kfm. · Fährstr. 14 · 53179 Bonn

Möbelwerke
Konrad Krause KG
Schlesienstr. 14–18
53119 Bonn

Rechnung 5192

Ihre Bestellung 20.10.20..	Unsere Lieferung 30.10.20..	Rechnungsdatum 04.11.20..

Wir danken für Ihren Auftrag und berechnen Ihnen wie folgt
1 Kombiwagen gebraucht   21 800,00 EUR

Zahlungsziel: 10 Tage 3% Skonto, 30 Tage netto Kasse

Beleg 3[1]

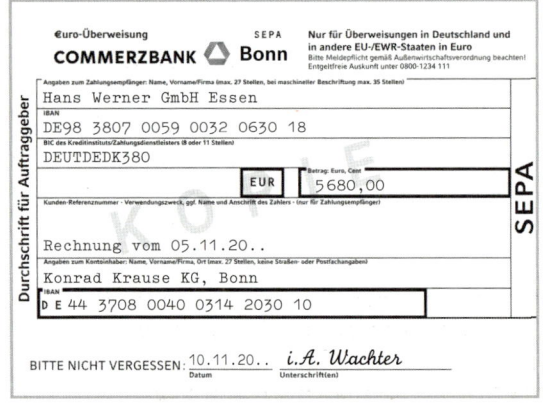

Euro-Überweisung   SEPA
COMMERZBANK ◇ Bonn

Nur für Überweisungen in Deutschland und in andere EU-/EWR-Staaten in Euro
Bitte Meldepflicht gemäß Außenwirtschaftsverordnung beachten!
Entgeltfreie Auskunft unter 0800-1234 111

Angaben zum Zahlungsempfänger: Name, Vorname/Firma (max. 27 Stellen, bei maschineller Beschriftung max. 35 Stellen)
Hans Werner GmbH Essen

IBAN
DE98 3807 0059 0032 0630 18

BIC des Kreditinstituts/Zahlungsdienstleisters (8 oder 11 Stellen)
DEUTDEDK380

EUR   5 680,00

Kunden-Referenznummer - Verwendungszweck, ggf. Name und Anschrift des Zahlers - (nur für Zahlungsempfänger)
Rechnung vom 05.11.20..

Angaben zum Kontoinhaber: Name, Vorname/Firma (max. 27 Stellen, keine Straßen- oder Postfachangaben)
Konrad Krause KG, Bonn

IBAN
DE44 3708 0040 0314 2030 10

BITTE NICHT VERGESSEN: 10.11.20..   i.A. Wachter
Datum   Unterschrift(en)

Beleg 4[1]

Bürotechnik + Organisation Haffner
Sachsenweg 18 | 53119 Bonn | 0228 7721

Fa. Möbelwerke Krause KG

Anz.	Datum 02.11.20..	Einzelpreis EUR	Gesamtpreis EUR
3	Aktenvernichter	415,00	1 245,00
	Betrag dankend erhalten.		Be
Verk. Be	000195-11	Bei Irrtum oder Umtausch bitte diesen Beleg vorlegen.	

Haffner Bürotechnik + Organisation
St.-Nr. 44 111 17931

---

1 **Hinweis:** Bei den Belegen in dieser Aufgabe wird auf den Ausweis der Umsatzsteuer verzichtet, weil diese noch nicht behandelt wurde.

2.5.3 Zusammengesetzter Buchungssatz

Sind für einen Buchungssatz **mehr als zwei Konten** erforderlich, spricht man von einem **zusammengesetzten Buchungssatz.** Auch für den zusammengesetzten Buchungssatz gilt, dass bei jedem Buchungssatz die Summe der gebuchten Sollbeträge mit der Summe der gebuchten Habenbeträge übereinstimmen muss.

Beispiel:

I. Anfangsbestände:

Verbindlichkeiten a. Lief. u. Leist. 10000,00 EUR; Bank 7000,00 EUR; Kasse 5000,00 EUR.

II. Geschäftsvorfall:

Wir zahlen eine Eingangsrechnung über 3700,00 EUR, und zwar durch Banküberweisung 3000,00 EUR, in bar 700,00 EUR.

III. Aufgaben:

1. Buchen Sie den Geschäftsvorfall auf den Konten!

2. Bilden Sie den Buchungssatz!

Lösung:

Zu 1. Buchung auf den Konten:

Soll	Bank	Haben		Soll	Verbindl. a. Lief. u. Leist.	Haben
AB	7000,00	Verb.a.L.u.L. 3000,00		Ba/Ka	3700,00	AB 10000,00

Soll	Kasse	Haben
AB	5000,00	Verb.a.L.u.L. 700,00

Zu 2. Buchungssatz:

Geschäftsvorfall	Konten	Soll	Haben
Wir bezahlen eine bereits gebuchte Eingangsrechnung über 3700,00 EUR durch Banküberweisung 3000,00 EUR und Barzahlung 700,00 EUR	Verbindl. a. Lief. u. Leist. an Bank an Kasse	3700,00	3000,00 700,00

Merke:

Für den **einfachen Buchungssatz** wie für den **zusammengesetzten Buchungssatz** gilt:

Summe der gebuchten Sollbeträge ≙ Summe der gebuchten Habenbeträge

---

Aufgaben zur Sicherung und Vertiefung des Lernerfolgs

28 Bilden Sie zu den folgenden Geschäftsvorfällen die Buchungssätze!

1. Ein Kunde zahlt eine Rechnung über 725,00 EUR in bar   225,00 EUR
   durch Banküberweisung   500,00 EUR

2. Wir kaufen Lagerregale für insgesamt 3500,00 EUR
   gegen Barzahlung   1500,00 EUR
   auf Ziel   2000,00 EUR

3. Wir verkaufen einen gebrauchten Lieferwagen in Höhe des
   Buchwertes von 3 800,00 EUR gegen Barzahlung   800,00 EUR
   Restforderung   3 000,00 EUR

4. Ein Kunde zahlt einen Rechnungsbetrag über 1 750,00 EUR
   durch Banküberweisung   1 000,00 EUR
   durch Barzahlung   750,00 EUR

5. Wir bezahlen eine Lieferantenrechnung über 2 550,00 EUR
   in bar   550,00 EUR
   durch Banküberweisung   2 000,00 EUR

6. Wir kaufen einen neuen Lieferwagen zum Preis von 25 000,00 EUR
   gegen Barzahlung   5 500,00 EUR
   durch Banküberweisung   10 000,00 EUR
   Restverbindlichkeit   9 500,00 EUR

29 Bilden Sie zu den folgenden Geschäftsvorfällen die Buchungssätze bzw. ermitteln Sie die Geschäftsvorfälle!

1. Wir tilgen eine Darlehensschuld bei der Bank über 5 000,00 EUR
   in bar   1 500,00 EUR
   durch Banküberweisung   3 500,00 EUR

2. Wir kaufen neue Lagerregale für 20 000,00 EUR
   Zahlungsvereinbarung: Barzahlung   5 000,00 EUR
                           Banküberweisung   10 000,00 EUR
                           Restverbindlichkeit   5 000,00 EUR

3. Gutschriftanzeigen der Bank: für Bareinzahlung   1 500,00 EUR
                                für Überweisung eines Kunden   750,00 EUR

4. Welche Geschäftsvorfälle liegen folgenden Buchungssätzen zugrunde?

Nr.	Konten	Soll	Haben
4.1	Maschinen	3 750,00	
	an Bank		3 000,00
	an Kasse		750,00
4.2	Verbindlichkeiten a. Lief. u. Leist	2 350,00	
	an Bank		2 000,00
	an Kasse		350,00
4.3	Bank	750,00	
	Kasse	250,00	
	an Forderungen a. Lief. u. Leist.		1 000,00

30 Bilden Sie zu den folgenden Geschäftsvorfällen die Buchungssätze!

1. Wir kaufen einen PC auf Ziel ER 72   5 400,00 EUR

2. Wir begleichen die Rechnung ER 72 bar   2 000,00 EUR
   gegen Bankscheck   3 400,00 EUR   5 400,00 EUR

3. Wir verkaufen den alten Pkw unseres Vertreters
   an einen Kunden zum Buchwert gegen Rechnung   7 340,00 EUR

4. Der Kunde begleicht den Rechnungsbetrag
   durch Bankscheck   3 700,00 EUR
   bar   3 640,00 EUR   7 340,00 EUR

5. Tilgung eines Bankdarlehens
   durch Banküberweisung   9 300,00 EUR
   durch Bareinzahlung   2 700,00 EUR   12 000,00 EUR

31 **I. Anfangsbestände:**

Geschäftsausstattung 41355,00 EUR; Kasse 1670,00 EUR; Bank 33975,00 EUR; Forderungen aus Lieferungen und Leistungen 12150,00 EUR; Waren 24570,00 EUR; Verbindlichkeiten aus Lieferungen und Leistungen 13220,00 EUR; Verbindlichkeiten gegenüber Kreditinstituten 5000,00 EUR.

II. Geschäftsvorfälle:

1.	Wir verkaufen einen nicht mehr benötigten Ladentisch bar zum Buchwert	2500,00 EUR
2.	Neuanschaffung einer Büroeinrichtung gegen Banküberweisung	30000,00 EUR
3.	Ein Kunde überweist einen Rechnungsbetrag auf das Bankkonto	2120,00 EUR
4.	Zur Auffüllung des Kassenbestandes heben wir vom Bankkonto bar ab	500,00 EUR
5.	Wir zahlen eine Lieferantenrechnung bar	1200,00 EUR
6.	Teilweise Tilgung des Bankdarlehens bar	1000,00 EUR

III. Aufgaben:

1. Richten Sie für die angegebenen Anfangsbestände die Bilanzkonten ein und tragen Sie die Anfangsbestände vor!
2. Bilden Sie für die Geschäftsvorfälle die Buchungssätze!
3. Buchen Sie die Geschäftsvorfälle auf den Konten und schließen Sie die Konten ordnungsmäßig ab!

2.6 Eröffnung und Abschluss der Bestandskonten im System der doppelten Buchführung (Eröffnungsbilanzkonto und Schlussbilanzkonto)[1]

Das Prinzip der doppelten Buchführung wurde bisher nur bei den Buchungen der Geschäftsvorfälle angewandt. Die Anfangs- und Schlussbestände auf den Konten wurden dagegen nicht doppelt gebucht, sondern nur eingetragen. Das **Prinzip der doppelten Buchführung** ist jedoch ein **generelles Prinzip** und gilt folglich auch für die Anfangs- und Schlussbestände auf den Konten.

Von diesen beiden Lücken, die zurzeit noch in unserer Buchführung bestehen, wollen wir zunächst eine schließen, und zwar die, die sich bei der Erfassung der **Schlussbestände** ergibt.

2.6.1 Schlussbilanzkonto

Wenn beim Abschluss der Konten für jeden Schlussbestand eine entsprechende Gegenbuchung erfolgen soll, benötigen wir ein besonderes Konto, das für die Schlussbestände die Gegenbuchung aufnimmt. Dieses Abschlusskonto nennen wir **Schlussbilanzkonto** (abgekürzt: **SBK**).

Merke:

Auf dem **Schlussbilanzkonto** erscheinen die Gegenbuchungen für die Schlussbestände der Vermögens- und Schuldkonten.

---

1 Logischerweise müssten die Konten – da Bestandskonten abgeschlossen bzw. eröffnet werden – mit **Schlussbestandskonto** bzw. **Eröffnungsbestandskonto** bezeichnet werden. Später werden wir erfahren, dass man in der Praxis anstelle von **Bestandskonten** die Bezeichnung **Bilanzkonten** verwendet. Aus diesem Grund verwenden wir hier die in der Praxis üblichen Bezeichnungen **Schlussbilanzkonto** und **Eröffnungsbilanzkonto**. (Zur genauen Begriffsklärung siehe S. 111)

Als Demonstrationsbeispiel für die systemgerechte doppelte Buchung der Schlussbestände greifen wir auf die Aufgabe 31 zurück.

Aufgaben:

1. Eröffnen Sie die Konten mit den angegebenen Anfangsbeständen!

2. Buchen Sie die Geschäftsvorfälle auf den entsprechenden Konten!

3. Schließen Sie die Konten über das Schlussbilanzkonto ab!

Lösung:

Soll	Geschäftsausstattung		Haben
AB	41 355,00	Ka	2 500,00
Ba	30 000,00	SBK[1]	68 855,00
	71 355,00		71 355,00

Soll	Kasse		Haben
AB	1 670,00	V.a.L.u.L.	1 200,00
G.-Ausst.	2 500,00	V.g.Kr.	1 000,00
Ba	500,00	SBK	2 470,00
	4 670,00		4 670,00

Soll	Bank		Haben
AB	33 975,00	G.-Ausst.	30 000,00
F.a.L.u.L.	2 120,00	Ka	500,00
		SBK	5 595,00
	36 095,00		36 095,00

Soll	Forderungen a. Lief. u. Leist.		Haben
AB	12 150,00	Ba	2 120,00
		SBK	10 030,00
	12 150,00		12 150,00

Soll	Waren		Haben
AB	24 570,00	SBK	24 570,00

Soll	Verbindlichkeiten a. Lief. u. Leist.		Haben
Ka	1 200,00	AB	13 220,00
SBK	12 020,00		
	13 220,00		13 220,00

Soll	Verb. geg. Kreditinstituten		Haben
Ka	1 000,00	AB	5 000,00
SBK	4 000,00		
	5 000,00		5 000,00

Soll	Schlussbilanzkonto		Haben
G.-Ausst.	68 855,00	V.a.L.u.L.	12 020,00
Kasse	2 470,00	V. g. Kr.	4 000,00
Bank	5 595,00	Saldo (EK)	95 500,00
F.a.L.u.L.	10 030,00		
Waren	24 570,00		
	111 520,00		111 520,00

---

1 Da alle Schlussbestände auf diesem Konto „gegengebucht" werden, tragen wir in der Textspalte der einzelnen Konten nicht wie bisher „Schlussbestand", sondern das Schlussbilanzkonto (SBK) ein.

Erläuterungen:

Den Saldo auf dem Schlussbilanzkonto nennen wir **Eigenkapital (EK)**. Das Eigenkapital gibt den rechnerischen Wert an, der bei der Finanzierung des Vermögens „aus eigener Tasche" geflossen ist.

In unserem Beispiel auf S. 66 fehlt die Gegenbuchung zum Eigenkapital. Der Eigenkapitalbetrag auf dem Schlussbilanzkonto wurde von uns wie üblich als Saldo errechnet. Dies lag daran, dass wir das Eigenkapital zu Beginn der Geschäftsperiode in der Aufgabe nicht angegeben haben. Daher konnte auch kein entsprechendes Konto eingerichtet werden.

Im Beispiel wurde das Konto deshalb nicht eingerichtet, weil zunächst erklärt werden musste, was man unter dem Begriff Eigenkapital versteht. Nachdem wir jetzt das Eigenkapital kennengelernt haben, werden wir in Zukunft für diesen wichtigen Posten auch am Anfang der Geschäftsperiode immer ein Konto führen.

2.6.2 Einordnung des Kontos Eigenkapital in die Gruppe der Schuldkonten

Wie man auf dem Schlussbilanzkonto auf S. 66 erkennen kann, steht das Eigenkapital auf derselben Seite wie die Schulden. Der Grund hierfür ist, dass das **Eigenkapital** und die **Schulden (Fremdkapital) zusammen** das **Kapital des Unternehmers** darstellen. Das Unternehmen erhält das Kapital lediglich von zwei unterschiedlichen Kapitalgebern, von den **Eigentümern** und von den **Kreditgebern**. In beiden Fällen ist das Unternehmen Schuldner gegenüber den Kapitalgebern. Beide Kapitalgeber erwarten für das zur Verfügung gestellte Kapital in der Regel eine entsprechende Vergütung. Die **Kreditgeber**, wie z. B. die Banken, erwarten **Zinsen** und der **Eigentümer** hofft, dass sein eingesetztes Kapitel **Gewinn** abwirft.

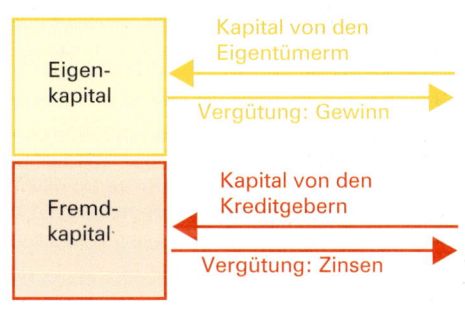

Betrachten wir die Beziehungen zwischen Vermögen und Kapital buchhalterisch, so erkennen wir, dass sich Vermögen und Kapital auf dem Schlussbilanzkonto gegenüberstehen.

- Die **Kapitalseite** gibt an, **wer** die Mittel zur Verfügung gestellt hat.

- Die **Vermögensseite** gibt Aufschluss darüber, **wofür** das dem Unternehmen zur Verfügung gestellte Kapital verwendet worden ist.

Soll	Schlussbilanzkonto		Haben
	Verbindlichkeiten		16 020,00
	Eigenkapital		95 500,00
Vermögen	111 520,00	Kapital	111 520,00
Wofür wurde das Kapital verwendet?		**Wer** hat das Kapital aufgebracht?	

32 **I. Anfangsbestände:**

Grundstücke und Bauten 175000,00 EUR; Geschäftsausstattung 25750,00 EUR; Waren 48250,00 EUR; Forderungen aus Lieferungen und Leistungen 5980,00 EUR; Bank 13120,00 EUR; Kasse 2750,00 EUR; Verbindlichkeiten aus Lieferungen und Leistungen 6520,00 EUR; Verbindlichkeiten gegenüber Kreditinstituten 23000,00 EUR; Eigenkapital 241330,00 EUR.

II. Geschäftsvorfälle:

1. Eingangsrechnung für ein Kopiergerät	2750,00 EUR
2. Wir schicken einen nicht bestellten Bürotisch zurück	250,00 EUR
3. Ein Kunde zahlt eine Rechnung durch Banküberweisung	1200,00 EUR
4. Wir tilgen teilweise die Darlehensschuld bei der Bank durch Bankzahlschein[1]	500,00 EUR
5. Wir verkaufen einen nicht mehr benötigten Büroschrank bar zum Buchwert	100,00 EUR
6. Wir zahlen eine Lieferantenrechnung über 3350,00 EUR	
in bar	350,00 EUR
durch Banküberweisung	3000,00 EUR

III. Aufgaben:

1. Tragen Sie die Anfangsbestände auf den entsprechenden Konten vor!
2. Bilden Sie die Buchungssätze und buchen Sie auf den Konten!
3. Schließen Sie die Konten über das Schlussbilanzkonto ab!

33 **I. Anfangsbestände:**

Grundstücke und Bauten 100000,00 EUR; Geschäftsausstattung 55000,00 EUR; Waren 27500,00 EUR; Forderungen aus Lieferungen und Leistungen 12750,00 EUR; Kasse 3510,00 EUR; Bank 23220,00 EUR; Verbindlichkeiten gegenüber Kreditinstituten 55000,00 EUR; Verbindlichkeiten aus Lieferungen und Leistungen 17850,00 EUR; Eigenkapital 149130,00 EUR.

II. Geschäftsvorfälle:

1. Kauf eines Grundstücks für einen Parkplatz vor dem Geschäft	10000,00 EUR
zu folgenden Bedingungen: Banküberweisung	8000,00 EUR
Barzahlung	2000,00 EUR
2. Ein Kunde zahlt einen Rechnungsbetrag über 1750,00 EUR,	
durch Banküberweisung	1250,00 EUR
bar	500,00 EUR
3. Zahlung einer Eingangsrechnung in Höhe von 2850,00 EUR,	
durch Banküberweisung	1850,00 EUR
bar	1000,00 EUR
4. Einkauf von Büroschränken im Wert von 3250,00 EUR:	
auf Ziel	2750,00 EUR
gegen Barzahlung	500,00 EUR
5. Ein Kunde zahlt einen Rechnungsbetrag bar	1650,00 EUR
6. Anschaffung mehrerer PCs zum Preis von 7850,00 EUR zu folgenden Bedingungen:	
Anrechnung eines nicht mehr benötigten PCs zum Buchwert von	350,00 EUR
Banküberweisung	5500,00 EUR
Barzahlung	2000,00 EUR
7. Ein Bankdarlehen wird teilweise durch Banküberweisung getilgt	850,00 EUR

---

1 Absender zahlt bar, Empfänger hat ein Konto.

III. Aufgaben:

1. Tragen Sie die Anfangsbestände auf den entsprechenden Konten vor!
2. Bilden Sie die Buchungssätze und buchen Sie auf den Konten!
3. Schließen Sie die Konten über das Schlussbilanzkonto ab!

2.6.3 Eröffnungsbilanzkonto

Die konsequente Beachtung des Prinzips der doppelten Buchführung führt zu der jederzeit gültigen Gleichung:

Summe der gebuchten Sollbeträge ≙ Summe der gebuchten Habenbeträge.

Nun gibt es immer noch eine Stelle in unserer Buchführung, an der das Prinzip der doppelten Buchführung durchbrochen ist, nämlich bei den Anfangsbeständen. Diese wurden bisher nicht im Sinne der doppelten Buchführung auf den Konten gebucht, sondern lediglich eingetragen.

Diese Lücke wird mithilfe des **Eröffnungsbilanzkontos (EBK)** geschlossen. Es handelt sich hierbei um ein Hilfskonto, das nur dazu dient, die Eröffnungsbuchungen nach dem Prinzip der doppelten Buchführung aufzunehmen.

Beispiel:

Anfangsbestände:
Geschäftsausstattung 15 000,00 EUR; Waren 10 000,00 EUR; Kasse 850,00 EUR; Verbindlichkeiten aus Lieferungen und Leistungen 7 500,00 EUR; Eigenkapital 18 350,00 EUR.

Aufgabe:
Eröffnen Sie die Konten mithilfe des Eröffnungsbilanzkontos!

Lösung:

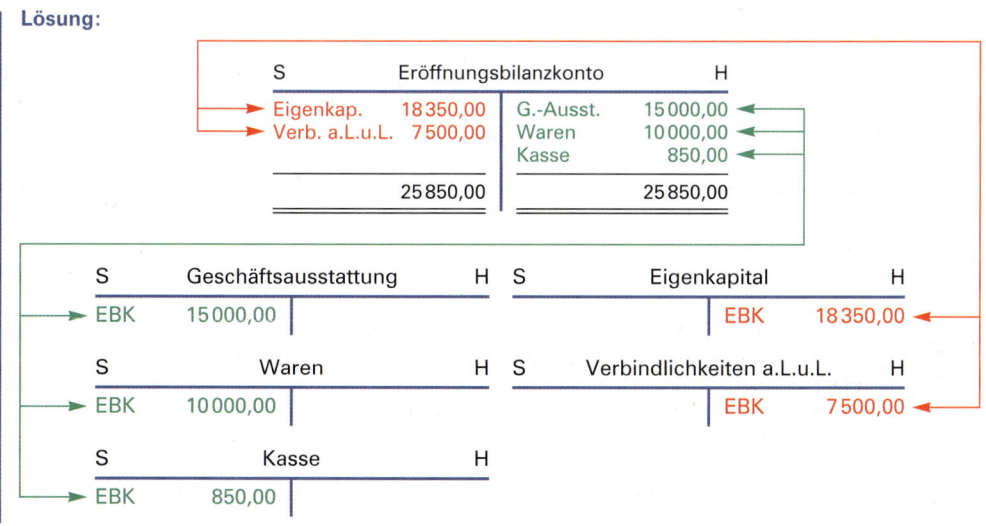

Erläuterungen:

Die Buchung der Anfangsbestände führt dazu, dass die Anfangsbestände der Vermögenskonten auf der Habenseite des Eröffnungsbilanzkontos und die Anfangsbestände der Schuldkonten sowie der Anfangsbestand des Kontos Eigenkapital auf der Sollseite des Eröffnungsbilanzkontos erscheinen. Im Vergleich zum Schlussbilanzkonto sind die Seiten vertauscht. Das zeigt, dass das **Eröffnungsbilanzkonto** lediglich ein Hilfskonto ist, um das System der doppelten Buchung nicht zu durchbrechen.

Gleichzeitig aber wird damit auch die Gleichheit der Soll- und Habenbeträge zu Beginn der Geschäftsperiode dokumentiert. Das ist ein Grundprinzip des Systems der doppelten Buchführung, das zu jeder Zeit als Kontrollmechanismus in diesem System eingebaut ist, denn auch bei der Eröffnung der Konten muss sichergestellt sein, dass die Summe der gebuchten Sollbeträge mit der Summe der gebuchten Habenbeträge übereinstimmt, wie das durch die Seitengleichheit im Eröffnungsbilanzkonto bewiesen wird.

Zusammenfassung

■ Sollen die Anfangsbestände und die Schlussbestände auf den Bestandskonten im System der doppelten Buchführung gebucht werden, benötigt man für die Gegenbuchungen ein entsprechendes Gegenkonto.

  ● Für die **Gegenbuchungen** der **Anfangsbestände** ist das **Eröffnungsbilanzkonto** zuständig,

  ● für die **Gegenbuchungen** der **Schlussbestände** benötigen wir das **Schlussbilanzkonto**.

■ Nach Abschluss der Konten stehen auf der **Sollseite** des Schlussbilanzkontos die **Schlussbestände der Vermögenskonten** und auf der **Habenseite** die **Schlussbestände der Schuldkonten** sowie der **Schlussbestand** auf dem **Eigenkapitalkonto**.

■ Das Eröffnungsbilanzkonto ist ein **Hilfskonto für eine systemgerechte Buchung der Anfangsbestände**. Es erfüllt in dieser Rolle lediglich die Funktion einer **Kontrollrechnung,** denn es bietet gleich zu Beginn der Geschäftsperiode die Gewähr dafür, dass die Summe der gebuchten Sollbeträge gleich der Summe der gebuchten Habenbeträge ist, da die Summen auf beiden Seiten des Eröffnungsbilanzkontos gleich sein müssen.

■ Das Eröffnungsbilanzkonto und das Schlussbilanzkonto gehören zum **Kontensystem der doppelten Buchführung.**

Anmerkung:

Das Eröffnungsbilanzkonto und das Schlussbilanzkonto wurden hier aus methodischen und systematischen Überlegungen dargestellt. Ob in den nachfolgenden Übungsaufgaben das Eröffnungsbilanzkonto geführt werden soll, bleibt der individuellen Entscheidung der Lehrenden vorbehalten. In elektronischen Finanzbuchhaltungssystemen ist es allerdings aus abstimmungstechnischen Gesichtspunkten unverzichtbar.

Aufgaben zur Sicherung und Vertiefung des Lernerfolgs

34 I. **Anfangsbestände:**

Geschäftsausstattung 165 000,00 EUR; Kasse 41 500,00 EUR; Bank 57 500,00 EUR; Forderungen aus Lieferungen und Leistungen 150 000,00 EUR; Waren 88 500,00 EUR; Fuhrpark 76 500,00 EUR; Verbindlichkeiten aus Lieferungen und Leistungen 85 500,00 EUR; Verbindlichkeiten gegenüber Kreditinstituten 20 000,00 EUR; Eigenkapital ?

II. Geschäftsvorfälle:

1.	Bareinzahlung auf das Bankkonto	5 000,00 EUR
2.	Ein Kunde zahlt einen Rechnungsbetrag mit Bankscheck	25 000,00 EUR
3.	Wir kaufen einen Gabelstapler durch Banküberweisung	32 100,00 EUR
4.	Zahlung einer Lieferantenrechnung durch Banküberweisung	18 900,00 EUR
5.	Kauf eines Kopiergeräts bar	8 400,00 EUR
6.	Teilweise Tilgung des Bankdarlehens bar	14 000,00 EUR
7.	Barabhebung vom Bankkonto zur Auffüllung der Geschäftskasse	16 100,00 EUR
8.	Kauf eines gebrauchten Lkw gegen Rechnung	24 200,00 EUR

III. Aufgaben:

1. Eröffnen Sie die Konten mithilfe des Eröffnungsbilanzkontos!
2. Bilden Sie zu den Geschäftsvorfällen die Buchungssätze!
3. Buchen Sie die Vorgänge auf den Konten!
4. Schließen Sie die Konten über das Schlussbilanzkonto ab!

35

I. Anfangsbestände:

Geschäftsausstattung 255 800,00 EUR; Kasse 52 000,00 EUR; Bank 125 800,00 EUR; Forderungen aus Lieferungen und Leistungen 55 100,00 EUR; Waren 251 000,00 EUR; Verbindlichkeiten aus Lieferungen und Leistungen 77 500,00 EUR; das Eigenkapital muss noch ermittelt werden!

II. Geschäftsvorfälle:

1.	Einzahlung auf das Bankkonto	15 000,00 EUR
2.	Ein Kunde zahlt einen Rechnungsbetrag über 25 000,00 EUR	
	in bar	5 000,00 EUR
	durch Banküberweisung	20 000,00 EUR
3.	Barkauf einer PC-Anlage	12 750,00 EUR
4.	Barabhebung vom Bankkonto zur Auffüllung der Geschäftskasse	5 000,00 EUR
5.	Kauf von Büromöbeln in Höhe von 22 500,00 EUR	
	gegen Banküberweisung	5 000,00 EUR
	auf Ziel	17 500,00 EUR
6.	Aufnahme eines Bankdarlehens.	
	Der Betrag wird auf dem Geschäftskonto gutgeschrieben	50 000,00 EUR
7.	Kauf eines Baugrundstücks für 100 000,00 EUR	
	Zahlungsvereinbarung:	
	Banküberweisung	30 000,00 EUR
	Barzahlung	20 000,00 EUR
	Restverbindlichkeit	50 000,00 EUR

III. Aufgaben:

1. Eröffnen Sie die Konten mithilfe des Eröffnungsbilanzkontos!
2. Bilden Sie zu den Geschäftsvorfällen die Buchungssätze!
3. Buchen Sie die Vorgänge auf den Konten!
4. Schließen Sie die Konten über das Schlussbilanzkonto ab!

2.7 Erfolgskonten (Ergebniskonten)[1]

2.7.1 Problemstellung

Bisher haben sich in unserer Buchführung weder Gewinne noch Verluste ergeben. Wir konnten das daran erkennen, dass sich das Eigenkapital innerhalb der Geschäftsperiode nicht verändert hat. Ursache hierfür waren die Geschäftsvorfälle. Wir haben bisher nur mit Geschäftsvorfällen gearbeitet, durch die das Eigenkapital nicht verändert wurde. Solche Geschäftsvorfälle nennt man **erfolgsunwirksame (erfolgsneutrale) Geschäftsvorfälle**.

Soll sich das Eigenkapital verändern, müssen wir **erfolgswirksame Geschäftsvorfälle** berücksichtigen. Sie zeichnen sich dadurch aus, dass sich neben einem anderen Bestandskonto auch das Eigenkapitalkonto verändert.

Merke:

- **Erfolgsunwirksame Geschäftsvorfälle** verändern das Eigenkapital nicht. Es werden daher immer nur die übrigen Bestandskonten angesprochen.
- **Erfolgswirksame Geschäftsvorfälle** verändern das Eigenkapital. Neben dem Bestand auf einem anderen Bestandskonto verändert sich auch immer der Bestand auf dem Eigenkapitalkonto.

Der Kaufmann betreibt sein Geschäft des **Gewinns** wegen. Um das zu erreichen, erweitern wir unsere Buchführung um erfolgswirksame Geschäftsvorfälle.

- Der wichtigste erfolgswirksame Geschäftsvorfall ist der **Verkauf von Waren.** Da der Kaufmann seine Waren (von Ausnahmen abgesehen) teurer verkauft, als er sie einkauft, ergibt sich aus der Differenz dieser beiden Preise der **Warengewinn,** den man auch als Rohgewinn bezeichnet. Auf den Erfolg aus Warengeschäften gehen wir im Kapitel 2.9 ein.

- Der Rohgewinn wird jedoch durch eine Reihe von **Aufwendungen**, wie z.B. der Zahlung von Gehältern, Mieten, Bürobedarf, Steuern usw., geschmälert. Erhöht werden kann der Rohgewinn dadurch, dass das Unternehmen neben den Warenverkaufserlösen noch weitere **Erträge** hat, wie z.B. Mieterträge, Provisionserträge, Zinserträge usw. (vgl. hierzu die Kapitel 2.7.2 und 2.7.3).

Zählt man zum Rohertrag die weiteren Erträge des Unternehmens hinzu und zieht hiervon alle angefallenen Aufwendungen des Unternehmens ab, so erhält man den **Reingewinn**. Dieser Reingewinn ist letztlich die Messgröße für den Erfolg des Unternehmens.

---

1 Die Begriffe Erfolgskonten und Ergebniskonten sind identisch (gleichwertig). Sie werden daher in den folgenden Texten entsprechend verwandt.

2.7.2 Buchungen von Aufwendungen und Erträgen

2.7.2.1 Einführung der Begriffe Aufwendungen und Erträge

Wir haben bereits festgestellt, dass sich durch **erfolgswirksame** Geschäftsvorfälle das Eigenkapital verändern muss. Nun kann sich das Eigenkapital nach zwei Richtungen hin verändern, es kann zunehmen oder abnehmen. Dementsprechend sind auch zwei Arten von erfolgswirksamen Geschäftsvorfällen zu unterscheiden. Nimmt durch einen Geschäftsvorfall das Eigenkapital zu, sprechen wir von **Erträgen,** nimmt durch einen Geschäftsvorfall das Eigenkapital ab, sprechen wir von **Aufwendungen.**

Soll	Eigenkapital	Haben
Abgänge (Aufwendungen)	Anfangsbestand	
	Zugänge (Erträge)	
Schlussbestand		

Merke:

- ■ **Zugänge beim Eigenkapital** nennen wir **Erträge.**
- ■ **Abgänge beim Eigenkapital** nennen wir **Aufwendungen.**

Vorläufige Beispiele für Aufwendungen und Erträge:

Aufwendungen, durch die sich das Eigenkapital vermindert	**Erträge,** durch die sich das Eigenkapital erhöht
■ Personalaufwendungen ■ Mieten, Pachten, Leasing ■ Steuern, Beiträge, Versicherungen ■ Werbe- und Reisekosten ■ Instandhaltung ■ Allgemeine Verwaltungsaufwendungen	■ Erträge aus Vermietungen ■ Provisionserträge ■ Zinserträge

Anmerkung:

Die wichtigsten Erträge durch Warenverkäufe und die dazugehörigen Aufwendungen für diese Warenverkäufe werden erst im Kapitel 2.9 behandelt.

2.7.2.2 Einführung der Erfolgskonten

Damit der Kaufmann immer weiß, wie hoch die jeweiligen Aufwendungen und Erträge sind, bucht er sie nicht direkt auf dem Eigenkapitalkonto, sondern erfasst sie auf besonderen Aufwands- und Ertragskonten.

■ **Aufwandskonten** erfassen die **Minderungen (Abgänge) beim Eigenkapital.**

■ **Ertragskonten** erfassen die **Mehrungen (Zugänge) beim Eigenkapital.**

Da die Aufwands- und Ertragskonten die Bestimmung des Unternehmenserfolgs ermöglichen, nennt man diese Konten **Erfolgskonten** (oder **Ergebniskonten**).[1] Die Erfolgskonten sind **Unterkonten des Kontos Eigenkapital,** da sie nichts anderes als Eigenkapitalminderungen (Aufwandskonten) und Eigenkapitalmehrungen (Ertragskonten) erfassen.

Damit der Kaufmann eine gute Übersicht über die einzelnen Arten von Aufwendungen und Erträgen behält und er die bis dahin jeweils aufgelaufene Summe jederzeit abrufen kann, wird für jede Art von Aufwand bzw. Ertrag ein eigenes Konto geführt. Lediglich für sehr geringfügige Aufwendungen, wie z.B. für den üblichen Bürobedarf wie Schreibpapier, Schreibstifte, Radiergummi, Toner usw., wird ein Sammelkonto mit der entsprechenden Bezeichnung „Büromaterial" geführt. Die Bezeichnung der einzelnen Erfolgskonten ergibt sich im Allgemeinen schon aus dem Geschäftsvorfall.

In schematischer Zusammenfassung ergibt sich die folgende Darstellung:

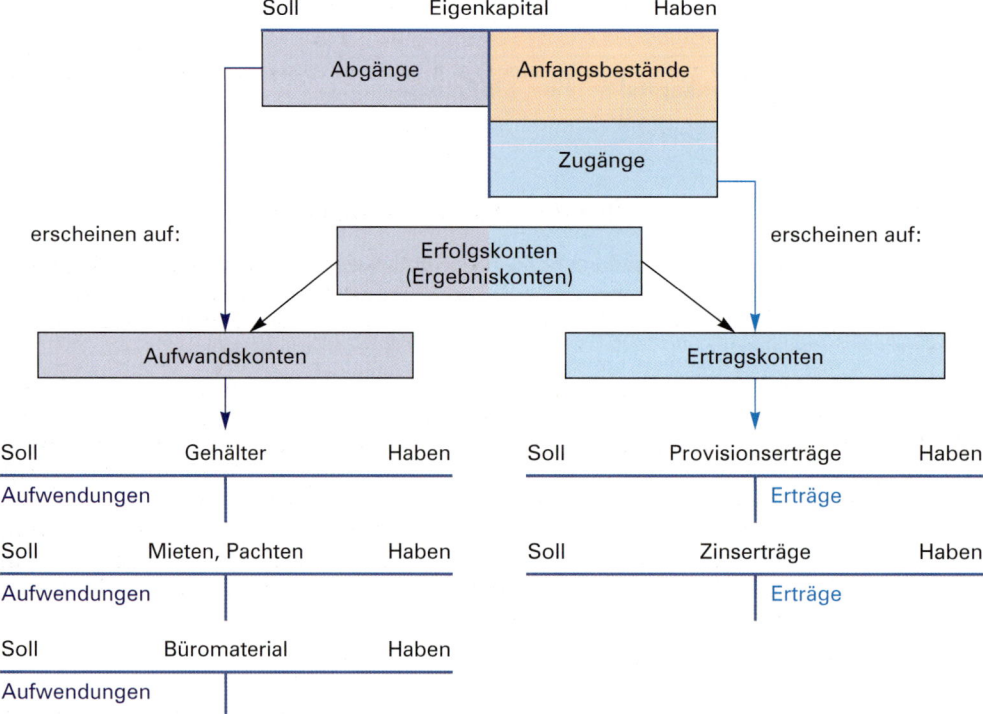

---

1 **Zur Erinnerung:** Die Begriffe Erfolgskonten und Ergebniskonten sind identisch (gleichwertig). Sie werden daher in den folgenden Texten entsprechend verwandt.

Aufgaben zur Sicherung und Vertiefung des Lernerfolgs

36
1. Erläutern Sie den Zusammenhang zwischen den Erfolgskonten und dem Eigenkapitalkonto!

2. Würde das System der doppelten Buchführung auch ohne die Einrichtung von Erfolgskonten funktionieren? Begründen Sie Ihre Entscheidung!

3. Aus welchen Gründen werden Ergebniskonten eingerichtet?

4. Warum kann es auf den Erfolgskonten keine Anfangsbestände geben?

5. Wie können Aufwendungen in Bezug auf das Eigenkapital bezeichnet werden?

6. Bestimmen Sie in entsprechender Weise den Inhalt der Ertragskonten!

7. Weshalb werden Aufwendungen auf der Sollseite und Erträge auf der Habenseite gebucht?

2.7.2.3 Buchungsregeln für die Erfolgskonten (Ergebniskonten)

Obschon uns das Buchen auf Erfolgskonten keine Schwierigkeiten bereiten dürfte, möchten wir – vor allem auch, um einem begrifflichen Missbrauch zu begegnen – kurz auf die Buchungsregeln und die begriffliche Deutung des Inhaltes auf den Erfolgskonten eingehen.

Auch wenn es richtig bleibt, dass die Erfolgskonten nichts anderes aufnehmen als Zu- und Abgänge des Eigenkapitals, so dürfen wir diese Begriffe als Inhaltsangabe bei den Erfolgskonten nicht verwenden. Die Begriffe Zu- und Abgänge setzen logischerweise einen Anfangsbestand voraus und können daher **nur** in Bezug zum Eigenkapitalkonto oder einem anderen Bilanzkonto, **nicht dagegen** in Verbindung mit einem Erfolgskonto verwendet werden. Auf den Erfolgskonten gibt es nur Aufwendungen bzw. Erträge, wobei die Aufwendungen des entsprechenden Aufwandskontos auf der gleichen Seite zu erfassen sind, auf die der Abgang auf dem Eigenkapitalkonto gehören würde, nämlich auf der Sollseite. Entsprechendes gilt für die Erträge.

Wir kommen somit zu folgenden **Buchungsregeln:**

Soll	Aufwandskonto	Haben		Soll	Ertragskonto	Haben
Aufwendungen						Erträge

Bei den Aufwandskonten erscheinen die **Aufwendungen** immer auf der **Sollseite.**	Bei den Ertragskonten erscheinen die **Erträge** immer auf der **Habenseite.**

2.7.2.4 Beispiele für die Buchungen von Aufwendungen und Erträgen

1. Geschäftsvorfall: Wir zahlen die Ausbildungsvergütung in Höhe von 570,00 EUR durch Banküberweisung.

Soll	Bank	Haben	Soll	Gehälter	Haben
AB	3 000,00	Gehälter 570,00 ⟷ Bank	570,00	

Buchungssatz:

Konten	Soll	Haben
Gehälter an Bank	570,00	570,00

2. Geschäftsvorfall: Wir zahlen für Renovierungsarbeiten im Verkaufsraum durch Banküberweisung 7 100,00 EUR.

Soll	Instandh. u. Reparaturen	Haben	Soll	Bank	Haben
Bank	7 100,00		AB 3 000,00	Inst./Rep.	7 100,00

Buchungssatz:

Konten	Soll	Haben
Instandhaltung u. Reparaturen an Bank	7 100,00	7 100,00

3. Geschäftsvorfall: Wir kaufen Briefmarken für 45,00 EUR und Schreibpapier für das Büro 180,00 EUR gegen Barzahlung.

Soll	Postentgelte	Haben	Soll	Kasse	Haben
Kasse	45,00		AB 1 200,00	Post/Bürom.	225,00

Soll	Büromaterial	Haben
Kasse	180,00	

Buchungssatz:

Konten	Soll	Haben
Postentgelte	45,00	
Büromaterial	180,00	
an Kasse		225,00

4. Geschäftsvorfall: Weitere Aufwendungen werden durch Banküberweisung bezahlt:
Strom: 1 090,00 EUR; Dekoration: 420,00 EUR; Rechnung des Steuerberaters: 720,00 EUR

Soll	Aufw. f. Energie u. Treibst.	Haben
Bank	1 090,00	

Soll	Rechts- u. Beratungskosten	Haben
Bank	720,00	

Soll	Werbung	Haben
Bank	420,00	

Soll	Bank	Haben
AB	3 480,00	A.f.En./Werb./Re. 2 230,00

Buchungssatz:

Konten	Soll	Haben
Aufwend. f. Energie u. Treibstoffe	1 090,00	
Werbung	420,00	
Rechts- und Beratungskosten	720,00	
an Bank		2 230,00

5. Geschäftsvorfall: Wir erhalten Miete für eine vermietete Garage durch Banküberweisung 60,00 EUR.

Soll	Bank	Haben
Ertr. a. Verm./Verp. 60,00		

Soll	Erträge a. Verm. u. Verp.	Haben
		Bank 60,00

Buchungssatz:

Konten	Soll	Haben
Bank	60,00	
an Erträge a. Vermiet. u. Verpacht.		60,00

6. Geschäftsvorfall: Im Betrieb fallen weitere Erträge an: Wir erhalten vom Lieferer eine Verkaufsprovision in Höhe von 1 420,00 EUR bar; Zinsgutschrift der Bank 175,00 EUR.

Soll	Kasse	Haben
Prov.-Ertr. 1 420,00		

Soll	Provisionserträge	Haben
		Kasse 1 420,00

Soll	Bank	Haben
Zi.-Ertr. 175,00		

Soll	Zinserträge	Haben
		Bank 175,00

Buchungssätze:

Konten	Soll	Haben
Kasse	1 420,00	
an Provisionserträge		1 420,00
Bank	175,00	
an Zinserträge		175,00

---

37 Bilden Sie zu den folgenden erfolgswirksamen Geschäftsvorfällen die Buchungssätze![1]

1. Wir zahlen Miete für die Geschäftsräume durch Banküberweisung — 4 000,00 EUR
2. Die Bank schreibt uns Zinsen gut — 210,00 EUR
3. Wir zahlen die Ausbildungsvergütung bar — 540,00 EUR
4. An unsere Verkäufer im Außendienst zahlen wir Provisionen
   in bar — 6 100,00 EUR
   per Bankscheck — 2 345,00 EUR
5. Zinslastschrift der Bank — 651,00 EUR
6. Bankeinzug zum Ausgleich der Stromrechnung für das Geschäft — 745,00 EUR
7. Zahlung der Grundsteuer durch die Bank — 2 380,00 EUR
8. Für Büromaterialien wurden bar bezahlt — 123,00 EUR
9. Banküberweisung der Kfz-Steuer für das Betriebsfahrzeug — 630,00 EUR
10. Banküberweisung für Heizmaterial für den Betrieb — 2 200,00 EUR

38 Bilden Sie für die folgenden Geschäftsvorfälle die Buchungssätze! Geben Sie in einer besonderen Spalte an, ob der Geschäftsvorfall erfolgswirksam oder erfolgsneutral ist!

1. Wir zahlen Reisekosten an unseren Vertreter durch Banküberweisung — 6 000,00 EUR
2. Wir zahlen die Ausbildungsvergütung durch die Bank — 620,00 EUR
3. Wir kaufen einen Bürosessel bar — 500,00 EUR
4. Wir zahlen die Leasingrate für eine Maschine durch Banküberweisung — 8 750,00 EUR
5. Wir kaufen einen Büroschrank bar — 850,00 EUR
6. Wir zahlen Heizöl für eine Lagerhalle durch Banküberweisung — 5 300,00 EUR
7. Ein Kunde zahlt einen Rechnungsbetrag durch Banküberweisung — 450,00 EUR
8. Wir kaufen Büromöbel bar — 1 500,00 EUR
9. Wir bringen Geld zur Bank — 500,00 EUR
10. Wir zahlen Reparaturkosten für die Geschäftsräume
    durch Banküberweisung — 4 000,00 EUR
11. Ein Kunde überweist einen Rechnungsbetrag auf unser Bankkonto — 250,00 EUR
12. Bankgutschrift für erhaltene Provisionen — 200,00 EUR
13. Wir bezahlen die Paketgebühren bar — 20,40 EUR

---

[1] Sofern es sich um Zahlungen handelt, die als Aufwand zu erfassen sind, ist davon auszugehen, dass die zugrunde liegende Rechnung noch **nicht** gebucht wurde.

39 Formulieren Sie aufgrund der vorliegenden Belege die zugrunde liegenden Geschäftsvorfälle und buchen Sie die Belege im Grundbuch von Franz Kübler e.Kfm., Gartenweg 7, 88131 Lindau!

Beleg 1

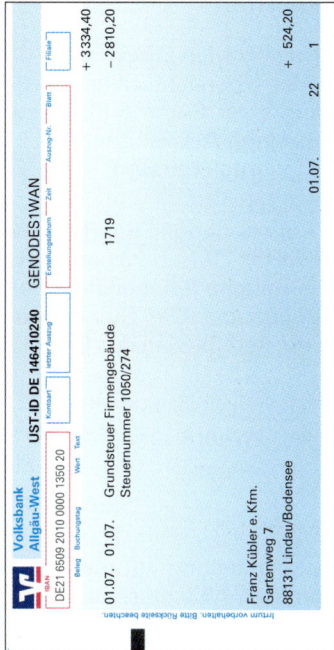

Volksbank Allgäu-West   UST-ID DE 146410240   GENODES1WAN
IBAN DE21 6509 2010 0000 1350 20

30.06.	Abrechnungszeitraum vom 30.03.20.. bis 30.06.20..	+ 4120,40
	Zinsen für Kredit	
	9,25% Soll-Zins bis 30.06.20..	− 722,00
	Entgelte/Auslagen	− 64,00
		+ 3334,40 21 1

30.06.

Franz Kübler e.Kfm.
Gartenweg 7
88131 Lindau/Bodensee

Irrtum vorbehalten. Bitte Rückseite beachten.

Beleg 3

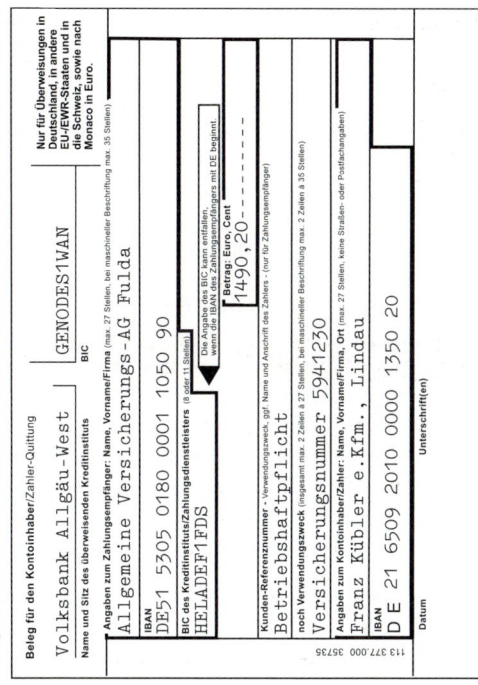

Volksbank Allgäu-West   UST-ID DE 146410240   GENODES1WAN
IBAN DE21 6509 2010 0000 1350 20

01.07.	01.07.	Grundsteuer Firmengebäude	1719	+ 3334,40
		Steuernummer 1050/274		− 2810,20
				+ 524,20 22 1

01.07.

Franz Kübler e.Kfm.
Gartenweg 7
88131 Lindau/Bodensee

Irrtum vorbehalten. Bitte Rückseite beachten.

Beleg 2

Josef Sigg OHG
Buch- und Offsetdruck · Blumenweg 17 · 87700 Memmingen

Franz Kübler e.Kfm.
Gartenweg 7
88131 Lindau

Rechnung Nr. 1572

Lieferdatum: 24.06.20..
Rechnungsdatum: 30.06.20..

Auftrags-Nr.		Preis in EUR
519	5000 Vordrucke für Ausgangsrechnungen[1]	295,00
	– Lieferschein Nr. 1010 –	

Sitz der Gesellschaft: Memmingen   RG Memmingen: HRA 195   Steuer-Nr.: 88712/15945

Beleg 4

Beleg für den Kontoinhaber/Zahler-Quittung

Angaben zum Zahlungsempfänger: Name, Vorname/Firma (max. 27 Stellen, bei maschineller Beschriftung max. 35 Stellen)

Volksbank Allgäu-West   GENODES1WAN
Name und Sitz des überweisenden Kreditinstituts   BIC

Allgemeine Versicherungs-AG Fulda

IBAN
DE51 5305 0180 0001 1050 90

BIC des Kreditinstituts/Zahlungsdienstleisters (8 oder 11 Stellen)
HELADEF1FDS

Die Angabe des BIC kann entfallen, wenn die IBAN des Zahlungsempfängers mit DE beginnt.

Kunden-Referenznummer - Verwendungszweck, ggf. Name und Anschrift des Zahlers - (nur für Zahlungsempfänger)
Betriebshaftpflicht

noch Verwendungszweck (insgesamt max. 2 Zeilen à 27 Stellen, bei maschineller Beschriftung max. 2 Zeilen à 35 Stellen)
Versicherungsnummer 5941230

Angaben zum Kontoinhaber/Zahler: Name, Vorname/Firma, Ort (max. 27 Stellen, keine Straßen- oder Postfachangaben)
Franz Kübler e.Kfm., Lindau

IBAN
DE 21 6509 2010 0000 1350 20

Datum   Unterschrift(en)

Nur für Überweisungen in Deutschland, in andere EU-/EWR-Staaten und in die Schweiz, sowie nach Monaco in Euro.

Betrag: Euro, Cent
1490,20

113 377.000 35735

---

1 Auf die Buchung der Umsatzsteuer wird hier verzichtet, weil die Umsatzsteuer lt. Lehrplan erst später behandelt wird.

2.7.3 Abschluss der Aufwands- und Ertragskonten

Als Unterkonten des Eigenkapitals müssten die Erfolgskonten direkt über das Eigen-kapitalkonto abgeschlossen werden. Aus Gründen der Übersichtlichkeit wird auf dem Konto Eigenkapital jedoch nur das **Gesamtergebnis** in einer Summe (Reingewinn bzw. Reinverlust) ausgewiesen. Das bedeutet, dass die einzelnen Aufwendungen und Erträge auf einem Zwischenkonto einander gegenübergestellt werden müssen.

Da aus der Gegenüberstellung aller Erträge mit allen Aufwendungen der Reingewinn oder Reinverlust des Unternehmens errechnet wird, heißt dieses Zwischenkonto **Gewinn- und Verlustkonto (GuV-Konto)**. Der auf dem GuV-Konto ermittelte Reingewinn oder Reinver-lust wird anschließend auf das Konto Eigenkapital umgebucht. Das GuV-Konto ist daher ein Unterkonto des Eigenkapitalkontos. Dabei erhöht ein Reingewinn das Eigenkapital, ein Verlust vermindert es.

> Erträge > Aufwendungen = Gewinn
>
> Erträge < Aufwendungen = Verlust

Das folgende Beispiel beschränkt die kontenmäßige Darstellung auf die Erfolgskonten. Die Bilanzkonten werden bewusst ausgeklammert, um den Abschluss der Erfolgskonten deutlich herausstellen zu können.

Beispiel:

I. Anfangsbestand auf dem Konto Eigenkapital: 30 000,00 EUR

II. Erfolgswirksame Geschäftsvorfälle: **Buchungssätze:**

Nr.	Konten	Soll	Haben
1.	Löhne an Bank	800,00	800,00
2.	Büromaterial an Kasse	80,00	80,00
3.	Aufwendungen für Energie und Treibst. an Bank	150,00	150,00
4.	Bank an Provisionserträge	2 000,00	2 000,00
5.	Bank an Zinserträge	140,00	140,00

1. Wir zahlen Aushilfslöhne durch Banküberweisung 800,00 EUR
2. Kauf von Büromaterial bar 80,00 EUR
3. Abbuchung der Stromkosten vom Bankkonto 150,00 EUR
4. Wir erhalten Provisionserträge auf das Bankkonto überwiesen 2 000,00 EUR
5. Gutschrift der Bank für Zinsen 140,00 EUR

III. Aufgabe:
Führen Sie den Abschluss der Erfolgskonten, des GuV-Kontos und des Eigenkapitalkontos durch!

Lösung:

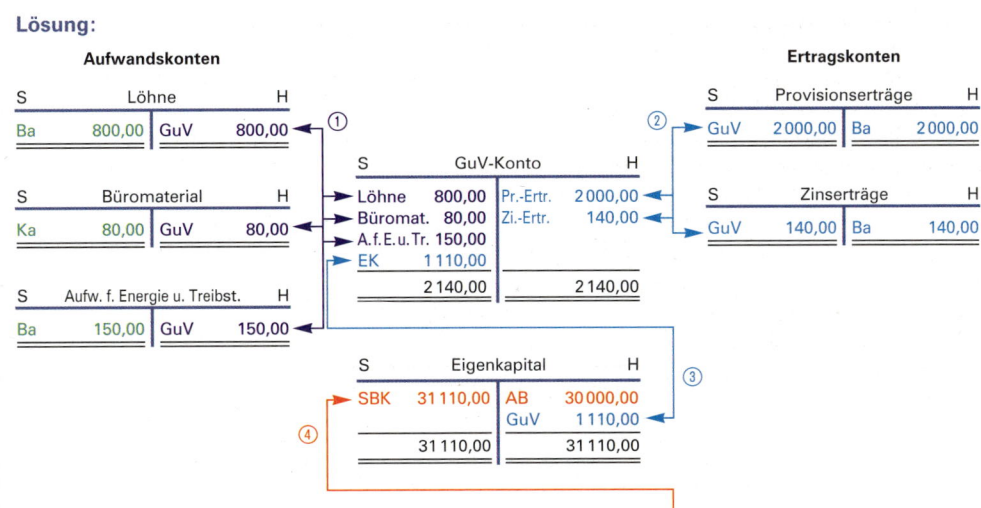

Zusammenfassung

■ Aufwendungen und Erträge **verändern** das **Eigenkapital**.

■ Durch **Aufwendungen** nimmt das **Eigenkapital** ab.

■ Durch **Erträge** nimmt das **Eigenkapital** zu.

■ Bezüglich der Geschäftsvorfälle sind zwei Gruppen zu unterscheiden:
   ● **erfolgsunwirksame** Geschäftsvorfälle, bei denen **nur Bestandskonten** angesprochen werden, wobei das Eigenkapitalkonto ausgeschlossen bleibt;
   ● **erfolgswirksame** Geschäftsvorfälle, bei denen statt des Eigenkapitals immer **ein Erfolgskonto** angesprochen wird. Das Gegenkonto dazu ist immer ein **Bestandskonto**.

■ Um das Ergebnis der Erfolgsvorgänge (Gewinn oder Verlust) in einer Zahl darstellen zu können, werden die Salden der Erfolgskonten nicht direkt über das Eigenkapitalkonto, sondern über ein besonderes Abschlusskonto abgeschlossen. Da sich auf diesem Konto als Saldo der Gewinn oder der Verlust der Geschäftsperiode ergibt, nennt man dieses Konto **Gewinn- und Verlustkonto**.

6 Speth u.a. - ISBN 978-3-8120-0528-9

■ Die **Gegenbuchung zu dem Saldo auf dem Gewinn- und Verlustkonto** erscheint **auf dem Eigenkapitalkonto**. Auf diese Weise werden die Auswirkungen einer Vielzahl von Eigenkapitalveränderungen aufgrund der erfolgswirksamen Geschäftsvorfälle in einer Summe auf dem Eigenkapitalkonto erfasst.

■ Nach Einführung der Erfolgskonten können wir jetzt auch unser Kontensystem der doppelten Buchführung vervollständigen. Wir haben einerseits die **Bestandskonten** und andererseits die **Erfolgskonten**. Jede Kontengruppe hat ihr eigenes Abschlusskonto. Die Gegenbuchungen zu den **Salden** auf den **Bestandskonten** erscheinen auf dem **Schlussbilanzkonto,** und die Gegenbuchungen zu den **Salden** auf den **Erfolgskonten** erscheinen auf dem **Gewinn- und Verlustkonto**.

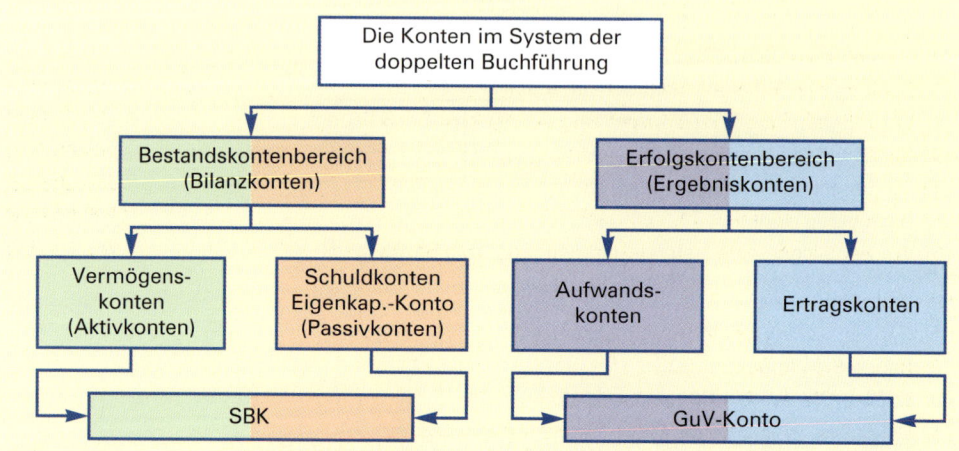

40 **I. Anfangsbestand:**

Bank 150 000,00 EUR; Eigenkapital 150 000,00 EUR

II. Erfolgswirksame Geschäftsvorfälle:

1.	Banküberweisung für den Beitrag zur Industrie- und Handelskammer	2 800,00 EUR
2.	Zinsgutschrift der Bank	490,00 EUR
3.	Die Reparaturkosten für die Kopiergeräte werden mit Bankscheck bezahlt	512,00 EUR
4.	Lohnzahlung durch Banküberweisung	1 290,00 EUR
5.	Banküberweisung der Kfz-Steuer für die Betriebsfahrzeuge	950,00 EUR
6.	Mieteinnahmen per Bankscheck	4 650,00 EUR
7.	Banküberweisung für die Feuerversicherung des Lagers	460,00 EUR
8.	Büromaterial wird gegen Bankscheck gekauft	370,00 EUR
9.	Wir erhalten Provision durch Banküberweisung	9 980,00 EUR
10.	Ein Zeitungsinserat wird durch Banküberweisung beglichen	290,00 EUR

III. Aufgaben:

1. Eröffnen Sie die Konten Bank und Eigenkapital!
2. Bilden Sie zu den Geschäftsvorfällen die Buchungssätze und buchen Sie die Vorgänge anschließend auf den Konten!
3. Führen Sie den Abschluss der Konten durch!

2.8 Geschäftsgang mit Bestands- und Erfolgskonten

2.8.1 Beispiel

Beispiel:

I. Anfangsbestände:

Geschäftsausstattung 120 000,00 EUR; Kasse 3 150,00 EUR; Bank 4 800,00 EUR; Verbindlichkeiten aus Lieferungen und Leistungen 26 000,00 EUR; Verbindlichkeiten gegenüber Kreditinstituten 20 000,00 EUR; Eigenkapital 81 950,00 EUR.

II. Geschäftsvorfälle:

1. Zahlung der Gehälter durch Banküberweisung	2 100,00 EUR
2. Wir erhalten eine Provisionszahlung durch Banküberweisung	15 400,00 EUR
3. Barzahlung eines Zeitungsinserates	160,00 EUR
4. Die Bank schreibt uns Zinsen gut	580,00 EUR
5. Barzahlung der Miete für das Geschäft	1 800,00 EUR
6. Wir begleichen eine Lieferantenrechnung durch Bankscheck	750,00 EUR

III. Aufgaben:

1. Führen Sie das Eröffnungsbilanzkonto!
2. Bilden Sie die Buchungssätze für die Geschäftsvorfälle!
3. Buchen Sie auf den Konten!
4. Schließen Sie die Konten über das Schlussbilanzkonto ab!

Lösung:

Zu 2. Bildung der Buchungssätze für die Geschäftsvorfälle:

Nr.	Konten	Soll	Haben
1.	Gehälter	2 100,00	
	an Bank		2 100,00
2.	Bank	15 400,00	
	an Provisionserträge		15 400,00
3.	Werbung	160,00	
	an Kasse		160,00
4.	Bank	580,00	
	an Zinserträge		580,00
5.	Mieten, Pachten	1 800,00	
	an Kasse		1 800,00
6.	Verbindlichkeiten a. Lief. u. Leist.	750,00	
	an Bank		750,00

Zu 1., 3. und 4. Buchungen auf den Konten mit Abschluss der Konten:

EBK

Soll		Haben	
Eigenkapital	81 950,00	G.-Ausstattung	120 000,00
Verb. geg. Kreditinst.	20 000,00	Kasse	3 150,00
Verb. a. Lief. u. Leist.	26 000,00	Bank	4 800,00
	127 950,00		127 950,00

Provisionserträge

S			H	
GuV	15 400,00	Bank	15 400,00	

Zinserträge

S			H	
GuV	580,00	Bank	580,00	

Gehälter

S			H	
Bank	2 100,00	GuV	2 100,00	

Werbung

S			H	
Kasse	160,00	GuV	160,00	

Mieten, Pachten

S			H	
Kasse	1 800,00	GuV	1 800,00	

GuV-Konto

Soll		Haben	
Gehälter	2 100,00	Provisionserträge	15 400,00
Werbung	160,00	Zinserträge	580,00
Mieten, Pachten	1 800,00		
Eigenkapital	11 920,00		
	15 980,00		15 980,00

Verb. g. Kreditinstitut

S			H	
SBK	20 000,00	EBK	20 000,00	

Verbindl. a. Lief. u. Leist.

S			H	
Bank	750,00	EBK	26 000,00	
SBK	25 250,00			
	26 000,00		26 000,00	

Eigenkapital

S			H	
SBK	93 870,00	EBK	81 950,00	
		GuV	11 920,00	
	93 870,00		93 870,00	

Geschäftsausstattung

S			H	
EBK	120 000,00	SBK	120 000,00	

Kasse

S			H	
EBK	3 150,00	Werb.	160,00	
		Miet.,P.	1 800,00	
		SBK	1 190,00	
	3 150,00		3 150,00	

Bank

S			H	
EBK	4 800,00	Gehalt	2 100,00	
Pr.-Ertr.	15 400,00	V.a.L.u.L.	750,00	
Zi.-Ertr.	580,00	SBK	17 930,00	
	20 780,00		20 780,00	

SBK

Soll		Haben	
G.-Ausstattung	120 000,00	Verb. geg. Kreditinst.	20 000,00
Kasse	1 190,00	Verb. a. Lief. u. Leist.	25 250,00
Bank	17 930,00	Eigenkapital	93 870,00
	139 120,00		139 120,00

2.8.2 Doppelte Erfolgsermittlung

Aus dem vorhergehenden Geschäftsgang ersehen wir, dass in der doppelten Buchführung auch eine **doppelte Möglichkeit der Erfolgsermittlung** besteht:

1. Im Erfolgskontenbereich:

Hier wird der Erfolg (Gewinn oder Verlust) durch die Gegenüberstellung der Aufwendungen mit den Erträgen auf dem GuV-Konto ermittelt. Aus dem GuV-Konto sind auch die einzelnen Ertrags- und Aufwandsarten ersichtlich.

		Soll	GuV-Konto		Haben
		Gehälter	2 100,00	Pr.-Ertr.	15 400,00
Summe der Erträge	15 980,00 EUR	Werbung	160,00	Zi.-Ertr.	580,00
– Summe der Aufwendungen	4 060,00 EUR	Miet., Pa.	1 800,00		
= Erfolg (Gewinn)	11 920,00 EUR	Reingew.	11 920,00		
			15 980,00		15 980,00

2. Im Bestandskontenbereich:

Hier wird das Ergebnis (Gewinn oder Verlust) durch den Vergleich des Eigenkapitals am Ende des Geschäftsjahres mit dem Eigenkapital am Anfang der Geschäftsperiode ermittelt.

		Soll	Eigenkapital		Haben
Eigenkapital am Ende des Geschäftsjahres	93 870,00 EUR	SBK	93 870,00	EBK	81 950,00
– Eigenkapital am Anfang des Geschäftsjahres	81 950,00 EUR			Reingewinn	11 920,00
= Erfolg (Gewinn)	11 920,00 EUR		93 870,00		93 870,00

Aufgaben zur Sicherung und Vertiefung des Lernerfolgs

41 **I. Anfangsbestände:**

Grundstücke und Bauten 205 000,00 EUR; Geschäftsausstattung 15 000,00 EUR; Bank 16 200,00 EUR; Kasse 5 400,00 EUR; Verbindlichkeiten aus Lieferungen und Leistungen 25 000,00 EUR; Eigenkapital 216 600,00 EUR.

II. Geschäftsvorfälle:

1. Wir zahlen für Werbematerial durch Banküberweisung	5 300,00 EUR
2. Kauf von Schreibwaren für das Büro bar	120,00 EUR
3. Zinsgutschrift der Bank	350,00 EUR
4. Die Verkaufsprovision für einen Großauftrag geht auf dem Bankkonto ein	11 350,00 EUR
5. Zahlung der Geschäftsmiete durch Banküberweisung	1 100,00 EUR
6. Die Telefongebühren werden vom Bankkonto abgebucht	215,00 EUR

III. Aufgaben:

1. Eröffnen Sie die Konten mithilfe des Eröffnungsbilanzkontos!
2. Bilden Sie die Buchungssätze!
3. Buchen Sie die Geschäftsvorfälle auf den Konten!
4. Schließen Sie die Konten über das Schlussbilanzkonto ab und geben Sie das neue Eigenkapital an!

42   **I. Anfangsbestände:**

Geschäftsausstattung 34 200,00 EUR; Forderungen aus Lieferungen und Leistungen 13 800,00 EUR; Kasse 2 200,00 EUR; Bank 16 500,00 EUR; Verbindlichkeiten gegenüber Kreditinstituten 11 000,00 EUR; Verbindlichkeiten aus Lieferungen und Leistungen 4 500,00 EUR; Eigenkapital?

II. Geschäftsvorfälle:

1.	Wir begleichen eine Lieferantenrechnung durch Banküberweisung	1 100,00 EUR
2.	Barkauf eines Schreibtisches	460,00 EUR
3.	Wir zahlen Zinsen durch Banküberweisung	380,00 EUR
4.	Barkauf von Briefmarken	55,00 EUR
5.	Die Telefongebühren werden von der Bank abgebucht	190,00 EUR
6.	Teilweise Tilgung eines Bankdarlehens durch Banküberweisung	2 000,00 EUR
7.	Wir erhalten Provision für die Vermittlung eines Auftrages auf das Bankkonto überwiesen	9 100,00 EUR
8.	Wir zahlen Geschäftsmiete per Bankscheck	900,00 EUR
9.	Zahlung einer Kfz-Reparaturrechnung bar	120,00 EUR
10.	Die Bank schreibt uns Zinsen gut	220,00 EUR

III. Aufgaben:

1. Eröffnen Sie die Konten mithilfe des Eröffnungsbilanzkontos!
2. Bilden Sie die Buchungssätze!
3. Buchen Sie die Geschäftsvorfälle auf den Konten!
4. Schließen Sie die Konten über das Schlussbilanzkonto ab!

43

Beleg 1

Beleg 2

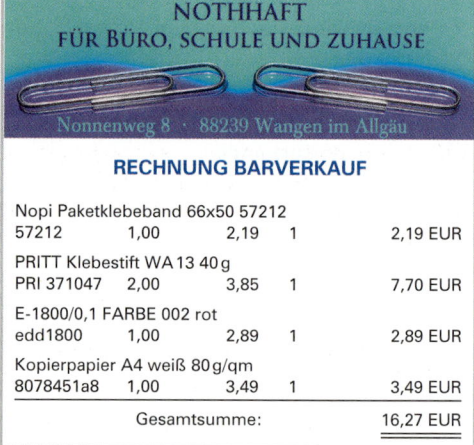

Aufgabe:

Bilden Sie die Buchungssätze für die Hans Wanner GmbH!

2.9 Erfolg aus Warengeschäften – Buchungen beim Verkauf von Waren

2.9.1 Vorbemerkungen

Die wesentlichen Erfolgskomponenten in einem Großhandelsunternehmen wurden in unseren Buchführungsteilen bisher ausgespart. Sie bestehen in der Buchung des Ein- und Verkaufs der Waren. Da der Großhandelskaufmann die eingekauften Waren in der Regel zu höheren Preisen an seine Kunden verkauft, entsteht aus der Differenz beider Preise ein Gewinn. Diese Differenz bildet den Hauptanteil des Gewinnes in einem Großhandelsunternehmen. Man bezeichnet sie als **Warenrohgewinn**. Diese Gewinnerzielung ist der Hauptzweck eines Unternehmens.

> Verkaufspreis – Einstandspreis[1] = Warenrohgewinn

Der Warenrohgewinn darf nicht mit dem Reingewinn verwechselt werden, da die über den Wareneinsatz hinausgehenden Aufwendungen (z.B. für das Verkaufspersonal) noch nicht berücksichtigt sind.

2.9.2 Einführung der Warenkonten

Dadurch, dass wir die Ware zu einem höheren Preis verkaufen als wir sie einkaufen, muss für die **Warenverkäufe** ein **Ertragskonto** eingerichtet werden **(Konto: Umsatzerlöse)**.

Um den Gewinn aus den Warengeschäften ermitteln zu können, müssen den Verkaufserlösen die dazugehörigen **Einkaufswerte** als **Aufwand** gegenübergestellt werden. Insofern benötigen wir auch ein Warenaufwandskonto, auf dem der Einkaufswert der verkauften Ware erfasst wird **(Konto: Aufwendungen für Waren)**.

Außerdem wird noch ein drittes Konto benötigt, auf dem der Lagerbestand an Waren erfasst wird **(Konto: Waren)**. Auf diesem Konto erscheinen neben dem **Anfangs-** und **Schlussbestand** alle **Änderungen des Lagerbestandes durch Einkäufe**[2] **und Verkäufe** dieser Waren.

> **Merke:**
>
> Es sind folgende **drei Warenkonten** zu führen:
>
> - Das **Konto Waren,** auf dem die Lagerbestände erscheinen, ist ein **Bestandskonto.**
> - Das **Konto Aufwendungen für Waren,** auf dem der Wareneinsatz innerhalb der Geschäftsperiode erfasst wird, ist ein **Aufwandskonto.**
> - Das **Konto Umsatzerlöse,** auf dem die Verkaufserlöse erfasst werden, ist ein **Ertragskonto.**

---

1 Der Einstandspreis ergibt sich, wenn man vom Einkaufspreis die gewährten Nachlässe abzieht und eventuell anfallende Bezugskosten zu deren Zwischensumme hinzuaddiert.

2 Die Buchung der Wareneinkäufe wird im Abschnitt 6 des 2. Bandes, Kapitel 6.9 dargestellt.

2.9.3 Buchungen auf den Warenkonten und Abschluss der Warenkonten

Jeder **Verkaufsvorgang** löst **zwei Buchungen** aus:[1]

1. die Buchung der Umsatzerlöse zu Verkaufspreisen und
2. die Buchung des Warenaufwands (Lagerabgang/Wareneinsatz).

Da die erzielten Verkaufserlöse und der Warenaufwand (Wareneinsatz) sich auf die gleiche Menge beziehen, kann der Warenrohgewinn für jeden Verkaufsvorgang ermittelt werden.

Beispiel:

Ausschnitt aus der Buchführung der Elektrogroßhandlung Fritz Leist OHG:

I. Bestände:

Anfangsbestand an Waren: 60 Radiogeräte zu je 100,00 EUR = 6 000,00 EUR

II. Geschäftsvorfall:

Warenverkäufe bar: 45 Radiogeräte zu je 150,00 EUR = 6 750,00 EUR

III. Aufgaben:

1. Stellen Sie diese Situation auf den Warenkonten dar und schließen Sie die Warenkonten ab!
2. Bilden Sie die Buchungssätze:
   2.1 für den Geschäftsvorfall,
   2.2 für den Abschluss der Warenkonten!
3. Ermitteln Sie außerhalb der Buchführung den Rohgewinn!

Lösung:

Zu 1. Darstellung auf den Warenkonten mit Abschluss der Warenkonten:

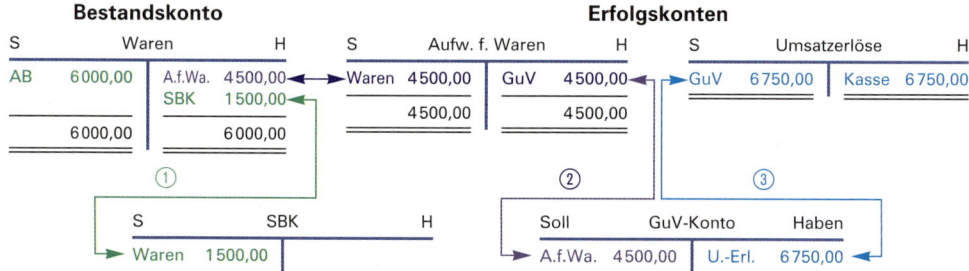

Zu 2. Buchungssätze:

2.1 Buchung des Geschäftsvorfalls

Nr.	Buchungstext	Konten	Soll	Haben
1.	Wir verkaufen 45 Radiogeräte zu je 150,00 EUR bar = 6 750,00 EUR.	Kasse an Umsatzerlöse	6 750,00	6 750,00
2.	Lagerabgang zu Einstandspreisen 4 500,00 EUR.	Aufw. f. Waren an Waren	4 500,00	4 500,00

---

1 Die Form der bestandsorientierten Buchung orientiert sich an der integrierten Unternehmenssoftware.

2.2 Buchungssätze für den Abschluss der Konten

Nr.	Abschlussschritte	Konten	Soll	Haben
①	Buchung des durch Inventur ermittelten Warenschlussbestandes im Werte von 1 500,00 EUR	SBK an Waren	1 500,00	1 500,00
②	Abschluss des Kontos Aufwendungen für Waren	GuV-Konto an Aufwend. f. Waren	4 500,00	4 500,00
③	Abschluss des Kontos Umsatzerlöse	Umsatzerlöse an GuV-Konto	6 750,00	6 750,00

Zu 3. Berechnung des Rohgewinnes:

	Warenverkäufe (Ertrag)	45 Radiogeräte zu je 150,00 EUR = 6 750,00 EUR
–	Wareneinsatz (Aufwand)	45 Radiogeräte zu je 100,00 EUR = 4 500,00 EUR
=	Rohgewinn	2 250,00 EUR

Zusammenfassung

■ Es sind drei Warenkonten zu führen:

- ● Das **Konto Waren** erfasst den Anfangsbestand, die Änderungen des Lagerbestandes und den Schlussbestand an Waren. Es handelt sich um ein **Bestandskonto.**
- ● Auf dem **Konto Aufwendungen für Waren** werden die Wareneinkäufe der Geschäftsperiode gebucht. Es handelt sich um ein **Aufwandskonto.**
- ● Auf dem **Konto Umsatzerlöse** werden die Warenverkäufe der Geschäftsperiode gebucht. Es handelt sich um ein **Ertragskonto.**

■ Jeder Verkaufsvorgang löst zwei Buchungen aus:

- ● die Buchung der Umsatzerlöse zu Verkaufspreisen und
- ● die Buchung des Warenaufwands (Lagerabgang / Wareneinsatz).

■ Der **Abschluss der Warenkonten** erfolgt in drei Schritten:

1. Schritt: Buchung des durch Inventur ermittelten Warenschlussbestandes:
SBK
an Waren

2. Schritt: Abschluss des Kontos Aufwendungen für Waren über das GuV-Konto:
GuV
an Aufwendungen für Waren

3. Schritt: Abschluss des Kontos Umsatzerlöse über das GuV-Konto:
Umsatzerlöse
an GuV-Konto

Aufgaben zur Sicherung und Vertiefung des Lernerfolgs

44 Was ist unter dem Begriff „Aufwendungen für Waren" zu verstehen?

- ① Der Wert der eingekauften Ware zum Verkaufspreis.
- ② Der Wert der eingekauften Ware zum Rechnungspreis.

3̄ Der Wert der verkauften Ware zum Einstandspreis.

4̄ Der Wert der verkauften Ware zum Verkaufspreis.

Übertragen Sie die entsprechende Ziffer als Lösung in Ihr Hausheft.

Hinweis: Bei den folgenden Aufgaben soll zunächst nur der Abschluss der Warenkonten geübt werden. Daher wird bei der Aufgabenstellung bewusst auf eine isolierte Betrachtung der Warenkonten abgestellt. Die angegebenen Werte der Aufgaben 45 bis 48 sind so gewählt, dass sich ein ausgeglichenes Schlussbilanzkonto ergibt.

45/46

I. Anfangsbestände:	45	46
Anfangsbestand auf dem Konto Waren	127 750,00 EUR	148 275,00 EUR
Anfangsbestand auf dem Eigenkapitalkonto	85 000,00 EUR	90 000,00 EUR

II. Geschäftsvorfälle:

	45	46
1. Warenverkäufe (10 Stück) bar	9 500,00 EUR	12 950,00 EUR
2. Warenverkäufe (28 Stück) auf Ziel	26 600,00 EUR	36 260,00 EUR
3. Warenverkäufe (7 Stück) gegen Bankscheck	6 650,00 EUR	9 065,00 EUR

III. Hinweis:

	45	46
Wareneinstandspreis pro Stück	380,00 EUR	518,00 EUR

IV. Aufgaben:

1. Richten Sie die drei Warenkonten, das Eigenkapitalkonto, das Schlussbilanzkonto und das Gewinn- und Verlustkonto ein!
2. Tragen Sie auf den eingerichteten Konten die angegebenen Anfangsbestände vor!
3. Übertragen Sie die zu den Geschäftsvorfällen angegebenen Werte auf die entsprechenden Konten!
4. Schließen Sie die Konten ordnungsmäßig ab!

47/48

I. Anfangsbestände:	47	48
Anfangsbestand auf dem Konto Waren	101 994,00 EUR	154 000,00 EUR
Anfangsbestand auf dem Eigenkapitalkonto	47 400,00 EUR	12 250,00 EUR

II. Geschäftsvorfälle:

	47	48
1. Warenverkäufe (250 Stück) auf Ziel	16 850,00 EUR	43 750,00 EUR
2. Warenverkäufe (500 Stück) bar	33 700,00 EUR	87 500,00 EUR
3. Warenverkäufe (60 Stück) gegen Electronic Cash[1]	4 044,00 EUR	10 500,00 EUR

III. Hinweis:

	47	48
Wareneinstandspreis pro Stück	70,00 EUR	110,00 EUR

IV. Aufgaben:

1. Richten Sie die Warenkonten, das Eigenkapitalkonto, das Schlussbilanzkonto und das Gewinn- und Verlustkonto ein!
2. Tragen Sie auf den eingerichteten Konten die angegebenen Anfangsbestände vor!
3. Übertragen Sie die zu den Geschäftsvorfällen angegebenen Werte auf die entsprechenden Konten!
4. Schließen Sie die Konten ordnungsmäßig ab!

---

1 Beim Electronic Cash bezahlt der Kunde mit seiner Bankkarte. Wir erhalten eine Bankgutschrift. Vgl. S. 291 f.

2.10 Buchen auf Bestands- und Ergebniskonten unter Verwendung des Kontenrahmens

2.10.1 Allgemeines zum Kontenrahmen[1]

Die Buchführung eines Kaufmanns besteht aus einer Vielzahl von Konten. Um hierüber die Übersicht zu behalten, bedarf es einer bestimmten Ordnung. Sie wird mithilfe des Kontenrahmens erreicht. Neben dem genannten Zweck der Übersichtlichkeit sollte mit der Einführung des Kontenrahmens auch die Vergleichbarkeit und Kontrolle der Unternehmen besser ermöglicht werden. Die Einführung eines bestimmten Kontenrahmens kann nur als Empfehlung an die Unternehmen angesehen werden, eine gesetzliche Verpflichtung dazu besteht nicht.

Um den Besonderheiten zu entsprechen, hat jeder Wirtschaftszweig seinen eigenen Kontenrahmen entwickelt. Das dabei zugrunde gelegte Ordnungsprinzip ist einheitlich. Die Gesamtmenge der Konten wird mithilfe der zehn Ziffern unseres Zahlensystems nach bestimmten Gesichtspunkten in Kontenklassen und Kontengruppen gegliedert.

2.10.2 Bedeutung des Kontenrahmens

Dadurch, dass nicht mehr jeder Unternehmer seine Buchführung nach eigenem Ermessen und Gutdünken aufbaut, werden insbesondere folgende zwei Vorteile erzielt:

● **Erster Vorteil:** Der Inhalt der einzelnen Konten ist genau bestimmt. Dadurch können die verschiedenen Inhalte scharf gegeneinander abgegrenzt werden. Verschiedene Unternehmen buchen daher unter der gleichen Kontenbezeichnung den gleichen Inhalt. Dadurch wird die **Organisation** der Buchführung **einheitlicher** und **übersichtlicher.**

● **Zweiter Vorteil:** Durch die Vereinheitlichung von Bezeichnung und Inhalt der Konten in der Buchführung ist es dem Unternehmer möglich, **Vergleiche vorzunehmen,** und zwar

– **innerhalb des Unternehmens:** Vergleich der Entwicklung der Konteninhalte von Rechnungsjahr zu Rechnungsjahr **(Zeitvergleich),** aber auch

– **außerhalb des Unternehmens:** z. B. Vergleich der eigenen Buchführungsergebnisse mit denen anderer Unternehmen **(Betriebsvergleich).**

2.10.3 Vom Kontenrahmen zum Kontenplan

Innerhalb des Kontenrahmens, dessen Anwendung allen Unternehmen des betreffenden Wirtschaftszweiges empfohlen wird, stellt jeder Betrieb den individuellen Bedürfnissen entsprechend seinen eigenen **Kontenplan** auf. In diesem werden jene Konten weggelassen, die für das betreffenden Unternehmen keine Bedeutung haben.

---

1 Die Lehrplaneinheit Kontenrahmen/Kontenplan wird vorgezogen, um den Einsatz der ERP-Software zu erleichtern.

Merke:

- Der **Kontenrahmen** bezieht sich auf eine bestimmte **Wirtschaftsbranche.**
- Der **Kontenplan** bezieht sich auf ein bestimmtes **Unternehmen.**

Mithilfe der zehn Ziffern unseres Zahlensystems (0 bis 9) wird die Gesamtmenge der Konten nach sachlichen Gesichtspunkten (z.B. alle Finanzanlagen, alle Ertragskonten usw.) zunächst in 10 **Kontenklassen** gegliedert.

Beispiel:

AKTIVA		
Anlagevermögen[1]		Umlaufvermögen[1]
0 Kontenklasse **Immaterielle Vermögensgegenstände u. Sachanlagen**	1 Kontenklasse **Finanzanlagen**	2 Kontenklasse **Umlaufvermögen und aktive Rechnungsgegenstände**

Da es in jeder Kontenklasse mehrere Konten gibt, muss man zur eindeutigen Unterscheidung eine zweite Ziffer hinzufügen. Dabei beginnt man ebenfalls wieder mit der Ziffer 0. Diese zweistellige Kontenkennzeichnung bildet jeweils eine **Kontengruppe.**

Beispiel:

AKTIVA	
Anlagevermögen	
0 Kontenklasse **Immaterielle Vermögensgegenstände und Sachanlagen**	
: 02 **Konzessionen, gewerbliche Schutzrechte und Lizenzen** : 08 **Andere Anlagen, Betriebs- u. Geschäftsausstattung** :	

Da auch innerhalb einer Kontengruppe im Allgemeinen unterschiedliche Konten vorkommen, muss jede Kontengruppe wieder nach dem gleichen Verfahren unterteilt werden. Man spricht dann von einer bestimmten **Kontenart.** Teilweise werden zu einer Kontenart auch **Kontenunterarten** gebildet.

1 Die Begriffe Anlage- und Umlaufvermögen werden auf S. 106 erklärt.

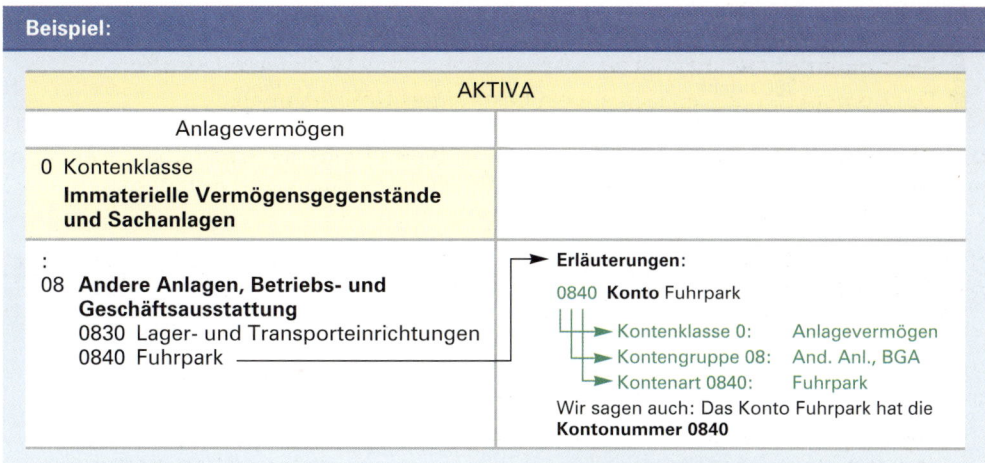

AKTIVA	
Anlagevermögen	
0 Kontenklasse **Immaterielle Vermögensgegenstände** **und Sachanlagen**	

:
08 Andere Anlagen, Betriebs- und
Geschäftsausstattung
0830 Lager- und Transporteinrichtungen
0840 Fuhrpark
	Erläuterungen:
	0840 **Konto** Fuhrpark
	  Kontenklasse 0: Anlagevermögen
	  Kontengruppe 08: And. Anl., BGA
	  Kontenart 0840: Fuhrpark
	Wir sagen auch: Das Konto Fuhrpark hat die
	Kontonummer 0840

2.10.4 Aufbau des Schulkontenrahmens Großhandel

Nach dem oben dargestellten Bauprinzip hat jeder Wirtschaftszweig unter Berücksichtigung seiner Interessenlage seinen eigenen Kontenrahmen entwickelt. Der vorliegende Schulkontenrahmen ist für den Großhandel vorgesehen und ist in seiner Grobstruktur wie folgt aufgebaut:

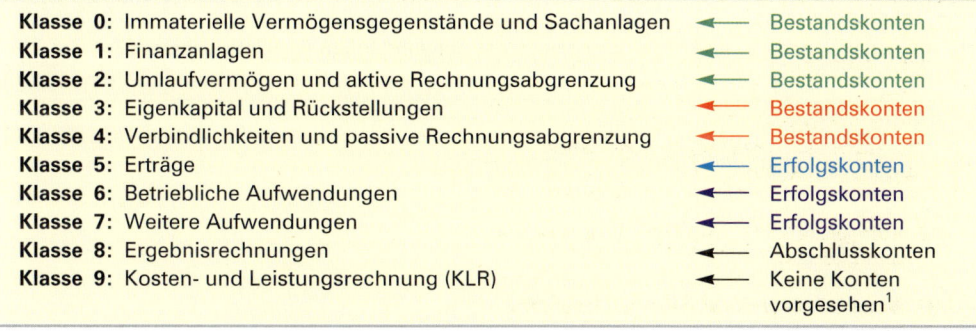

Klasse 0: Immaterielle Vermögensgegenstände und Sachanlagen	⟵	Bestandskonten
Klasse 1: Finanzanlagen	⟵	Bestandskonten
Klasse 2: Umlaufvermögen und aktive Rechnungsabgrenzung	⟵	Bestandskonten
Klasse 3: Eigenkapital und Rückstellungen	⟵	Bestandskonten
Klasse 4: Verbindlichkeiten und passive Rechnungsabgrenzung	⟵	Bestandskonten
Klasse 5: Erträge	⟵	Erfolgskonten
Klasse 6: Betriebliche Aufwendungen	⟵	Erfolgskonten
Klasse 7: Weitere Aufwendungen	⟵	Erfolgskonten
Klasse 8: Ergebnisrechnungen	⟵	Abschlusskonten
Klasse 9: Kosten- und Leistungsrechnung (KLR)	⟵	Keine Konten vorgesehen[1]

In den folgenden Kapiteln werden wir die Buchungssätze nur noch unter Zuhilfenahme des Schulkontenrahmens bilden, d.h., bei den Buchungen im Grundbuch setzen wir vor den Kontonamen die entsprechende Kontonummer und im Hauptbuch werden die Gegenkonten nur mit den Kontonummern angegeben.

Beispiel:

Wir zahlen eine bereits gebuchte Wareneingangsrechnung über 3 850,00 EUR
durch Banküberweisung   3 000,00 EUR
in bar   850,00 EUR

Aufgaben:

1. Buchen Sie den Geschäftsvorfall auf den Konten!
2. Bilden Sie den Buchungssatz!

---

1 Die Kosten- und Leistungsrechnung wird außerhalb der Buchführung durchgeführt.

Lösung:

Zu 1. Buchung auf den Konten:

S		2800 Bank		H
AB	5 000,00	4400	3 000,00	

S		2820 Kasse		H
AB	3 140,00	4400	850,00	

S		4400 Verbindl. a. Lief. u. Leist.		H
2800/2820	3 850,00	AB	10 000,00	

Zu 2. Buchungssatz:

Geschäftsvorfall	Konten	Soll	Haben
Wir bezahlen eine bereits gebuchte Waren-eingangsrechnung über 3850,00 EUR durch Banküberweisung 3 000,00 EUR in bar 850,00 EUR	4400 Verbindl. a. L. u. L. an 2800 Bank an 2820 Kasse	3 850,00	3 000,00 850,00

Aufgaben   **zur Sicherung und Vertiefung des Lernerfolgs**

49   Nehmen Sie zur Bearbeitung der folgenden Aufgaben den als Anlage beigefügten Schulkontenrahmen zur Hand!

1. In welchen Kontenklassen erscheinen die Aufwendungen des Unternehmens?
2. Nennen Sie fünf Aufwandsarten und geben Sie jeweils die entsprechende Ziffernfolge der Kontonummern an!
3. Ordnen Sie folgenden Konten die entsprechende Kontonummer zu: Waren, Umsatzerlöse, Kasse, Lager- und Transporteinrichtungen!
4. Erläutern Sie die Kontobezeichnung: 071!
   4.1 Was bedeutet die Ziffer 0?
   4.2 Was besagt die Ziffernfolge 07?
   4.3 Was drückt die Ziffernfolge 071 aus?

50   Bilden Sie unter Angabe der Kontonummern und der Kontonamen für folgende Geschäftsvorfälle die Buchungssätze!

1.	Ein Kunde überweist einen Rechnungsbetrag auf unser Bankkonto		896,00 EUR
2.	Wir zahlen Reisekosten per Banküberweisung		560,00 EUR
3.	Ein Kunde zahlt einen Rechnungsbetrag		
	in bar	750,00 EUR	
	per Bankscheck	1 000,00 EUR	1 750,00 EUR
4.	Wir erhalten auf unser Girokonto eine Zinsgutschrift der Bank		184,20 EUR
5.	Wir verkaufen Waren auf Ziel		4 100,00 EUR
	Der Bezugspreis der Waren beträgt		2 800,00 EUR
6.	Wir kaufen einen gebrauchten Pkw		11 600,00 EUR
	Zahlungsvereinbarungen: Bankscheck	3 500,00 EUR	
	Barzahlung	200,00 EUR	
	Restverbindlichkeit	7 900,00 EUR	

7.	Wir zahlen die Heizölrechnung für eine Lagerhalle durch Banküberweisung	5 200,00 EUR
8.	Wir erhalten von einem Lieferer Provision für einen Warenverkauf durch Banküberweisung	790,00 EUR
9.	Wir verkaufen einen nicht mehr benötigten PC bar zum Buchwert gegen Bankscheck	120,00 EUR
10.	Banküberweisung zur Tilgung eines Bankdarlehens	1 950,00 EUR

51 Formulieren Sie aufgrund der vorliegenden Belege die zugrunde liegenden Geschäftsvorfälle und buchen Sie die Belege für Franz Mayer e. Kfm., Industriestraße 5, 70565 Stuttgart, im Grundbuch!

Beleg 1

Empfangsbescheinigung
über die Einzahlung auf eigenes Konto

Sparda-Bank

für Kontoinhaber

Franz Mayer e. Kfm., Stuttgart

IBAN

DE10 6009 0800 0000 6375 26

3 000,00

Sparda-Bank
Baden-Württemberg

B0710   20..-02-07EIN ***3.000,00+ GV0245   00001?1?96/113756

Für den Einzahlungstag und den Betrag ist der Maschinendruck maßgebend.   2

Beleg 2

	IBAN		BIC	erstellt am	Auszug	Blatt
Sparda-Bank Baden-Württemberg	IBAN: DE10 6009 0800 0000 6375 26		BIC: GENODEF1S02	10.02.20..	21	1

Alter Kontostand				14 500,00 +
10.02. 7208 10.02.	Grundsteuer, Steuernummer 146512 Steueramt Stadt Stuttgart			1 769,28 −
Neuer Kontostand				12 730,72 +

Franz Mayer e. Kfm.
Industriestr. 5
70565 Stuttgart   UST-ID DE 480 310 720

Bitte Rückseite beachten.

Beleg 3

Sparda-Bank Stgt.

Name und Sitz des überweisenden Kreditinstituts

GENODEF1S02

BIC

Nur für Überweisungen in Deutschland, in andere EU-/EWR-Staaten und in die Schweiz, sowie nach Monaco in Euro.

Angaben zum Zahlungsempfänger: Name, Vorname/Firma (max. 27 Stellen, bei maschineller Beschriftung max. 35 Stellen)

Industriewerke AG, Paulusstr. 14, 63322 Rödermark

IBAN

DE87 5058 0005 0120 4202 00

BIC des Kreditinstituts/Zahlungsdienstleisters (8 oder 11 Stellen)

DRESDEFF505

Die Angabe des BIC kann entfallen, wenn die IBAN des Zahlungsempfängers mit DE beginnt.

Betrag: Euro, Cent

1098,70 ------

Kunden-Referenznummer - Verwendungszweck, ggf. Name und Anschrift des Zahlers - (nur für Zahlungsempfänger)

Rechnung vom 09.04.20..

noch Verwendungszweck (insgesamt max. 2 Zeilen à 27 Stellen, bei maschineller Beschriftung max. 2 Zeilen à 35 Stellen)

Angaben zum Kontoinhaber/Zahler: Name, Vorname/Firma, Ort (max. 27 Stellen, keine Straßen- oder Postfachangaben)

Franz Mayer e.Kfm., Industriestr. 5, 70565 Stuttgart

IBAN

DE 10 6009 0800 0000 6375 26

113 377.000 35735

Datum

10.04.20..

Unterschrift(en)

Franz Mayer

Beleg 4

METALLHANDEL FRANZ MAYER

Metallhandel Franz Mayer e.Kfm.· Industriestr 5 · 70565 Stuttgart

Weber Metallbau GmbH
Alfred-Nobel-Str. 8
59494 Soest

Rechnungsdatum:	12.06.20..
Kunden-Nr.:	13483
Steuer-Nr.:	156 173 41503
USt-Id-Nr.:	DE 228 486 140
Lieferdatum:	12.06.20..

Rechnung-Nr. 2214

Pos.	Menge	Bezeichnung	Einzelpreis EUR	Gesamtbetrag EUR
1	240 m^2	Blechhochprofile	7,90	1896,00

2.11 Eröffnung der Bestandskonten und Abschluss der Bestands- und Erfolgskonten unter Einbeziehung der Warenkonten

Beispiel:

I. Anfangsbestände:

0500 Grundstücke und Bauten 50 000,00 EUR; 0870 Geschäftsausstattung 35 000,00 EUR; 2000 Waren 52 750,00 EUR; 2400 Forderungen aus Lieferungen und Leistungen 15 320,00 EUR; 2800 Bank 37 850,00 EUR; 4400 Verbindlichkeiten aus Lieferungen und Leistungen 19 450,00 EUR; 4200 Verbindlichkeiten gegenüber Kreditinstituten 40 000,00 EUR; 3000 Eigenkapital 131 470,00 EUR.

II. Kontenplan

0500, 0870, 2000, 2400, 2800, 3000, 4200, 4400, 5000, 5710, 6000, 6700, 7020, 7510, 8000, 8010, 8020

III. Geschäftsvorfälle:

1. Die Bank belastet uns mit Zinsen	2 450,00 EUR
2. Wir verkaufen Waren (200 Stück) auf Ziel	61 000,00 EUR
3. Die Miete für das Geschäft wird durch die Bank überwiesen	12 900,00 EUR
4. Wir überweisen die Grundsteuer durch die Bank	4 100,00 EUR
5. Die Bank schreibt uns Zinsen gut	1 200,00 EUR

IV. Hinweis:

Der Einstandspreis für unsere Waren betrug 190,00 EUR/St.

V. Aufgaben:

1. Eröffnen Sie die Konten mithilfe des Eröffnungsbilanzkontos!
2. Stellen Sie unter besonderer Angabe der einzelnen Schritte beim Abschluss den Ablauf der buchungstechnischen Schritte dar!
3. Bilden Sie im Grundbuch[1] die Buchungssätze für die Geschäftsvorfälle!
4. Übertragen Sie anschließend die Vorgänge auf die Konten des Hauptbuches![2]
5. Schließen Sie die Konten ab!

---

1 Alle Geschäftsvorfälle müssen vollständig, richtig, zeitgerecht und geordnet aufgezeichnet werden (vgl. § 239 II HGB). Man spricht auch von **chronologischer Aufzeichnungspflicht**. Unabhängig von der Art des dabei verwendeten Mediums wird die Zusammenfassung dieser Eintragungen als **Grundbuch** bezeichnet. Zu Einzelheiten siehe Kapitel 7.2.1, S. 184.

2 Die zeitliche Auflistung der Buchungen allein genügt nicht, sie müssen vielmehr auch in ihren sachlichen Auswirkungen dargestellt werden, d.h., die Buchungen im Grundbuch sind auf die Sachkonten zu übertragen. Dies geschieht im sogenannten Hauptbuch. Die Sachkonten werden daher auch als **Hauptbuchkonten** bezeichnet. Erst durch die sachliche Aufgliederung ist der Stand des Vermögens und der Schulden ersichtlich. Zu Einzelheiten siehe Kapitel 7.2.1, S. 184.

7   Speth u.a. - ISBN 978-3-8120-0528-9

Lösung:

Zu 2. Ablauf der buchungstechnischen Schritte:

2.1 Eröffnung der Konten mithilfe des Eröffnungsbilanzkontos.

2.2 Bildung der Buchungssätze für die Geschäftsvorfälle im Grundbuch.

2.3 Übernahme der Auswirkungen der Geschäftsvorfälle auf die Konten des Hauptbuches.

2.4 Abschluss der Konten mit den einzelnen Schritten:

2.4.1 Abschluss der Aufwandskonten über das GuV-Konto.

2.4.2 Abschluss der Ertragskonten über das GuV-Konto.

2.4.3 Abschluss des GuV-Kontos über das Eigenkapitalkonto.

2.4.4 Abschluss des Eigenkapitalkontos und aller übrigen Bestandskonten über das Schlussbilanzkonto.

Zu 3. Bildung der Buchungssätze für die Geschäftsvorfälle:

Nr.	Konten	Soll	Haben
1.	7510 Zinsaufwendungen an 2800 Bank	2 450,00	2 450,00
2. 2.1	2400 Forderungen a. Lief. u. Leist. an 5000 Umsatzerlöse	61 000,00	61 000,00
2.2	6000 Aufwendungen für Waren an 2000 Waren	38 000,00	38 000,00
3.	6700 Mieten, Pachten an 2800 Bank	12 900,00	12 900,00
4.	7020 Grundsteuer an 2800 Bank	4 100,00	4 100,00
5.	2800 Bank an 5710 Zinserträge	1 200,00	1 200,00

Zu 1., 4. und 5. Buchungen auf den Konten mit Abschluss der Konten:

Bilanzkonten-Bereich

Erfolgskonten-Bereich

Aktivkonten

Passivkonten

Aufwandskonten

Ertragskonten

8000 EBK

S			H		
4400	19450,00		0500	50000,00	
4200	40000,00		0870	35000,00	
3000	131470,00		2000	52750,00	
			2400	15320,00	
			2800	37850,00	
	190920,00			190920,00	

0500 Grundstücke u. Bauten

S		H	
8000	50000,00	8010	50000,00

0870 Geschäftsausstattung

S		H	
8000	35000,00	8010	35000,00

2000 Waren

S		H	
8000	52750,00	6000	38000,00
		8010	14750,00
	52750,00		52750,00

2400 Ford. a. Lief. u. Leist.

S		H	
8000	15320,00	8010	76320,00
5000	61000,00		
	76320,00		76320,00

2800 Bank

S		H	
8000	37850,00	7510	2450,00
5710	1200,00	6700	12900,00
		7020	4100,00
		8010	19600,00
	39050,00		39050,00

8010 SBK

S			H		
0500	50000,00		4400	19450,00	
0870	35000,00		4200	40000,00	
2000	14750,00		3000	136220,00	
2400	76320,00				
2800	19600,00				
	195670,00			195670,00	

4400 Verbindl. a. Lief. u. Leist.

S		H	
8010	19450,00	8000	19450,00

4200 Verb. g. Kreditinstituten

S		H	
8010	40000,00	8000	40000,00

3000 Eigenkapital

S		H	
8010	136220,00	8000	131470,00
		8020	4750,00
	136220,00		136220,00

6700 Mieten, Pachten

S		H	
2800	12900,00	8020	12900,00

7020 Grundsteuer

S		H	
2800	4100,00	8020	4100,00

7510 Zinsaufwendungen

S		H	
2800	2450,00	8020	2450,00

6000 Aufw. f. Waren

S		H	
2000	38000,00	8020	38000,00

5000 Umsatzerlöse

S		H	
8020	61000,00	2400	61000,00

5710 Zinserträge

S		H	
8020	1200,00	2800	1200,00

8020 GuV

S			H		
6700	12900,00		5000	61000,00	
7020	4100,00		5710	1200,00	
7510	2450,00				
6000	38000,00				
3000	4750,00				
	62200,00			62200,00	

99

52 **I. Anfangsbestände:**

0870 Geschäftsausstattung 25000,00 EUR; 2000 Waren 15250,00 EUR; 2820 Kasse 3150,00 EUR; 3000 Eigenkapital 39050,00 EUR; 4400 Verbindlichkeiten aus Lieferungen und Leistungen 4350,00 EUR.

II. Geschäftsvorfälle:

1.	Kauf von Büromöbeln bar	2500,00 EUR
2.	Barzahlung einer Lieferantenrechnung	500,00 EUR
3.	Warenverkauf (120 Stück) bar	3000,00 EUR
4.	Warenverkauf (110 Stück) bar	2750,00 EUR
5.	Bareinzahlung bei der Bank	350,00 EUR
6.	Barzahlung der Miete für eine Garage	125,00 EUR
7.	Barkauf von Computerpapier	25,00 EUR
8.	Barzahlung der Kraftfahrzeugsteuer	200,00 EUR

III. Hinweis:

Wareneinstandspreis pro Stück 17,00 EUR

IV. Aufgaben:

1. Eröffnen Sie die Konten und tragen Sie die Anfangsbestände ein!
2. Bilden Sie die Buchungssätze für die Geschäftsvorfälle!
3. Übertragen Sie anschließend die Vorgänge auf die Konten!
4. Schließen Sie die Konten ab!

53 **I. Anfangsbestände:**

0870 Geschäftsausstattung 25000,00 EUR; 2000 Waren 15000,00 EUR; 2400 Forderungen aus Lieferungen und Leistungen 1250,00 EUR; 2800 Bank 7800,00 EUR; 2820 Kasse 3570,00 EUR; 3000 Eigenkapital 49120,00 EUR; 4400 Verbindlichkeiten aus Lieferungen und Leistungen 3500,00 EUR.

II. Geschäftsvorfälle:

1.	Bareinzahlung auf das Bankkonto	1000,00 EUR
2.	Warenverkauf (300 Stück) bar	2100,00 EUR
3.	Barzahlung von Aushilfslöhnen	1100,00 EUR
4.	Eingangsrechnung für Registrierkasse	2750,00 EUR
5.	Banküberweisung der Grundsteuer	280,00 EUR
6.	Ausgangsrechnungen (Warenverkäufe von 500 Stück)	3500,00 EUR
7.	Zahlung einer Eingangsrechnung durch Banküberweisung	750,00 EUR
8.	Die Bank schreibt uns Zinsen gut	120,00 EUR
9.	Barzahlung für die Anschaffung von Ordnern für das Büro	25,00 EUR
10.	Ein Kunde überweist einen Rechnungsbetrag auf unser Bankkonto	500,00 EUR
11.	Buchung der Tageslosung (Barverkauf von 100 Stück)	680,00 EUR

III. Hinweis:

Wareneinstandspeis pro Stück 4,50 EUR

IV. Aufgaben:

1. Eröffnen Sie die Konten und tragen Sie die Anfangsbestände ein!
2. Bilden Sie die Buchungssätze für die Geschäftsvorfälle!
3. Übertragen Sie anschließend die Vorgänge auf die Konten!
4. Schließen Sie die Konten ab!

54 Bilden Sie zu den folgenden Geschäftsvorfällen die Buchungssätze!

1. Wir kaufen ein Grundstück für 22 500,00 EUR
   gegen Barzahlung   10 000,00 EUR
   auf Ziel   12 500,00 EUR

2. Für das Direktionszimmer wird ein neuer Schreibtisch gekauft;
   Zahlung durch Banküberweisung   1 500,00 EUR

3. Wir zahlen Zinsen für das Bankdarlehen bar   4 800,00 EUR

4. Wir zahlen eine Lieferantenrechnung über 19 450,00 EUR
   gegen Barzahlung   9 800,00 EUR
   durch Banküberweisung   9 650,00 EUR

5. Wir verkaufen Ware 34 780,00 EUR
   auf Ziel   25 000,00 EUR
   gegen Barzahlung   9 780,00 EUR
   Einstandspreis der Ware   19 900,00 EUR

2.12 Inventur, Inventar, Bilanz und Gewinn- und Verlustrechnung

2.12.1 Zusammenhänge

(1) Zusammenhang zwischen Buchführung, Bilanz und Gewinn- und Verlustrechnung

Die Konten der Buchführung (Bestands- und Erfolgskonten) – unter Einbeziehung des Schlussbilanzkontos und des Eröffnungsbilanzkontos – bilden jetzt eine in sich geschlossene Einheit: das **Kontensystem der doppelten Buchführung.** Die Zahlen aus diesem System stellen für die Geschäftsleitung eine unentbehrliche Informationsquelle dar.

Neben der Geschäftsleitung sind auch außerhalb des Unternehmens stehende Kreise (Steuerbehörden, Banken, Gesellschafter, Mitarbeiter) an den Ergebnissen der Buchführung interessiert. Diese Interessenten benötigen ein Informationssystem, das zwar auf den Ergebnissen der Buchführung aufbaut, aber außerhalb der Buchführung steht. Ein wichtiger Teil dieses Informationssystems ist die **Bilanz** und die **Gewinn- und Verlustrechnung.**

Merke:

Die **Bilanz** und die **Gewinn- und Verlustrechnung** bauen auf den Ergebnissen der Buchführung auf, stehen aber außerhalb der Buchführung und bilden das Informationssystem für Außenstehende.

Damit die Bilanz bzw. die Gewinn- und Verlustrechnung für eine breite Öffentlichkeit lesbar und verständlich ist, schreibt der Gesetzgeber im Handelsgesetzbuch [HGB] die Einhaltung bestimmter Ordnungsgesichtspunkte vor. Außerdem sind bestimmte Unternehmen (z. B. Aktiengesellschaften) verpflichtet, die Bilanz sowie die Gewinn- und Verlustrechnung zu veröffentlichen.

Die gesetzlichen Vorschriften besagen, dass die Bilanz bei Kapitalgesellschaften in der Kontoform aufzustellen ist. Dabei wird das Vermögen auf der linken und das Kapital (Eigen- und Fremdkapital) auf der rechten Seite erfasst (Näheres siehe S. 108 f.). Diese Form der Aufstellung hat sich auch bei Nichtkapitalgesellschaften allgemein durchgesetzt.

Außerhalb der Buchführung haben wir die Bilanzen und die Gewinn- und Verlustrechnung:

Innerhalb der Buchführung haben wir Konten (Kontensystem der doppelten Buchführung):

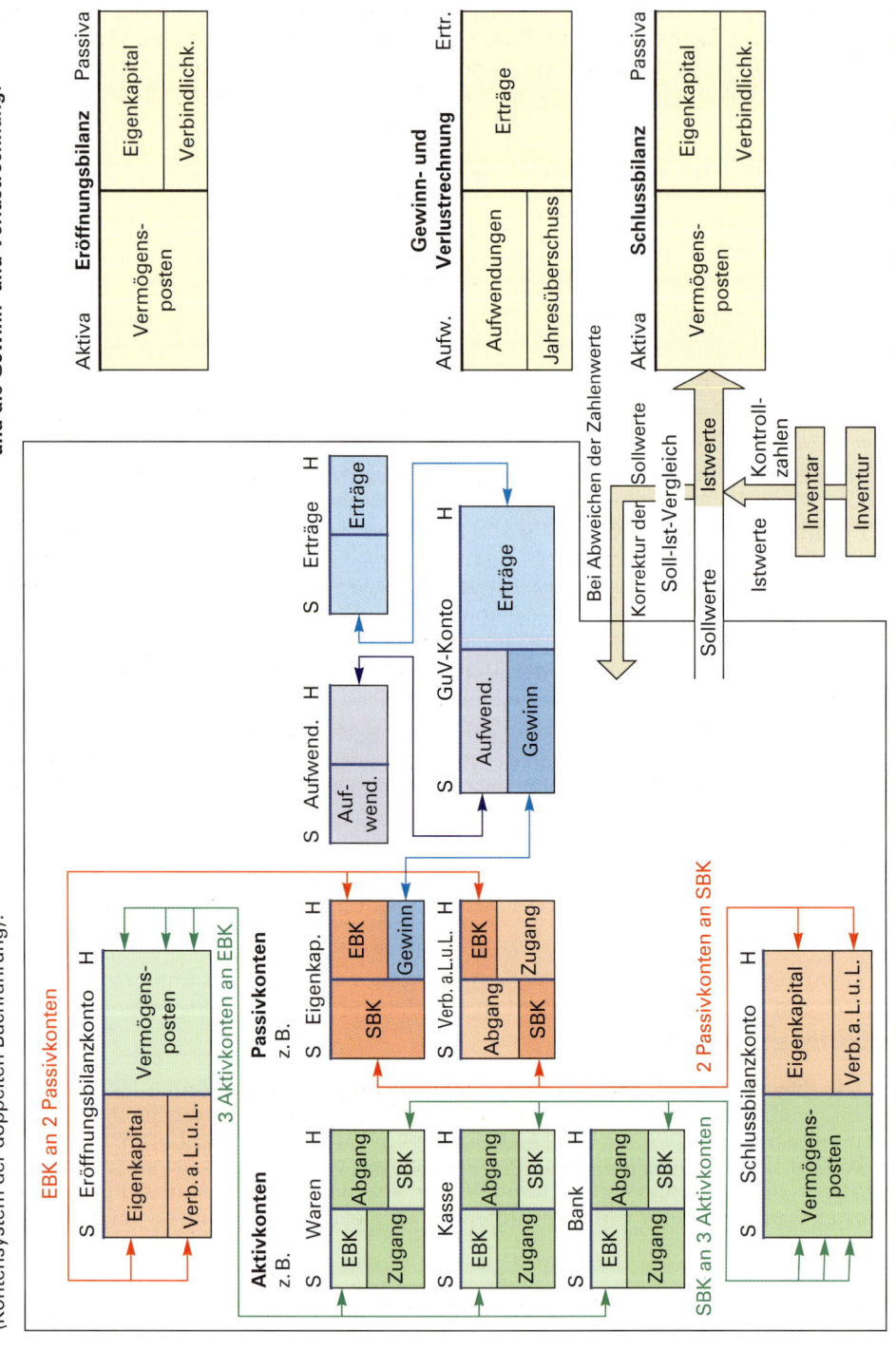

Zielsetzung:
Informationsinstrument für Außenstehende

Zielsetzung:
Informationen für die Geschäftsleitung

Für die Aufstellung der **Gewinn- und Verlustrechnung** schreibt der Gesetzgeber **keine bestimmte Form** vor. Sie wird daher üblicherweise in **Kontoform** aufgestellt. Ausgenommen hiervon sind **Kapitalgesellschaften,** sofern sie verpflichtet sind, ihre **Gewinn- und Verlustrechnung** zu **veröffentlichen.** Für die zu veröffentlichende Gewinn- und Verlustrechnung von Kapitalgesellschaften schreibt § 275 II HGB die **Staffelform** vor (siehe S. 112).

> **Merke:**
>
> ■ Die **Bilanz** erfasst am Ende des Geschäftsjahres alle vorhandenen Vermögens- und Kapitalwerte.
>
> ■ Die **Gewinn- und Verlustrechnung** erfasst alle im Laufe des Geschäftsjahres angefallenen Aufwendungen und Erträge.

(2) Zusammenhang zwischen Buchführung, Bilanz und Inventur

Bevor die Bilanz aufgrund der Buchführung erstellt werden kann, muss überprüft werden, ob die in der Buchführung ausgewiesenen Bestände **(Sollbestände)**[1] mit den tatsächlich vorhandenen Beständen **(Istbestände)**[1] übereinstimmen. Es könnten ja Unregelmäßigkeiten (z. B. Rechenfehler, Buchungsfehler, Diebstahl) aufgetreten sein.

Die **Ermittlung der Istbestände** erfolgt durch eine gesetzlich vorgeschriebene **körperliche Bestandsaufnahme.** Die körperliche Bestandsaufnahme bedeutet, dass man in den Betrieb gehen und vor Ort feststellen muss, welche Vermögensgegenstände in welcher Menge tatsächlich vorhanden sind. In einem zweiten Vorgang erfolgt die Feststellung der Werte. Diese Ermittlungstätigkeit nennt man **Inventur.**[2] Das zusammengestellte wertmäßige Ergebnis der Inventur bezeichnet man als **Inventar.** Inventur und Inventar stehen **außerhalb der Buchführung.**

Liegen Abweichungen zwischen Soll- und Istbeständen vor, müssen die Gründe dafür aufgedeckt und entsprechende Korrekturen in der Buchführung vorgenommen werden, damit die Werte der Buchführung auch mit den tatsächlich vorhandenen übereinstimmen. Die Inventur – mit dem Inventar als Ergebnis – hat also gegenüber der Buchführung eine **Kontrollfunktion.**

Die grafische Darstellung auf S. 102 soll den Zusammenhang zwischen dem Kontensystem der Buchführung und der Bilanz sowie der Inventur (bzw. dem Inventar) veranschaulichen.

2.12.2 Inventur und Inventar

2.12.2.1 Gesetzliche Grundlagen und begriffliche Klarstellungen

Nach § 240 HGB ist jeder Kaufmann verpflichtet, „zu Beginn seines Handelsgewerbes" (d. h. bei der Gründung) und danach für den Schluss eines jeden Geschäftsjahres seine Vermögens- und Schuldposten mit ihren Werten anzugeben. Diese Aufstellung nennt der Gesetzgeber **Inventar.** Formale Vorschriften zur Aufstellung des Inventars gibt der Gesetzgeber nicht.

---

1 **Sollbestände** bezeichnet man auch als **Buchbestände** und **Istbestände** als **Inventurbestände.**
2 **Inventur** (lat.): Erfassung, Ermittlung.

Die Vermögens- und Schuldposten sind aufgrund einer **körperlichen Bestandsaufnahme** zu ermitteln und nach ihrer Art, mit ihrer Menge und mit ihrem Wert anzugeben. Die körperliche Bestandsaufnahme bezeichnet man als **Inventur**. Die ermittelten Einzelergebnisse werden in **Inventurlisten** erfasst.

Merke:

■ Unter **Inventur** versteht man die mengen- und wertmäßige Erfassung aller Vermögens- und Schuldenwerte eines Kaufmanns zu einem bestimmten Zeitpunkt. Die Inventur ist also eine Tätigkeit. Sie ist regelmäßig zum Bilanzstichtag, bei Gründung, Übernahme oder Auflösung des Unternehmens durchzuführen [§ 240 HGB]. Die Inventur schafft **gesicherte Ausgangsdaten** für den Jahresabschluss.

■ Das **Inventar** ist das übersichtlich zusammengestellte wertmäßige Ergebnis der Inventur. Das Inventar ist also ein Verzeichnis über die tatsächlich vorhandenen Vermögens- und Schuldenwerte (Istwerte) an einem bestimmten Tag (Stichtag).

Die vom Gesetzgeber geforderte Inventur ist wesentlicher Bestandteil einer ordnungsmäßigen Buchführung. Die Inventur dient in erster Linie dem Schutz der Gläubiger. Durch eine körperliche Bestandsaufnahme soll überprüft werden, ob die in der Buchführung ausgewiesenen Bestände (Sollbestände) mit den Beständen übereinstimmen, die durch die Inventur ermittelt wurden (Istbestände). Treten Differenzen zwischen Soll- und Istbeständen auf, muss man die Ursachen aufdecken und entsprechende Korrekturen in der Buchführung vornehmen, damit solche Differenzen nicht noch weitergeschleppt werden. Insofern übt die **Inventur** gegenüber der Buchführung eine **Kontrollfunktion** aus.

2.12.2.2 Form, Inhalt und Aufbau des Inventars

(1) Form des Inventars

Die im Inventar zusammengestellten Ergebnisse der Inventur bedürfen einer möglichst übersichtlichen und schnell lesbaren Form. Die in den Inventurlisten enthaltene Vielzahl von Einzelergebnissen genügt diesem Anspruch nicht.

Obschon es **keine gesetzlichen Vorschriften** für die **formale Darstellung eines Inventars** gibt, hat es sich in der Praxis allgemein durchgesetzt, dass die Ergebnisse der Inventur nochmals zusammengefasst werden. Bei einzelnen Posten wird dann auf die Einzelverzeichnisse verwiesen.

Wegen des engen Zusammenhanges zur Bilanz wird in der Praxis bei der Aufstellung des verdichteten Inventars im Wesentlichen das für die Bilanz gesetzlich vorgegebene Begriffssystem übernommen. Da wir in der Schule immer nur beispielhaft arbeiten können, wollen wir hier ein Inventar aufstellen, in dem einerseits die erforderlichen Einzelangaben enthalten sind und andererseits bei Vorliegen eines weiteren Informationsbedürfnisses auf die entsprechenden Einzelverzeichnisse verwiesen wird.

Das Beispiel auf S. 105 soll Ihnen als Muster für den Aufbau eines Inventarverzeichnisses und für die darin verwendeten Begriffe dienen.

(2) Beispiel für den Inhalt und den Aufbau des Inventars

Inventar zum 31. Dezember 20..
von Otto Ehrlich e.Kfm., Feldbergstraße 115, 70569 Stuttgart

A. Vermögen

I. Anlagevermögen:

1. Grundstücke
   - Brügmannstr. 101 — 175 000,00 EUR
   - Marktstr. 10 — 125 000,00 EUR — 300 000,00 EUR
2. Bauten auf eigenen Grundstücken
   - Betriebsgebäude Marktstr. 10 — 1 750 000,00 EUR
   - Verwaltungsgebäude Brügmannstr. 101 — 675 000,00 EUR — 2 425 000,00 EUR
3. Fuhrpark
   - Pkw: S – AM 312 — 45 800,00 EUR
   - Lkw: S – EW 418 — 98 750,00 EUR — 144 550,00 EUR
4. Betriebs- und Geschäftsausstattung
   - Regale lt. Inventurliste 1 — 18 500,00 EUR
   - Büromaschinen lt. Inventurliste 2 — 45 600,00 EUR
   - Registrierkasse — 10 775,00 EUR
   - Verkaufstheke — 20 725,00 EUR — 95 600,00 EUR

II. Umlaufvermögen:

1. Warenvorräte
   - 5 PC — 9 140,00 EUR
   - 35 Fernsehgeräte — 18 450,00 EUR
   - 40 Transistorgeräte — 2 950,00 EUR
   - Zubehör- und Ersatzteile lt. Inventurliste 3 — 1 410,00 EUR — 31 950,00 EUR
2. Forderungen aus Lieferungen und Leistungen
   - Kunde Otto Schulz OHG, Nürnberg — 12 125,00 EUR
   - Kunde Werner Müller e.Kfm., Erlangen — 21 650,00 EUR
   - Kunde Fritz Schäfer KG, Würzburg — 13 920,00 EUR — 47 695,00 EUR
3. Kasse lt. Inventurliste 4 — 1 250,00 EUR
4. Guthaben bei Banken
   - Guthaben bei der A-Bank Kto.-Nr. 6534 — 28 780,00 EUR
   - Guthaben bei der Postbank Kto.-Nr. 10121-503 — 5 900,00 EUR — 34 680,00 EUR

Summe des Vermögens (Rohvermögens) — **3 080 725,00 EUR**

B. Schulden

1. Verbindlichkeiten gegenüber Kreditinstituten
   a) langfristig:
   - Darlehen bei der A-Bank — 230 000,00 EUR
   b) kurzfristig:
   - Kontokorrentkredit bei der B-Bank — 50 145,00 EUR
2. Verbindlichkeiten aus Lieferungen und Leistungen
   - Dortmunder Tele-Technik AG — 55 150,00 EUR
   - Kemptener Fernseh-Apparatebau GmbH — 45 250,00 EUR — 100 400,00 EUR
3. Liefererdarlehen der Rado GmbH, Leipzig — 22 100,00 EUR

Summe der Schulden — **402 645,00 EUR**

C. Ermittlung des Reinvermögens (Eigenkapitals)

Summe des Vermögens — 3 080 725,00 EUR
- Summe der Schulden — 402 645,00 EUR

= Reinvermögen (Eigenkapital) — **2 678 080,00 EUR**

Erläuterungen zum Inhalt und Aufbau des Inventars von S. 105:

Das Inventar besteht aus drei Teilen: dem **Vermögen,** den **Schulden** und dem **Reinvermögen.**[1]

● Das **Vermögen** gibt Aufschluss darüber, welche Gegenstände in einem Unternehmen vorhanden sind. Man unterscheidet zwischen Anlagevermögen und Umlaufvermögen.

- Zum **Anlagevermögen** gehören alle Vermögensposten, die dazu bestimmt sind, dem Unternehmen langfristig zu dienen. Sie bilden die Grundlage für die Betriebsbereitschaft.

Beispiele:
Gebäude, Grundstücke, Maschinen, Betriebs- und Geschäftsausstattung.

- Zum **Umlaufvermögen** zählen alle Vermögensposten, die dadurch charakterisiert sind, dass sie sich durch die Geschäftstätigkeit laufend verändern.

Beispiele:
Kasse, Bank, Waren, Forderungen aus Lieferungen und Leistungen.

● **Schulden** (Verbindlichkeiten) stellen Fremdkapital dar, das Dritte dem Unternehmen zur Verfügung stellen. Sie werden z.B. nach der Art der Schuld gegliedert.

Beispiele:
■ Verbindlichkeiten gegenüber Kreditinstituten ■ Verbindlichkeiten aus Lieferungen und Leistungen

● Ziehen wir vom Gesamtwert des Vermögens (Rohvermögens) den Gesamtwert der Schulden ab, erhalten wir das **Reinvermögen,** das auch als **Eigenkapital** bezeichnet wird.

> (Roh-)Vermögen – Schulden = Reinvermögen (Eigenkapital)

Aufgaben zur Sicherung und Vertiefung des Lernerfolgs

55
1. Welche Gesetzesvorschrift verpflichtet den Kaufmann zur Aufstellung eines Inventars?

2. Welche drei Angaben müssen in einem Inventar enthalten sein?

3. Zu welchen Zeitpunkten muss jeweils ein Inventar aufgestellt werden?

4. Erläutern Sie die Begriffe Inventar und Inventur!

5. Welche praktische Bedeutung hat die Inventur im Zusammenhang mit der Buchführung?

6. Welche Werte müssen beim Auftreten von Differenzen zwischen Soll- und Istwerten berichtigt werden? Begründen Sie Ihre Entscheidung!

---

1 Für die Begriffsbildung und die Ordnung im Inventar bestehen keine gesetzlichen Vorschriften. Wegen des engen Zusammenhangs zur Bilanz orientieren wir uns bei der Aufstellung des Inventars an den gesetzlichen Vorschriften zur Bilanz.

56   Stellen Sie aufgrund der angegebenen Inventurergebnisse zum 31. Dezember 20.. für Max Weber e. Kfm. ein Inventar auf!

Grundstücke		121 180,00 EUR
Bauten auf eigenen Grundstücken		535 925,00 EUR
Büroeinrichtung lt. Inventurliste 1		48 000,00 EUR
Fuhrpark (1 Kombi)		51 400,00 EUR
Forderungen lt. bestätigter Saldenliste		60 510,00 EUR
Warenvorräte:		
60 Videogeräte	15 000,00 EUR	
45 Fernsehgeräte	20 000,00 EUR	
30 Stereo-Anlagen	8 000,00 EUR	
260 Lampen	5 250,00 EUR	
Sonstiges Kleinmaterial lt. Inventurliste 2	3 000,00 EUR	51 250,00 EUR
Kassenbestand lt. Inventurliste 3		1 520,00 EUR
Guthaben bei Kreditinstituten:		
– Guthaben auf dem Kontokorrentkonto bei der A-Bank		27 790,00 EUR
– Guthaben bei der Postbank Niederlassung in der X-Stadt		2 200,00 EUR
Verbindlichkeiten gegenüber Kreditinstituten:		
– Darlehen bei der B-Bank		128 000,00 EUR
Verbindlichkeiten aus Lieferungen und Leistungen:		
– Nürnberger Teleblick AG	31 600,00 EUR	
– Berliner Funk-Fernseh GmbH	59 100,00 EUR	90 700,00 EUR

57   Stellen Sie aufgrund der angegebenen Inventurergebnisse zum 31. Dezember 20.. für Susanne
Klein e. Kfr. ein Inventar auf!

Betriebs- und Geschäftsausstattung bestehend aus:		
– 20 Büroschränken	18 500,00 EUR	
– 6 Regalen	4 680,00 EUR	
– 2 PC	3 120,00 EUR	
– 4 Faxgeräte	1 150,00 EUR	27 450,00 EUR
Forderungen aus Lieferungen und Leistungen:		
– Fritz Krause e. Kfm.	1 200,00 EUR	
– Otto Selmig OHG	1 300,00 EUR	2 500,00 EUR
Verbindlichkeiten aus Lieferungen und Leistungen:		
– Otto Süß KG	9 000,00 EUR	
– Friedrich Sauer GmbH	4 000,00 EUR	
– Liane Selbach e. Kffr.	10 000,00 EUR	23 000,00 EUR
Kassenbestand lt. Inventurliste 1		1 370,00 EUR
Warenvorräte:		
– Wäsche lt. Inventurliste 2	6 250,00 EUR	
– 200 Kleider	9 000,00 EUR	15 250,00 EUR
Guthaben bei Kreditinstituten:		
– Guthaben auf dem Kontokorrentkonto bei der C-Bank		36 250,00 EUR
Unbebaute Grundstücke		132 000,00 EUR
Verbindlichkeiten gegenüber Kreditinstituten:		
– Darlehen bei der D-Bank		50 000,00 EUR
Liefererdarlehen der Kleider-Fritz GmbH		12 000,00 EUR

2.12.3 Bilanz

2.12.3.1 Gesetzliche Grundlagen zur Aufstellung der Bilanz

(1) Aufstellungspflicht

Nach § 242 HGB hat der Kaufmann zu Beginn seines Handelsgewerbes und danach für den Schluss eines jeden Geschäftsjahres eine Bilanz aufzustellen, aus der das Verhältnis zwischen seinem Vermögen und seinen Schulden erkennbar ist.

Bei der Bilanz geht es – wie beim Inventar – auch um eine Aufstellung des Vermögens und der Schulden. Sie dient aber völlig anderen Zwecken. Das hat den Gesetzgeber auch veranlasst, unterschiedliche Begriffe einzuführen, obwohl die Endergebnisse in beiden Abschlussformen gleich sind.

(2) Form und Gliederung der Bilanz

Nach § 266 I, S. 1 HGB ist die Bilanz in **Kontoform** aufzustellen. Das heißt allerdings nicht, dass die Bilanz ein Konto ist. Die Bilanz ist lediglich in der Form eines Kontos aufzustellen. Sie hat also – wie ein Konto – zwei Seiten. Die **linke Seite der Bilanz** ist die Aktivseite. Auf ihr stehen die **Aktiva (Vermögensposten)**. Die rechte Seite der Bilanz ist die Passivseite. Auf ihr stehen die **Passiva (Schulden und das Eigenkapital)**. Auch wenn uns das sprachlich zunächst noch ungewohnt erscheint, können wir sagen: auf der Passivseite der Bilanz steht das Kapital, getrennt nach Kapitalgebern (Eigenkapital und Verbindlichkeiten [Fremdkapital]).

Für die Aufstellung einer Bilanz ergibt sich folgendes Grundschema:

Aktiva	Bilanz	Passiva
Vermögensseite ˙		Kapitalseite

Im § 266 HGB wird darüber hinaus auch im Einzelnen angegeben, wie der Inhalt der beiden Bilanzseiten zu gliedern ist, in welcher Reihenfolge die einzelnen Posten aufzuführen, welche Begriffe dabei zu verwenden und wie die einzelnen Gliederungspunkte zu kennzeichnen sind. Diese Vorschriften zur Bilanzgliederung gelten im Prinzip nur für Kapitalgesellschaften (z. B. GmbH und AG).

Für andere Rechtsformen von Unternehmen (Einzelunternehmen und Personengesellschaften [z. B. OHG, KG], die eine bestimmte Größenordnung nicht übersteigen) ist § 247 HGB maßgebend. Für diese Unternehmen schreibt der Gesetzgeber lediglich die Hauptgliederungspunkte vor: Anlagevermögen und Umlaufvermögen für die Aktivseite und Eigenkapital und Verbindlichkeiten für die Passivseite. Dazu kommt für jede Seite noch ein sogenannter Rechnungsabgrenzungsposten.[1] Die vom Gesetzgeber allerdings geforderte weitere Untergliederung überlässt er der individuellen Interessenlage dieser Unternehmen.

---

[1] Alle Aufwendungen und Erträge sind (unabhängig vom Zeitpunkt der Zahlung) in dem Geschäftsjahr zu erfassen, dem sie wirtschaftlich zuzuordnen sind. Werden also innerhalb eines Geschäftsjahres Aufwendungen und Erträge erfasst, die einem anderen Geschäftsjahr zuzuordnen sind, so sind diese in der Bilanz unter der Position **Rechnungsabgrenzungsposten** auszuweisen. Bereits **bezahlte Aufwendungen,** die ein anderes Geschäftsjahr betreffen, werden auf der **Aktivseite** ausgewiesen (sie stellen Vermögen dar), bereits **erhaltene Erträge,** die ein anderes Geschäftsjahr betreffen, werden auf der **Passivseite** ausgewiesen (sie stellen Schulden dar, da unsere Leistung ja noch nicht erbracht worden ist).

Da wir uns in der Schule, namentlich im Anfangsunterricht, nur mit einfachen Bilanzen beschäftigen können, schlagen wir für unsere vorläufige Arbeit mit Bilanzen folgendes, an der Praxis orientiertes, vereinfachtes Bilanzschema vor, wobei wir uns bezüglich der Begriffsbildung weitgehend nach den Vorgaben des § 266 HGB richten.

Aktiva	Bilanz zum 31. Dezember 20..	Passiva
I. Anlagevermögen	**I. Eigenkapital**	
1. Grundstücke und Bauten	**II. Verbindlichkeiten**	
2. technische Anlagen und Maschinen	1. Verbindlichkeiten gegenüber Kreditinstituten	
3. And. Anl., Betr.- u. G.-Ausstattung	2. Verbindlichkeiten aus Lieferungen und Leistungen	
II. Umlaufvermögen	3. Sonstige Verbindlichkeiten	
1. Waren		
2. Ford. aus Lieferungen u. Leistungen		
3. Kassenbestand		
4. Guthaben bei Kreditinstituten		

Beispiel:

Wir stellen zu dem Inventar auf S. 105 die entsprechende Bilanz auf!

Lösung:

Aktiva	Bilanz von Otto Ehrlich e. Kfm. zum 31. Dez. 20..		Passiva
I. Anlagevermögen		**I. Eigenkapital**	2 678 080,00
1. Grundstücke u. Bauten	2 725 000,00	**II. Verbindlichkeiten**	
2. Andere Anlagen, Betriebs- u. Geschäftsausstattung[1]	240 150,00	1. Verbindlichkeiten gegenüber Kreditinstituten	280 145,00
II. Umlaufvermögen		2. Verbindlichkeiten aus Lieferungen und Leistungen	100 400,00
1. Waren	31 950,00	3. Sonstige Verbindlichkeiten	22 100,00
2. Forderungen aus Lieferungen und Leistungen	47 695,00		
3. Kassenbestand	1 250,00		
4. Guthaben bei Kreditinstituten	34 680,00		
	3 080 725,00		3 080 725,00

Stuttgart, den 31. Dez. 20..

Otto Ehrlich

---

[1] Zu diesem Bilanzposten gehört bei Kapitalgesellschaften auch der Fuhrpark. In Bilanzen von Nichtkapitalgesellschaften wird der Fuhrpark häufig als gesonderter Bilanzposten ausgewiesen.

58 1. Stellen Sie unter Beachtung des einfachen Bilanzgliederungsschemas auf S. 109 aus dem Inventaren der Aufgaben 56 und 57 die entsprechenden Bilanzen auf!

2. Erstellen Sie in Orientierung an dem Bilanzschema aufgrund folgender Angaben eine Bilanz:

Bebaute Grundstücke 380 000,00 EUR, unbebaute Grundstücke 275 000,00 EUR, Betriebsgebäude 755 000,00 EUR, Geschäftsausstattung 210 000,00 EUR, Fuhrpark 114 500,00 EUR, Warenvorräte 575 600,00 EUR, Forderungen gegenüber Kunden 526 150,00 EUR, Kassenbestand 3 420,00 EUR, Guthaben: bei der Stadtsparkasse 29 960,00 EUR, bei der Commerzbank 41 390,00 EUR, Eigenkapital 1 319 580,00 EUR, Verbindlichkeiten aus Darlehen bei der Volksbank 750 000,00 EUR, Verbindlichkeiten bei Lieferanten 761 460,00 EUR, Verbindlichkeiten aus Steuern 79 980,00 EUR.

2.12.3.2 Deutungsmöglichkeiten der Bilanz

Das Wort **Bilanz** stammt aus dem Italienischen. Dort heißt es so viel wie Gleichgewicht bzw. Waage. Das bedeutet, dass beide Seiten der Bilanz wertmäßig stets gleich sein müssen. Formal ergibt sich diese Wertgleichheit schon aus der Kontoform der Bilanz. Das Eigenkapital bildet den Ausgleichsposten (Saldo) in der Bilanz. Für jede Bilanz gilt daher die Grundgleichung:

$$\text{Aktiva} \cong \text{Passiva}$$

Dabei gilt:

$$\text{Aktiva} \cong \text{Vermögen}$$
$$\text{Passiva} \cong \text{Eigenkapital} + \text{Fremdkapital}^1$$

Hieraus lassen sich folgende weitere **Bilanzgleichungen** ableiten:

(1) Für die Berechnung des Vermögens

$$\text{Vermögen} \cong \text{Eigenkapital} + \text{Fremdkapital}$$

(2) Für die Berechnung des Kapitals

$$\text{Eigenkapital} \cong \text{Vermögen} - \text{Fremdkapital}$$
$$\text{Fremdkapital} \cong \text{Vermögen} - \text{Eigenkapital}$$

Für unsere weitere Deutung der Bilanz fassen wir die Bilanz von S. 109 so zusammen, dass nur noch die beiden Hauptgruppen auf beiden Seiten übrig bleiben (siehe S. 111).

---

1 Unter dieser mehr betriebswirtschaftlichen Betrachtungsweise benutzen wir den Begriff **Fremdkapital** (statt Verbindlichkeiten).

Aktiva	Bilanz		Passiva
Wie wurde das Kapital verwendet?		**Wer** hat das Kapital aufgebracht?	
I. Anlagevermögen	2 965 150,00	**I. Eigenkapital**	2 678 080,00
II. Umlaufvermögen	115 575,00	**II. Verbindlichkeiten**	402 645,00
Vermögen	3 080 725,00	**Kapital**	3 080 725,00
↑		↑	
Verwendung finanzieller Mittel (Investierung)		**Beschaffung** finanzieller Mittel (Finanzierung)	

Wie im obigen Bilanzschema angedeutet, gibt die Aktivseite an, wohin das Kapital floss bzw. wie das verfügbare Kapital verwendet wurde. Sie kann also als **Mittelverwendungsseite** bezeichnet werden.

Dagegen gibt die Passivseite an, woher das Kapital kam bzw. wer das Kapital aufgebracht hat. Sie kann daher als **Mittelbeschaffungsseite** bezeichnet werden.

Unter Verwendung anderer Begriffe kann man auch sagen: Die **Passivseite** gibt die **Finanzierung** des Unternehmens wieder, die **Aktivseite** die **Investierung**.

2.12.3.3 Zusammenhang zwischen Buchführung und Bilanz

Obwohl die Bilanz nicht unmittelbar zur Buchführung gehört, besteht zwischen beiden Bereichen ein enger Zusammenhang. Jede Schlussbilanz baut auf den Zahlen der Buchführung auf. Dennoch steht die Bilanz außerhalb der Buchführung. Sie dient auch anderen Zwecken und hat trotz ihrer Kontoform andere Seitenbezeichnungen als die Konten der Buchführung. Die vorhandene enge Beziehung zwischen Buchführung und Bilanz hat dazu geführt, dass im Bereich der Konten üblicherweise Begriffe verwendet werden, die eindeutig aus Bilanzbegriffen abgeleitet sind.

Da die Salden der **Vermögenskonten** auf der Aktivseite der Bilanz erscheinen, nennt man sie **Aktivkonten**.[1] Entsprechend ergibt sich für die **Schuldkonten** (das **Eigenkapitalkonto eingeschlossen**) die Bezeichnung **Passivkonten**.[1] Diese Begriffsbildung ist eindeutiger, weil mit der Bezeichnung Passivkonten das Eigenkapitalkonto immer automatisch eingeschlossen ist. In logischer Fortsetzung dieser Begriffsbildung muss der bisherige Oberbegriff **„Bestandskonten"** durch den Begriff **„Bilanzkonten"** ersetzt werden.

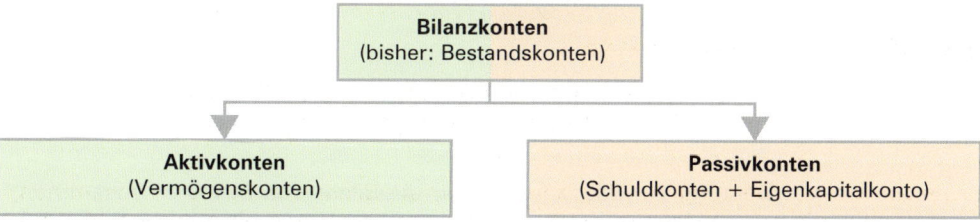

Nachdem wir den Begriff Bilanzkonten kennen, wird auch deutlich, warum wir für die beiden Hilfskonten für den Abschluss und die Eröffnung der Konten die Bezeichnungen **Schlussbilanzkonto** und **Eröffnungsbilanzkonto** verwendet haben.[1]

---

1 Siehe hierzu S. 52, Fußnote 1 und 2.

2.12.4 Gewinn- und Verlustrechnung

Nach § 242 II HGB sind alle Kaufleute verpflichtet, für den Schluss eines jeden Geschäftsjahres eine Gegenüberstellung der Aufwendungen und Erträge (Gewinn- und Verlustrechnung) aufzustellen. Inhalt und Form der Gewinn- und Verlustrechnung werden vom Gesetzgeber offengehalten. Die Gewinn- und Verlustrechnung wird bei **Einzelunternehmen** und **Personengesellschaften** üblicherweise in **Kontoform** aufgestellt, da diese unmittelbar aus der Buchführung abgeleitet werden kann.

Bei **Kapitalgesellschaften**, die gesetzlich verpflichtet sind, ihre GuV-Rechnung zu veröffentlichen, ist grundsätzlich die **Staffelform** vorgeschrieben [§ 275 II HGB]. Durch die Staffelform wird die Entstehung und Zusammensetzung des Jahresergebnisses deutlicher erkennbar. Da zu jedem Posten der GuV-Rechnung auch der Vorjahresbetrag angegeben werden muss, ist ein Vergleich mit dem Vorjahresergebnis möglich. Die Vorschriften über die GuV-Rechnung von Kapitalgesellschaften finden sich in den §§ 275 ff. HGB. Sie werden ergänzt durch den § 158 AktG.

Einen Überblick über die Gliederung der GuV-Rechnung in Staffelform gibt die nachfolgende schematische Darstellung:[1]

Betriebliche Erträge (z.B. Umsatzerlöse, Provisionserträge, …)	
− Betriebliche Aufwendungen (z.B. Aufwendungen für Waren, Personalaufwand, …)	
= Betriebliches Ergebnis	. . . .
Finanzerträge (z.B. Erträge aus Beteiligungen, Zinserträge, …)	
− Finanzaufwendungen (z.B. Abschreibungen auf Finanzanlagen, Zinsaufwand, …)	
= Finanzergebnis	. . . .
Ergebnis gewöhnlicher Geschäftstätigkeit	. . . .
Außerordentliche Erträge	
− Außerordentliche Aufwendungen	
= Außerordentliches Ergebnis	. . . .
Gesamtergebnis	. . . .
− Steuern	. . . .
= Jahresüberschuss/Jahresfehlbetrag	. . . .

---

1 Auf die Staffelform wird im Folgenden aus Vereinfachungsgründen nicht eingegangen.

■ Mit **Inventur** bezeichnet man, den Vorgang der Erfassung der Vermögensgegenstände und der Schulden nach Art, Menge und Wert.

■ Das **Inventar** ist das **Ergebnis** der Inventur in Form einer übersichtlichen Darstellung aller Vermögenswerte und Schulden nach ihrer Art, ihrer Menge und ihrem Wert.

■ Zur **Aufstellung eines Inventars** ist der Kaufmann nach § 240 HGB gesetzlich verpflichtet. Die gesetzlichen Vorschriften beziehen sich nur auf den Inhalt, nicht auf die Form.

■ Das **Inventar** wird in folgende Teile gegliedert und geordnet: **Vermögen, Schulden** und **Reinvermögen** (Differenz zwischen Vermögen und Schulden).

■ Nach § 242 HGB hat der Kaufmann zu Beginn seines Handelsgewerbes und danach am Schluss eines jeden Geschäftsjahres auch eine **Bilanz** aufzustellen, in der das **Verhältnis von Vermögen und Schulden** dargestellt wird.

■ In der Bilanz erscheinen nur **Werte,** keine Mengen.

■ In der Bilanz werden verschiedene Arten von Wirtschaftsgütern zu einem **Bilanzposten** zusammengefasst.

■ Auf der **Aktivseite** der Bilanz stehen die **Vermögensposten,** auf der **Passivseite** die **Kapitalposten** (Eigenkapital und Verbindlichkeiten).

■ Die Bilanz ist in **Kontoform** aufzustellen.

■ Gegenüberstellung von Inventar und Bilanz:

Inventar	Bilanz
● Das Inventar ist eine **ausführliche wert- und mengenmäßige** Gegenüberstellung der Vermögens- und Schuldposten.	● Die Bilanz ist eine **zusamengefasste wertmäßige** Gegenüberstellung aller Vermögens- und Schuldposten.
● Im Inventar werden alle selbstständig bewertbaren Gegenstände eines Postens erfasst. Es ist **sehr ausführlich** und dadurch **unübersichtlich.**	● Die Bilanz weist jeden Posten nur mit einer Summe aus. Sie ist **weniger ausführlich,** dadurch aber **übersichtlich.**
● Im Inventar stehen Vermögen und Schulden **untereinander.**	● In der Bilanz stehen Vermögen und Schulden **nebeneinander.**
● Die Differenz zwischen Vermögen und Schulden heißt **Reinvermögen.**	● Die Differenz zwischen Vermögen und Schulden heißt **Eigenkapital.**
● Das Inventar bzw. die Inventur übt gegenüber den Ergebnissen der Buchführung eine **Kontrollfunktion** aus.	● Die Bilanz **baut auf den Zahlenunterlagen der Buchführung und denen der Inventur auf.**
● Das Inventar (die Inventur) dient **innerbetrieblichen Zwecken** (Soll-Ist-Vergleich).	● Die Bilanz informiert die **Außenwelt.**
● Gesetzliche **Gliederungsvorschriften** für das Inventar **bestehen nicht.**	● Es **bestehen gesetzliche Gliederungsvorschriften.** Nach dem Handelsgesetzbuch ist eine Bilanz nach bestimmten Vorschriften zu gliedern, die Einzelkaufleuten und Personengesellschaften einen relativ großen Freiheitsspielraum einräumen [§ 247 HGB], die dagegen bei Kapitalgesellschaften sehr genau festgelegt sind [§ 266 HGB].

8 Speth u.a. - ISBN 978-3-8120-0528-9

■ Den **Zusammenhang** zwischen dem **Kontensystem der Buchführung** und der **Bilanz** sowie der **Inventur** (bzw. dem **Inventar**) zeigt das nachfolgende Schema:

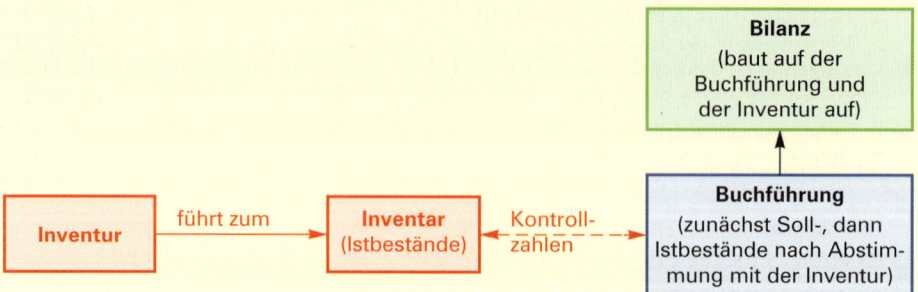

■ Die Inventur übt gegenüber der Buchführung eine **Kontrollfunktion** aus.

■ Die Inventur ist ein **wesentlicher Bestandteil einer ordnungsgemäßen Buchführung.**

■ Nach § 242 II HGB sind alle Kaufleute verpflichtet, für den Schluss eines jeden Geschäftsjahres eine **Gewinn- und Verlustrechnung** aufzustellen.

   ● **Einzelunternehmen und Personengesellschaften** stellen die Gewinn- und Verlustrechnung üblicherweise in **Kontoform** auf.

   ● **Kapitalgesellschaften** haben ihre Gewinn- und Verlustrechnung (sofern sie gesetzlich verpflichtet sind, diese zu veröffentlichen) grundsätzlich in **Staffelform** aufzustellen.

Aufgaben zur Sicherung und Vertiefung des Lernerfolgs

59 1. Geben Sie einige wichtige Unterscheidungsmerkmale zwischen Inventar und Bilanz an!

   2. Nennen Sie die beiden Hauptgruppen auf der Aktivseite der Bilanz!

   3. 3.1 Erläutern Sie den Begriff Anlagevermögen!
      3.2 Nennen Sie drei Posten, die zum Anlagevermögen gehören!

   4. 4.1 Erläutern Sie den Begriff Umlaufvermögen!
      4.2 Nennen Sie vier Posten, die zum Umlaufvermögen zählen!

   5. Deuten Sie das Wort Bilanz!

   6. Stellen Sie die Grundgleichung einer Bilanz auf!

   7. Wie ist das Eigenkapital rechnerisch zu ermitteln?

   8. Erläutern Sie die beiden Bilanzseiten!

   9. Erläutern Sie den Zusammenhang zwischen Buchführung, Inventar (Inventur) und Bilanz!

60 **I. Anfangsbestände:**

0870 Geschäftsausstattung 125 000,00 EUR; 2000 Waren 76 250,00 EUR; 2820 Kasse 15 750,00 EUR; 3000 Eigenkapital 195 250,00 EUR; 4400 Verbindlichkeiten aus Lieferungen und Leistungen 21 750,00 EUR.

II. Kontenplan:

0870, 2000, 2820, 3000, 4400, 5000, 6000, 6700, 6800, 6870, 8010, 8020.

III. Geschäftsvorfälle:

1.	Barkauf einer Büroeinrichtung	12 500,00 EUR
2.	Barzahlung einer Lieferantenrechnung	2 500,00 EUR
3.	Warenverkauf (80 Stück) bar	15 000,00 EUR
4.	Kauf eines Kopiergerätes auf Ziel	6 250,00 EUR
5.	Warenverkauf (70 Stück) bar	13 750,00 EUR
6.	Barzahlung einer Garagenmiete	625,00 EUR
7.	Barkauf von Computerpapier	125,00 EUR
8.	Barzahlung für ein Werbeprospekt	1 000,00 EUR

IV. Hinweis:

Wareneinstandspreis pro Stück 100,00 EUR

V. Aufgaben:

1. Eröffnen Sie die Konten mit den angegebenen Anfangsbeständen!
2. Bilden Sie zu den Geschäftsvorfällen die Buchungssätze und buchen Sie diese anschließend auf den eröffneten Konten!
3. Schließen Sie die Konten über die entsprechenden Abschlusskonten ab!
4. Stellen Sie die Schlussbilanz und die Gewinn- und Verlustrechnung auf!

61 I. Anfangsbestände:

0870 Geschäftsausstattung 175 000,00 EUR; 2000 Waren 321 720,00 EUR; 2400 Forderungen aus Lieferungen und Leistungen 82 900,00 EUR; 2800 Bank 42 400,00 EUR; 2820 Kasse 35 710,00 EUR; 3000 Eigenkapital 354 930,00 EUR; 4200 Verbindlichkeiten gegenüber Kreditinstituten 190 000,00 EUR; 4400 Verbindlichkeiten aus Lieferungen und Leistungen 112 800,00 EUR.

II. Kontenplan:

0870, 2000, 2400, 2800, 2820, 3000, 4200, 4400, 5000, 5710, 6000, 6300, 6700, 6800, 8010, 8020.

III. Geschäftsvorfälle:

1.	Bareinzahlung auf das Bankkonto	15 000,00 EUR
2.	Warenverkauf (475 Stück) bar	17 100,00 EUR
3.	Barzahlung von Aushilfslöhnen	4 200,00 EUR
4.	Eingangsrechnungen für neue PCs	27 400,00 EUR
5.	Banküberweisung der Miete für das Geschäftsgebäude	4 400,00 EUR
6.	Ausgangsrechnungen (Warenverkäufe von 810 Stück)	28 660,00 EUR
7.	Zahlung einer Eingangsrechnung durch Banküberweisung	21 720,00 EUR
8.	Die Bank schreibt uns Zinsen gut	12 480,00 EUR
9.	Kauf von Büromaterial bar	1 120,00 EUR
10.	Ein Kunde überweist einen Rechnungsbetrag auf unser Bankkonto	32 490,00 EUR
11.	Barverkauf von Waren (545 Stück)	19 400,00 EUR

IV. Hinweis:

Wareneinstandspreis pro Stück 20,00 EUR

V. Aufgaben:

1. Eröffnen Sie die Konten mit den angegebenen Anfangsbeständen!
2. Bilden Sie zu den Geschäftsvorfällen die Buchungssätze und buchen Sie diese anschließend auf den eröffneten Konten!
3. Schließen Sie die Konten über die entsprechenden Abschlusskonten ab!
4. Stellen Sie die Schlussbilanz und die Gewinn- und Verlustrechnung auf!

1 Konzept der Geschäftsprozesse

1.1 Begriff und Merkmale von Geschäftsprozessen

Einführendes Beispiel:

Bei der Wohnmobilvermietung Allgäu OHG wird die eintreffende Post von Kunden von Frau Abel geöffnet und zur Bearbeitung an Herrn Kleiner oder Frau Seitz weitergereicht. Bisher gab es keine feste Regel dafür, an wen Frau Abel die Post zur Bearbeitung weiterreichte. Dies führte schon wiederholt zu Problemen, wenn z.B. Frau Seitz einen Vorgang zur Bearbeitung erhielt, von dem sie nicht wusste, dass Herr Kleiner bereits Vorarbeiten und u.U. auch bindende Zusagen geleistet hatte.

Überlegen Sie Regeln für den Ablauf der Weitergabe, damit in Zukunft solche Probleme vermieden werden können!

→ Lösung des Rechtsfalls siehe S. 123.

(1) Begriff Geschäftsprozesse

In einem Unternehmen gibt es eine Vielzahl von Abläufen, die regelmäßig wiederkehren. Es ist wichtig, dass diese Abläufe immer gleichartig ausgeführt werden. Andernfalls könnten z.B. rechtliche Ansprüche verloren gehen, Fristen versäumt oder Geschäftspartner unterschiedlich behandelt werden. Der beste Ablauf wird mit Symbolen[1] sorgfältig beschrieben. Diese Festlegung betrieblicher Abläufe nennen wir **Modellierung von Geschäftsprozessen**.

Merke:

Geschäftsprozesse sind Abfolgen betrieblicher Tätigkeiten, die
■ nach bestimmten Regeln
■ für einen bestimmten Zweck
■ zum Nutzen des Kunden
ausgeführt werden.

(2) Merkmale eines Geschäftsprozesses

● Geschäftsprozesse werden nur für solche betrieblichen Abläufe beschrieben (modelliert), die sich in einer gewissen Regelmäßigkeit **wiederholen**.

Beispiele:

Bewerbungsverfahren durchführen, Kundendienst ausführen, Bearbeiten und Buchen von Eingangsrechnungen.

---

1 Siehe Kapitel 5.4, S. 172.

- Ein weiteres Merkmal von Geschäftsprozessen ist, dass mit ihnen ein **Nutzen für den Kunden** erzielt wird. Nur dann ist dieser auch bereit, dafür einen Preis zu zahlen.

- Von der Abwicklung der Geschäftsprozesse sind in erster Linie die **Mitarbeiter** des **eigenen Betriebes** betroffen. Neben den Mitarbeitern übernehmen auch Computersysteme und Maschinen einen Teil an der Erledigung der Prozessaufgaben.

- Die Geschäftsprozesse können auch die Grenzen des Unternehmens überschreiten, wenn z. B. das eigene Unternehmen die voraussichtlichen Bestellmengen des nächsten Halbjahres an seinen Lieferanten mitteilt, damit dieser seinerseits die eigenen Abläufe vorausplanen kann. Angestrebt wird damit eine **unternehmensübergreifende** Abwicklung der anfallenden Geschäftsprozesse.

Merke:

- Geschäftsprozesse werden nur für **sich wiederholende** betriebliche Abläufe beschrieben (modelliert).
- Aus dem Geschäftsprozess muss der **Kunde** einen **Nutzen** ziehen können.
- Die vom Geschäftsprozess beschriebenen Aufgaben werden von den vorgesehenen **„Aufgabenträgern"** (z. B. Mitarbeiter, Maschinen) ausgeführt.
- Geschäftsprozesse können für **unternehmensinterne** oder **unternehmensübergreifende** Vorgänge festgelegt werden.

1.2 Arten von Geschäftsprozessen

Nach der Bedeutung des Geschäftsprozesses für den Betrieb unterscheidet man zwischen Kernprozessen und unterstützenden Prozessen.

(1) Kernprozesse

Kernprozesse sind jene Geschäftsprozesse, die **direkt** zur **Wertschöpfung** beitragen, anders ausgedrückt: Mit ihnen wird Geld verdient. Sie erbringen zum einen die Hauptleistung des Unternehmens und liefern zum anderen den Hauptnutzen für die Kunden. Kernprozesse machen die Kernkompetenz (den Wettbewerbsvorteil) eines Unternehmens aus und besitzen daher eine hohe strategische Bedeutung.

Beispiele:

Beschaffung von Waren sowie Verkauf von Waren in einem Handelsunternehmen. In einem Industriebetrieb finden wir als Kernprozess noch die Produktion von Erzeugnissen.

(2) Unterstützende Prozesse

Unterstützende Prozesse (Serviceprozesse) leisten einen wichtigen Beitrag dafür, dass die Kernprozesse durchgeführt werden können und sind somit bedeutsam für das Überleben des Unternehmens.

Beispiele:

Beschaffung von Mitarbeitern, deren Fort- und Weiterbildung, die Personalbetreuung, Beschaffung von Finanzmitteln, Unternehmensplanung.

Ein Muster für die Darstellung von Geschäftsprozessen finden Sie auf S. 172 f.

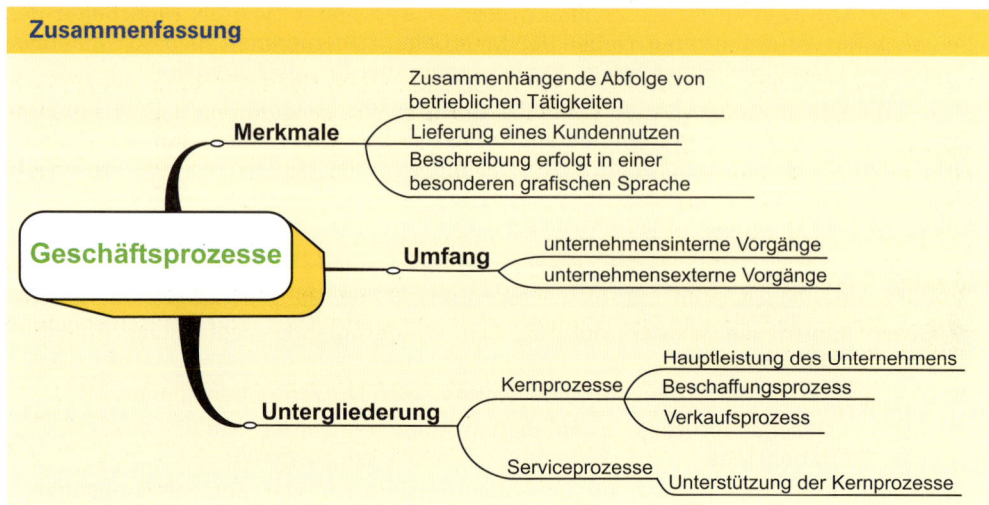

Geschäftsprozesse

Merkmale
- Zusammenhängende Abfolge von betrieblichen Tätigkeiten
- Lieferung eines Kundennutzen
- Beschreibung erfolgt in einer besonderen grafischen Sprache

Umfang
- unternehmensinterne Vorgänge
- unternehmensexterne Vorgänge

Untergliederung
- Kernprozesse
  - Hauptleistung des Unternehmens
  - Beschaffungsprozess
  - Verkaufsprozess
- Serviceprozesse
  - Unterstützung der Kernprozesse

Aufgaben zur Sicherung und Vertiefung des Lernerfolgs

62

1. Entwerfen Sie im Hinblick auf das Eingangsbeispiel dieses Kapitels (siehe S. 116) eigene Vorschläge, wie die Weitergabe der Post geregelt werden kann. Formulieren Sie dafür einfache Regeln!

2. Erklären Sie, was man unter einem Geschäftsprozess versteht!

3. Welche Merkmale kennzeichnen einen Geschäftsprozess?

4. Die Möbelgroßhandlung Gerhard Kauder GmbH vertreibt Küchenmöbel und Regale für den Wohnbereich. Es fallen folgende Geschäftsprozesse an:

   4.1 Bei der Gerhard Kauder GmbH bestellt das Bodensee-Möbelhaus Franz Greber OHG 20 Küchentische.

   4.2 Die Gerhard Kauder GmbH stellt einen neuen Außendienstmitarbeiter ein.

   4.3 Die Finanzbuchhaltung erstellt den Jahresabschluss für die Gerhard Kauder GmbH.

   4.4 Der Verkaufsleiter der Gerhard Kauder GmbH erstellt einen Einsatz- und Urlaubsplan für die Möbelverkäufer für den nächsten Kalendermonat.

   4.5 Die Geschäftsleitung der Gerhard Kauder GmbH beschließt, in Zukunft auch Polstermöbel in das Sortiment aufzunehmen, und will damit in den kommenden zwei Jahren eine Umsatzsteigerung von 20 % erzielen.

   4.6 Die Einkaufsabteilung hat mit einem italienischen Hersteller von Designermöbeln einen langfristigen Liefervertrag abgeschlossen.

   Aufgabe:
   Entscheiden Sie, ob es sich bei den Geschäftsprozessen jeweils um einen Kernprozess oder um einen unterstützenden Prozess handelt. Begründen Sie Ihre Entscheidung!

2 Einbettung des Verkaufsprozesses in das Gesamtsystem betrieblicher Prozesse

(1) Grundlegendes

Der Verkaufsprozess gehört zu den Kernprozessen eines Handelsunternehmens. Er hat herausragende Bedeutung, weil sich an dieser Stelle entscheidet, ob das Unternehmen Geld verdient oder nicht. Ersteres wird dann der Fall sein, wenn es dem Kunden einen derartigen Nutzen anzubieten vermag, dass dieser bereit ist, den geforderten Preis für die Leistung zu bezahlen.

Der Durchfluss der Erzeugnisse in einem Handelsunternehmen lässt sich als eine Abfolge von **Teilprozessen (TP)** begreifen. Ausgehend von der Beschaffung bis zum Verkauf der Produkte ist eine Tätigkeit mit der nächsten im Rahmen einer Prozesskette verknüpft. Diese aufeinanderfolgende Verknüpfung von Tätigkeiten lässt sich grafisch folgendermaßen darstellen:

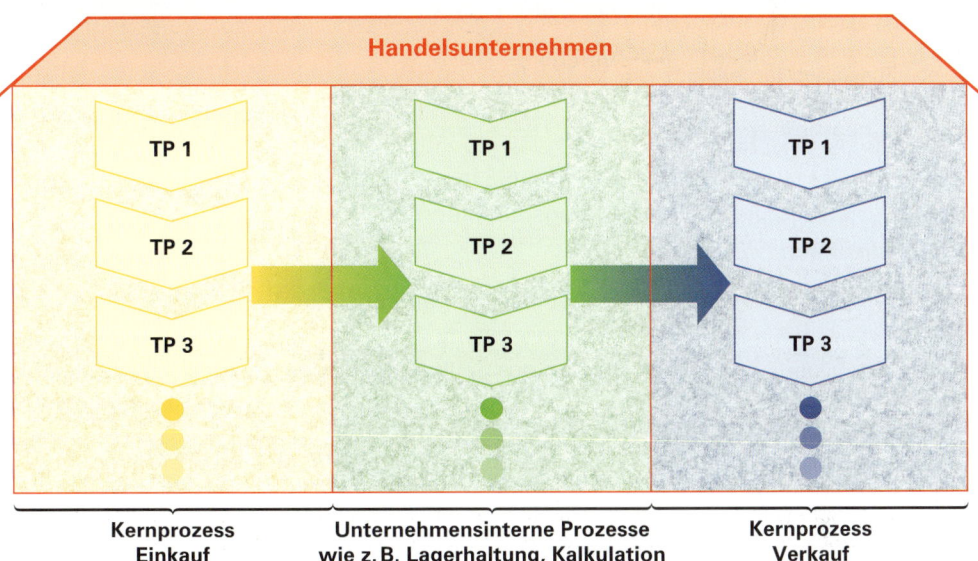

| Kernprozess Einkauf | Unternehmensinterne Prozesse wie z. B. Lagerhaltung, Kalkulation | Kernprozess Verkauf |

(2) Beispiel: Kernprozess Verkauf

Der Kernprozess des Verkaufs kann für einen Handelsbetrieb exemplarisch wie folgt beschrieben werden. Der Prozess wird angestoßen durch die Anfrage eines Kunden.

Teilprozess 1:	Das Unternehmen unterbreitet dem Kunden ein Angebot.
Teilprozess 2:	Nimmt der Kunde dieses Angebot an und schickt uns einen Auftrag, dann ist ein Kaufvertrag geschlossen und dieser Auftrag muss von uns abgearbeitet werden.
Teilprozess 3:	Mit der versandten Ware erhält der Kunde eine Rechnung, deren Bezahlung wir überwachen.
Teilprozess 4:	Wird die Zahlung nicht rechtzeitig geleistet, müssen wir diese Störung beseitigen und unsere Ansprüche geltend machen.

(3) Verknüpfung der Prozesskette des Verkaufs mit den dazugehörenden betriebswirtschaftlichen Inhalten

Von der blau hervorgehobenen Prozesskette des Verkaufs lässt sich eine Verbindung zu den volks- und betriebswirtschaftlichen Inhalten herstellen. Die nachfolgende Abbildung zeigt diese Verknüpfung auf:

Teilprozesse des Kernprozesses Verkauf	Volks- und betriebswirtschaftliche Inhalte
Wirtschaftsordnungen	→ Wirtschaftspolitik[1] → Globalisierung
Rechtliche Rahmenbedingungen	→ Rechts- und Geschäftsfähigkeit → Rechtsgeschäfte → Besitz und Eigentum
Anfragen der Kunden bearbeiten	→ Anfrage → Angebot
Auftrag der Kunden ausführen	→ Auftragseingang → Auftragsdurchführung
Zahlung abwickeln	→ Buchen der Ausgangsrechnung → Zahlungseingang → Buchen des Zahlungseingangs
Umgang mit Vertragsstörungen	→ Zahlungsverzug → Sicherung und Durchsetzung von Ansprüchen

Die Wirtschaftsordnungen und rechtlichen Rahmenbedingungen stellen dabei keine Teilprozesse des Verkaufs dar. Sie liefern jedoch die rechtlichen und ordnungspolitischen Rahmenbedingungen, die die Voraussetzung dafür sind, dass der Verkaufsprozess für beide Vertragspartner verlässlich durchgeführt werden kann.

---

[1] Siehe Band 2, Abschnitt 8, Kap. 2.

3 Rechtliche Grundlagen

3.1 Rechts- und Geschäftsfähigkeit

3.1.1 Rechtsfähigkeit

Einführendes Beispiel:

Die beiden Brüder Philipp (5 Jahre) und Linus (9 Jahre) kaufen sich von ihrem Taschengeld Süßigkeiten. Als die Eltern davon erfahren, verlangen sie das Geld vom Kaufmann zurück. Dieser ist hierzu jedoch nicht bereit.

Wird der Kaufmann das Geld zurückgeben müssen?

→ Lösung des Rechtsfalls siehe S. 123.

Rechtsfähig sind **natürliche Personen (Menschen).** Die Rechtsfähigkeit des Menschen (der natürlichen Personen) beginnt mit der Vollendung der Geburt [§ 1 BGB] und endet mit dem Tod. Jeder Mensch ist rechtsfähig.

Merke:

Rechtsfähigkeit ist die Fähigkeit von Personen, Träger von Rechten und Pflichten sein zu können.

Rechtsfähig, d.h. Träger von Rechten und Pflichten, sind daneben **juristische Personen.** Juristische Personen sind „künstliche" Personen kraft Gesetz. Juristische Personen sind z.B. **privatrechtliche Personenvereinigungen** (eingetragene Vereine, GmbHs u. Ä.) und **Körperschaften des öffentlichen Rechts** (Industrie- und Handelskammern, Gemeinden u. Ä.).

3.1.2 Geschäftsfähigkeit

Merke:

Geschäftsfähigkeit ist die Fähigkeit, Willenserklärungen rechtswirksam abgeben, entgegenzunehmen (empfangen) und widerrufen zu können.

Zum **Schutz Minderjähriger** hat der Gesetzgeber folgende Vorschriften erlassen:

(1) Geschäftsunfähigkeit

Kinder bis zur Vollendung des siebten Lebensjahres sind geschäftsunfähig [§ 104 Nr. 1 BGB]. Menschen, die sich in einem dauernden Zustand krankhafter Störung der Geistestätigkeit befinden, sind den Kindern gleichgestellt [§ 104 Nr. 2 BGB].

Rechtsfolge:

Geschäftsunfähige können keine Willenserklärungen[1] abgeben. Verträge mit Geschäftsunfähigen sind **immer von vornherein nichtig,** d.h., die Verträge sind **ungültig.**

---

1 Zum Begriff Willenserklärung vgl. S. 126.

Da Geschäftsunfähige keine Rechtsgeschäfte abschließen können, brauchen sie einen **Vertreter,** der für sie handeln kann. Bei Kindern sind dies in der Regel kraft Gesetzes die Eltern. Man bezeichnet die Eltern daher auch als **„gesetzliche Vertreter".**

(2) Beschränkte Geschäftsfähigkeit

Minderjährige, die zwar das **siebte** Lebensjahr, **aber** noch **nicht** das **achtzehnte** Lebensjahr vollendet haben, sind **beschränkt geschäftsfähig** [§ 106 BGB].

Rechtsgeschäfte mit einem beschränkt Geschäftsfähigen bedürfen der **Zustimmung** des gesetzlichen Vertreters. Diese Zustimmung kann im **Voraus** erteilt werden. Sie heißt dann **Einwilligung.** Sie kann aber auch **nachträglich** gegeben werden. Die nachträglich erfolgte Zustimmung heißt **Genehmigung.**

Rechtsfolge:

Solange die Genehmigung des gesetzlichen Vertreters fehlt, ist ein durch den beschränkt Geschäftsfähigen abgeschlossenes **Rechtsgeschäft schwebend unwirksam.** Dies bedeutet, dass ein Vertrag so lange nicht gilt, bis er genehmigt ist. Wird die **Genehmigung verweigert,** ist der **Vertrag von Anfang an ungültig.** Wird **sie erteilt,** ist der **Vertrag von Anfang an wirksam** [§§ 108 I, 184 I BGB].

Keiner Zustimmung bedürfen folgende Rechtsgeschäfte:

Bringt nur rechtlichen Vorteil	Verträge, die dem beschränkt Geschäftsfähigen lediglich einen **rechtlichen Vorteil** bringen [§ 107 BGB];
Erfüllung mit frei zur Verfügung stehendem Mittel	Verträge, bei denen die vertragsmäßigen Leistungen (z. B. Kaufpreiszahlung) mit Mitteln erfüllt werden, die der beschränkt geschäftsfähigen Person vom gesetzlichen Vertreter (z. B. Eltern) oder von Dritten (z. B. Großeltern, Patenonkel) zur freien Verfügung überlassen wurden **(Taschengeldparagraf** [§ 110 BGB]);
Im Rahmen eines Arbeits- und Dienstverhältnisses	Rechtsgeschäfte, die die Eingehung, Erfüllung (Verpflichtungen) oder Aufhebung eines **Arbeits- oder Dienstverhältnisses** betreffen, wenn der gesetzliche Vertreter des Minderjährigen diesen zur Eingehung eines Dienst- oder Arbeitsverhältnisses ermächtigt hat [§ 113 I S. 1 BGB];[1]
Im Rahmen eines selbstständigen Erwerbsgeschäftes	Rechtsgeschäfte, die der Betrieb eines **selbstständigen Erwerbsgeschäfts** (z. B. Handelsgeschäft) mit sich bringt, wenn der gesetzliche Vertreter den beschränkt geschäftsfähigen Minderjährigen mit der erforderlichen Genehmigung des Familiengerichts zum selbstständigen Betrieb eines Erwerbsgeschäfts ermächtigt hat [§ 112 I S. 1 BGB].

(3) Unbeschränkte Geschäftsfähigkeit

Personen, die das achtzehnte Lebensjahr **vollendet** haben, sind **unbeschränkt geschäftsfähig** [§ 2 BGB]. Ausnahmen bestehen nur für Personen, die sich in einem dauernden Zustand krankhafter Störung der Geistestätigkeit befinden.

Rechtsfolge:

Die unbeschränkte Geschäftsfähigkeit bedeutet, dass von dem Erklärenden (der natürlichen Person) jedes Rechtsgeschäft, soweit dies gesetzlich erlaubt ist, **rechtsgültig abgeschlossen** werden kann. Eine Zustimmung gesetzlicher Vertreter und/oder die Genehmigung des Familiengerichts ist nicht (mehr) erforderlich.

---

1 Die gesetzliche Regelung gilt nicht für Berufsausbildungsverträge nach dem Berufsbildungsgesetz.

Für Gaudenz gilt: Der Kaufmann muss das Geld an die Eltern zurückgeben.

Begründung: Philipp ist mit 5 Jahren geschäftsunfähig. Seine Willenserklärung (und damit der mit dem Kaufmann abgeschlossene Kaufvertrag) ist daher von vornherein nichtig. Dies wäre z. B. auch dann der Fall gewesen, wenn Philipp das Geld von seinen Großeltern ausdrücklich zum Kauf der Süßigkeiten bekommen hätte!

Für Linus gilt: Der Kaufmann muss das Geld an die Eltern nicht zurückgeben.

Begründung: Linus ist 9 Jahre alt und beschränkt geschäftsfähig. Damit seine Rechtsgeschäfte wirksam werden, bräuchte er eigentlich die Zustimmung der Eltern. In diesem Fall gilt jedoch die Regelung, dass das Rechtsgeschäft keiner Zustimmung bedarf, weil Linus den Kaufpreis aus seinem Taschengeld bewirken konnte [§ 110 BGB].

Zusammenfassung

- **Rechtsfähigkeit** bedeutet, Rechte und Pflichten haben zu können.

- Die **Geschäftsfähigkeit** ist in Abhängigkeit vom Alter in **drei Stufen** gegliedert:

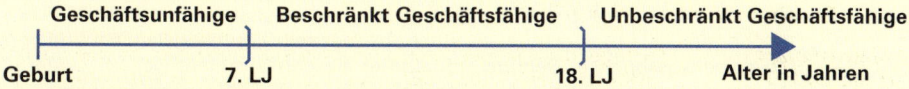

Geschäftsunfähige	Beschränkt Geschäftsfähige	Unbeschränkt Geschäftsfähige
Geburt	7. LJ	18. LJ	Alter in Jahren

- **Geschäftsunfähigkeit** heißt, dass die Erklärungen geschäftsunfähiger Personen rechtlich unerheblich sind. Geschäftsunfähige können keine Rechtsgeschäfte abschließen, ändern und auflösen.

- **Beschränkte Geschäftsfähigkeit** bedeutet, dass Rechtsgeschäfte beschränkt Geschäftsfähiger grundsätzlich der Zustimmung des gesetzlichen Vertreters bedürfen. Ausgenommen sind folgende Rechtsgeschäfte:

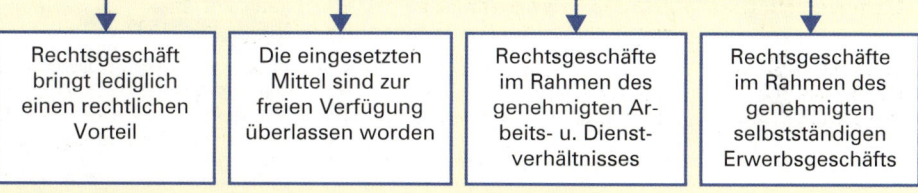

Rechtsgeschäft bringt lediglich einen rechtlichen Vorteil	Die eingesetzten Mittel sind zur freien Verfügung überlassen worden	Rechtsgeschäfte im Rahmen des genehmigten Arbeits- u. Dienstverhältnisses	Rechtsgeschäfte im Rahmen des genehmigten selbstständigen Erwerbsgeschäfts

- **Unbeschränkte Geschäftsfähigkeit** bedeutet, Rechtsgeschäfte ohne Zustimmung des gesetzlichen Vertreters abschließen, ändern und auflösen zu können.

Aufgaben zur Sicherung und Vertiefung des Lernerfolgs

63

1. Unterscheiden Sie die Begriffe Rechtsfähigkeit und Geschäftsfähigkeit!

2. Erklären Sie, welche Rechtsgeschäfte eine beschränkt geschäftsfähige Person ohne Einwilligung des gesetzlichen Vertreters abschließen darf! Bilden Sie hierzu jeweils ein eigenes Beispiel!

3. Begründen Sie, warum das BGB bei den Stufen (Arten) der Geschäftsfähigkeit feste Altersgrenzen zugrunde legt! Nennen Sie die Altersgrenzen!

4. Erklären Sie, welche Rechtsfolgen eintreten, wenn geschäftsunfähige, beschränkt geschäftsfähige oder voll geschäftsfähige Personen Willenserklärungen abgeben!

5. Lösen Sie folgende Rechtsfälle! Prüfen Sie jeweils die Rechtslage und begründen Sie Ihre Lösungen ausführlich mit den gesetzlichen Vorschriften (§§) des BGB:

    5.1 Eine in einer psychiatrischen Anstalt untergebrachte Person, die sich in einem dauernden Zustand krankhafter Störung der Geistestätigkeit befindet, erhält von ihrem Bruder ein Mietshaus geschenkt. Kann diese Person Eigentümer des Hauses und wegen der Mieteinkünfte steuerpflichtig werden?

    5.2 Das Finanzamt verlangt von einem 4 Jahre alten Kind die Bezahlung rückständiger Steuern. Ist dies überhaupt möglich?

    5.3 Ein 6-jähriges Kind erhält von seinem Patenonkel zu Weihnachten Spielzeug geschenkt. Kann das Kind die Schenkung annehmen?

    5.4 Felix, 12 Jahre, ist Sohn eines Millionärs. Er erhält monatlich 250,00 EUR Taschengeld zur freien Verfügung. Davon kauft er sich einen CD-Player für 230,00 EUR, bezahlt diesen bar und nimmt ihn mit. Die Eltern sind nicht einverstanden.

    5.5 Angenommen, der 12-jährige Felix hätte den CD-Player nicht bar bezahlt, sondern nur 100,00 EUR angezahlt, um den Rest in 20,00-EUR-Raten „abzustottern". Die Eltern sind wiederum dagegen.

    5.6 Linus, 9 Jahre, erhält von seiner Tante Anna 20,00 EUR. Als Gegenleistung verpflichtet er sich, den Sommer über ihren Rasen zu mähen.

    5.7 Nachdem Tante Anna mit ihren neuen Inlineskates gestürzt war, hat sie die Lust daran verloren. Sie ist bereit, die Inlineskates zum Freundschaftspreis von 20,00 EUR an den 9-jährigen Linus zu verkaufen. Dafür reicht aber sein Taschengeld nicht und er müsste an seine Sparbüchse. Dennoch möchte er sie gerne kaufen, weil er wiederum eine Nachbarin kennt, an die er die Inlineskates für 150,00 EUR verkaufen könnte.

    5.8 Die Oma von Adrian (6 Jahre) schickt diesen mit einem Einkaufszettel (s. u.) zum Dorfladen, damit er für sie einige Besorgungen erledigt.

Wie ist die Rechtslage? Beachten Sie auch den nachfolgenden Auszug aus den Vorschriften des Jugendschutzgesetzes!

§ 9 Alkoholische Getränke

(1) In Gaststätten, Verkaufsstellen oder sonst in der Öffentlichkeit dürfen

    1. Branntwein, branntweinhaltige Getränke oder Lebensmittel, die Branntwein in nicht nur geringfügiger Menge enthalten, an Kinder und Jugendliche,

    2. andere alkoholische Getränke an Kinder und Jugendliche unter 16 Jahren weder abgegeben noch darf ihnen der Verzehr gestattet werden.

(2) Absatz 1 Nr. 2 gilt nicht, wenn Jugendliche von einer personensorgeberechtigten Person begleitet werden.

6. Der 17-jährige Schüler Klaus entnimmt seiner Sparbüchse 400,00 EUR und kauft sich davon einen MP3-Player, den er auch gleich bezahlt und mitnimmt.

Aufgaben:

Wie ist die Rechtslage, wenn

6.1 keine Einwilligung der Eltern vorliegt,

6.2 eine Einwilligung der Eltern vorliegt,

6.3 die Eltern den Kauf nachträglich genehmigen,

6.4 die Eltern nach Aufforderung durch den Verkäufer

    6.4.1 die Genehmigung verweigern,

    6.4.2 schweigen,

    6.4.3 erst nach drei Wochen den Kauf genehmigen und der MP3-Player inzwischen (ohne dass dies die Eltern wissen konnten) stark beschädigt ist?

7. Die 8-jährige Astrid erhält von ihrer Großmutter einen sehr wertvollen Ring geschenkt.

Aufgabe:

Kann Astrid den Ring ohne Zustimmung ihrer Eltern annehmen (behalten) und Eigentümerin des Rings werden?

64 1. Der 17-jährige Auszubildende Adalbert wohnt und arbeitet mit Zustimmung seiner Eltern in Tuttlingen, während seine Eltern in Ravensburg zu Hause sind.

Aufgaben:

1.1 Am Monatsende ist die Miete zu zahlen. Darf Adalbert aus rechtlicher Sicht mit seiner Ausbildungsvergütung sein Zimmer bezahlen?

1.2 Adalbert möchte sich von seiner Vergütung einen Laptop kaufen. Wie ist die Rechtslage?

1.3 Kann sich Adalbert von seinem Entgelt ein Los bei der Tombola des örtlichen Sportvereins zu 5,00 EUR kaufen?

1.4 Kann er, falls er 750,00 EUR gewinnt, einen Laptop kaufen?

1.5 Kann Adalbert von seinem ersparten Geld einen Motorroller für 1500,00 EUR kaufen?

1.6 Von einem Onkel, mit dem die Eltern Streit haben, bekommt Adalbert zum Geburtstag 150,00 EUR geschenkt. Die Eltern sind mit dem Geschenk nicht einverstanden: „Von dem lassen wir uns nichts schenken!" Sie verlangen die Rückgabe des Geldes. Muss Adalbert das Geld zurückgeben?

1.7 Adalbert vereinbart mit seinem Ausbilder eine Woche unbezahlten Urlaub und fährt in dieser Zeit nach Monte Carlo zum Autorennen und zum Baden. Die Kosten belaufen sich auf 2 000,00 EUR. Die Eltern sind sowohl gegen den unbezahlten Urlaub als auch gegen den Besuch des Autorennens. Prüfen Sie die Rechtslage!

2. 2.1 Die 17-jährige Veronika erbt von ihrem Onkel 2 000,00 EUR. In Absprache mit ihren Eltern spart sie das Geld für den Kauf eines Notebooks. Veronika ändert aber insgeheim ihre Meinung und kauft sich für das Geld ein Mountainbike. Der Vater ist mit dem Kauf nicht einverstanden.

    Aufgabe:

    Erläutern Sie die Rechtslage!

   2.2 Ihr Freund Gregor schenkt ihr zu Weihnachten einen wertvollen Ring. Veronikas Eltern sind darüber sehr verärgert und verlangen die Rückgabe des Rings.

    Aufgabe:

    Muss Veronika dem Verlangen der Eltern nachkommen? Prüfen Sie die Rechtslage und begründen Sie Ihre Einschätzung!

3.2 Rechtsgeschäfte und Willenserklärungen

3.2.1 Willenserklärung als wesentlicher Bestandteil eines Rechtsgeschäfts

Georg Merk will zu seiner Geburtstagsfeier Limonade einkaufen. Er geht deshalb in ein Lebensmittelgeschäft, entnimmt dem Regal 8 Flaschen Limonade und erklärt dem Verkäufer: „Ich kaufe diese 8 Flaschen." Im Geschäft trifft Georg seinen Freund Hans-Jörg und lädt ihn zur Geburtstagsfeier ein; der nimmt die Einladung sofort freudig an. Hans-Jörg dachte nicht daran, dass er sich am gleichen Abend unbedingt das Fußballländerspiel „Deutschland – England" ansehen wollte, das im Fernsehen übertragen wird.

Weil Hans-Jörg doch lieber das Fußballspiel ansieht und deshalb nicht kommt, ist Georg sehr böse und verlangt von seinem Freund, ihm die nicht getrunkenen zwei Flaschen Limonade abzukaufen. Er sei ja durch die Annahme seiner Einladung eine Verpflichtung eingegangen und die hätte er einhalten müssen.

1. Welche Rechtswirkung möchte Georg mit dem Satz „Ich kaufe diese 8 Flaschen Limonade" erreichen?

2. Hans-Jörg weigert sich mit dem Hinweis, er sei hierzu nicht verpflichtet, die zwei Flaschen abzukaufen. Hat Hans-Jörg oder hat Georg Recht? Begründen Sie Ihre Entscheidung!

→ Lösung der Rechtsfälle siehe S. 131.

(1) Rechtsgeschäfte

Wenn wir Rechtsgeschäfte abschließen wollen (z.B. einen MP3-Player kaufen), müssen wir unseren Willen äußern (erklären). Dies geschieht durch sogenannte Willenserklärungen.

Merke:

Rechtsgeschäfte kommen durch **Willenserklärungen** zustande.

(2) Willenserklärungen

→ Begriff

Wir geben eine Willenserklärung ab, weil wir eine Rechtsfolge (eine Rechtswirkung) erzielen wollen. Der innere Wille genügt nicht. Der Wille muss auch **erklärt** werden. Die gewollten Rechtsfolgen können unterschiedlicher Art sein. Mithilfe von Willenserklärungen werden z.B. neue Rechtsverhältnisse geschaffen (z.B. durch einen Kaufvertrag), bestehende Rechtsverhältnisse abgeändert (z.B. durch Vereinbarung einer Mietpreiserhöhung) oder bestehende Rechtsverhältnisse aufgelöst (z.B. durch eine Kündigung).

Merke:

Willenserklärungen sind solche Äußerungen (Handlungen) einer Person (oder mehrerer Personen), die mit der Absicht abgegeben werden, eine **rechtliche Wirkung** herbeizuführen.

→ Bestandteile der Willenserklärung

Die Willenserklärung besteht aus dem Willen (dem Motiv), der den Erklärenden zu einer Willensäußerung veranlasst, und der tatsächlichen Erklärung.

Dabei müssen folgende **Willenselemente** gegeben sein:

Handlungswille	Die Erklärung muss **gewollt** sein. Keine Willenserklärung liegt z.B. vor, wenn eine Erklärung unter Zwang oder unter Drogeneinfluss abgegeben wird.
Geschäftswille	Der Erklärende muss eine **rechtsverbindliche Wirkung** beabsichtigen. Eine ausgesprochene Einladung ins Theater ist z.B. keine Willenserklärung.

→ Äußerungsformen (Mittel) der Willenserklärungen

Die äußere Form der Willenserklärung kann unterschiedlich sein. Wir unterscheiden.

ausdrückliche Willenserklärungen	mündlich, fernmündlich, schriftlich, per FAX, E-Mail, telegrafisch.
konkludente (schlüssige) Handlungen	z.B. Einsteigen in die Straßenbahn, Münzeinwurf in einen Automaten, Kopfnicken auf ein Angebot.
ausnahmsweise Schweigen	Grundsatz: Schweigen gilt als Ablehnung [§§ 108 II, S. 2; 177 II, S. 2 BGB].[1] Schweigen gilt z.B. als Zustimmung, wenn dies vertraglich vereinbart war.

3.2.2 Arten von Rechtsgeschäften

(1) Einseitige Rechtsgeschäfte

Merke:

Rechtsgeschäfte, die nur **eine Willenserklärung** benötigen, bezeichnet man als **einseitige Rechtsgeschäfte**.

Beispiele:

- Die **Kündigung** ist eine **empfangsbedürftige Willenserklärung**. Empfangsbedürftige Willenserklärungen sind solche, die einer bestimmten anderen Person gegenüber geäußert werden müssen und **erst dann** gültig (rechtswirksam) sind, wenn sie dem Erklärungsempfänger rechtzeitig zugegangen sind. Eine rechtswirksame Kündigung eines Dauerschuldverhältnisses (z.B. eines Mietvertrages, eines Arbeitsverhältnisses) bedarf der Schriftform (siehe §§ 568, 623 BGB).

---

1 Auch unter Kaufleuten (im „Handelsverkehr") gilt der Grundsatz, dass bloßes Schweigen nicht als Zustimmung gilt. Schickt z.B. ein Verkäufer seinem Kunden unaufgefordert Waren zu, so gilt das Schweigen des Kunden nicht als Annahmeerklärung. Anders ist es, wenn der Käufer und der Verkäufer in **dauernder Geschäftsverbindung** zueinander stehen und der Käufer schon öfters unbestellte Waren angenommen, weiterverkauft und bezahlt hat.

■ Das **Testament** ist eine vom Erblasser (Person, durch deren Tod die Erbschaft auf den oder die Erben übergeht) einseitig getroffene Verfügung von Todes wegen, in der dieser in der Regel seine Erben bestimmt und hierdurch die gesetzliche Erbfolge durch eine vom Erblasser gewollte („gewillkürte") Erbfolge ersetzt. Das Testament ist ein Beispiel für eine **nicht empfangsbedürftige Willenserklärung** [§§ 2064ff. BGB]. Es ist bereits wirksam mit der Vollendung des Testaments und **nicht** erst dann, wenn der Erbe das Testament empfangen oder gelesen hat. Ein eigenhändiges privates Testament ist nur gültig, wenn es eigenhändig geschrieben und unterschrieben ist [§ 2247 BGB].

(2) Zweiseitige Rechtsgeschäfte

Merke:

Rechtsgeschäfte, die zu ihrer Gültigkeit **mindestens zwei inhaltlich übereinstimmende Willenserklärungen benötigen,** bezeichnet man als **mehrseitige (zweiseitige) Rechtsgeschäfte.** Sie werden allgemein als **Verträge**[1] bezeichnet.

Je nachdem, ob sich aus den abgeschlossenen Verträgen nur für einen oder für beide Vertragspartner (Vertragsparteien) Leistungsverpflichtungen ergeben, unterscheidet man folgende Vertragsarten:

→ **Einseitig verpflichtende Verträge**

Sie liegen vor, wenn nur **einem Vertragspartner** eine Verpflichtung zur Leistung auferlegt ist.

Beispiel:

Ein einseitig verpflichtender Vertrag ist der Schenkungsvertrag. Der Schenker verpflichtet sich, dem Beschenkten das Geschenk zu übergeben und zu übereignen, während der Beschenkte keine Gegenleistung zu erbringen hat [§ 516 I BGB].

→ **Mehrseitig verpflichtende Verträge**

Es handelt sich um Rechtsgeschäfte, bei denen jeder Vertragsteil zu einer Gegenleistung als Entgelt für die Leistung des anderen Vertragsteils verpflichtet ist. Die weitaus meisten Rechtsgeschäfte sind zweiseitig verpflichtende Verträge.

Beispiele:

Kaufvertrag, Mietvertrag, Pachtvertrag, Darlehensvertrag, Berufsausbildungsvertrag und Reisevertrag.

---

1 Zu Einzelheiten siehe Kapitel 3.5.1.1, S. 144.

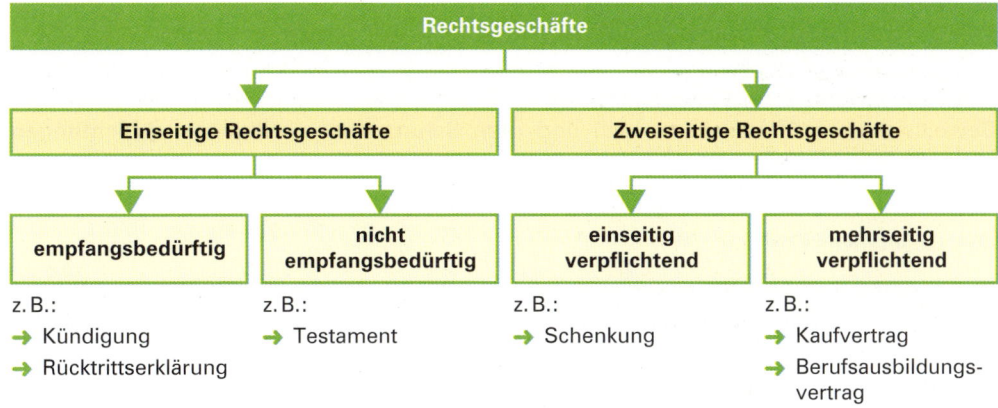

Rechtsgeschäfte			
Einseitige Rechtsgeschäfte		**Zweiseitige Rechtsgeschäfte**	
empfangsbedürftig	**nicht empfangsbedürftig**	**einseitig verpflichtend**	**mehrseitig verpflichtend**
z. B.: → Kündigung → Rücktrittserklärung	z. B.: → Testament	z. B.: → Schenkung	z. B.: → Kaufvertrag → Berufsausbildungs- vertrag

3.2.3 Wirksamwerden der Willenserklärungen

Erklärung des Willens unter Anwesenden	Wenn die Erklärung des Willens unter Anwesenden erfolgt, fallen die Äußerung der Willenserklärung und die Wahrnehmung der Willenserklärung zeitlich zusammen. Unter Anwesenden abgegebene Willenserklärungen sind deshalb **mit ihrer Abgabe rechtswirksam (gültig).**
Erklärung des Willens unter Abwesenden	Unter Abwesenden abgegebene Willenserklärungen sind nicht bei Abgabe, sondern erst zu dem Zeitpunkt **rechtswirksam,** in welchem sie dem **Empfänger zugehen** [§ 130 I S. 1 BGB]. Die Willenserklärung muss in den Herrschaftsbereich (z. B. Briefkasten) des Empfängers gelangt sein. Ob er die Willenserklärung liest, ist seine Sache.

Solange eine Willenserklärung noch nicht rechtswirksam geworden ist, kann sie widerrufen werden. Es reicht, wenn der **Widerruf** dem Empfänger spätestens gleichzeitig mit der Erklärung zugeht [§ 103 I S. 2 BGB].

3.2.4 Form der Rechtsgeschäfte[1]

(1) Formfreiheit und Formzwang

→ Formfreiheit

Formfreiheit bedeutet, dass die Rechtsgeschäfte in jeder möglichen Form abgeschlossen werden können. Im Rahmen unserer geltenden Rechtsordnung besteht für die **weitaus** meisten Rechtsgeschäfte der Grundsatz der Formfreiheit. Die meisten Rechtsgeschäfte können somit mit beliebigen Mitteln, z. B. durch **Worte** (mündlich, fernmündlich, per E-Mail, mittels Fax), durch **schlüssige Handlungen** (Kopfnicken, Handheben, Einsteigen in ein Taxi usw.) und in bestimmten Fällen sogar durch **Schweigen** abgeschlossen werden.

---

1 Die jeweils strengere („höhere") Form kann die weniger strenge („niedere") Form generell ersetzen, ohne dass hierauf in einem Gesetz besonders hingewiesen werden muss. Wird z. B. die Textform gefordert, dann kann diese durch eine elektronische Form oder (erst recht) auch durch die gesetzliche Schriftform ersetzt werden. Rechtsgeschäfte, die nicht in der gesetzlich vorgeschriebenen Form erfolgen, sind grundsätzlich ungültig. Dies gilt im Zweifel auch für die Nichteinhaltung vertraglich vereinbarter Formen [§ 125 BGB].

9   Speth u.a. - ISBN 978-3-8120-0528-9

→ Formzwang

Für einige Rechtsgeschäfte hat das Gesetz (z. B. BGB) bestimmte Formen vorgeschrieben **(gesetzliche Formen)**. Daneben können auch die Vertragspartner bestimmte Formen vereinbaren **(vertragliche Formen)**. Dieser sogenannte Formzwang dient vor allem der **Beweissicherung** (Rechtssicherheit) und dem **Schutz vor voreiligen Verpflichtungen** (z. B. des Schenkers und des Bürgen).

(2) Gesetzliche Formen

→ Schriftform

Die Schriftform verlangt, dass die Erklärung niedergeschrieben und vom Erklärenden **eigenhändig** durch **Namensunterschrift** unterzeichnet wird [§ 126 I BGB]. Bei **mehrseitigen** Rechtsgeschäften (z. B. Verträgen) muss die Vertragsurkunde grundsätzlich von **allen** Vertragsparteien unterschrieben sein [§ 126 II BGB].

> **Beispiele:**
>
> Bürgschaftsversprechen bei Nichtkaufleuten [§ 766 BGB], Beendigung von Arbeitsverhältnissen durch Kündigung [§ 623 BGB].

→ Elektronische Form

Die **gesetzliche Schriftform** kann grundsätzlich (soweit im Gesetz nichts Abweichendes bestimmt ist) durch die **elektronische Form** ersetzt werden [§ 126 III BGB]. Zur Rechtswirksamkeit muss der Aussteller der Erklärung seinen Namen hinzufügen und das elektronische Dokument mit einer qualifizierten elektronischen Signatur nach dem Signaturgesetz versehen [§ 126 a BGB].

→ Textform

Unter Textform versteht man die Fixierung einer Erklärung in **lesbar zu machenden Schriftzeichen**. Diesen Anforderungen genügt die elektronische Speicherung. Doch das bloße Lesbarmachen reicht nicht aus. Vielmehr muss eine „dauerhafte Wiedergabe" in Schriftzeichen **bei dem Empfänger** möglich sein. Zur dauerhaften Wiedergabe von Schriftzeichen geeignet sind z. B. eine Website im Internet oder eine E-Mail.

Die Textform verlangt, dass

- ● die Erklärung in einer **Urkunde** abgegeben,
- ● die **Person des Erklärenden** genannt und
- ● der Abschluss der Erklärung durch eine Nachbildung der **Namensunterschrift (Faksimile)** oder anders erkennbar gemacht wird [§ 126 BGB].

Geeignet ist die Textform für Erklärungen, bei denen die Informations- und Dokumentationsfunktion im Vordergrund steht und bei denen die Rechtsfolgen einer Erklärung nicht erheblich oder leicht rückgängig zu machen sind.

→ **Öffentliche Beglaubigung**

Die öffentliche Beglaubigung ist eine **Schriftform,** bei der die **Echtheit der eigenhändigen Unterschrift** des Erklärenden von einem hierzu **befugten Notar** beglaubigt wird [§ 129 I BGB]. Der Notar beglaubigt **nur** die **Echtheit der Unterschrift,** nicht jedoch den Inhalt der Urkunde.

→ **Notarielle Beurkundung**

Die notarielle Beurkundung erfordert ein Protokoll, in welchem der Notar die vor ihm abgegebenen Erklärungen beurkundet [§ 128 BGB]. Die Willenserklärungen werden also in einer öffentlichen Urkunde aufgenommen. Der **Notar** beurkundet damit die **Unterschrift** und den **Inhalt** der Erklärungen.

Lösung der einführenden Rechtsfälle:

Zu 1. Georg Merk hat eine verbindliche Willenserklärung abgegeben. Die Willenserklärung von Georg Merk hat den Abschluss eines bestimmten Rechtsgeschäftes (eines Kaufvertrages) herbeigeführt (Rechtswirkung).

Zu 2. Die Einladung an seinen Freund Hans-Jörg ist hingegen **keine Willenserklärung.** Georg will sich durch sie nicht rechtlich binden. Da es am Geschäftswillen fehlt, entstehen Georg aus der Einladung keine rechtlichen Verpflichtungen. Ebenso wenig hat Hans-Jörg mit der Annahme der Einladung eine Willenserklärung im rechtlichen Sinne abgegeben. Auch bei ihm fehlt der Geschäftswille, weshalb er auch nicht zur Annahme der Einladung verpflichtet ist. Die Limonade muss Hans-Jörg deshalb nicht abkaufen.

■ **Willenserklärungen** sind Äußerungen einer Person (oder mehrerer Personen), die mit der Absicht abgegeben werden, eine **rechtliche Wirkung** herbeizuführen.

■ **Rechtsgeschäfte** kommen durch **Willenserklärungen** zustande. Wir unterscheiden folgende Arten der Rechtsgeschäfte:

  ● einseitige Rechtsgeschäfte,

  ● mehrseitige (zweiseitige) Rechtsgeschäfte (Verträge). Hierbei sind zu unterscheiden:
    (1) einseitig verpflichtende Rechtsgeschäfte und
    (2) zweiseitig verpflichtende Rechtsgeschäfte.

■ Die meisten Willenserklärungen sind **empfangsbedürftig,** d. h., sie sind an bestimmte Personen zu richten. Sie werden rechtswirksam, wenn sie der Erklärungsempfänger rechtzeitig erhalten hat.

■ Die Willenserklärung ist **rechtswirksam:**

bei Anwesenden	bei Abwesenden
Mit der Abgabe der Willenserklärung	Wenn sich die Willenserklärung im Zugriffsbereich des Empfängers befindet

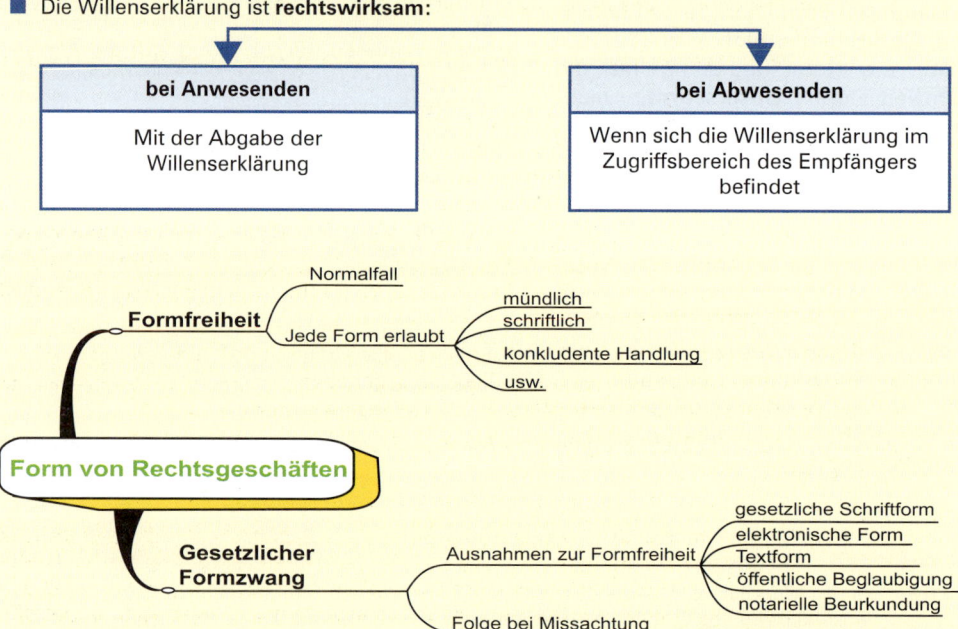

65 1. Erklären Sie den Begriff „Rechtsgeschäft"!

   2. Begründen Sie, warum eine Willenserklärung zugleich ein Rechtsgeschäft sein kann und sich in anderen Fällen die Begriffe Willenserklärung und Rechtsgeschäft nicht decken!

3. Begründen Sie, ob in folgenden Fällen eine Willenserklärung vorliegt! Wenn ja, in welcher Form wurde die jeweilige Willenserklärung geäußert?

   3.1 Sie werden von Ihrem Onkel zu einer Ferienfahrt eingeladen.

   3.2 Sie steigen in Stuttgart in die S-Bahn ein.

   3.3 Ihre Freundin lädt Sie ins Kino ein; eine Einladung, die Sie erfreut annehmen.

   3.4 Sie möchten mit Ihrem Freund nach dem Kinobesuch mit dem Taxi nach Hause fahren. Durch „Handheben" veranlassen Sie ein vorbeifahrendes Taxi zu halten, in das Sie dann unter Angabe Ihrer Wohnung einsteigen.

   3.5 Sie entnehmen in einem Selbstbedienungsladen im Regal lagernde Waren und legen diese in den Korb.

4. Erklären Sie anhand selbst gebildeter Beispiele, in welcher Form Willenserklärungen abgegeben werden können!

5. Prüfen Sie, ob ein- oder zweiseitige Rechtsgeschäfte vorliegen und wie die Willenserklärungen abgegeben wurden:

   5.1 Der Hauseigentümer schließt mit Ihren Eltern einen Vertrag über die Benutzung von Wohnräumen ab.

   5.2 Klaus Detzel steigt in Ulm in den Linienbus ein.

   5.3 Jan Mossel bestellt bei der Buchhandlung Natterer zwei Bücher.

   5.4 Der Angestellte Bert Baltian kündigt seinen Arbeitsvertrag.

   5.5 Herr Westermeyer verliert seinen wertvollen Ring und lässt öffentlich bekannt geben, dass er dem ehrlichen Finder 300,00 EUR Finderlohn zahlt (man nennt dies „Auslobung", siehe § 657 BGB).

6. Erklären Sie den Unterschied zwischen einseitig verpflichtenden und zweiseitig verpflichtenden Verträgen!

7. Nennen Sie zwei einseitig und drei zweiseitig verpflichtende Verträge!

8. Inwieweit ist es rechtlich von Bedeutung, ob eine empfangsbedürftige Willenserklärung unter Anwesenden oder unter Abwesenden abgegeben wurde?

9. Bis zu welchem Zeitpunkt können Willenserklärungen von dem Erklärenden widerrufen werden?

10. Lösen Sie folgende Rechtsfälle (begründen Sie Ihre Antworten):

   10.1 Ein Arbeitgeber kündigt einem Angestellten. Die schriftliche Kündigung erfolgt mit Schreiben vom 16. September. Am 19. September erhält der Angestellte die Kündigung durch „Einschreiben – Eigenhändig" vom Briefzusteller ins Haus gebracht. Wann hätte ein Widerruf der Kündigung spätestens beim Angestellten eingetroffen sein müssen?

   10.2 Sie sind als Auszubildende(r) beim Möbelfachgeschäft „Möbel-Wetzel GmbH" in Tettnang beschäftigt. Herr Wetzel gibt Ihnen den Auftrag, bei „Kleinert Möbelfabrik e. Kfm." in Esslingen 8 Wohnzimmerschränke nach Katalog Nr. G/74.9 zu bestellen. Am 24. Juni wird der schriftliche Auftrag um 18:00 Uhr zur Post gebracht. Am nächsten Morgen kommt Herr Wetzel zu Ihnen und beauftragt Sie, den Auftrag zu widerrufen. Er habe festgestellt, dass von den bestellten Schränken noch genügend im Lager stehen. Überlegen Sie, ob Sie den Auftrag noch widerrufen können; wenn ja, wie könnte Ihnen dies gelingen?

11. Begründen Sie, warum in der Bundesrepublik Deutschland für die weitaus meisten Rechtsgeschäfte der Grundsatz der Formfreiheit gilt!

12. Begründen Sie, warum gesetzliche Formvorschriften bisweilen notwendig sind!

13. Erklären Sie, welchen Zweck die Vertragsparteien verfolgen, wenn diese für die abzuschließenden Rechtsgeschäfte eine bestimmte Form vereinbaren!

14. Erklären Sie den Unterschied zwischen der öffentlichen Beglaubigung und der notariellen Beurkundung!

15. Welche Bedeutung kommt der „Textform" zu? Geben Sie zwei Beispiele an, bei denen die Textform gesetzlich vorgesehen ist!

16. Welchen Zweck verfolgt das BGB, wenn es bestimmt, dass Rechtsgeschäfte, die nicht in der vorgeschriebenen gesetzlichen Form erfolgt sind, grundsätzlich nichtig sind?

3.3 Besitz und Eigentum

3.3.1 Begriffe Besitz und Eigentum

Einführendes Beispiel:	
Ramona möchte eine Pizza für das Mittagessen einkaufen. Sie nimmt in einem Lebensmittelgeschäft die Pizza aus der Kühltruhe und legt sie in ihren Einkaufswagen.	Wer ist Eigentümer und wer ist Besitzer der Pizza? → Lösung des Rechtsfalls siehe S. 137.

Besitz[1]	Besitz ist die **tatsächliche Gewalt** über eine Sache [§ 854 BGB]. Der Besitz wird bei **beweglichen Sachen** durch **Übergabe**, bei **unbeweglichen Sachen** (z.B. Grundstücken) durch **Gebrauchsüberlassung** verschafft.
Eigentum[2]	**Eigentum** ist die **rechtliche Verfügungsgewalt** einer Person über Sachen [§ 903 BGB].

3.3.2 Eigentumsübertragung

(1) Eigentumsübertragung an beweglichen Sachen

Wir unterscheiden **vier Möglichkeiten der Eigentumsübertragung** an beweglichen Sachen:

Ausgangssituation	Eigentumsübertragung durch:	Beispiel
Ware ist beim Verkäufer (Eigentümer)	**Einigung** und **Übergabe** [§ 929, S. 1 BGB]	Die Inhaberin des Modegeschäfts Frieda Fröhlich e. Kfr. übergibt Frau Schnurr das gekaufte Kleid. Mit der Einigung und der Übergabe des Kleids ist Frau Schnurr Eigentümerin geworden.

---

1 Besitz und Eigentum können auseinanderfallen. Beispiel: Der Auszubildende Franz hat sich im Buchgeschäft ein Buch gekauft und gleich mitgenommen. Er ist Eigentümer und Besitzer des Buchs. Sein Klassenkamerad Fritz borgt sich das Buch für ein paar Tage aus, um es zu lesen. Franz bleibt Eigentümer, während Fritz Besitzer wird. Fritz ist rechtmäßiger Besitzer, der Besitzübergang ist mit Willen des bisherigen Besitzers erfolgt. Hätte Fritz das Buch einfach an sich genommen (gestohlen), wäre er unrechtmäßiger Besitzer geworden. Gibt Fritz das Buch wieder an Franz zurück, wird Franz wieder Besitzer.

2 Der Eigentümer einer Sache kann, soweit nicht ein Gesetz oder die Rechte Dritter (z.B. Besitz- und/oder Pfandrecht) entgegenstehen, mit der Sache beliebig verfahren und andere Personen von jeder Einwirkung ausschließen.

Ausgangssituation	Eigentumsübertragung durch:	Beispiel
Ware ist bereits beim Käufer.	**Einigung,** dass das Eigentum auf den Käufer übergehen soll. [§ 929, S. 2 BGB]	Herr Schmidt hat sich von einem Fernsehfachgeschäft einen LCD-Fernseher ins Wohnzimmer stellen lassen, um diesen auszuprobieren. Nach 8 Tagen teilt er dem Händler mit, dass er das Gerät erwerben möchte. Stimmt der Händler zu, wird Herr Schmidt Eigentümer des Geräts. (Wohlgemerkt: Der Eigentumsübergang hat nichts damit zu tun, ob Herr Schmidt das Gerät bereits bezahlt hat oder nicht!)
Käufer soll Eigentümer werden, Verkäufer bleibt Besitzer.	**Einigung** und **Besitzkonstitut** (d.h. Veräußerer bleibt im Besitz der Sache). [§§ 929, S. 1, 930 BGB]	Frau Schlank ist begeisterte Reiterin. Sie kauft einem Pferdezüchter ein Reitpferd ab mit der Vereinbarung, das Pferd in den Stallungen des Züchters zur dortigen Pflege zu lassen. Frau Schlank ist Eigentümerin (und „mittelbare" Besitzerin), der Pferdezüchter ist unmittelbarer Besitzer des Pferdes.
Verkäufer (Eigentümer) ist nicht im Besitz der Sache.	**Einigung** und **Abtretung des Herausgabeanspruchs** an den Käufer. [§§ 929, S. 1, 930 BGB]	Der Mineralölhändler Gebhard Schwarze e.Kfm. in Lindau hat das von ihm gekaufte Heizöl bei einer Lagergesellschaft in Kempten gelagert. Er verkauft 10 000 Liter Heizöl an einen Heizölhändler in Landsberg. Damit der Landsberger Heizölhändler das gekaufte Heizöl bei der Lagergesellschaft in Kempten abholen kann, muss er Eigentümer sein. Dies wird er durch Einigung und Abtretung des Herausgabeanspruchs [§§ 929, 931 BGB].

(2) Eigentumsübertragung an unbeweglichen Sachen

Ausgangssituation	Eigentumsübertragung durch	Erläuterung
Verkäufer verkauft ein Grundstück bzw. Gebäude.	**Einigung (Auflassung)** und **Eintragung des Eigentumsübergangs im Grundbuch.** [§§ 925 I , 873 I BGB]	Die Einigung zwischen dem Eigentümer und dem Erwerber ist ein zweiseitiges Rechtsgeschäft mit dem Inhalt, dass das Eigentum vom bisherigen Eigentümer (Verkäufer) auf den Käufer übergehen soll. Da ein Grundstück nicht wie eine bewegliche Sache „übergeben" werden kann, tritt anstelle der Übergabe die Eintragung ins Grundbuch. Jeder, der ein berechtigtes Interesse hat, kann dort ersehen, wie die Eigentumsverhältnisse bei einem bestimmten Grundstück sind.

(3) Eigentumsübertragung an Rechten

Die Eigentumsübertragung an Rechten erfolgt durch **Einigung** und **Abtretung des Forderungsrechts (Zession)** [§§ 398 ff. BGB].

(4) Sonderfall: Gutgläubiger Eigentumserwerb

Konnte ein Erwerber nicht wissen, dass sich der erworbene Gegenstand nicht im Eigentum des Veräußerers befand, wird er Eigentümer (gutgläubiger Eigentumserwerb nach § 932 I BGB).[1]

Beispiel:

Lebensmittelhändler Kempter e. Kfm. hat Nudeln unter Eigentumsvorbehalt gekauft und noch nicht bezahlt. Hausfrau Fröhlich kauft diese Nudeln. Mit der Einigung darüber, dass das Eigentum an den Nudeln übergehen soll, und der Übergabe wird sie Eigentümerin der Nudeln [§§ 929 ff. BGB].

Merke:

- **Gutgläubiger Erwerb** ist **nicht möglich,** wenn es sich um **gestohlene, verlorene** oder **sonst abhandengekommene** (z. B. unterschlagene) **Sachen** handelt [§ 935 I BGB].

- Eine **Ausnahme** von der Regel, dass an gestohlenen Sachen trotz guten Glaubens kein Eigentum erworben werden kann, besteht z. B. bei Geld und bei Sachen, die öffentlich versteigert werden. Diese können aus Gründen der Rechtssicherheit auch dann gutgläubig erworben werden, wenn sie gestohlen bzw. verloren wurden [§ 935 II BGB].

3.3.3 Eigentumsvorbehalt[2]

(1) Wesen des Eigentumsvorbehalts

Will der Käufer sofort in den Besitz der Kaufsache kommen, aber erst zu einem späteren Zeitpunkt bezahlen, so können Verkäufer und Käufer vereinbaren, dass der Verkäufer bis zur Zahlung des Kaufpreises Eigentümer der Kaufsache bleibt [§ 449 I BGB].

Merke:

Der **Eigentumsvorbehalt** ist eine zusätzliche Vereinbarung beim Abschluss eines Kaufvertrags. Danach wird der **Käufer** mit der Übergabe der Kaufsache zunächst nur **unmittelbarer Besitzer, nicht aber Eigentümer**.

---

1 Gutgläubiger Erwerb liegt nicht vor, wenn der Erwerber wusste, dass der Veräußerer nicht Eigentümer ist. Versäumt es der Erwerber grob fahrlässig, sich nach den Eigentumsverhältnissen zu erkundigen, ist auch kein gutgläubiger Eigentumserwerb möglich.
2 Ein Eigentumsvorbehalt kann nur beim Kauf beweglicher Sachen vereinbart werden.

Die Einigung über den Eigentumsübergang ist zwar erfolgt. Der Käufer erwirbt jedoch zunächst nur ein Recht auf Erlangung des vollständigen Eigentums an der Kaufsache. Die Vereinbarung des Eigentumsvorbehalts bedarf keiner bestimmten Form. Allerdings muss der Käufer sein Einverständnis ausdrücklich erklären.

Beispiel für die Formulierung eines Eigentumsvorbehalts:

„Die Ware bleibt bis zur restlosen Bezahlung aller Forderungen aus laufenden Rechnungen unser Eigentum."

(2) Zweck des Eigentumsvorbehalts

Der Eigentumsvorbehalt sichert den Anspruch des Verkäufers auf Zahlung des Kaufpreises durch den Käufer **(Mittel der Kreditsicherung)**. Wenn der Käufer nicht zahlt und der Verkäufer vom Kaufvertrag zurückgetreten ist, gibt ihm der Eigentumsvorbehalt einen **Rückforderungsanspruch** (Herausgabeanspruch) auf das Vorbehaltseigentum [§§ 449 II, 323 BGB].

(3) Ende des Eigentumsvorbehalts

Der Eigentumsvorbehalt erlischt z.B., wenn die Ware

- vom Käufer bezahlt wird,
- verarbeitet oder umgebildet wird [§ 950 BGB],
- mit einem Grundstück als wesentlicher Bestandteil fest verbunden wird [§ 946 BGB],
- an einen gutgläubigen Dritten veräußert wird [§ 932 BGB],
- zerstört wird oder wenn
- der Verkäufer nach §§ 449 II, 323 I BGB vom Kaufvertrag zurücktritt und die Kaufsache zurückverlangt.

Lösung des einführenden Rechtsfalls:

Ramona ist die Besitzerin der Pizza [§ 854 BGB]. Der Supermarkt ist weiterhin Eigentümer der Pizza, da die Einigung und Übergabe noch nicht erfolgt ist [§ 929 S. 1 BGB]. Die Einigung und Übergabe erfolgt an der Kasse, wenn die Kassiererin die Artikelnummer der Pizza einscannt und die Pizza der Kundin Ramona übergibt.

■ Unter **Besitz** versteht man die **tatsächliche Gewalt** über eine Sache („Besitz hat man").

■ Unter **Eigentum** versteht man das Recht, über eine Sache (oder eine Forderung) im Rahmen der gesetzlichen Vorschriften frei verfügen zu können („Eigentum gehört einem").

■ Wichtige **Möglichkeiten des Eigentumserwerbs** sind

an **beweglichen Sachen**:

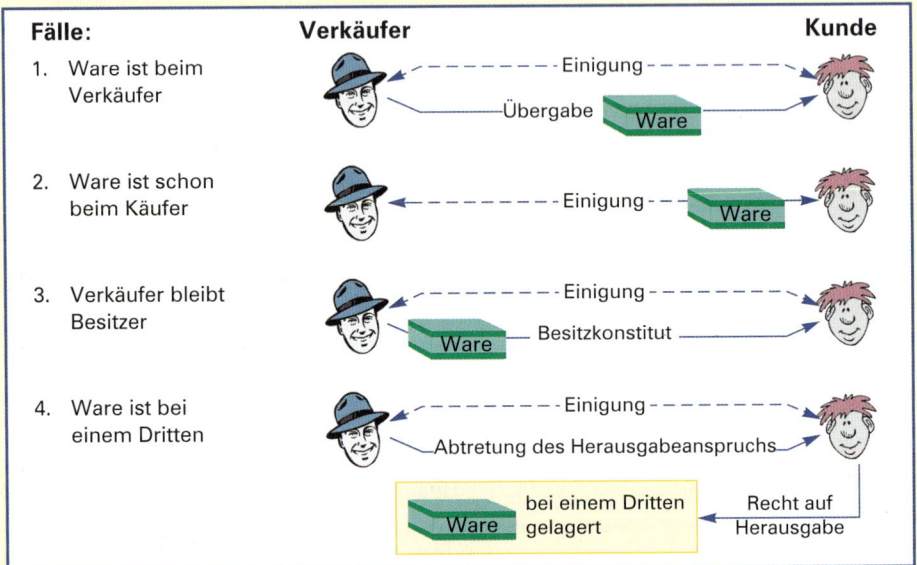

an **unbeweglichen Sachen**:
● Einigung (Auflassung) und Eintragung im Grundbuch.

an **Rechten**:
● Einigung und Abtretung des Forderungsrechts (Zession).

Ein **gutgläubiger Eigentumserwerb** ist möglich, wenn der Erwerber nicht wissen konnte, dass sich der erworbene Gegenstand nicht im Eigentum des Veräußerers befand. Ein gutgläubiger Erwerb an gestohlenen bzw. verlorenen Sachen ist nicht möglich (Ausnahmen: z.B. Geld, Sachen, die öffentlich versteigert werden).

■ Beim **Eigentumsvorbehalt** vereinbaren Verkäufer und Käufer, dass der Käufer mit der Übergabe der Kaufsache zunächst nur unmittelbarer Besitzer und nicht Eigentümer werden soll.

● Mit der vollständigen Zahlung des Kaufpreises geht das Eigentum ohne weitere Willenserklärungen (automatisch) auf den Käufer über.

● Der Eigentumsvorbehalt muss vereinbart werden. Eine einseitige Erklärung des Verkäufers, nur unter Eigentumsvorbehalt zu liefern, reicht nicht.

66

1. Unterscheiden Sie die Begriffe Besitz und Eigentum!

2. In den nachfolgenden Abbildungen sind symbolisch zwei verschiedene Möglichkeiten der Eigentumsübertragung durch Rechtsgeschäft dargestellt.

Die Symbole bedeuten:

──────▶ Übergabe einer Sache

◀─ ─ ▶ Einigung zwischen Erwerber und Veräußerer

▫ Veräußerer

○ Erwerber

📕 bewegliche Sache

Aufgaben:

2.1 Welche rechtsgeschäftlichen Möglichkeiten der Eigentumsübertragung werden dargestellt?

2.2 Durch welche Vereinbarung im Kaufvertrag kann sich der Verkäufer das Verfügungsrecht über die Ware bis zum Zahlungseingang sichern?

3. Herr Blessing hat sich ein Einfamilienhaus gebaut. Er nennt sich jetzt stolz „Hausbesitzer".

Aufgabe:

Inwiefern ist dieser Ausdruck zutreffend, inwiefern nicht? Wie lautet Ihre Antwort, wenn Herr Blessing das Haus mietet?

4. Das Eigentum wird vom Gesetz grundsätzlich geschützt. Der Besitz auch?

5. Warum ist Eigentum nicht gleich Vermögen?

6. 6.1 Was versteht man unter Eigentumsvorbehalt?

   6.2 Aus welchem Grund nimmt der Verkäufer eine solche Vereinbarung in einen Kaufvertrag auf?

7. 7.1 Begründen Sie, warum ein Eigentumsvorbehalt nur durch eine Vereinbarung zwischen dem Verkäufer und Käufer und nicht allein durch die Willenserklärung des Verkäufers, nur unter Eigentumsvorbehalt zu liefern, rechtswirksam werden kann!

   7.2 Welchen Vorteil bietet der Eigentumsvorbehalt für den Lieferanten?

   7.3 Nennen Sie vier Gründe, bei deren Vorliegen der Eigentumsvorbehalt erlischt!

8. Beurteilen Sie die Wortwahl in der Bildunterschrift!

Diebesgut aus Einbruchserie

Personen, die darauf Gegenstände erkennen, die ihnen gehören, werden gebeten, dies der Ermittlungsgruppe beim Polizeirevier Überlingen, Telefon 0 75 51/80 40, mitzuteilen.

Wer ist der Besitzer dieses Fahrrads? Die Polizei sucht den Besitzer. BILD: POLIZEI

3.4 Anfechtung von Rechtsgeschäften

3.4.1 Begriff Anfechtung

Einführendes Beispiel:

Herr Wagner möchte einem Interessenten, Herrn Herrmann, schriftlich einen gebrauchten Pkw zum Kauf anbieten, vertippt sich jedoch und schreibt statt 5500,00 EUR nur 4500,00 EUR. Herr Herrmann nimmt das Angebot an. Der Wagen wird am folgenden Tag übergeben.

Als Herr Herrmann kurz darauf bezahlen will, klärt sich alles auf.

Was kann Herr Wagner unternehmen?

→ Lösung des Rechtsfalls siehe S. 142.

Merke:

■ Die **Anfechtung** ist eine **empfangsbedürftige Willenserklärung** (ein **einseitiges Rechtsgeschäft**).

■ **Anfechtbare Rechtsgeschäfte** sind bis zur erklärten Anfechtung **voll rechtswirksam** (gültig). Nach einer rechtswirksamen (gesetzlich zugelassenen und fristgemäßen) Anfechtung wird das Rechtsgeschäft jedoch **von Anfang an nichtig (ungültig)** [§ 142 I BGB].

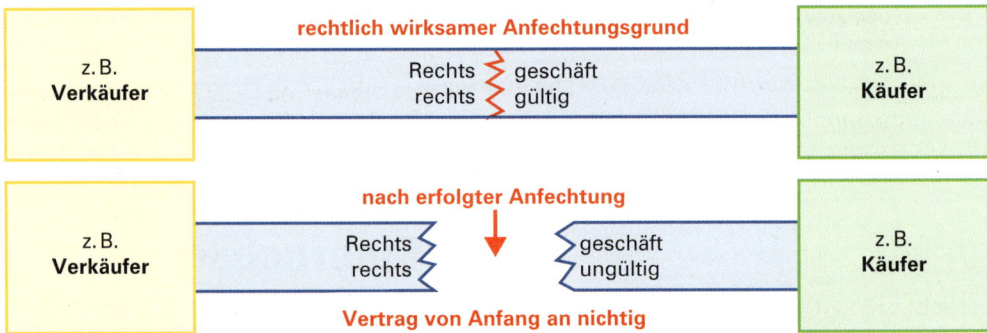

Beachte:

Die Anfechtung ist von der **Nichtigkeit** zu unterscheiden. So sind Rechtsgeschäfte von Anfang an nichtig, wenn sie gegen ein Gesetz verstoßen. Wichtige Nichtigkeitsgründe sind:
– fehlende Geschäftsfähigkeit,
– Mangel am rechtsgeschäftlichen Willen,
– Mangel im Inhalt des Rechtsgeschäftes,
– Mangel in der Form.

3.4.2 Gründe für die Anfechtung von Rechtsgeschäften

(1) Anfechtung wegen Irrtums

Eine Anfechtung wegen Irrtums ist nur bei folgenden gesetzlich geregelten Fällen möglich [§§ 119, 120 BGB]:

Formen des Irrtums	Beispiele
Irrtum in der Erklärungs-handlung Hier verspricht oder verschreibt sich der Erklärende.	Der Verkäufer eines Autos will dieses für 12 000,00 EUR anbieten, schreibt in seinem Angebot jedoch nur 10 000,00 EUR.
Irrtum über den Erklärungs-inhalt In diesem Fall hat sich der Erklärende über den Inhalt seiner Willenserklärung geirrt.	Bei einem Besuch in einem Kölner Lokal sieht der Gast auf der Speisekarte das Gericht „Halver Hahn". Er bestellt in der Erwartung eines halben Hähnchens. Der Besucher weiß nicht, dass „Halver Hahn" die rheinische Bezeichnung für ein Roggenbrötchen mit Käse ist.
Irrtum bei der Übermittlung einer Willenserklärung	Ein Vertreter übermittelt ein Angebot falsch. Statt des richtigen Angebotspreises von 500,00 EUR enthält das Fax nur einen Preis von 50,00 EUR, weil sich die Sekretärin des Vertreters vertippt hat.
Irrtum über verkehrswesentliche Eigenschaften einer Person oder einer Sache	Eine Bank stellt einen Kassierer ein, über den sie nachträglich erfährt, dass dieser bereits Unterschlagungen bei seinem früheren Arbeitgeber begangen hat.[1]

In den genannten Fällen muss die Anfechtung unverzüglich[2] nach Entdeckung des Anfechtungsgrunds erfolgen [§ 121 I, S. 1 BGB]. Der Anfechtende (der Irrende) ist höchstens zum Ersatz des Schadens verpflichtet, den der andere dadurch erlitten hat, dass er auf die Gültigkeit der Erklärung vertraute (sogenannter **Vertrauensschaden**) [§ 122 I BGB].[3]

Beachte:

Nicht anfechtbar sind:

Rechtsgeschäfte, die aufgrund eines rechtsunerheblichen Irrtums im Beweggrund **(Motivirrtum)** abgeschlossen worden sind (ausgenommen bei verkehrswesentlichen Eigenschaften von Personen und Sachen [§ 119 II BGB]).

Beispiel:

Ein Briefmarkensammler kauft eine Briefmarke in der Erwartung, dass deren Preis steigt. | Sinkt der Preis, kann er den Kaufvertrag nicht rechtswirksam anfechten.

---

1 Hier liegt ein rechtserheblicher **Motivirrtum** vor. Unter einem Motiv versteht man in diesem Zusammenhang einen Beweggrund, einen Antrieb, eine Handlung vorzunehmen oder zu unterlassen.
2 **Unverzüglich** bedeutet **ohne schuldhaftes Zögern** [§ 121 I, S. 1 BGB].
3 Wenn die Erfüllung des Kaufvertrags bereits erfolgt ist (Übergabe und Übereignung der Kaufsache, Zahlung des Kaufpreises [§§ 929 f. BGB]), sind Verkäufer und Käufer verpflichtet, das Geld bzw. die Ware wegen ungerechtfertigter Bereicherung wieder herauszugeben [§ 812 BGB].

(2) Anfechtung wegen arglistiger Täuschung

Eine arglistige Täuschung liegt beim **Vorspiegeln falscher** oder bei der **Unterdrückung wahrer Tatsachen** vor.

- Ein Verkäufer verkauft einen Unfallwagen, verschweigt dem Käufer jedoch den Unfall, da dieser den Wagen bei Kenntnis des Unfalls nicht gekauft hätte. Der Käufer kann den Kaufvertrag nach § 123 I BGB wegen arglistiger Täuschung durch den Verkäufer anfechten.

- Ein Kunde erhält unter Vorlage gefälschter Bauunterlagen einen Bankkredit. Die Bank kann den Kreditvertrag anfechten.

Die Anfechtung wegen arglistiger Täuschung muss **innerhalb eines Jahres nach Entdeckung** der Täuschung erfolgen.

(3) Anfechtung wegen widerrechtlicher Drohung

Damit eine widerrechtliche Drohung vorliegt, müssen folgende **Tatbestandsmerkmale** vorliegen: Dem Erklärungsempfänger wird, falls er sich weigert, ein „Übel" (z. B. eine Körperverletzung) angedroht. Der Drohende muss sich außerdem bewusst sein, dass seine Drohung den Willensentschluss des Bedrohten herbeigeführt oder mitbestimmt hat.

Eine **Widerrechtlichkeit liegt** hingegen **nicht vor,** wenn der Erklärende ein Recht auf eine Erklärung des anderen hat und er ihn hierzu mit angemessenen Mitteln zwingt.

Beispiel:

- Ein Räuber droht Ihnen: „Geld her oder das Leben!"

- Ein Gläubiger droht: „Wenn Sie nicht zahlen, erzähle ich Ihrer Frau, dass ich Sie am letzten Sonntag mit Ihrer Sekretärin gesehen habe."

Beispiel:

Der Gläubiger droht dem säumigen Schuldner damit, ihn, falls er nicht leistet, zu verklagen oder den Kaufvertrag durch Rücktritt aufzulösen.

Im Fall der widerrechtlichen Drohung muss das Rechtsgeschäft **innerhalb eines Jahres,** vom **Wegfall der Zwangslage** an gerechnet, angefochten werden.

Lösung des einführenden Rechtsfalls:

Zwischen Wagner und Herrmann wurde ein rechtswirksamer Kaufvertrag abgeschlossen. Herr Wagner hat sich jedoch geirrt. Weil sein Wille (Verkauf zu 5500,00 EUR) und seine Erklärung (4500,00 EUR) nicht übereinstimmen, kann Wagner aufgrund dieses **Erklärungsirrtums** seine Willenserklärung (Angebot über 4500,00 EUR) anfechten. Nach der unverzüglich nach Entdeckung des Irrtums zu erfolgenden Anfechtungserklärung ist der Kaufvertrag (das **Verpflichtungsgeschäft**) **von Anfang an (rückwirkend) nichtig.** Die Parteien sind verpflichtet, die empfangenen Leistungen zurückzugeben.

■ **Anfechtbare Rechtsgeschäfte** sind bis zur Anfechtung **voll rechtswirksam** (gültig).

■ Nach einer rechtswirksamen (gesetzlich zugelassenen und fristgemäßen) **Anfechtung** werden die anfechtbaren Rechtsgeschäfte **rückwirkend,** d. h. von Anfang an, nichtig.

■ **Gründe für eine Anfechtung:**

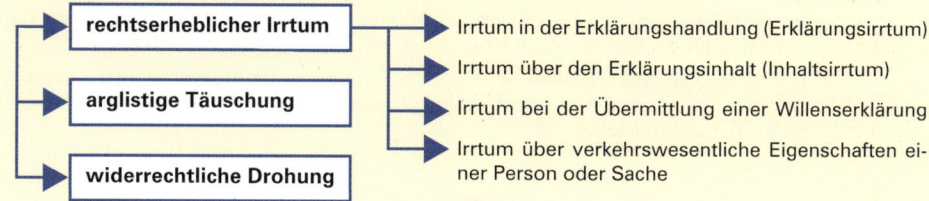

rechtserheblicher Irrtum	Irrtum in der Erklärungshandlung (Erklärungsirrtum)
	Irrtum über den Erklärungsinhalt (Inhaltsirrtum)
arglistige Täuschung	Irrtum bei der Übermittlung einer Willenserklärung
widerrechtliche Drohung	Irrtum über verkehrswesentliche Eigenschaften einer Person oder Sache

Aufgaben zur Sicherung und Vertiefung des Lernerfolgs

67

1. Bilden Sie vier verschiedenartige „Irrtumsfälle", die eine Anfechtung des Irrenden zulassen!

2. Begründen Sie, warum bei einem Motivirrtum grundsätzlich keine Anfechtung möglich ist, in bestimmten Fällen das BGB jedoch dem Irrenden eine Anfechtung wegen eines Motivirrtums nicht verweigert!

3. Erklären Sie die Tatbestände einer „arglistigen Täuschung" und einer „widerrechtlichen Drohung"!

4. Lösen Sie folgende Rechtsfälle und begründen Sie Ihre Lösung mit den §§ des Gesetzes!

   4.1 Die Stadt Freiburg nimmt das preisgünstige Angebot einer Baugesellschaft über 28,8 Mio. EUR zum Bau eines neuen Berufsschulzentrums an. Nach Abschluss des Werkvertrags[1] stellt die Baugesellschaft fest, dass sie sich bei der Abgabe ihres Kostenvoranschlags (Angebots) geirrt hat. Die voraussichtliche Entwicklung der Einkaufspreise für die benötigten Baumaterialien (Zement, Ziegel, Kies, Baustahl usw.) wurde falsch eingeschätzt. Durch die angezogene Baukonjunktur sind die Preise der Baumaterialien stärker als erwartet gestiegen. Ein kostendeckendes Angebot müsste 32,4 Mio. EUR betragen. Die Baufirma ficht deshalb ihr Angebot über 28,8 Mio. EUR wegen Irrtums in der Erklärungshandlung an.

   4.2 Wie würden Sie die Rechtslage beurteilen, wenn der Baugesellschaft bei der Addition der Angebotssumme ein Fehler unterlaufen wäre und deshalb der Angebotspreis nicht 32,4 Mio. EUR, sondern nur 28,8 Mio. EUR betrüge?

   4.3 Herr Wagner (siehe Eingangsbeispiel auf S. 140) bekommt seinen Pkw nicht los. Unter der Drohung, er werde ihn wegen Fahrens ohne Führerschein anzeigen, zwingt Wagner seinen Freund Kimmerle zur Unterschrift des Kaufvertrags. Der Wagen wird übergeben und sofort bezahlt. Kimmerle, dessen Mut erst einige Zeit später erwacht, möchte rechtliche Schritte gegen Wagner einleiten.

---

1 Beim Werkvertrag ist der Unternehmer zur Herstellung des versprochenen Werks und der Besteller zur Zahlung der vereinbarten Vergütung verpflichtet.

5. Geben Sie für die folgenden Rechtsgeschäfte an, ob sie voll gültig, nichtig, anfechtbar oder schwebend unwirksam sind. Begründen Sie jeweils Ihre Lösung!

5.1 In einem Angebot werden die Ziffern vertauscht, sodass der Stückpreis mit 47,00 EUR statt mit 74,00 EUR angegeben wird.

5.2 Die 16-jährige Schülerin Isabel bestellt eine Zeitschrift im Abonnement; monatlich sind 21,70 EUR zu zahlen.

5.3 Ein Kaufmann kauft auf Anraten eines gut informierten Geschäftsfreunds Aktien, bei denen Kurserhöhungen mit Sicherheit zu erwarten seien. Schon am nächsten Tag fällt der Kurs dieser Aktien beträchtlich.

5.4 Der 17-jährige Weckerle ist vor einem Jahr mit Zustimmung seiner Eltern ein Arbeitsverhältnis eingegangen. Jetzt kündigt er schriftlich seinem Arbeitgeber, ohne seine Eltern gefragt zu haben.

3.5 Kaufvertrag

3.5.1 Abschluss des Kaufvertrags (Verpflichtungsgeschäft)[1]

3.5.1.1 Begriff und Zustandekommen von Verträgen

Einführendes Beispiel:

Der 19-jährige Schüler Edgar bietet seinem gleichaltrigen Klassenkameraden Roland in einem Pausengespräch zwischen zwei Vormittagsstunden seinen gebrauchten PC für 200,00 EUR an. Edgar will den PC sofort verkaufen, Roland kann sich jedoch nicht entscheiden.

Am Nachmittag desselben Tages verkauft Edgar den PC seinem 18-jährigen Freund Tassilo und vereinbart mit diesem einen Kaufpreis von

210,00 EUR. Die Übergabe des PCs soll in 4 Tagen erfolgen.

Am nächsten Tag willigt Roland in den Kauf ein. Er besteht auf Erfüllung, weil nur er Rechte aus dem abgeschlossenen Kaufvertrag habe.

Überlegen Sie, ob Edgar seinem Freund Roland den PC liefern muss!

→ Lösung des Rechtsfalls siehe S. 147.

Merke:

Ein **Vertrag** liegt vor,

- ■ wenn zwei oder mehr Personen **inhaltlich übereinstimmende Willenserklärungen** abgeben, die auf einen **einheitlichen Rechtserfolg abzielen**, und
- ■ wenn die zweite Willenserklärung dem Erklärungsempfänger („Antragenden") **rechtzeitig zugegangen** ist [§§ 145 ff. BGB].

Der Vertrag stellt ein **mehrseitiges (zweiseitiges) Rechtsgeschäft** dar.

Ein Vertrag kommt **schrittweise** zustande. Die zeitlich vorausgehende (zuerst abgegebene) Willenserklärung ist der sogenannte **Vertragsantrag** (kurz: **Antrag**), die zeitlich nachfolgende (zweite) Willenserklärung ist die sogenannte **Vertragsannahme** (kurz: **Annahme**). Durch den Vertragsantrag wird dem anderen Teil der Abschluss eines Vertrags an-

---

1 Das Thema „Verbrauchsgüterkauf" wird im Band 2 behandelt.

getragen (angeboten), mit der Vertragsannahme wird der Vertragsantrag angenommen. Mit der **rechtzeitigen** (innerhalb der vertraglichen oder gesetzlichen Annahmefrist) und **unveränderten** Annahme eines Antrags ist der Vertrag geschlossen.

Durch den Vertragsabschluss **(Verpflichtungsgeschäft)** verpflichten sich die Vertragspartner, den Vertrag zu erfüllen **(Erfüllungsgeschäft)**.

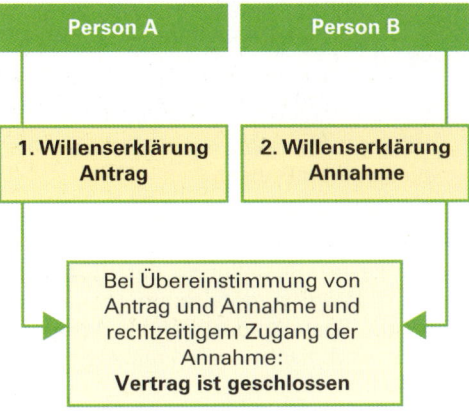

3.5.1.2 Begriff und Zustandekommen von Kaufverträgen

(1) Begriff Kaufvertrag

Merke:

Ein **Kaufvertrag** kommt durch **inhaltlich übereinstimmende,** rechtsgültige **Willenserklärungen** von mindestens **zwei Personen** (Käufer und Verkäufer) und **rechtzeitigem Zugang** der zweiten Willenserklärung beim Erklärungsempfänger zustande [§§ 145 ff., 433 BGB].

Der Normalfall ist, dass der Kaufvertrag zwischen zwei Vertragspartnern abgeschlossen wird.

(2) Verschiedene Möglichkeiten des Kaufvertragsabschlusses

→ **Der Verkäufer macht ein verbindliches Angebot, der Käufer bestellt (unter Bezugnahme auf das Angebot) rechtzeitig und ohne Änderung.**

Der Kaufvertrag ist zustande gekommen (geschlossen), sobald der Verkäufer die Bestellung erhalten hat, die ihm **rechtzeitig zugegangen** ist [§§ 146 ff. BGB].

→ **Der Käufer bestellt ohne vorhergehendes verbindliches Angebot des Verkäufers und der Verkäufer nimmt die Bestellung rechtzeitig und ohne Änderung an.**

Dies kann z.B. der Fall sein, wenn der Käufer die Waren und Preise des Verkäufers aus früheren Lieferungen kennt und er aufgrund gültiger Verkaufsprospekte mit Preislisten oder aufgrund eines freibleibenden (unverbindlichen) Angebots bestellt.

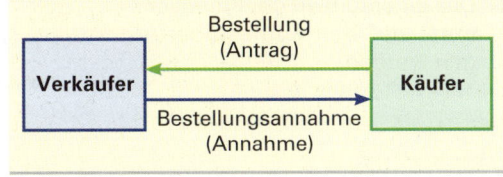

10   Speth u.a. - ISBN 978-3-8120-0528-9

Der Kaufvertrag ist zustande gekommen (geschlossen), sobald die Annahme der Bestellung (Bestellungsannahme) des Verkäufers dem Käufer rechtzeitig zugegangen ist [§§ 146 ff. BGB].

→ **Der Verkäufer macht ein verbindliches Angebot, der Käufer bestellt jedoch zu spät oder mit Abänderungen des Angebots, z. B. mit kürzerer Lieferzeit, höheren Mengen, niedrigeren Preisen.**

Der Kaufvertrag kommt erst zustande, wenn der Verkäufer die verspätete oder abgeänderte Bestellung des Käufers (neuer Antrag) angenommen hat, d.h. durch die Bestellungsannahme des Verkäufers und nach deren rechtzeitigem **Zugang** beim Käufer.

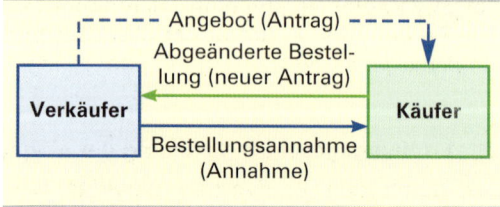

Die Bestellungsannahme ist deshalb erforderlich, weil die verspätete Annahme eines Antrags oder eine Annahme mit Erweiterungen, Einschränkungen oder sonstigen Änderungen als Ablehnung gilt, verbunden mit einem neuen Antrag [§ 150 I, II BGB].

3.5.2 Erfüllung des Kaufvertrags (Erfüllungsgeschäft)

3.5.2.1 Rechte und Pflichten aus dem Kaufvertrag

Mit dem Abschluss des Kaufvertrags verpflichtet sich der Verkäufer, die verkaufte Sache dem Käufer frei von Sach- und Rechtsmängeln zu liefern (zu übergeben und zu übereignen), und der Käufer, die gekaufte Sache abzunehmen und vor allem zu bezahlen [§ 433 BGB]. Der Abschluss des Kaufvertrags (nach §§ 145 ff. BGB) ist daher ein **Verpflichtungsgeschäft**, dem ein **Erfüllungsgeschäft** folgen muss.

(1) Verpflichtungsgeschäft: Übernahme von Rechten und Pflichten

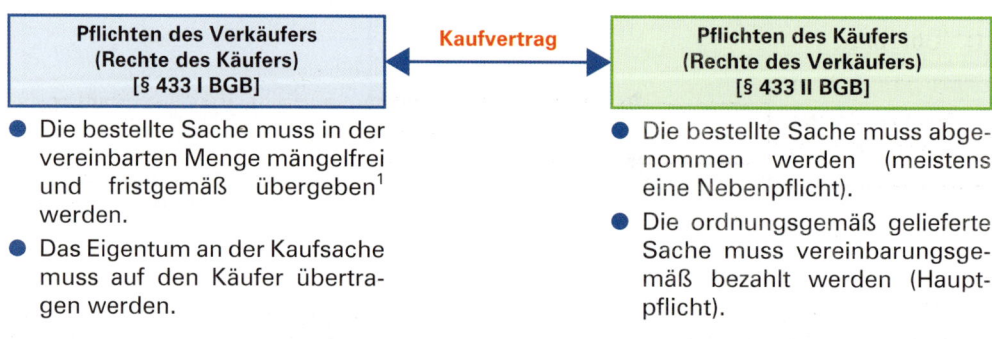

---

1 Übergabe: Verschaffung des unmittelbaren Besitzes nach § 854 I oder II BGB.

Hieraus ist Folgendes abzuleiten:

> **Merke:**
>
> ■ Der **Verkäufer** ist zum einen **Schuldner** (er schuldet die Übergabe und Übereignung der mangelfreien Sache) und zum anderen **Gläubiger** (er hat Anspruch darauf, dass der Käufer die gelieferte Sache abnimmt und bezahlt).
>
> ■ Der **Käufer** ist zum einen **Schuldner** (er schuldet die Abnahme der Sache und die Zahlung des Kaufpreises) und zum anderen **Gläubiger** (er hat Anspruch auf die Übergabe und Übereignung der mangelfreien Sache durch den Verkäufer).

(2) Erfüllungsgeschäft: Erfüllung der eingegangenen Verpflichtungen

Das durch den Kaufvertrag bewirkte Schuldverhältnis (das Verpflichtungsgeschäft) erlischt, wenn die geschuldeten Leistungen nach den Vereinbarungen des Kaufvertrags durch das **Erfüllungsgeschäft** an den **Gläubiger erfüllt sind** [§ 362 I BGB].[1]

Dies ist der Fall, wenn die Übergabe und Übereignung der Kaufsache durch den Verkäufer sowie die Abnahme der Kaufsache und Kaufpreiszahlung durch den Käufer vereinbarungsgemäß erfolgt ist [§§ 929 ff., 854 BGB] (Näheres siehe Kapitel 3.5.2.2 und 3.5.2.3).

> **Lösung des einführenden Rechtsfalls:**
>
> Es ist zu prüfen, ob ein rechtsgültiger Kaufvertrag vorliegt. Ein Kaufvertrag kommt durch Antrag und Annahme zustande. Der einem Anwesenden gemachte Antrag muss sofort angenommen werden. Die Bindung an die Willenserklärung von Edgar bleibt demnach nicht bis zum nächsten Tag bestehen. Die verspätete Annahme durch Roland gilt als neuer Antrag. Roland hat kein Recht auf Erfüllung, weil mit ihm kein Kaufvertrag (Verpflichtungsgeschäft) zustande kam.

3.5.2.2 Erfüllung des Kaufvertrags durch den Verkäufer

(1) Überblick

---

1 Bei **Zug-um-Zug-Geschäften** (z.B. Käufe im Ladengeschäft, bei denen Waren und Geld „Zug um Zug" übergeben werden) fallen Vertragsabschluss und Erfüllung des Vertrags zeitlich zusammen. Bei **Zielgeschäften** (Warenlieferung später oder Zahlung später) wird jedoch deutlich, dass hinter dem Kauf **zwei Rechtsgeschäfte** unterschiedlicher Art stehen, nämlich ein **Verpflichtungsgeschäft** und ein **Erfüllungsgeschäft**.

2 Die Besitzverschaffung und die Eigentumsübertragung wurden bereits im Kapitel 3.3 behandelt. Vgl. hierzu die Ausführungen von S. 134 ff.

(2) Übergabe (Lieferung der Kaufsache, Besitzverschaffung)

→ Leistungszeit

Ist eine Zeit für die Leistung weder bestimmt noch aus den Umständen zu entnehmen, so kann der Gläubiger die vertragliche Leistung **sofort verlangen,** der Schuldner sie **sofort bewirken** [§ 271 I BGB]. In der Regel wird die Leistungszeit zwischen dem Käufer und Verkäufer vertraglich geregelt oder (im Geschäftsleben) durch **Handelsbräuche** bestimmt.

→ Begriff Leistungsort

Bei einem Kaufvertrag muss – wie bei jedem anderen Vertrag – feststehen, wo der Schuldner seine geschuldete Leistung zu erbringen hat.

> **Merke:**
>
> Der **Ort,** an dem ein **Schuldner** seine Leistungshandlung vorzunehmen hat, ist der **Leistungsort.** Das BGB bezeichnet den Leistungsort auch als **Erfüllungsort** (siehe §§ 447 I, 644 II BGB).[1]

→ Arten von Leistungsorten

Leistungsort (Erfüllungsort)		
Gesetzlicher Leistungsort	**Vertraglicher Leistungsort**	**Natürlicher Leistungsort**
→ für Waren beim Verkäufer (Warenschuldner)	→ z.B. beim Verkäufer	→ z.B. Ladengeschäft
→ für Geld beim Käufer (Geldschuldner)		

Leistungsort	Erläuterung	Beispiel
Gesetzlicher Leistungsort	Da es mit dem Abschluss des Kaufvertrags **zwei Schuldner** gibt (Verkäufer → Warenschuldner; Käufer → Geldschuldner), gibt es auch **zwei gesetzliche Leistungsorte.** Der gesetzliche Leistungsort für den **Verkäufer** und den **Käufer** ist ihr **Wohnsitz** oder – bei gewerblichen Schulden – der **Ort ihrer gewerblichen Niederlassung** zum Zeitpunkt der Entstehung des Schuldverhältnisses (z.B. zum Zeitpunkt des Abschlusses des Kaufvertrags).	Hat der Verkäufer seine gewerbliche Niederlassung in Karlsruhe und der Käufer seine Niederlassung in Freiburg, so ist der gesetzliche Leistungsort für den Warenschuldner Karlsruhe, der gesetzliche Leistungsort für den Geldschuldner Freiburg.
Vertraglicher Leistungsort	Käufer und Verkäufer haben die Möglichkeit, den Leistungsort vertraglich zu regeln **(vertraglicher Leistungsort).**	Die Maschinenfabrik Kaiser KG in Radolfzell und die Möbelfabrik Raimann GmbH in Ulm vereinbaren Radolfzell als Leistungsort für beide Vertragsparteien.

---

1 Aus Vereinfachungsgründen wird nicht zwischen dem Erfüllungsort und dem Leistungsort unterschieden.

Leistungsort	Erläuterung	Beispiel
Natürlicher Leistungsort	Dieser Leistungsort wird durch die Umstände, insbesondere durch die Natur des Schuldverhältnisses bestimmt [§ 269 I BGB].	Werkverträge über Reparaturarbeiten im Haus des Auftraggebers, sogenannte Handkäufe in Ladengeschäften.

→ **Bedeutung des Leistungsorts für den Warenschuldner (Verkäufer)[1]**

● **Bedeutung des Leistungsorts für den Gefahrenübergang**

Der Leistungsort bezeichnet den Ort, an dem sich der Schuldner von seiner Leistungspflicht befreit. Aus diesem Grund sind **Warenschulden** gesetzlich im Zweifel[2] **Holschulden** [§ 269 BGB]. Wenn nichts anderes vereinbart ist, „reisen die Waren auf Gefahr und Kosten des Käufers".

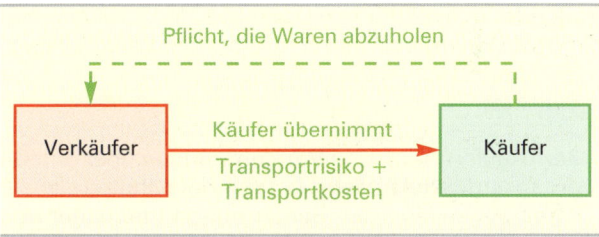

Der Käufer trägt somit beim gesetzlichen Leistungsort mit der **Übergabe** der **Kaufsache** das **Transportrisiko** (Gefahr des zufälligen Untergangs oder der zufälligen Verschlechterung der Ware auf dem Weg vom Verkäufer zum Käufer) [§ 446, S. 1 BGB].

Beachte:

Werden die Waren **mit dem unternehmenseigenen Fahrzeug** durch den Verkäufer **transportiert,** dann befinden sich die Waren beim Transport noch in der Verfügungsgewalt des Verkäufers. Deswegen hat in diesem Fall der Verkäufer erst erfüllt, wenn die Waren dem Käufer übergeben worden sind.

Das Gleiche gilt übrigens für den sogenannten **„Fernkauf".** Hier haben Käufer und Verkäufer als Leistungsort den **Wohn- bzw. Niederlassungsort des Käufers** vereinbart (vertraglicher Leistungsort). Folglich hat der Verkäufer erst dann erfüllt, wenn die Ware beim Empfänger eingetroffen ist.

---

1 In der Geschäftspraxis wird der Leistungsort (vor allem beim zweiseitigen Handelskauf) meistens in den sogenannten „Allgemeinen Geschäftsbedingungen" geregelt. Die Behandlung der „Allgemeinen Geschäftsbedingungen" ist im Lehrplan nicht vorgesehen.

2 **Im Zweifel** bedeutet, dass es sich um eine Auslegungsregel handelt, die dann nicht gilt, wenn durch vertragliche Vereinbarungen oder Gesetz (z. B. Steuergesetz) etwas anderes bestimmt ist.

● **Bedeutung des Leistungsorts für die Übernahme der Versendungskosten**

Warenschulden sind gesetzlich im Zweifel Holschulden. Daraus folgt, dass bei fehlender Vereinbarung **der Käufer** die **Transportkosten** (Versendungskosten) tragen muss. Beim **Versendungskauf** [§ 447 BGB] trägt der Käufer die Transportkosten ab Versandstation des Verkäufers.[1]

● **Bedeutung des Leistungsorts für den Gerichtsstand**

Für Streitigkeiten aus einem Vertragsverhältnis und über dessen Bestehen ist das Gericht des Ortes zuständig, an dem die streitige Verpflichtung zu erfüllen ist [§ 29 I ZPO],[2] also der Leistungsort.

> **Merke:**
>
> Der gesetzliche Leistungsort zieht den **gesetzlichen Gerichtsstand** nach sich.

Dies bedeutet, dass der **Käufer** (wenn er klagen will) den Verkäufer bei dem **Gericht** verklagen muss, das für den **Leistungsort des Verkäufers** zuständig ist. Will hingegen der **Verkäufer** den Käufer verklagen (z. B. auf Zahlung des Kaufpreises), so muss er die Klage bei dem **Gericht** einreichen, das für den **Leistungsort des Käufers** zuständig ist.

> **Beachte:**
>
> Zum Käuferschutz sind **Vereinbarungen** über den **Gerichtsstand** mit **Nichtkaufleuten** grundsätzlich **unzulässig** (zu den Ausnahmen siehe §§ 29 II, 38 ZPO). Vertragliche Vereinbarungen über den Gerichtsstand sind daher nur unter Kaufleuten möglich.

→ **Bedeutung des Leistungsorts für den Geldschuldner (Käufer)**

Der gesetzliche Leistungsort für den Zahlungsschuldner ist in der Regel dessen Wohn- bzw. Niederlassungsort [§ 269 I, II i. V. m. § 270 IV BGB]. Der Zahlungsschuldner (Geldschuldner) hat jedoch das geschuldete Geld im **Zweifel** auf **seine Gefahr** und **seine Kosten** dem

---

1 Im **Handelsverkehr** sind **Warenschulden** oft **Schickschulden**. Der Verkäufer versendet die Kaufsache auf Verlangen des Käufers nach einem anderen Ort als dem Erfüllungsort. Mit der Übergabe der Kaufsache durch den Verkäufer an den Spediteur, Frachtführer oder an eine andere mit der Versendung beauftragte Person geht die Gefahr auf den Käufer über [§ 447 I BGB].

2 ZPO: Zivilprozessordnung.

Gläubiger an dessen Wohn- bzw. Geschäftssitz zu übermitteln (Sonderregelung für Geldschulden gemäß § 270 I, II BGB). **Geldschulden** sind demnach gesetzlich im Zweifel **Schickschulden**. Bei einer Zahlung durch Banküberweisung muss der geschuldete Betrag am vereinbarten Zahlungstermin dem Konto des Gläubigers gutgeschrieben sein, wenn das Entstehen von Verzugszinsen vermieden werden soll.[1]

> **Beispiel:**
>
> Wurde als Zahlungstermin „spätestens 20. Juni 20.." vereinbart, hat der Käufer fristgemäß bezahlt, wenn er die Banküberweisung so bei seiner Bank abgibt, dass die Gutschrift auf dem Konto des Gläubigers spätestens am 20. Juni erfolgt.

Bei Zahlungen im Lastschriftverfahren und Zahlungen mit einer Geldkarte (siehe S. 293 f.) liegen jedoch **Holschulden** vor.

3.5.2.3 Erfüllung des Kaufvertrags durch den Käufer

(1) Überblick

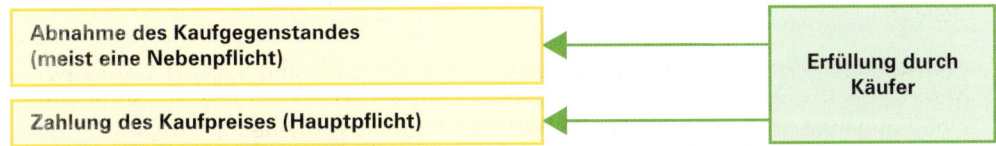

(2) Abnahme des Kaufgegenstandes

→ **Warenabnahme und Warenannahme[2]**

Vertragsgemäß gelieferte Waren muss der Käufer **abnehmen** (körperliche Entgegennahme, § 433 II BGB). Für die Warenabnahme sind meistens die Lagerverwalter zuständig und verantwortlich. In größeren Unternehmen ist hierfür aus Gründen der Kostenersparnis in der Regel eine besondere Warenannahmestelle (die eigentlich Warenabnahmestelle heißen sollte) eingerichtet. Von dieser werden dann alle angelieferten Waren in Empfang genommen und nach deren Prüfung an das Lager weitergeleitet.

Die erfolgte oder die geplante Versendung der Ware teilen die Verkäufer dem Käufer meist durch eine **Lieferanzeige** mit. Dadurch kann der Käufer rechtzeitig die zur Warenabnahme erforderlichen Vorkehrungen treffen (z.B. Anmieten eines Kranes bei schweren Gütern, Räumen des Lagers für die neuen Waren).

---

1 Vgl. Urteil des Europäischen Gerichtshofs (EuGH) vom 23.04.2008 – C 306/06.
2 Die Abnahme und Annahme des Kaufgegenstandes ist rechtlich scharf zu trennen.
   – Die **Abnahme** ist die tatsächliche Entgegennahme der Ware, wodurch der Käufer (unmittelbaren) Besitz erlangt.
   – Die **Annahme** des Kaufgegenstandes ist hingegen eine Willenserklärung und bedeutet die Erklärung der vertragsmäßigen Erfüllung des Kaufvertrags. Auf die Annahme der Leistung durch den Käufer hat der Verkäufer keinen Anspruch.

Zur ordnungsgemäßen Warenabnahme gehört auch das Ausfüllen eines **Wareneingangsscheins** mit Durchschlag. Ist von vornherein erkennbar, dass die Ware beschädigt oder unvollständig ist, ist die Abnahme zu verweigern. In diesem Fall wird vom Überbringer eine Bescheinigung über den festgestellten Mangel verlangt (Tatbestandsaufnahme).

→ Warenprüfung

Alle übergebenen Waren müssen vor ihrer endgültigen Einlagerung (z.B. Einsortieren in die Lagerregale) unverzüglich einer genauen Prüfung unterzogen werden. Nur dadurch kann vermieden werden, dass mangelhafte Waren auf Lager genommen werden.

● Die **Warenprüfung** erstreckt sich vor allem auf die Liefermenge, die Art, Güte, Beschaffenheit und Funktionsfähigkeit der Ware.

● **Unterlagen für die Warenprüfung** sind: Warenbegleitpapiere (z.B. Packzettel, Lieferscheine, Versandanzeigen, Frachtbriefe), Bestelldurchschriften und Auftragsbestätigungen, Rechnungen, Muster und Proben, besondere Prüfvorschriften, die vor allem bei den sogenannten „Stichproben" oft mit dem Verkäufer abgestimmt sind.

Da die Warenprüfung meistens während der Übergabe der Ware zeitlich nicht abgeschlossen werden kann, ist es angebracht, eine Empfangsbestätigung stets mit einem Vermerk zu versehen, der darauf hinweist, dass mit dieser Bestätigung nicht die vertragsgemäße (ordnungsgemäße) Lieferung bescheinigt wird (übliche Klausel z.B. „Vorbehaltlich der noch nicht abgeschlossenen Warenprüfung …").

(3)   Zahlung des Kaufpreises

Der Käufer ist nach § 433 II BGB verpflichtet, dem Verkäufer den vereinbarten Kaufpreis zu zahlen. Die Zahlungsart ist in der Regel dem Käufer überlassen.

Zusammenfassung

■ **Abschluss des Kaufvertrags**

● Der **Kaufvertrag** kommt durch mindestens **zwei inhaltlich übereinstimmende** und rechtzeitig aufeinanderfolgende empfangsbedürftige Willenserklärungen zustande.

● Die erste Willenserklärung ist der **Antrag,** die auf den Antrag folgende zweite Willenserklärung die **Annahme.**

● Da die erste Willenserklärung sowohl vom Verkäufer als auch vom Käufer abgegeben werden kann, kann ein Kaufvertrag sowohl durch ein **Angebot** (1. Willenserklärung) und die **Bestellung** (2. Willenserklärung) als auch durch eine **Bestellung** (1. Willenserklärung) und die **Auftragsbestätigung** (2. Willenserklärung) zustande kommen.

● Durch den Abschluss eines Kaufvertrags ist zunächst ein gegenseitiges Schuldverhältnis entstanden, das zu gegenseitigen Leistungen verpflichtet, das sogenannte **Verpflichtungsgeschäft.**

■ **Erfüllung des Kaufvertrags**

● Dem **Verpflichtungsgeschäft** muss das **Erfüllungsgeschäft** folgen, weil erst durch das Erfüllungsgeschäft die tatsächlichen Rechtsänderungen (z.B. Besitz- und Eigentumsübertragung) erfolgen.

● Der **Verkäufer ist verpflichtet,** dem Käufer die verkaufte Sache in der richtigen Art und Weise, mängelfrei, rechtzeitig und am richtigen Ort zu übergeben und dem Käufer das Eigentum an dem Kaufgegenstand frei von Rechtsmängeln zu übertragen.

● Der **Käufer ist verpflichtet,** den vereinbarten Kaufpreis zu zahlen und die ordnungsgemäß (mängelfrei) gelieferte Kaufsache abzunehmen.

● Ist über die **Leistungszeit** nichts vereinbart und ist diese auch nicht aus den Umständen des Rechtsgeschäfts zu entnehmen, kann der Gläubiger die vereinbarte Leistung sofort verlangen, der Schuldner sie sofort bewirken.

● Der **Leistungsort** ist der Ort, an dem die geschuldete **Leistung zu erbringen** ist.

● Der **gesetzliche Leistungsort** gilt nur, wenn kein Leistungsort vereinbart ist und ein Leistungsort auch nicht durch die Natur bzw. die Umstände des Schuldverhältnisses bestimmt wird. Er liegt grundsätzlich beim **Wohnsitz** bzw. **Niederlassungsort** des **Schuldners** zur Zeit der Entstehung des Schuldverhältnisses.

● Der Leistungsort hat folgende **Bedeutung:**

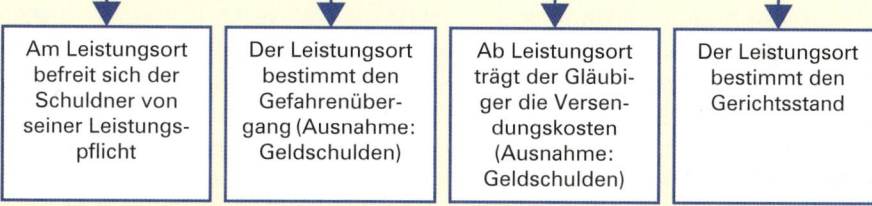

Am Leistungsort befreit sich der Schuldner von seiner Leistungspflicht	Der Leistungsort bestimmt den Gefahrenübergang (Ausnahme: Geldschulden)	Ab Leistungsort trägt der Gläubiger die Versendungskosten (Ausnahme: Geldschulden)	Der Leistungsort bestimmt den Gerichtsstand

● Vertragsgemäß gelieferte Waren muss der Käufer **abnehmen.** Sofern er Kaufmann ist, muss er die erhaltenen Waren **unverzüglich untersuchen** und festgestellte Mängel **unverzüglich rügen.**

● Der Käufer ist verpflichtet, dem Verkäufer den vereinbarten **Kaufpreis zu zahlen** und die gekaufte **mängelfreie Sache abzunehmen.**

68 1. Unter welchen Bedingungen kommt ein Kaufvertrag bereits mit der Bestellung zustande?

2. Unter welchen Bedingungen kommt ein Kaufvertrag erst mit der Auftragsbestätigung zustande?

3. Die Großhandlung Karl Birk GmbH macht dem Einzelhandelsgeschäft Hans Bachler e.Kfm. am 24. Juli 20.. ein Angebot über eine Schleifmaschine zum Preis von 220,00 EUR. Unter Bezugnahme auf das Angebot bestellt das Einzelhandelsgeschäft Hans Bachler e.Kfm. am 28. August 20.. zum Preis von 220,00 EUR. Die Großhandlung Karl Birk GmbH nimmt die Bestellung von Hans Bachler e.Kfm. vom 28. August 20.. am 2. Oktober 20.. an.

Aufgabe:

Prüfen Sie die Rechtslage und begründen Sie Ihre Lösung mit den Paragrafen des BGB!

4. Aufgrund einer Anfrage des Supermarkts Winneberger GmbH gibt die Fritz Blank OHG am 25. Mai ein schriftliches Angebot mit folgendem Inhalt ab: „Preis 430,00 EUR bei Abnahme von 25 Stück, Zahlung netto Kasse". Am 10. Juni bestellt die Winneberger GmbH 15 Stück zu je 430,00 EUR. Muss an die Winneberger GmbH geliefert werden? Erläutern Sie die bestehende Rechtssituation ausführlich!

5. Nennen Sie die Hauptpflichten des Verkäufers und des Käufers!

6. Begründen Sie, warum es bei einem Kaufvertrag zwei Gläubiger und zwei Schuldner gibt!

7. Erklären Sie den Unterschied zwischen Verpflichtungsgeschäft und Erfüllungsgeschäft!

8. Erläutern Sie die Bedeutung des gesetzlichen Leistungsorts für den Warenschuldner!

9. Welche Abweichungen bestehen beim gesetzlichen Leistungsort zwischen Waren- und Geldschulden?

10. Die Holzhandlung Wolfgang Denner e.K. bestellt aufgrund eines freibleibenden Angebots Eichenholz bei dem Sägewerk Eberhardt GmbH.

   Aufgaben:

   10.1 Erläutern Sie, wie der Kaufvertrag zwischen den beiden Unternehmen zustande kommt!

   10.2 Welche Pflichten hat Wolfgang Denner e.K. aus diesem Kaufvertrag?

   10.3 Begründen Sie, wo sich der gesetzliche Leistungsort für die Holzlieferung befindet!

11. Betrachten Sie die folgende Skizze! In welchen Fällen (11.1, 11.2) muss der Käufer den Kaufpreis für die auf dem Transport durch den Unfall vernichtete oder beschädigte Ware zahlen? Muss der Verkäufer nochmals liefern?

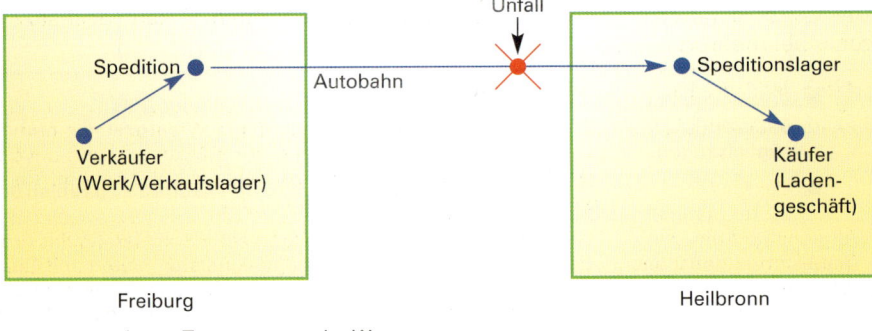

Aufgaben:

11.1 Fall 1: Über den Leistungsort wurden keine Vereinbarungen getroffen.

11.2 Fall 2: Der vereinbarte Leistungsort ist Heilbronn.

11.3 Wie wäre die Rechtslage, wenn der Käufer die Ware abholt und der Unfall auf der Wegstrecke zwischen dem Werk des Verkäufers und dem Ladengeschäft des Käufers passieren würde?

4 Anfragen der Kunden bearbeiten

4.1 Anfrage

Einführendes Beispiel:

Der Baumarkt Hans Brändle KG, Zöllerstraße 102, 64291 Darmstadt, nimmt den Verkauf von Mehrwegpaletten neu in sein Sortiment auf. Die Einkaufsabteilung sendet daraufhin an mehrere Anbieter von Mehrwegpaletten Anfragen, darunter auch den Brief an unser Unternehmen, die Gebhardt & Söhne KG, Holzgroßhandlung, Postfach 193, 73702 Esslingen, auf S. 156. Nach einer Woche werden die Mehrwegpaletten in unserem Auftrag über die Spe-

dition Behringer GmbH beim Baumarkt Hans Brändle KG angeliefert. Die Hans Brändle KG weigert sich jedoch, die Mehrwegpaletten abzunehmen, da sie in der Zwischenzeit die Mehrwegpaletten bei einem anderen Hersteller zu einem billigeren Preis bestellt hat.

Ist der Baumarkt Hans Brändle KG im Recht? Begründen Sie Ihre Entscheidung!

→ Lösung des Rechtsfalls siehe S. 156.

(1) Begriff Anfrage

Durch die **Anfrage** soll der Verkäufer zur Abgabe eines **verbindlichen Angebots** aufgefordert werden. Die Anfrage ist **rechtlich unverbindlich** (keine Willenserklärung), d.h., die angefragten Güter müssen nicht gekauft werden.

(2) Inhalt der Anfrage

Der Käufer ist durch seine Anfrage **rechtlich nicht gebunden**. Er kann deshalb auch gleichzeitig bei mehreren möglichen Verkäufern anfragen.

Arten der Anfragen	Inhalt der Anfragen
Bestimmte Anfragen	Sie beziehen sich auf eine bestimmte Ware bzw. auf eine bestimmte Dienstleistung. Zur Vermeidung von Rückfragen und unvollständigen Angeboten müssen die Anfragen fehlerfrei und mit **allen** für den Anfragenden **wichtigen Angaben** erfolgen.
Allgemeine Anfragen (unbestimmt gehaltene Anfragen)	Hier wird der Anbieter unter allgemeiner Schilderung des Problems gebeten, z.B. die aus seiner Sicht geeignetsten Waren und Qualitäten anzubieten. Allgemeine Anfragen sind besonders dann sinnvoll, wenn neue Waren und Dienstleistungen beschafft werden sollen, mit denen der Anfragende noch keine Erfahrung hat.

Ist die Anfrage bestimmt, sollte sie folgende Angaben enthalten:

- genaue (ausreichende) **Beschreibung der erfragten Waren und/oder Dienstleistung** (Anlagen beifügen),
- **Mengenangabe** in der üblichen Maß- und/oder Gewichtseinheit,
- **Leistungsort**, z.B. Lager, Laden, Filiale,
- geforderte **Liefertermine** bzw. Termine der Leistungserstellung,
- erforderlichenfalls **Fristsetzung für die Angebotsabgabe,**
- zwingend vorgeschriebene **Versand- und/oder Verpackungsbedingungen** (Transportmittel, Transportwege, Verpackungsart, Verpackungshilfsmittel),
- **Anfrage-(Anforderungs-)Nummer,** Anfragedatum, Kurzzeichen des zuständigen Sachbearbeiters, Durchwahlrufnummer.

(3) Form der Anfrage

Für die Anfrage ist gesetzlich **keine bestimmte Form** vorgeschrieben (Grundsatz der **Formfreiheit**). Ob diese mündlich, fernmündlich, schriftlich oder telegrafisch (per Fax, E-Mail) erfolgt, hängt vor allem vom Umfang der Anfrage und von der Art der angefragten Güter ab. Umfangreiche Anfragen (z.B. zur Bestellung der Frühjahrskollektion) und solche über technisch komplizierte Güter (z.B. Maschinen) sollten, vor allem zur Vermeidung von Hör- und Übertragungsfehlern, möglichst **schriftlich** erfolgen. Außerdem erleichtert die schriftliche Anfrage dem Verkäufer (Lieferer) als Arbeitsunterlage die Abgabe des Angebots.

From: doris.haerer@baumarkt-braendle.de
Sent: Monday, February 10, 20.. 12:12 PM
To: verkauf@holz-gebhardt.com
Subject: Anfrage wegen Mehrwegpaletten

Sehr geehrte Damen und Herren,

wir nehmen den Verkauf von Mehrwegpaletten neu in unser Sortiment auf. Aus diesem Grund benötigen wir

> 500 Mehrwegpaletten, 100 x 120 cm, Holz, gehobelt, gebeizt, verschraubt, mit abgerundeten Kanten.

Alle Paletten benötigen wir spätestens am 22. Juni 20.. Sollten Sie früher liefern können, nennen Sie uns bitte einen verbindlichen Termin. Wir werden dies bei unserer Entscheidung berücksichtigen.

Bitte senden Sie uns Ihr Angebot bis zum 12. Juni 20.. zu.
Vielen Dank.

Mit freundlichen Grüßen
Hans Brändle KG
Doris Härer

Baumarkt Hans Brändle KG
Zöllerstraße 102
64291 Darmstadt
Telefon 06151 56668-28
Telefax 06151 56668-44

Lösung des einführenden Rechtsfalls:

Der Baumarkt Hans Brändle KG kann die Abnahme der Lieferung verweigern. Grund: Der Anfrager ist durch seine Anfrage rechtlich nicht gebunden.

4.2 Angebot

4.2.1 Begriff Angebot und rechtliche Bindung an das Angebot

4.2.1.1 Begriff Angebot

Merke:

Das **Angebot** ist eine bestimmte, verbindliche Willenserklärung des Verkäufers, die an eine **bestimmte** Person oder Personengruppe – **nicht an die Allgemeinheit** – gerichtet ist. Das Angebot ist rechtlich eine **empfangsbedürftige Willenserklärung.**

Inserate in Zeitungen und Zeitschriften, Schaufensterauslagen, Verkaufsprospekte, Wurfsendungen, Plakate sowie das Aufstellen von Waren in Selbstbedienungsläden sind an die Allgemeinheit gerichtet, somit **nicht bestimmt** und deshalb keine „Verkaufsangebote". Sie sind Aufforderungen („Werbungen") an den möglichen Käufer, seinerseits einen **Antrag** zu machen, eine Bestellung aufzugeben.

Ausnahme: Ein Angebot liegt vor, wenn nach Sachlage ein Angebot nur an die Allgemeinheit möglich ist und der Antragende (Anbieter) mit jedem, der auf das Angebot eingeht, abschließen will.

Beispiele für Angebote an die Allgemeinheit:

Aufstellen eines Automaten, Angebote öffentlicher Verkehrsmittel. Mit dem Geldeinwurf in den Automaten, mit dem Lösen der Fahrkarte und Einsteigen in das Verkehrsmittel wird das Angebot angenommen.

Eine bestimmte **Form ist gesetzlich nicht vorgeschrieben.** Zur Vermeidung von Irrtümern und aus Gründen der Rechtssicherheit/Beweissicherheit ist jedoch die **Schriftform** angebracht und auch praxisüblich.

4.2.1.2 Rechtliche Bindung an das Angebot

(1) Grundsatz

Merke:

Gibt ein Anbieter ein **Angebot ohne Einschränkung** ab, so ist er an dieses **Angebot gebunden.**

Häufig wird die Bindung an das Angebot durch sogenannte Freizeichnungsklauseln (z.B. freibleibend, unverbindlich, nur solange der Vorrat reicht) ausgeschlossen bzw. eingeschränkt.

(2) Einschränkungen

→ **Durch gesetzliche Annahmefristen des BGB:**

Angebote unter Anwesenden (auch fernmündlich)	Sie müssen sofort, d.h., solange das Gespräch dauert, angenommen werden [§ 147 I BGB]. **Beispiel:** Verlässt z.B. ein Kunde einen Laden, weil er sich noch nicht zum Kauf der angebotenen Waren entschließen kann und deshalb weitere Geschäfte aufsucht, muss er mit dem Verkauf der ihm angebotenen Ware an einen anderen Kunden rechnen.
Angebote unter Abwesenden	Die Bindungsfrist für den Anbieter besteht, solange er unter regelmäßigen Umständen mit dem Eingang der Antwort (z.B. Auftrag) rechnen kann [§ 147 II BGB].[1] Dabei muss das Angebot mindestens mit dem gleich schnellen Nachrichtenmittel angenommen werden, mit dem es abgegeben wurde. **Beispiel:** Ein Angebot per E-Mail erfordert z.B. eine schnelle Annahme (Auftrag) per E-Mail.
Angebote mit vom Anbieter (Antragenden) bestimmter Annahmefrist	Die Annahme dieser befristeten Angebote kann nur **innerhalb der gesetzten Frist** erfolgen [§ 148 BGB]. **Beispiel:** Z.B. „gültig bis zum 28. Juli 20..". Der Auftrag muss dem Anbieter bis zur gesetzten Frist zugegangen sein.

Rechtsfolge:

Bei zu später Annahme ist der Anbieter nicht mehr an sein Angebot gebunden, sein Antrag erlischt [§ 146 BGB]. Eine verspätete Annahme des Angebots gilt als **neuer Antrag** [§ 150 I BGB].

→ **Die Bindung an ein Angebot entfällt außerdem:**

- wenn der Empfänger das erhaltene Angebot **ausdrücklich** oder **stillschweigend ablehnt** [§ 146 BGB].

- wenn der Anbieter sein Angebot **rechtzeitig widerruft**. Das ist möglich, da das Angebot erst mit Zugang beim Empfänger wirksam wird. Der Widerruf muss jedoch vor, spätestens **zusammen mit dem Angebot** beim Empfänger eingehen [§ 130 I S. 2 BGB].

- bei vom Angebot **abweichendem Auftrag** [§ 150 II BGB]. Ein Kunde schickt einen Auftrag z.B. rechtzeitig, aber nicht wie angeboten über 100 kg, sondern nur über 10 kg, oder nicht wie angeboten „ab Lager", sondern „Lieferung frei Werk".

---

1 Die Annahmefrist setzt sich zusammen aus der Zeit für die Übermittlung des Angebots, einer angemessenen Überlegungs- und Bearbeitungszeit beim Empfänger und der Zeit für die Übermittlung der Antwort an den Anbieter.

4.2.2 Inhalt des Angebots

Es gibt keinen gesetzlich vorgeschriebenen Inhalt. Es ist aber vorteilhaft, wenn der Verkäufer alle Einzelheiten im Angebot so festlegt, dass der Käufer nur noch zuzustimmen braucht. Wird eine Einzelheit im Angebot nicht geregelt (z. B. wer hat die Verpackungskosten zu tragen), so gilt für diesen Fall die **gesetzliche Regelung** des BGB und HGB.

Inhalt eines ausführlichen Angebots

- Art, Güte, Beschaffenheit und Menge der Ware
- Preis der Ware
- Zahlungs- und Lieferbedingungen
- Leistungsort und Gerichtsstand

4.2.2.1 Art, Güte, Beschaffenheit und Menge der Ware

(1) Art der Ware

Genaue Bezeichnung der Ware wie z. B. Geschirr-Reiniger-Taps, PC 2010, Bürotisch Typ B1.

(2) Güte (Qualität) der Ware

Bei einem Angebotsvergleich ist es äußerst wichtig, die Waren auf ihre Qualität und die Umweltverträglichkeit hin zu überprüfen.

→ **Qualitätsvergleiche**

Sie sind z. B. anzustellen in Bezug auf die **Haltbarkeit** (z. B. bei Lebensmitteln), auf den **Geschmack** (z. B. Wein, Schokolade), auf die **äußere Form** (z. B. Möbel, Büromaschinen, Autos), auf die **Leistungsfähigkeit** (z. B. Maschinen), auf die **Nutzungsdauer** (z. B. Maschinen, Autos), auf die **Belastungsfähigkeit** (z. B. Zerbrechlichkeit von Glas oder Kunststoff) usw.

Zu beachten ist, dass nicht die bestmögliche Qualität zu beschaffen ist, sondern die Qualität, die dem gewünschten Zweck entspricht.

Beispiel:

So ist es nicht nötig (und überdies zu teuer), in eine Maschine, die für eine Nutzungsdauer von 10 Jahren gebaut ist, Teile mit einer Lebensdauer von 15, 20 oder noch mehr Jahren einzubauen.

→ Umweltverträglichkeit

Immer wichtiger bei der Entscheidungsfindung ist die Frage der Umweltverträglichkeit der einzukaufenden Waren. Entscheidend hierfür sind nicht allein ethische, sondern vielmehr auch wirtschaftliche Gründe, denn durch die Verschärfung der Gesetze, die dem Schutz der Umwelt dienen (z.B. Bundes-Immissionsschutzgesetz, Wasserhaushaltsgesetz, Kreislaufwirtschafts- und Abfallgesetz, Bundesnaturschutzgesetz, Umwelthaftungsgesetz), wurde die Haftung der Unternehmen für ihre verkauften Waren ständig erhöht.

(3) Beschaffenheit der Ware

Gattungswaren (Gattungsschulden)	Hier ist im Kaufvertrag **keine ausdrückliche Regelung** hinsichtlich der Güte und Beschaffenheit nötig, weil BGB und HGB hier bestimmen, dass bei fehlender Vereinbarung Sachen (Waren) mittlerer Art und Güte zu liefern sind (§ 243 I BGB und § 360 HGB). Gattungswaren (Gattungssachen) sind bewegliche Sachen, die nur der Art nach bestimmt sind (z.B. Mehl einer bestimmten Type, serienmäßig hergestellte Autos eines bestimmten Typs, Eier einer bestimmten Handelsklasse). Dem Käufer ist es also gleichgültig, welche Teilmenge aus der Gattung geliefert wird.
Speziessachen (Stückschulden)	Hier wird eine **ganz genau bestimmte Sache** geschuldet (z.B. **dieses** Ölgemälde, **das** Springpferd „Rex", **dieser** Modellmantel).

(4) Menge der Ware

Zum Beispiel t Kohle, l Heizöl, Stück Vieh, m^3 Boden, kg Getreide usw.

4.2.2.2 Preis der Ware

Der Preis der Ware muss unbedingt im Angebot angegeben und zum Vertragsabschluss **unverändert** in der Annahme akzeptiert werden. Mögliche **Preisstellungen** sind z.B.:

(1) Nettopreise

Hier sind keinerlei Preisabzüge mehr möglich. Der Anbieter hat knapp kalkuliert, d.h. mögliche Abzüge bereits vorgenommen. Die Klausel (Formulierung) lautet z.B. „Zahlbar netto Kasse" oder „Zahlbar ohne jeden Abzug".

(2) Bruttopreise

In diesem Fall lässt der Anbieter noch Preisabzüge zu, die allerdings an bestimmte Bedingungen geknüpft sind. Mögliche Abzüge sind Rabatte und Boni.

→ Rabatte (Abschläge)

Der Rabatt ist ein Preisnachlass, der **unabhängig von der Zahlungsfrist** gewährt wird.

Mengenrabatt	Preisnachlass, der bei Abnahme größerer Mengen gewährt wird. Steigt der Rabattsatz mit zunehmenden Abnahmemengen an, spricht man von „Staffelrabatt".
Sonderrabatt	Preisnachlass, der aus besonderen Anlässen (z.B. Geschäftsjubiläen) oder aufgrund einer einmaligen Vereinbarung mit dem Kunden eingeräumt wird.

Treuerabatt	Preisnachlass, der langjährigen Kunden gewährt wird.
Wiederverkäufer-rabatt	Preisnachlass, den der Lieferer (Verkäufer) solchen Kunden einräumt, die die Ware weiterverkaufen oder -verarbeiten.
Naturalrabatt	Indirekter (mittelbarer) Preisnachlass, indem der Kunde (unberechnete) Dreingaben oder Draufgaben erhält.

→ Boni

Bei Boni (Einzahl: Bonus) handelt es sich um Preisnachlässe, die **nachträglich** gewährt werden. Ein Bonus liegt z. B. vor, wenn der Verkäufer seinem Kunden bei Erreichen einer bestimmten Umsatzsumme im vergangenen Geschäftsjahr eine Rückvergütung leistet.

4.2.2.3 Zahlungs- und Lieferbedingungen

(1) Zahlungsbedingungen

→ Skonti

Unter **Skonti** (Einzahl: Skonto) versteht man einen Preisnachlass, der dann gewährt wird, wenn der Schuldner innerhalb einer bestimmten Frist bezahlt. Die Klausel lautet z. B.: „3 % Skonto bei Zahlung innerhalb von 10 Tagen, 30 Tage netto ab Rechnungsdatum". (Zweck: Anreiz für den Kunden, früher zu zahlen, d. h. in diesem Fall am 10. anstatt am 30. Tag.)

→ Zahlungsfristen

> **Merke:**
>
> Ist im Angebot der Zahlungszeitpunkt nicht bestimmt und dieser auch nicht aus den Umständen des Rechtsgeschäfts zu entnehmen und wird das Angebot unverändert angenommen, muss der **Käufer sofort nach Übergabe der Ware bezahlen** [§ 271 I BGB].

Die sofortige bare Zahlung ist nur möglich, wenn der Käufer die Ware im Geschäftslokal des Verkäufers abholt. Wird die Ware verschickt, muss der Käufer die Zahlung auf andere Weise vornehmen. Möglich ist beispielsweise die Einschaltung einer Bank, die den Betrag vom Konto des Zahlers auf das Konto des Zahlungsempfängers überweist.

> **Merke:**
>
> Ist nichts anderes vereinbart, muss der Geldschuldner alle Aufwendungen tragen, die mit der Zahlung verbunden sind, denn **Geldschulden sind gesetzlich im Zweifel[1] Schickschulden** [§ 270 BGB].

Der Anbietende kann bestimmte Zahlungsbedingungen vorschlagen, die von der gesetzlichen Regelung abweichen:

● **Teilweise oder vollständige Zahlung vor der Lieferung.** Die Zahlungsbedingungen können z. B. lauten: „Nur gegen Vorauskasse", „Nur gegen Vorauszahlung", „Anzahlung $^1/_3$ des Kaufpreises bei Auftragserteilung, $^1/_3$ bei Lieferung, $^1/_3$ drei Monate nach Erhalt der Ware".

---

1 Siehe hierzu Fußnote 2, S. 149.

11 Speth u. a. - ISBN 978-3-8120-0528-9

● **Zahlung nach der Lieferung.** In diesem Fall erhält der Käufer ein **Zahlungsziel.** Die Klauseln im Angebot können z.B. lauten: „Zahlbar innerhalb 4 Wochen nach Rechnungserhalt", „Zahlbar innerhalb 8 Tagen mit 2% Skonto", „14 Tage Ziel".

(2) Lieferbedingungen

→ **Beförderungsaufwendungen**

Merke:

Ist im Angebot nichts anderes gesagt und wird das Angebot unverändert angenommen, so hat der **Käufer** grundsätzlich die **Beförderungsaufwendungen** (z.B. Frachten, Porti) **zu bezahlen.**

Dies folgt aus der Tatsache, dass Warenschulden gesetzlich im Zweifel Holschulden sind [§ 269 BGB].

Im Kaufvertrag sind z.B. folgende andere Regelungen denkbar:

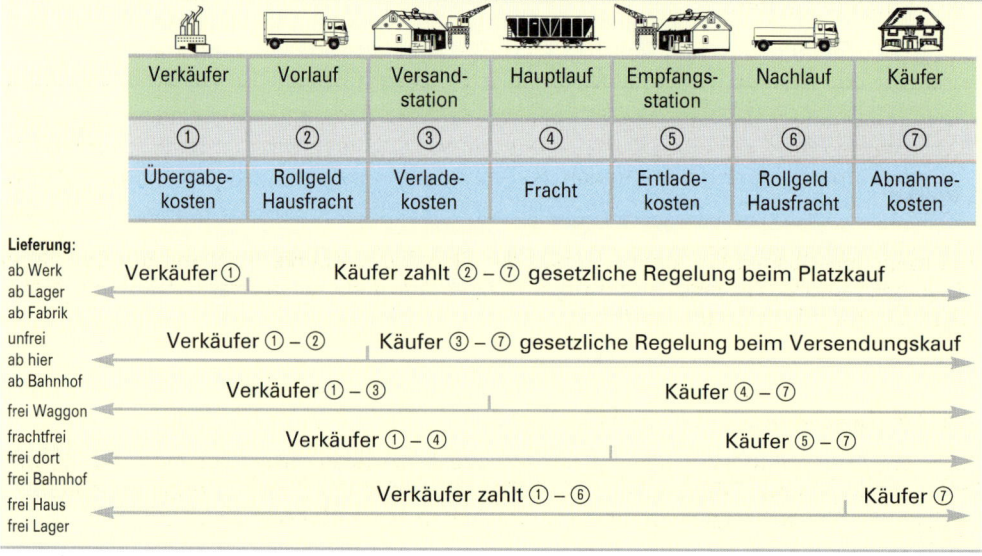

→ **Verpackungsaufwendungen**

Eine unmittelbare Vorschrift darüber, wer die Verpackungsaufwendungen zu tragen hat, sieht das BGB nicht vor. § 448 I BGB sagt aber, dass der Käufer die Kosten der Abnahme und der Versendung der Sache nach einem anderen Ort als dem Leistungsort zu tragen habe. Daraus folgt:

Merke:

Ist im Angebot nichts anderes gesagt und wird das Angebot unverändert angenommen, trägt der **Käufer** die **Aufwendungen für die Versandverpackung.**

Im Geschäftsleben sind nähere Vereinbarungen über die Frage, wer die Aufwendungen für die Verpackung tragen soll, zweckmäßig. In einem Angebot könnten sich z.B. folgende Angaben finden:

- „32,00 EUR je Verkaufspackung", d.h., die Verpackung wird nicht getrennt berechnet.
- „Leihpackung! Bei Rücksendung erhalten Sie $^2/_3$ des berechneten Werts gutgeschrieben." In diesem Fall trägt der Käufer einen Teil des Verpackungsaufwands.

Eine andere handelsübliche Klausel ist „brutto für netto", abgekürzt „bfn" (z.B. auf Farbdosen), d.h., der Kunde zahlt das Verpackungsgewicht (Tara) wie das Inhaltsgewicht (Nettogewicht).

→ **Lieferfrist**

Der Vergleich der Lieferfristen verschiedener Anbieter kann im Einzelfall von großer Bedeutung sein. Auf schnelle Lieferung ist ein Betrieb z.B. dann angewiesen, wenn er selbst (unerwartete) zusätzliche Aufträge erhält oder wenn Sonderaufträge gefertigt werden müssen, für die Materialien benötigt werden, die normalerweise nicht am Lager vorrätig gehalten werden.

Merke:

Ist im Angebot die Leistungszeit nicht bestimmt und diese auch nicht aus den Umständen des Rechtsgeschäfts zu entnehmen und wird das Angebot unverändert angenommen, muss der **Verkäufer** auf Verlangen des Käufers **sofort liefern** [§ 271 I BGB].

Bei manchen Geschäften steht und fällt der Zweck des Kaufvertrags mit der Einhaltung eines bestimmten Termins. Hier muss entweder der genaue Liefertermin oder die Lieferfrist vereinbart werden **(Fixkauf).**[1]

4.2.2.4 Leistungsort und Gerichtsstand

In einem Angebot muss festgelegt werden, **wo** der Anbieter seine Leistung zu erbringen hat (Leistungs- bzw. Erfüllungsort).[2] Gleichzeitig wird in der Regel im Angebot festgelegt, welcher Gerichtsort[2] bei eventuellen Streitigkeiten zuständig sein soll.

Lösung des einführenden Rechtsfalls:

Die Quatfasel GmbH hat kein rechtsverbindliches Angebot (keinen Vertragsantrag) abgegeben. Mit dem „Verkaufsinserat" hat sie vielmehr mögliche Käufer, die ihre Anzeige lesen, aufgefordert, ihrerseits Kaufanträge zu machen, d.h., durch Bestellungen die inserierten Herdabdeckplatten zu kaufen. Das Inserat kann auch ganz allgemein der Werbung dienen, d.h., die Quatfasel GmbH möchte auf ihr Unternehmen und ihre Produkte aufmerksam machen.

---

1 Ein **Fixkauf** liegt vor, wenn mit der genannten Einhaltung bzw. Nichteinhaltung des vereinbarten Liefertermins das Geschäft steht oder fällt. Die Einhaltung der vereinbarten Leistungszeit muss ein so wesentlicher Bestandteil des Kaufvertrags sein, dass eine nachträgliche Leistung nicht mehr als Erfüllung des Vertrags angesehen werden kann. Siehe § 323 II Nr. 2 BGB; § 376 HGB (Fixhandelskauf).

2 Leistungsort und Gerichtsstand werden ausführlich behandelt S. 148 ff.

4.2.2.5 Beispiel für ein Angebot

Neben der Gebhardt & Söhne KG hat auch die Esslinger Holzgroßhandlung Holzglück OHG die Anfrage des Baumarktes Hans Brändle KG (siehe S. 156) erhalten und macht am 11. Juni 20.. das im Folgenden abgebildete schriftliche Angebot.

Holzglück OHG
Holzgroßhandlung
Esslingen

Holzglück OHG, Urbanstraße 4, 73702 Esslingen

Baumarkt
Hans Brändle KG
Zöllerstraße 102
64291 Darmstadt

Telefax 0711 4980-33

Ihr Zeichen, Ihre Nachricht vom	Unser Zeichen, Unsere Nachricht vom	Telefon, Name 0711 4980-0	Datum
hä-zi 20..-06-07	g-wi	Holzer	20..-06-11

Angebot 05/188/01

Sehr geehrte Frau Härer,

vielen Dank für Ihre Anfrage. Wir bieten Ihnen an:

> **500 Mehrwegpaletten aus Holz,**
> 100 x 120 cm, gehobelt und gebeizt, mit abgerundeten Kanten.
>
> Preis je Stück   45,00 EUR
> zuzgl. 19% Umsatzsteuer

Die Lieferung erfolgt ab Werk Esslingen; den Zwischenverkauf behalten wir uns vor. Unsere Verkaufsbedingungen: 2% Skonto bei Zahlung innerhalb von 14 Tagen, 30 Tage netto ab Rechnungsdatum; Leistungsort und Gerichtsstand Esslingen.

Was Sie besonders interessieren wird: Wir können kurzfristig liefern. Nach Bestellungseingang liefern wir innerhalb von 5 Tagen. Über Ihren Auftrag würden wir uns freuen.

Mit freundlichen Grüßen

Holzglück OHG

ppa. *Holzer*

Holzer

Zusammenfassung

- Durch **Anfragen** werden Angebote eingeholt.

- **Anfragen sind erforderlich,** wenn die zur Bestellung erforderlichen Beschaffungskonditionen (z. B. Preise, Lieferqualitäten, Lieferfristen) nicht bekannt oder überholt sind (z. B. alte Preislisten), zum günstigen Einkauf Konkurrenzangebote eingeholt, der Liefererkreis zur Absicherung der Bedarfsdeckung erweitert und/oder völlig neue Güter eingekauft werden sollen.

- Zur **Vermeidung von Rückfragen** und unvollständigen Angeboten müssen die Anfragen alle für den Käufer wesentlichen Punkte enthalten (z. B. Art, Qualität, Menge, geforderte Lieferzeit der benötigten Waren).

- Der Anfragende ist durch seine **Anfrage rechtlich nicht gebunden,** er muss die angefragten Waren oder Dienstleistungen nicht bestellen (kaufen).

- Für die Anfrage besteht **kein gesetzlicher Formzwang.** Bei komplizierten Gütern und einem umfangreichen Bedarf sollen die Anfragen zur Vermeidung von Fehlern möglichst **schriftlich** erfolgen.

- Das **Angebot** ist eine bestimmte, verbindliche Willenserklärung des Verkäufers an eine bestimmte Person. Es handelt sich um eine empfangsbedürftige Willenserklärung.

- Der Anbieter ist **rechtlich** an sein Angebot **gebunden.** Die rechtliche Bindung an das Angebot **kann eingeschränkt werden.**

Angebote mit ausgeschlossener rechtlicher Bindung	Angebote mit eingeschränkter Bindung
Klauseln z. B.: Ohne Obligo, unverbindlich, freibleibend	Klauseln z. B.: Lieferung solange Vorrat reicht, Preis freibleibend

- Der Inhalt eines Angebots sollte alle Einzelheiten festlegen, sodass der Käufer nur noch zuzustimmen braucht. Wichtige Inhalte des Angebots sind:

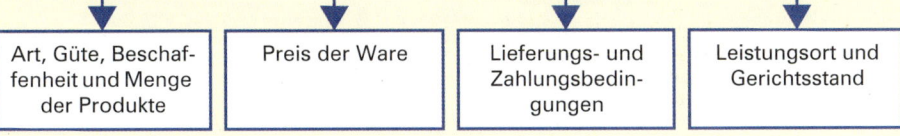

| Art, Güte, Beschaffenheit und Menge der Produkte | Preis der Ware | Lieferungs- und Zahlungsbedingungen | Leistungsort und Gerichtsstand |

Aufgaben zur Sicherung und Vertiefung des Lernerfolgs

69
1. Aus welchem Grund werden Anfragen gestellt?

2. Nennen Sie die wichtigsten Punkte einer Anfrage!

3. Begründen Sie, warum die Anfrage keine Willenserklärung ist!

4. Erläutern Sie, unter welchen Bedingungen Sie eine Anfrage schriftlich abfassen würden!

5. 5.1 Erklären Sie, welche rechtlichen Voraussetzungen erfüllt sein müssen, damit ein Angebot eine Willenserklärung (ein Vertragsantrag) ist!

   5.2 Was bedeutet die rechtliche Bindung an ein Angebot?

6. Die Elektrogroßhandlung Fritz Blank OHG, Freudenstadt, verfügt über einen Restposten an Geschirrspülmaschinen. Sie bietet diese in einer Fachzeitschrift zum Vorzugspreis von 450,00 EUR je Stück an.

   Aufgabe:

   Auf die Anzeige hin bestellt das Elektrogeschäft Ralf Czeschka e.Kfm. fünf Geschirrspül-maschinen des angebotenen Modells zu je 450,00 EUR. Muss die Fritz Blank OHG liefern? (Begründung!)

7. 7.1 Warum sieht das Gesetz Fristen vor, innerhalb welcher ein Angebot angenommen wer-den muss?

   7.2 Erklären Sie, bis zu welchem Zeitpunkt der Anbieter an sein Angebot unter Anwesen-den bzw. Abwesenden und bei einer bestimmten Annahmefrist rechtlich gebunden ist!

8. Der Inhaber eines Bekleidungsfachgeschäfts informiert sich auf der Modemesse über Neu-heiten und Modetrends für die Sommersaison. Er führt mit mehreren Herstellern Einkaufs-gespräche über Stofflieferungen, wobei ihm ein günstiges Angebot unterbreitet wird.

   Aufgaben:

   8.1 Wie lange ist der Hersteller an das mündliche Angebot gebunden?

   8.2 Nennen Sie vier wesentliche Bestandteile, die ein vollständiges schriftliches Angebot beinhaltet!

   8.3 Nennen Sie zwei weitere Gründe, die für die Kaufentscheidung des Geschäftsinhabers von Bedeutung sind!

   8.4 Bei welchen Gütern wird der Einkaufspreis der wichtigste Entscheidungsgrund bei der Beschaffung sein? Begründen Sie Ihre Antwort!

9. Das Bekleidungshaus Klaus Renner e.Kfm. in Waldshut möchte für die Wintersaison 200 Herrenanzüge bestellen. Auf Anfragen hin kommen zwei qualitativ vergleichbare Angebote.

1. Angebot	**2. Angebot**
Preis je Anzug: 365,00 EUR	Preis je Anzug: 380,00 EUR
Zahlung innerhalb von 30 Tagen netto Kasse, innerhalb von 10 Tagen 2,5 % Skonto	Zahlung innerhalb von 40 Tagen netto Kasse, innerhalb von 20 Tagen 3 % Skonto
Mengenrabatt 3 %	–
Für den Leistungsort und den Gerichts-stand gelten die gesetzlichen Bestimmun-gen	Leistungsort und Gerichtsstand sind für beide Teile Tauberbischofsheim
Lieferung innerhalb von 8 Tagen nach Ein-gang der Bestellung durch Spedition	Lieferung innerhalb von 2 Tagen nach Ein-gang der Bestellung mit eigenem Lkw
Frachtkosten für den Gesamtauftrag 240,00 EUR	Die Preise gelten frei Haus
–	Die Lieferung erfolgt unter Eigentumsvor-behalt

   Aufgaben:

   9.1 Wie unterscheidet sich die Anfrage rechtlich von einem Angebot?

   9.2 Führen Sie einen rechnerischen Angebotsvergleich durch!

166

9.3 Für welches Angebot würden Sie sich aus Sicht des Bekleidungshauses Klaus Renner e. Kfm. entscheiden? (Begründung!)

9.4 Nennen Sie zwei weitere, nicht rechenbare (qualitative) Gesichtspunkte, die bei der Kaufentscheidung eine Rolle spielen können!

9.5 Nehmen Sie an, das 2. Angebot wurde „unverbindlich" abgegeben.

9.5.1 Welche Folge hat diese Klausel für den Anbieter?

9.5.2 Reicht – bei der getroffenen Annahme für das 2. Angebot – die rechtzeitige und mit dem Angebot übereinstimmende Bestellung aus, damit ein Kaufvertrag zustande kommt? (Begründung!)

5 Auftrag der Kunden ausführen

5.1 Kundenauftrag (Bestellung)

(1) Begriff und Wesen des Kundenauftrags

Merke:

■ Der **Kundenauftrag (Bestellung)**[1] ist eine **empfangsbedürftige Willenserklärung des Käufers,** bestimmte Waren zu den im Auftrag angegebenen Bedingungen zu kaufen.

■ Zu den **Bedingungen** gehören, wie beim Angebot, Angaben über die Art, Güte und Beschaffenheit der Ware, Bestellmenge, Preise mit Preiszu- und/oder -abschlägen, Zahlungsbedingungen usw.

Gesetzlich ist für den Auftrag **keine bestimmte Form vorgeschrieben.** Um ein „Beweismittel" in der Hand zu haben und möglichen Irrtümern vorzubeugen, sollten jedoch vor allem mündliche und fernmündliche Aufträge schriftlich wiederholt werden.

● Bezieht sich der Kundenauftrag auf ein **vorausgegangenes verbindliches Angebot,** so gilt dies als

– **Annahme,** wenn das **Angebot rechtzeitig** und **unverändert** angenommen wird. Damit kommt ein Kaufvertrag zustande.

– erneuter **Antrag,** wenn das **Angebot abgeändert** oder **verspätet** angenommen wurde [§ 150 BGB].

● Geht dem Kundenauftrag **kein verbindliches Angebot** voraus, so liegt ein Antrag des Käufers vor.

---

1 Aus Sicht des Verkäufers handelt es sich bei der Bestellung um einen Kundenauftrag. Bestellung und Kundenauftrag sind somit zwei verschiedene Begriffe zu ein und demselben Vorgang – je nach Standpunkt des Betrachters.

(2) Rechtliche Bindung an den Auftrag

Grundsatz	Der Kunde (Besteller) ist rechtlich an seinen Auftrag (Bestellung) gebunden. Diese Bindung tritt mit Zugang des Auftrags beim Empfänger ein [§ 130 I S. 1 BGB].
Einschränkungen	Bezüglich der **Einschränkung der rechtlichen Bindung** an den Auftrag gelten die im Kapitel zur rechtlichen Bindung an das Angebot gemachten Ausführungen.[1] Auch der Auftrag ist somit kein Vertragsantrag, wenn die rechtliche Bindung ganz oder teilweise ausgeschlossen ist.
Widerruf	Der Widerruf eines Auftrags muss vor, spätestens gleichzeitig mit dem Auftrag beim Empfänger (z.B. Verkäufer) eingehen [§ 130 I S. 2 BGB].

5.2 Auftragsbestätigung

Häufig besteht zwischen Kunde und Lieferer eine längerfristige Geschäftsverbindung (Stammkunde bzw. Stammlieferer). Dann ist es nicht mehr üblich, für jeden Verkaufsvorgang die Prozessschritte „Anfrage" und „Angebot" zu durchlaufen. Das wäre für beide Vertragspartner mit erheblichem Zeitaufwand und Kosten verbunden. Vielmehr werden durch Rahmenvereinbarungen die Liefer- und Zahlungsbedingungen sowie die Qualitätsvorgaben für einen längeren Zeitraum festgelegt. Dies gilt auch – allerdings zumeist für kürzere Zeiträume – für die Preise.

Der Geschäftsprozess Verkauf beginnt in diesem Fall mit dem Auftragseingang als erster Willenserklärung (Antrag). Die erforderliche 2. Willenserklärung (Annahme) erfolgt dann durch den Verkäufer, indem er an den Kunden eine **Auftragsbestätigung** schickt. Liegen damit zwei übereinstimmende Willenserklärungen vor, ist der Vertrag rechtswirksam geschlossen und beide Partner verfügen über einen schriftlichen Nachweis für den Fall, dass nachträglich eine Beweisführung erforderlich ist. Aus diesem Grund enthält die Auftragsbestätigung detaillierte Angaben über Artikel, Preise, Mengen, Liefer- und Zahlungsbedingungen.

Im Beispiel auf S. 169 bestätigt die HWR GmbH aus Balingen der Baupraktiker GmbH aus Wangen einen Auftrag.

5.3 Lieferschein

Der Lieferschein ist ein Dokument des Verkäufers, das der Warensendung beigelegt wird. Es dient dazu,

- auf **Seiten des Lieferers im Rahmen einer abschließenden Versandkontrolle** zu überprüfen, ob für diese Sendung auch die richtigen Artikel in der richtigen Menge zusammengestellt wurden,
- auf **Seiten des Kunden im Rahmen einer ersten Wareneingangskontrolle** zu überprüfen, ob die gelieferte Ware auch mit der bestellten übereinstimmt. Dieser Vergleich ist dann möglich, wenn die Warenabnahmestelle zuverlässig über ausgehende Bestellungen informiert ist.

Das Beispiel eines Lieferscheins auf S. 170 bezieht sich auf die vorangegangene Auftragsbestätigung.

---

1 Siehe S. 157f.

Es gibt immer was zu tun...

Renovieren
Werken
Hobby

Wir machen
Sie zu
Profis!

HWR GmbH

*Hobby * Werken * Renovieren*

HWR GmbH * Im Industriegebiet 20 * 72336 Balingen

Baupraktiker GmbH
Allgäustr. 25
88239 Wangen

Name	Herr Hahn
Telefon	07433 9123-65
Fax	07433 9123-66
Mail	info@hwr.de
Home	www.hwr.de
Bank	Sparkasse Zollernalb
BIC	SOLADES1BAL
IBAN	DE47 6535 1260 0024 9991 11
Bestell-Nr.	68531
Datum	10.01.20.. Seite 1

Verkauf - Auftragsbestätigung Nr.: 22001

Sehr geehrte Damen und Herren,

vielen Dank für Ihren Auftrag, den wir hiermit bestätigen:

Nr.	Beschreibung	Menge	Einheit	VK-Preis	Rabatt %	MwSt.%	Betrag
221035	Gummihammer 230 g	200	Stück	6,25	8	19	1.150,00
221046	Vorhängeschloss	250	Stück	3,25	5	19	771,87
	Total EUR ohne MwSt.%						1.921,87
	19% MwSt.						365,16
	Total EUR inkl. MwSt.%						2.287,03

Zahlungsbedingung	14 Tage / 3% Skonto / 60 Tage Ziel
Lieferbedingung	frei Haus
Lieferdatum	07.02.20..

Wir versprechen Ihnen eine sorgfältige Ausführung Ihres Auftrages.

Mit freundlichen Grüßen

HWR GmbH

i. A. *Hendrik Hahn*

Hendrik Hahn

Gerichtsstand: Balingen
Sitz der Gesellschaft: Balingen
Registergericht: Amtsgericht Balingen
Handelsregister: HRB 8604
Geschäftszeiten: Mo-Fr 08:00 - 20:00 Uhr, Sa 08:00-14:00 Uhr

Geschäftsführer: Ernst Apel
Geschäftsräume:
Im Industriegebiet 20
72336 Balingen

Finanzamt Balingen
Steuer-Nr. 53050/00468
USt-IdNr. DE 1640899958

Es gibt immer was zu tun...

Renovieren

Werken

**Wir machen
Sie zu
Profis!**

Hobby

HWR GmbH * Im Industriegebiet 20 * 72336 Balingen

HWR GmbH

*Hobby * Werken * Renovieren*

Name	**Herr Hahn**
Telefon	07433 9123-**65**
Fax	07433 9123-**66**
Mail	info@hwr.de
Home	www.hwr.de
Bank	Sparkasse Zollernalb
BIC	SOLADES1BAL
IBAN	DE47 6535 1260 0024 9991 11
Bestell-Nr.	**68531**
Auftrag Nr.	**22001**
Datum	06.02.20..

Baupraktiker GmbH
Allgäustr. 25
88239 Wangen

Seite 1

Verkauf - Lieferschein Nr.: 23003

Sehr geehrte Damen und Herren,

aufgrund Ihrer Bestellung liefern wir Ihnen folgende Artikel:

Nr.	**Beschreibung**	**Menge**	**Einheit**
221035	Gummihammer 230 g	200	Stück
221046	Vorhängeschloss	250	Stück

Mit freundlichen Grüßen

HWR GmbH

Zusammenfassung

■ Der auf ein Angebot oder ohne vorausgegangenes Angebot erfolgte verbindliche **Kundenauftrag ist eine empfangsbedürftige Willenserklärung des Käufers, bestimmte Produkte zu den im Auftrag und/oder im Angebot enthaltenen Bedingungen** (z. B. Preisen, Qualitäten, Mengen, Zahlungsbedingungen) zu kaufen. Aus Sicht des Käufers handelt es sich beim Kundenauftrag um eine **Bestellung.**

■ Für den Kundenauftrag besteht **keine gesetzliche Form** und **kein gesetzlich vorgeschriebener Inhalt.** Um Irrtümer und Streitigkeiten zu vermeiden (aus Gründen der Rechtssicherheit/ Beweissicherheit), sollten jedoch umfangreiche und wichtige Aufträge grundsätzlich **schriftlich** erfolgen.

■ Der Auftraggeber ist an seinen Auftrag **grundsätzlich rechtlich gebunden.** Bei einem vorausgegangenen verbindlichen Angebot muss er somit die bestellten Produkte abnehmen und bezahlen.

■ Die **Bindung des Auftraggebers an seinen Auftrag entfällt**

● **bei einer verspäteten Annahme des Auftrags,**

● bei einer vom Auftrag **abweichenden Auftragsbestätigung** des Verkäufers,

● wenn der **Empfänger (Verkäufer) den erhaltenen Auftrag ablehnt** oder

● **der Kunde seinen Auftrag rechtzeitig widerruft.**

- Die **Auftragsbestätigung** ist ein Dokument des Lieferers. Es bestätigt gegenüber dem Kunden die Annahme seiner Bestellung und gibt ihm Informationen über den voraussichtlichen Liefertermin und die Versandart.

- Der **Lieferschein** ist ein Warenbegleitpapier des Lieferers und dient einer abschließenden Versandkontrolle bzw. ersten Wareneingangskontrolle der Warensendung.

Aufgaben zur Sicherung und Vertiefung des Lernerfolgs

70 1. Welche rechtlichen Merkmale treffen auf einen Kundenauftrag zu?

① verbindlich   ⑤ ist ein Antrag

② unverbindlich   ⑥ ist eine Annahme

③ empfangsbedürftig   ⑦ kann Antrag oder Annahme sein.

④ nicht empfangsbedürftig

Übertragen Sie die Ziffern vor den zutreffenden Merkmalen in Ihr Hausheft!

2. Begründen Sie, warum der Kunde an seinen Auftrag rechtlich gebunden ist!

3. Erläutern Sie, unter welchen Bedingungen die rechtliche Bindung des Kunden an seinen Auftrag entfällt!

4. Erläutern Sie die Rechtswirkungen, wenn ein Kundenauftrag vom Angebot abweicht!

Geben Sie bei Ihrer Antwort die entsprechenden §§ des BGB an!

71 Walter Ammann e.K., Elektrogroßhandlung in Tuttlingen, unterbreitet dem Elektrogeschäft Wolf Agsten e.K. in Immendingen am 2. Juni d.J. ein schriftliches Angebot über Wechselschalter Typ FI 4/1,5/b zum Preis von 6,45 EUR/Stück und Serienschalter Typ FI 6/1,5/c zum Preis von 8,12 EUR/Stück bei Abnahme von jeweils mindestens 80 Stück.

Aufgaben:

1. Wie lange ist Walter Ammann e.K. an dieses Angebot gebunden? (Datum und Begründung!)

2. Durch welche Zusätze könnte die Bindung an ein solches Angebot

2.1 eingeschränkt (zwei Beispiele),

2.2 ganz ausgeschlossen werden (zwei Beispiele)?

3. Wolf Agsten e.K. erteilt am 10. Juni d.J. einen Auftrag über 60 Stück Wechselschalter zu 5,45 EUR/St. und 80 Stück Serienschalter zu 7,12 EUR/St. Muss Walter Ammann e.K. liefern? (Begründung!)

4. In einem Kaufvertrag wurde vereinbart: „Lieferung frachtfrei"

4.1 Erläutern Sie diesen Begriff!

4.2 Wer müsste die Beförderungskosten übernehmen, wenn vertraglich nichts vereinbart worden wäre?

5. Im Kaufvertrag wurde außerdem vereinbart: „Zahlungsziel 30 Tage, bei Zahlung innerhalb von 8 Tagen 2 % Skonto. Bei Abnahme von 800 Stück gewähren wir 5 % Rabatt."

5.1 Erklären Sie den Unterschied zwischen Rabatt und Skonto!

5.2 Erklären Sie den Unterschied zwischen Rabatt und Bonus!

5.3 Begründen Sie, warum ein Verkäufer Skonti gewährt!

6. Begründen Sie, warum bei Gattungswaren[1] die Güte und Beschaffenheit der Waren nicht ausdrücklich vereinbart werden müssen!

---

1 Siehe §§ 91, 243 I BGB und § 360 HGB.

5.4 Grundlagen einer prozessorientierten Darstellung – vorgestellt am Beispiel „Kundenauftrag prüfen"

(1) Elemente zur Darstellung von Geschäftsprozessen

Für die Beschreibung von Geschäftsprozessen bieten sich textliche und grafische Darstellungsformen an. Im Folgenden beschränken wir uns auf die grafische Darstellung von Geschäftsprozessen nach der Methode der **ereignisgesteuerten Prozessketten (EPK)**.

Die wichtigsten Beschreibungsmittel der EPK-Methode sind in der nachfolgenden Tabelle zusammengefasst:

Beschreibungsmittel	Welche Frage wird durch dieses Symbol beantwortet?	Darstellungsform
Organisationseinheit Sie gibt an, **wer** die gestellte Aufgabe (Funktion) erledigt, z.B. Verkauf. Da hier nicht der Name des Mitarbeiters genannt wird, sondern dessen Stelle, ist der Geschäftsprozess unabhängig von personellen Veränderungen.	**Welche Stelle** erledigt die anstehende Aufgabe?	Verkauf
Ereignisse Sie lösen einen Ablauf aus oder sind das Ergebnis eines solchen, z.B. Kundenauftrag ist eingetroffen.	Aus **welchem Anlass** (wann) wird etwas getan bzw. **welcher Zustand ist erreicht,** nachdem die Aufgabe erledigt ist?	Kunden-auftrag ist eingetroffen
Funktionen Sie beschreiben kurz die **Aufgaben,** die zu erledigen sind, z.B. Kundendaten prüfen.	**Welche Aufgabe** wird erledigt?	Kundendaten prüfen
Informationseinheiten Sie bezeichnen die **Daten,** die im Rahmen der Aufgabenerledigung gelesen oder erstellt werden. Die Richtung des Pfeils bestimmt, ob „gelesen" oder „geschrieben" wird, z.B. Zugriff auf die Tabelle KUNDE in einer betrieblichen Datenbank.	**Welche Daten** werden zur Erledigung der Aufgabe benötigt bzw. erstellt?	KUNDE

Beschreibungsmittel	Welche Frage wird durch dieses Symbol beantwortet?	Darstellungsform
Operatoren Die drei verschiedenen Operatoren ermöglichen es, Verzweigungen einzufügen, und ermöglichen dadurch die Darstellung komplexerer und sich wiederholender Abläufe. ∧ **UND,** d. h., beides muss zutreffen oder tritt ein. ∨ **ODER,** d. h., mindestens eines muss zutreffen oder tritt ein. XOR **Exklusives ODER,** d. h., genau eines muss zutreffen oder tritt ein.	Abhängig von der Art des Operators, z. B.: Welche Funktionen müssen gemeinsam durchgeführt werden, nachdem ein Ereignis eingetreten ist? So liest sich z. B. die rechts abgebildete Verzweigung wie folgt: Ist das Ereignis „Auftrag ist erfasst" eingetreten, dann werden sowohl der Lieferschein erstellt als auch die Ware für den Versand vorbereitet.	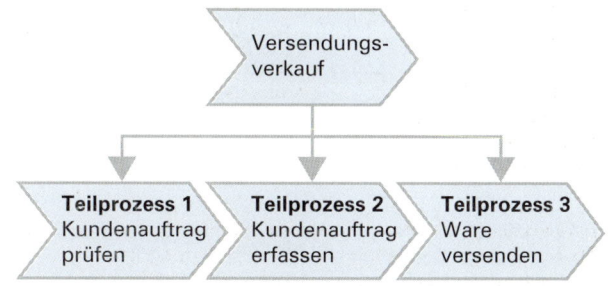

(2) Muster für die Darstellung eines Geschäftsprozesses

Bei der Wilhelmine Knaup Kosmetikversand KG, Laupheim, wird beim Versand der Artikel der nebenstehende (vereinfachte) Geschäftsprozess beachtet:

Versendungsverkauf

Teilprozess 1 Kundenauftrag prüfen
Teilprozess 2 Kundenauftrag erfassen
Teilprozess 3 Ware versenden

Beschreibung:

Teilprozess 1: Trifft ein Kundenauftrag per Fax oder Brief ein, dann werden zunächst die Kundendaten überprüft. Fehlen die Daten (weil Neukunde) oder sind sie fehlerhaft, werden diese in der Datenbanktabelle KUNDE neu aufgenommen bzw. korrigiert.

Teilprozess 2: Danach wird der Auftrag in der Datenbank erfasst und die Datenbanktabelle ARTIKEL aktualisiert, indem die gekaufte Menge vom verfügbaren Lagerbestand abgezogen wird.

Teilprozess 3: Jetzt wird vom Versand die Ware vorbereitet und parallel hierzu ein Lieferschein erstellt. Dieser wird der Ware beigelegt und zusammen mit ihr versandt.

Diese Teilprozesse lassen sich in einer weiteren Auflösungsstufe noch genauer darstellen, sodass in grafischer Form eine sehr exakte Darstellung des Ablaufs gewonnen wird. Als Muster für die grafische Darstellung eines Geschäftsprozesses nach der Methode der ereignisgesteuerten Prozessketten (EPK) wird nachfolgend der erste dieser Teilprozesse (Kundenauftrag prüfen) vorgestellt.

Teilprozess 1: Kundenauftrag prüfen

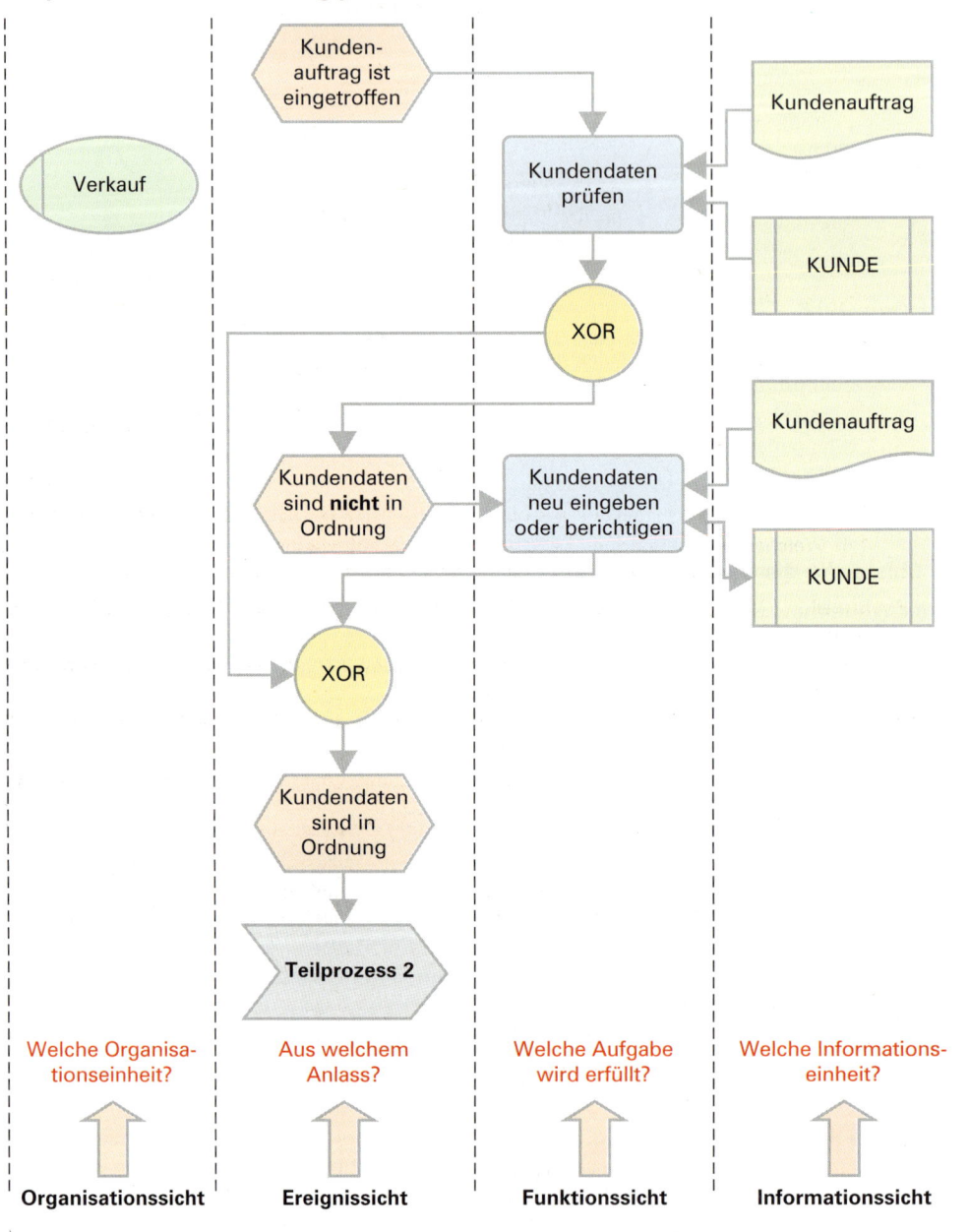

Die Sichten eines Geschäftsprozesses

72 1. 1.1 Erklären Sie in Worten den nachfolgenden Auszug aus einem Teilprozess!

1.2 Ordnen Sie die Objekte den einzelnen Sichten zu!

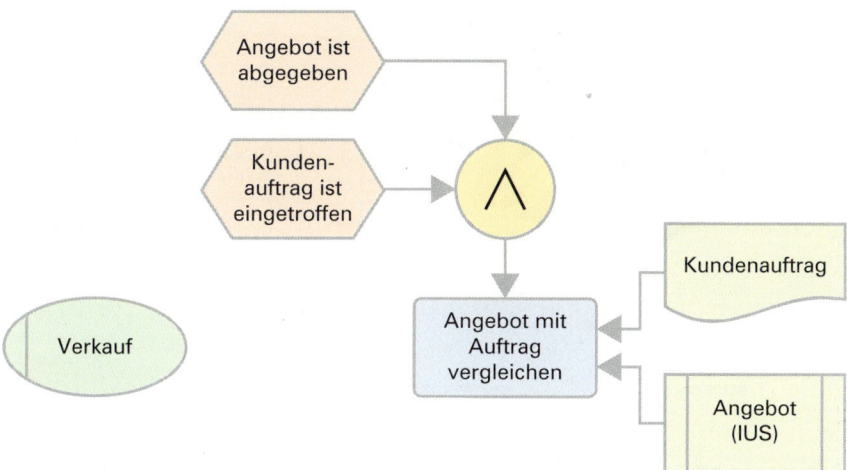

1.3 In welcher Weise werden hierbei die Dokumente benutzt – lesend oder schreibend?

1.4 Welchen Vorteil bringt es, dass bei der Organisationseinheit der Name der Stelle (hier: Verkauf) und nicht der Name des Sachbearbeiters angegeben wird?

2. Erstellen Sie die Auszüge aus einer Ereignisprozesskette, die jeweils folgende Abläufe abbildet:

2.1 Der Patient wird aus dem Krankenhaus entlassen, nachdem er sowohl die Telefonrechnung als auch den Eigenanteil bezahlt hat.

2.2 Nachdem die Ware versandfertig gemacht wurde, kann sie mit der Deutschen Post AG oder mit UPS versandt werden.

2.3 Warum kann die Verknüpfung in Aufgabe 2.2 nicht mit OR (ODER) hergestellt werden?

3. 3.1 Interpretieren Sie den folgenden Teilprozess!

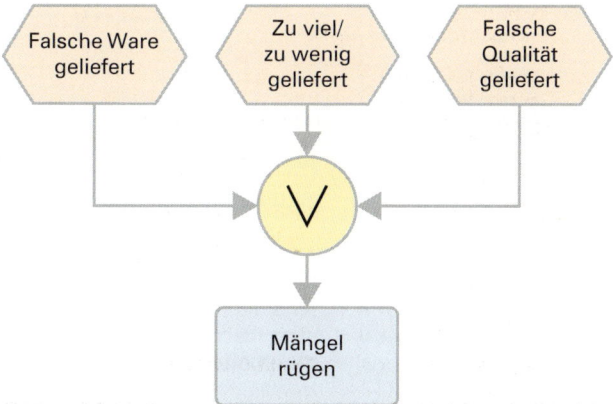

3.2 Wie würde sich der Aussagewert des obigen Geschäftsprozesses ändern, wenn statt des einfachen ODER ein XOR als Verknüpfung eingefügt wäre?

6 Zahlung abwickeln

6.1 Ausgangsrechnung[1]

Parallel zum Lieferschein wird von einer integrierten Unternehmenssoftware auch eine Ausgangsrechnung erstellt.

Erläuterungen:

Eine Ausgangsrechnung ist in der Regel in drei Bereiche aufgeteilt. Sie enthält

● im **Kopfteil** die Absenderdaten, in der Regel in Verbindung mit einem Firmenlogo. Weiter enthält der Kopfteil kundenspezifische Daten, wie z.B. Kundenanschrift und Kundennummer, sowie die einmalig rechnungsbezogenen Daten, wie z.B. Bestellnummer, Bestelldatum, Auftragsnummer, Zeitpunkt der Lieferung oder der sonstigen Leistung, Rechnungsnummer und Rechnungsdatum.

---

1 Zur buchhalterischen Abwicklung und zur Rechnungsstellung innerhalb einer integrierten Unternehmenssoftware siehe Kapitel 2.2, S. 360 ff. und S. 365 ff.

- im **Tabellenteil** für jede Auftragsposition wiederholend die artikelbezogenen Informationen wie z. B. Auftragsmenge, Artikelnummer und Artikelbezeichnung, Einzelpreis, Rabatt, Betrag je Positionszeile.
- im **Fußteil** den Rechnungsgesamtbetrag mit Umsatzsteueranteil sowie Angaben über Zahlungsbedingungen, Gerichtsstand, Erfüllungsort, Eigentumsvorbehalt, ggf. Vermerk über die Vergütung zurückgesandter Verpackung, die dem Lieferer zugeteilte Steuernummer oder Umsatzsteueridentifikationsnummer.

6.2 Zahlungseingang[1]

Eine sorgfältige Rechnungserstellung ist gegenüber dem Kunden ein Beleg für die Sorgfalt der gesamten Auftragsabwicklung. Auch kleine Fehler in der Rechnung können einen Kunden dazu ermuntern, den gesamten Rechnungsbetrag zurückzuhalten.

Der Zahlungseingang kann beschleunigt werden, indem bei der Rechnungsstellung in erster Linie auf Anreize zur raschen Zahlung und weniger auf langfristige Zahlungsziele geachtet wird. Das Beifügen von weitgehend ausgefüllten Überweisungsträgern[2] und die Benennung eines Ansprechpartners (mit Telefonnummer) für Rückfragen unterstützen dieses wichtige Ziel.

Eine sorgfältige Kontrolle des Zahlungseingangs sichert dem Unternehmen die eigene Liquidität (Zahlungsfähigkeit). Andernfalls müsste es die Liquidität dadurch sicherstellen, dass es Bankkredite aufnimmt und hierfür teure Zinsen bezahlt. Eine integrierte Unternehmenssoftware[3] unterstützt die Buchhaltung darin, einen exakten Überblick darüber zu haben, zu welchem Datum mit den einzelnen Zahlungseingängen zu rechnen ist. Säumigen Kunden kann daher pünktlich eine Mahnung erteilt werden. Entschlossenes und nachdrückliches Handeln an dieser Stelle beeinflusst das Zahlungsverhalten der Kunden im positiven Sinne. Darüber hinaus verbessert der Nachweis eines geordneten Forderungs- und Mahnwesens langfristig die Kreditbedingungen bei der eigenen Bank.

Zusammenfassung

- Die Zahlungsabwicklung beginnt mit einer **sorgfältigen Rechnungsstellung**.
- Der Zahlungseingang wird beschleunigt durch Anreize zur raschen Zahlung, Beifügung von weitgehend ausgefüllten Überweisungsträgern und Benennung eines Ansprechpartners für mögliche Rückfragen.

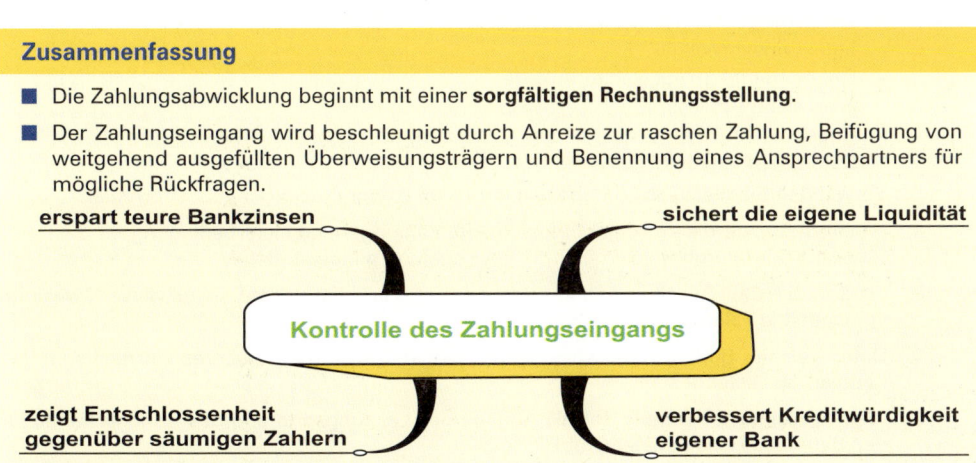

erspart teure Bankzinsen   **sichert die eigene Liquidität**

Kontrolle des Zahlungseingangs

zeigt Entschlossenheit   **verbessert Kreditwürdigkeit**
gegenüber säumigen Zahlern   **eigener Bank**

---

1 Zur buchhalterischen Abwicklung und zur Abwicklung des Zahlungseingangs innerhalb einer integrierten Unternehmenssoftware siehe Kapitel 2.2, S. 360 ff. und S. 368 ff.

2 Zum Thema Überweisung siehe S. 285 ff.

3 Durch die Speicherung aller Daten zu einem Kundenauftrag schließt eine solche Software die Bearbeitungsmöglichkeit des gesamten Geschäftsprozesses ein. Vgl. Abschnitt 5.

12 Speth u.a. - ISBN 978-3-8120-0528-9

73 Sie sind Sachbearbeiter im Verkauf bei der Großhandlung Heinz Stocker KG in Nürnberg. Über eine telefonische Anfrage haben Sie sich folgende Notiz angefertigt:

Telefonnotiz

Datum: *30.05.20..*

Kontakt: *Herr Fritz Huchler, Baumarkt Hans Schäfer GmbH*

Notiz: *Anfrage über 2500 Taschenlampen Artikel-Nr. 221249, für die*
           Jubiläumsveranstaltung der Hans Schäfer GmbH am 30. Juni 20..;
           Firmenlogo „50 Jahre Baumarkt Hans Schäfer GmbH" soll
           eingeprägt werden;
           Kunde erwartet Sonderrabatt von 15% und 3% Skonto

Maßnahmen:

Aufgaben:

1. In Absprache mit Ihrem Abteilungsleiter sollen Sie unter Verwendung der Anlagen 1, 2 und 3 ein Angebot gemäß den Wünschen des langjährigen Kunden und unter Beachtung der folgenden Punkte erstellen:
   - 15 % Rabatt auf die Handelsware (HW)
   - Zahlungsziel von 14 Tagen ab Rechnungsdatum
   - 3 % Skonto bei Zahlung bis 2. Juli 20..
   - Sonderprägung: 0,35 EUR je Taschenlampe
   - Lieferzusage: 25. Juni 20..
   - Eigentumsvorbehalt
   - Lieferbedingung laut Debitorenkarte
   - Preis siehe Artikelkarte
   - Angebots-Nr. 507/17
   - Datum: am Tag des Telefonats

   Verwenden Sie hierzu als Vorlage das in Anlage 2 abgedruckte Angebotsformular!

2. Erläutern Sie, ob die im Angebot festgelegte Zahlungs- und Lieferbedingung für die Heinz Stocker KG im Vergleich zur gesetzlichen Regelung günstiger ist!

3. Erklären Sie den Zweck des Eigentumsvorbehalts und beurteilen Sie, ob dieser Zweck im vorliegenden Fall erreicht werden kann!

4. Unter welchen Bedingungen kommt nach Abgabe unseres Angebotes ein rechtsgültiger Kaufvertrag zustande?

5. Welche rechtliche Wirkung hat die Angabe des Leistungsorts und des Gerichtsstands für den Baumarkt Hans Schäfer GmbH?

Anlage 1

Artikelkarte für die Handelsware Taschenlampen

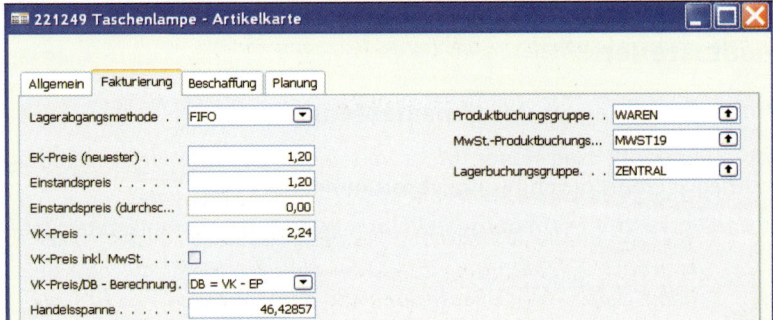

```
▦ 221249 Taschenlampe - Artikelkarte                          _ □ ✕

  Allgemein   Fakturierung   Beschaffung   Planung

  Lagerabgangsmethode . . FIFO          ▾       Produktbuchungsgruppe . .  WAREN    ⬆
                                                MwSt.-Produktbuchungs...   MWST19   ⬆
  EK-Preis (neuester) . . . .          1,20     Lagerbuchungsgruppe . . .  ZENTRAL  ⬆
  Einstandspreis . . . . . .           1,20
  Einstandspreis (durchsc...           0,00
  VK-Preis . . . . . . . . .           2,24
  VK-Preis inkl. MwSt. . . . . ☐
  VK-Preis/DB - Berechnung .  DB = VK - EP   ▾
  Handelsspanne . . . . . .         46,42857
```

Anlage 2

GROSSHANDLUNG HEINZ STOCKER KG

Heinz Stocker KG, Glaserstr. 40, 90427 Nürnberg

Baumarkt
Hans Schäfer GmbH
Dürerstr. 14 – 18
75173 Pforzheim

Tel: 0911 3067505
Fax: 0911 30603007
Mobil: 0171 6567770

Bankverbindung:
Stadtsparkasse Nürnberg
IBAN: DE35 7605 0101 0004 0506 09
BIC: SSKNDE77XXX

USt-ID: DE 132690641
Steuernummer: 232 150

Verkaufs-Angebot

Angebots-Nr.:
Angebots-Datum:

Nr.	Artikel-Beschreibung	Menge	Verkaufspreis	Rabatt	USt-Satz	Betrag

Leistungsort und Gerichtsstand: Nürnberg
Sitz der Gesellschaft: Nürnberg
HRA: 6034

Anlage 3

Debitorenkarte: Konto-Nr. 24021: Baumarkt Hans Schäfer GmbH (Ausschnitt)

```
  Allgemein   Kommunikation   Fakturierung   Zahlung   Lieferung

  Lagerortcode . . . . . . .   ZENTRAL       ⬆

  Lieferbedingungscode . . .   FREI HAUS     ⬆

  Transportzeit . . . . . . .            1T

  Basiskalendercode . . . .    KALENDER      ⬆

    Spezifischer Kalender . .  Nein
```

7 Der Verkaufsprozess im Rechnungswesen

7.1 Buchung von Verkäufen unter Berücksichtigung der Umsatzsteuer

7.1.1 Rechtliche Grundlagen der Umsatzsteuer

Rechtliche Grundlagen der Umsatzsteuer (Mehrwertsteuer) sind das Umsatzsteuergesetz [UStG] und die Umsatzsteuerdurchführungsverordnung.

In vereinfachter und verkürzter Form dargestellt beantwortet das Umsatzsteuergesetz folgende Fragen:

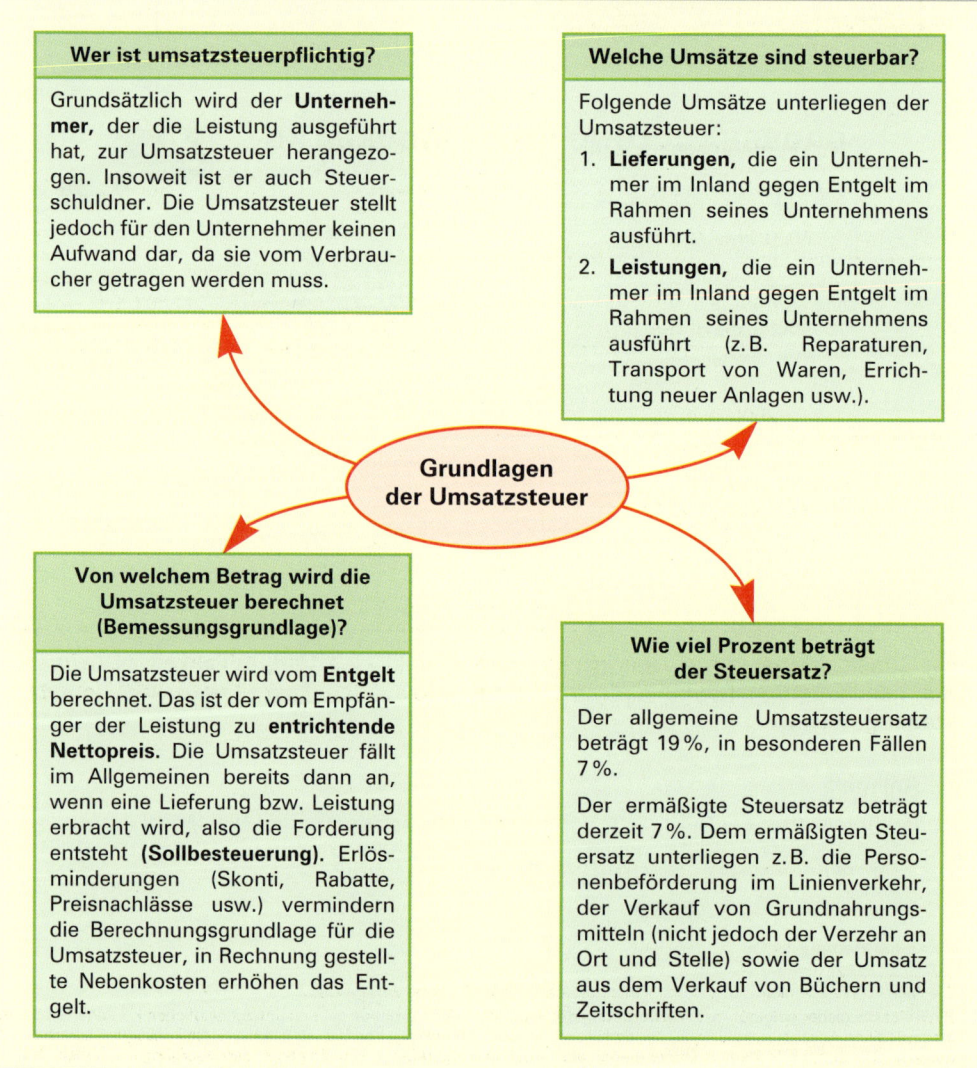

Wer ist umsatzsteuerpflichtig?

Grundsätzlich wird der **Unternehmer,** der die Leistung ausgeführt hat, zur Umsatzsteuer herangezogen. Insoweit ist er auch Steuerschuldner. Die Umsatzsteuer stellt jedoch für den Unternehmer keinen Aufwand dar, da sie vom Verbraucher getragen werden muss.

Welche Umsätze sind steuerbar?

Folgende Umsätze unterliegen der Umsatzsteuer:

1. **Lieferungen,** die ein Unternehmer im Inland gegen Entgelt im Rahmen seines Unternehmens ausführt.
2. **Leistungen,** die ein Unternehmer im Inland gegen Entgelt im Rahmen seines Unternehmens ausführt (z.B. Reparaturen, Transport von Waren, Errichtung neuer Anlagen usw.).

Grundlagen der Umsatzsteuer

Von welchem Betrag wird die Umsatzsteuer berechnet (Bemessungsgrundlage)?

Die Umsatzsteuer wird vom **Entgelt** berechnet. Das ist der vom Empfänger der Leistung zu **entrichtende Nettopreis**. Die Umsatzsteuer fällt im Allgemeinen bereits dann an, wenn eine Lieferung bzw. Leistung erbracht wird, also die Forderung entsteht **(Sollbesteuerung)**. Erlösminderungen (Skonti, Rabatte, Preisnachlässe usw.) vermindern die Berechnungsgrundlage für die Umsatzsteuer, in Rechnung gestellte Nebenkosten erhöhen das Entgelt.

Wie viel Prozent beträgt der Steuersatz?

Der allgemeine Umsatzsteuersatz beträgt 19 %, in besonderen Fällen 7 %.

Der ermäßigte Steuersatz beträgt derzeit 7 %. Dem ermäßigten Steuersatz unterliegen z.B. die Personenbeförderung im Linienverkehr, der Verkauf von Grundnahrungsmitteln (nicht jedoch der Verzehr an Ort und Stelle) sowie der Umsatz aus dem Verkauf von Büchern und Zeitschriften.

7.1.2 Buchhalterische Erfassung der Umsatzsteuer beim Warenverkauf[1]

Da dem Unternehmen durch die Umsatzsteuer **keine Kosten** (Aufwendungen) entstehen, kann für die buchhalterische Erfassung nur der Bereich der **Bilanzkonten** infrage kommen.[2]

Beispiel:

Verkauf von Waren auf Ziel lt. folgender Ausgangsrechnung:

Waren, netto	2 000,00 EUR
+ 19 % USt	380,00 EUR
Rechnungsbetrag (AR)	2 380,00 EUR

Dies entspricht einem Nettowarenwert zum Einstandspreis in Höhe von 1 200,00 EUR.

Aufgabe:

Buchen Sie die beiden Geschäftsvorfälle auf den Konten und bilden Sie anschließend die Buchungssätze!

Lösungen:

S	2400 Forderungen a. L. u. L.		H
5000/4800	2 380,00		

S	5000 Umsatzerlöse		H
		2400	2 000,00

S	4800 Umsatzsteuer		H
		2400	380,00

S	2000 Waren		H
		6000	1 200,00

S	6000 Aufwendungen für Waren		H
2000	1 200,00		

Buchungssatz:

Konten	Soll	Haben
2400 Ford. a. L. u. L. an 5000 Umsatzerlöse an 4800 Umsatzsteuer	2 380,00	2 000,00 380,00
6000 Aufw. f. Waren an 2000 Waren	1 200,00	1 200,00

Merke:

Die **Umsatzsteuer auf Ausgangsrechnungen** stellt eine **Verbindlichkeit** des Unternehmers gegenüber dem Finanzamt dar. Sie wird auf dem **Passivkonto 4800 Umsatzsteuer** gebucht.

---

1 Die Fälle im Wareneinkaufsbereich mit Umsatzsteuer werden im Band 2 behandelt.

2 **Hinweis:** Die bisher eingeführte Farbzuordnung der verschiedenen Vorgänge auf den unterschiedlichen Kontenarten diente als zusätzliche Anschauungshilfe bei der Einführung in die Buchführung. Von hier ab halten wir die konsequente Farbzuordnung nicht mehr für erforderlich. Daher dienen die Farben im Folgenden – in einem gleitenden Übergang – nur noch als Hervorhebung der Unterschiede.

7.1.3 Buchhalterische Erfassung der Umsatzsteuer bei weiteren Fällen

Neben dem Verkauf von Waren können gebrauchte Fahrzeuge oder Teile der Betriebs- und Geschäftsausstattung verkauft werden. Außerdem können aus der Vermittlung von Warengeschäften Provisionserträge anfallen. Auch solche sogenannten Hilfsgeschäfte sind umsatzsteuerpflichtig. Beim Verkauf müssen wir Umsatzsteuer in Rechnung stellen. Sie erscheint auf dem Passivkonto **4800 Umsatzsteuer**.

Zusammenfassung

■ Die **Umsatzsteuer** gehört zur Gruppe der Verkehrsteuern, weil Umsätze (Verkehrsvorgänge) der Unternehmen besteuert werden. Wirtschaftlich gesehen ist sie eine Verbrauchsteuer, weil allein der Letztverbraucher die Umsatzsteuer zu tragen hat. Für den Unternehmer ist die Umsatzsteuer kostenneutral.

■ Die Umsatzsteuer wird vom **Nettopreis (Bemessungsgrundlage)** berechnet.

■ Die **Umsatzsteuer** auf den **Ausgangsrechnungen** hat den Charakter einer **Verbindlichkeit** gegenüber dem Finanzamt.

Aufgaben zur Sicherung und Vertiefung des Lernerfolgs

74 Der Buchhaltung des Bürozentrums B. Sieglinger e. Kfm. liegt die abgebildete Ausgangsrechnung (AR) vor.

Bürozentrum · B. Sieglinger e. Kfm. · 97074 Würzburg

B. Sieglinger e. Kfm., Fichtestr. 10, 97074 Würzburg

Eisenhandlung
Franz Schneider KG
Hauffstraße 12
72762 Reutlingen

Rechnung Nr. 158

Ihre Bestellung 20..-02-15	Unsere Lieferung 20..-02-16	Versandart Spedition	Unsere Zeichen Kl/Ps	Rechnungsdatum 20..-02-21

Anzahl	Art.-Nr.	Bezeichnung	Einzelpreis EUR	Gesamtpreis EUR
20	125/67	Schreibtisch	430,00	8 600,00
10	479/98	Tischlampe	170,00	1 700,00
40	915/54	Drehstuhl	115,00	4 600,00
				14 900,00
		+ 19 % Umsatzsteuer		2 831,00
				17 731,00

Sitz der Gesellschaft: Würzburg;   RG Würzburg: HRA 1420;   Steuer-Nr.: 1285/4693

Deutsche Bank Würzburg
IBAN: DE06 7907 0016 0002 2207 88
BIC: DEUTDEMM790

1. Buchen Sie die Ausgangsrechnung auf den entsprechenden Konten!
2. Bilden Sie die Buchungssätze!

   Hinweis: Der Einstandspreis der Waren liegt bei 8750,00 EUR.

75 Bilden Sie zu den folgenden Geschäftsvorfällen die Buchungssätze!

1. Wir verkaufen Waren bar netto   10391,20 EUR
   + 19 % USt   1974,33 EUR

                                                           12365,53 EUR

   Der Einstandspreis der verkauften Waren beträgt 6550,00 EUR.

2. Verkauf von Waren auf Ziel netto   6220,00 EUR
   + 19 % USt   1181,80 EUR

                                                           7401,80EUR

   Der Einstandspreis der verkauften Waren beträgt 4123,50 EUR.

3. Banküberweisung des Kunden zum Ausgleich einer Rechnung   5881,45 EUR

4. Banküberweisung an einen Lieferer   1134,78 EUR

5. Verkauf von Waren bar netto   778,00 EUR
   + 19 % USt   147,82EUR

                                                           925,82EUR

   Wert des entsprechenden Lagerabgangs: 592,00 EUR.

6. Wir zahlen Grundsteuer durch Banküberweisung   269,40 EUR

7. Wir bezahlen die Ausbildungsvergütungen bar   580,00 EUR

8. Wir erhalten von einem Hersteller Provision
   durch Banküberweisung   810,00 EUR
   + 19 % USt   153,90 EUR   963,90 EUR

9. Wir zahlen Versicherungsbeiträge durch Banklastschrift[1]   174,90 EUR

10. Wir verkaufen Ware auf Ziel netto   2000,00 EUR
    + 19 % USt   380,00 EUR   2380,00 EUR
    Der Einstandspreis der verkauften Waren liegt bei 1400,00 EUR.

11. Der Kunde zahlt die Rechnung bar (Fall 10)   2380,00 EUR

76 Bilden Sie die Buchungssätze zu folgenden Geschäftsvorfällen!

1. Verkauf von Waren auf Ziel   1470,00 EUR
   + 19 % USt   279,30 EUR   1749,30 EUR
   Der Einstandspreis der verkauften Waren beträgt 995,00 EUR.

2. Bareinzahlung auf das Bankkonto   3200,00 EUR

3. Die Tageslosung beträgt einschließlich 19 % USt[2]   4974,20 EUR
   Das entspricht einem Einstandspreis von 2846,80 EUR.

4. Barkauf von Briefmarken   65,50 EUR

5. Barverkauf von Waren   825,00 EUR
   + 19 % USt   156,75 EUR   981,75 EUR
   Der Einstandspreis liegt bei 532,00 EUR.

6. Banküberweisung eines Kunden zum Ausgleich
   einer Rechnung   1970,00 EUR

---

1 Mieten und Versicherungsbeiträge unterliegen nicht der Umsatzsteuer. Gleiches gilt für Bankzinsen.
2 Den Wert für den täglichen Barverkauf in einem Großhandels- bzw. Einzelhandelsgeschäft nennt man Tageslosung. In der Tageslosung ist die Umsatzsteuer enthalten. Bei der Berechnung der Umsatzsteuer muss beachtet werden, dass der Rechenansatz vom vermehrten Grundwert auszugehen hat.

7.2 Debitorenbuchhaltung

7.2.1 Grundbuch und Hauptbuch

(1) Grundbuch

Aus den gesetzlichen Bestimmungen ist ableitbar, dass eine geordnete kaufmännische Buchführung folgende Mindestanforderungen erfüllen muss:

Alle Geschäftsvorfälle müssen vollständig, richtig und zeitlich geordnet aufgezeichnet werden (vgl. § 239 II HGB). Man spricht auch von **chronologischer Aufzeichnungspflicht**. Unabhängig von der Art des dabei verwendeten Mediums wird die Zusammenfassung dieser Eintragungen als **Grundbuch** bezeichnet.

Beispiel:

		Grundbuch:	Monat Februar 20..			Seite
Tag	Beleg-Nr.	Geschäftsvorfall		Buchungssatz	Soll	Haben
02–15	173	Barabhebung vom Bankkonto		2820 Kasse an 2800 Bank	500,00	500,00

(2) Hauptbuch

Die zeitliche Auflistung der Buchungen allein genügt nicht. Sie müssen vielmehr auch in ihren **sachlichen** Auswirkungen dargestellt werden, d.h., die Buchungen im Grundbuch sind auf die **Sachkonten** zu übertragen. Dies geschieht im sogenannten **Hauptbuch**. Die Sachkonten werden daher auch als **Hauptbuchkonten** bezeichnet. Erst durch die sachliche Aufgliederung ist der Stand des Vermögens und der Schulden ersichtlich.

Beispiel:

Die Buchung im Grundbuch führt zu folgender Buchung im Hauptbuch:

S	2820 Kasse		H	S	2800 Bank		H
2800	500,00			AB	3 000,00	2820	500,00

Merke:

- Im **Grundbuch** werden alle buchungsbedürftigen Geschäftsvorfälle **chronologisch,** d.h. in der zeitlichen Reihenfolge ihres tatsächlichen Anfalls erfasst.
- Im **Hauptbuch** werden mithilfe von Konten die **sachlichen** Auswirkungen aller Geschäftsvorfälle erfasst.

7.2.2 Nebenbücher

(1) Allgemeines

Wenn sich auf den Konten des Hauptbuches eine Vielzahl von Veränderungen ergibt oder zusätzliche Daten erfasst werden sollen, können zur Entlastung des Hauptbuches **Nebenbücher** geführt werden. Die Nebenbücher erfassen den Buchungsinhalt für jeden einzelnen Beleg und ergänzen somit die zusammengefassten Buchungsinhalte des Hauptbuches. Wegen dieses sachlichen Zusammenhangs muss jedem Nebenbuch, in dem die Einzelvorgänge erfasst werden, ein Konto des Hauptbuches entsprechen, das die gesammelten Werte periodenweise aufnimmt. Wichtige Nebenbücher sind: das Kundenbuch, das Lieferantenbuch, das Kassenbuch, das Lagerbuch, das Anlagebuch. Mit Ausnahme des Kassenbuches spricht man gelegentlich auch von einer Kartei (z. B. Lieferantenkartei, Anlagenkartei).

> **Merke:**
>
> **Nebenbücher** erfassen alle **Wertveränderungen im Einzelnen**. Diese werden periodenweise gesammelt und auf die Hauptbuchkonten übertragen. Erst nach dieser Übertragung ist das Hauptbuch abschlussfähig.

Die Funktion der Nebenbücher wird im Folgenden am Beispiel der Debitorenbuchhaltung kurz erläutert.[1]

(2) Personenkonten der Kunden – Debitorenkonten

Bisher haben wir den Geschäftsverkehr mit den Kunden nur über das Sachkonto 2400 Forderungen aus Lieferungen und Leistungen abgewickelt.

Das Sachkonto 2400 Forderungen aus Lieferungen und Leistungen gibt Auskunft über den Gesamtbetrag der Forderungen gegenüber den Kunden. Um aber die Lieferungen und Zahlungsvorgänge gegenüber **jedem einzelnen Kunden** überwachen zu können, müssen in der Praxis neben dem Sachkonto des Hauptbuches zusätzlich entsprechende **Personenkonten für jeden Kunden (Debitorenkonten)** geführt werden. Bei Geschäftsvorfällen mit Kunden erfolgt die Buchung nicht mehr über das Sachkonto Forderungen aus Lieferungen und Leistungen, sondern über das entsprechende Personenkonto in der Nebenbuchhaltung.

(3) Grundprinzip der Debitorenbuchhaltung

> **Beispiel:**
>
> | | |
> |---|---|
> | Wir verkaufen an die Ihle & Klein OHG Waren auf Ziel lt. Ausgangsrechnung (AR) Nr. 89 vom 10. November: Warenwert 17 000,00 EUR zuzüglich 19 % USt. Der Einstandspreis der verkauften Ware liegt bei 10 900,00 EUR. | **Aufgabe:** Richten Sie in einer Nebenbuchhaltung ein entsprechendes Debitorenkonto ein und buchen Sie diesen Geschäftsvorfall! |

---

1 Auf die Kreditorenbuchhaltung wird im Rahmen der Wareneinkaufsbuchungen eingegangen. Vgl. Band 2, Abschnitt 6, Kap. 9.2.

Lösung:

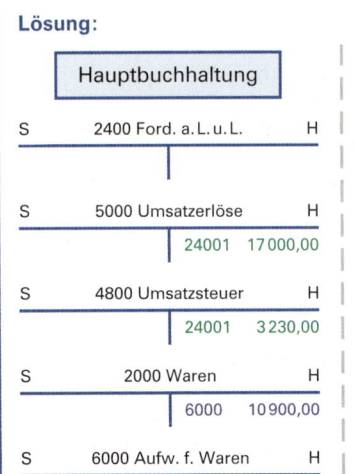

Hauptbuchhaltung	

S   2400 Ford. a. L. u. L.   **H**

S   5000 Umsatzerlöse   **H**
             24001   17 000,00

S   4800 Umsatzsteuer   **H**
             24001   3 230,00

S   2000 Waren   **H**
             6000   10 900,00

S   6000 Aufw. f. Waren   **H**
2000   10 900,00

Nebenbuchhaltung	

Beispiel für ein Kundenkonto (Debitorenkonto)

24001: Ihle & Klein OHG					
Datum[1]	Beleg	Text	Soll	Haben	Saldo
10.11.		Saldovortrag			38 900,00
10.11.	AR 89	5000/4800	20 230,00		

Hinweis:

Es ist davon auszugehen, dass die Einzelbeträge der Nebenbuchhaltung erst am Ende der Periode auf das Hauptbuchkonto übertragen werden!

Erläuterungen:

In diesem Beispiel erscheinen in der Hauptbuchhaltung zwei Habenbuchungen mit einer Gesamtsumme von 20 230,00 EUR. Die Gegenbuchung hierzu erscheint auf dem Debitorenkonto in der Nebenbuchhaltung. In diesem Fall fehlt zunächst in der Hauptbuchhaltung die Gegenbuchung auf dem Sachkonto 2400 Forderungen aus Lieferungen und Leistungen. Eine Summenprobe (die Summe der gebuchten Sollbeträge entspricht der Summe der gebuchten Habenbeträge) ist daher erst sinnvoll, nachdem die in der Nebenbuchung erfassten Beträge in die Hauptbuchhaltung übertragen wurden. Keine Änderung erfährt die Buchung des Wareneinsatzes.

7.2.3 Darstellung der Zusammenhänge zwischen Hauptbuchhaltung und Nebenbuchhaltung am Beispiel der Debitorenbuchhaltung

Beispiel:

I. Anfangsbestände:

Sachkonten: 2000 Waren 12 000,00 EUR
2400 Forderungen aus Lieferungen und Leistungen 34 500,00 EUR.

Der Anfangsbestand der Forderungen betrifft die folgenden Einzelforderungen:

Konto-Nr.	Name des Kunden	Saldo
24002	Franz Abel OHG	22 425,00 EUR
24003	Fritz Bebel KG	10 350,00 EUR
24004	Claus Cebel e. K.	1 725,00 EUR
	Summe der Einzelsalden	34 500,00 EUR

---

1 Da wir im schulischen Bereich auf die Datumsspalte verzichten, lassen wir die Angabe des Datums bei den folgenden Übungsaufgaben wegfallen.

II. Geschäftsvorfälle:

1. Zielverkauf lt. AR 12 an die Abel OHG, Nettowert 5000,00 EUR zuzüglich 19 % USt; Einstandspreis 3500,00 EUR.
2. Zielverkauf lt. AR 13 an die Bebel KG, Nettowert 7000,00 EUR zuzüglich 19 % USt; Wert des entsprechenden Lagerabgangs 4900,00 EUR.
3. Banküberweisung von der Abel OHG für AR 09   3450,00 EUR.
4. Zielverkauf lt. AR 14 an Cebel e.K., Nettowert 2000,00 EUR zuzüglich 19 % USt; Einstandspreis 1400,00 EUR.
5. Banküberweisung von der Bebel KG für AR 08   1380,00 EUR.

III. Aufgaben:

1. Bilden Sie die Buchungssätze im Grundbuch!
2. Buchen Sie auf den entsprechenden Konten in der Haupt- und in der Nebenbuchhaltung!
3. Übertragen Sie die auf den Debitorenkonten gebuchten Soll- und Habenbeträge jeweils in einer Summe auf das Konto 2400 Forderungen aus Lieferungen und Leistungen!
4. Stellen Sie für die einzelnen Forderungen aus Lieferungen und Leistungen eine Saldenliste auf und überprüfen Sie, ob die Endsummen mit den Endsalden auf dem Konto der Hauptbuchhaltung (Konto 2400) abgestimmt sind!

Hinweis zu den Buchungen:

Beim Buchen der Geschäftsvorfälle im Grund- und im Hauptbuch wird **nicht** – wie bisher – das **Sachkonto 2400 Forderungen aus Lieferungen und Leistungen angesprochen, sondern die jeweiligen Personenkonten der Kunden.**

Die zunächst noch fehlende Buchung auf dem Sachkonto 2400 Forderungen aus Lieferungen und Leistungen wird durch eine **summarische Übertragung der Verkehrszahlen, die auf den Debitorenkonten stehen, im Rahmen der Abschlussarbeiten** vorgenommen.

Lösung:

Zu 1. Buchungssätze im Grundbuch:

Nr.	Geschäftsvorfälle	Konten	Soll	Haben
1.	Zielverkauf lt. AR 12 an die Abel OHG Nettowert 5000,00 EUR zuzüglich 19 % USt	24002 (Abel OHG) an 5000 Umsatzerlöse an 4800 Umsatzsteuer	5950,00	5000,00 950,00
	Wareneinsatz	6000 Aufw. f. Waren an 2000 Waren	3500,00	3500,00
2.	Zielverkauf lt. AR 13 an die Bebel KG Nettowert 7000,00 EUR zuzüglich 19 % USt	24003 (Bebel KG) an 5000 Umsatzerlöse an 4800 Umsatzsteuer	8330,00	7000,00 1330,00
	Wareneinsatz	6000 Aufw. f. Waren an 2000 Waren	4900,00	4900,00
3.	Banküberweisung von der Abel OHG für AR 09 3450,00 EUR	2800 Bank an 24002 (Abel OHG)	3450,00	3450,00
4.	Zielverkauf lt. AR 14 an Cebel e.K. Nettowert 2000,00 EUR zuzüglich 19 % USt	24004 (Cebel e.K.) an 5000 Umsatzerlöse an 4800 Umsatzsteuer	2380,00	2000,00 380,00
	Wareneinsatz	6000 Aufw. f. Waren an Waren	1400,00	1400,00
5.	Banküberweisung von der Bebel KG für AR 08 1380,00 EUR	2800 Bank an 24003 (Bebel KG)	1380,00	1380,00

187

Zu 2., 3. und 4. Buchungen in der Haupt- und Nebenbuchhaltung:

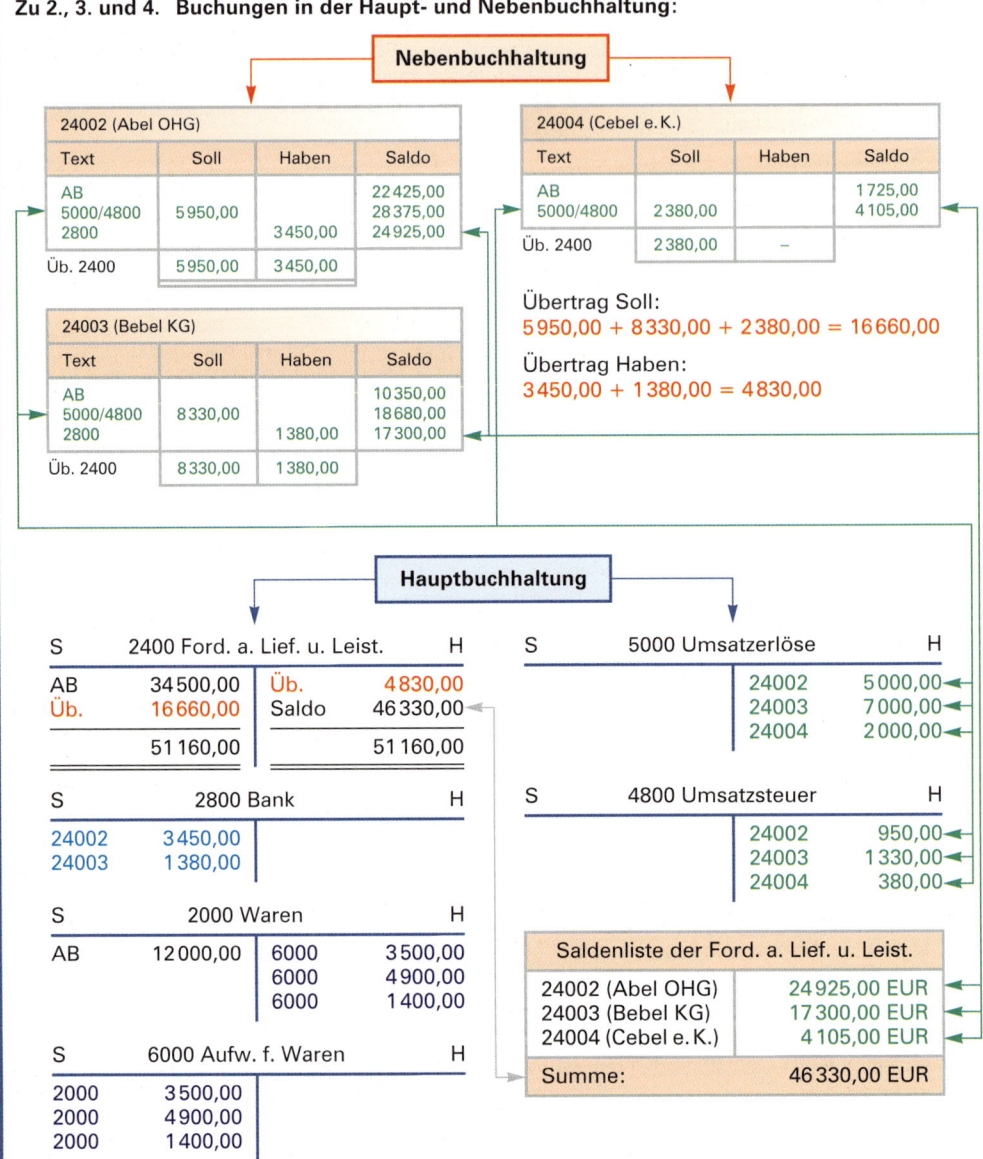

Erläuterungen:

(1) Zu den Anfangsbeständen

- Die Gesamtsumme der Anfangsbestände bei den Forderungen beträgt 34 500,00 EUR. Den Betrag tragen wir – wie gewohnt – auf dem Sachkonto **2400 Forderungen aus Lieferungen und Leistungen** in der Hauptbuchhaltung als Anfangsbestand ein.

- Dieser Gesamtbetrag der Forderungen setzt sich aus Einzelforderungen gegenüber verschiedenen Kunden zusammen. Um diese Einzelforderungen und deren pünktliche Zahlung kontrollieren zu können, wird in der Nebenbuchhaltung für jeden Kunden ein gesondertes Konto angelegt.

Um eine effektive Kontrolle ausüben zu können, werden diese Debitorenkonten in der Praxis häufig noch mit weiteren Informationsdaten ausgestattet. Es könnten dort z.B. noch das Datum der Ausgangsrechnung, das Datum der Fälligkeit des Betrages, die durchgeführten Mahnstufen und was sonst noch von Interesse sein könnte, vermerkt werden. Da diese Einzelheiten für uns nicht von Interesse sind, haben wir der Einfachheit halber bei der Einrichtung der Debitorenkonten darauf verzichtet.

- Auf diesen in der Nebenbuchhaltung geführten Debitorenkonten tragen wir die jeweils noch bestehende Forderung ein. Damit die später in einer Summe in die Hauptbuchhaltung zu übernehmenden Verkehrszahlen durch einfache Addition der Soll- und Habenspalten schnell und problemlos ermittelt werden können, tragen wir den jeweiligen Anfangsbestand nicht in der Sollspalte, sondern in einer gesondert geführten Saldenspalte ein. So erscheint z.B. bei dem Kunden Abel OHG als erster Betrag in der Saldenspalte die noch ausstehende Forderung in Höhe von 22 425,00 EUR.

- Addiert man die auf den Debitorenkonten als Saldovorträge erfassten Einzelforderungen, muss die Summe der Einzelforderungen in der Nebenbuchhaltung mit dem auf dem Sachkonto in der Hauptbuchhaltung ausgewiesenen Anfangsbestand übereinstimmen. Das ist in unserem Beispiel auch der Fall. Daher können wir sagen, dass bezüglich der Forderungen die Hauptbuchhaltung mit der Nebenbuchhaltung abgestimmt ist.

(2) Zu den Geschäftsvorfällen

- Ist – wie in der Praxis üblich – für den Geschäftsverkehr mit den Kunden eine Nebenbuchhaltung eingerichtet, wird bei Geschäftsvorfällen, die die Kunden betreffen, nicht das entsprechende Sachkonto der Hauptbuchhaltung angesprochen, sondern das betreffende Personenkonto in der Nebenbuchhaltung. In der Praxis der Computerbuchführung ist das Sachkonto für Forderungen für eine direkte Buchung häufig gesperrt.

- Beim Buchen der Geschäftsvorfälle, die den Verkehr mit den Kunden betreffen, wird daher immer der Zugang oder Abgang an Forderungen zunächst auf den jeweiligen Personenkonten gebucht, während die Gegenbuchungen auf entsprechenden Konten der Hauptbuchhaltung erfasst werden. Auf diese Weise besteht also immer beim Buchen von Geschäftsvorfällen, die den Verkehr mit den Kunden betreffen, eine diagonale Verbindung zwischen Nebenbuchhaltung und Hauptbuchhaltung.

- Am Beispiel dieses ersten Geschäftsvorfalles ist erkennbar, dass in der Hauptbuchhaltung nur Habenbuchungen erfolgt sind. Die entsprechende Sollbuchung erscheint in der Nebenbuchhaltung. Insofern ist also innerhalb der Hauptbuchkonten der Buchungskreis (Sollbuchung entspricht der Habenbuchung) noch nicht geschlossen. Hier fehlt noch die Sollbuchung.

(3) Zu der Schließung des Buchungskreises in der Hauptbuchhaltung

- Da bei jedem Geschäftsvorfall der zu buchende Betrag mit der einen Seite der Buchung (Sollseite oder Habenseite) in der Nebenbuchhaltung erscheint, fehlt in der Hauptbuchhaltung jeweils die entsprechende Gegenbuchung.

- Diese Lücken werden dadurch geschlossen, dass die in der Nebenbuchhaltung erfassten Verkehrszahlen auf den Personenkonten auf das Sachkonto der Hauptbuchhaltung übernommen werden. Solange diese Übertragung nicht erfolgt ist, sind Zwischenabstimmungen bzw. Abschlüsse nicht möglich.

- Für die Übernahme der entsprechenden Beträge, z.B. für das Sachkonto Forderungen, sind alle auf der Sollseite und der Habenseite der einzelnen Kundenkonten erfassten Beträge zu addieren und diese beiden Summen sind auf das Forderungskonto in der Hauptbuchhaltung zu übertragen. Das ist keine Buchung, sondern lediglich eine statistische Übernahme von Zahlen, durch die der noch offene Buchungskreis in der Hauptbuchhaltung erst geschlossen wird.

- Da wir auf den einzelnen Kundenkonten Zwischensummen dieser sogenannten Verkehrszahlen gebildet haben, sind diese Zwischensummen zu addieren. Wir erhalten z.B. für die auf das Sachkonto 2400 Forderungen aus Lieferungen und Leistungen zu übertragende Sollsumme einen Betrag von 16660,00 EUR. Dieser Wert setzt sich aus der Summe der auf den einzelnen Personenkonten gebuchten Sollbeträge zusammen. (Abel OHG [5950,00 EUR] + Bebel KG [8330,00 EUR] + Cebel e.K. [2380,00 EUR] = 16660,00 EUR). Entsprechendes gilt für die zu übertragende Habensumme in Höhe von 4830,00 EUR.

- Nach Übernahme dieser Beträge auf das Sachkonto Forderungen ist bezüglich der Forderungen der Buchungskreis in der Hauptbuchhaltung geschlossen. Beim Abschluss des Sachkontos „Forderungen aus Lieferungen und Leistungen" ergibt sich ein Saldo in Höhe von 46330,00 EUR. Das ist der Gesamtbestand der Forderungen zum Zeitpunkt des Abschlusses. Dieser Betrag muss mit der Summe der auf den einzelnen Kundenkonten ausgewiesenen Endsalden übereinstimmen. Wie aus der aufgestellten Saldenliste der Forderungen hervorgeht, ist das in unserem Beispiel auch der Fall. Auch beim Abschluss ist also in Bezug auf die Forderungen die Hauptbuchhaltung mit der Nebenbuchhaltung abgestimmt.

Zusammenfassung

- Um die Forderungen aus Lieferungen und Leistungen sowie den Zahlungsverkehr mit jedem einzelnen Kunden überwachen zu können, werden in der Praxis diese Vorgänge auf entsprechenden Personenkonten in einer sogenannten **Debitorenbuchhaltung** erfasst, die außerhalb der Hauptbuchhaltung als Nebenbuchhaltung geführt wird.

- Da bei dieser Buchungsweise ein Teil der Buchung in der Hauptbuchhaltung und der andere Teil auf den entsprechenden Personenkonten in der Nebenbuchhaltung erscheint, müssen die auf den Debitorenkonten gebuchten Beträge auf das entsprechende **Sachkonto der Hauptbuchhaltung** (2400 Forderungen aus Lieferungen und Leistungen) **übertragen** werden. Erst danach ist der Buchungskreis in der Hauptbuchhaltung (Sollbuchung entspricht der Habenbuchung) geschlossen.

- Was hier am Beispiel der Debitorenbuchhaltung dargestellt wurde, gilt entsprechend auch für eine **Kreditorenbuchhaltung** (Personenkonten für die einzelnen Lieferanten).

Aufgaben zur Sicherung und Vertiefung des Lernerfolgs

77 **I. Anfangsbestände zum 1. Juni**

1. Richten Sie in der Hauptbuchhaltung das Sachkonto 2400 Forderungen aus Lieferungen und Leistungen ein und tragen Sie zum 1. Juni einen Anfangsbestand in Höhe von 12400,00 EUR vor! Der Lageranfangsbestand auf dem Warenkonto beträgt 15000,00 EUR.

2. Richten Sie innerhalb der Debitorenbuchhaltung die folgenden Kundenkonten ein und tragen Sie zum 1. Juni jeweils die angegebenen Anfangsbestände darauf vor:
   - Fabian Schlau KG, Kd.-Nr. 24005, Saldovortrag 5100,00 EUR,
   - Gertrud Traub OHG, Kd.-Nr. 24006, Saldovortrag 7300,00 EUR.

II. Geschäftsvorfälle

Datum	Bel.-Nr.	Kd.-Nr.	Vorgang	Betrag
4. Juni	AR 122	24005	Zielverkauf einschl. 19 % USt Wareneinstandspreis	2380,00 EUR 1200,00 EUR
6. Juni	AR 123	4006	Zielverkauf einschl. 19 % USt Wareneinstandspreis	4760,00 EUR 2400,00 EUR

Datum	Bel.-Nr.	Kd.-Nr.	Vorgang	Betrag
8. Juni	AR 124	24005	Zielverkauf einschl. 19 % USt	7 735,00 EUR
			Wareneinstandspreis	3 900,00 EUR
12. Juni	BA 411	24006	Bankscheck	5 175,00 EUR
15. Juni	Ka 305	24006	Barzahlung	920,00 EUR
18. Juni	AR 125	24005	Zielverkauf einschl. 19 % USt	7 140,00 EUR
			Wert des Lagerabgangs	3 600,00 EUR
24. Juni	BA 423	24005	Banküberweisung	5 980,00 EUR
30. Juni	Ka 307	24006	Barzahlung	1 610,00 EUR

III. Aufgaben

1. Bilden Sie die Buchungssätze für die angegebenen Geschäftsvorfälle!
2. Übertragen Sie die entsprechenden Werte der Buchungssätze auf die Debitorenkonten!
3. Übertragen Sie die auf den Debitorenkonten gebuchten Verkehrszahlen auf das Sachkonto 2400 Forderungen aus Lieferungen und Leistungen!
4. Schließen Sie die Debitorenkonten und das Forderungskonto zum 30. Juni ab und stellen Sie eine Saldenliste über die ausstehenden Forderungen auf!
5. Überprüfen Sie, ob das Sachkonto 2400 Forderungen aus Lieferungen und Leistungen der Hauptbuchhaltung mit der Saldenliste der Debitorenbuchhaltung abgestimmt ist!

78 I. Anfangsbestände zum 1. August

1. Richten Sie in der Hauptbuchhaltung das Sachkonto 2400 Forderungen aus Lieferungen und Leistungen ein und tragen Sie zum 1. August einen Anfangsbestand in Höhe von 17 360,00 EUR vor! Am 1. August sind Waren im Wert von 17 500,00 EUR vorhanden.

2. Richten Sie innerhalb der Debitorenbuchhaltung die folgenden Kundenkonten ein und tragen Sie zum 1. August jeweils die angegebenen Anfangsbestände darauf vor:
   – Franz Leib OHG, Kd.-Nr. 24007, Saldovortrag 7 140,00 EUR,
   – Hans Rab OHG, Kd.-Nr. 24008, Saldovortrag 10 220,00 EUR.

II. Geschäftsvorfälle

Datum	Bel.-Nr.	Kd.-Nr.	Vorgang	Betrag
5. August	AR 211	24007	Zielverkauf einschl. 19 % USt	3 332,00 EUR
			Wert des Warenabgangs	1 400,00 EUR
9. August	AR 212	24008	Zielverkauf einschl. 19 % USt	6 664,00 EUR
			Wert des Warenabgangs	2 800,00 EUR
11. August	AR 213	24007	Zielverkauf einschl. 19 % USt	10 829,00 EUR
			Wareneinstandspreis	4 550,00 EUR
12. August	BA 314	24008	Bankscheck	7 245,00 EUR
16. August	Ka 307	24008	Barzahlung	1 288,00 EUR
21. August	AR 214	24007	Zielverkauf einschl. 19 % USt	9 996,00 EUR
			Wareneinstandspreis	4 200,00 EUR
27. August	BA 322	24007	Banküberweisung	8 372,00 EUR
31. August	Ka 380	24008	Barzahlung	2 254,00 EUR

III. Aufgaben

1. Bilden Sie die Buchungssätze für die angegebenen Geschäftsvorfälle!
2. Übertragen Sie die entsprechenden Werte der Buchungssätze auf die Debitorenkonten!
3. Übertragen Sie die auf den Debitorenkonten gebuchten Verkehrszahlen auf das Sachkonto 2400 Forderungen aus Lieferungen und Leistungen!

4. Schließen Sie die Debitorenkonten und das Forderungskonto zum 31. August ab und stellen Sie eine Saldenliste über die ausstehenden Forderungen auf!

5. Überprüfen Sie, ob das Sachkonto 2400 Forderungen aus Lieferungen und Leistungen der Hauptbuchhaltung mit der Saldenliste der Debitorenbuchhaltung abgestimmt ist!

7.3 Verkaufskalkulation[1]

7.3.1 Problemstellung

Im Folgenden wird die Handelskalkulation am Beispiel des Großhandels dargestellt. Jeder Großhandelsbetrieb ist bestrebt, Gewinn zu erzielen. Der Verkaufspreis muss daher alle Kosten und einen angemessenen Gewinnaufschlag enthalten. Die Berechnung des Verkaufspreises nennen wir **Kalkulation. Kalkulieren heißt also: Berechnen von Kosten und Preisen.**

Grundlage der Kalkulation ist die geordnete Erfassung aller Kosten, die die Waren vom Einkauf über die Lagerung einschließlich der Verwaltung bis hin zum Vertrieb verursachen. Das Sammeln der Kosten erfolgt in der Kosten- und Leistungsrechnung.

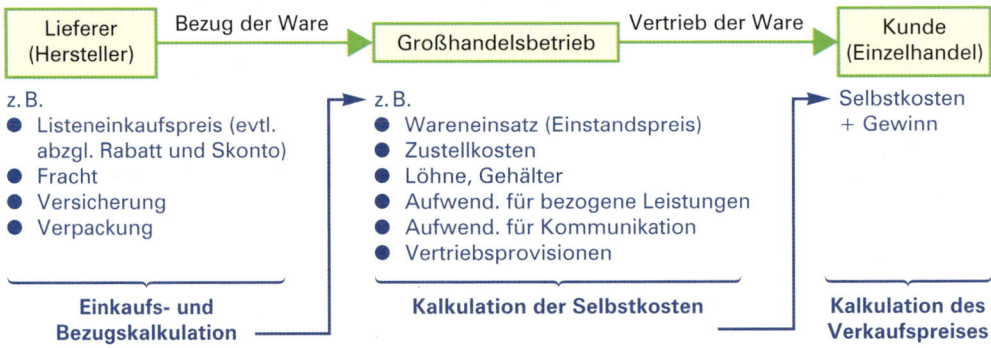

Die Kalkulation rechnet schrittweise alle Kosten ein, die die Ware vom Einkauf (Ausgangspunkt: Listeneinkaufspreis) bis zur Endstation Kunde verursacht. Auf die Selbstkosten wird unter Berücksichtigung der Konkurrenzangebote ein angemessener Gewinn aufgeschlagen. Zur Berechnung des Verkaufspreises hat der Kaufmann ein **Kalkulationsschema** entwickelt, das wichtige Kostengruppen zusammenfasst. Es wird in den folgenden Kapiteln vorgestellt.

7.3.2 Aufbau der Warenhandelskalkulation (Vorwärtskalkulation)

7.3.2.1 Einkaufs- und Bezugskalkulation

Ziel der Einkaufs- und Bezugskalkulation ist es, den Einstandspreis der eingekauften Ware zu ermitteln. Er enthält sämtliche Kosten, die dem Großhändler entstanden sind, bis die Ware im Lager eintrifft.

---

1 Obwohl der Wareneinkauf noch nicht behandelt wurde und der Lehrplan lediglich die Verkaufskalkulation verlangt, erscheint es den Autoren aus Gründen der Stoffstruktur sinnvoll, die Handelskalkulation vollständig darzustellen. Die Schülerinnen und Schüler sollten aus unserer Sicht verstehen, wie die Selbstkosten ermittelt werden.

Im Einzelnen unterscheiden wir:

(1) Warenkosten

Hierunter verstehen wir die reinen Warenkosten (Listeneinkaufspreis).

(2) Preisabzüge

Vom Einkaufspreis gewährt der Anbieter oft noch Preisabzüge.

→ Rabatt

Der Rabatt ist ein Preisnachlass, der unabhängig von der Zahlungsfrist gewährt wird. Zweck: z.B. Anreiz für den Kunden, mehr (größere Mengen) zu kaufen. Es handelt sich dabei um Mengenrabatt.

Listeneinkaufspreis − Liefererrabatt = Zieleinkaufspreis

→ Skonto

Hierunter versteht man einen Preisnachlass, der dann gewährt wird, wenn der Schuldner innerhalb einer bestimmten Frist bezahlt. Die Klausel lautet z.B.: „3 % Skonto innerhalb von 10 Tagen, 30 Tage netto ab Rechnungsdatum". Zweck: Anreiz für den Kunden, früher zu zahlen, d.h. in diesem Fall innerhalb der Skontofrist von 10 Tagen.

Zieleinkaufspreis − Liefererskonto = Bareinkaufspreis

Wurden im Kaufvertrag sowohl Rabatt als auch Skonto vereinbart, wird zuerst der Rabatt und dann der Skonto abgesetzt, denn der Skonto als Abzug für vorzeitige Zahlung kann nur von dem tatsächlich geschuldeten Betrag vorgenommen werden.

(3) Bezugskosten

Sie umfassen alle Nebenkosten, die mit der Beschaffung der eingekauften Ware zusammenhängen, wie z.B. Fracht, Versicherung, Zölle, Einkaufsverpackung, Anfuhr- und Abfuhrkosten.

Bareinkaufspreis + Bezugskosten = Einstandspreis (Bezugspreis[1])

Zum Einstandspreis (Bezugspreis) der Ware gelangt man also, wenn man vom Listeneinkaufspreis ausgehend die Preisnachlässe (Rabatt und Skonto) abzieht und die Bezugskosten auf die Zwischensumme aufschlägt.

Beispiel:

Ein Großhändler erhält Ware zu folgenden Bedingungen:

Listeneinkaufspreis 507,00 EUR zuzüglich 19 % Umsatzsteuer,[2] 33 $\frac{1}{3}$ % Wiederverkäuferrabatt, 2 % Skonto, Kosten für Fracht, Anfuhrkosten und Transportversicherung pauschal 52,00 EUR zuzüglich 19 % Umsatzsteuer.

Aufgabe:

Wie viel EUR beträgt der Einstandspreis?

---

1 Die Begriffe Bezugspreis und Einstandspreis werden im Folgenden synonym (gleichartig) verwendet.

2 Die Umsatzsteuer wird hier aus Gründen des Praxisbezugs ausgewiesen.

13   Speth u.a. - ISBN 978-3-8120-0528-9

Lösung:

	100 % 33$^1/_3$ %	Listeneinkaufspreis netto ① – Liefererrabatt ②	507,00 EUR 169,00 EUR
100 % 2 %	←	Zieleinkaufspreis – Liefererskonto ③	338,00 EUR 6,76 EUR
		Bareinkaufspreis + Bezugskosten ④	331,24 EUR 52,00 EUR
		Einstandspreis (Bezugspreis)	383,24 EUR

Allgemeiner Lösungsweg

① Die **Umsatzsteuer** ist **nicht einzukalkulieren,** da der Großhändler diese vom Finanzamt wieder erstattet erhält. Die Umsatzsteuer hat damit keinen Kostencharakter.[1]

② Vom gegebenen Listeneinkaufspreis ist zunächst der **Rabatt** zu berechnen.

③ Der **Skonto** wird von dem Betrag gerechnet, der **tatsächlich zu zahlen** *ist,* also von dem um den Rabatt verminderten Betrag. Der Zieleinkaufspreis ist daher der Ausgangspunkt (Grundwert) und somit 100 % für die Skontoberechnung. Der Skonto stellt einen Anreiz dar, vor Ablauf der Zielgewährung zu zahlen.

④ Alle Nebenkosten, die mit der Beschaffung der Waren zusammenhängen, fassen wir unter dem Begriff **Bezugskosten** zusammen. Als Kosten sind sie zum Bareinkaufspreis hinzuzurechnen.

Aufgaben **zur Sicherung und Vertiefung des Lernerfolgs**

79 1. Eine Waschmaschine wird uns mit 960,00 EUR abzüglich 22 % Wiederverkäuferrabatt angeboten. Bei Zahlung innerhalb von 14 Tagen dürfen 3 % Skonto abgezogen werden.

Wie viel EUR beträgt der Bareinkaufspreis?

2. Bei der Kalkulation einer Ware fallen folgende Werte an: Liefererrabatt 15 %, Liefererskonto 2$^1/_2$ %, Fracht 12,20 EUR, Frachtversicherung 4,30 EUR, Hausfracht 3,50 EUR.

Wie viel EUR beträgt der Einstandspreis, wenn der Listeneinkaufspreis 245,80 EUR beträgt?

3. Der Geschäftsinhaber eines Systemhauses für Bürotechnik bestellt 8 Laserkopierer mit Toner und Druckerkabel. Der Bestellung liegen folgende Preis-, Lieferungs- und Zahlungsbedingungen zugrunde:

Auszug aus der Preisliste:

Bezeichnung	PREIS pro Stück
Canon Laserkopierer MF5630	379,99/Pack
Toner für 2.500 Seiten, schwarz	59,99
Druckerkabel 1,8 m (USB)	7,59

Auszug aus den allgemeinen Geschäftsbedingungen:

Unsere Preise gelten innerhalb der Bundesrepublik Deutschland unfrei ab Werk.

Die Preise verstehen sich zuzüglich der Mehrwertsteuer in der jeweils gesetzlich festgelegten Höhe.

---

1 Eine Begründung hierfür wird im Band 2, Abschnitt 6, Kapitel 9.1, S. 84 gegeben.

> Die Wahl der Versandart bleibt uns überlassen. Bei Sendungen mit einem Warenwert von bis zu 4 500,00 EUR excl. MWSt erheben wir einen Bearbeitungs- und Frachtkostenzuschlag in Höhe von 189,00 EUR.
>
> Der Händlerrabatt beträgt 35 %.
>
> Bei Zahlung innerhalb von 10 Tagen 2 % Skonto. Das Zahlungsziel ohne Abzug beträgt 30 Tage.

Berechnen Sie den Einstandspreis für die gesamte Bestellung unter der Annahme, dass die Zahlung innerhalb von 10 Tagen nach Rechnungseingang erfolgt!

4. Der Listeneinkaufspreis einer Ware beträgt 99,88 EUR je Stück.

   Wie viel EUR beträgt der Einstandspreis je Stück, wenn beim Bezug eines Pakets mit 35 Stück 63,00 EUR an Frachtkosten anfallen und der Lieferer uns 15 % Rabatt und 2 % Skonto gewährt?

7.3.2.2 Kalkulation der Selbstkosten

Die Einkaufs- und Bezugskalkulation erfasst sämtliche Kosten, die dem Großhändler entstanden sind, bis die Ware im Lager eintrifft. Von der Lagerung bis zum Verkauf entstehen dem Kaufmann jedoch noch weitere Kosten. Wir nennen sie **Handlungskosten**.

(1) Handlungskosten

Handlungskosten sind die Kosten, die aufgrund der **Betriebstätigkeit** anfallen. Hierzu rechnen beispielsweise

- **Lagerkosten** (Gehälter und Löhne des Lagerpersonals, Lagerzinsen, Reparaturen und Abschreibungen für die Lagergebäude, Kostenanteil für Licht und Heizung);
- **Verkaufskosten** (Ausgangsfrachten, Verpackungskosten, Werbekosten, Gehälter und Löhne des Verkaufspersonals, Kosten für Beförderungsmittel einschließlich Reparaturen und Abschreibungen);
- **Allgemeine Verwaltungskosten** (Rechts- und Beratungskosten, Steuern, Bürokosten, Gehälter und Löhne für Angestellte und Arbeiter, Abschreibungen).

In Ermangelung feststellbarer Einzelwerte werden die Handlungskosten pauschal mit einem Prozentsatz auf den Einstandspreis (Bezugspreis) aufgeschlagen. Der Bezugspreis ist dabei 100 %.

Einstandspreis + Handlungskosten = Selbstkosten

(2) Handlungskostenzuschlagssatz

Den Prozentsatz, mit dem die Handlungskosten einkalkuliert werden, nennt man Handlungskostenzuschlagssatz. Er wird ermittelt, indem man den Prozentanteil der Handlungskosten einer abgelaufenen Geschäftsperiode an den Einstandspreisen (Wareneinsatz)[1] dieser Geschäftsperiode errechnet.

---

1 Unter Wareneinsatz verstehen wir den Einstandspreis (Bezugspreis) der Ware (vgl. S. 87).

Das Großhandelshaus Friedrich Flitzer GmbH weist für das vergangene Geschäftsjahr folgende Kosten aus:

Wareneinsatz (Einstandspreis)   1 125 000,00 EUR
Handlungskosten   675 000,00 EUR

Aufgabe:

Berechnen Sie den Handlungskostenzuschlagssatz!

Lösung:

1 125 000,00 EUR Wareneinsatz $\hat{=}$ 100 %
  675 000,00 EUR Handlungskosten $\hat{=}$ x %

$$\text{Handlungskostenzuschlagssatz} = \frac{675\,000 \cdot 100}{1\,125\,000} = \underline{\underline{60\,\%}}$$

Der Handlungskostenzuschlagssatz ist das Mittel, mit dem im Rahmen der Kalkulation die Handlungskosten erfasst werden.

Merke:

Unter **Handlungskostenzuschlagssatz** verstehen wir den prozentualen Anteil der Handlungskosten am Wareneinsatz.

$$\text{Handlungskostenzuschlagssatz} = \frac{\text{Handlungskosten} \cdot 100}{\text{Wareneinsatz}}$$

(3) Selbstkosten

Das Großhandelshaus Friedrich Flitzer GmbH bestellt bei der Fahrradfabrik ein Rennrad Marke „Spurt" zu folgenden Bedingungen: Listeneinkaufspreis 390,00 EUR zuzügl. 19 % Umsatzsteuer, 33 $\frac{1}{3}$ % Wiederverkäuferrabatt, 2 % Skonto, Kosten für Verpackung, Fracht, Anfuhrkosten und Transportversicherung pauschal 40,00 EUR zuzüglich 19 % Umsatzsteuer. Das Großhandelshaus rechnet mit einem Handlungskostenzuschlagssatz von 60 %.

Aufgabe:

Wie viel EUR betragen die Selbstkosten?

Lösung:

	100 %	Listeneinkaufspreis netto	390,00 EUR
	33 $\frac{1}{3}$ %	− Liefererrabatt (vom Hundert)	130,00 EUR
100 %	←	Zieleinkaufspreis	260,00 EUR
2 %		− Liefererskonto (vom Hundert)	5,20 EUR
		Bareinkaufspreis	254,80 EUR
		+ Bezugskosten	40,00 EUR
100 %		Einstandspreis (Bezugspreis)	294,80 EUR
60 %		+ Handlungskosten (vom Hundert)	176,88 EUR
		Selbstkosten	471,68 EUR

Die **Selbstkosten** decken alle Kosten ab, die mit dem Ein- und Verkauf des Rennrades „Spurt" zusammenhängen. In der Regel stellen die Selbstkosten die **unterste Grenze des Verkaufspreises** einer Ware im Konkurrenzkampf dar, denn nur bei diesem Preis lässt sich ein Verlust vermeiden.

Aufgaben   zur Sicherung und Vertiefung des Lernerfolgs

80 1. Die Kostenrechnung eines Großhandelsgeschäftes weist für die vergangene Geschäftsperiode folgende Zahlen aus:
Wareneinsatz 250 000,00 EUR, Handlungskosten 75 000,00 EUR

    1.1 Berechnen Sie den Handlungskostenzuschlagssatz!

    1.2 Dem Großhändler wird eine Bohrmaschine zu einem Preis von 250,00 EUR angeboten. Bei einer Abnahme von 10 Stück erhält er einen Mengenrabatt von 15 % und bei Zahlung innerhalb von 14 Tagen 2 % Skonto. Die Bezugskosten betragen 137,50 EUR für 10 Stück.

    Ermitteln Sie mit dem unter 1.1 berechneten Handlungskostenzuschlagssatz die Selbstkosten pro Stück bei der Abnahme von 10 Stück!

  2. Die Buchhaltung einer Großhandlung liefert der Abteilung Kalkulation folgende Daten:

Aufwendungen für Waren	320 600,00 EUR
Aufwendungen für Material und bezogene Leistungen (z. B. Verpackungsmaterial, Energiekosten, Reparaturmaterial, Abfallentsorgung, Reinigung)	10 216,00 EUR
Personalkosten (z. B. Löhne, Gehälter, Arbeitgeberanteil zur Sozialversicherung, Beiträge zur Berufsgenossenschaft)	49 670,00 EUR
Aufwendungen für Kommunikation sowie Beiträge (z. B. Büromaterial, Telefonkosten, Postentgelte, Reisekosten, Werbung, Versicherungsbeiträge)	16 720,00 EUR
Betriebliche Steuern (z. B. Grundsteuer, Kfz-Steuer, Gewerbesteuer)	9 956,00 EUR

    2.1 Berechnen Sie den Handlungskostenzuschlagssatz!

    2.2 Die Großhandlung bezieht 8 Snowcycle zum Listeneinkaufspreis von 275,00 EUR je Stück. Einkaufsbedingungen: 12 % Rabatt, bei Zahlung innerhalb 20 Tagen 3 % Skonto. Die Frachtkosten für die Sendung betragen insgesamt 48,00 EUR.

    Berechnen Sie die Selbstkosten für einen Snowcycle, indem Sie den in 2.1 errechneten Handlungskostenzuschlagssatz heranziehen!

  3. Das Großhandelshaus Lauf GmbH bezieht 15 Rollen Teppichboden zu 465,00 EUR je Rolle ab Werk. Die Teppichweberei gewährt 20 % Liefererrabatt und $2\frac{1}{2}$ % Liefererskonto. An Bezugskosten fallen an: Verpackungs- und Verladekosten 12,00 EUR, Transportkosten 6,00 EUR und Ausladekosten 5,20 EUR je Rolle. Das Großhandelshaus Lauf rechnet mit einem Handlungskostenzuschlagssatz von 52 %.

    Wie viel EUR betragen die Selbstkosten je Rolle?

4. Die Kalkulation eines Artikels weist folgende Werte auf:

Listeneinkaufspreis	19,10 EUR	Bezugspreis	16,25 EUR
Zieleinkaufspreis	15,28 EUR	Selbstkosten	22,43 EUR
Bareinkaufspreis	14,82 EUR		

Wie viel Prozent beträgt der Handlungskostenzuschlagssatz?

7.3.2.3 Kalkulation des Barverkaufspreises und des Listenverkaufspreises

(1) Berechnung des Barverkaufspreises

Der Unternehmer kann sich nicht mit dem Erlös der Selbstkosten zufriedengeben, vielmehr ist er tätig, um einen Gewinn zu erzielen. Durch den **Gewinn** möchte der Unternehmer drei Leistungen erstattet haben:

- die **Kapitalverzinsung** für das im Großhandelsunternehmen investierte Kapital;
- die **Risikoprämie** als Vergütung für die Gefahr, dass das Unternehmen Verluste erleidet und dadurch das Kapital aufgezehrt wird;
- den **Unternehmerlohn** für seine Mitarbeit im Unternehmen.

Einen absoluten EUR-Betrag für eine angemessene Gewinnhöhe kann man nicht festlegen, da die Einkaufspreise der verschiedenen Artikel unterschiedlich hoch sind. Man kann den Gewinnaufschlag nur als relative Größe, d.h. als prozentualen Aufschlag auf die Selbstkosten bestimmen. Hierbei kann der Unternehmer nicht nach Belieben entscheiden. Der Wettbewerb auf dem freien Markt führt häufig zu einem Druck auf die Preise und setzt so dem Gewinnstreben des Unternehmers Grenzen.

Merke:

Der Gewinn wird über einen prozentualen Aufschlag auf die Selbstkosten einkalkuliert (Gewinnsatz). Die Selbstkosten sind dabei 100 %.

$$\text{Gewinn} = \frac{\text{Selbstkosten} \cdot \text{Gewinnsatz}}{100}$$

$$\text{Selbstkosten} + \text{Gewinn} = \text{Barverkaufspreis}$$

Beispiel:

Wir führen die Kalkulation des Rennrades „Spurt" fort (siehe S. 196). Die Selbstkosten betragen 471,68 EUR. Das Großhandelshaus Flitzer GmbH rechnet mit einem Gewinnsatz von 20 %.

Aufgabe:

Wie viel EUR beträgt der Bruttoverkaufspreis?

Lösung:

100 %	Selbstkosten	471,68 EUR
20 %	+ Gewinn	94,34 EUR
	Barverkaufspreis	566,02 EUR

81

1. Der Einstandspreis einer Ware beträgt 36,40 EUR. Wir kalkulieren mit einem Handlungskostenzuschlagssatz von 55 % und 8,5 % Gewinn.

   Wie viel EUR beträgt der Barverkaufspreis?

2. Wareneinsatz   480 000,00 EUR
   Handlungskosten   125 500,00 EUR
   Umsatzerlöse zu Barverkaufspreisen   678 160,00 EUR
   Gewinn   72 660,00 EUR

   Wie viel Prozent beträgt der Gewinnsatz?

3. Wir kalkulieren einen Artikel aus unserem Sortiment mit einem Handlungskostenzuschlagssatz von 35 % und 12 % Gewinn. Der Artikel hat einen Bezugspreis von 159,60 EUR.

   Wie viel EUR beträgt der Barverkaufspreis?

4. Der Gewinn an einer Ware beträgt 59,50 EUR, das sind 8,5 % der Selbstkosten.

   Wie viel EUR beträgt der Barverkaufspreis?

5.

Sportmoden Franz Wölfle GmbH

Danziger Straße ~ 73730 Esslingen

Sportmoden Franz Wölfle GmbH, Postfach 321, 73730 Esslingen

Bekleidungsgroßhandel
Eva Busch e. Kfr.
Schlossstr. 14   Rechnungsdatum
86485 Biberach   19. 09. 20. .

Rechnung Nr. 1709

Lief.-Datum	Artikelnummer	Artikel	Anzahl	Stückpreis	Gesamtpreis
15. 09. 20. .	70 410-5	Steppjacken „Beauty"	30	32,25	967,50 EUR
Frachtpauschale ups					27,18 EUR
+ 19 % Umsatzsteuer					188,99 EUR
Rechnungsbetrag					1 183,67 EUR

Zahlungsbedingungen:
2 % Skonto auf den reinen Warenpreis innerhalb von 7 Tagen ab Rechnungsdatum, sonst 21 Tage netto Kasse.

USt-IDNr.: DE 1684986375

Sparkasse Esslingen
IBAN: DE55 6115 0020 0010 0763 78   BIC: ESSLDE66XXX

5.1 Berechnen Sie den Überweisungsbetrag am 25.09.20..!

5.2 Berechnen Sie den Einstandspreis für diesen Artikel mit dem Kalkulationsschema!

5.3 Ein Wettbewerber bietet die Steppjacken zu einem Barverkaufspreis von 64,45 EUR an. Kann der Bekleidungsgroßhandel Eva Busch e.Kfr. diesen Preis unterbieten (rechnerischer Nachweis mit dem Kalkulationsschema)?

Berücksichtigen Sie folgende Kalkulationsdaten:
Handlungskostenzuschlagssatz: 35 %,
Gewinnzuschlag: 40 %.

6. Für die Berechnung des Barverkaufspreises einer Ware liefert uns die Kalkulation die folgenden Daten:

Einstandspreis	12,15 EUR
Selbstkosten	16,20 EUR
Barverkaufspreis	18,80 EUR

Wie viel Prozent beträgt der Handlungskostenzuschlagssatz?

7. Ein Kaufmann entnimmt seiner Kostenrechnung folgende Zahlen:

Wareneinsatz	340 000,00 EUR
Selbstkosten	415 000,00 EUR
Warenumsatz zu Barverkaufspreisen	472 270,00 EUR

Wie viel Prozent beträgt der Gewinn?

8. Aus der Kostenrechnung entnehmen wir folgende Zahlenwerte:

Wareneinsatz	560 000,00 EUR
Umsatzerlöse zu Barverkaufspreisen	870 400,00 EUR
Handlungskostenzuschlagssatz	30 %

Wie viel EUR betragen die Selbstkosten?

(2) Berechnung des Listenverkaufspreises (Nettoverkaufspreises) unter Berücksichtigung von Kundenskonto, Kundenrabatt und Vertreterprovision

Werden dem Kunden Rabatt und Skonto gewährt und ist noch ein Vertreter zu bezahlen, hat der Großhändler diese Kosten zuvor in den Preis einzurechnen, ansonsten gingen die Preisnachlässe bzw. die Kosten für den Vertreter zulasten seines Gewinns.

Für die Einrechnung der Preisnachlässe an den Kunden müssen wir uns in die **Lage des Kunden versetzen**. Der Kunde erhält zunächst den Rabatt eingeräumt und kann dann erst (sofern er innerhalb der Skontofrist bezahlt) von dem gekürzten Betrag den angebotenen Skonto abziehen. Weil der Kunde die Nachlässe in dieser Reihenfolge abzieht, muss der Großhändler sie in umgekehrter Reihenfolge aufschlagen.

● **Skonto** und **Rabatt** sind in der gleichen Höhe einzurechnen, in der sie der Kunde abzieht. Da der Kunde den Listenverkaufspreis (Nettoverkaufspreis) bzw. den Zielverkaufspreis zum Ausgangspunkt seiner Rechnung nimmt, sind diese Größen jeweils 100 %, d.h., der Großhändler hat daher **Rabatt** und **Skonto im Hundert** einzurechnen.

● Die **Vertreterprovision** wird in aller Regel vom Zielverkaufspreis gewährt. Da der Kundenskonto ebenfalls vom Zielverkaufspreis gerechnet wird, können beide Prozentsätze zusammengefasst werden.

● Die **Umsatzsteuer** ist bei der Berechnung des Verkaufspreises **kein Kostenfaktor,** sondern lediglich ein durchlaufender Posten. Die Umsatzsteuer wird deshalb bei den nachfolgenden Beispielen nicht ausgewiesen.

Wir führen die Kalkulation des Rennrades „Spurt" fort (siehe S. 198). Der Barverkaufspreis beträgt 566,02 EUR. Das Großhandelshaus Friedrich Flitzer GmbH hat dem Kunden bei der Bestellung 20 % Rabatt und 2 % Skonto zugesagt. Die Vertreterprovision beträgt 5 % vom Zielverkaufspreis.

Aufgabe:

Berechnen Sie den Listenverkaufspreis (Nettoverkaufspreis) des Rennrades „Spurt"!

Lösung:

	93 %	Barverkaufspreis	566,02 EUR
	5 %	+ Vertreterprovision (im Hundert)	30,43 EUR
	2 %	+ Kundenskonto (im Hundert)	12,17 EUR
80 %	100 %	Zielverkaufspreis	608,62 EUR
20 %		+ Kundenrabatt (im Hundert)	152,16 EUR
100 %		Listenverkaufspreis (Nettoverkaufspreis)	760,78 EUR

Rechenvorgang

Für die Berechnung von Kundenskonto und Vertreterprovision:

a) Barverkaufspreis   93 % ≙ 566,02 EUR
    Kundenskonto   2 % ≙   x   EUR

$$x = \frac{566{,}02 \cdot 2}{93} = \underline{\underline{12{,}17 \text{ EUR}}}$$

b) Barverkaufspreis   93 % ≙ 566,02 EUR
    Vertreterprovision 5 % ≙   x   EUR

$$x = \frac{566{,}02 \cdot 5}{93} = \underline{\underline{30{,}43 \text{ EUR}}}$$

Für die Berechnung des Kundenrabatts:

Zielverkaufspreis   80 % ≙ 608,62 EUR
Kundenrabatt   20 % ≙   x   EUR

$$x = \frac{608{,}62 \cdot 20}{80} = \underline{\underline{152{,}16 \text{ EUR}}}$$

Aufgaben zur Sicherung und Vertiefung des Lernerfolgs

82

1. Die Farbengroßhandlung Grün & Gelb GmbH hat einen hohen Vorrat an Autolacken am Lager. Für die 2-kg-Dose wurden dabei Selbstkosten von 8,40 EUR errechnet. In einer Sonderaktion möchte die Farbenhandlung den Bestand abbauen. Für eine Werbeaktion rechnet die Großhandlung mit folgenden Kalkulationsdaten: 8 % Gewinn, 10 % Aktionsrabatt, 2 % Skonto und 6 % Vertreterprovision.

    Zu welchem Listenverkaufspreis kann die 2-kg-Dose bei der Sonderaktion verkauft werden?

2. Ein Getränkegroßmarkt verkauft Getränke auch in Kästen zu je 10 Flaschen und möchte hierauf den Kunden jeweils einen Sonderrabatt einräumen. Die bisherige Kalkulation für einen Kasten Zitronenlimonade ergab einen Barverkaufspreis von 4,20 EUR je Kasten.

    Zu welchem Listenverkaufspreis kann ein Kasten angeboten werden, wenn der Getränkegroßmarkt noch 5 % Sonderrabatt und 3 % Kundenskonto einrechnet?

3. Wir entschließen uns, den Kunden in Zukunft 20 % Rabatt und 3 % Skonto einzuräumen. Die Vertreterprovision beträgt 6,5 % vom Zielverkaufspreis.

    Errechnen Sie den Listenverkaufspreis für einen Tisch! Bisheriger Barverkaufspreis: 460,00 EUR.

4. Die Kalkulation liefert uns für einen Artikel folgende Daten:

Bezugspreis	85,90 EUR	Zielverkaufspreis	135,00 EUR
Selbstkosten	115,40 EUR	Listenverkaufspreis	153,90 EUR
Barverkaufspreis	130,95 EUR		

Wie viel Prozent beträgt der Kundenskonto?

5. Die Kalkulation ergibt einen Barverkaufspreis von 564,20 EUR. Den Kunden räumen wir 3 % Skonto ein.

Wie viel EUR beträgt der Zielverkaufspreis?

(3) Zusammenhängende Darstellung des Kalkulationsschemas unter Einbeziehung von Kundenskonto und Kundenrabatt

Aus Gründen der Übersicht haben wir das Kalkulationsschema in einzelne Teilschritte zerlegt. Im Folgenden wird nun die **Gesamtkalkulation** des Rennrades „Spurt" im Überblick dargestellt.

Beispiel:

Das Großhandelshaus Friedrich Flitzer GmbH bestellt bei der Fahrradfabrik ein Rennrad Marke „Spurt" zu folgenden Bedingungen: Listeneinkaufspreis 390,00 EUR zuzüglich 19 % Umsatzsteuer, 33 $\frac{1}{3}$ % Wiederverkäuferrabatt, 2 % Skonto, Kosten für Verpackung, Fracht, Anfuhrkosten und Transportversicherung pauschal 40,00 EUR zuzüglich 19 % Umsatzsteuer. Das Großhandelshaus rechnet mit einem Handlungskostenzuschlagssatz von 60 % sowie mit einem Gewinnzuschlagssatz von 20 %. Dem Kunden wurden bei der Bestellung 20 % Rabatt und 2 % Skonto zugesagt. Die Vertreterprovision beträgt 5 % vom Zielverkaufspreis.

Aufgabe:

Wie viel EUR beträgt der Listenverkaufspreis (Nettoverkaufspreis)?

Lösung:

	100 %		Listeneinkaufspreis netto	390,00 EUR
	33 $\frac{1}{3}$ %	−	Liefererrabatt (vom Hundert)	130,00 EUR
100 %		←	Zieleinkaufspreis	260,00 EUR
2 %		−	Liefererskonto (vom Hundert)	5,20 EUR
			Bareinkaufspreis	254,80 EUR
		+	Bezugskosten	40,00 EUR
→	100 %		Einstandspreis (Bezugspreis)	294,80 EUR
	60 %	+	Handlungskosten (vom Hundert)	176,88 EUR
100 %		←	Selbstkosten	471,68 EUR
20 %		+	Gewinn (vom Hundert)	94,34 EUR
→	93 %		Barverkaufspreis	566,02 EUR
	5 %	+	Vertreterprovision (im Hundert)	30,43 EUR
	2 %	+	Kundenskonto (im Hundert)	12,17 EUR
80 %	100 %		Zielverkaufspreis	608,62 EUR
20 %		+	Kundenrabatt (im Hundert)	152,16 EUR
100 %			Listenverkaufspreis (Nettoverkaufspreis)	760,78 EUR

Rechenweg

83 1.

Ein Großhandelshaus bezieht 500 Herrenjacken zu je 180,00 EUR. Der Lieferer gewährt 10 % Rabatt und 2 % Skonto. Es fallen für die gesamte Sendung 480,00 EUR Frachtkosten an. Das Großhandelshaus rechnet mit einem Handlungskostenzuschlagssatz von 25 % und will $11\frac{1}{2}$ % Gewinn erzielen. Dem Einzelhändler werden 15 % Rabatt und 3 % Skonto gewährt.

Berechnen Sie den Listenverkaufspreis für eine Herrenjacke!

2. Ein Großhändler bezieht 10 Kühlschränke zu 398,00 EUR je Stück. Der Hersteller gewährt einen Mengenrabatt von 15 % und bei Zahlung innerhalb von 10 Tagen 2 % Skonto. Die Lieferung erfolgt frachtfrei.

Berechnen Sie den Nettoverkaufspreis für einen Kühlschrank, wenn der Großhändler mit folgenden Kalkulationsvorgaben rechnet: 18 % Handlungskostenzuschlagssatz, 20 % Gewinn, 5 % Kundenrabatt, 2 % Kundenskonto und 5 % Vertreterprovision!

3.

SCHWERTER SOLARWERKE AG

Schwerter Solarwerke AG, 58239 Schwerte

Elektrogroßhandlung
Sauer GmbH
Bachstr. 119
75180 Pforzheim

Angebot

Lieferdatum	Angebot-Nr.	Kunden-Nr.	Telefon 02304 16865	58239 Schwerte
20..-04-06	25746	248312		20..-04-10

Artikelbezeichnung	Artikel-Nr.		Menge	Einzelpreis	Gesamtpreis
Solarleuchte „Dolma"	4008		50	75,80 EUR	3 790,00 EUR
+ 19 % Umsatzsteuer					720,10 EUR
					4 510,10 EUR

EINGEGANGEN
12. APRIL . . . .
Erl. . . . .

Liefer- und Zahlungsbedingungen:
Der Rabatt für Wiederverkäufer beträgt grundsätzlich 20 % des Listenverkaufspreises. Lieferung frei Haus. Bei Zahlungen innerhalb von 8 Tagen gewähren wir 2 % Skonto, 24 Tage netto Kasse. Umsatzsteuer 19 %.

Sitz der Gesellschaft: Schwerte, RG Schwerte HRB 1205 · Steuer-Nr.: 4578/252810

3.1 Wie viel EUR beträgt der Rechnungsbetrag aufgrund der Angebotsbedingungen?

3.2 Berechnen Sie den Überweisungsbetrag unter Ausnutzung von Skonto!

3.3 Kalkulieren Sie unter Beachtung der folgenden Kalkulationsdaten den Listenverkaufs-preis einer Solarleuchte!

Liefererrabatt:	vgl. Angebot	Kundenrabatt:	5 %
Liefererskonto:	vgl. Angebot	Kundenskonto:	2 %
Handlungskostenzuschlag:	42,5 %	Vertreterprovision:	7 %
Gewinnzuschlag:	25 %		

7.3.3 Kalkulatorische Rückrechnung (retrograde Kalkulation)

Liegt der Bruttoverkaufspreis aufgrund der gegebenen Markt- bzw. Konkurrenzsituation fest, so eignet sich das Kalkulationsschema in umgekehrter Richtung von **unten nach oben** zur Errechnung des aufwendbaren Einkaufspreises **(Rückwärtskalkulation oder retrograde Kalkulation)**. Dabei wird der Einkaufspreis errechnet, der höchstens gezahlt werden darf, um den angestrebten Gewinn zu erreichen.

Beispiel:

Aufgrund der Marktsituation muss die Eisengroßhandlung Fritz Zeh e. Kfm. eine Schleifmaschine zum Listenverkaufspreis in Höhe von 251,86 EUR anbieten. Den Handwerkern muss branchenüblich ein Rabatt von 10 % und ein Skonto von 2 % gewährt werden. Die Vertreterprovision beträgt 5 %. Vom Lieferer erhält die Eisengroßhandlung lt. Angebot 20 % Rabatt und 3 % Skonto. Die Fracht- und Verpackungskosten werden von ihm pauschal mit 18,00 EUR berechnet. Der Handlungskostenzuschlagssatz beläuft sich auf 32 %. Als Gewinn sollen 12 % eingerechnet werden.

Aufgabe:

Welcher Listeneinkaufspreis kann höchstens bezahlt werden?

Lösung:

	100 %	Listeneinkaufspreis netto	160,55 EUR
	20 %	+ Liefererrabatt (im Hundert)	32,11 EUR
100 %	80 %	Zieleinkaufspreis	128,44 EUR
3 %		+ Liefererskonto (im Hundert)	3,85 EUR
97 %		Bareinkaufspreis	124,59 EUR
		– Bezugskosten	18,00 EUR
	100 %	Einstandspreis (Bezugspreis)	142,59 EUR
	32 %	– Handlungskosten (auf Hundert)	45,63 EUR
100 %	132 %	Selbstkosten	188,22 EUR
12 %		– Gewinn (auf Hundert)	22,58 EUR
112 %	93 %	Barverkaufspreis	210,80 EUR
	5 %	– Vertreterprovision (vom Hundert)	11,34 EUR
	2 %	– Kundenskonto (vom Hundert)	4,53 EUR
90 %	100 %	Zielverkaufspreis	226,67 EUR
10 %		– Kundenrabatt (vom Hundert)	25,19 EUR
100 %		Listenverkaufspreis	251,86 EUR

Rechenweg

Ergebnis:

Es kann für die Schleifmaschine höchstens ein Listeneinkaufspreis von netto 160,55 EUR bezahlt werden.

Allgemeiner Rechenweg:

1. Stellen Sie zuerst das Kalkulationsschema **von oben nach unten** auf und tragen Sie die in der Aufgabe vorgegebenen Prozentsätze ein.
2. Setzen Sie den gegebenen Listenverkaufspreis ein und gehen Sie Schritt für Schritt rückwärts.
3. Überlegen Sie bei jedem Rechenschritt, ob es sich um eine Rechnung **vom Hundert** (Kundenrabatt, Kundenskonto, Vertreterprovision), **auf Hundert** (Gewinn, Handlungskosten) oder **im Hundert** (Liefererskonto, Liefererrabatt) handelt.
4. Überprüfen Sie das Ergebnis durch eine Vorwärtskalkulation.

Aufgaben zur Sicherung und Vertiefung des Lernerfolgs

84

1. Wir können einen Fernseher mit einem Plasma-Bildschirm aus Konkurrenzgründen höchstens für 976,75 EUR auf den Markt bringen. Unsere Kalkulationssätze sind: 12,5 % Handlungskostenzuschlagssatz, $16\frac{2}{3}$ % Gewinn, 2,5 % Kundenskonto und 14 % Kundenrabatt. An Bezugskosten würden uns 8,80 EUR entstehen, wovon $\frac{1}{4}$ bei Rücksendung der Verpackung wieder gutgeschrieben werden.

   Welchen Listeneinkaufspreis können wir höchstens beim Einkauf zugrunde legen, wenn der Lieferer noch bereit wäre, uns 2 % Skonto und 10 % Einführungsrabatt einzuräumen?

2. Um den Marktanteil zu erhöhen, startet ein Medienunternehmen eine Werbeaktion und empfiehlt allen Großhändlern, den Listenverkaufspreis pro CD-Box auf 15,00 EUR festzusetzen.

   Welchen Listeneinkaufspreis kann ein Großhändler höchstens anlegen, wenn er mit einem Handlungskostenzuschlagssatz von 8 %, einem Gewinnzuschlag von 5 %, 2 % Kundenskonto und 12 % Kundenrabatt rechnet und vom Lieferer $33\frac{1}{3}$ % Händlerrabatt bei Barzahlung und Lieferung frei Haus erhält?

3. Ein Großhändler hat bei einem Artikel Selbstkosten von 115,30 EUR errechnet. Der Handlungskostenzuschlagssatz beträgt 42 % und an Bezugskosten fielen 11,12 EUR an. Der Lieferer gewährte uns 15 % Rabatt und 3 % Skonto.

   Wie viel EUR betrug der Listeneinkaufspreis für diesen Artikel?

4. Eine Ware wird mit einem Listenverkaufspreis von 285,00 EUR ausgezeichnet. Wir haben mit folgenden Kalkulationsdaten gerechnet: Kundenrabatt 15 %, Kundenskonto $2\frac{1}{2}$ %, Gewinn 20 %.

   Wie viel EUR betrugen die Selbstkosten der Ware?

5. Ein Elektrogroßhändler kann einen Kühlschrank der Marke „Frost" aus Konkurrenzgründen zum Listenverkaufspreis von 480,00 EUR verkaufen. Er muss dem Kunden jedoch noch 15 % Rabatt und 2 % Skonto gewähren.

   Zu welchem Listeneinkaufspreis kann der Elektrogroßhändler den Kühlschrank höchstens einkaufen, wenn er von seinem Lieferer 30 % Rabatt und 3 % Skonto erhält? Er kalkuliert mit 11,00 EUR Bezugskosten, 22 % Handlungskostenzuschlagssatz und 14 % Gewinnzuschlag.

6. Die Kalkulation liefert uns für eine Ware folgende Daten:

Einstandspreis	150,40 EUR	Zielverkaufspreis	224,00 EUR
Selbstkosten	175,70 EUR	Listenverkaufspreis	239,68 EUR
Barverkaufspreis	190,40 EUR		

Wie viel EUR gewähren wir unseren Kunden an Rabatt?

7. Ein Baumarkt erstellt ein Angebot für Bauhandwerker. Hierbei soll auf eine Schleifmaschine ein Sonderrabatt von 8 % und ein Skonto von 2 % gewährt werden. Der errechnete Barverkaufspreis beträgt für die Maschine 284,00 EUR.

   Errechnen Sie den Angebotspreis für die Schleifmaschine!

7.3.4 Differenzkalkulation

Unverbindliche Preisempfehlungen, aber häufig auch die „Marktlage", verhindern, dass der Großhändler seinen Listenverkaufspreis selbst bestimmen kann. Auch kann der Preis deshalb feststehen, weil z. B. der Hersteller diesen vorgibt. In diesen Fällen muss es das Ziel der Kalkulation sein, festzustellen, ob der so verbleibende Gewinn ausreichend ist.

Wird der Gewinn aus der Differenz zwischen Selbstkosten und Barverkaufspreis berechnet, sprechen wir von **Differenzkalkulation.** Da sowohl der Listeneinkaufspreis als auch der Listenverkaufspreis festliegen, muss von **beiden** Werten aus mit dem Rechenweg begonnen werden, und zwar einmal als **Vorwärtskalkulation** (vom Listeneinkaufspreis bis zu den Selbstkosten) und zum anderen als **Rückwärtskalkulation** (vom Listenverkaufspreis bis zum Barverkaufspreis).

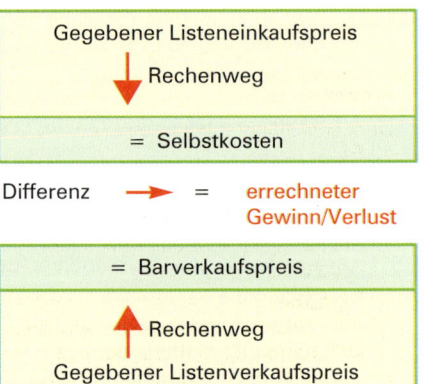

Beispiel:

Das Elektrogroßhandelshaus Xaver Finke e.Kfm. prüft folgendes Angebot eines Markenartikelherstellers:

Der Hersteller empfiehlt für eine Geschirrspülmaschine einen Listenverkaufspreis von 710,14 EUR. Seine Lieferungs- und Zahlungsbedingungen lauten: 20 % Wiederverkäuferrabatt, 2 % Skonto, Frachtanteil pauschal 30,00 EUR. Der Listeneinkaufspreis beträgt 525,00 EUR. Das Elektrogroßhandelshaus rechnet mit einem Handlungskostenzuschlagssatz von 18 % und hat aufgrund der Konkurrenzsituation dem Kunden 2 % Skonto und 10 % Rabatt einzuräumen. Die Vertreterprovision vom Zielverkaufspreis ist mit 6 % einzurechnen.

Aufgabe:

Welcher Gewinn in EUR und in Prozent bleibt dem Großhändler?

Lösung:

	100 % 20 %	Listeneinkaufspreis netto – Liefererrabatt v. H.	525,00 EUR 105,00 EUR
100 % 2 %	←	Zieleinkaufspreis – Liefererskonto v. H.	420,00 EUR 8,40 EUR
		Bareinkaufspreis + Bezugskosten	411,60 EUR 30,00 EUR
100 % 18 %		Einstandspreis (Bezugspr.) + Handlungskosten v. H.	441,60 EUR 79,49 EUR
100 % 12,84 %	←	Selbstkosten – Gewinn v. H.	521,09 EUR 66,91 EUR
	92 % 6 % 2 %	Barverkaufspreis – Vertreterprovision v. H. – Kundenskonto v. H.	588,00 EUR 38,35 EUR 12,78 EUR
90 % 10 %	100 %	Zielverkaufspreis – Kundenrabatt v. H.	639,13 EUR 71,01 EUR
100 %		Listenverkaufspreis	710,14 EUR

Vorwärtskalkulation

Berechnung des Gewinn-zuschlagssatzes:

521,09 EUR $\widehat{=}$ 100 %
66,91 EUR $\widehat{=}$ x %

$$x = \frac{66,91 \cdot 100}{521,09} = 12,84\,\%$$

Rückwärtskalkulation

Ergebnis:

Dem Großhändler bleibt ein Gewinn in Höhe von 66,91 EUR. Das entspricht einem Prozentsatz von 12,84 %.

Allgemeiner Rechenweg:

1. Stellen Sie zuerst das Kalkulationsschema **von oben nach unten** auf und tragen Sie die in der Aufgabe vorgegebenen Prozentsätze ein.
2. Setzen Sie den gegebenen Listenverkaufspreis bzw. Listeneinkaufspreis ein.
3. Kennzeichnen Sie den Rechenweg durch Pfeile und errechnen Sie stufenweise durch **Vorwärts-kalkulation** die **Selbstkosten** bzw. durch **Rückwärtskalkulation** den **Barverkaufspreis**.
4. Ermitteln Sie den **Gewinn** als **Differenz zwischen Barverkaufspreis und Selbstkosten**.
5. Berechnen Sie anschließend den Gewinn in Prozent zu den Selbstkosten (Gewinnzuschlagssatz).

Aufgaben zur Sicherung und Vertiefung des Lernerfolgs

85 1. Eine Mediengroßhandlung kann aus Konkurrenzgründen die Digitalkamera EX-Z_4 zu einem Listenverkaufspreis von höchstens 479,66 EUR anbieten. Der japanische Lieferer gewährt auf den Listeneinkaufspreis von 300,00 EUR $33\frac{1}{3}$ % Liefererrabatt und 3 % Liefererskonto. Die Bezugskosten für die Digitalkamera EX-Z_4 betragen 8,10 EUR. Die Mediengroßhandlung kalkuliert mit einem Handlungskostensatz von 42 %. Sie gewährt ihren Kunden 2 % Skonto und 20 % Kundenrabatt. Die Vertreterprovision beträgt 8 %.

Welchen Gewinn in EUR und in Prozent erzielt die Mediengroßhandlung für die Digital-kamera EX-Z_4?

2. Ein Großhändler erhält von einem Hersteller ein Angebot über PDA-Organizer. Die Konkurrenz verkauft diese Organizer zum Listenverkaufspreis von 110,00 EUR. Der Hersteller gewährt einen Wiederverkäuferrabatt von 45 % und bei Barzahlung zusätzlich 2 % Skonto. Die Bezugskosten betragen 3,71 EUR je Organizer. Der Großhändler rechnet mit einem Handlungskostenzuschlagssatz von $33\frac{1}{3}$ %. Den Kunden werden 3 % Skonto eingeräumt.

   2.1 Mit welchem Gewinn in EUR und in Prozent kann der Großhändler rechnen, wenn auch 110,00 EUR verlangt werden?

   2.2 Zu welchem Preis könnte der Großhändler die Organizer als Sonderangebot anbieten, wenn er auf einen Gewinn verzichtet und keinen Preisnachlass gewährt?

3. Eine Fahrradgroßhandlung verkauft ein Markenfahrrad zum empfohlenen Richtpreis von 420,00 EUR. Der Hersteller bietet auf den empfohlenen Richtpreis 25 % Liefererrabatt und 3 % Skonto.

   3.1 Wie viel Gewinn in EUR und in Prozent bleibt ihm, wenn er mit 15,20 EUR Bezugskosten, 18 % Handlungskostenzuschlagssatz und 5 % Kundenrabatt kalkuliert?

   3.2 Wie viel Prozent muss der Liefererrabatt betragen, wenn die Fahrradgroßhandlung einen Gewinn von 10 % erzielen möchte?

4. Die Armbanduhr Axim X 30 wird zum empfohlenen Richtpreis von 250,00 EUR angeboten. Der Lieferer setzte diesen Preis fest. Der Großhändler Dieter Kleinert kalkuliert mit einem Handlungskostenzuschlagssatz von 20 % und 5 % Sonderrabatt.

   Anmerkung: Beim empfohlenen Richtpreis entspricht der Listeneinkaufspreis dem Listenverkaufspreis.

   Berechnen Sie den Gewinn in EUR und in Prozent, wenn der Lieferer $33\frac{1}{3}$ % Rabatt und 2 % Skonto gewährt! Die Bezugskosten betragen 5,70 EUR.

5. Der Einstandspreis einer Ware beträgt 14,20 EUR. Der Handlungskostenzuschlagssatz beträgt 56 %. Aus Konkurrenzgründen können wir das Produkt zu einem Listenverkaufspreis von 28,30 EUR verkaufen. Den Kunden wird ein Rabatt von 10 % eingeräumt.

   Wie viel EUR verbleiben dem Großhändler an Gewinn?

6. Die Handlungskosten für einen Artikel betragen 62,40 EUR. Das sind 30 %. Der Artikel wird einschließlich 16 % Rabatt mit 341,90 EUR ausgezeichnet.

   Wie viel Prozent beträgt der Gewinnzuschlag?

86 1. Im Rahmen einer Aktionswoche für Gartenmöbel veröffentlicht die Möbelgroßhandlung Urs Wetzel GmbH die nebenstehende Werbeanzeige:

Wir, die Möbelgroßhandlung Franz Nadig KG, wollen aus Konkurrenzgründen für den gleichen Klapp-Pavillon ein entsprechendes Angebot entgegensetzen. Der Hersteller bietet das Modell „Komfort" für 83,73 EUR netto an, wobei er erkennen lässt, dass bei der Rabattgewährung noch ein gewisser Spielraum vorhanden ist.

Die Möbelgroßhandlung Franz Nadig KG rechnet mit

Klapp- Pavillon: Schneller und müheloser Aufbau. Lieferung erfolgt inclusive praktischer Tragetasche. Material: Gestell aus Aluminium, Dach aus Polyester. Maße: ca. L 300 x B 300 x H 250 cm.

ALUMINIUM

Sonderpreis

Extraleistung

119.-

8 Klapp-Pavillon

Bei Barzahlung zusätzlich 2 % Skonto !

einem Gewinnzuschlag von 15,5 %, einem Handlungskostenzuschlagssatz von 30 %, die Bezugskosten sind mit 6,50 EUR anzunehmen.

Wie hoch muss der noch auszuhandelnde Rabatt in EUR und Prozent mindestens sein, damit die Möbelgroßhandlung Franz Nadig KG konkurrenzfähig ist und sie ebenso 2 % Kundenskonto gewähren kann?

2. Ein Großhändler bezieht eine Ware zu 126,00 EUR netto. Er kalkuliert mit einem Handlungskostenzuschlagssatz von $33\frac{1}{3}$ % und mit einem Gewinn von $12\frac{1}{2}$ %. Bei einer Nachbestellung musste der Großhändler als Einstandspreis 135,00 EUR bezahlen. Den Barverkaufspreis ändert er aus Konkurrenzgründen nicht.

   2.1 Wie viel Prozent beträgt jetzt der Gewinn?

   2.2 Um wie viel Prozent hat sich der Gewinn vermindert?

3. Wir beziehen 6 Kisten Stangenspargel zu je 9 kg netto. Ein kg kostet im Einkauf 9,00 EUR. An Skonto wird 3 % gewährt. Die Bezugskosten betragen 16,00 EUR und der Handlungskostenzuschlagssatz beläuft sich auf 24 %.

Wir wollen 1 kg zu 14,00 EUR anbieten. Durch Wasserverlust entsteht ein Schwund von 3 kg.

   3.1 Berechnen Sie den Gewinn aus dieser Spargelsendung in EUR und in Prozent!

   3.2 Wie viel EUR darf der Einkaufspreis je kg betragen, wenn wir den Spargel zu 11,50 EUR je kg verkaufen können und wir einen Gewinn von 10 % beanspruchen?

4. Ein Baumarkt bezieht eine Stichsäge zu 78,00 EUR netto. Er kalkuliert mit einem Handlungskostenzuschlagssatz von 30 % und 15 % Gewinn. Bei einer Nachbestellung verteuerte sich der Einkauf um 10 %. Aus Gründen des Wettbewerbs konnte der Barverkaufspreis nicht verändert werden.

   4.1 Wie hoch ist bei der Nachbestellung der Gewinn in EUR und in Prozent?

   4.2 Um wie viel Prozent hat sich der Gewinn vermindert?

7.4 Preisnachlässe im Rahmen des Warenverkaufs

(1) Überblick

Die dem Kunden sofort bei Rechnungserteilung gewährten Nachlässe **(Sofortnachlässe)** vermindern unsere Umsatzerlöse. Sie erscheinen in der Buchführung nicht. Gebucht wird der verminderte Verkaufspreis.

Neben den Preisänderungen, die sofort bei Rechnungserteilung gewährt werden, gibt es auch im Verkaufsbereich Preisnachlässe, die nach der Buchung einer Ausgangsrechnung auftreten.

Als **nachträglich gewährte Preisnachlässe** kommen infrage:

- Preisnachlässe aufgrund beanstandeter Mängel des Kunden **(Mängelrüge)**,
- den Kunden nachträglich gewährte Rabatte **(Kundenboni)**,
- den Kunden bei vorzeitiger Zahlung gewährte Skonti **(Kundenskonti)**.[1]

Wichtiger Hinweis zur Buchung von nachträglich gewährten Preisnachlässen

Der Lehrplan hält die Frage offen, ob bei der Buchung von Preisnachlässen und Skontozahlungen Unterkonten zu führen sind. Für die **Prüfung** hat die **Lehrplankommission** festgelegt, **keine Unterkonten** zu führen. Sie hat deshalb auch in der Buchungsautomatik von Navision die entsprechenden Voreinstellungen vorgenommen.

Manuell auf Unterkonten zu buchen und im ERP-System auf die Führung von Unterkonten zu verzichten, halten die Autoren nicht für sinnvoll. Im Folgenden werden **Preisnachlässe** und **Zahlungseingänge mit Skontoabzug** daher **direkt auf dem Konto 5000 Umsatzerlöse** gebucht. Auf die Führung von Unterkonten wird verzichtet.

(2) Ein Kunde erhält eine Gutschrift aufgrund seiner Reklamation

Beispiel:

Ausgangssituation:	Folgende Ausgangsrechnungen für auf Ziel verkaufte Waren wurden bereits bei uns gebucht:

	Warenwert, netto	30 000,00 EUR
+	19 % USt	5 700,00 EUR
	Rechnungsbetrag	35 700,00 EUR

Problemfall: Die Franz Leib OHG (24007) reklamiert an den gelieferten Handelswaren Mängel und erhält daraufhin von uns einen Preisnachlass in Form einer Gutschrift.

	Warenwert, netto	800,00 EUR
+	19 % USt	152,00 EUR
		952,00 EUR

Aufgaben:

1. Buchen Sie den Problemfall auf den Konten des Hauptbuches!
2. Bilden Sie den Buchungssatz für den Problemfall!

---

1 Auf den Kundenskonto wird auf S. 213f. eingegangen.

Lösung:

Zu 1. Buchung auf den Konten des Hauptbuches:

S	24007 Franz Leib OHG		H		S	5000 Umsatzerlöse		H
5000/4800	35 700,00	5000/4800	952,00 ◄──►	24007	800,00	24007	30 000,00

S	4800 Umsatzsteuer		H
► 24007	152,00	24007	5 700,00

Zu 2. Buchungssätze:

Vorgang	Konten	Soll	Haben
Wir gewähren der Franz Leib OHG (24007) eine Gutschrift aufgrund einer Mängelrüge an den gelieferten Waren	5000 Umsatzerlöse 4800 Umsatzsteuer an 24007 Franz Leib OHG	800,00 152,00	 952,00

Erklärungen zum Problemfall:

- Durch den Preisnachlass an unseren Kunden nehmen die Forderungen in Höhe des Bruttowertes ab. Daher erfolgt eine **Habenbuchung** auf dem Konto **24007 Franz Leib OHG** in Höhe von 952,00 EUR.

- Auch der Wert der ursprünglich gebuchten Warenverkäufe nimmt ab, und zwar um den Nettowert der Gutschrift in Höhe von 800,00 EUR. Deshalb erfolgt eine **Sollbuchung** in Höhe von 800,00 EUR auf dem Konto **5000 Umsatzerlöse**.

- Da sich durch die Gutschrift die ursprüngliche Berechnungsgrundlage für die Umsatzsteuer um 800,00 EUR gemindert hat, muss auch die ursprünglich ausgewiesene Umsatzsteuer um den darauf entfallenden Anteil von 152,00 EUR korrigiert werden. Daher erfolgt eine **Sollbuchung** auf dem Konto **4800 Umsatzsteuer**.

Merke:

Eine **Gutschrift an unsere Kunden** aufgrund von Reklamationen **mindert** die **Umsatzerlöse**, die **Forderungen** und die **Umsatzsteuerschuld**.

(3) Ein Kunde erhält eine Umsatzrückvergütung (Bonus) in Form einer Gutschrift

Durch die Gewährung eines Kundenbonus mindern sich die Umsatzerlöse. Die Erlösschmälerung wird direkt auf dem Konto **5000 Umsatzerlöse** gebucht. Durch die nachträgliche Minderung des Entgeltes muss die ursprünglich erfasste Umsatzsteuer um den auf den Bonus entfallenden Steueranteil korrigiert werden.

Geschäftsvorfall		Konten	Soll	Haben
Wir gewähren der Franz Leib OHG (24007) auf die gelieferten Waren einen Umsatzbonus in Form einer Gutschrift.				
Nettowert	600,00 EUR	5000 Umsatzerlöse	600,00	
+ 19 % USt	114,00 EUR	4800 Umsatzsteuer	114,00	
	714,00 EUR	an 24007 F. Leib OHG		714,00

Aufgaben zur Sicherung und Vertiefung des Lernerfolgs

Wichtiger Hinweis:

Die im Folgenden herangezogenen Debitoren finden Sie in der Debitorenliste auf der Rückseite des Schulkontenrahmens. Auf die Angabe der genauen Adressen wird aus Vereinfachungsgründen verzichtet.

87 Bilden Sie zu den folgenden Geschäftsvorfällen die Buchungssätze:

Hinweis: Bei allen Geschäftsvorfällen ist davon auszugehen, dass die ursprüngliche Rechnung bereits bei uns gebucht war.

1. Aufgrund seiner Reklamation erhält ein Kunde (24006) auf die gelieferten Waren nachträglich einen Preisnachlass in Form einer Gutschrift. Gutschriftbetrag einschließlich 19% USt 476,00 EUR.

2. Die Eberle AG gewährt ihrem Kunden, der Eisenhandlung Heinz Umme e.Kfm., folgende Gutschrift:

EBERLE AG · FELLBACHER STR. 159–170 · 70327 STUTTGART

Eisenhandlung
Heinz Umme e.Kfm.
Bahnhofstr. 45
30159 Hannover

Gutschrift
30640/99791

Rabattdifferenz aus Rg. 90610 zu Ihren Gunsten
vom 20..–09–29

Gutschrift	20,20 EUR
Zwischensumme netto	20,20 EUR

Zahlbar	Steuerpfl. Betrag	% MwSt	EUR MwSt	Rechnungsbetrag
	20,20	19	3,84	24,04

Sitz der Gesellschaft:	Registergericht:	Steuernummer:	Landesbank Stuttgart
Stuttgart	Stuttgart	769/1420	**IBAN:** DE48 6005 0000 0003 1263 77
	HRB 9105		**BIC:** SOLADESTXXX

Bilden Sie den Buchungssatz aus Sicht der Eberle AG!

3. Wir erteilen einem Kunden (24007) aufgrund einer Mängelrüge an zuge-
   sandten Waren eine Gutschrift. Bruttowert einschließlich 19% USt   221,58 EUR

4. Ein treuer Kunde (24004) erhält durch Gutschriftanzeige den vierteljährlichen Umsatzbonus.
   Berechnen und buchen Sie den Bonus aufgrund folgender Daten:

   Erzielter Umsatz aus dem Warenverkauf einschließlich 19% USt 177 310,00 EUR

Bonusstaffelung:	Nettoumsatz	bis	50 000,00 EUR	Bonus	1%
		bis	100 000,00 EUR		2%
		bis	150 000,00 EUR		3%
		über	150 000,00 EUR		4%

5. Wir gewähren unserem Kunden (24016) eine Gutschrift wegen einer Falschlieferung in
   Höhe von netto 231,00 EUR zuzüglich 19% USt.

7.5 Rechnungsausgleich

7.5.1 Buchung des Zahlungseingangs mit und ohne Skonto

Skonto wird gewährt als Anreiz für schnelle Zahlung. Die Skontogewährung ist vom
Zeitpunkt der Zahlung abhängig.

Der Schuldner kann aufgrund der Zahlungsbedingungen selbst entscheiden, ob er innerhalb der Skontofrist zahlen möchte. Die Inanspruchnahme von Skonto verschafft
dem Schuldner die Möglichkeit einer **nachträglichen** Preisminderung.

Beispiel:

Die Franz Leib OHG (24007) bezahlt eine bereits gebuchte Rechnung	
für Waren in Höhe von	11 900,00 EUR
unter Abzug von 2% Skonto durch Banküberweisung	238,00 EUR
Bankgutschrift	11 662,00 EUR

Aufgaben:
1. Buchen Sie den Geschäftsvorfall auf Konten des Hauptbuches ab!
2. Bilden Sie dazu den Buchungssatz für den Zahlungseingang der Ausgangsrechnung unter
   Skontoabzug!

Lösung:

Zu 1. Buchung auf den Konten und Abschluss des Kontos 5002:

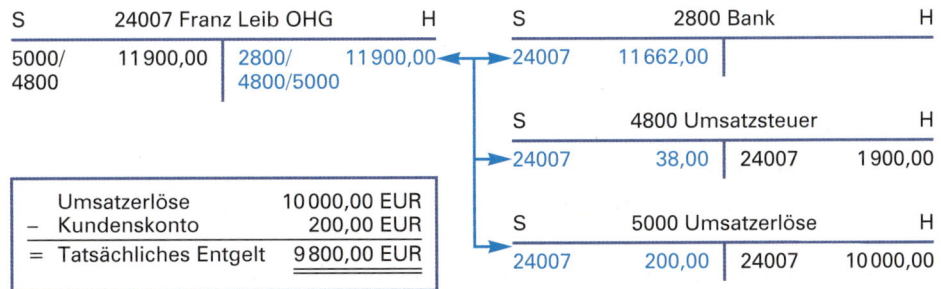

213

Zu 2. Buchungssätze:

Geschäftsvorfall		Konten	Soll	Haben
Die Franz Leib OHG (24007) überweist uns einen Rechnungsbetrag über unter Abzug von 2% Skonto Bankgutschrift	11 900,00 EUR 238,00 EUR 11 662,00 EUR	2800 Bank 4800 Umsatzsteuer 5000 Umsatzerlöse an 24007 Franz Leib OHG	11 662,00 38,00 200,00	11 900,00

Zur Berechnung der Steuerberichtigung:

Der Skontoabzug in Höhe von 238,00 EUR stellt eine nachträgliche Preisminderung dar, die eine Korrektur der ursprünglich gebuchten Umsatzsteuer nach sich ziehen muss. Da der Skontobetrag vom Bruttowert der Ausgangsrechnung berechnet wurde, ist der Korrekturbetrag im Skontobetrag enthalten. Er kann wie folgt berechnet werden:

$$119\% \,\hat{=}\, 238,00 \text{ EUR}$$
$$19\% \,\hat{=}\, x \text{ EUR} \qquad x = \frac{238 \cdot 19}{119} = \underline{\underline{38,00 \text{ EUR}}}$$

Merke:

Die Gewährung von **Kundenskonti vermindern** die **Umsatzerlöse,** die **Forderungen** und die **Umsatzsteuerschuld.**

Aufgaben **zur Sicherung und Vertiefung des Lernerfolgs**

88 Auf dem Bankkonto der David Otto KG, 88212 Ravensburg, geht eine Gutschrift der Bauder GmbH (24013), ein:

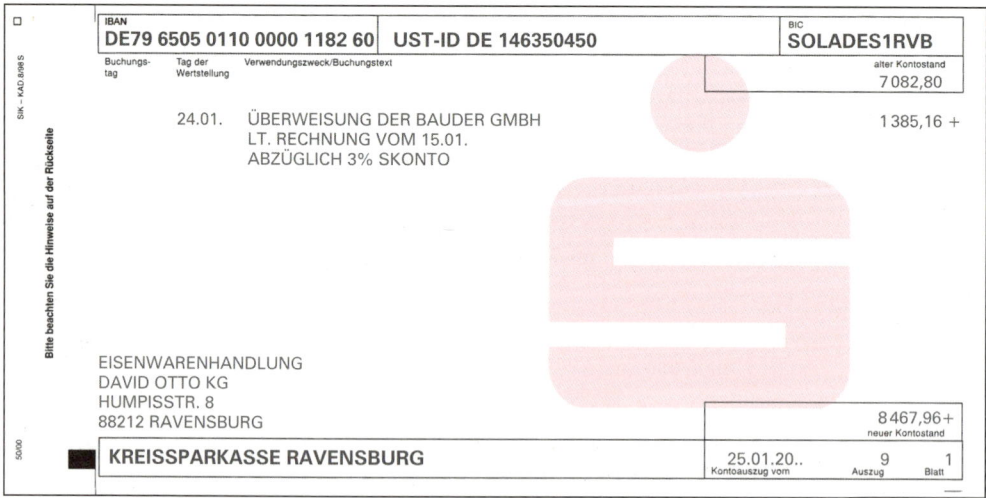

1. Berechnen Sie den Skontobetrag und den Rechnungsbetrag!

2. Bilden Sie den Buchungssatz aus der Sicht der David Otto KG für den Zahlungsbeleg!

89 Bilden Sie zu den folgenden Geschäftsvorfällen die Buchungssätze!

1. Ein Kunde (24012) erhält eine Gutschrift für Umsatzbonus in Höhe des Nettowertes von 640,00 EUR zuzüglich 19 % USt.

2. Wir gewähren unserem Kunden (24014) eine Gutschrift: netto

	140,00 EUR
+ 19 % USt	26,60 EUR
	166,60 EUR

3. Ein Kunde (24015) zahlt eine Forderung aus Warenlieferung

in Höhe von	5 652,50 EUR
unter Abzug von 2 % Skonto	113,05 EUR
durch Bankscheck	5 539,45 EUR

4. Wir verkaufen Waren bar

	1 900,00 EUR
– 15 % Mengenrabatt	285,00 EUR
	1 615,00 EUR
+ 19 % USt	306,85 EUR
	1 921,85 EUR
Bezugspreis der verkauften Waren	1 085,00 EUR

5. Wir buchen die Tageslosung (einschl. 19 % USt);   9 520,00 EUR
Wareneinstandspreis   5 900,00 EUR

6. Wir zahlen Bareinnahmen auf das Bankkonto ein   22 500,00 EUR

7. Ein Kunde (24016) zahlt eine Rechnung über   2 320,00 EUR
mit Bankscheck

90 Bilden Sie die Buchungssätze aus der Sicht der Fritz Pfennig OHG:

1. für die Ausgangsrechnung (24013)! Der Einstandspreis der ausgelieferten Ware liegt bei 158,00 EUR.

Fritz Pfennig OHG – Großhandel für Bürobedarf

Fröbelstraße 10
09126 Chemnitz

Bürozentrum
Bauder GmbH
Lukasstr. 57
74074 Heilbronn

Rechnung Nr. 58/102

Rechnungsdatum 20..–06–30

Menge	Artikel-Bezeichnung	Einzelpreis	Betrag EUR
	Warenlieferung laut beiliegender Lieferkarte: Mai – Juni 20..		280,00
	10 % Rabatt		28,00
			252,00
	19 % MwSt		47,88
			299,88
	Bei Bezahlung innerhalb 10 Tagen abzüglich 6,00 EUR Skonto.		

Sitz der Gesellschaft: Chemnitz   RG Chemnitz: HRA 174   Steuer-Nr.: 10258/61679

Deutsche Bank Chemnitz
IBAN: DE27 8707 0000 0089 8726 57   BIC: DEUTDE8CXXX

2. für den Zahlungseingang auf dem Bankkonto der Fritz Pfennig OHG am 9. Juli unter Abzug des vereinbarten Skontobetrages!

3. für den Zahlungseingang auf dem Bankkonto der Fritz Pfennig OHG!

| Deutsche Bank Chemnitz | Kontoauszug | Nr. 48 vom 10.07.20.. |
| Privat- und Geschäftskunden AG | BIC: DEUTDE8CXXX | IBAN: DE27 8707 0000 0089 8726 57 |

Buchungstag/Wert/Vorgang   H

Alter Kontostand EUR   10 000,00

10.07.   10.07.   ÜBERWEISUNG   7588   1 450,00
               Fritz Bebel KG   300007
               Rechnung v. 20. Juni

Neuer Kontostand EUR   11 450,00

Fritz Pfennig OHG
Fröbelstraße 10
09126 Chemniz

7.5.2 Zahlungsverzug (Nicht-Rechtzeitig-Zahlung)

7.5.2.1 Begriff Leistungsstörungen und Überblick über mögliche Leistungsstörungen

(1) Begriff Leistungsstörungen

Die meisten Schuldverhältnisse verpflichten den jeweiligen Schuldner, eine Leistung zu erbringen [§ 241 I S. 1 BGB]. Sie erlöschen im Normalfall durch die ordnungsmäßige Erfüllung der geschuldeten Leistung [§ 362 I BGB]. Allerdings können auch **Unregelmäßigkeiten** auftreten, und zwar sowohl

- beim **Abschluss** von Schuldverhältnissen (z.B. durch **Nichtigkeit** und **Anfechtung** von Willenserklärungen) als auch
- bei der **Erfüllung** rechtswirksam abgeschlossener Schuldverhältnisse.

Nicht alle Schuldverhältnisse werden nämlich den getroffenen Vereinbarungen entsprechend erfüllt. Es kommt zu **Leistungsstörungen.**

Merke:

Zu einer **Leistungsstörung** kommt es, wenn der Schuldner z.B. die geschuldete Leistung gar nicht, nicht rechtzeitig, nicht in der geschuldeten Qualität erbringt oder im Rahmen der Leistungserbringung die Interessen des Gläubigers auf andere Weise verletzt [§ 241 II BGB].

Die nachfolgenden Ausführungen beschränken sich auf die Leistungsstörungen beim Kaufvertrag.

(2) Mögliche Leistungsstörungen beim Kaufvertrag

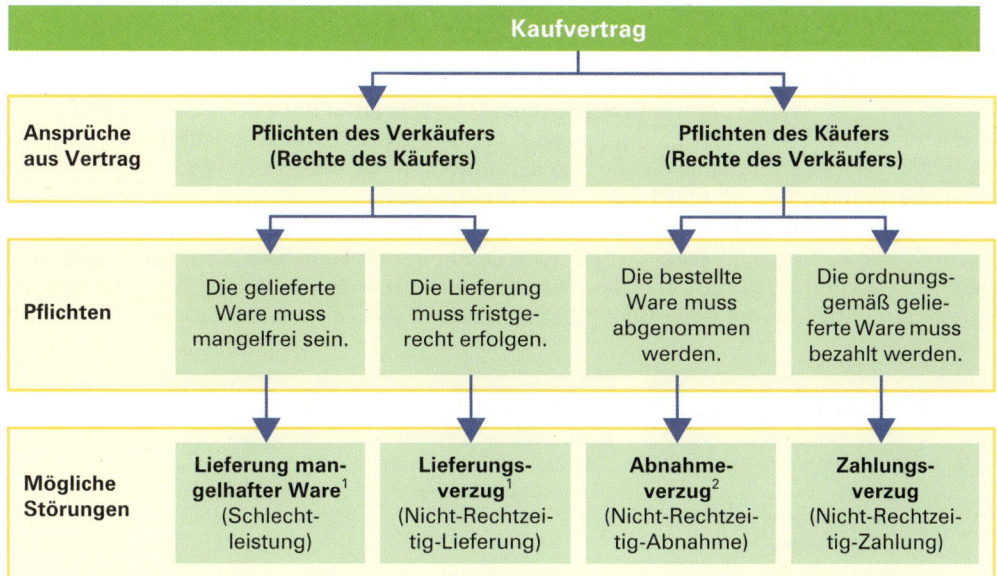

7.5.2.2 Begriff und Eintritt des Zahlungsverzugs

(1) Begriff

Merke:

Ein **Zahlungsverzug** liegt vor, wenn der Zahlungsschuldner (z. B. der Käufer) trotz Mahnung durch den Gläubiger (z. B. der Verkäufer) die vertragsmäßig vereinbarte und fällige Zahlung des Kaufpreises nicht rechtzeitig, nicht vollständig oder gar nicht leistet. Ein **Verschulden** des Zahlungsschuldners (z. B. Käufers) ist **keine Voraussetzung** des Zahlungsverzugs.[3] Der Zahlungsverzug ist ein **Schuldnerverzug.**

(2) Eintritt des Zahlungsverzugs

Von welchem Zeitpunkt an der Käufer (Zahlungsschuldner) in Zahlungsverzug ist, hängt maßgeblich von den Zahlungsbedingungen ab.

---

1 Die Lieferung mangelhafter Ware (Schlechtleistung) und der Lieferungsverzug (Nicht-Rechtzeitig-Lieferung) werden in Band 2 dargestellt.

2 Auf den Abnahmeverzug wird im Folgenden nicht eingegangen.

3 Die Geldschuld ist eine Wertverschaffungsschuld. Der Grundsatz, dass der Zahlungsschuldner (z. B. Käufer) stets für seine finanzielle Zahlungsfähigkeit einzustehen hat, ist ein in unserer Rechts- und Wirtschaftsordnung allgemein anerkannter Rechtsgrundsatz.

→ **Zahlungszeitpunkt nach dem Kalender genau bestimmt oder berechenbar**

● Ist der **Zahlungszeitpunkt** nach dem Kalender **genau bestimmt** oder

● lässt sich der Zahlungszeitpunkt (anhand eines der Leistung vorangehenden Ereignisses) **kalendermäßig genau berechnen,**

so tritt der Zahlungsverzug **unmittelbar nach Überschreiten** des genau bestimmten oder berechneten Zahlungstermins ein [§ 286 II Nr. 1, 2 BGB].[1] Das vorausgehende Ereignis kann z. B. die Lieferung einer Sache, die Erbringung einer Dienstleistung (z. B. Reparatur) oder die Kündigung (z. B. eines Darlehensvertrags) sein.

Ein Zahlungstermin ist nur dann genau bestimmt, wenn er auf einem **Gesetz** oder **Urteil** beruht oder **vertraglich vereinbart** ist. Eine Leistungszeit kann also nicht durch eine einseitige Erklärung bestimmt werden. Durch den bloßen Aufdruck des Zahlungstermins durch den Verkäufer auf einer Rechnung kann somit der Zahlungstermin nicht festgelegt werden.

Beispiele für <u>genau bestimmte</u> Zahlungszeitpunkte:	Beispiele für <u>kalendermäßig berechenbare</u> Zeitpunkte (anhand eines vorangegangenen Ereignisses):
■ Im Vertrag ist vereinbart: *„Der Kaufpreis ist bis zum 15. Januar auf das vom Verkäufer genannte Konto zu überweisen."* Der Käufer kommt mit Ablauf des 15. Januars in Verzug. ■ *„Der Kaufpreis ist zahlbar im Mai 2011."* Der Käufer kommt mit Ablauf des 31. Mai 2011 in Verzug.	■ Im Vertrag ist vereinbart: *„Der Kaufpreis ist innerhalb von zehn Kalendertagen nach Rechnungszugang zu leisten."* Erfolgt der Rechnungszugang am 17. Juni, dann ist der Käufer mit Ablauf des 27. Juni in Zahlungsverzug. ■ *„Der Kaufpreis ist innerhalb von 8 Kalendertagen nach Mitteilung des Notars vom Vorliegen der Eintragungsvoraussetzungen auf das vom Verkäufer benannte Konto zu überweisen."* Erhält der Käufer die Mitteilung des Notars am 1. Juli, so befindet sich der Käufer mit Ablauf des 9. Juli in Zahlungsverzug.

→ **Zahlungszeitpunkt nicht genau bestimmt (vereinbart) und nicht berechenbar**

Ist der Zahlungszeitpunkt weder genau bestimmt noch kalendermäßig berechenbar, dann kommt der Käufer in Zahlungsverzug, wenn er auf eine vom Verkäufer **nach der Fälligkeit erfolgte Mahnung** nicht zahlt [§ 286 I S. 1 BGB]. Der Zahlungsverzug tritt auch ein, wenn der Verkäufer den Käufer rechtzeitig auf Zahlung verklagt oder dem Käufer rechtzeitig einen gerichtlichen Mahnbescheid zukommen lässt [§ 286 I S. 2 BGB].

Beachte:

Verzichtet der Verkäufer auf eine Mahnung oder verweigert der Käufer die Zahlung ernsthaft und endgültig, so befindet sich der Käufer **spätestens 30 Tage nach Fälligkeit und Zugang einer Rechnung** (oder einer gleichwertigen Zahlungsaufstellung) in Zahlungsverzug [§ 286 III S. 1 BGB]. Diese 30-Tage-Regelung gilt **gegenüber einem Verbraucher** nur, wenn auf die Folgen des „automatischen" Verzugseintritts in der Rechnung oder Zahlungsaufstellung **besonders** hingewiesen worden ist.

---

1 Die nach dem Kalender zu berechnende Leistungszeit muss angemessen sein. Eine Klausel „Zahlbar sofort nach Erhalt der Ware" oder „Zahlbar sofort nach Erhalt der Rechnung" kann demnach keinen Zahlungsverzug auslösen.

Die Elektrogroßhandlung Heinz Strom e.K. erhält am 2. August 20.. von der Tele-AG Neustadt eine Rechnung über gelieferte Fernseher. Bei Nichtzahlung ist die Elektrogroßhandlung Heinz Strom e.K. **ohne Mahnung am 2. September 20..** in Zahlungsverzug.

Erhält die Elektrogroßhandlung Heinz Strom e.K. am 17. August eine **Mahnung** der Tele-AG Neustadt wegen Nichtzahlung, dann ist sie **ab dem 17. August** in Zahlungsverzug.

Der **Verkäufer kann** somit **wählen,** ob er z.B.

- nach Zugang einer Rechnung beim Käufer durch eine **rasche Mahnung nach Fälligkeit** schon **vor Ablauf von 30 Tagen** den Zahlungsverzug herbeiführen will oder ob er
- durch **bloßes Zuwarten** den Verzug **erst nach 30 Tagen**[1] eintreten lässt.

7.5.2.3 Rechtsfolgen (Rechte des Verkäufers)

(1) Überblick

Beim **Zahlungsverzug** handelt es sich um einen **Schuldnerverzug.** Der Gläubiger (z.B. Verkäufer) hat nach dem Gesetz folgende Ansprüche:

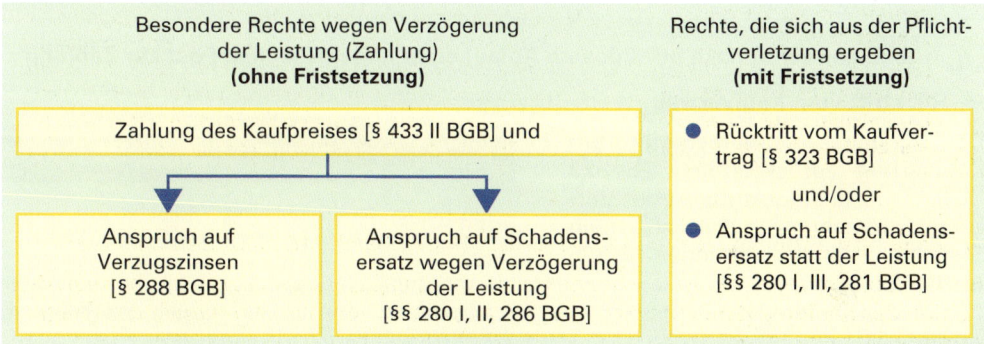

(2) Rechte ohne Fristsetzung: Besondere Rechte wegen Verzögerung der Zahlung

→ **Anspruch auf Verzugszinsen** [§ 288 BGB]

Eine Geldschuld ist während des Verzugs zu verzinsen. Der Verzugszinssatz für Entgeltforderungen aus Rechtsgeschäften, an denen ein Verbraucher beteiligt ist, beträgt für das Jahr **fünf** Prozentpunkte **über** dem Basiszinssatz [§§ 288 I, 247 BGB].[2] Der Verzugszinssatz für Entgeltforderungen aus Rechtsgeschäften, an denen ein **Verbraucher nicht beteiligt** ist, liegt **acht** Prozentpunkte **über** dem Basiszinssatz [§§ 288 II, 247 BGB].

---

1 Die 30-Tage-Regelung gilt nur für Entgeltforderungen (z.B. bei Forderungen auf Zahlung des Kaufpreises, Zahlung der Miete). Diese Regelung kann somit z.B. nicht bei Forderungen auf Schadensersatz oder auf Rückzahlung (Tilgung) von Darlehen angewendet werden.

2 Der Basiszinssatz wird von der Europäischen Zentralbank bestimmt. Beispiel: Basiszinssatz 0,5%, Verzugszinssatz 5,5%.

Diese gesetzlich festgelegten Verzugszinsen können auch dann geltend gemacht werden, wenn der Zahlungsschuldner (Käufer) dem Gläubiger (Verkäufer) nachweist, dass geringere Zinsaufwendungen entstanden sind. Das bedeutet, dass der Gläubiger eine gesetzlich festgelegte Mindestentschädigung erhält.

Wurde zwischen den Vertragsparteien (z.B. zwischen Käufer und Verkäufer) ein höherer Zinssatz vereinbart oder musste der Gläubiger wegen des Zahlungsverzugs einen Kredit zu einem höheren Zinssatz aufnehmen, kann er die höheren Zinsen verlangen [§ 288 III BGB]. Darüber hinaus kann der Gläubiger nach § 288 IV BGB noch weitere Schäden geltend machen. Als weitere Schäden im Sinne dieser Vorschrift kommen vor allem entgangene Anlagezinsen oder die Aufwendungen für notwendige Kredite in Betracht.

→ **Schadensersatz wegen Verzögerung der Leistung** [§§ 280 I, II, 286 BGB]

Ist der Käufer in Zahlungsverzug, so ist der Verkäufer berechtigt, den angemessenen Ersatz **aller** durch den Zahlungsverzug des Käufers bedingten **Verzugsschäden** zu fordern. Er kann beispielsweise die Erstattung der Kosten eines Inkassobüros[1] und des Verwaltungsaufwands, die zur Geltendmachung der Forderung erforderlich waren, sowie der Gerichtskosten und der Anwaltskosten verlangen. Der Anspruch auf **Schadensersatz wegen Verzögerung der Leistung** tritt neben den Erfüllungsanspruch, d.h., der Gläubiger kann weiterhin die Zahlung fordern und gegebenenfalls den Käufer auf Zahlung verklagen.

(3) Gläubigerrechte nach erfolglosem Ablauf einer angemessenen Frist zur Zahlung[2]

→ **Rücktritt vom Kaufvertrag**

Der Verkäufer ist berechtigt, vom Kaufvertrag zurückzutreten [§ 323 BGB]. Trotz des Rücktritts ist der Verkäufer berechtigt, zusätzlich noch Schadensersatz zu verlangen [§ 325 BGB].

Beispiel:

Ein Käufer zahlt nicht. Der Verkäufer tritt vom Kaufvertrag zurück, wenn er diesem Käufer Waren geliefert hat, die er anderweitig zu einem höheren Preis verkaufen kann. Der Käufer wird jedoch z.B. mit Rücknahmekosten (z.B. Frachtkosten) und Verzugszinsen belastet.

→ **Schadensersatz statt der Leistung**

Lehnt der Verkäufer die verspätete Zahlung ab und besteht auf Ersatz des entstandenen Schadens, so kann er nach Ablauf einer erfolglosen angemessenen Fristsetzung **Schadensersatz statt der Leistung** verlangen [§§ 280 I, III, 281 BGB].

Beispiel:

Ein Käufer zahlt nicht. Der Verkäufer nimmt die Ware zurück und verkauft sie anderweitig, jedoch zu einem niedrigeren Preis. Den Preisunterschied, die Rücknahmekosten und gegebenenfalls weitere entstandene Verzugskosten (z.B. Verzugszinsen) hat der Käufer zu tragen.

---

1 Inkasso: Einzug von Geldforderungen.
2 Beim Zahlungsverzug ist eine Fristsetzung nicht erforderlich, wenn z.B. der Käufer die Zahlung ernsthaft und endgültig verweigert oder ein Fixgeschäft vorliegt [§§ 281 II, 323 II Nr. 1 und Nr. 2 BGB].

Zusammenfassung

■ Wenn ein Schuldner (z. B. der Käufer als Schuldner des Kaufpreises) seine Zahlungsverpflichtungen nicht wie vereinbart oder gesetzlich bestimmt rechtzeitig erfüllt, dann kommt er in **Zahlungsverzug.** Der Zahlungsverzug ist ein **Schuldnerverzug.**

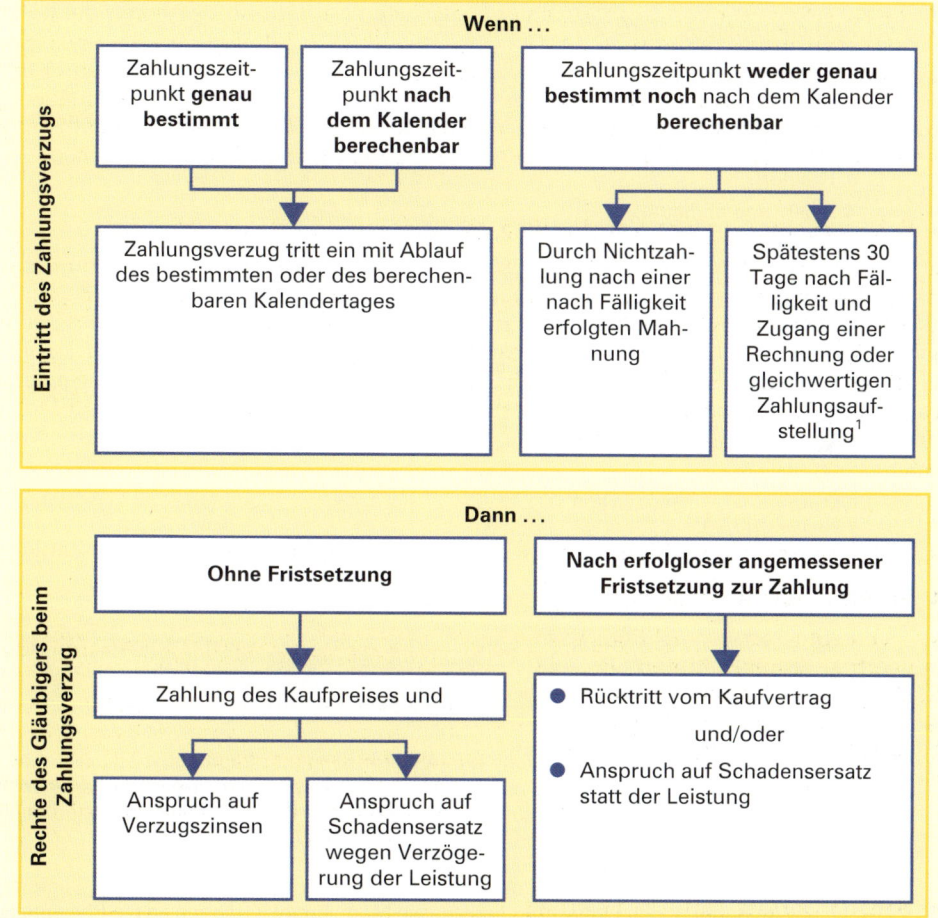

Aufgaben **zur Sicherung und Vertiefung des Lernerfolgs**

91 1. Erklären Sie die Rechtsfolgen des Zahlungsverzugs!

2. Begründen Sie, warum „Verschulden" des Zahlungsschuldners (z. B. Käufer) keine Voraussetzung des Zahlungsverzugs ist!

3. Die Baumaschinenhandlung Feutbeiner e. Kfm. erhält am 2. Juni von ihrem Lieferer folgende Rechnung: 44 000,00 EUR zuzüglich 19 % USt. Laut Vertrag ist die Rechnung zahlbar innerhalb von 10 Tagen ab Rechnungsdatum mit 2 % Skonto oder 30 Tage netto Kasse. Rechnungsdatum ist der 1. Juni.

---

1 Gilt nur für Entgeltforderungen.

Aufgaben:

Ist Feutbeiner in Zahlungsverzug, wenn

3.1 er den Rechnungsbetrag abzüglich 2% Skonto am 12. Juni überweist,

3.2 er die Rechnung ohne Skonto am 15. Juli bezahlt hat?

4. Rechnungsdatum: 10.05.20.. Der Rechnungseingang erfolgt zusammen mit der Warenlieferung am 12.05.20..

Aufgaben:

Entscheiden Sie, ab wann sich der Käufer in Zahlungsverzug befindet, wenn folgende Zahlungsbedingungen als vertraglich vereinbart gelten:

4.1 sofort,

4.2 20 Tage ab heute,

4.3 am 20. Mai 20..,

4.4 14 Tage ab Rechnungszugang.

5. Die Holzgroßhandlung Baumeister e.K. hat folgende Schuldner:

Kunden	Betrag	Rechnungs-datum	Rechnungs-eingang	Zahlungs-bedingung	Zahlungs-eingang
Frau Sabine Frost Lehrerin i.R.	2 450,00 EUR	16. Februar (Schaltjahr)	18. Februar	sofort nach Rechnungserhalt	31. März
Marianne Fischer OHG	18 600,00 EUR	1. März	2. März	3 % Skonto innerhalb 8 Tagen oder 4 Wochen nach Rechnungsdatum netto Kasse	15. Mai
Herr Ralf Eschbaumer, Student	540,00 EUR	5. April	7. April	sofort nach Rechnungserhalt	31. Mai

Aufgabe:

Mit wie viel EUR Verzugszinsen kann die Holzgroßhandlung Baumeister e.K. die oben genannten Kunden belasten? Der Basiszinssatz beträgt 2,57%. Die Zinsen sind tagegenau zu berechnen. Die Verbraucher wurden auf die rechtlichen Folgen einer verspäteten Zahlung ausdrücklich hingewiesen.[1]

6. Monika Hepp, Inhaberin des Feinkostgeschäfts „Monis Spezialitätenhaus e.Kfr.", lieferte am 17. Juli im Rahmen des Party-Bringdienstes ein Menü für 40 Personen an die Eheleute Franziska und Anton Hollmann, Gesellschafter der Hollmann OHG, für ihre private Geburtstagsfeier zum Preis von 2 980,00 EUR, zahlbar 14 Tage nach Rechnungserhalt. Die Rechnung ging bei den Eheleuten Hollmann am 20. Juli ein.

Am 20. August d.J. haben die Eheleute Hollmann immer noch nicht bezahlt. Monika Hepp schickt ihnen deshalb am 24. August eine Mahnung und verlangt Zahlung bis zum 30. August einschließlich der gesetzlichen Verzugszinsen. Der Basiszinssatz beträgt 4,26%.

Aufgaben:

6.1 Kann Monika Hepp Verzugszinsen von den Eheleuten Hollmann verlangen? Wenn ja, in welcher Höhe?

6.2 Ändert sich die Rechtslage, wenn die Eheleute das Menü für eine Jubiläumsfeier der Hollmann OHG bestellt und die Rechnung bis zum 30. August d.J. nicht bezahlt hätten?

---

1 Die Zinsrechnung wird auf S. 223ff. besprochen.

7.5.3 Zinsrechnung

7.5.3.1 Einführung in die Zinsrechnung

Zwischen der Prozentrechnung und der Zinsrechnung besteht ein Zusammenhang. Dieser wird durch das nachfolgende Beispiel aufgezeigt.

Beispiel:

Ein Großhändler nimmt bei seiner Hausbank ein Darlehen in Höhe von 45000,00 EUR auf. Die Laufzeit beträgt ein Jahr. Die Bank berech-net eine Bearbeitungsprovision von 1,5 % (das entspricht 675,00 EUR) und einen Zinssatz von 8 %. Die Zinsen betragen 3600,00 EUR.

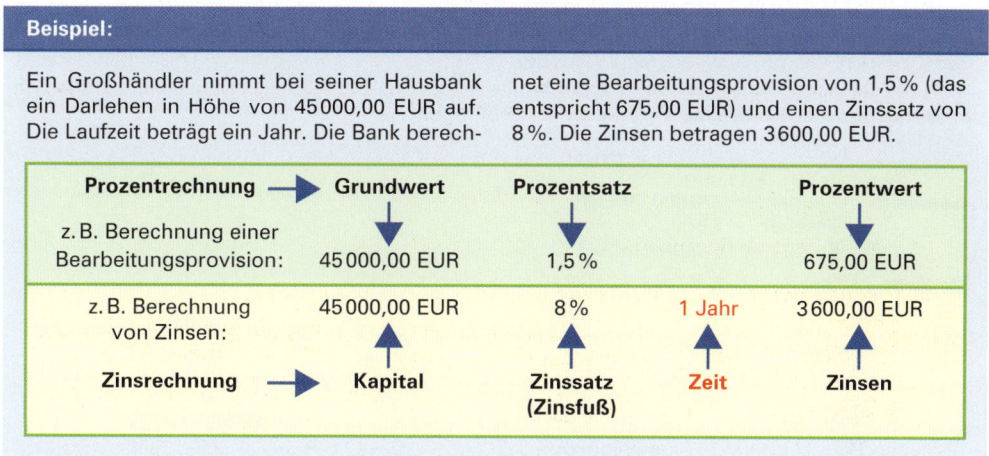

Die Zinsrechnung ist somit eine Anwendung der Prozentrechnung unter Berücksichtigung der Zeit. Von den Größen Kapital, Zinssatz, Zinsen und Zeit müssen stets **drei Größen** in der Aufgabe **gegeben sein,** um die vierte Größe mithilfe des Dreisatzes errechnen zu können.

Merke:

■ Bei der Berechnung von Zinsen muss der Faktor **Zeit** (Jahr, Monat, Tag) berücksichtigt werden. (Der Faktor Zeit fehlt in der Prozentrechnung.)

■ **Zinsen** sind der **Preis** für die Nutzung eines **Kapitals** für eine bestimmte *Zeit* (entspricht dem Prozentwert in der Prozentrechnung).

■ Das **Kapital** ist die zur Nutzung überlassene Geldsumme. Sie ist immer 100 % (entspricht dem Grundwert in der Prozentrechnung).

■ Der **Zinssatz** sagt aus, wie viel Zinsen ein Kapital von 100,00 EUR in einem Jahr erbringt (z. B. für den Sparer) bzw. kostet (z. B. für den Kreditnehmer). Der Zinsfuß bezieht sich immer auf ein Jahr (entspricht dem Prozentsatz in der Prozentrechnung).

Ein Zinssatz von 8 % bedeutet, dass ein Kapital von 100,00 EUR in einem Jahr 8,00 EUR Zinsen erbringt bzw. kostet.

7.5.3.2 Berechnung der Jahreszinsen

Beispiel:

Eine Großhandlung plant die Erstellung einer neuen Lagerhalle. Hierzu benötigt sie einen Bankkredit in Höhe von 270 000,00 EUR. Die Laufzeit des Kredits beträgt 5 Jahre. Die Hausbank bietet den Kredit zu einem festen Zinssatz über die gesamte Laufzeit in Höhe von 7,5 % an. Die Rückzahlung erfolgt am Ende der Laufzeit in einer Summe.

Aufgabe:

Wie viel EUR beträgt der Zinsaufwand insgesamt in den 5 Jahren?

Lösung:

Gegeben: Kapital: 270 000,00 EUR
Zinssatz: 7,5 %
Zeit: 5 Jahre

Gesucht: Zinsen: ?

Für 100,00 EUR sind in 1 Jahr 7,50 EUR Zinsen fällig
Für 270 000,00 EUR sind in 5 Jahren x EUR Zinsen fällig

Berechnung der Jahreszinsen mithilfe der Formel:

$$x = \frac{7,5 \cdot 270\,000 \cdot 5}{100 \cdot 1}$$

durch Umstellung erhält man

$$\text{Jahreszinsen} = \frac{\text{Kapital} \cdot \text{Zinssatz} \cdot \text{Jahre}}{100}$$

$$x = \underline{101\,250,00 \text{ EUR}}$$

Ergebnis:

Der Kredit kostet in fünf Jahren insgesamt 101 250,00 EUR an Zinsen.

Aufgaben zur Sicherung und Vertiefung des Lernerfolgs

92

1. Ein Großhandelsunternehmen hat zur Finanzierung eines Anbaus der Lagerhalle einen Kredit in Höhe von 260 000,00 EUR aufgenommen. Die Laufzeit beträgt $5\,^1/_2$ Jahre.

   Wie viel EUR an Zinsen müssen insgesamt aufgewendet werden, wenn das Darlehen mit $9\,^1/_2$ % verzinst werden muss?

2. Eine Bank hat ihren Kunden die nachfolgenden Kredite eingeräumt:
   2.1 5 180,00 EUR für $3\,^3/_4$ Jahre zum Zinssatz von $6\,^1/_2$ %
   2.2 8 400,00 EUR für $1\,^2/_3$ Jahre zum Zinssatz von $4\,^3/_4$ %
   2.3 3 800,00 EUR für $2\,^1/_4$ Jahre zum Zinssatz von $7\,^1/_2$ %

   Wie viel EUR betragen die zu erwartenden Zinserträge (ohne Zinseszinsen)?

3. Ein Familienvater hat für seine Kinder folgende Sparguthaben angelegt:
   3.1 12 500,00 EUR für $4\,^1/_2$ Jahre zum Zinssatz von $5\,^1/_4$ %
   3.2   8 400,00 EUR für 5 Jahre zum Zinssatz von $6\,^2/_3$ %

   Wie viel EUR betragen die zu erwartenden Zinserträge (ohne Zinseszinsen)?

7.5.3.3 Berechnung der Monatszinsen

Beispiel:

Ein Unternehmen legt 48000,00 EUR für die Zeit vom 31. Juli bis 31. Dezember als Termingeld an. Die Hausbank verzinst das Termingeld mit $3\frac{1}{4}$%.

Aufgabe:

Wie viel EUR beträgt die Zinsgutschrift am Ende der Laufzeit?

Lösung:

Gegeben:	Kapital:	48000,00 EUR
	Zinssatz:	$3\frac{1}{4}$%
	Zeit:	31. Juli – 31. Dezember = 5 Monate
Gesucht:	Zinsen:	?

Für   100,00 EUR erhalten wir in 12 Monaten 3,25 EUR Zinsen

Für 48000,00 EUR erhalten wir in 5 Monaten   x EUR Zinsen

Berechnung der Monats-zinsen mithilfe der Formel:

$$x = \frac{3,25 \cdot 48000 \cdot 5}{100 \cdot 12}$$

durch Umstellung erhält man ➡

$$\text{Monatszinsen} = \frac{\text{Kapital} \cdot \text{Zinssatz} \cdot \text{Monate}}{100 \cdot 12}$$

$$x = 650,00 \text{ EUR}$$

Ergebnis:

Die Zinsgutschrift beträgt 650,00 EUR.

Aufgaben   **zur Sicherung und Vertiefung des Lernerfolgs**

93

1. Die Leder-Straub GmbH hat 45800,00 EUR für 3 Monate als Termingeld zu $2\frac{3}{8}$% angelegt.

   Wie viel EUR beträgt die Gutschrift der Bank nach Ablauf der Anlagezeit?

2. Ein Kaufmann hat zur Überbrückung eines finanziellen Engpasses einen Kredit in Höhe von 12500,00 EUR zu $8\frac{3}{4}$% bei seiner Hausbank aufgenommen. Die Laufzeit beträgt $4\frac{1}{2}$ Monate.

   Welchen EUR-Betrag hat der Kaufmann nach Ablauf dieser Zeit an die Bank zurückzuzahlen?

3. Eberhard Pelz kauft am 15. Februar vom Autohaus Wölfle einen gebrauchten Pkw gegen Ratenzahlung. Es werden folgende Konditionen vereinbart:

Kaufpreis:	8400,00 EUR
Anzahlung am 15.02.20..:	2000,00 EUR
Erste Rate am 15.04.20..:	3000,00 EUR
Zweite Rate am 15.07.20..:	Restzahlung einschließlich der gesamten Zinsen
Zinssatz:	4 %

Wie viel EUR hat Eberhard Pelz für die zweite Ratenzahlung aufzubringen?

15 Speth u.a. - ISBN 978-3-8120-0528-9

4. Eine Großhandlung benötigt zur Erweiterung ihrer Lagerräume für 9 Monate ein Darlehen in Höhe von 105 000,00 EUR. Der Inhaber fragt bei drei Banken an und erhält folgende Kreditangebote:

Bank A: Zins 8,5 %
Bank B: Zins 7,5 % zuzüglich 1,5 % Bearbeitungsgebühr von der Kreditsumme
Bank C: Zins 6 % zuzüglich 2 % Bearbeitungsgebühr von der Kreditsumme

4.1 Wie viel EUR betragen jeweils die Kreditkosten?

4.2 Welches Angebot ist das günstigste?

5. Einem Kunden wurde zur Aufstockung seiner Lagerkapazität ein Darlehen von 8600,00 EUR zunächst für 8 Monate zum Zinssatz von $5\frac{1}{2}$ % gewährt. Am Fälligkeitstag bittet der Kunde um einen Zahlungsaufschub von 3 Monaten. Der Zahlungsaufschub wird gewährt. Für die Verlängerungszeit verlangt der Kreditgeber 6 % Verzugszinsen vom Gesamtbetrag einschließlich der aufgelaufenen Zinsen für die ursprünglich vereinbarte Laufzeit von 8 Monaten.

Welchen EUR-Betrag hat der Kunde nach Ablauf der Verlängerungszeit zu bezahlen?

7.5.3.4 Berechnung der Tageszinsen

(1) Tageberechnung

● Bei den **Zinsberechnungen für Privatpersonen** (Nicht-Kaufleute) und **Behörden** wird das Jahr mit 365 Tagen und die Monate werden mit der genauen Tageszahl (28, 29, 30, 31) angesetzt.

● Bei den **Zinsberechnungen für Kaufleute** wird das Jahr mit 360 Tagen und jeder Monat mit 30 Tagen angesetzt.[1]

Beispiele für die Berechnung der Tage im kaufmännischen Bereich:		

		Vorgehensweise:		
(1) 14. Febr. – 29. Mai = 105 Tage		14. Febr. – 14. Mai sind 3 x 30	=	90 Tage
		14. Mai – 29. Mai	=	15 Tage
				105 Tage
(2) 24. Juni – 8. Nov. = 134 Tage		24. Juni – 24. Okt. sind 4 x 30	=	120 Tage
		24. Okt. – 30. Okt.	=	6 Tage
		30. Okt. – 8. Nov.	=	8 Tage
				134 Tage
(3) 17. Jan. – 28. Febr. = 41 Tage		17. Jan. – 17. Febr. sind 1 x 30	=	30 Tage
		17. Febr. – 28. Febr.	=	11 Tage
				41 Tage
(4) 28. Febr. – 15. März = 17 Tage		Beim Überschreiten des Monats Februar wird mit 30 Tagen gerechnet. Geht die Verzinsung bis zum 28. Februar, werden nur 28 Tage angesetzt (im Schaltjahr dementsprechend 29 Tage).		
(5) 1. Jan. – 28. Febr. = 57 Tage				

---

1 Bei allen nachfolgenden Aufgaben gehen wir von der Zinsrechnung für Kaufleute aus.

94 1. Berechnen Sie die Laufzeit eines Kredits nach der Zinsberechnung für Kaufleute:

       1.1 vom 6. Febr. – 28. Febr.   1.5 vom 13. Juli – 1. Mai

       1.2 vom 17. April – 1. Aug.   1.6 vom 30. Jan. – 29. Febr.

       1.3 vom 28. Sept. – 31. Dez.   1.7 vom 23. Nov. – 5. Juni

       1.4 vom 19. Nov. – 20. Dez.   1.8 vom 10. Dez. – 1. April

    2. Berechnen Sie die Zinstage nach der Zinsberechnung für Kaufleute:

       2.1 vom 31. Mai – 2. Aug.

       2.2 vom 19. Sept. – 5. März

       2.3 vom 30. Jan. – 3. April

       2.4 vom 15. Jan. – 27. Juni

(2) Berechnung der Tageszinsen

Beispiel:

Ein Großhändler kauft Ware im Wert von 2 460,00 EUR. Er erhält ein Zahlungsziel bis zum 27. Januar. Die Zahlung erfolgt erst am 2. Mai. Der Lieferer berechnet Verzugszinsen in Höhe von 6 %.

Aufgabe:

Welchen EUR-Betrag hat der Großhändler am 2. Mai zu überweisen?

Lösung:

Gegeben: Kapital: 2 460,00 EUR
               Zinssatz: 6 %
               Tage: 27. Jan. – 2. Mai = 95 Tage

Gesucht: Zinsen: ?

Für   100,00 EUR in 360 Tagen 6,00 EUR Zinsen
Für 2 460,00 EUR in 95 Tagen   x   EUR Zinsen

$$x = \frac{6 \cdot 2460 \cdot 95}{100 \cdot 360}$$

durch Umstellung erhält man ➤

$$x = \underline{38,95 \text{ EUR}}$$

Berechnung der Tageszinsen mithilfe der Formel:

$$\text{Tageszinsen} = \frac{\text{Kapital} \cdot \text{Zinssatz} \cdot \text{Tage}}{100 \cdot 360}$$

abgekürzt:

$$Z = \frac{K \cdot p \cdot t}{100 \cdot 360}$$

Ergebnis:

Der Überweisungsbetrag lautet über 2 498,95 EUR (2 460,00 EUR + 38,95 EUR).

95 1. Eine Papiergroßhandlung nimmt bei ihrer Bank einen Kredit in Höhe von 14 500,00 EUR für 70 Tage in Anspruch. Der Zinssatz beträgt $7\frac{1}{2}$ %.

      Wie viel EUR betragen die Kreditzinsen?

2. Ein Kaufmann schuldet seinem Lieferer seit dem 12. April 2480,00 EUR.

   Wie viel EUR Verzugszinsen muss er dem Lieferer am 1. Juni bei einem Zinssatz von $6\frac{1}{2}\%$ überweisen?

3. Die Heinz Ott KG bittet einen Lieferer um Stundung des Rechnungsbetrages vom 15. Jan. bis 8. April. Der Rechnungsbetrag beläuft sich auf 10580,00 EUR. Der Lieferer stimmt zu und berechnet für die Stundungszeit $5\frac{1}{4}\%$ Zinsen.

   Wie viel EUR beträgt der zu zahlende Rechnungsbetrag einschließlich Zinsen?

4. Der Möbelgroßhändler August Braun e.Kfm., Klosterplatz 7, 76534 Baden-Baden, geht am 25. September die Kundenkonten durch und stellt fest, dass das Möbelhaus Emil Mayr KG, Industriestraße 8, 76646 Bruchsal, eine am 13. Mai fällige Rechnung über die Lieferung eines Büroschrankes, Rechnungsnummer 143170, über 630,00 EUR immer noch nicht beglichen hat. Eine erste Mahnung, ohne Berechnung von Verzugszinsen, erfolgte am 30. Juni.

   4.1 Über welchen EUR-Betrag ist die Mahnung auszuschreiben, wenn der Möbelgroßhändler 6% Verzugszinsen berechnet?

   4.2 Formulieren Sie die Mahnung!

5.

Papier Union GmbH & KG · PF 100361 · 30941 Ronnenberg

Papiergroßhandlung
Rudolf Walterbeck e.Kfm.
Brückenstr. 101   Datum
90419 Nürnberg   5. Mai 20..

Rechnung Nr. 1347, Überschreiten des Fälligkeitstermins

Sehr geehrter Herr Walterbeck,

für die Rechnungsnummer 1347, fällig am 25. Januar, ging der Betrag in Höhe von 5780,75 EUR erst am 3. Mai des Jahres bei uns ein.

Leider sehen wir uns gezwungen, Ihnen für die Zeit der Überschreitung des Zahlungstermins Verzugszinsen in Höhe von 9,25% in Rechnung zu stellen.

Mit freundlichen Grüßen

i.A. Busch

Sitz der Gesellschaft: Ronnenberg
Registergericht: Ronnenberg HRB 1020

Sparkasse Hannover
IBAN: DE35 2505 0180 0089 8736 57
BIC: SPKHDEZHXXX

Berechnen Sie den Betrag, der als Verzugszinsen in Rechnung gestellt wird!

6. Ein Kaufmann hat zur Modernisierung seiner Geschäftsräume vor 8 Monaten ein Darlehen in Höhe von 36000,00 EUR zu 8% Zinsen aufgenommen. 3 Monate nach der Kreditaufnahme hat er einen Teil des Darlehens in Höhe von 12000,00 EUR zurückgezahlt.

   Wie viel EUR sind heute, am Ende der Kreditlaufzeit, an die Bank einschließlich der Zinsen zu zahlen?

7.5.3.5 Berechnung der Größen Kapital, Zeit und Zinssatz

(1) Berechnung des Kapitals

Beispiel:

Ein Kaufmann erhält am 28. Februar von einem Lieferer für eine nicht rechtzeitig bezahlte Lieferung eine Rechnung über 278,10 EUR Verzugszinsen. Der Lieferer rechnete mit einem Zinssatz von 6 %. Die Liefererrechnung ist am 15. November des Vorjahres fällig gewesen.

Aufgabe:

Über welchen EUR-Betrag lautete die Rechnung?

Lösung:

Gegeben:	Zinsen:	278,10 EUR
	Zinssatz:	6 %
	Zeit:	15. Nov. – 28. Febr. = 103 Tage
Gesucht:	Kapital:	?

6,00 EUR in 360 Tagen bei 100,00 EUR
278,10 EUR in 103 Tagen bei   x   EUR

$$x = \frac{100 \cdot 278,10 \cdot 360}{6 \cdot 103}$$

durch Umstellung
erhält man

Berechnung des Kapitals mithilfe der Formel:

$$\text{Kapital} = \frac{\text{Zinsen} \cdot 100 \cdot 360}{\text{Tage} \cdot \text{Zinssatz}}$$

$$x = 16\,200,00 \text{ EUR}$$

Ergebnis: Die Rechnung lautete über 16 200,00 EUR.

Anmerkung: Herleitung der Formel aus der allgemeinen Zinsformel:

$$Z = \frac{K \cdot p \cdot t}{100 \cdot 360} \qquad \text{oder:} \qquad Z \cdot 100 \cdot 360 = K \cdot p \cdot t$$

$$\text{oder:} \qquad \frac{Z \cdot 100 \cdot 360}{t \cdot p} = K$$

$$\text{oder:} \qquad K = \frac{Z \cdot 100 \cdot 360}{t \cdot p}$$

Aufgaben zur Sicherung und Vertiefung des Lernerfolgs

96 1. Berechnen Sie das Kapital aufgrund der nachfolgenden Angaben!

Nr.	Zinsen	vom – bis	Zinsfuß
1.1	16,20 EUR	15. April – 1. Juli	$4\frac{1}{2}$ %
1.2	184,40 EUR	1. Juni – 31. Oktober	8 %
1.3	144,20 EUR	22. Juni – 10. Dezember	$5\frac{3}{4}$ %
1.4	290,50 EUR	17. Januar – 31. März	$3\frac{1}{3}$ %
1.5	52,70 EUR	2. Februar – 29. Februar	$6\frac{2}{3}$ %

2. Welchen Betrag muss ein Unternehmer bei $6\frac{1}{2}$ %iger Verzinsung anlegen, damit er nach vier Monaten eine Zinsgutschrift von 220,35 EUR erhält?

3. Ein Lieferer stellt einem säumigen Kunden nachträglich insgesamt 431,00 EUR in Rechnung. Dieser Betrag enthält 8 % Verzugszinsen für 56 Tage sowie 5,40 EUR für Auslagen.

Wie viel EUR betrug der Rechnungsbetrag?

4.

	IBAN	BIC	erstellt am	Auszug	Blatt
	DE38 6009 0800 0000 0637 52	GENODEF1S02	10.02.20..	21	1
	Sparda-Bank Baden-Württemberg				

Alter Kontostand			14 500,00 +
10.02. 7208 10.02.	Zinsen für Termingeld, Kontonummer 150 196, Zeit: 10.08.–10.11., Zinssatz: 3,5%		306,25 +
Neuer Kontostand			14 806,25 +

Franz Mayer OHG
Industriestr. 5
70565 Stuttgart   UST-ID DE 480 310 720

Bitte Rückseite beachten.

Welchen EUR-Betrag hat die Franz Mayer OHG als Termingeld angelegt?

(2) Berechnung der Zeit

Beispiel:

Ein Kaufmann hat einem Kunden am 15. Januar eine Rechnung in Höhe von 4 500,00 EUR zu einem Zinssatz von 6,5 % gestundet. Der Rückzahlungsbetrag einschließlich Zinsen beträgt 4 682,00 EUR.

Aufgaben:
1. Wie viel Tage wurde die Stundung gewährt?
2. Zu welchem Zeitpunkt ist der Rechnungsbetrag zurückgezahlt worden?

Lösung:

Gegeben: Kapital: 4 500,00 EUR
Zinssatz: 6,5 %
Zinsen: 182,00 EUR

Gesucht: Tage: ?

Für 100,00 EUR erhält man 6,50 EUR in 360 Tagen
Für 4 500,00 EUR erhält man 182,00 EUR in x Tagen

$$x = \frac{360 \cdot 100 \cdot 182}{4500 \cdot 6,5}$$

durch Umstellung erhält man

Berechnung der Tage mithilfe der Formel:

$$\text{Tage} = \frac{\text{Zinsen} \cdot 100 \cdot 360}{\text{Kapital} \cdot \text{Zinssatz}}$$

$$x = \underline{224 \text{ Tage}}$$

Ergebnis: 1. Der Rechnungsbetrag wurde 224 Tage gestundet.
2. Rückzahlungstermin: 15. Januar + 224 Tage = 29. August

Herleitung der Formel aus der allgemeinen Zinsformel:

$$Z = \frac{K \cdot p \cdot t}{100 \cdot 360} \qquad \text{oder:} \qquad Z \cdot 100 \cdot 360 = K \cdot p \cdot t$$

$$\text{oder:} \qquad \frac{Z \cdot 100 \cdot 360}{K \cdot p} = t$$

$$\text{oder:} \qquad t = \frac{Z \cdot 100 \cdot 360}{K \cdot p}$$

Aufgaben zur Sicherung und Vertiefung des Lernerfolgs

97 1. Wie viel Tage war das Kapital ausgeliehen?

Nr.	Kapital	Zinssatz	Zinsen
1.1	7 800,00 EUR	$2\frac{3}{8}\%$	63,81 EUR
1.2	287,40 EUR	$3\frac{1}{2}\%$	5,59 EUR
1.3	2 610,00 EUR	$6\frac{1}{4}\%$	68,42 EUR
1.4	2 920,50 EUR	$6\frac{3}{4}\%$	54,76 EUR
1.5	510,90 EUR	8 %	9,42 EUR
1.6	50 400,00 EUR	6 %	781,20 EUR

2. Zu welchem Zeitpunkt ist ein Sparkapital von 2 500,00 EUR, das am 2. April bei einer Bank zu $5\frac{1}{4}\%$ angelegt wird, auf 2 620,00 EUR angewachsen?

3. Am 20. August wurde von der Karl Säumig OHG eine Rechnung über 1 680,00 EUR einschließlich 6 % Verzugszinsen mit 1 695,96 EUR durch Banküberweisung beglichen.

   Zu welchem Zeitpunkt war die Rechnung fällig?

4. Ein Kaufmann nimmt einen Kredit in Höhe von 10 000,00 EUR auf. Am 30. August zahlt er für diesen Kredit nachträglich 325,56 EUR Zinsen. Am 22. Juni erhöhte sich der Zinssatz von 8 % auf 9 %.

   4.1 Berechnen Sie den Zinsanteil für die Zeit vor und nach der Erhöhung!

   4.2 An welchem Tag hat der Kaufmann den Kredit aufgenommen?

5. Familie Karl Lutz aus Ulm kaufte am 08. 03. 20.. bei einem Möbelhaus eine Wohnwand zum Abholpreis von 1 583,00 EUR.

   Karl Lutz vereinbart mit dem Möbelhaus einen Finanzierungskauf. Das Möbelhaus berechnet bei einem Zinssatz von 5,5 % Zinsen in Höhe von 19,35 EUR.

   5.1 Für wie viel Tage wurde der Finanzierungskauf in Anspruch genommen?

   5.2 An welchem Tag wurde der Rechnungspreis einschließlich Zinsen zurückbezahlt?

231

(3)   Berechnung des Zinssatzes

Beispiel:

Für die verspätete Zahlung einer Liefererrechnung in Höhe von 6 150,00 EUR wird ein Kaufmann vom Lieferer mit Verzugszinsen in Höhe von 51,25 EUR belastet. Der Zahlungstermin wurde um 60 Tage überschritten.

Aufgabe:
Welchen Zinssatz legte der Lieferer zugrunde?

Lösung:

Gegeben: Zinsen: 51,25 EUR
             Kapital: 6 150,00 EUR
             Tage: 60 Tage

Gesucht: Zinssatz: ?

Für 6 150,00 EUR in   60 Tagen 51,25 EUR Zinsen
Für   100,00 EUR in 360 Tagen   x   EUR Zinsen

$$x = \frac{51{,}25 \cdot 100 \cdot 360}{6\,150 \cdot 60}$$

Berechnung des Zinssatzes mithilfe der Formel:

$$\text{Zinssatz} = \frac{\text{Zinsen} \cdot 100 \cdot 360}{\text{Kapital} \cdot \text{Tage}}$$

x = 5,00 EUR für 100,00 EUR Kapital im Jahr; d. h., der Zinssatz beträgt 5 %.

Ergebnis: Der zugrunde gelegte Zinssatz des Lieferers beträgt 5 %.

Anmerkung: Herleitung der Formel aus der allgemeinen Zinsformel:

$$Z = \frac{K \cdot p \cdot t}{100 \cdot 360} \qquad \text{oder:} \qquad Z \cdot 100 \cdot 360 = K \cdot p \cdot t$$

$$\text{oder:} \qquad \frac{Z \cdot 100 \cdot 360}{K \cdot t} = p$$

$$\text{oder:} \qquad p = \frac{Z \cdot 100 \cdot 360}{K \cdot t}$$

Aufgaben   zur Sicherung und Vertiefung des Lernerfolgs

98   1.   Berechnen Sie den Zinssatz aufgrund der nachfolgenden Angaben!

Nr.	Kapital	von – bis	Zinsen
1.1	3 440,80 EUR	23. März – 29. Juli	59,70 EUR
1.2	790,50 EUR	2. Jan. – 15. Mai	22,70 EUR
1.3	12 970,00 EUR	15 . Nov. – 1. März	294,20 EUR
1.4	2 150,80 EUR	31. März – 29. Mai	24,10 EUR
1.5	48 500,00 EUR	13. März – 30. Juli	681,50 EUR

2.   Ein Kaufmann hat ein Kapital von 45 000,00 EUR als Termingeld vom 15. Februar bis 30. Juni bei der Bank angelegt und erhält eine Zinsgutschrift von 911,25 EUR.

Welcher Zinssatz war vereinbart?

3. Der Unternehmer Friedrich Gut hat auf dem Verwaltungsgebäude eine Grundschuld über 85 400,00 EUR eingetragen. An Zinsen werden vierteljährlich 1708,00 EUR fällig.

   Zu welchem Zinssatz muss die Grundschuld verzinst werden?

4. Ein Großhandelsunternehmen erhält vom Warenlieferer eine Rechnung über 10720,00 EUR, zahlbar innerhalb 30 Tagen netto, Rechnungsdatum 2. November 01. Das Großhandelsunternehmen überweist den Betrag einschließlich 187,60 EUR Verzugszinsen erst am 17. März 02 auf eine Mahnung des Lieferers.

   Welchen Zinssatz hat der Lieferer bei der Berechnung der Verzugszinsen zugrunde gelegt?

5. Michael Werner kauft am 5. Juni 20.. den abgebildeten PC zum Preis von 1 199,00 EUR. Vereinbarungsgemäß erfolgt die Zahlung erst am 30. Oktober 20.. Der Lieferant berechnet 45,88 EUR an Zinsen.

   Welcher Zinssatz wurde bei diesem Finanzierungskauf vereinbart?

6.

Maschinenfabrik Weingarten AG

Maschinenfabrik Weingarten AG · Industriestr. 1–20 · 88250 Weingarten

Möbelgroßhandlung
Franz Merkurius e.Kfm.
Humpisstr. 15
88212 Ravensburg

Rechnung Nr. 197/4

| Lieferdatum: | 5. Mai 20.. |
| Rechnungsdatum: | 10. Mai 20.. |

Menge	Bezeichnung	Gesamtpreis in EUR
1	Verpackungsautomat MS 100	3140,00
5	Zubehörteile	980,00
		4 120,00
	+ 19% USt	782,80
		4 902,80

Zahlungsbedingungen: 2% Skonto innerhalb 14 Tagen, 30 Tage Ziel

Sitz der Gesellschaft: Weingarten; Registergericht: Weingarten; HRB 99
Steuer-Nr.: 91510/71720

Kreissparkasse Ravensburg
IBAN: DE66 6505 0110 0000 9637 52
BIC: SOLADES1RVB

Wie viel EUR spart die Möbelgroßhandlung Franz Merkurius e.Kfm., wenn sie, um den Skonto ausnutzen zu können, bis zum Zielzahlungstermin einen Bankkredit mit einer Verzinsung von 10,5% in Anspruch nimmt?

7.5.4 Sicherung und Durchsetzung von Ansprüchen (außergerichtliches Mahnverfahren)

(1) Zweck und Form der Mahnung

Die Mahnung soll den Kunden zur Erfüllung seiner Verpflichtung veranlassen, ohne dass das Gericht bemüht werden muss.

Es gibt keine gesetzlich vorgeschriebene Form der außergerichtlichen (kaufmännischen) Mahnung. Die meisten Mahnungen erfolgen jedoch aus Gründen der Beweissicherheit (Rechtssicherheit) in schriftlicher Form. In größeren Unternehmen werden für die erste Mahnung (Zahlungserinnerung) aus Gründen der Arbeitsvereinfachung meistens **vorgedruckte Mahnkarten** oder **Mahnbriefe** verwendet. In diesen Formularen muss nur noch

- die Anschrift des Schuldners,
- die Bestellnummer (oder die Nummer der Auftragsbestätigung),
- der Zeitpunkt der Lieferung,
- der vereinbarte Zahlungstermin und
- die Unterschrift des Sachbearbeiters

eingetragen werden.

(2) Stufen der Mahnung

In der Praxis erfolgen die kaufmännischen Mahnungen im Allgemeinen in den folgenden Stufen:

Erste Mahnung (Zahlungserinnerung	Sie ist eine höfliche Erinnerung an die fällige Zahlung (meistens mit einer **Rechnungskopie** oder einem **Debitorenkontoauszug**), die häufig mit einem neuen Angebot verbunden wird.
Zweite Mahnung (ausdrückliche Mahnung)	In ihr wird ausdrücklich auf die Fälligkeit der Schuld (Zahlung) hingewiesen und eine **neue Zahlungsfrist** gesetzt. Wie bei der „ersten Mahnung" können die entsprechenden Zahlungsformulare beigelegt werden.
Dritte Mahnung	In dieser Mahnung wird dem Schuldner unter Hinweis auf die ihm entstehenden zusätzlichen Kosten **angedroht,** die überfällige Zahlung durch eine **Nachnahme** oder ein **Inkassoinstitut** einziehen zu lassen, falls die Zahlung nicht innerhalb der nächsten z.B. 3–6 Tage eingeht. In großen Unternehmen wird oft auch angedroht, die Rechtsabteilung einzuschalten.
Vierte Mahnung	Ist die Zahlung auch aufgrund der dritten Mahnung noch nicht erfolgt, hat der Schuldner eine Nachnahme nicht eingelöst oder die Zahlung an das Inkassoinstitut verweigert, so erfolgt eine **verschärfte Mahnung** mit letzter Fristsetzung. In dieser wird eine **Klage auf Zahlung** oder ein **gerichtlicher Mahnbescheid** angedroht.[1]

(3) Beispiel für ein außergerichtliches Mahnverfahren

Die folgenden zwei Briefe (siehe S. 235 und S. 236) zeigen beispielhaft, wie in der Praxis das außergerichtliche Mahnverfahren durchgeführt werden kann.

---

1 Das gerichtliche Mahnverfahren ist in der ZPO gesetzlich geregelt (siehe z.B. §§ 688 ff. ZPO).

MÖBELHAUS WOHNPLATZ GMBH

Hauptstraße 40 · 86199 Augsburg

Herr/Frau/Firma

Discount GmbH
Innere Uferstr. 15
86153 Augsburg

Lieferanschrift		
Herr/Frau/Firma	Vorname	
Discount GmbH		
Straße		Etage
Innere Uferstr. 15		
PLZ	Ort	
86153	Augsburg	

Telefon (privat) Telefon (Firma) **0821 53720** Tour Fah Fah Fahrstuhl

KV-Datum **10.03.20..** Bemerkung

LIEFERSCHEIN UND RECHNUNG

Liefertermin Auftragsnummer **164947** ◄ Achtung: Bei Zahlung immer Auftrags-Nummer angeben!

Mitnahme

Pos.	Anz.	Bezeichnung, Art, Modell, Ausführung, Größe	BW	EZ-Preis	Gesamtpreis
1	1	ES BEDIENTE SIE FRAU HEPP			
		2000058 L/01/WA 1			473,28
		BÜROSESSEL			
		PILOT-CHEF 176210600			
		GESTELL: SCHWARZ			
		BEZUG: LEDER SCHWARZ			
		MIT WIPPE			
		LAGERPLATZ: WA 1			
		19% UMSATZSTEUER			89,92

Fälligkeit der Zahlung: 30. März 20..

Rechnungskopie

Der vollständige und einwandfreie Empfang obiger Ware wird hiermit ausdrücklich bestätigt.

i. A. Lang
Unterschrift

Beanstandungen sind umseitig genau anzugeben!

Rechnungs-Betrag **563,20**

Fälliger Restbetrag **563,20**

QUITTUNG

	Auftrags-Nummer	Rechnungs-Nummer	Datum
Betrag			
	Betrag in Worten	tausend hundert zehn eins	
Herr/Frau/Firma	Straße	PLZ Ort	

Betrag dankend erhalten – Nur gültig mit Unterschrift
☐ Scheck
☐ Bar

Geschäftsräume
Hauptstr. 40
86199 Augsburg
Geschäftszeit: 09:00 – 15:00 Uhr

RG Augsburg
HRB 720
Steuer-Nr. 85437101

Kontoverbindung
Raiffeisenbank Augsburg
BIC: GENODEF1BOI
IBAN: DE91 7206 9036 0032 4426 12

Unterschrift des Inkassoberechtigten

MÖBELHAUS WOHNPLATZ GMBH
Hauptstraße 40 · 86199 Augsburg

Möbelhaus Wohnplatz GmbH, Hauptstraße 40, 86199 Augsburg

Discount GmbH
Innere Uferstr. 15
86153 Augsburg

Telefax	
0821 5001-	E-Mail
469	wohnplatz.augsburg@t-online.de

Ihr Zeichen, Ihre Nachricht vom	Unser Zeichen, Unsere Nachricht vom	Telefon, Name 0821 5001-	Datum
	hu 30.05.20..	467, Frau Hug	16.06.20..

Auftrags-Nr. 164947
Dritte Mahnung

Sehr geehrter Kunde,

Ihr Konto weist nachstehende Posten als Restbetrag aus:

Rechn-Nr.	Re-Datum	fällig am	Mahnst.	Betrag
164947	10.03.20..	Rechnung 30.03.20..	2	563,20 €
		Gesamtbetrag der Mahnstufe	2	563,20 €
		Der fällige Saldo beträgt		563,20 €
		Der Gesamtsaldo beträgt		563,20 €

Zahlungseingänge sind berücksichtigt bis 12.06.20..

Obwohl Sie von uns bereits zweimal zur Zahlung des fälligen Betrags aufgefordert wurden, konnten wir bis jetzt keinen Zahlungseingang feststellen.

Wir bitten um Überprüfung und um Überweisung des fälligen Betrags

bis zum 24.06.20..

Sollte der fällige Betrag bis zu diesem Zeitpunkt nicht bei uns eingegangen sein, werden wir den Betrag durch Nachnahme einziehen lassen. Die Kosten hätten Sie zu tragen.

Mit freundlichem Gruß

MÖBELHAUS WOHNPLATZ GmbH
Buchhaltung

Eva Hug

Eva Hug

Geschäftsräume	Registergericht Augsburg	STEUER-Nr. 85437101	Kontoverbindung
Hauptstraße 40	HRB 720		Raiffeisenbank Augsburg
86199 Augsburg			BIC: GENODEF1BOI
Geschäftszeit: 09:00 – 15:00 Uhr			IBAN: DE91 7206 9036 0032 4426 12

99 1. Erläutern Sie die Gründe, warum die Unternehmen auf eine pünktliche Bezahlung ihrer Ausgangsrechnungen angewiesen sind!

2. Beschreiben Sie die „Stufen" des kaufmännischen (außergerichtlichen) Mahnverfahrens!

3. Erklären Sie mögliche Vor- und Nachteile des Forderungseinzugs durch Nachnahme und Inkassoinstitute aus der Sicht des Geldgläubigers!

4. Vom Abteilungsleiter erhalten Sie die folgende Offene-Posten-Liste vom 09.07.20.. des Kunden Czerny & Widmann OHG, der von uns Handelswaren bezieht, und den aktuellen Kontoauszug.

Buchungs-datum	Belegart	Belegnr.	Betrag in EUR	Fälligkeits-datum	Skonto-datum	Skonto-satz	Mahnstufe
04.04.20..	Rechnung	15293	25434,24	02.06.20..	18.04.20..	3%	2. Mahnung 27.06.20..
29.06.20..	Rechnung	15371	670,20	28.07.20..	13.07.20..	2%	
03.07.20..	Rechnung	15401	9491,80	02.08.20..	17.07.20..	2%	

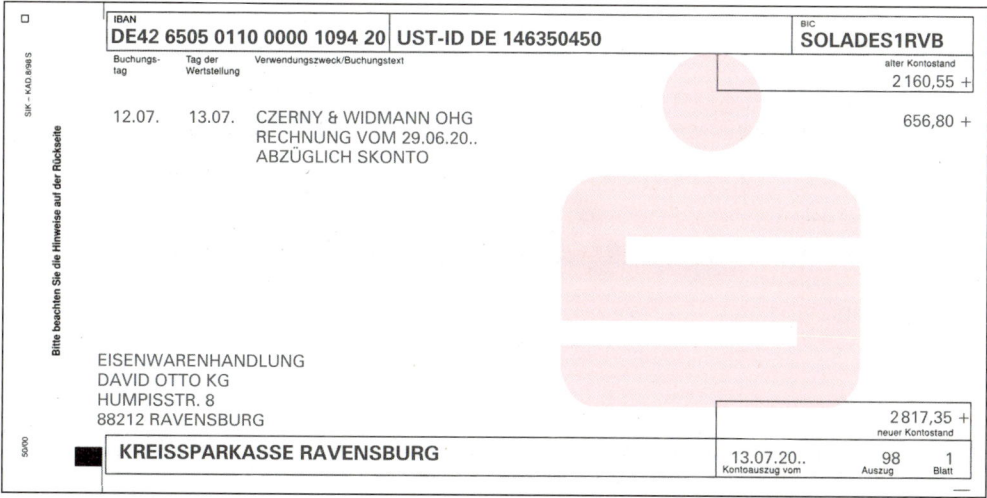

```
IBAN
DE42 6505 0110 0000 1094 20    UST-ID DE 146350450                          BIC
                                                                 SOLADES1RVB
Buchungs-   Tag der        Verwendungszweck/Buchungstext               alter Kontostand
tag         Wertstellung                                                   2160,55 +

12.07.      13.07.         CZERNY & WIDMANN OHG                              656,80 +
                           RECHNUNG VOM 29.06.20..
                           ABZÜGLICH SKONTO




EISENWARENHANDLUNG
DAVID OTTO KG
HUMPISSTR. 8
88212 RAVENSBURG                                                          2817,35 +
                                                                      neuer Kontostand

KREISSPARKASSE RAVENSBURG                           13.07.20..        98       1
                                                    Kontoauszug vom    Auszug    Blatt
```

Aufgaben:

4.1 Überprüfen Sie die sachliche und rechnerische Richtigkeit der Zahlung!

4.2 Bilden Sie den Buchungssatz für den Zahlungseingang der Czerny & Widmann OHG (Konto 240019)!

4.3 Auf Anweisung des Abteilungsleiters sollen Sie heute den Kunden Czerny & Widmann OHG telefonisch zu einer Zahlung des fälligen Postens veranlassen. Dabei sollen Sie Folgendes beachten:
  – langjähriger und wichtiger Kunde,
  – Durchsetzung unserer Gläubigerrechte,
  – Sicherung zukünftiger Zahlungseingänge.

  4.3.1 Notieren Sie sich stichwortartig Vorgehensweise, Inhalte und Begründungen, wie Sie dieses Telefonat erfolgreich durchführen können!

  4.3.2 Führen Sie das Gespräch als Rollenspiel in der Klasse!

1 Person und Beruf als Elemente der Berufsfindung

Die Berufswahl gehört zu den wichtigen Entscheidungen im Leben eines Menschen. Sie beeinflusst nicht nur das spätere Einkommen, sondern in hohem Maße auch das gesellschaftliche Ansehen, den eigenen Lebensstil und damit die Zufriedenheit eines Menschen. Die Berufstätigkeit darf nicht nur als Last gesehen werden – sie bietet auch ein großes Feld für die eigene Selbstverwirklichung. Die Berufswahl muss deshalb sorgfältig vorbereitet werden.

Auf dem Weg zur richtigen Entscheidung ist es hilfreich, das eigene Fähigkeitsprofil mit den Anforderungsprofilen der infrage kommenden Berufe zu vergleichen.

Vielfach erleichtern Praktika die Entscheidung.

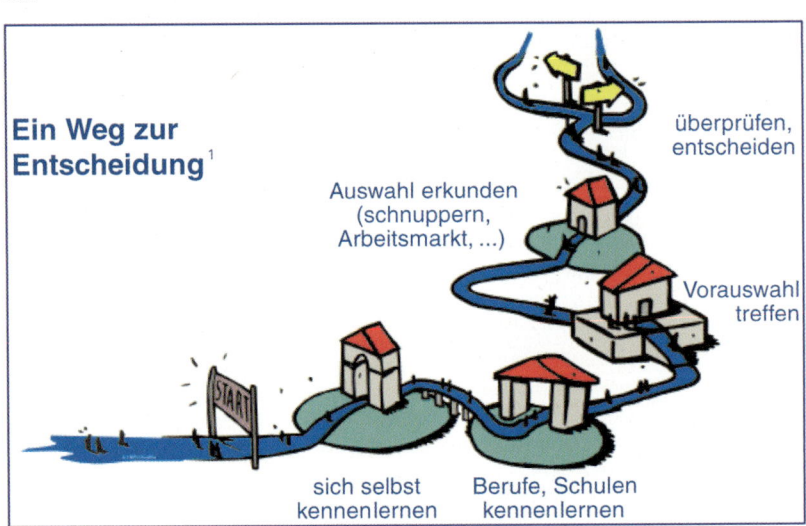

Ein Weg zur Entscheidung[1]

überprüfen, entscheiden

Auswahl erkunden (schnuppern, Arbeitsmarkt, ...)

Vorauswahl treffen

START

sich selbst kennenlernen

Berufe, Schulen kennenlernen

1.1 Ermittlung der persönlichen Fähigkeiten und Fertigkeiten

Für jeden, der vor der Berufswahl steht, ist es wichtig, die individuellen Begabungen und Fähigkeiten zu erkennen. Die Schulnoten in den verschiedenen Fächern geben darüber nur teilweise Auskunft. Hilfreich kann beispielsweise das Durcharbeiten der „Checkliste persönliche Fähigkeiten und Fertigkeiten" der Bundesagentur für Arbeit sein (vgl. nächste Seite). Den meisten fällt es allerdings schwer, sich selbst objektiv einzuschätzen. Die ehrliche Selbstbewertung sollte deshalb durch eine Fremdeinschätzung durch Dritte (Eltern, Geschwister, Freunde) ergänzt und anschließend mit der eigenen Einschätzung verglichen werden.

Bei Bedarf kann der Berufsberater auch einen psychologischen Berufseignungstest veranlassen, um die Begabungen besser erfassen und beurteilen zu können.

Zum persönlichen Fähigkeitsprofil muss der Beruf gefunden werden, dessen Anforderungsprofil am besten dazu passt.

---

1 www.bifo.at/text/berufswahl; 19.03.2005.

Checkliste persönliche Fähigkeiten und Fertigkeiten[1]
Bestandsaufnahme „Wo liegen meine Stärken?"

Die folgenden Merkmale sind die von den Arbeitgebern am häufigsten genannten Soft Skills.[2] Bei Ausprägung bitte jeweils den zutreffenden Wert zwischen 1 (trifft nicht zu) bis 7 (trifft voll zu) ankreuzen.

1	PERSÖNLICHKEITSMERKMAL

Merkmal	Typische Aussage	Ausprägung 1 2 3 4 5 6 7
METHODENKOMPETENZ		
Analyse- und Problemlösefähigkeit	Ich bin in der Lage, (neue) Aufgabenstellungen zu erkennen und zu strukturieren, sammle hierzu Informationen, gewichte diese und entwickle Lösungsvorschläge.	▪▪▪▪▪▪▪
Auffassungsfähigkeit/-gabe	Ich bin in der Lage, Neues schnell zu begreifen und zu erfassen.	▪▪▪▪▪▪▪
Entscheidungsfähigkeit	Ich kann mich mit relevanten Alternativen sachlich auseinandersetzen, sie bewerten und treffe eine Entscheidung.	▪▪▪▪▪▪▪
Ganzheitliches Denken	Ich bin in der Lage, bei meinen Überlegungen/Planungen die Auswirkungen auf andere Bereiche zu berücksichtigen.	▪▪▪▪▪▪▪
Organisationsfähigkeit	Ich kann Abläufe planen und entwickeln.	▪▪▪▪▪▪▪
AKTIVITÄTS-/UMSETZUNGSKOMPETENZ		
Belastbarkeit	Ich kann mit Druck und schwierigen Arbeitssituationen gut umgehen.	▪▪▪▪▪▪▪
Eigeninitiative	Ich kann Vorschläge/Lösungen ohne Anstoß von außen entwickeln.	▪▪▪▪▪▪▪
Motivation/ Leistungsbereitschaft	Ich bin in der Lage, mich stets voll einzusetzen.	▪▪▪▪▪▪▪
Selbstständiges Arbeiten	Ich kann Aufgabenstellungen ohne weitere Anweisungen lösen/ ich kann eigenverantwortlich arbeiten.	▪▪▪▪▪▪▪
Zielstrebigkeit/ Ergebnisorientierung	Ich bin in der Lage, konsequent zu erreichen, was ich mir vorgenommen habe und lasse mich nicht ablenken.	▪▪▪▪▪▪▪
SOZIAL-KOMMUNIKATIVE KOMPETENZ		
Einfühlungsvermögen	Ich kann mich gut in andere Menschen hineinversetzen.	▪▪▪▪▪▪▪
Führungsfähigkeit	Ich kann aufgaben- und mitarbeiterorientiert (erfolgreich) eine Gruppe von Menschen leiten.	▪▪▪▪▪▪▪
Kommunikationsfähigkeit	Ich bin in der Lage, mich klar und verständlich auszudrücken und argumentiere überzeugend.	▪▪▪▪▪▪▪
Kundenorientierung	Ich bin in der Lage, Kundenanliegen offen gegenüberzustehen und versuche, Kundenwünsche zu erfüllen.	▪▪▪▪▪▪▪
Teamfähigkeit	Ich kann mich in eine Gruppe einordnen und einbringen, um ein gemeinsames Ziel zu erreichen.	▪▪▪▪▪▪▪
PERSONALE KOMPETENZ		
Flexibilität	Ich kann mich schnell auf neue Arbeitsbedingungen/Anforderungen einstellen.	▪▪▪▪▪▪▪
Kreativität	Ich kann neue Ideen entwickeln und bin einfallsreich.	▪▪▪▪▪▪▪
Lernbereitschaft	Ich bin daran interessiert, mir neues Wissen anzueignen.	▪▪▪▪▪▪▪
Sorgfalt/Genauigkeit	Ich kann präzise arbeiten und überprüfe anschließend mein Arbeitsergebnis.	▪▪▪▪▪▪▪
Zuverlässigkeit	Ich bin in der Lage, Vereinbarungen einzuhalten.	▪▪▪▪▪▪▪

Welche nicht genannten Eigenschaften schätzen Ihre Arbeitskollegen und -kolleginnen, Freunde usw. an Ihnen?

Was waren Ihre größten beruflichen oder persönlichen Erfolge und welche Eigenschaften waren dafür ausschlaggebend?

Erfolg	Eigenschaften

---

1 Bundesagentur für Arbeit (Hrsg.): JobProfi – Ihr Trainingsprogramm zum neuen Job, Oktober 2008, S. 12.
2 Soft Skills (engl.): Fähigkeiten im Umgang mit anderen Menschen.

1.2 Informationsmöglichkeiten zu den Berufen

Einer fundierten Berufswahl muss eine intensive Informationssammlung und -auswertung vorausgehen. Die Möglichkeiten, sich über die infrage kommenden Berufe zu informieren, sind sehr vielfältig:

- **Gespräche** mit Eltern, Freunden, Lehrern und Bekannten. Insbesondere Praxiserfahrungen von Menschen mit entsprechender Berufserfahrung können sehr aufschlussreich sein.
- **Schriften der Arbeitsagenturen** zur Berufswahl (z. B. „Beruf aktuell", „mach's richtig"). Sie können eine erste Orientierungshilfe geben.
- **Informationsbroschüren** der Industrie- und Handelskammern sowie der Handwerkskammern. Sie enthalten häufig eine Liste der regionalen Ausbildungsbetriebe.
- **Besuch in einem der bundesweit 181 Berufsinformationszentren (BIZ)** der Arbeitsagenturen. Die BIZ-Besucher können Zeitpunkt, Dauer und Häufigkeit der Nutzung sowie die Auswahl der Interessengebiete und Medien selbst bestimmen. Daneben gibt es auch ein breites Angebot an Veranstaltungen für Gruppen.
- **Praktika** oder eine **Schnupperlehre** in geeigneten Ausbildungsbetrieben.
- **Berichte in Zeitungen** (z. B. Sonderseiten „Ausbildung und Beruf").
- **Berufsbezogene Fernsehsendungen.**
- **Recherchen**[1] **im Internet** (z. B. www.berufenet.arbeitsagentur.de, www.machs-richtig.de, www.berufswahlnavigator.de, www.planet-berufe.de).

Ein Recherche-Beispiel für den Beruf des Kaufmanns für Büromanagement aus der umfangreichen Datenbank für Berufs- und Tätigkeitsbeschreibungen von *BERUFEnet* (rund 6000 bebilderte Beschreibungen) ist im Folgenden abgedruckt.

Bilder zur Tätigkeit von Bürokaufleuten[2]

Liefertermine überwachen

Einen Auftrag bearbeiten

Beim Verwalten von Akten

Bei der Buchhaltung

Erstellen eines Organisationsplans

Telefonisches Einholen von Angeboten

---

1 Recherche: Nachforschung, Ermittlung.
2 http://berufenet.arbeitsagentur.de/berufe/start?dest=profession&prof-id=7880_7869&status=B; 12.02.2010.

1.3 Berufswahlentscheidung

Stimmt das eigene Fähigkeitsprofil mit dem Anforderungsprofil für die gewünschte Berufsausbildung in den wichtigsten Punkten überein, so ist die größte Hürde auf dem Weg zum richtigen Beruf genommen.

Neben der **Eignung für einen bestimmten Beruf** sind weitere Faktoren für die endgültige Berufswahlentscheidung von Bedeutung:

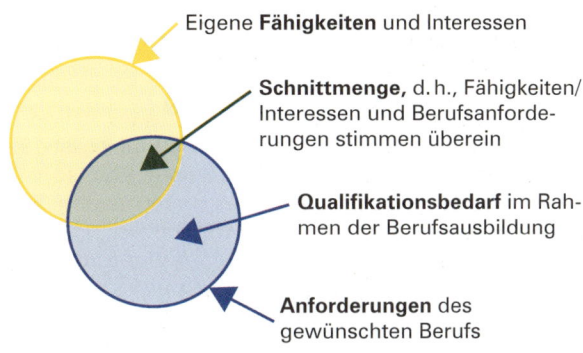

Eigene **Fähigkeiten** und Interessen

Schnittmenge, d. h., Fähigkeiten/ Interessen und Berufsanforderungen stimmen überein

Qualifikationsbedarf im Rahmen der Berufsausbildung

Anforderungen des gewünschten Berufs

→ **Zukunftsaussichten des Berufs**

Auf der einen Seite entstehen immer wieder neue Berufsbilder (z. B. Mechatroniker, Fitnesskaufmann, Datenverarbeitungskaufmann); auf der anderen Seite sterben immer wieder Berufe aus (z. B. Korbflechter, Stenotypistin). Grundsätzlich muss man heute davon ausgehen, dass jeder Beruf im Laufe der Zeit starken Veränderungen unterworfen ist. Daher sollte bei jeder Berufswahl auch die künftige Entwicklung abgeschätzt werden.

→ **Lehrstellenangebot**

Die Zahl der Ausbildungsplätze ist u. a. von der wirtschaftlichen Lage der Unternehmen sowie der regionalen Wirtschaftsstruktur abhängig. Insbesondere in sogenannten Modeberufen gibt es in der Regel deutlich mehr Bewerber als Lehrstellen. Hier kann ein Ausweichen auf verwandte Berufe oder ein Ortswechsel häufig Abhilfe schaffen.

Die nachfolgende Grafik zeigt, welche Ausbildungsbereiche zurzeit besonders beliebt sind:

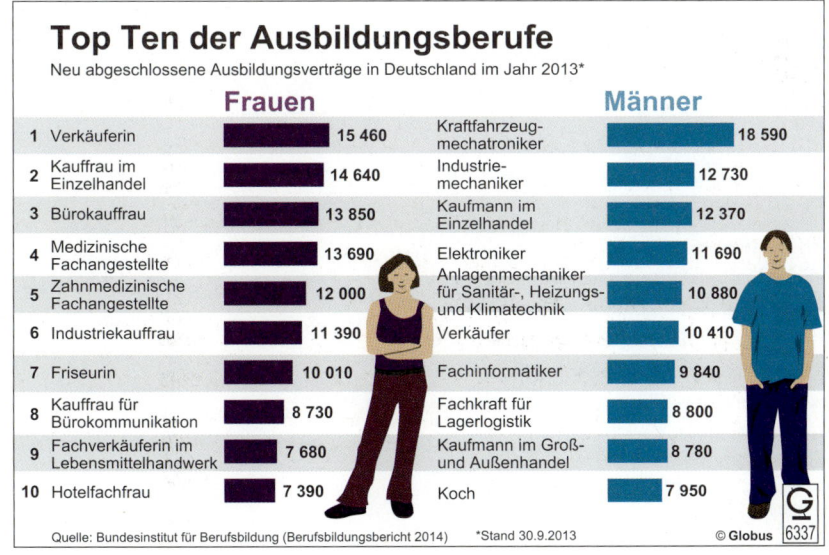

Top Ten der Ausbildungsberufe

Neu abgeschlossene Ausbildungsverträge in Deutschland im Jahr 2013*

	Frauen		Männer	
1	Verkäuferin	15 460	Kraftfahrzeugmechatroniker	18 590
2	Kauffrau im Einzelhandel	14 640	Industriemechaniker	12 730
3	Bürokauffrau	13 850	Kaufmann im Einzelhandel	12 370
4	Medizinische Fachangestellte	13 690	Elektroniker	11 690
5	Zahnmedizinische Fachangestellte	12 000	Anlagenmechaniker für Sanitär-, Heizungs- und Klimatechnik	10 880
6	Industriekauffrau	11 390	Verkäufer	10 410
7	Friseurin	10 010	Fachinformatiker	9 840
8	Kauffrau für Bürokommunikation	8 730	Fachkraft für Lagerlogistik	8 800
9	Fachverkäuferin im Lebensmittelhandwerk	7 680	Kaufmann im Groß- und Außenhandel	8 780
10	Hotelfachfrau	7 390	Koch	7 950

Quelle: Bundesinstitut für Berufsbildung (Berufsbildungsbericht 2014)   *Stand 30.9.2013   © Globus 6337

16   Speth u.a. - ISBN 978-3-8120-0528-9

2 Bewerbung

2.1 Bewerbungsmanagement

2.1.1 Aktions- und Zeitplanung

Die Bewerbung um einen Ausbildungsplatz ist für die meisten Wirtschaftsschüler das erste größere **Projekt in eigener Sache**. Eine sorgfältige Planung ist deshalb notwendig, um ein Durcheinander und Stress zu vermeiden. Wie das folgende Beispiel einer Aktions- und Zeitplanung zeigt, ist auch Geduld verlangt, da sich das Bewerbungsverfahren insbesondere bei größeren Unternehmen über mehrere Monate hinziehen kann. Eine zu frühe telefonische Nachfrage kommt meist nicht so gut an.

Beispiel:

Übersicht über die Aktions- und Zeitplanung:

Aug.	Sept.	Okt.	Nov.	Dez.	Jan.
Stellenanzeigen der Zeitung nach Ausbildungsplatzangeboten durchsuchen					
bei Arbeitsagentur nach Ausbildungsfirmen fragen					
	Bewerbungsunterlagen[1] erstellen und versenden				
		Warten auf Rückmeldung, evtl. telefonisch nachfragen			
		Vorbereitung auf und Teilnahme an den Einstellungstests[2]			
			Gesprächsvorbereitung und Teilnahme am Vorstellungsgespräch[3]		
				Ausbildungsvertrag[4] unterschreiben	

Trifft die ersehnte Einladung zu einem Einstellungstest oder Vorstellungsgespräch ein, ist Folgendes zu tun:

- Termin bestätigen,
- inhaltliche Vorbereitungen treffen,
- angemessenes Outfit zusammenstellen,
- Anfahrtsweg und benötigte Anfahrtszeit klären,
- evtl. Unterrichtsbefreiung beantragen,
- Checkliste zum Bewerbungsmanagement ergänzen.

---

1 Vgl. hierzu Kapitel 2.2, S. 243 ff.
2 Vgl. hierzu Kapitel 2.3, S. 246 ff.
3 Vgl. hierzu Kapitel 2.4, S. 249 ff.
4 Vgl. hierzu Kapitel 3.2, S. 261 ff.

2.1.2 Checkliste zum Bewerbungsmanagement

Firma	...	...
Anschrift	...	...
	...	...
	...	...
Telefon	...	...
Durchwahl	...	...
Ansprechpartner	...	...
Ausbildungsberuf	...	...
Bewerbung am	...	...
telefonische Nach- frage am	...	...
Ergebnis	...	...
Test am	...	...
Vorstellung am	...	...
Bemerkungen	...	...

Die meisten Ausbildungsplatz-suchenden müssen mehrere (manchmal mehr als 10) Bewerbungen schreiben.

Eine Tabelle – wie nebenstehend dargestellt – kann helfen, den Überblick über die häufig gleichzeitig laufenden Bewerbungsverfahren zu behalten.

2.2 Bewerbungsunterlagen

Die Bewerbung umfasst:

- das eigentliche Bewerbungsschreiben,
- den Lebenslauf,
- die Zeugnisse und andere Referenzen,[1]
- ein Lichtbild.[2]

Es ist sinnvoll, für die Bewerbung eine **Bewerbungsmappe** zu verwenden.

Beispiel:

Nachdem Lisa Schulze sich ausführlich über den Beruf der Kauffrau für Büromanagement informiert hat und davon überzeugt ist, dass ihr Fähigkeitsprofil dazu passt, bewirbt sie sich auf nebenstehende Anzeige im Südkurier.

Einen Ausschnitt aus Lisas Bewerbungsmappe finden Sie auf der nächsten Seite.

Ausbildung bei puren

puren bietet an: Ausbildung zum/zur Kaufmann/-frau für Büromanagement

puren eröffnet Ihnen mit der Ausbildung in diesem Berufszweig hervorragende Perspektiven für Ihre berufliche Karriere

puren bietet hervorragende Rahmenbedingungen und ermöglicht Ihnen so einen erfolgreichen Start in das Berufsleben

puren erwartet von Ihnen Engagement und Eigeninitiative in der Ausbildung. Sie sollten team- und kritikfähig sein und Spaß und Freude am Lernen haben.

Hat dieses Angebot Ihr Interesse an einer Ausbildung bei **puren** geweckt?

Ihre vollständigen Bewerbungsunterlagen senden Sie bitte an

puren gmbh
Personalabteilung
Rengoldshauser Straße 4
88662 Überlingen

---

1 Referenz (wörtl. Empfehlung): Hinweis auf Personen oder Stellen, die Auskunft geben können. Vgl. hierzu Kapitel 2.2.3.

2 Für den Bewerber ist es **keine Pflicht,** seiner Bewerbung **ein Foto beizulegen.** Viele Unternehmen (insbesondere kleinere und mittelgroße) möchten sich jedoch gerne „ein Bild machen" von dem Bewerber. Daher begrüßen sie es, wenn die Bewerbung ein Foto enthält.

Deckblatt

BEWERBUNG

für eine

Ausbildungsstelle als
Kauffrau für Büromanagement

bei der

puren gmbh
Rengoldshauser Str. 4
88662 Überlingen

Lisa Schulze
Eichendorffstr. 15
88662 Überlingen
Tel. 07551 949392

Bewerbungsschreiben

Lisa Schulze
Eichendorffstr. 15
88662 Überlingen
Tel. 07551 949392

Überlingen, den 30. September 2014

puren gmbh
Rengoldshauser Str. 4
88662 Überlingen

Bewerbung um eine Ausbildungsstelle als Kauffrau für Büromanagement

Sehr geehrte Damen und Herren,

im Südkurier vom 22. September suchten Sie eine Auszubildende für den Beruf der Kauffrau für Büromanagement. Ich interessiere mich für diese Stelle.

Zurzeit besuche ich die Zweijährige Berufsfachschule Wirtschaft in Überlingen, die ich voraussichtlich im Juli mit der Fachschulreife abschließen werde. Diese Schulform habe ich gewählt, weil meine Neigungen im kaufmännischen Bereich liegen. Hier hatte ich im vergangenen Jahr immer gute Noten.

In den letzten Sommerferien hatte ich Gelegenheit, für einige Wochen bei dem ortsansässigen Unternehmen der Diehl-Gruppe im Büro auszuhelfen. Die Erfahrungen, die ich dort sammeln konnte, haben mich in meinem Beschluss bestärkt, den Beruf der Kauffrau für Büromanagement anzustreben.

Angeregt durch den EDV-Unterricht in der Schule, habe ich mich in der Freizeit intensiv mit elektronischer Datenverarbeitung beschäftigt und meine Kenntnisse in Windows und Office vertieft.

Ich bin sicher, dass der angestrebte Beruf mir sehr viel Freude bringen wird. Über eine Einladung zu einem Vorstellungsgespräch würde ich mich sehr freuen.

Mit freundlichen Grüßen

Lisa Schulze

Anlagen
Lebenslauf
2 beglaubigte Zeugnisabschriften
1 Lichtbild

Lebenslauf in Tabellenform

Lebenslauf

Zu meiner Person

Name:	Lisa Schulze
Anschrift:	Eichendorffstr. 15
	88662 Überlingen
Geburtsdatum:	21. August 1997
Geburtsort:	Überlingen
Staatsangehörigkeit:	deutsch
Eltern:	Erich Schulze, Schlossermeister
	Erna Schulze, geb. Witt
Geschwister:	Florian, 20 Jahre
angestrebte Position:	Auszubildende für den Beruf der Kauffrau für Büromanagement

Schule

09/2003 bis 2014	Schulausbildung
	Grundschule Überlingen
	Hauptschule Überlingen, Abschluss, Note 2,2
	Wirtschaftsschule Überlingen, Abschluss Juli 2014

Aktivitäten und Mitgliedschaften

seit 03/2007	Mitglied der Volleyballabteilung des TV Überlingen
seit 01/2012	Leitung einer Jugendmannschaft
08/2013	Ferienarbeit im Seniorenheim Seeblick, Überlingen
sonstige Interessen	Fotografie, einschl. Fotobearbeitung

Überlingen, 30. September 2014

Lisa Schulze

2.2.1 Bewerbungsschreiben

Inhalt des Bewerbungs- schreibens	Das eigentliche Bewerbungsschreiben sollte grundsätzlich mit einem Text- verarbeitungsprogramm abgefasst und auf gutem Papier ausgedruckt sein. Das Bewerbungsschreiben enthält mindestens folgende Punkte: <ul><li>Anlass der Bewerbung,</li><li>Hinweise auf Fähigkeiten und Fertigkeiten,</li><li>Hinweise auf Schulbesuche und -abschlüsse, sofern nicht im Lebenslauf enthalten,</li><li>Hinweise auf Anlagen (Lebenslauf, Zeugnisabschriften),</li><li>Angabe von Referenzen,</li><li>Bitte um Berücksichtigung der Bewerbung.</li></ul>
Formulierungs- beispiele	**Briefanfänge** <ul><li>„Der Stuttgarter Zeitung vom … entnehme ich, dass Sie … suchen. Ich bewerbe mich um diese Stelle."</li><li>„Ich beziehe mich auf Ihre Anzeige in … vom … und bewerbe mich um die von Ihnen ausgeschriebene Ausbildungsstelle als …"</li><li>„Sie suchen eine qualifizierte …, die sich mit den gängigen Computer- programmen auskennt. Ich bin sicher, dass meine Fähigkeiten Ihren Anforderungen entsprechen."</li><li>„Ihre Stellenanzeige in … vom … hat mich in allen Punkten angespro- chen, sodass ich mich, obwohl ich mich derzeit noch in der Ausbildung befinde, bei Ihnen bewerbe."</li></ul> **Aufforderung für ein Vorstellungsgespräch** <ul><li>„Ich würde mich freuen, wenn Sie Interesse an meiner Bewerbung zeig- ten. Bitte geben Sie mir die Gelegenheit zu einem Vorstellungsge- spräch."</li><li>„Ich würde mich freuen, wenn Sie mir in einem Vorstellungsgespräch Gelegenheit geben würden, meine briefliche Selbstdarstellung zu er- gänzen."</li><li>„Ich hoffe, die genannten Gründe für meine Bewerbung können Sie be- wegen, mich zu einem Vorstellungsgespräch einzuladen."</li><li>„Zu einer persönlichen Vorstellung bin ich gerne bereit. Wann darf ich mit einem Vorstellungsgespräch rechnen?"</li><li>„Über einen Termin zu einem persönlichen Vorstellungsgespräch wür- de ich mich sehr freuen."</li></ul>

2.2.2 Lebenslauf

Der Lebenslauf kann inhaltlich in 5 Abschnitte aufgegliedert werden: persönliche Daten, schulische Ausbildung, Praktika, spezielle Kenntnisse und Fertigkeiten und Sonstiges.

Persönliche Daten	Vor- und Familienname, Geburtsdatum, Geburtsort. Mögliche Ergänzung: Religionszugehörigkeit, Staatsbürgerschaft.
Schulische Ausbil- dung (in Bildungs- abschnitte geglie- dert)	Grundschule, weiterführende Schulen, Abschluss (Die Zeitliste hat keine Lücken bzw. diese werden erklärt, z.B. zusätzliche Schuljahre.)

Praktika	Alle Praktika und deren Dauer sowie alle Sprachkurse werden aufgeführt.
Spezielle Kenntnisse und Fertigkeiten	Alle diesbezüglichen Fragen/Anforderungen sind berücksichtigt. Sie vermitteln die speziellen Kenntnisse und Fertigkeiten selbstbewusst, aber ohne Überheblichkeit.
Sonstiges	Sie stellen dar, was sonst noch für Sie spricht (zusätzliche Qualifikationen, soziales Engagement, spezielle Interessen, sportliche Aktivitäten). Die aufgeführten Punkte klingen nicht angeberisch.

Der Lebenslauf wird heute in der Regel mithilfe eines Textverarbeitungsprogramms in tabellarischer Form abgefasst und vorgelegt. Handschriftlich wird der Lebenslauf nur auf besonderen Wunsch abgefasst.

2.2.3 Zeugnisse und andere Referenzen

Der dritte wichtige Bestandteil einer Bewerbungsmappe sind Zeugnisse und andere Bescheinigungen. Hierzu gehören

- die beglaubigten Kopien der letzten beiden Schulzeugnisse,
- Bescheinigungen über absolvierte Kurse (z.B. Sprach- und EDV-Kurse),
- Bescheinigungen über Betriebspraktika u.Ä.

Diese Unterlagen werden zusammen mit dem Anschreiben und dem Lebenslauf in eine spezielle Bewerbungsmappe oder einem hochwertigen Klarsichthefter aus dem Schreibwarengeschäft eingeordnet und in einem großen Umschlag zum Versand vorbereitet.

Merke:

Die **Bewerbungsmappe** ist die Visitenkarte des Bewerbers. Der Empfänger sollte sehen, dass sich der Bewerber Mühe gemacht hat.

2.3 Einstellungstests

Zur Testvorbereitung lohnt es sich auf jeden Fall, sich die verschiedenen Aufgabentypen anzusehen und möglichst die Lösung solcher Aufgaben zu üben. Die Auswahltests für Lehrstellenbewerber sind häufig schriftliche Leistungstests mit folgenden Schwerpunkten (Beispiele):[1]

(1) Test zum sprachlichen Denken (Wortauswahl)

Kreuzen Sie zwei der sieben aufgeführten Wörter an, die unter einen Sammelbegriff passen:

geschwind	rostig	langweilig	luftig	langsam	launisch	winzig
A	B	C	D	E	F	G

---

1 Quelle: www.bw-tips.de.

(2) Test zum logischen Denken

Welcher Dominostein passt logisch in das freie Feld der Dominogruppe?

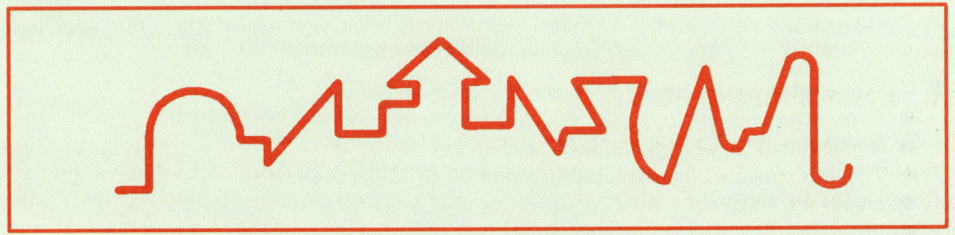

(3) Test zum rechnerischen Denken

Folgende 3 Aufgaben sollen in nur 3 Minuten im Kopf gerechnet werden:

Aufgabe 1:
Vater und Sohn sind zusammen 85 Jahre alt. Der Vater ist 25 Jahre älter. Wie alt ist der Sohn?

Aufgabe 2:
Ein Schrebergarten ist 7 m breit und 9 m lang. Er soll um $^1/_7$ seiner Fläche verkleinert werden. Wie groß ist er danach?

Aufgabe 3:
In einem Korb liegen 42 Äpfel, und zwar doppelt so viel rote wie grüne. Wie viele grüne Äpfel sind es?

(4) Test zur Konzentrationsfähigkeit

Zeichnen Sie die hier dargestellte Linie spiegelbildlich nach.
Kleiner Tipp: Es geht einfacher, wenn Sie das Blatt drehen, sodass die Linie senkrecht vor Ihnen liegt.

(5) Test zum sprachlichen Denken (Begriffsbildung)

Bilden Sie aus den folgenden Buchstabengruppen je einen Tiernamen:

- (A) FEFA
- (B) GAJURA
- (C) PRAFNEK
- (D) PETSCH
- (E) PLEIHND
- (F) LEZEGLA
- (G) COHRFS
- (H) WERMGUNER
- (I) SIAMEE
- (K) LODRESS

Eine Ablehnung nach dem Einstellungstest muss nicht bedeuten, dass der Bewerber schlechte Leistungen im Test erbracht hat oder für den gewählten Beruf ungeeignet ist. Bewerben sich viele auf eine Stelle, werden oft nur die Testbesten zu einem Vorstellungsgespräch eingeladen.

Zusammenfassung

- Für jeden, der einen Beruf wählt, ist es wichtig, die **individuellen Begabungen und Fähigkeiten** zu erkennen.

- Einer fundierten Berufswahl muss eine intensive **Informationssammlung** und **-auswertung** hinsichtlich des favorisierten Berufs vorausgehen. Mögliche Informationsquellen sind Gespräche, Broschüren, Besuche im Berufsinformationszentrum, Internetrecherchen usw.

- Neben der **Eignung für einen bestimmten Beruf** sind weitere Faktoren wie die **Zukunftsfähigkeit des Berufs** und das **Lehrstellenangebot** für die endgültige Berufswahlentscheidung ausschlaggebend.

- Die Bewerbung umfasst das Bewerbungsschreiben (Anschreiben), den Lebenslauf und die Dokumente. Es ist sinnvoll, die Bewerbungsunterlagen in einer **Bewerbungsmappe** zusammenzufassen.

- Das **eigentliche Bewerbungsschreiben** sollte grundsätzlich in Maschinenschrift abgefasst sein.

- Der **Lebenslauf** wird heute in der Regel maschinenschriftlich in tabellarischer Form abgefasst und vorgelegt. Häufig wird auch ein handschriftlicher Lebenslauf gewünscht.

- Der Lebenslauf wird in der Regel folgende Punkte enthalten:
  - Geburtstag und -ort,
  - Herkunft und Staatsangehörigkeit,
  - Schulbesuche, Schulabschlussprüfungen,
  - praktische Tätigkeiten, Ausbildung,
  - besondere Fähigkeiten und Neigungen,
  - Hinweise auf Zeugnisabschriften und Prüfungszeugnisse,
  - Besonderes wie z. B. Auslandsaufenthalt, Hobbys, ehrenamtliche Funktionen,
  - Lichtbild.

- Vor dem Vorstellungsgespräch sollte sich der Bewerber über das Unternehmen informieren und selbstverständlich die Schwerpunkte des gewünschten Ausbildungsberufs kennen.

100 1. Erkunden Sie Ihre eigenen Interessen und Fertigkeiten anhand folgender Fragen:
- Welche Tätigkeiten habe ich bisher sehr gern gemacht?
- Welche Aufgaben fallen mir leichter als anderen?
- Womit beschäftige ich mich gern in meiner Freizeit?
- Für welche Verhaltensweisen werde ich häufig gelobt?
- Auf welche Taten und Erfolge bin ich besonders stolz?
- Welche Fähigkeiten bewundere ich an anderen Personen?

2. Recherchieren Sie in der Datenbank für Ausbildungs- und Tätigkeitsbeschreibungen (www.berufenet.arbeitsagentur.de), wodurch der Beruf des Einzelhandelskaufmanns gekennzeichnet ist!

3. Welche Faktoren beeinflussen die Berufswahlentscheidung?

101 1. 1.1 Brigitte Holzmüller, wohnhaft in Waldshut-Tiengen, Waldweg 8, möchte sich bei der Fischer & Freundlich Partnerschaft Steuerberatungsgesellschaft bewerben.

Welche Unterlagen hat Brigitte Holzmüller einer erfolgreichen Bewerbung beizufügen?

1.2 Schreiben Sie für Brigitte Holzmüller das Bewerbungsschreiben an die Fischer & Freundlich Partnerschaft Steuerberatungsgesellschaft, Hauptstraße 45, 79761 Waldshut-Tiengen (Briefdatum: 15. Juni)!

Nehmen Sie an, Brigitte Holzmüller hat die Wirtschaftsschule mit der Gesamtnote „gut" abgeschlossen; sie interessierte sich in der Wirtschaftsschule besonders für das Thema Buchführung; sie bittet um ein Vorstellungsgespräch und legt Zeugniskopien sowie einen Lebenslauf bei.

2. 2.1 Schreiben Sie Ihre Bewerbung zu nebenstehender Zeitungsanzeige in der „Badischen Zeitung" vom 17. August dieses Jahres!

2.2 Legen Sie dem Bewerbungsschreiben Ihren handgeschriebenen Lebenslauf bei!

> Wir stellen zum 1. September
>
> ## AUSZUBILDENDE
>
> zur 3-jährigen Ausbildung als Industriekaufleute ein. Voraussetzung: Realschul- oder ein gleichwertiger Abschluss.
>
> Wir bilden gründlich in allen kaufmännischen Abteilungen aus. Bei Bewährung gewähren wir $\frac{1}{2}$ Jahr Ausbildungszeitverkürzung.
>
> **Vanura & Venn GmbH, Maschinenfabrik**
> Schlossgasse 20,
> 79112 Freiburg im Breisgau

2.4 Bewerbungsgespräch

Eine Einladung zum Vorstellungsgespräch ist der erste Erfolg. Sie bedeutet, dass Ihre Bewerbung in die engere Auswahl gekommen ist. Ziel des Vorstellungsgesprächs ist es, einander kennenzulernen, Informationen über Bewerber bzw. Arbeitsplatz auszutauschen und Sympathien zu wecken.

2.4.1 Grundregeln der Kommunikation

(1) Begrüßung

Eine freundliche Begrüßung ist das A und O, um mit anderen Menschen in Kontakt zu kommen. Eine unangemessene oder gar eine fehlende Begrüßung kann den gesamten Verlauf des Bewerbungsgesprächs negativ beeinflussen. Ein Bewerber sollte dem Personalchef nicht als erster die Hand hinstrecken, sondern abwarten, ob er eine Begrüßung per Handschlag überhaupt wünscht.

Hier einige **allgemeine Regeln,** wie wir mit anderen Personen **in Kontakt treten**:

Allgemeine Regeln	Erläuterungen
Andere Menschen personenbezogen und situationsgerecht begrüßen	Die Grußformel hängt vom Alter, Geschlecht, Beruf, Titel und Vertrautheit mit dem zu Begrüßenden ab. „Guten Abend, Herr Gemeinder" „Schönen guten Morgen, Frau Dr. Hanse" } Begrüßung Erwachsener „Grüß Gott", „Guten Tag" „Hallo Georg", „Hallo" Begrüßung von Jugendlichen
Blickkontakt herstellen	Durch den Blickkontakt wird Interesse, Offenheit, Zuwendung, Wertschätzung und Ehrlichkeit signalisiert. Er schafft eine gute Voraussetzung dafür, dass das Gespräch in einer guten Atmosphäre stattfindet.
Freundlicher und entspannter Gesichtsausdruck	Mit Lächeln, einem freundlichen und entspannten Gesichtsausdruck wird dem Personalchef Selbstsicherheit und Offenheit signalisiert.
Einen ausreichenden Gesprächsabstand einhalten	Der Abstand zwischen Bewerber und Personalchef sollte etwa 1,20 m bis 3,0 m betragen. Eine geringere Gesprächsdistanz könnte als aufdringlich empfunden werden.
Mit Namen vorstellen	Richtig: „Mein Name ist Anna Müller", oder: „Ich bin Anna Müller". Falsch: „Ich heiße Frau Anna Müller", oder: „Ich bin Frau Anna Müller".

Merke:

Es gilt **grundsätzlich**: Der erste Eindruck zählt und hat unmittelbar Auswirkungen auf den Erfolg des Bewerbungsgesprächs.

Aus dem Bewerbungstraining:

Schülerin:
„Mit guten Umgangsformen und Fachwissen kann ein Bewerber das Vertrauen der Personalchefs gewinnen."

Trainer:
„Ja, Umgangsformen sind schon wichtig. Aber auch die Stimme, die Sprache und vor allem die Körpersprache darf man hinsichtlich ihrer Wirkung nicht unterschätzen."

(2) Anforderungen an Stimme und Sprache

Wer hört schon gern jemandem zu, der zu laut, zu schnell, einen nicht gewohnten Dialekt, immer in der gleichen Stimmlage (monotone Stimme) oder undeutlich spricht? Von der Stimme geht eine große Wirkung auf andere Menschen aus. Die Stimme entscheidet über Sympathie oder Antipathie.

Wer sich für einen Beruf mit Kundenkontakt (z. B. Verkäufer, Bankkauffrau, Hotelkaufmann) bewirbt, sollte sich bewusst machen, wie wichtig seine Stimme ist. In einer Untersuchung wurde festgestellt, dass sich eine positive persönliche Ausstrahlung aus drei Komponenten zusammensetzt:

- der Optik (55 %),
- der Stimme (38 %) und
- dem Sprachinhalt (7 %).

Stimme und Sprache stellen eine Einheit dar, d.h., sie gehören unmittelbar zusammen. Das bedeutet natürlich nicht, dass der Inhalt und die Argumentation keine Rolle spielen, es geht vielmehr darum, den Inhalt entsprechend zu „servieren".

<ul><li>Ein angenehmer Tonfall,</li><li>eine saubere Aussprache,</li><li>eine abwechslungsreiche Lautstärke und</li><li>gekonnte Sprechpausen</li></ul>	machen es dem Gesprächspartner leichter und angenehmer, mit dem Bewerber ein Gespräch zu führen. Dabei ist darauf zu achten, dass die Stimme natürlich klingt.

Aus dem Bewerbungstraining:

Schülerin:
„Die Stimme ist doch angeboren und unabänderlich!"

Trainer:
„Durch ein ständiges Training können Sie Ihre sprachlichen Fähigkeiten und Fertigkeiten verbessern. Hilfreich sind auch Videoaufzeichnungen. Ihnen fallen Ihre eigenen Schwächen auf, die Sie dann nach und nach abbauen können."

Jede Stimme ist ein Original. Sie kann durch Training deutlich verbessert werden. Wer sich zum ersten Mal auf einem Anrufbeantworter oder Diktiergerät hört, ist erstaunt über seine eigene Stimme. Dies lässt sich physikalisch ganz einfach erklären: Die Schallwellen des gesprochenen Wortes setzen sich nicht nur in der Luft fort, sondern auch in dem Körper des Sprechers selbst. Dadurch hört man sich anders.

Das Bewusstmachen der eigenen Sprache und Stimme ist der erste Schritt in die richtige Richtung, seine Stimme zu verbessern und zu entwickeln. Das ist ein dynamischer Prozess, der nicht innerhalb eines Jahres abgeschlossen ist. Das Bewusstwerden von störenden „Ähs" ist z.B. ein erster Schritt, diese abzustellen.

Merke:

Es ist nicht nur wichtig, was ein Bewerber sagt, sondern auch, wie er es sagt.

Eine wichtige Erkenntnis ist: **Negative Formulierungen** stören die Gesprächsatmosphäre, positive Formulierungen führen zu einer angenehmen Gesprächsatmosphäre. **Positive Formulierungen** verbreiten den Optimismus,[1] der für das Bewerbungsgespräch von großer Bedeutung ist.

Beispiel:

Checkliste: Negative Formulierungen	Checkliste: Positive Formulierungen
● Sie müssen … ● So ein Quatsch. ● Ist doch klar. ● Muss ich noch einmal vorbeikommen? ● Das stimmt nicht, in der Zeitung habe ich etwas anderes gelesen.	● Welche Frage darf ich Ihnen noch beantworten? ● Ich arbeite gern am Computer. Das bedeutet für Sie … ● Ich bin immer für Sie da, falls sie noch weitere Informationen benötigen. ● Das hat den Vorteil … Das bedeutet für Sie …

Grundsätzlich sollte ein Bewerber positiv gestimmt in ein Bewerbungsgespräch gehen. Wer an sich glaubt, dass er Erfolg haben wird, hat tendenziell größere Chancen, auch tatsächlich Erfolg zu haben, als der, der negativ denkt.

Aus dem Bewerbungstraining:

Schülerin:
„Das ist so wie mit dem halben Glas! Ist es halb voll oder ist es halb leer?"

Trainer:
„Das ist ein gutes Beispiel, hätte von mir sein können! Also, denken Sie positiv, das erhöht Ihre Erfolgschancen und macht Sie auch für alle Menschen erträglicher."

Schülerin:
„Klar, eine positive Einstellung fördert eine angenehme Gesprächsatmosphäre."

Für den Erfolg ist es außerdem wichtig, dass der Bewerber **verständliche Formulierungen** verwendet.

Der Bewerber sollte
● kurze Sätze bilden,
● bekannte Wörter verwenden,
● anschaulich sprechen,
● sich auf das Wesentliche beschränken,
● den „Sie"-Stil einsetzen.

---

1 Optimismus: Neigung, alles als gut zu betrachten; Lebensbejahung.

(3) Aktives Zuhören

Jeder kennt das Spiel „Stille Post" und jeder ist immer wieder erstaunt, was am Ende der „Flüsterkette" als Ergebnis herauskommt. Sich auf sein Gegenüber zu konzentrieren, ist für ein richtiges Verstehen sehr wichtig. Dabei muss der Zuhörer auch die mitschwingenden Botschaften (Emotionen) des Gesprächspartners heraushören.

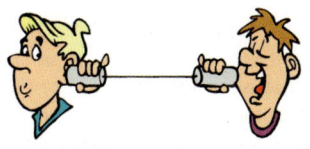

Aus dem Bewerbungstraining:

Trainer:
„Ein wirklich passabler Bewerber kann gut reden, aber ein guter Bewerber, der kann auch zuhören."

Schülerin:
„Das habe ich in der Schule gelernt! Zuhören ist doch einfach."

Trainer:
„Ja, dem Klang der Stimme lauschen, das ist nicht so schwer. Einem Gesprächspartner aktiv zuzuhören bedeutet jedoch, sich in ihn hineinzuversetzen, mit ihm zu denken und mitzufühlen. Wir müssen dazu wirklich an der Meinung unseres Gegenübers interessiert sein. Das geht nur, wenn dieser zu Wort kommen kann."

Merke:

Zuhören ist eine **aktive Tätigkeit,** durch die der Bewerber dem Personalchef zeigt, dass er ihm mit Interesse zuhört, dass er von ihm gerne weitere Informationen erfahren möchte und dass er ihn verstanden hat.

Mit folgenden Reaktionen kann der Bewerber deutlich machen, dass er seinem Gegenüber zuhört:

● Durch positive **körpersprachliche Signale** kann dem Gesprächspartner Aufmerksamkeit signalisiert werden. Dazu gehört der **Blickkontakt.** Ein Gesprächspartner, der einen unsteten Blick hat, irritiert sein Gegenüber. Auch ein ständiges Wegschauen vermittelt Desinteresse.

● Unterstützend kann ein Bewerber an den richtigen Stellen mit **Gesten** wie Kopfnicken oder Worten (z. B. mh, ja, richtig, ich verstehe ...) seine Aufmerksamkeit zeigen. Durch eine offene **Körperhaltung** (also keine verschränkten Arme) und eine freundliche **Mimik** fühlt sich der Gesprächspartner ernst genommen. Mit körpersprachlichen Signalen (z. B. Lächeln, hochgezogene Augenbrauen, Stirnrunzeln) kann ein Gespräch also positiv unterstützt werden, da dadurch das Gesagte eine noch stärkere Bedeutung erhält.

● Auch eine **Wiedergabe des Gesagten** mit den eigenen Worten (z. B. „Darf ich Ihre Vorstellungen noch einmal zusammenfassen? Sie möchten ...") im Anschluss an die Ausführungen des Gesprächspartners zeigt, dass man aufmerksam ist.

Aktives Zuhören schafft einen **emotionalen Kontakt.** Das gegenseitige Vertrauen wächst. Vielfach werden Ausbildungsverträge auch wegen der guten emotionalen Beziehung zwischen den Beteiligten abgeschlossen und nicht nur wegen der Qualitäten des Bewerbers.

2.4.2 Wirkung der Körpersprache

(1) Elemente der Körpersprache

Selbst wer nichts sagt, verrät durch seine **Körpersprache** eine ganze Menge über das, was in ihm vorgeht. Damit ein Bewerber souverän auftritt, ist es für ihn u. a. bedeutsam, sich mit der Körpersprache eingehend zu beschäftigen. Ferner erleichtert dieses Wissen auch den Umgang mit anderen Mitmenschen. Mit körpersprachlichen Mitteln kann man sowohl Unbehagen auslösen als auch Vertrauen gewinnen.

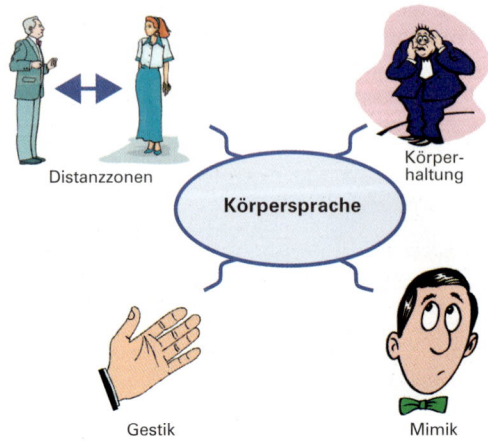

Nicht von ungefähr kommt die Aussage: „Der erste Eindruck ist entscheidend!" Der erste Eindruck ist meistens ein visueller und kann nicht mehr rückgängig gemacht werden. Die Körpersprache spiegelt innere Befindlichkeiten wider. Während ein Mensch spricht, sendet der gesamte Körper Signale. Diese können auch im Widerspruch zu dem Gesagten stehen. Der Gesprächspartner wird dies relativ rasch wahrnehmen. Wichtig ist deshalb, sich um Übereinstimmung zwischen körpersprachlichem und sprachlichem Ausdruck zu bemühen, denn der **Körper lügt nicht**.

(2) Hinweise zum Verständnis der Körpersprache

→ **Mimik**

Unter Mimik versteht man den Gesichtsausdruck, d. h. das Mienen- und Gebärdenspiel des menschlichen Gesichts. Das Gesagte wird unbewusst oder bewusst durch Mimik unterstrichen. Die Mimik des Bewerbers, den der Personalverantwortliche als Gesamteindruck wahrnimmt, gibt ihm Anhaltspunkte über dessen Gefühlszustand – z.B. ob er sich freut, unsicher, angespannt, interessiert oder ablehnend ist.

Beispiel:

Mimik, die Interesse und Offenheit signalisiert:
- Augen sind weit geöffnet,
- freundliches Lächeln, wobei der Bewerber mit dem Gesprächspartner Augenkontakt hat,
- Mundwinkel und Augenbrauen sind etwas nach oben gezogen.

Mimik, die Unzufriedenheit und Unbehagen signalisiert:
- Augen sind etwas zusammengekniffen,
- gequältes Lächeln, wobei der Bewerber Blickkontakt meidet,
- Mundwinkel sind herabgezogen,
- zusammengekniffene Lippen,
- Rümpfen der Nase.

→ Gestik

Unter Gestik versteht man die Ausdrucksbewegungen des Körpers, insbesondere von Kopf, Arm, Hand und den Fingern. Zum einen wird die Gestik dazu benutzt, die Beschreibung eines Sachverhaltes zu unterstützen (z.B. wird die Größe der Geschwister des Bewerbers durch eine entsprechende Handbewegung verdeutlicht). Zum anderen kann die Gestik auch eine innere Haltung ausdrücken.

Beispiel:

Die Hände und insbesondere die Handbewegungen sind mitentscheidend, ob ein Bewerber überzeugend wirkt. Durch Verlegenheitsgesten wie das Spielen mit den Haaren oder Schmuck wird ein ängstlicher und nervöser Eindruck vermittelt. Auch die Hand vor dem Mund lässt einen Bewerber gehemmt und unehrlich aussehen. Es scheint so, als ob er seine Worte nicht aus seinem Mund lassen möchte.

Ein Gesprächspartner, der die Hände ausbreitet und die offenen Handflächen zeigt, signalisiert Offenheit. Ballt er die Hand zu einer Faust oder weist er mit dem Zeigefinger auf sein Gegenüber, so bedeutet dies Aggression bzw. „Ich weiß es besser".

→ Körperhaltung

Auch die Körperhaltung, d.h. die Bewegung des Kopfes, des Oberkörpers und der Beine, vermittelt deutliche Signale.

Beispiel: [1]

Ablehnung:
körperliches Zurückweichen (Distanz vergrößern); Blick über Schulter; Oberkörper wird abgewendet

Rücksichtslosigkeit/Dominanz:
sitzen mit breit auseinander gespreizten Beinen; jemandem auf die Schulter klopfen

Sicherheit:
das Jacket öffnen, aufrechter, lockerer Stand

Unsicherheit/Schutzfunktion:
die Füße um die Stuhlbeine schlingen; die Hände um die Stuhllehne klammern; sich selbst mit den Armen umarmen

Merke:

Ein Gesprächspartner spricht nicht nur mit seiner Stimme, sondern mit dem ganzen Körper.

■ Er achtet auf seine und auf die Körpersprache seines Gegenübers.

■ Er unterstreicht das Gesagte durch seine Mimik, seine Gestik und seine Körperhaltung.

■ Beachte: Kein Körpersignal ist absolut eindeutig interpretierbar!

---

1 Quelle: Wirtschaftswoche vom 18. Juli 2002.

→ Distanzzonen

Ein Gesprächspartner, der die Distanzzonen nicht beachtet, dringt in die Privatsphäre des anderen ein und verletzt diese. Der richtige Abstand zum Gesprächspartner darf nicht unterschätzt werden.

Man unterscheidet folgende Distanzen:

- die **Intimdistanz** zwischen Familienmitgliedern. Sie beträgt bis zu 0,6 m.
- die **persönliche Distanz** zwischen Freunden und Bekannten. Sie beträgt zwischen 0,5 und 1,5 m.
- die **gesellschaftliche Distanz** zwischen fremden Personen. Sie beträgt zwischen 1,20 und 3,00 m.

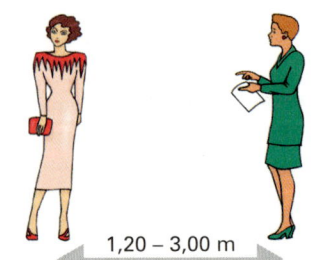

1,20 – 3,00 m

Bewerberin   Personalchefin

Zusammenfassung

- Es ist nicht nur wichtig, **was** ein Bewerber sagt, sondern auch, **wie** er es sagt.
- Bei der **Stimmführung** ist insbesondere Folgendes zu beachten:
  - angenehmer Tonfall,
  - eine saubere Aussprache,
  - eine abwechslungsreiche Lautstärke und
  - gekonnte Sprechpausen.
- Außerdem hat der Bewerber auf **positive** und **verständliche Formulierungen** zu achten.
- **Zuhören** ist eine **aktive Tätigkeit,** durch die der Bewerber seinem Gegenüber zeigt,
  - dass er ihm mit Interesse zuhört,
  - dass er von ihm gerne weitere Informationen erfahren möchte und
  - dass er ihn verstanden hat.
- Elemente der **Körpersprache** sind:
  - Mimik,
  - Gestik,
  - Körperhaltung,
  - Distanzzonen.
- Die nachfolgende Tabelle zeigt Zeichen der Körpersprache und mögliche Deutungsmuster:

Typische körpersprachliche Signale	Mögliche Deutung
Gesprächspartner reibt sich die Hände	Zufriedenheit
Gesprächspartner verschränkt seine Hände	Ablehnung, Verschlossenheit
Gesprächspartner zieht den Kopf ein	Verkrampfung, Unbehagen, Nervosität
Gesprächspartner ballt die Hand	Wut
Gesprächspartner spielt mit einem Gegenstand	Nervosität, Unsicherheit, Halt suchend
Gesprächspartner zieht die Oberlippe nach oben	Verachtung, Geringschätzung
Gesprächspartner hebt die Augenbrauen	Erstaunen, Unglaube
Gesprächspartner nimmt Finger zum Mund	Verlegenheit, Unsicherheit, Nachdenken

Typische körpersprachliche Signale	Mögliche Deutung
Gesprächspartner streichelt sich während des Sprechens das Kinn	Nachdenklichkeit, Zufriedenheit
Gesprächspartner wippt mit den Füßen	Nervosität
Gesprächspartner hält seinen Zeigefinger nach oben gerichtet	Belehrung
Gesprächspartner hat die Augen weit geöffnet und Stirn zeigt waagerechte Falten	Erstaunen
Gesprächspartner hat senkrechte Stirnfalten und die Augen werden kleiner	Einwand, negative Überraschung

■ Ein Bewerber achtet auf die Körpersprache seines Gegenübers. Kein Körpersignal ist absolut eindeutig interpretierbar.

Aufgaben zur Sicherung und Vertiefung des Lernerfolgs

102 1. Schildern Sie, wie ein Gesprächspartner reagiert, wenn der andere

    1.1 unverständlich spricht,

    1.2 unklare Formulierungen wählt,

    1.3 zu leise spricht,

    1.4 ständig Wörter wiederholt und

    1.5 Kunstpausen macht!

2. Probieren Sie das aktive Zuhören in Ihrer Lerngruppe aus. Bestimmen Sie einen Schiedsrichter, der korrigierend eingreift, sollte jemand die Gesprächsregeln (z.B. ins Wort fallen) verletzen. Reflektieren Sie im Anschluss die Chancen für die zwischenmenschliche Kommunikation durch das aktive Zuhören. Thematisieren Sie auch Ihre Schwierigkeiten!

3. Drücken Sie verschiedene Situationen durch Körpersprache aus und lassen Sie Ihre Mitschüler diese interpretieren!

4. Erläutern Sie die Rolle der Distanz in einem Bewerbungsgespräch!

5. Welche Motive und Absichten können Ursache einer „Kommunikation mit Händen und Füßen" sein?

6. Übersetzen Sie folgende Verhaltensweisen:

    6.1 Weit ausgestreckte Arme bei der Begrüßung

    6.2 Stirn in Falten legen

    6.3 Hochziehen der Augenbrauen

    6.4 Zurückgelehnte Oberkörperhaltung, übereinander geschlagene Beine als Sitzhaltung auf einem Stuhl

    6.5 Im Stehen Schultern nach vorne gezogen und Blick auf den Boden

    6.6 Stuhlbeine mit den Füßen umklammert, beide Arme vor der Brust verschränkt

    6.7 Ausgestreckter Kugelschreiber zeigt auf den Gesprächspartner

7. Übersetzen Sie folgende Empfindungen in die Körpersprache:

    7.1 Anspannung, Nervosität

    7.2 Ruhe, Aufmerksamkeit

    7.3 Sicherheit, Wohlbefinden

    7.4 Engagement

    7.5 Unruhe

    7.6 Desinteresse

17 Speth u.a. - ISBN 978-3-8120-0528-9

2.4.3 Mögliche Inhalte eines Bewerbungsgesprächs

Auch die inhaltliche Seite des Vorstellungsgesprächs sollte sorgfältig vorbereitet werden, um unangenehme Überraschungen zu vermeiden.

Gesprächsthemen, mit denen Sie bei einem Bewerbungsgespräch rechnen müssen, sind:

- Lebenslauf und Schulausbildung,
- Ihr Interesse am angestrebten Ausbildungsberuf,
- Ihre besondere Eignung,
- Ihre Zukunftspläne,

- Freizeit, Familie, Hobbys,
- Allgemeinwissen, aktuelles Tagesgeschehen,
- Wissen über den Ausbildungsbetrieb.

Beispiele für Fragen an den Bewerber:

- Warum haben Sie sich gerade bei unserem Unternehmen beworben?
- Was gefällt Ihnen besonders an diesem Ausbildungsberuf?
- Wo sehen Sie Ihre Stärken und Ihre Schwächen?
- Welche Hobbys betreiben Sie?
- Haben Sie schon einmal während Ihrer Schulferien gearbeitet?
- Wie stellen Sie sich Ihre Ausbildung vor?
- Warum sollten wir gerade Sie den übrigen Mitbewerbern vorziehen?

Nicht beantworten muss der Bewerber Fragen, die gegen das Recht auf **Schutz der Persönlichkeit** verstoßen:

- **Familienplanung** und **Schwangerschaft,**
- **Vorstrafen,** außer sie sind berufsrelevant (Bewerbung als Kassierer, Buchhalter, Sicherheitsbeauftragter),
- **Krankheiten,** sofern die Krankheit die Berufsausbildung nicht erschwert oder unmöglich macht (ansteckende Krankheiten, Bandscheibenleiden),

- **Partei-, Kirchen- oder Gewerkschaftszugehörigkeit,** außer man bewirbt sich bei sogenannten „Tendenzbetrieben" (z.B. Landesverband einer Partei, katholischer Kindergarten),
- **finanziellen Verhältnissen,** es sei denn, es wird eine Führungsposition oder eine besondere Vertrauensstellung angestrebt.

Allerdings hat der Bewerber darauf zu achten, dass er arbeitsrechtlich zulässige Fragen wahrheitsgemäß und vollständig beantwortet. Zudem ist der Bewerber verpflichtet, dem potenziellen (möglichen) Arbeitgeber alle Sachverhalte mitzuteilen, die der angestrebten Tätigkeit entgegenstehen (z.B. Krankheit, Kur). Diese Verpflichtung gilt auch dann, wenn der Bewerber im Bewerbungsgespräch nicht danach gefragt wird. Kommt der Bewerber der Offenlegungspflicht nicht nach, so kann der Arbeitgeber einen abgeschlossenen Ausbildungs- oder Arbeitsvertrag anfechten.

- Welche Schwerpunkte gibt es in diesem Ausbildungsberuf?
- Wie sieht der inhaltliche Ablauf der Ausbildung aus? Sind ergänzende Praktika zu leisten?
- Wie viele Auszubildende hat das Unternehmen?
- Gibt es innerbetrieblichen Unterricht?
- Wie ist die Arbeitszeit geregelt?
- Wie hoch wird die Ausbildungsvergütung in den einzelnen Ausbildungsjahren sein?
- Bis wann können Sie mir mitteilen, ob ich den Ausbildungsplatz bekommen werde?

Beachte:

- Zum Vorstellungsgespräch erscheint ein Bewerber weder in schlampiger noch in piekfeiner Kleidung. Es kommt auf ein selbstbewusstes Auftreten und eine natürliche Ausstrahlung an, nicht auf Designerkleidung. Auf jeden Fall sollten die Kleidungsstücke sauber und gebügelt sein, ausgefranste Jeans sind tabu.

- Stark geschminkte und nach Parfüm duftende Bewerberinnen kommen übrigens nur im Kosmetikhandel wirklich gut an. Strengere „Düfte" wie Knoblauchgeruch, Rauch- oder Alkoholfahnen sind selbstverständlich zu meiden.

- Der Bewerber sollte ausgeschlafen sein.

- Der Bewerber überlässt die Gesprächsführung seinem Gesprächspartner.

- Versteht der Bewerber einige Fragen nicht, sollte er nachfragen.

Aufgaben zur Sicherung und Vertiefung des Lernerfolgs

103 1. Entscheiden Sie, ob die folgenden Fragen vom Bewerber in einem Vorstellungsgespräch beantwortet werden müssen. Begründen Sie Ihre Entscheidung!

    1.1 Herr Karl Eller bewirbt sich um eine Stelle als Kassierer bei einer Bank. Er wird danach gefragt, ob er wegen Unterschlagung oder Diebstahl vorbestraft ist.

    1.2 Frau Adele Gut bewirbt sich als Verkäuferin in einem Textilgeschäft. Sie wird gefragt, ob sie Mitglied einer Gewerkschaft ist.

    1.3 Der 18-jährige Ludwig Gesell bewirbt sich um eine Stelle als Lagerfacharbeiter. Er wird danach gefragt, ob er schon seinen Wehr- bzw. Ersatzdienst abgeleistet hat.

    1.4 Eva Bartels bewirbt sich um eine Ausbildungsstelle als Kauffrau für Büromanagement. Sie soll Auskunft darüber geben, ob sie schwanger ist.

  2. Elke Schmid bewirbt sich um den Ausbildungsplatz zur Einzelhandelskauffrau in einem Bau- und Gartenmarkt. Zuständig für die Personaleinstellung ist Herr Florian Manz.

  Aufgaben:

    2.1 Bereiten Sie das Bewerbungsgespräch als Rollenspiel vor. Erstellen Sie die beiden Rollenkarten mit den wichtigsten Argumenten und Fragen in thementeiliger Gruppenarbeit!

2.2 Während zwei Gruppensprecher die beiden Rollen spielen, bildet der Rest der Klasse zwei neue Gruppen und füllt einen Beobachtungsbogen nach folgendem Muster – getrennt nach den beiden Rollen – aus:

Beobachtungsbogen für ....

Gesprächseröffnung

schafft eine angenehme Atmosphäre	ja ☐	nein ☐
bietet Gegenüber Platz an	ja ☐	nein ☐
Blickkontakt wird ermöglicht	ja ☐	nein ☐
nennt das Ziel des Gesprächs	ja ☐	nein ☐
strukturiert das Gespräch	ja ☐	nein ☐

Gesprächsverlauf

verliert sein Ziel nicht aus den Augen	ja ☐	nein ☐
lässt den anderen zu Wort kommen	ja ☐	nein ☐
stellt offene Fragen	ja ☐	nein ☐
stellt geschlossene Fragen	ja ☐	nein ☐
hört gut zu	ja ☐	nein ☐
fasst Gesprächsergebnisse zusammen	ja ☐	nein ☐

Sprache/Körpersprache

klar und verständlich	ja ☐	nein ☐
gut formuliert	ja ☐	nein ☐
angemessene Gestik	ja ☐	nein ☐
freundliche Mimik	ja ☐	nein ☐
wirkt nervös	ja ☐	nein ☐

Sonstige Beobachtungen

....

....

....

....

....

....

....

2.3 Das Rollenspiel kann nach der Diskussion der Beobachtungen in neuer Besetzung wiederholt werden.

3 Ausbildungsverhältnis

3.1 Ausbildungsordnung

Das Berufsbildungsgesetz [BBiG] regelt die Berufsbildung. Geregelt werden die **Berufs-ausbildung,** die **berufliche Fortbildung** und die **berufliche Umschulung.**

Die Ausbildung in den verschiedenen Ausbildungsberufen – und nur hierauf wird im Folgenden eingegangen – ist durch die Ausbildungsordnungen geregelt [§ 4 BBiG].

Die **Ausbildungsordnung** hat mindestens festzulegen [§ 5 I BBiG]:

● die Bezeichnung des **Ausbildungsberufs,**

> **Beispiel:**
>
> ■ Industriekaufmann/Industriekauffrau
> ■ Kaufmann/Kauffrau im Einzelhandel
> ■ Kaufmann/Kauffrau für Büromanagement

● die **Ausbildungsdauer** (sie soll nicht mehr als drei und nicht weniger als zwei Jahre betragen),
● das **Ausbildungsberufsbild** (es enthält die Fertigkeiten, Fähigkeiten und Kenntnisse, die Gegenstand der Berufsausbildung sind),
● den **Ausbildungsrahmenplan** (es handelt sich hierbei um eine Anleitung zur sachlichen und zeitlichen Gliederung der Fertigkeiten, Fähigkeiten und Kenntnisse),
● die **Prüfungsanforderungen.**

Für einen anerkannten Ausbildungsberuf darf nur nach der Ausbildungsordnung ausgebildet werden [§ 4 II BBiG]. Jugendliche unter 18 Jahren dürfen nur in anerkannten Ausbildungsberufen ausgebildet werden. Einen aktuellen Überblick über die anerkannten Ausbildungsberufe bietet der Ratgeber „Beruf aktuell", den die Bundesagentur für Arbeit in Nürnberg herausgibt, sowie die Online-Datenbank der Bundesagentur für Arbeit (www.berufenet.arbeitsagentur.de). Sie enthalten Informationen zu allen anerkannten Ausbildungsberufen.

3.2 Berufsausbildungsvertrag

(1) Begriffe: Auszubildender, Ausbildender und Ausbilder

> **Merke:**
>
> ■ **Auszubildender** ist derjenige, der nach den Bestimmungen des Berufsbildungsgesetzes [BBiG] einen anerkannten Ausbildungsberuf aufgrund staatlicher und bundeseinheitlicher gültiger Ausbildungsverordnung erlernt.
>
> > **Beispiel:**
> >
> > Jens Zeiler schließt mit dem Lebensmitteleinzelhandelsgeschäft Thomas Hutter e.K. einen Ausbildungsvertrag als Kaufmann im Einzelhandel ab. Jens Zeiler ist Auszubildender.

- **Ausbildender** ist derjenige, der einen Auszubildenden zur Berufsausbildung einstellt.
- **Ausbilder** ist derjenige, der vom Ausbildenden mit der Durchführung der Ausbildung beauftragt ist.

Die Anforderungen, die an einen Ausbilder gestellt werden, sind äußerst umfangreich – in seiner Funktion muss er als fachlicher, aber auch als sozialer Ansprechpartner dem Auszubildenden zur Seite stehen. Ein wichtiger Aspekt ist die Anleitung zum selbstständigen und verantwortungsbewussten Arbeiten. Darüber hinaus ist es von Bedeutung, fachliche Lerninhalte verständlich zu vermitteln.

(2) Abschluss des Berufsausbildungsvertrags

Vor Beginn der Berufsausbildung ist zwischen dem **Ausbildenden** und dem **Auszubildenden** ein **Berufsausbildungsvertrag** zu schließen [§ 10 I BBiG]. Unverzüglich nach Abschluss des Berufsausbildungsvertrags hat der Ausbildende den wesentlichen Inhalt des Vertrags **schriftlich** niederzulegen [§ 11 I S. 1 BBiG].[1] Der Vertrag ist vom **Ausbildenden,** vom **Auszubildenden** und – wenn der Auszubildende noch **minderjährig** ist – von dessen **gesetzlichen Vertreter** zu unterzeichnen. Zudem ist dem Auszubildenden und dessen gesetzlichen Vertreter unverzüglich eine Ausfertigung der unterzeichneten Niederschrift auszuhändigen [§ 11 III BBiG].

Der Berufsausbildungsvertrag muss bei den zuständigen Stellen (für die kaufmännisch Auszubildenden also bei den Industrie- und Handelskammern) zur Genehmigung und Eintragung in das **„Verzeichnis der Berufsausbildungsverhältnisse"** vorgelegt werden [§ 36 BBiG]. Die Eintragung wird nur vorgenommen, wenn der Berufsausbildungsvertrag dem Berufsbildungsgesetz und der Ausbildungsordnung entspricht und die persönliche und fachliche Eignung des Ausbildungspersonals sowie die Eignung der Ausbildungsstätte vorliegen [§§ 27 ff., 35 BBiG]. Die Eintragung ist u. a. Voraussetzung dafür, dass der Auszubildende zur Abschlussprüfung der Industrie- und Handelskammer (IHK) zugelassen wird [§ 43 I Nr. 3 BBiG].

(3) Ausbildungszeit

Die Ausbildungszeit beträgt in der Regel **drei Jahre.** Sie kann jedoch für jeden Auszubildenden auf Antrag des Ausbildenden oder des Auszubildenden bei der IHK verkürzt werden, wenn zu erwarten ist, dass der Auszubildende das Ausbildungsziel in kürzerer Zeit erreicht und wenn seine Leistungen dies rechtfertigen [§ 8 I BBiG]. Verkürzungen der Ausbildungszeit sind üblich, wenn der Auszubildende die Abiturprüfung oder die Abschlussprüfung einer Realschule oder Berufsfachschule bestanden hat.

---

1 Wesentliche Inhalte des Berufsausbildungsvertrags sind gesetzlich festgelegt (z.B. die Art, sachliche und zeitliche Gliederung sowie das Ziel der Berufsausbildung, Beginn und Dauer der Berufsausbildung, Dauer der Probezeit, Zahlung und Höhe der Vergütung; Näheres siehe § 11 I S. 2 BBiG).

Berufsausbildungsvertrag

(§§ 10, 11 Berufsbildungsgesetz - BBiG)

IHK Die Industrie- und Handelskammern
in Baden-Württemberg

Zwischen dem/der Ausbildenden (Ausbildungsbetrieb)

KNR	Firmenident-Nr.	Tel.-Nr.
203	345	07551 923456

Anschrift des/der Ausbildenden ☐ öffentlicher Dienst

Textilhaus
Jonas Reichle e.K.

Straße, Hausnummer
Münsterstraße 11

PLZ	Ort
88662	Überlingen

E-Mail-Adresse des/der Ausbildenden
Jonas.Reichle@t-online.de

Verantwortlicher Ausbilder
Herr
Jonas Reichle

und der/dem Auszubildenden   männlich ☐   weiblich ☒

Name	Vorname
Melber	Anna

Straße, Hausnummer
Bodenseestraße 19

PLZ	Ort
88662	Überlingen

Geburtsdatum
19.07.1998

Staatsangehörigkeit	Gesetzliche Vertreter[1]
deutsch	Mutter

Namen, Vornamen der gesetzlichen Vertreter
Melber, Franziska

Straße, Hausnummer
Bodenseestraße 19

PLZ	Ort
88662	Überlingen

Wird nachstehender Vertrag zur Ausbildung im Ausbildungsberuf mit der Fachrichtung/dem Schwerpunkt/ dem Wahlbaustein etc. nach Maßgabe der Ausbildungsordnung[II] geschlossen

Kauffrau im Einzelhandel

Zuständige Berufsschule
Constantin-Vanotti-Schule Überlingen

A Die Ausbildungszeit beträgt nach der Ausbildungsordnung
36 Monate.

Die vorausgegangene Berufsausbildung / Vorbildung:
Berufsfachschule für Wirtschaft

wird mit **12** Monaten angerechnet, bzw. es wird eine entsprechende Verkürzung beantragt.

Das Berufsausbildungsverhältnis

beginnt am **01.09.2014** endet am **31.08.2016**

B Die Probezeit (§ 1 Nr. 2) beträgt **4** Monate.[II]

C Die Ausbildung findet vorbehaltlich der Regelungen nach D (§ 3 Nr. 12) in

Straße **Münsterstraße 11**

PLZ, Ort **88662 Überlingen**

und den mit dem Betriebssitz für die Ausbildung üblicherweise zusammenhängenden Bau-, Montage- und sonstigen Arbeitsstellen statt.

D Ausbildungsmaßnahmen außerhalb der Ausbildungsstätte (§ 3 Nr. 12) (mit Zeitraumangabe)

E Der/die Ausbildende zahlt dem/der Auszubildenden eine angemessene Vergütung (§ 5); diese beträgt zur Zeit monatlich brutto

EUR	676,00	794,00		
im	ersten	zweiten	dritten	vierten

Ausbildungsjahr.

F Die regelmäßige Ausbildungszeit (§ 6 Nr. 1) beträgt
täglich **8,00** Stunden.[4] / wöchentlich **40,00** Stunden.

Teilzeitausbildung wird beantragt (§ 6 Nr. 2) ja ☐ nein ☒

G Der/die Ausbildende gewährt dem/der Auszubildenden Urlaub nach den geltenden Bestimmungen. Es besteht ein Urlaubsanspruch.

Im Jahr	2014	2015	2016	
Werktage	11	32	22	
Arbeitstage				

H Sonstiges, Hinweise auf anzuwendende Tarifverträge und Betriebsvereinbarungen, sonstige Vereinbarungen.

J Die beigefügten Vereinbarungen sind Gegenstand dieses Vertrages und werden anerkannt.

Überlingen , den **15.07.2014**

Der/die Ausbildende:
Textilhaus
Jonas Reichle e.K.
Münsterstraße 11
88662 Überlingen

Jonas Reichle
Stempel und Unterschrift

Der/die Auszubildende:

Anna Melber
Vor- und Familienname

Die gesetzlichen Vertreter des/der Auszubildenden:

Franziska Melber
Vater und Mutter/Vormund

Änderungen des wesentlichen Vertragsinhaltes sind vom Ausbildenden unverzüglich zur Eintragung in das Verzeichnis der Berufsausbildungsverhältnisse bei der Industrie- und Handelskammer anzuzeigen.

Die beigefügten Angaben zur sachlichen und zeitlichen Gliederung des Ausbildungsablaufs (Ausbildungsplan) sind Bestandteil dieses Vertrages.

---

[1] Vertretungsberechtigt sind beide Eltern gemeinsam, soweit nicht die Vertretungsberechtigung nur einem Elternteil zusteht. Ist ein Vormund bestellt, so bedarf dieser zum Abschluss des Ausbildungsvertrages der Genehmigung des Vormundschaftsgerichtes.
[II] Solange die Ausbildungsordnung nicht erlassen ist, sind gem. § 104 Abs. 1 BBiG die bisherigen Ordnungsmittel anzuwenden.

[3] Die Probezeit muss mindestens einen Monat und darf höchstens vier Monate betragen.
[4] Das Jugendarbeitsschutzgesetz sowie für das Ausbildungsverhältnis geltende tarifvertragliche Regelungen und Betriebsvereinbarungen sind zu beachten.

(4) Probezeit

Die Probezeit beträgt **mindestens einen Monat** und darf **nicht länger als vier Monate** dauern. Die Probezeit ist Bestandteil des Ausbildungsverhältnisses. Während der Probezeit kann jeder der Vertragspartner das Ausbildungsverhältnis ohne Angabe von Gründen fristlos lösen [§§ 20, 22 I BBiG].

(5) Rechte und Pflichten aus dem Berufsausbildungsvertrag

Die Rechte und Pflichten beider Vertragsparteien ergeben sich vor allem aus den §§ 14 bis 19 BBiG und dem Jugendarbeitsschutzgesetz.

Pflichten des/der Ausbildenden (Rechte des/der Auszubildenden)	Pflichten des/der Auszubildenden (Rechte des/der Ausbildenden)
Pflicht zur einwandfreien Ausbildung: Vermittlung der Fertigkeiten und Kenntnisse, die zur Erreichung des Ausbildungsziels erforderlich sind.	**Befolgungs- und Bemühungspflicht:** Weisungen des Ausbildenden im Rahmen der Berufsausbildung sind zu befolgen.
Pflicht zur Fürsorge: Vermeidung sittlicher und körperlicher Schäden.	**Berufsschulpflicht**
Pflicht zur Zahlung einer Vergütung und Urlaubsgewährung: Der Urlaub beträgt nach § 19 JArbSchG:	**Führung von schriftlichen Ausbildungsnachweisen**
	Pflicht zur Verschwiegenheit
	Haftpflicht: Bei grob fahrlässig oder vorsätzlich verursachten Schäden an Maschinen, Werkzeugen, Büroeinrichtungen usw. haftet der/die Auszubildende.

Alter	Mindesturlaub
bis 16 Jahre	30 Werktage
bis 17 Jahre	27 Werktage
bis 18 Jahre	25 Werktage

- **Pflicht zur Ausstellung eines Zeugnisses**
- **Entgeltfortzahlung** an gesetzlichen Feiertagen und im unverschuldeten Krankheitsfall bis zu sechs Wochen [§§ 1ff. EntgeltFZG]

(6) Beendigung des Ausbildungsverhältnisses

Das **Berufsausbildungsverhältnis endet**

- frühestens mit dem **Bestehen der Abschlussprüfung** [§ 21 II BBiG],
- spätestens mit dem **Ablauf der Ausbildungszeit** [§ 21 I BBiG] oder
- durch **Kündigung.**

Nach der Probezeit kann das Berufsausbildungsverhältnis grundsätzlich **nicht gekündigt** werden. Eine Ausnahme ist nur in den folgenden **drei Fällen** möglich:

1. Kündigung aus einem **wichtigen Grund** ohne Einhaltung einer Kündigungsfrist (z.B. fristlose Kündigung wegen Unterschlagung) [§ 22 II Nr. 1 BBiG];
2. Kündigung mit **vierwöchiger Frist,** wenn der/die Auszubildende den Beruf **aufgeben oder wechseln** möchte [§ 22 II Nr. 2 BBiG];
3. Auflösung des Ausbildungsverhältnisses in **beiderseitigem Einvernehmen** durch einen sogenannten „Aufhebungsvertrag".

Die Kündigung muss schriftlich erfolgen und bei einer Kündigung aus einem wichtigen Grund oder wegen Aufgabe oder Wechsel der Berufsausbildung die Kündigungsgründe enthalten [§ 22 III BBiG].

Wird das Berufsausbildungsverhältnis nach Ablauf der Probezeit vorzeitig gelöst, so können die Ausbildenden einerseits oder die Auszubildenden andererseits **Ersatz des Schadens** verlangen, wenn der andere Teil den Grund für die Auflösung verschuldet hat [§ 23 BBiG]. Dies gilt jedoch nicht bei Kündigung wegen Aufgabe oder wegen Wechsels der Berufsausbildung.

Während der letzten drei Monate des Berufsausbildungsverhältnisses können die Vertragspartner eine **Weiterbeschäftigung** vereinbaren. Wird der/die Auszubildende im Anschluss an das Berufsausbildungsverhältnis beschäftigt, ohne dass hierüber eine ausdrückliche Vereinbarung getroffen wurde, wird ein Arbeitsverhältnis auf unbestimmte Zeit begründet [§ 24 BBiG]. Der (die) kaufmännisch Ausgebildete wird damit **Angestellte(r)**. Es entsteht ein Anspruch auf Zahlung eines Gehalts.

(7) Ausstellung eines Zeugnisses

Der Ausbildende hat dem bzw. der Auszubildenden nach Beendigung des Berufsausbildungsverhältnisses ein **Zeugnis** auszustellen, das Angaben über Art, Dauer und Ziel der Berufsausbildung sowie über die erworbenen Fertigkeiten und Kenntnisse des bzw. der Auszubildenden enthalten muss **(einfaches Zeugnis)**. Auf Verlangen des bzw. der Auszubildenden sind darin auch Angaben über Führung, Leistung und besondere fachliche Fähigkeiten aufzunehmen **(qualifiziertes Zeugnis)** [§ 16 BBiG].

Zusammenfassung

- Der **Berufsausbildungsvertrag** wird zwischen dem bzw. der Auszubildenden und dem bzw. der Ausbildenden abgeschlossen. Bei Minderjährigen muss der gesetzliche Vertreter einwilligen und den Ausbildungsvertrag ebenfalls unterschreiben.

- Die **Ausbildungszeit** beträgt in der Regel 3 Jahre.

- Die **Probezeit** beträgt mindestens 1 Monat, höchstens 4 Monate. Während der Probezeit besteht für beide Vertragspartner kein Kündigungsschutz.

- Die **Rechte und Pflichten des bzw. der Auszubildenden** sind vor allem im Berufsbildungsgesetz geregelt.

- Das **Berufsausbildungsverhältnis endet** mit der **Abschlussprüfung,** spätestens mit **Ablauf der vereinbarten Ausbildungszeit.**

- Eine **Kündigung des Berufsausbildungsverhältnisses** ist nach Ablauf der Probezeit nur in bestimmten Ausnahmefällen möglich.

Aufgaben zur Sicherung und Vertiefung des Lernerfolgs

104 1. Definieren Sie den Begriff „Auszubildender"!

2. Viele junge Leute meinen, dass das schnelle Geldverdienen wichtiger sei als eine gute Ausbildung. Widerlegen Sie diese Meinung!

3. Fertigen Sie eine Gegenüberstellung an, aus der Rechte und Pflichten des Auszubildenden ersichtlich sind!

4. Unter welchen Bedingungen endet ein Berufsausbildungsverhältnis?

5. Der Auszubildenden Margit gefällt es bei der Heinzler GmbH nicht mehr. Die Kolleginnen und Kollegen sind ihr unsympathisch, der Chef erst recht. Kann sie ihr Berufsausbildungsverhältnis lösen? Wenn ja, unter welcher Bedingung?

6. Der Auszubildende Florian Pfiffig ist seit zwei Monaten als Auszubildender bei der Holzgroßhandlung Tanner KG beschäftigt.

   Aufgaben:

   6.1 Welche Art von Vertrag wurde zwischen Florian Pfiffig und der Holzgroßhandlung Tanner KG geschlossen? Geben Sie die zugrunde liegende Rechtsgrundlage an!

   6.2 Nennen Sie drei Angaben, die im Vertrag unbedingt enthalten sein müssen (vgl. hierzu § 11 BBiG)!

   6.3 Dürfte Florian Pfiffig im Einverständnis mit der Holzgroßhandlung Tanner KG eine Probezeit von sechs Monaten im Berufsausbildungsvertrag vereinbaren? Begründen Sie Ihre Entscheidung!

   6.4 In welcher Form ist der Berufsausbildungsvertrag abzuschließen und wo wird er registriert?

7. 7.1 Die Berufsausbildung verursacht den Ausbildungsbetrieben hohe Kosten.
   Erläutern Sie, warum die Berufsausbildung den ausbildenden Betrieben dennoch Vorteile bringen kann!

   7.2 Nicht alle Ausgebildeten werden von den Ausbildungsbetrieben auch übernommen. Überlegen Sie, ob dies immer ein Nachteil für die Ausgebildeten sein muss!

3.3 Arbeitsschutzvorschriften

3.3.1 Jugendarbeitsschutz

(1) Geltungsbereich

Grundlage des Jugendarbeitsschutzes ist das **Jugendarbeitsschutzgesetz** [JArbSchG]. Das Gesetz geht davon aus, dass Jugendliche (Personen **bis zum vollendeten 18. Lebensjahr)** nur eine begrenzte Leistungsfähigkeit besitzen, weil ihre körperliche und geistig-seelische Entwicklung noch **nicht vollständig** abgeschlossen ist. Das Jugendarbeitsschutzgesetz gilt daher für alle Arbeitgeber, die Jugendliche beschäftigen (Auszubildende, Arbeiter, Angestellte).

(2) Mindestalter für ein Beschäftigungsverhältnis

Die Beschäftigung von Kindern [§ 2 I, III JArbSchG] und von Jugendlichen, die der Vollzeitschulpflicht unterliegen [§ 2 II JArbSchG], ist grundsätzlich verboten [§ 5 I, II JArbSchG]. Unter bestimmten Voraussetzungen sind Ausnahmen möglich.

(3) Grenzen der Arbeitszeit

Arbeitsbeginn und Arbeitsende [§ 14 JArbSchG]	06:00 Uhr frühestens und 20:00 Uhr spätestens.
Tägliche Arbeitszeit [§ 8 JArbSchG]	Maximal 8,5 Stunden am Tag; bei 5-Tage-Woche (40 Stunden) maximal 8 Stunden am Tag.
Pausen [§ 11 JArbSchG]	Mindestens 30 Minuten Pause bei einer Beschäftigung von mehr als 4$^{1}/_{2}$ Stunden. Mindestens 60 Minuten Pause bei einer Beschäftigung von mehr als 6 Stunden.
Berufsschultage [§ 9 JArbSchG]	Keine Beschäftigung an Berufsschultagen mit mehr als 5 Unterrichtsstunden von mindestens 45 Minuten, jedoch nur einmal in der Woche.
Wöchentliche Arbeitszeit [§§ 15, 16 I, 17 I JArbSchG]	5-Tage-Woche; 40-Stunden-Woche. Grundsätzlich keine Beschäftigung an Samstagen und Sonntagen.
Verbotene Arbeiten [§§ 22, 24 I JArbSchG]	Gefährliche Arbeiten; Arbeiten, bei denen die Jugendlichen sittlichen Gefahren ausgesetzt sind.

(4) Sonstige Schutzvorschriften

Zum Schutz der Jugendlichen dürfen **bestimmte Personen** (z. B. Personen, die wegen eines Verbrechens zu einer Freiheitsstrafe von mindestens 2 Jahren rechtskräftig verurteilt wurden) grundsätzlich **keine Jugendlichen beschäftigen** und diese auch **nicht beaufsichtigen** [§ 25 JArbSchG].

Der Arbeitgeber ist zu einer **menschengerechten Gestaltung der Arbeit** verpflichtet. Bei der Einrichtung und Unterhaltung der Arbeitsstätte einschließlich der Maschinen sind z. B. alle Maßnahmen zu treffen, die zum Schutz der Jugendlichen gegen Gefahren für Leben und Gesundheit sowie zur körperlichen und seelisch-geistigen Entwicklung der Jugendlichen erforderlich sind [§ 28 JArbSchG].

Vor Beginn der Beschäftigung und bei wesentlicher Änderung der Arbeitsbedingungen sind die Jugendlichen vom Arbeitgeber über die **Unfall- und Gesundheitsgefahren,** denen sie am Arbeitsplatz ausgesetzt sind, sowie über Einrichtungen und Maßnahmen zur Abwendung dieser Gefahren zu unterweisen [§ 29 JArbSchG].

Der Arbeitgeber muss das **körperliche Züchtigungsverbot** sowie das Verbot der Abgabe von Alkohol und Tabakwaren an Jugendliche unter 16 Jahren beachten [§ 31 JArbSchG].

(5) Gesundheitliche Betreuung

Jugendliche, die in das Berufsleben eintreten, dürfen nur beschäftigt werden, wenn

● sie innerhalb der **letzten 14 Monate** von einem Arzt untersucht worden sind (Erstuntersuchung) und

● sie dem künftigen Arbeitgeber eine von diesem Arzt ausgestellte Bescheinigung über diese Untersuchung vorlegen.

Spätestens nach **einem Jahr** haben sich die Jugendlichen einer **Nachuntersuchung** zu unterziehen. Wird nach 14-monatiger Beschäftigung keine ärztliche Bescheinigung vorgelegt, besteht **Beschäftigungsverbot,** was für den Arbeitgeber ein Grund zur fristlosen Kündigung ist (siehe §§ 32 ff. JArbSchG). Weitere jährliche Untersuchungen sind erlaubt. Die Kosten für die ärztlichen Untersuchungen trägt das Bundesland.

3.3.2 Mutterschutz

(1) Grundlegendes zum Mutterschutz

Während der Schwangerschaft und nach der Geburt genießen die werdende Mutter bzw. die Mutter und ihr Kind einen besonderen **Schutz**. Dieser dient nicht nur dazu, sie und das Kind **vor gesundheitlichen Gefahren** zu bewahren, sondern er soll der werdenden Mutter auch ermöglichen, sich in Ruhe auf die neue Situation mit Kind einstellen zu können und sich von der Geburt zu erholen.

Das Gesetz zum Schutz der erwerbstätigen Mutter [MuSchG] gilt für alle schwangeren Frauen, die in einem Arbeitsverhältnis stehen – dazu gehören auch Auszubildende, Teilzeitbeschäftigte und Frauen, die im Rahmen eines freiwilligen sozialen Jahres tätig sind.

Sobald der Arzt die Schwangerschaft und den errechneten Geburtstermin bestätigt, ist die Schwangere dazu verpflichtet, dem Arbeitgeber die Schwangerschaft mitzuteilen [§ 5 MuSchG]. Die schwangere Arbeitnehmerin sollte die Bescheinigung des Arztes dem Arbeitgeber im eigenen Interesse möglichst bald vorlegen, damit sie in den Genuss des Gesetzes zum Schutz der erwerbstätigen Mutter kommt.

Die wichtigsten Punkte aus dem Mutterschutzgesetz betreffen die Mutterschutzfristen, die Beschäftigungsverbote, den Kündigungsschutz und das Mutterschaftsgeld.

(2) Mutterschutzfristen

Sechs Wochen vor der Geburt beginnt die Mutterschutzfrist. Werdende Mütter dürfen in den letzten sechs Wochen vor der Entbindung nicht beschäftigt werden, es sei denn, dass sie sich zur Arbeitsleistung ausdrücklich bereit erklären. Die Erklärung kann jederzeit widerrufen werden [§ 3 MuSchG].

> **Beispiel:**
>
> Der vom Arzt errechnete Entbindungstag ist der 18. Juli.
>
> In diesem Fall beginnt die Schutzfrist am 6. Juni.

Die Schutzfrist endet **acht Wochen nach der Entbindung**. Liegt die Entbindung einige Tage vor dem errechneten Tag, so verlängert sich die Acht-Wochen-Frist entsprechend. Bei einer Früh- oder Mehrlingsgeburt verlängert sie sich auf zwölf Wochen. In dieser Zeit besteht absolutes Beschäftigungsverbot. Wird der errechnete Geburtstermin überschritten, verlängert sich die Schutzfrist um diesen Zeitraum [§ 6 MuSchG].

> **Beispiel:**
>
> Der vom Arzt errechnete Entbindungstag ist der 18. Juli. Das Kind kommt bereits am 11. Juli auf die Welt.
>
> In diesem Fall endet die Schutzfrist am 12. September (8 Wochen + 7 Tage).

(3) Beschäftigungsverbote

Der Arbeitgeber ist verpflichtet, den Arbeitsplatz der werdenden oder stillenden Mutter so zu gestalten, dass sie und das Kind vor den Gefahren für ihr Leben und ihre Gesundheit geschützt sind.

Werdende Mütter dürfen nach § 4 MuSchG u.a. **nicht beschäftigt** werden[1]

● mit schweren körperlichen Arbeiten (z.B.: regelmäßiges Heben von Lasten über 5 kg; Arbeiten, die übermäßiges Strecken und Beugen erfordern), ● mit Arbeiten, bei denen sie erhöhten Unfall-gefahren ausgesetzt sind (z.B.: bei Gefahr auszurutschen oder zu stürzen),	● mit Arbeiten, bei denen sie gesundheitsge-fährdenden Stoffen, Strahlen, Nässe, Lärm oder Erschütterungen ausgesetzt sind, ● mit Akkordarbeit und Fließbandarbeit mit vorgegebenem Tempo, ● nach Ablauf des fünften Schwangerschafts-monats mit Arbeiten, bei denen sie ständig stehen müssen.

Werdende und stillende Mütter dürfen außerdem nach § 8 MuSchG

● nicht mit Mehrarbeit (d.h. im Durchschnitt nicht über 8 Stunden täglich),	● nicht in der Nacht und ● nicht an Sonn- und Feiertagen

beschäftigt werden.

Stillenden Müttern steht während der Arbeitszeit eine Stillzeit von mindestens zweimal täglich einer halben Stunde oder einmal täglich einer Stunde zu, die sie sich selbst eintei-len dürfen. Die Inanspruchnahme der Stillzeit darf nicht zu einem Verdienstausfall führen [§ 7 MuSchG]. Auch für stillende Mütter gelten die meisten der oben genannten Beschäf-tigungsbeschränkungen.

Die Beschränkungen dürfen **nicht zu Einkommenseinbußen** führen.

(4) Kündigungsschutz

Während der Schwangerschaft und bis zum Ablauf von vier Monaten nach der Entbin-dung darf der Arbeitnehmerin nicht gekündigt werden. Voraussetzung dafür ist, dass dem Arbeitgeber zur Zeit der Kündigung die Schwangerschaft oder Entbindung bekannt war oder innerhalb zweier Wochen nach Zugang der Kündigung mitgeteilt wird. Ein Über-schreiten dieser Frist ist dann unschädlich, wenn sie auf einem von der Frau nicht zu ver-tretenden Grund beruht und wenn sie die Mitteilung unverzüglich nachholt [§ 9 MuSchG].

Während ihrer Schwangerschaft und während der acht bzw. zwölf Wochen Schutzfrist nach der Entbindung kann eine Frau das Arbeitsverhältnis ohne Einhaltung einer Frist zum Ende der Schutzfrist nach der Entbindung kündigen.

(5) Mutterschaftsgeld, Elterngeld und Elternzeit

→ Mutterschaftsgeld

Während der Mutterschutzfristen vor und nach der Geburt sind die Frauen finanziell abge-sichert. Sie haben Anspruch auf Mutterschaftsgeld. Das von ihrer Krankenkasse bezahlte Mutterschaftsgeld beträgt bis zu 13,00 Euro pro Arbeitstag. Bis zur Höhe des Nettogehal-tes wird dieses Mutterschaftsgeld vom Arbeitgeber aufgestockt. Dabei errechnet sich die Höhe dieser Zuzahlung aus dem Durchschnitt des Nettogehaltes in den letzten drei Mona-ten vor Beginn des Mutterschutzes.

---

1 Die werdende Mutter darf nach einem Urteil des Bundesarbeitsgerichts auch dann nicht mit diesen verbotenen Arbeiten beschäftigt werden, wenn sie selbst auf die Einhaltung der Beschäftigungsverbote durch den Arbeitgeber ausdrücklich ver-zichtet.

Wer einer sozialversicherungsfreien Tätigkeit nachgeht, kann auf Antrag einmalig bis zu 210,00 Euro vom Bundesversicherungsamt erhalten. Die gleiche Regelung gilt für Frauen, die über ihren Mann in einer gesetzlichen Krankenkasse familienversichert sind.

Während die Frau Mutterschaftsgeld bezieht, bleibt sie beitragsfrei sozialversichert (renten-, pflege-, kranken- und arbeitslosenversichert), sofern sie schon vorher dort versichert war und keine anderen beitragspflichtigen Einnahmen hat.

→ Elterngeld

Elterngeld kann in der Zeit vom Tag der Geburt bis zur Vollendung des 14. Lebensmonats des Kindes bezogen werden [§ 4 I BEEG]. In der Höhe orientiert sich das Elterngeld am laufenden durchschnittlich monatlich verfügbaren Erwerbseinkommen, das der betreuende Elternteil im Jahr vor der Geburt des Kindes erzielt hat.

- Bei einem Voreinkommen zwischen 1 000,00 EUR und 1 200,00 EUR ersetzt das Elterngeld das nach der Geburt des Kindes wegfallende Einkommen zu 67 %.
- Für Geringverdiener mit einem Einkommen unter 1 000,00 EUR vor der Geburt des Kindes steigt die Ersatzrate schrittweise auf bis zu 100 %: je geringer das Einkommen, desto höher die Ersatzrate.
- Für Nettoeinkommen ab 1 200,00 EUR und mehr vor der Geburt des Kindes beträgt die Ersatzrate des Elterngeldes zwischen 65 % und 67 %.

Das Elterngeld beträgt **mindestens 300,00 EUR** und **maximal 1 800,00 EUR** pro Monat.

Eine zeitliche Einschränkung gibt es: Mütter und Väter, die die vollen 14 Monate nutzen wollen, müssen sich abwechseln. Kümmert sich nur ein Elternteil um das Kind, gibt es das Elterngeld nur 12 Monate. Alleinerziehende erhalten das Elterngeld in jedem Fall 14 Monate lang.

Mütter und Väter, die nicht berufstätig sind, erhalten auch Elterngeld. Für sie gibt es einen sogenannten Sockelbetrag von 300,00 EUR monatlich.

→ Elternzeit

Mütter und Väter (auch anteilig oder gleichzeitig) haben bis zur Vollendung des dritten Lebensjahres eines Kindes Anspruch auf Elternzeit. Die Zeit der Mutterschutzfrist wird auf diese zeitliche Begrenzung angerechnet. Die Elternzeit muss, wenn sie unmittelbar nach der Geburt des Kindes oder nach der Mutterschutzfrist beginnen soll, spätestens sieben Wochen vor Beginn schriftlich beim Arbeitgeber angemeldet werden [§ 16 BEEG]. Die Elternzeit kann auf zwei Zeitabschnitte verteilt werden. Eine Verteilung auf weitere Zeitabschnitte ist nur mit Zustimmung des Arbeitgebers möglich.

Während der Elternzeit besteht Kündigungsschutz [§ 18 BEEG]. Der Arbeitgeber kann das Arbeitsverhältnis jedoch zum Ende der Elternzeit unter Einhaltung einer Frist von mindestens drei Monaten kündigen. Die Elternzeit wird in der Rentenversicherung angerechnet.

Zusammenfassung

- Das **Jugendarbeitsschutzgesetz** gilt für alle Arbeitgeber, die Jugendliche beschäftigen. Es regelt z. B. das Mindestalter für Beschäftigungsverhältnisse, die Grenzen der Arbeitszeit, die menschengerechte Gestaltung der Arbeit u. Ä.

- Das **Gesetz zum Schutz der erwerbstätigen Mutter** [MuSchG] gilt **für alle Arbeitnehmerinnen** während der Schwangerschaft und in den Monaten nach der Geburt sowie für stillende Mütter.

- Es schützt werdende und stillende Mütter durch bestimmte **Beschäftigungsbeschränkungen** vor gesundheitlichen Gefährdungen am Arbeitsplatz.

- Sechs Wochen vor und acht Wochen nach der Geburt **(Mutterschutzfristen)** gilt ein absolutes Beschäftigungsverbot.

- Die **Sicherung des** bisherigen **Einkommens** ist bei den meisten Beschäftigungsverboten gegeben.

- Gesetzlich geregelt ist auch ein umfassender **Kündigungsschutz** während der Schwangerschaft und der nachfolgenden achtwöchigen Schutzfrist.

- Während der Schutzfristen hat jede werdende bzw. junge Mutter Anspruch auf **Mutterschaftsgeld.**

- Betreut ein Elternteil das Kind selbst, steht ihm im ersten Lebensjahr des Kindes Elterngeld zu, sofern bestimmte Einkommensgrenzen nicht überschritten werden.

Aufgaben zur Sicherung und Vertiefung des Lernerfolgs

105 1. Die 17-jährige Sonja Kessler befindet sich im zweiten Ausbildungsjahr zur Kauffrau im Einzelhandel.

Fall 1: Ein Kollege von Sonja Kessler erleidet einen Sportunfall und ist sieben Wochen krankgeschrieben. Die Geschäftsleitung erhöht daraufhin die Arbeitszeit von Sonja auf 10 Stunden. Außerdem muss sie jeden Samstag arbeiten.

Fall 2: Sonja Kessler erhält einen Jahresurlaub von 23 Werktagen.

Fall 3: Mittwochs geht Sonja Kessler in die Berufsschule. Der Unterricht beginnt um 07:45 Uhr und endet um 13:00 Uhr. Anschließend muss sie noch bis 17:00 Uhr im Geschäft arbeiten.

Aufgaben:

1.1 Beurteilen Sie die drei Fälle mithilfe des Jugendarbeitsschutzgesetzes [JArbSchG]!

1.2 Sven, Sonjas Freund, befindet sich im letzten Ausbildungsjahr zum Kaufmann im Einzelhandel. Sven hat einen $2\frac{1}{2}$-jährigen Ausbildungsvertrag und Sonja muss drei Jahre lernen.

Erklären Sie, wie die unterschiedlichen Ausbildungszeiten zustande kommen!

1.3 Die mündliche Prüfung von Sven findet am 25. Juni d. J. vor der IHK statt. Sein Ausbildungsvertrag läuft bis zum 30. Juli d. J.

Zu welchem Zeitpunkt ist das Ausbildungsverhältnis beendet?

1.4 Nennen Sie vier Rechte, die Sonja und Sven während ihrer Ausbildung besitzen!

2. Die 18-jährige Julia Häberle hat eine Ausbildung zur Kauffrau für Büromanagement begonnen. Nach sechs Monaten stellt sie fest, dass es doch der falsche Beruf für sie ist. Sie hat einen neuen Ausbildungsplatz als Krankenschwester gefunden. Julia Häberle reicht ihre Kündigung ein.

Ist diese Kündigung rechtswirksam?

106 1. Eva Müller hat von ihrem Arzt die freudige Nachricht erhalten, dass sie schwanger ist. Sie arbeitet zurzeit als Kauffrau für Büromanagement bei einem großen Autohändler.

1.1 Welche Pflichten hat Frau Müller nun gegenüber ihrem Arbeitgeber?

1.2 Nennen Sie drei Arbeiten, die ihr während der Schwangerschaft nicht übertragen werden dürfen!

1.3 Der errechnete Geburtstermin ist der 21. März. Wann beginnt die Schutzfrist?

1.4 Als der Arbeitgeber von Frau Müllers Schwangerschaft erfährt, kündigt er ihr zum Quartalsende. Wie ist die Rechtslage?

1.5 Nach dem Ärger mit ihrem Arbeitgeber kündigt Frau Müller einige Tage nach der Geburt ihres Sohnes ohne Einhaltung einer Kündigungsfrist. Ist sie dazu berechtigt?

2. Svenja König hat ein sieben Wochen altes Töchterchen, das sie regelmäßig stillt. Frau König möchte gleich nach Ablauf der Mutterschutzfrist wieder zur Arbeit gehen.

   2.1 Hat sie Anspruch auf ihren bisherigen Arbeitsplatz?

   2.2 Der Arbeitgeber möchte, dass Frau König auf das Stillen verzichtet. Kann der Arbeitgeber das verlangen?

3. Wie lange haben Arbeitnehmer nach dem Bundeselterngeld- und -elternzeitgesetz [BEEG] Anspruch auf Elternzeit?

   3.1 Bis zur Vollendung des ersten Lebensjahres des Kindes.

   3.2 Bis zur Vollendung des zweiten Lebensjahres des Kindes.

   3.3 Bis zur Vollendung des dritten Lebensjahres des Kindes.

   3.4 So lange, bis für das Kind ein Platz in einer Kinderkrippe frei ist.

   3.5 So lange, wie die Eltern eine persönliche Betreuung für notwendig erachten.

4 Gehaltsabrechnung

4.1 Unterschiedliche Bedeutung von Lohn und Gehalt für Arbeitnehmer und Arbeitgeber

Der Arbeitnehmer setzt seine Arbeitskraft im Unternehmen ein und erhält hierfür vom Arbeitgeber ein **Entgelt (Lohn, Gehalt).** Lohn bzw. Gehalt ist somit die Vergütung (der Preis) für die Arbeitsleistung des Arbeitnehmers.

Für den **Arbeitnehmer** stellt das Entgelt **Einkommen** dar, während es für den **Arbeitgeber Aufwand** (Kosten) bedeutet, den er über den Verkaufspreis wieder erwirtschaften muss. Die Festsetzung des Entgelts erfolgt im Arbeitsvertrag (zwischen Arbeitnehmer und Arbeitgeber), der sich an den gesetzlichen Vorschriften, am Tarifvertrag (ausgehandelt zwischen Gewerkschaften und Arbeitgeberverbänden) und an einer eventuellen betrieblichen Vereinbarung auszurichten hat. Die Entgelthöhe ist somit nicht nur eine wirtschaftliche und soziale, sondern auch eine rechtliche Frage. Zu den Personalkosten des Arbeitgebers zählen neben den Personalgrundkosten auch die sogenannten Personalnebenkosten.

Die Personalkosten umfassen:

Personalgrundkosten (Direktentgelt für die geleistete Arbeit)	+	**Personalnebenkosten** ● gesetzliche Personalnebenkosten ● freiwillige/einschl. tarifliche Personalnebenkosten

Bei den **Personalnebenkosten** unterscheiden wir:

→ Gesetzliche Personalnebenkosten

Hierzu zählen z. B.

- Arbeitgeberanteil zur Kranken-, Pflege-, Renten- und Arbeitslosenversicherung,
- Beiträge zur Unfallversicherung,
- Entgeltfortzahlung im Krankheitsfall,
- sogenannte „bezahlte Abwesenheiten" (Urlaub, Krankheit, Mutterschutz, gesetzliche Feiertage, Fortbildung usw.),
- Insolvenzausfallgeld.

→ **Freiwillige (betriebliche) bzw. tariflich abgesicherte Personalnebenkosten**

Hierzu zählen z. B.

- Erstattung der Kosten für Fahrten zur Arbeitsstätte,
- verbilligte Abgabe von Speisen und Getränken,
- Urlaubsgeld,
- betriebseigene Altersversorgung,
- Vermögensbildung in Arbeitnehmerhand,
- Weihnachtsgeld, Gratifikationen (13. Monatsgehalt u. Ä.),
- Unterhalt einer betriebseigenen Kindertagungsstätte.

Da die Tarifverträge unterschiedlich ausgestaltet sind, muss im Einzelfall überprüft werden, ob die jeweilige Sozialleistung tariflich festgeschrieben ist oder aber vom Arbeitgeber freiwillig gewährt wird.

Derzeit muss der Arbeitgeber auf 100,00 EUR Arbeitsentgelt, das der Beschäftigte für geleistete Arbeit erhält, noch einmal je nach Branche bis zu 82,00 EUR für gesetzliche, tarifliche oder freiwillige Zusatzkosten (Personalnebenkosten) hinzurechnen. Man spricht in diesem Zusammenhang auch vom „Lohn neben dem Lohn".

4.2 Berechnung der Arbeitsentgelte

Die Lohn- und Gehaltsabrechnung vollzieht sich in drei Stufen:

- Ermittlung des Arbeitsentgeltes (Gesamtentgelt),
- Ermittlung des Nettoentgeltes,
- Ermittlung des Auszahlungsbetrages.

(1) Ermittlung des Arbeitsentgelts (Bruttoentgelts)

Zum Arbeitsentgelt (Arbeitslohn) gehören alle Einnahmen, die dem Arbeitnehmer aus dem Dienstverhältnis zufließen. Es ist gleichgültig in welcher Form oder unter welcher Bezeichnung die Einnahmen gewährt werden. Neben **Geldbeträgen** können dem Arbeitnehmer auch **Sachwerte** (freie Kost und Wohnung oder Waren) zugeflossen sein. Welcher Wert für derartige Sachbezüge anzusetzen ist, richtet sich nach besonderen Verordnungen bzw. orientiert sich am Marktpreis. Neben den Sachbezügen zählen auch sogenannte **geldwerte Vorteile,** z. B. die kostenlose Zurverfügungstellung eines Geschäftswagens, zum Arbeitsentgelt. Dem Arbeitnehmer werden dann die ersparten Aufwendungen, die für ein eigenes Auto dieses Typs anfallen, als Arbeitslohn hinzugerechnet.

(2) Ermittlung des Nettoentgelts

Zieht man vom steuer- und sozialversicherungspflichtigen Bruttoentgelt die vom Arbeitnehmer zu tragende Lohn- und Kirchensteuer, den zurzeit erhobenen Solidaritätszuschlag und den Arbeitnehmeranteil an den Sozialversicherungsbeiträgen (Kranken-, Renten-, Pflege- und Arbeitslosenversicherung) ab, erhält man das Nettoentgelt.

(3) Ermittlung des Auszahlungsbetrags

Das Nettoentgelt stellt nicht zwangsläufig auch den Auszahlungsbetrag dar. In vielen Fällen wird das Nettoentgelt um bestimmte Abzugsbeträge gekürzt. Als Abzugsbeträge können z. B. infrage kommen: vermögenswirksame Anlagen, Verrechnung von Vorschüssen, Kostenanteil für das Kantinenessen, Mietverrechnung für eine Werkswohnung, evtl. auch Lohnpfändungen.

18 Speth u.a. - ISBN 978-3-8120-0528-9

In schematischer Darstellung erhalten wir folgendes **Abrechnungsschema**:

Ermittlung des Bruttoentgelts[1]	Addition von Gehalt, vermögenswirksamen Leistungen des Arbeitgebers, Überstundenvergütungen, Urlaubsgeld, Sachwerten, geldwerten Vorteilen
– Steuern	Lohnsteuer, Solidaritätszuschlag, Kirchensteuer
– Sozialversicherungsbeiträge[2]	Kranken-, Pflege-, Renten- und Arbeitslosenversicherung (unter Berücksichtigung der Beitragsbemessungsgrenzen)
Nettoentgelt	
– sonstige Abzüge	Verrechnung von Vorschüssen, Kantinenessen, Lohnpfändung, vermögenswirksamen Leistungen
Auszahlungsbetrag	

4.3 Berechnung der Lohnsteuer, des Solidaritätszuschlags, der Kirchensteuer und der Sozialversicherungsbeiträge

(1) Lohnsteuer und Solidaritätszuschlag

Nach dem Einkommensteuergesetz sind alle inländischen natürlichen Personen – von einer bestimmten Einkommenshöhe ab – zur Zahlung von Steuern aus dem Einkommen verpflichtet. Die Lohnsteuer ist eine Sonderform der Einkommensteuer. Besteuert werden dabei die **Einkünfte aus nichtselbstständiger Arbeit**. Die **Höhe der Lohn- bzw. Einkommensteuer** wird bestimmt durch die **Höhe des Bruttolohns** bzw. **-gehalts**, den **Familienstand**, die **Anzahl der Kinder** und durch bestimmte **Freibeträge**. Auf die Lohnsteuer wird derzeit ein Solidaritätszuschlag von 5,5 % erhoben.

Die Feststellung der Lohnsteuer, der Kirchensteuer und des Solidaritätszuschlags erfolgt in der Regel unter Einsatz spezieller Anwendungsprogramme, welche die entsprechenden Beträge automatisch ermitteln. Innerhalb der Lohnsteuer unterscheidet man sechs Lohnsteuerklassen, in denen die persönlichen Verhältnisse des Arbeitnehmers berücksichtigt werden.

Übersicht über die Lohnsteuerklassen

Steuerklasse	Personenkreis	Pauschbeträge u. Freibeträge[3]	EUR[4]
I	Arbeitnehmer, die (1) ledig oder geschieden sind, (2) verheiratet sind, aber von ihrem Ehegatten dauernd getrennt leben, oder wenn der Ehegatte nicht im Inland wohnt, (3) verwitwet sind, und bei denen die Voraussetzungen für die Steuerklasse III und IV nicht erfüllt sind.	Grundfreibetrag Arbeitnehmer-Pauschbetrag	8 354,00 1 000,00
II	Arbeitnehmer der Steuerklasse I, wenn bei ihnen der **Entlastungsbetrag für Alleinerziehende** zu berücksichtigen ist.	Grundfreibetrag Arbeitnehmer-Pauschbetrag	8 354,00 1 000,00

---

1 Das Arbeitsentgelt wird im Folgenden nicht berechnet, sondern jeweils vorgegeben.
2 Zur Berechnung der Sozialversicherungsbeiträge siehe S. 276 f.
3 Aus Vereinfachungsgründen werden nur die wichtigsten Pauschalen und der wichtigste Freibetrag angeführt.
4 Stand Juli 2014.

Steuer-klasse	Personenkreis	Pauschbeträge u. Freibeträge	EUR
III	**Verheiratete** Arbeitnehmer, von denen nur ein Ehegatte in einem Dienstverhältnis steht oder der andere Partner zwar arbeitet, aber in der Steuerklasse V eingestuft ist, und verwitwete Arbeitnehmer für das Kalenderjahr, in dem der Ehegatte verstorben ist.	Grundfreibetrag Arbeitnehmer-Pauschbetrag	16 708,00 1 000,00
IV	**Verheiratete** Arbeitnehmer, wenn **beide** Ehegatten Arbeitslohn beziehen.	Grundfreibetrag Arbeitnehmer-Pauschbetrag	8 354,00 1 000,00
V	**Verheiratete** Arbeitnehmer, die unter die Lohnsteuerklasse IV fallen würden, bei denen jedoch ein Ehegatte nach Steuerklasse III besteuert wird.	Arbeitnehmer-Pauschbetrag	1 000,00
VI	Arbeitnehmer, die aus **mehr** als einem Arbeitsverhältnis (von verschiedenen Arbeitgebern) Arbeitslohn beziehen.		

Neben dem Einsatz spezieller Anwendungsprogramme können die Steuerbeträge auch mithilfe von **Lohnsteuertabellen** ermittelt werden.

Auszug aus der allgemeinen Lohnsteuertabelle

MONAT 1 938 ,— *

Lohn/Gehalt – Abzüge an Lohnsteuer, Solidaritätszuschlag (SolZ) und Kirchensteuer (8%, 9%) in den Steuerklassen

Teil I–VI (ohne Kinderfreibeträge):

bis €*	StKl	LSt	SolZ	8%	9%
1 940,99	I,IV	195,91	10,77	15,67	17,63
	II	167,41	9,20	13,39	15,06
	III	18,50	—	1,48	1,66
	V	417,83	22,98	33,42	37,60
	VI	448,66	24,67	35,89	40,37
1 943,99	I,IV	196,58	10,81	15,72	17,69
	II	168,08	9,24	13,44	15,12
	III	19,—	—	1,52	1,71
	V	418,83	23,03	33,50	37,69
	VI	449,50	24,72	35,96	40,45
1 946,99	I,IV	197,33	10,85	15,78	17,75
	II	168,75	9,28	13,50	15,18
	III	19,33	—	1,54	1,73
	V	419,66	23,08	33,57	37,76
	VI	450,66	24,78	36,05	40,55

Teil I, II, III, IV (mit Zahl der Kinderfreibeträge):

StKl	LSt	0,5 SolZ	0,5 8%	0,5 9%	1 SolZ	1 8%	1 9%	1,5 SolZ	1,5 8%	1,5 9%	2 SolZ	2 8%	2 9%	2,5 SolZ	2,5 8%	2,5 9%	3** SolZ	3** 8%	3** 9%
I	195,91	6,65	9,68	10,89	—	4,17	4,69	—	0,06	0,07	—	—	—	—	—	—	—	—	—
II	167,41	2,63	7,53	8,47	—	2,45	2,75	—	—	—	—	—	—	—	—	—	—	—	—
III	18,50																		
IV	195,91	8,68	12,62	14,20	6,65	9,68	10,89	0,85	6,82	7,67	—	4,17	4,69	—	1,92	2,16	—	0,06	0,07
I	196,58	6,68	9,72	10,94	—	4,21	4,73	—	0,10	0,11	—	—	—	—	—	—	—	—	—
II	168,08	2,76	7,58	8,53	—	2,49	2,80	—	—	—	—	—	—	—	—	—	—	—	—
III	19,—																		
IV	196,58	8,71	12,68	14,26	6,68	9,72	10,94	0,96	6,86	7,72	—	4,21	4,73	—	1,96	2,20	—	0,10	0,11
I	197,33	6,72	9,78	11,—	—	4,26	4,79	—	0,12	0,14	—	—	—	—	—	—	—	—	—
II	168,75	2,88	7,63	8,58	—	2,53	2,84	—	—	—	—	—	—	—	—	—	—	—	—
III	19,33																		
IV	197,33	8,75	12,73	14,32	6,72	9,78	11,—	1,10	6,92	7,78	—	4,26	4,79	—	1,99	2,24	—	0,12	0,14

Durch ein **elektronisches Verfahren zur Erhebung der Lohnsteuer** werden die Daten für die Besteuerung der Arbeitnehmer in einer Datenbank bei dem Bundeszentralamt für Steuern (BZSt) in Form von „**E**lektronischen **L**ohn**st**eu**e**r**a**bzugs**m**erkmalen" (kurz: **ELStAM**) gesammelt.

Die Finanzverwaltung ist dafür zuständig, dem Arbeitgeber die notwendigen Merkmale für die Besteuerung des Arbeitnehmers zu übermitteln. Der Arbeitgeber ist **verpflichtet,** die Lohnsteuerabzugsmerkmale seiner Mitarbeiter elektronisch aus der ELStAM-Datenbank der Finanzverwaltung abzurufen. Dazu muss er sich über das **ElsterOnline-Portal** bei der Finanzverwaltung authentifizieren.[1] Die dem Lohnsteuerabzug zugrunde gelegten Lohnsteuerabzugsmerkmale muss der Arbeitgeber **in der Gehaltsabrechnung** ausweisen.

---

1 Authentifizieren: beglaubigen, die Echtheit bezeugen.

Die Arbeitnehmer müssen bei Beginn des Arbeitsverhältnisses lediglich ihre **steuerliche Identifikationsnummer** und das **Geburtsdatum** angeben. Außerdem ist dem Arbeitgeber mitzuteilen, ob es sich um einen Haupt- oder Nebenjob handelt.

Am Ende des Jahres erhält der Arbeitnehmer vom Arbeitgeber eine **Lohnsteuerbescheinigung**[1] mit den Angaben über Bruttoverdienst und einbehaltene Abzüge (Lohnsteuer, Solidaritätszuschlag und Kirchensteuer). Sie dient dann dem Arbeitnehmer im Falle der Einkommensteuerveranlagung als Nachweis über die gezahlten Abzüge.

(2) Kirchensteuer

Die Kirchensteuer erheben die Kirchen von ihren Mitgliedern. Die Veranlagung erfolgt durch die Finanzämter, an die auch die Zahlungen zu leisten sind. Bei den Arbeitnehmern wird die Kirchensteuer zusammen mit der Lohnsteuer und dem Solidaritätszuschlag vom Arbeitgeber einbehalten und abgeführt. Zurzeit beträgt die Kirchensteuer 9 % von der zu zahlenden Lohn- bzw. Einkommensteuer. Lediglich in Baden-Württemberg und Bayern beträgt der Kirchensteuersatz 8 %.

Beispiel 1:

Julia Meyer, Kornacker 2, 70329 Stuttgart, ist Angestellte bei der Lampenfabrik Franz Kraemer OHG. Sie bezieht für den Monat Juli ein Bruttogehalt in Höhe von 1 941,00 EUR. Sie ist ledig (Lohnsteuerklasse I) und hat keine Kinder. Konfession: röm.-kath.

Bruttogehalt	1 941,00 EUR
Lohnsteuer lt. LSt.-Tabelle (Klasse I, ohne Kinder)	196,58 EUR
Solidaritätszuschlag	10,81 EUR
Kirchensteuer 8 %	15,72 EUR

Die Angestellte hat insgesamt 223,11 EUR an Steuern zu entrichten. (Siehe Auszug aus der Lohnsteuertabelle auf S. 275!)

Beachte:

Die Lohnsteuer wird im **Abzugsverfahren** erhoben, d. h., die Arbeitgeber sind verpflichtet, die Lohnsteuer, die Kirchensteuer und den Solidaritätszuschlag einzubehalten und bis zum 10. des folgenden Monats an das Finanzamt abzuführen.

---

(3) Sozialversicherungsbeiträge

Die Sozialversicherung ist eine gesetzliche Versicherung (Pflichtversicherung), der ca. 90 % der Bevölkerung angehören. Sie soll die Versicherten vor finanzieller Not bei Krankheit **(gesetzliche Krankenkasse)**, bei Arbeitslosigkeit **(gesetzliche Arbeitsförderung)**, bei Pflegebedürftigkeit **(soziale Pflegeversicherung)** und bei Erwerbsunfähigkeit, meistens aus Altersgründen **(gesetzliche Rentenversicherung)**, schützen.

Außer der **Unfallversicherung,** die der Arbeitgeber allein zu tragen hat, müssen Arbeitnehmer und Arbeitgeber je 50 % der Beiträge zur Kranken-, Pflege-, Renten- und Arbeitslosenversicherung zahlen. Die Beiträge für jeden Sozialversicherungszweig werden bis zur jeweiligen **Beitragsbemessungsgrenze** über einen festen Prozentsatz vom jeweiligen

---

[1] Die Arbeitgeber sind verpflichtet, die ausgestellten Lohnsteuerbescheinigungen bis zum 28. Februar des Folgejahres elektronisch an die Finanzverwaltung zu übermitteln.

Bruttoverdienst berechnet. Über die Beitragsbemessungsgrenze hinaus werden keine Beiträge zur jeweiligen Sozialversicherung erhoben.

Derzeit gelten für die Sozialversicherung folgende monatliche **Beitragssätze** bzw. **Beitragsbemessungsgrenzen** (seit 1. Januar 2014):[1]

			In den alten Bundesländern	In den neuen Bundesländern
Krankenversicherung:*	15,5%	Beitragsbemessungsgrenze:	4 050,00 EUR	4 050,00 EUR
Pflegeversicherung:	2,05%	Beitragsbemessungsgrenze:	4 050,00 EUR	4 050,00 EUR
Rentenversicherung:	18,9%	Beitragsbemessungsgrenze:	5 950,00 EUR	5 000,00 EUR
Arbeitslosenversicherung:	3,0%	Beitragsbemessungsgrenze:	5 950,00 EUR	5 000,00 EUR

* Der Beitragssatz zur Krankenversicherung in Höhe von 15,5% gilt **bundeseinheitlich**. Er enthält einen Sonderbeitrag für Beschäftigte und Rentner von 0,9%. An diesem Beitrag ist der **Arbeitgeber nicht beteiligt,** d.h., der Arbeitgeberanteil zur Krankenversicherung beträgt 7,3% und der Arbeitnehmeranteil beträgt 8,2%.

→ **Sonderregelungen zur Finanzierung der Pflegeversicherung**

Für alle kinderlosen Pflichtversicherten erhöht sich der Beitrag zur Pflegeversicherung um 0,25% des beitragspflichtigen Einkommens. Für diesen Personenkreis beträgt daher der Beitragssatz 1,275%. An dieser Erhöhung ist der **Arbeitgeber nicht beteiligt.**

Beispiel 1:

Die kinderlose Angestellte Julia Meyer, 25 Jahre alt, erhält ein Bruttogehalt in Höhe von 1 941,00 EUR.

Aufgaben:

Berechnen Sie
1. den Arbeitnehmeranteil zum Sozialversicherungsbeitrag,
2. den Arbeitgeberanteil zum Sozialversicherungsbeitrag!

Lösungen:

Bruttogehalt	1 941,00 EUR
Krankenversicherung: 14,6% (7,3% AN-Anteil)	141,69 EUR
Sonderbeitrag für Arbeitnehmer: 0,9%	17,47 EUR
Pflegeversicherung: 2,05% (1,025% AN-Anteil)	19,90 EUR
Sonderbeitrag für kinderlose Arbeitnehmer: 0,25%	4,85 EUR
Rentenversicherung: 18,9% (9,45% AN-Anteil)	183,42 EUR
Arbeitslosenversicherung: 3,0% (1,5% AN-Anteil)	29,12 EUR
1. Arbeitnehmeranteil	396,45 EUR
2. Arbeitgeberanteil (396,45 EUR – 22,32 EUR)	374,13 EUR

1 Die Beitragssätze für die Sozialversicherung bzw. die Beitragsbemessungsgrenzen werden in der Regel jährlich neu festgelegt. Informieren Sie sich bitte über die derzeit geltenden Beitragssätze und Bemessungsgrenzen.

Der Abteilungsleiter Peter Sonnenschein arbeitet in Stuttgart, ist verheiratet und hat ein Kind. Er verdient 6 020,00 EUR. Herr Sonnenschein ist in der gesetzlichen Krankenkasse versichert.

Aufgaben:

Berechnen Sie

1. den Arbeitnehmeranteil zum Sozialversicherungsbeitrag,
2. den Arbeitgeberanteil zum Sozialversicherungsbeitrag!

Lösungen:

Bruttogehalt	6 020,00 EUR
Krankenversicherung: 7,3 % (von 4 050,00 EUR)	295,65 EUR
Sonderbeitrag für Arbeitnehmer: 0,9 % (von 4 050,00 EUR)	36,45 EUR
Pflegeversicherung: 1,025 % (von 4 050,00 EUR)	41,51 EUR
Rentenversicherung: 9,45 % (von 5 950,00 EUR)	562,28 EUR
Arbeitslosenversicherung: 1,5 % (von 5 950,00 EUR)	89,25 EUR
1. Arbeitnehmeranteil	1 025,14 EUR
2. Arbeitgeberanteil (1 025,14 EUR – 36,45 EUR)	988,69 EUR

4.4 Vermögenswirksame Leistungen

Wegen der Kompliziertheit des Vermögensbildungsgesetzes können hier nur die wesentlichen Punkte in vereinfachter und verkürzter Form dargestellt werden.

● **Vermögenswirksame Leistungen** (VL) sind Geldleistungen, die der Arbeitgeber für den Arbeitnehmer in Form bestimmter Vermögensbildungen anlegt. Diese Vermögensbildung für Arbeitnehmer wird unter bestimmten Voraussetzungen staatlich gefördert.

Vermögenswirksame Leistungen sind für den Arbeitnehmer arbeitsrechtlich Bestandteil des Lohns oder Gehalts, sie sind deshalb **lohnsteuer- und sozialversicherungspflichtig.**

Vermögenswirksame Leistungen sind für den Arbeitgeber Aufwendungen, die im Rahmen der **Entgeltabrechnung** getrennt auszuweisen sind.

● **Anlagemöglichkeiten für vermögenswirksame Leistungen** sind: Bausparen mithilfe eines Bausparvertrags, Beteiligung an einen Investmentfonds, Beteiligung an einem Unternehmen (z. B. Aktien, Genossenschaftsanteile an einer Genossenschaftsbank), Sparvertrag bei einem Kreditinstitut, Anlage in einer Kapitallebensversicherung, Beteiligung am Mitarbeiterbeteiligungs-Sondervermögen.

Die Laufzeit eines VL-Vertrages beträgt maximal sieben Jahre. Davon wird für VL-Verträge in Investmentfonds sechs Jahre lang eingezahlt. Im siebten Jahr ruht der Vertrag, bevor er dann verfügbar ist. Für VL-Sparen in Bausparverträgen beträgt die Einzahlungszeit sieben Jahre. Bausparverträge können jedoch noch über die sieben Jahre hinaus bespart werden.

Der Staat unterstützt VL-Sparen mit einer **Arbeitnehmersparzulage.**

Es gelten folgende Einkommens- und Fördergrenzen:

	wohnwirtschaftliche Verwendung (z. B. Bausparen)	Vermögensbeteiligungen (z. B. Fonds-Sparen)
Einkommensgrenzen	17 900,00 EUR (Ledige) 35 800,00 EUR (Verheiratete)	20 000,00 EUR (Ledige) 40 000,00 EUR (Verheiratete)
jährliche Fördergrenze	470,00 EUR pro Arbeitnehmer	400,00 EUR pro Arbeitnehmer
jährliche Förderung	9 %, maximal 43,00 EUR für Ledige und 86,00 EUR für Verheiratete	20 %, maximal 80,00 EUR für Ledige und 160,00 EUR für Verheiratete

Beim Bausparen gewährt der Staat für weitere Sparleistungen außerdem noch eine **Wohnungsbauprämie.** Auch hier gelten Einkommens- und Fördergrenzen:

	Bausparen
Einkommensgrenzen	25 600,00 EUR (Ledige) 51 200,00 EUR (Verheiratete)
jährliche Fördergrenze	512,00 EUR (Ledige) 1 024,00 EUR (Verheiratete)
jährliche Förderung	8,8 %, maximal 45,00 EUR für Ledige und 90,00 EUR für Verheiratete

Zahlt der Arbeitgeber nur einen Teilbetrag des förderfähigen Betrags, kann der Arbeitnehmer selbst die Differenz aus seinem Arbeitslohn ausgleichen.

Beispiel:

Julia Meyer bekommt von Ihrem Arbeitgeber 20,00 EUR monatlich für ihren Bausparvertrag. Zusätzlich spart sie von ihrem Gehalt noch 20,00 EUR.

Auf ihr Bausparkonto fließen also monatlich 40,00 EUR (vgl. Gehaltsabrechnung auf der nächsten Seite).

4.5 Lohn- und Gehaltsabrechnung

Die Errechnung von Brutto- und Nettoentgelten findet organisatorisch in der Lohn- und Gehaltsbuchhaltung statt. Sie stellt eine Nebenbuchhaltung dar. Dazu wird in der Regel für jeden Arbeitnehmer ein Lohn- bzw. Gehaltskonto geführt. Die Lohn- und Gehaltskonten dienen zum Nachweis für die ordnungsmäßige Berechnung der Abzüge.

Die Abrechnungsformulare für die Lohn- und Gehaltsberechnungen sind in der Praxis unterschiedlich. Der Ausdruck der Gehaltszahlung der Angestellten Julia Meyer auf der nächsten Seite orientiert sich an der integrierten Unternehmenssoftware Microsoft Dynamics NAV®.

LOHN- / GEHALTSABRECHNUNG

Periode:	01.01.–31.01.14	1. Februar 2014
Arbeitgeber:	Großhandelshaus Krämer OHG	
Mitarbeiter-Nr.:	63007	

Meyer, Julia
Kornacker 2
70329 Stuttgart

Geburtsdatum	20–11–1989	Beitragsgruppe	111
Anstellungsdatum	01–10–2013	Tätigkeitscode	72247
Datum Bes.-Ende		Steuerklasse	1
Soz.-Vers.-Nr.	63250868A212	Kinderfreibetrag	0,00
Kirchensteuercode	röm-kath.	Steuerfrei Monat	0,00
Personengruppe	101	Kostenstelle	
Krankenkasse	AOK		

Lohnart	Bezeichnung	LSt	SV	G.Br.	Datum	Tage	Einheiten	Satz	Prozent	Betrag
1000	Gehalt	lfd	lfd	Ja						1.941,00
1600	VWL AG-Zuschuss	lfd	lfd	Ja						20,00
7000	VWL Bausparvertrag									– 40,00

Monatsaufrechnung

Gesamt Brutto	**1 961,00**	Lohnsteuer	205,16	KV-pflichtig	1 961,00	KV		159,16
Lohnsteuerpflichtig	1 961,00	Davon LSt S.-Bez.	0,00	RV-pflichtig	1 961,00	RV		183,42
Davon Sonstige Bez.	0,00	Davon LSt 5.-Reg.	0,00	AV-pflichtig	1 961,00	AV		29,12
Davon 5.-Reg.	0,00	Einmalzahlung	0,00	PV-pflichtig	1 961,00	PV		24,75
Lohnsteuerfrei	0,00	Steuertage	30	KV-Tage	30,0	KV-Freiw.		0,00
Kammer	0,00	Sol.-Zuschlag	11,28	RV-Tage	30,0	PV-Freiw.		0,00
KUG	0,00	Kirchensteuer	16,41	AV-Tage	30,0	**Nettolohn**		**1331,70**
Ausf. Entgelt KUG	0,00	Kirchenst. Eheg.	0,00	PV-Tage	30,0	**Auszahlung**		**1291,70**

Bankverbindung

Stuttgarter Volksbank	BIC: VOBADESSXXX	IBAN: DE49 6009 0100 0009 6540 03	Verdienstabrechnung
Baden-Württembergische Bank Stgt.	BIC: SOLADEST600	IBAN: DE46 6005 0101 0000 1094 20	BSV Nr. 456234

In dieses EDV-Programm werden die Beitragssätze der Sozialversicherung und die Daten für die Steuern eingegeben. Das Programm rechnet dann die entsprechenden Sozialversicherungs- und Steuerbeiträge für jede Gehaltshöhe automatisch aus. Die Arbeitnehmeranteile zur Sozialversicherung werden zusammen mit den Arbeitgeberanteilen vom Arbeitgeber an die zuständigen Krankenkassen abgeführt, welche die entsprechenden Beiträge an die Träger der Renten- und Arbeitslosenversicherung weiterleiten. Die Steuern sind an das Finanzamt zu überweisen.

- Für den **Arbeitnehmer** stellt das Entgelt **Einkommen** dar, während er für den **Arbeitgeber Aufwand** (Kosten) bedeutet, den er über den Verkaufspreis wieder erwirtschaften muss.

- Die Personalkosten umfassen die **Personalgrundkosten** und die **Personalnebenkosten**.

- Arbeitnehmer unterliegen mit ihren Einkünften aus nichtselbstständiger Arbeit der **Lohnsteuer**.
  - Die Höhe der Lohnsteuer richtet sich nach den persönlichen Daten des Arbeitnehmers. Diese sind in der Lohnsteuerkarte vermerkt.
  - Die Lohnsteuer, der Solidaritätszuschlag und gegebenenfalls die Kirchensteuer werden der Lohnsteuertabelle entnommen, bei der Lohnzahlung einbehalten und an das Finanzamt abgeführt.

- Die **Sozialversicherung** ist eine **gesetzliche Pflichtversicherung**. Die Beiträge für den Arbeitnehmer werden vom Arbeitgeber einbehalten und zusammen mit dem Arbeitgeberanteil an die zuständige Krankenkasse abgeführt.

- Die **vermögenswirksamen Leistungen des Arbeitgebers** führen für den Arbeitnehmer zu einer Erhöhung des Bruttogehalts (Bruttolohns) und sind damit steuer- sowie sozialversicherungspflichtig.

- Die **vermögenswirksamen Sparleistungen** werden bei der Lohn- bzw. Gehaltsauszahlung einbehalten und an die entsprechende Stelle weitergeleitet.

- Für die vermögenswirksamen Sparleistungen erhält der Arbeitnehmer, sofern bestimmte Einkommensgrenzen nicht überschritten werden, vom Staat eine steuer- und sozialversicherungsfreie **Arbeitnehmersparzulage,** die je nach Anlageform 9 % oder 20 % beträgt.

Aufgaben zur Sicherung und Vertiefung des Lernerfolgs

107 1. Ein verheirateter Mitarbeiter, dessen Ehefrau nicht berufstätig ist, erhält ein Bruttogehalt von 1 984,20 EUR. Er hat ein Kind und ist kirchensteuerpflichtig mit 8 %.

Erstellen Sie die Gehaltsabrechnung für den Mitarbeiter unter Verwendung des abgedruckten Auszugs aus der Lohnsteuertabelle und der Beitragssätze zur Sozialversicherung lt. S. 277.

| Kinderfreibetrag | | | 0 | | 0,5 | | 1 | | 1,5 | | 2 | | 2,5 | | 3 | |
ab €	StK	Steuer	SolZ	KiStr	SolZ	KiStr	SolZ	KiStr	SolZ	KiStr	SolZ	KiStr	SolZ	KiStr	SolZ	KiStr
1.983,00 €																
	I	206,16	11,33	16,49	7,18	10,44	-	4,83	-	0,52	-	-	-	-	-	-
	II	177,41	-	-	4,51	8,28	-	3,03	-	-	-	-	-	-	-	-
	III	24,33	-	1,94	-	-	-	-	-	-	-	-	-	-	-	-
	IV	206,16	11,33	16,49	9,23	13,42	7,18	10,44	2,71	7,56	-	4,83	-	2,48	-	0,52
	V	431,66	23,74	34,53	-	-	-	-	-	-	-	-	-	-	-	-
	VI	462,66	25,44	37,01	-	-	-	-	-	-	-	-	-	-	-	-
1.986,00 €																
	I	206,83	11,37	16,54	7,21	10,50	-	4,88	-	0,55	-	-	-	-	-	-
	II	178,08	-	-	4,65	8,34	-	3,07	-	-	-	-	-	-	-	-
	III	24,83	-	1,98	-	-	-	-	-	-	-	-	-	-	-	-
	IV	206,83	11,37	16,54	9,26	13,48	7,21	10,50	2,83	7,61	-	4,88	-	2,51	-	0,55
	V	432,50	23,78	34,60	-	-	-	-	-	-	-	-	-	-	-	-
	VI	463,50	25,49	37,08	-	-	-	-	-	-	-	-	-	-	-	-
1.989,00 €																
	I	207,58	11,41	16,60	7,25	10,55	-	4,92	-	0,57	-	-	-	-	-	-
	II	178,75	-	-	4,76	8,38	-	3,12	-	-	-	-	-	-	-	-
	III	25,16	-	2,01	-	-	-	-	-	-	-	-	-	-	-	-
	IV	207,58	11,41	16,60	9,30	13,53	7,25	10,55	2,96	7,66	-	4,92	-	2,55	-	0,57
	V	433,33	23,83	34,66	-	-	-	-	-	-	-	-	-	-	-	-
	VI	464,66	25,55	37,17	-	-	-	-	-	-	-	-	-	-	-	-

Quelle: www.imacc.de

2. Ein Mitarbeiter erhält einschließlich vermögenswirksamer Leistung des Arbeitgebers (monatlich 36,00 EUR) einen Bruttolohn von 3608,00 EUR; Lohnsteuerklasse II/1. Abzüge: Vermögenswirksame Sparleistung 36,00 EUR, Lohnpfändung 110,00 EUR, Wareneinkauf im Betrieb 90,00 EUR zuzüglich 19 % USt, Miete für Geschäftswohnung 360,00 EUR.

Berechnen Sie den Auszahlungsbetrag für den Mitarbeiter! (Die Kirchensteuer beträgt 8 %.)

Kinderfreibetrag			0		0,5		1		1,5		2		2,5		3	
ab €	StK	Steuer	SolZ	KiStr	SolZ	KiStr	SolZ	KiStr	SolZ	KiStr	SolZ	KiStr	SolZ	KiStr	SolZ	KiStr
3.603,00 €																
	I	630,08	34,65	50,40	29,27	42,58	24,14	35,11	19,27	28,04	14,67	21,34	10,31	15,00	6,21	9,04
	II	593,00	-	-	27,33	39,75	22,29	32,43	17,52	25,49	13,01	18,92	8,75	12,74	1,10	6,92
	III	352,33	19,37	28,18	15,26	22,20	8,56	16,38	-	10,81	-	5,93	-	1,84	-	-
	IV	630,08	34,65	50,40	31,93	46,44	29,27	42,58	26,67	38,79	24,14	35,11	21,67	31,53	19,27	28,04
	V	996,41	54,80	79,71	-	-	-	-	-	-	-	-	-	-	-	-
	VI	1.032,66	56,79	82,61	-	-	-	-	-	-	-	-	-	-	-	-
3.606,00 €																
	I	630,91	34,70	50,47	29,31	42,64	24,19	35,18	19,31	28,10	14,70	21,39	10,35	15,06	6,25	9,10
	II	593,83	-	-	27,37	39,81	22,34	32,50	17,56	25,55	13,05	18,98	8,79	12,79	1,23	6,97
	III	353,00	19,41	28,24	15,29	22,25	8,70	16,44	-	10,86	-	5,96	-	1,86	-	-
	IV	630,91	34,70	50,47	31,97	46,51	29,31	42,64	26,72	38,86	24,19	35,18	21,72	31,59	19,31	28,10
	V	997,50	54,86	79,80	-	-	-	-	-	-	-	-	-	-	-	-
	VI	1.033,75	56,85	82,70	-	-	-	-	-	-	-	-	-	-	-	-
3.609,00 €																
	I	631,83	34,75	50,54	29,36	42,70	24,23	35,24	19,36	28,16	14,74	21,45	10,39	15,11	6,28	9,14
	II	594,66	-	-	27,41	39,88	22,38	32,56	17,60	25,61	13,09	19,04	8,82	12,84	1,35	7,02
	III	353,66	19,45	28,29	15,32	22,29	8,83	16,49	-	10,90	-	6,00	-	1,90	-	-
	IV	631,83	34,75	50,54	32,02	46,58	29,36	42,70	26,76	38,93	24,23	35,24	21,76	31,66	19,36	28,16
	V	998,58	54,92	79,88	-	-	-	-	-	-	-	-	-	-	-	-
	VI	1.034,83	56,91	82,78	-	-	-	-	-	-	-	-	-	-	-	-

Quelle: www.imacc.de

3. Ein leitender Angestellter erhält ein Bruttogehalt von 5455,00 EUR einschließlich 36,00 EUR monatlich vermögenswirksame Leistung. Lohnsteuerklasse III/3. Für die Abwicklung eines Großauftrags erhält der Angestellte eine Sonderzahlung von 250,00 EUR. Abzüge: Vermögenswirksame Sparleistung 36,00 EUR, Tilgung und Zinsen für ein Arbeitgeberdarlehen 450,00 EUR, einbehaltener Vorschuss 500,00 EUR.

Berechnen Sie den Auszahlungsbetrag für den Angestellten! (Die Kirchensteuer beträgt 8 %.)

Kinderfreibetrag			0		0,5		1		1,5		2		2,5		3	
ab €	StK	Steuer	SolZ	KiStr	SolZ	KiStr	SolZ	KiStr	SolZ	KiStr	SolZ	KiStr	SolZ	KiStr	SolZ	KiStr
5.703,00 €																
	I	1.394,91	76,72	111,59	69,97	101,78	63,23	91,97	56,64	82,39	50,32	73,19	44,24	64,36	38,43	55,90
	II	1.349,16	-	-	67,45	98,12	60,74	88,35	54,25	78,91	48,02	69,85	42,04	61,16	36,32	52,84
	III	912,50	50,18	73,00	45,21	65,76	40,36	58,70	35,63	51,82	31,03	45,14	26,57	38,65	22,23	32,34
	IV	1.394,91	76,72	111,59	73,34	106,68	69,97	101,78	66,60	96,88	63,23	91,97	59,90	87,14	56,64	82,39
	V	1.815,08	99,82	145,20	-	-	-	-	-	-	-	-	-	-	-	-
	VI	1.851,33	101,82	148,10	-	-	-	-	-	-	-	-	-	-	-	-
5.706,00 €																
	I	1.396,16	76,78	111,69	70,04	101,88	63,30	92,07	56,70	82,48	50,37	73,28	44,30	64,44	38,49	55,98
	II	1.350,41	-	-	67,52	98,22	60,81	88,45	54,31	79,00	48,08	69,94	42,10	61,24	36,38	52,92
	III	913,50	50,24	73,08	45,25	65,82	40,40	58,77	35,67	51,89	31,08	45,21	26,62	38,72	22,28	32,41
	IV	1.396,16	76,78	111,69	73,41	106,78	70,04	101,88	66,66	96,97	63,30	92,07	59,97	87,23	56,70	82,48
	V	1.816,33	99,89	145,30	-	-	-	-	-	-	-	-	-	-	-	-
	VI	1.852,58	101,89	148,20	-	-	-	-	-	-	-	-	-	-	-	-
5.709,00 €																
	I	1.397,33	76,85	111,78	70,10	101,97	63,36	92,16	56,77	82,58	50,43	73,36	44,36	64,53	38,54	56,06
	II	1.351,58	-	-	67,59	98,31	60,87	88,54	54,38	79,09	48,14	70,02	42,16	61,32	36,43	53,00
	III	914,33	50,28	73,14	45,30	65,89	40,45	58,84	35,72	51,96	31,13	45,28	26,65	38,77	22,32	32,46
	IV	1.397,33	76,85	111,78	73,48	106,88	70,10	101,97	66,73	97,07	63,36	92,16	60,03	87,32	56,77	82,58
	V	1.817,50	99,96	145,40	-	-	-	-	-	-	-	-	-	-	-	-
	VI	1.853,75	101,95	148,30	-	-	-	-	-	-	-	-	-	-	-	-

Quelle: www.imacc.de

Abschnitt 4: Konsum und Finanzierung

1 Zahlungsverkehr

1.1 Überblick über die Geld- und Zahlungsarten

1.1.1 Geldarten

Im Zahlungsverkehr unterscheidet man drei Geldarten: das Bargeld, das Buchgeld und das elektronische Geld.

(1) Bargeld

Zum Bargeld zählen Banknoten und Münzen.

Banknoten	Das alleinige Recht zur Ausgabe von Banknoten besitzt die Europäische Zentralbank[1] **(Notenprivileg)**. Die Banknoten sind die gesetzlichen Zahlungsmittel der Bundesrepublik Deutschland. Für sie besteht Annahmezwang, d.h., ein Gläubiger muss sie mit schuldenbefreiender Wirkung grundsätzlich in unbegrenzter Höhe entgegennehmen.
Münzen	Die in der Bundesrepublik Deutschland umlaufenden Euro-Münzen sind durchweg Scheidemünzen, weil ihr Materialwert geringer als ihr Nennwert ist. Eurocent-Münzen müssen bis zu fünfzig Münzen im Gesamtbetrag von höchstens 100,00 EUR in Zahlung genommen werden. Die deutschen Euro-Münzen werden im Auftrag der Bundesregierung von den staatlichen Prägeanstalten geprägt **(Münzenregal)** und von der Deutschen Bundesbank in Umlauf gebracht.

(2) Buchgeld

Das Buchgeld (Giralgeld) entsteht durch Bareinzahlung der Kunden auf Girokonten[2] und durch Kreditgewährung der Kreditinstitute. Vernichtet wird es durch Barabhebung und Kredittilgung durch die Bankkunden.

Wesentliches Merkmal des Buchgelds ist, dass es **jederzeit** verfügbar ist. Soweit es sich dabei um verfügbare **Guthaben der Kunden** bei den Kreditinstituten handelt, spricht man von **Sichteinlagen**. Das Buchgeld ist somit „echtes" Geld, das alle Aufgaben (Funktionen) des Papiergeldes erfüllen kann.

(3) Elektronisches Geld

Eine Weiterentwicklung stellt das „elektronische Geld" (E-Geld) dar. Es handelt sich dabei um Werteinheiten in Form einer Forderung gegen die ausgebende Stelle, die

- auf **elektronischen Datenträgern** gespeichert sind,
- gegen **Entgegennahme eines Geldbetrags** ausgegeben werden (wobei der Eintauschpreis nicht geringer sein darf als der Wert des ausgegebenen E-Geld-Betrages) und

---

1 Die Europäische Zentralbank (EZB) mit Sitz in Frankfurt (Main) ist verantwortlich für die Geldpolitik (Steuerung der Geldmenge und der Zinssätze) in den Mitgliedstaaten der Wirtschafts- und Währungsunion (WWU).

2 Das Wort „Giro" kommt von „Kreis", „Ring". Gelder, die auf Girokonten liegen, kann man nämlich von Konto zu Konto überweisen, weil die Kreditinstitute gewissermaßen „ringförmig" miteinander in Verbindung stehen.

- von **Dritten als Zahlungsmittel angenommen** werden, ohne gesetzliches Zahlungsmittel zu sein [§ 1 XIV KWG].

Der Inhaber von elektronischem Geld kann von der ausgebenden Stelle (i. d. R. eine Bank) den Rücktausch zum Nennwert in Münzen und Banknoten oder in Form einer Überweisung auf sein Konto verlangen [§ 22a KWG]. Die zur Durchführung des Rücktausches anfallenden Kosten dürfen in Rechnung gestellt werden. Ein Beispiel für elektronisches Geld ist die Geldkarte.[1]

Kein elektronisches Geld liegt vor, wenn die Werteinheiten lediglich Vorauszahlungen für bestimmte Sach- und Dienstleistungen darstellen (z. B. Telefonkarten).

1.1.2 Zahlungsarten

Je nachdem, ob der **Zahler** (z. B. Schuldner) mit **Bargeld oder** mit **Buchgeld** zahlt und der **Zahlungsempfänger** (z. B. ein Gläubiger) **Bargeld oder Buchgeld** erhält, unterscheidet man folgende Zahlungsarten (Zahlungsformen):

Barzahlung	Die Zahlung erfolgt mit Banknoten und/oder Münzen. Sie ist erforderlich, wenn weder der Zahler noch der Zahlungsempfänger ein Girokonto haben. Die Barzahlung sollte nur gegen Ausstellung einer Quittung erfolgen.[2]
Halbbare Zahlung	Die Zahlung erfolgt mit Bargeld und mit Buchgeld. Diese Zahlungsart ist beispielsweise dann erforderlich, wenn **nur** der **Zahler oder nur** der **Zahlungsempfänger** ein Girokonto hat.[3]
Bargeld (unbare) Zahlung	Die Zahlung erfolgt **ausschließlich** mit **Buchgeld**. Sie ist möglich, wenn sowohl der Zahler als auch der Zahlungsempfänger ein Konto haben.

1.2 Eröffnung eines Girokontos

(1) Begriff Girokonto

Voraussetzung für die Teilnahme am bargeldlosen Zahlungsverkehr ist die Eröffnung eines Kontos bei einer Bank. Hauptaufgabe dieser Konten – man nennt sie **Girokonten** – ist es, Geldzahlungen allein durch Umbuchungen abzuwickeln.

Auf dem **Girokonto** der Banken werden die Forderungen und Verbindlichkeiten der Banken gegenüber dem Kunden einander gegenübergestellt.
- Forderungen der Bank (Schulden des Kunden) werden im Soll,
- Verbindlichkeiten der Bank (Guthaben des Kunden) werden im Haben gebucht.[4]

Der Kontoinhaber kann über die auf dem Girokonto gebuchten Gelder bzw. über einen eingeräumten Kredit täglich und uneingeschränkt verfügen.

---

1 Die Geldkarte wird auf S. 293f. behandelt.

2 Der Lehrplan sieht die ausführliche Behandlung der Barzahlung nicht vor. Eine Quittung sollte folgende Bestandteile enthalten: Name des Zahlers, Zahlungsgrund, Zahlungsbetrag, Empfangsbestätigung, Ort, Datum und Unterschrift des Zahlungsempfängers. Beim Kauf in einem Ladengeschäft dient der Kassenzettel (der Kassenbon) als Quittung [§ 368 BGB].

3 Der Lehrplan sieht auch die Behandlung der halbbaren Zahlung nicht vor. Beispiele für eine halbbare Zahlung sind der Zahlschein, die Nachnahme oder die Barabhebung an einem Geldautomaten.

4 Auf dem Kontoauszug weist die Bank statt des Begriffs „Soll" häufig nur ein Minuszeichen und statt des Begriffs „Haben" ein Pluszeichen aus.

(2) Kontovertrag

→ Begriff

Mit der Eröffnung eines Kontos wird ein Kontovertrag abgeschlossen, der die rechtlichen Pflichten und Ansprüche (Rechte) für die Bank und ihre Kunden regelt. Es handelt sich um ein Dauervertragsverhältnis, das durch Zusatzverträge (z.B. Kreditverträge, Dienstleistungsverträge) ergänzt werden kann.

→ Kriterien zum Leistungsvergleich zwischen den Banken

Bevor sich der Antragsteller zur Eröffnung eines Kontos entscheidet, gilt es, einen Leistungsvergleich zwischen den infrage kommenden Banken vorzunehmen. Hierzu sollten insbesondere folgende Kriterien herangezogen werden:

● Wie hoch sind die anfallenden **Kosten?**

Die anfallenden Entgelte für Bankleistungen sind bei den einzelnen Banken unterschiedlich hoch, sodass es sich sehr wohl lohnen kann, vor der Eröffnung eines Kontos einen Kostenvergleich anzustellen.

● Wie viel **Kreditspielraum** gewährt die Bank dem Inhaber eines Kontokorrentkontos?

Die Höhe des Kreditspielraums muss in jedem Einzelfall mit der Bank vereinbart werden. Bei Gehaltskonten gewähren die Banken in der Regel einen Kreditspielraum in Höhe von 2 bis 3 Monatsgehältern, ohne dass Kreditsicherheiten gestellt werden müssen.

● Welchen **Service** bietet die Bank?

Beispiele:
Werden alle modernen Zahlungssysteme angeboten (z.B. Homebanking, Point-of-Sale-System, Geldautomaten, Kontoauszugsdrucker, Datenträgeraustausch, Softwareprogramm für Vereine)? Stehen kompetente Kundenberater zur Verfügung (z.B. für Wertpapiergeschäfte, Vermögensanlage, Immobilien, Versicherungen, Bausparkasse)? Wird eine Kreditfinanzierung aus einer Hand angeboten? Können alle Auslandsgeschäfte abgewickelt werden?

● Wie dicht ist das **Filialnetz** am Ort, in der Region und überregional?

1.3 SEPA-Zahlungsverfahren

1.3.1 Grundlagen

Der einheitliche Euro-Zahlungsverkehrsraum SEPA (SEPA – **S**ingle **E**uro **P**ayments **A**rea) zielt darauf ab, dass bargeldlose Zahlungen der zugehörigen 33 Staaten[1] einfach, sicher und effizient abgewickelt werden können, d.h. es werden

● inländische und grenzüberschreitende Zahlungen
● in Euro
● nach gleichen Regeln

behandelt.

---

1 Der Geltungsbereich der SEPA umfasst die 31 Länder des Europäischen Wirtschaftsraums sowie die Schweiz und Monaco.

Zu diesem Zweck werden folgende Kontokennungen eingeführt

(1) IBAN – International Bank Account Number = Internationale Bankkontonummer

Sie dient der eindeutigen Identifikation eines Kontos, enthält vier Bausteine und darf nur von der kontoführenden Stelle berechnet und ausgegeben werden.

Beispiel:			
Konto-Nr.:	293 680		
Kreditinstitut:	Kreissparkasse Ravensburg		
Bankleitzahl:	650 501 10		

Länder-kennzeichen	Prüfziffer 2-stellig	Bankleitzahl 8-stellig	Kontonummer 10-stellig (ggf. führende Nullen)
DE	36	6505 0110	0000 2936 80

Erläuterungen:

- **DE** als Länderkennzeichen steht für Deutschland.
- Die 2-stellige **Prüfziffer** wird bei der Erstermittlung der IBAN berechnet und an Position 3 und 4 der IBAN integriert. Verschreibt sich ein Verwender bei dieser IBAN, dann wird dieser Fehler aufgedeckt: Der Zahlungsdienstleister, der den Kundenauftrag entgegennimmt, ist verpflichtet, die angegebene IBAN auf Richtigkeit zu prüfen. Die Absicherung durch eine Prüfziffer fördert also die reibungslose und automatisierte Abwicklung des Zahlungsverkehrs.
- Es folgt die bisherige **Bankleitzahl.**
- Die **Kontonummer** wird gegebenenfalls mit führenden Nullen auf 10 Stellen aufgefüllt.

(2) BIC = Business Identifier Code

Der BIC, auch SWIFT-Code genannt, identifiziert ein Kreditinstitut im grenzüberschreitenden Zahlungsverkehr. Da er im gesamten SEPA-Raum für **Euro-Zahlungen** ab 01. 02. 2016 entfällt, wird auf seine weitere Erklärung verzichtet.

1.3.2 SEPA-Überweisung

(1) Begriff und Beispiel

Merke:
■ Bei einer **Überweisung** wird **mittels Buchgeld** bezahlt.
■ **Auftraggeber** und damit Einreicher der Überweisung ist der **Zahlungspflichtige.**
■ Der Geldbetrag wird vom Girokonto des Zahlungspflichtigen abgebucht und **auf einem Konto** (z. B. Girokonto, Sparkonto) **des Zahlungsempfängers** gutgeschrieben.

Die Singener Büromöbel AG bezahlt am 17.06.20.. die Rechnung Nr. 54872 vom 04.06.20.. über 3 570,00 EUR per Überweisung.

Kontoverbindung:

Konto-Nr.:	637526 bei der Sparkasse Singen
BLZ:	692 500 35
IBAN:	DE69 6925 0035 0000 6375 26
BIC:	SOLADES1SNG

Zahlungsempfänger:

Westfälische Holzwerke GmbH

Kontoverbindung:

Konto-Nr.:	736499 bei der Commerzbank Moers
BLZ:	350 400 38
IBAN:	DE17 3504 0038 0000 7364 99
BIC:	COBADEFF354

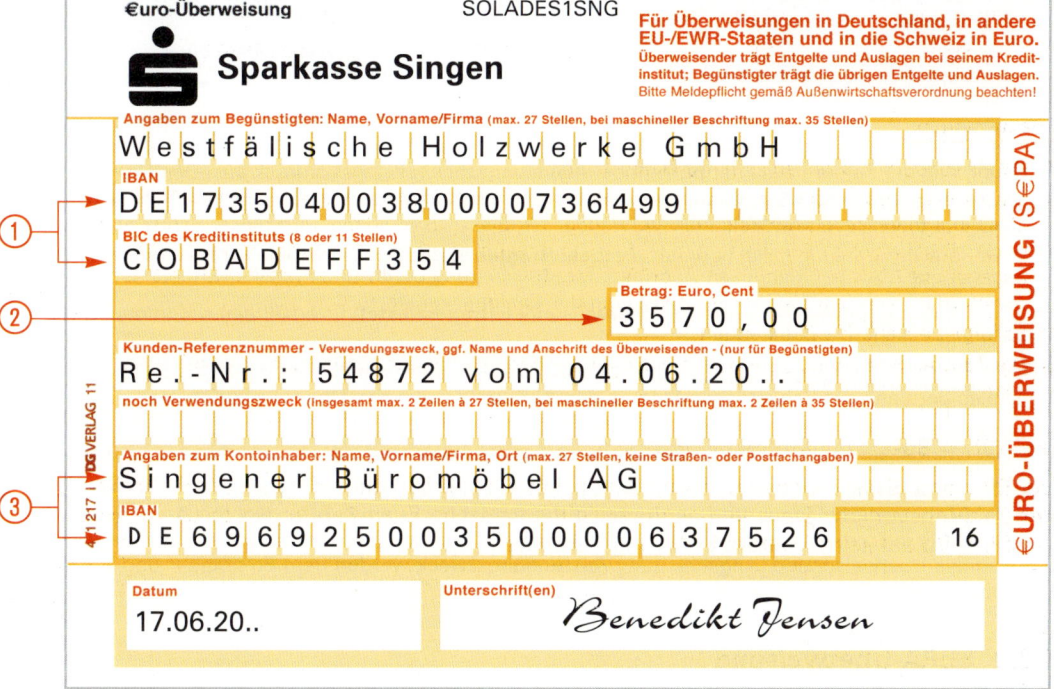

Erläuterungen zum Überweisungsbeleg:

① Zur eindeutigen Identifikation des Zahlungsempfängers muss bei der SEPA-Überweisung die IBAN und der BIC angegeben werden.

② Die SEPA-Überweisung kann nur für Euro-Zahlungen genutzt werden.

③ Angaben zum Kontoinhaber und dessen IBAN.

Merkmale:

● Beleglose SEPA-Überweisungsaufträge werden **europaweit am ersten Geschäftstag nach Zugang** beim Zahlungsdienstleister des Zahlungspflichtigen dem Konto des Zahlungsempfängers gutgeschrieben (beleghafte: + 1 Geschäftstag).

● Überweisungen werden **in voller Original-Betragshöhe** ausgeführt.

● **Jeder** Vertragspartner **zahlt die Entgelte seines Kreditinsituts.**

(2) Ablauf des Zahlungsvorgangs

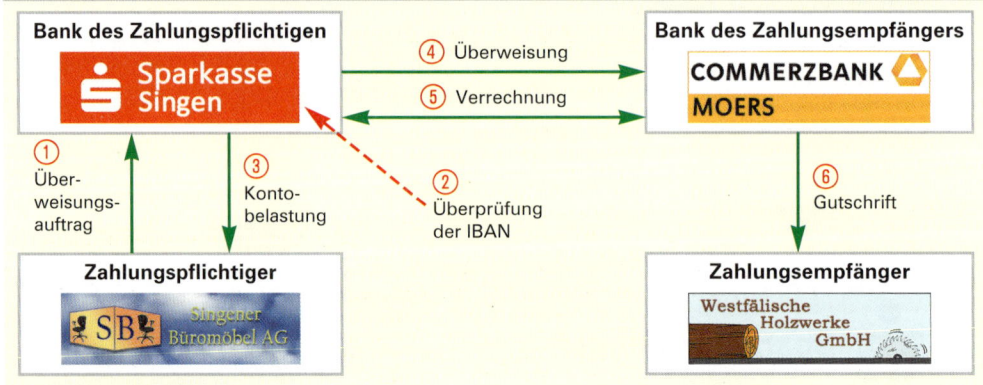

(1) Der **Zahlungspflichtige (Zahler) erteilt den Überweisungsauftrag.** Bei der beleghaften Überweisung füllt der Zahler (Singener Büromöbel AG) einen Überweisungsvordruck aus. Den Überweisungsauftrag autorisiert er durch seine Unterschrift. Als beleglose Überweisung kommt für den Zahler z.B. das Onlinebanking infrage.

(2) Die Bank des Zahlungspflichtigen als **erstbeauftragtes Institut überprüft die IBAN-Kennung** auf Richtigkeit.

(3) Dem **Zahlungspflichtigen wird der Überweisungsbetrag belastet.** Er erhält einen Kontoauszug mit einer entsprechenden Sollbuchung.

(4) Die **Bank des Zahlungspflichtigen,** hier die Sparkasse Singen, **erteilt** über die zuständigen Zentralen der Bank des Zahlungsempfängers den **Auftrag,** diesem **den Überweisungsbetrag gutzuschreiben.**

(5) Der Überweisungsbetrag wird **innerhalb des Bankensystems** unter den Kreditinstituten **verrechnet.**

(6) Dem **Zahlungsempfänger wird der Betrag gutgeschrieben.** Er erhält einen Kontoauszug mit der Gutschrift in Form einer Habenbuchung. Ein Vermerk im Kontoauszug informiert ihn über die Person des Überweisenden. Angaben zum Verwendungszweck werden dem Empfänger ungekürzt mit bis zu 140 Zeichen übermittelt.

(3) SEPA-Dauerauftrag

Der SEPA-Dauerauftrag ist ein Sonderfall der SEPA-Überweisung. Hier erteilt

- der **Zahlungspflichtige seiner Bank** einen
- **einmaligen Auftrag,**
- bis **auf Widerruf**
- von **seinem Konto**
- einen **feststehenden Betrag**
- zu **bestimmten Terminen** (z.B. jeweils zum 1. eines Monats)
- auf das angegebene **Konto des Zahlungsempfängers**

zu überweisen.

> **Beispiel:**
>
> Die Firma Beauty Moments Emmy Reisacher e.Kfr., Auerbachstr. 10, 75179 Pforzheim, lässt die Miete für ihre Geschäftsräume jeweils zum 5. eines Monats vom Geschäftskonto abbuchen und auf das Konto des Vermieters überweisen.

1.3.3 SEPA-Lastschriftverfahren

(1) Erteilung eines SEPA-Lastschriftmandats[1]

Beim Lastschriftverfahren geht die Initiative vom Zahlungsempfängers aus. Dieser muss sich beim Zahlungspflichtigen ein Lastschriftmandat besorgen. Der Kontoinhaber ermächtigt den Zahlungsempfänger, bestimmte Beträge in **wechselner Höhe** und/oder zu **verschiedenen Zeitpunkten** einzuziehen (z. B. für Gas-, Strom und Telefongebühren).

Bei Unstimmigkeiten hat er die Möglichkeit, Belastungen binnen acht Wochen **zu widersprechen.** Die Bank des Zahlungspflichtigen zieht dann den Geldbetrag bei der Bank des Zahlungsempfängers ein und schreibt ihn wieder gut.

MUSTER GMBH, ROSENWEG 2, 00000 IRGENDWO

Gläubiger-Identifikationsnummer DE99ZZZ05678901234
Mandatsreferenz 987543CB2

SEPA-Lastschriftmandat

Ich ermächtige die Muster GmbH, Zahlungen von meinem Konto mittels Lastschrift einzuziehen. Zugleich weise ich mein Kreditinstitut an, die von der Muster GmbH auf mein Konto gezogenen Lastschriften einzulösen.

Hinweis: Ich kann innerhalb von acht Wochen, beginnend mit dem Belastungsdatum, die Erstattung des belasteten Betrages verlangen. Es gelten dabei die mit meinem Kreditinstitut vereinbarten Bedingungen.

Peter Peraldo
_____
Vorname und Name (Kontoinhaber)

Mittelstraße 87
_____
Straße und Hausnummer

68189 Mannheim
_____
Postleitzahl und Ort

Sparkasse Rhein Neckar Nord   *MANSDE66 | XXX*
_____
Kreditinstitut (Name und BIC)

DE 95 | 6705 | 0505 | 0000 | 2316 | 74
_____
IBAN

Mannheim, 12.02.14   *Peter Peraldo*
_____
Datum, Ort und Unterschrift

---

(2) Ablauf der SEPA-Basislastschrift

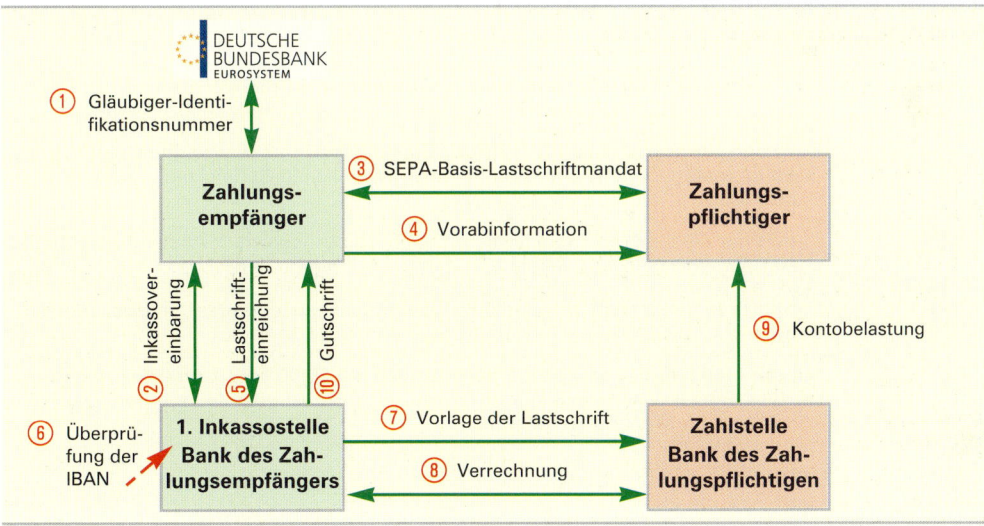

---

1 Mandat: Beauftragung, Ermächtigung.

19   Speth u.a. - ISBN 978-3-8120-0528-9

Merke:

Beim **Lastschriftverfahren** ist ein Kontoinhaber damit einverstanden, dass von seinem Konto wiederkehrende, jedoch **unterschiedlich hohe Zahlungen** zu verschiedenen Zeitpunkten vom Zahlungsempfänger (Gläubiger) abgerufen werden **(SEPA-Lastschriftmandat).**

1.4 Moderne Zahlungssysteme

1.4.1 Zahlungen mit der Girocard

1.4.1.1 Begriff Girocard

Girocards werden von den Banken ausgegeben und sind mit einer Geheimzahl (**P**ersonal
Identification **N**umber: **PIN**) ausgestattet. Sie können über die **Girocard-Funktion** zur Zahlung an elektronischen Kassen genutzt werden. Jeder Karte ist ein Girokonto zugeordnet,
das bei einer Zahlung sofort belastet wird.

Erläuterung wichtiger optischer Zeichen

Maestro	Die Karte kann **in Deutschland und im Ausland an Geldautomaten** und zum bar-geldlosen Zahlen an Händlerterminals verwendet werden (Maestro-Service).[1]
girocard	Das **Logo „girocard"** vereint die beiden Zahlungssysteme (Bargeldbeschaffung am Geldautomaten bzw. Kartenzahlung mit persönlicher Geheimzahl) unter einem Dach.
EUFISERV	Karten mit diesem Logo funktionieren auch im europäischen Ausland an zahlrei-chen Händlerkassen und Geldautomaten unter Eingabe der PIN.
GeldKarte	Die Karte fungiert auch als **Geldkarte** (elektronische Geldbörse), mit der (derzeit) Beträge bis zu 200,00 EUR bezahlt werden können.
girogo kontaktlos	Mit der Funktion girogo können Kleinbeträge bis 20,00 EUR kontaktlos beglichen werden. Die Girocard muss nur an das Bezahlterminal gehalten werden. Das her-kömmliche Stecken der Karte entfällt.

---

1 Wenn eine Girocard gestohlen wird und die Kriminellen damit Geld abheben, können die Banken den Kunden mit bis zu
150,00 EUR an dem Schaden beteiligen, selbst wenn dieser nicht grob fahrlässig gehandelt hat.

Mit der **Girocard** können folgende Leistungen in Anspruch genommen werden:

Mit PIN

→ Nutzung von Geldautomaten (im In- und Ausland),

→ Zahlung an automatisierten Kassen (Inland: Girocard-System; Ausland: Maestro), Nutzung als Geldkarte.

Ohne PIN

→ Nutzung als Geldkarte zum bargeldlosen Zahlen an automatisierten Kassen (Geldkarten-Terminals),

→ Speichern zusätzlicher Leistungen, die von Handels- und Dienstleistungsunternehmen angeboten werden (z. B. Speichern eines elektronischen Fahrscheins auf dem Chip der Karte).

1.4.1.2 Nutzung der Girocard als Pay-now-Karte[1]

(1) Begriff Girocard-Zahlung

Merke:

Die **Girocard-Zahlung** ist eine **bargeld- und beleglose Zahlungsart,** bei der die Zahlung an einer **automatisierten Ladenkasse** unter Verwendung einer **Girocard (Pay-now-Karte)** vorgenommen wird.

Die elektronischen Zahlungen mithilfe der maschinell lesbaren Karten sind möglich, weil die Einzelhandelsgeschäfte, Kaufhäuser und Tankstellen in Verbindung mit den Banken elektronische Kassen (Girocard-Terminals) eingerichtet haben. Werden die Karten bei der Zahlung vertragsgemäß verwendet, garantieren die Banken die Einlösung der Kartenzahlung. Die Girocard-Zahlung kann online oder offline abgewickelt werden.

(2) Formen von Girocard-Zahlungen

→ **Girocard-Zahlung online**

Ist die Kaufsumme vom Verkäufer in die Kasse eingegeben und vom Kunden kontrolliert, gibt der Kunde seine Girocard und die Geheimnummer (PIN) in einen Kartenleser ein, der mit dem Rechenzentrum des betreffenden Netzbetreibers verbunden ist. Das Rechenzentrum überprüft bei der Bank, die die Karte ausgestellt hat, in Sekundenschnelle die Geheimnummer, die Echtheit der Karte, eine mögliche Sperre sowie das Guthaben bzw. das Kredit-

---

1 Pay now (engl.): bezahle jetzt. Charakteristisch für Pay-now-Karten ist, dass ihre Verfügung sehr zeitnah dem Konto des Karteninhabers belastet wird.

limit **(Autorisierungsprüfung).**[1] Wird die Zahlung genehmigt (autorisiert), erhält der Kunde den quittierten Kassenbeleg ausgehändigt. Die Summe wird zunächst im Kassenterminal gespeichert und in der Regel täglich an die Bank weitergeleitet. Der Verkäufer erhält automatisch von seiner Bank die Gutschrift (abzüglich Gebühren). Der Käufer erhält automatisch die Lastschrift von seiner Bank.

→ **Girocard-Zahlung mit Chip (offline)**

Bei diesem Verfahren wird der Microchip mit einem Verfügungsrahmen (z. B. 500,00 EUR) geladen. Beim Bezahlvorgang prüft das Terminal nach Eingabe der Geheimzahl (PIN) im Chip den noch zur Verfügung stehenden Rahmen und bucht den Kaufbetrag ab. Die Prüfung des Verfügungsrahmens erfolgt im Regelfall offline, d. h. ohne Onlineverbindung. Ist bei dieser Prüfung der Verfügungsrahmen überschritten oder der Bereitstellungszeitraum verstrichen, baut das Terminal automatisch eine Onlineverbindung auf und autorisiert den Umsatz. In beiden Fällen erhält der Verkäufer eine garantierte Zahlung.

Die Kosten für den Händler (ohne Geräte-, Netzbetreiber-, Verbindungsentgelte) betragen in der Regel 0,3 % der Kaufsumme, mindestens jedoch 0,08 EUR je Zahlungsvorgang. Die Girocard-Zahlung mit Chip ist für den Händler vorteilhaft, da eine Autorisierung nur in Einzelfällen erforderlich ist und somit weniger Kosten anfallen.

Girocard-Zahlung mit Chip (offline)

[Diagramm: Girocard-Zahlung mit Chip (offline) — Einzelhändler, Kasse/Terminal, Kunde, Bank des Einzelhändlers, Autorisierungsstelle, Bank des Kunden]

(3) Internationale Zahlung mit der Girocard

Symbole wie **V-PAY** und **MAESTRO** zeigen an, dass mit der entsprechenden Girocard europa- bzw. weltweit bezahlt werden kann – sofern die ausländischen Händler dies akzeptieren.

Gleiches gilt für die Möglichkeit, das internationale Geldautomatennetz zu nutzen.

(4) Vorteile für die Unternehmen

● Elektronische Zahlungssysteme **verkürzen** die **Durchlaufzeiten an den Kassen.** Zeitaufwendige Arbeiten wie die Herausgabe des Wechselgeldes oder die Erstellung von Einzahlungsformularen entfallen bzw. werden vermindert.

● Die Unabhängigkeit von Bargeld fördert die Bereitschaft der Kunden zu Spontankäufen und **erhöht** dadurch die **Umsatzzahlen.**

---

1 Autorisieren: ermächtigen.

- Durch die Entlastung an der Kasse kommt es zu einer **Steigerung der Servicequalität,** da die Mitarbeiter mehr Zeit für das eigentliche Verkaufen und die Kundenberatung haben.
- Es kommt zu einer **Kosteneinsparung,** da die Kosten für die Abwicklung elektronischer Zahlungen deutlich niedriger sind als für die Bargeldabwicklung.
- Die elektronische Zahlungsabwicklung gibt **Sicherheit,** da Probleme mit Falschgeld, Diebstahl, Überfall oder Unterschlagung durch sinkende Bargeldsummen in der Kasse reduziert werden.
- Bei automatisierten Girocard-Zahlungen besteht kein Ausfallrisiko, d.h., die **Zahlung** ist **garantiert.**

1.4.1.3   Elektronisches Lastschriftverfahren (ELV)

Beim elektronischen Lastschriftverfahren (ELV) werden die Kontonummer und die Bankleitzahl vom Terminal aus der Girocard gelesen. Es wird ein Lastschriftbeleg erstellt. Durch seine Unterschrift erteilt der Kunde dem Händler eine einmalige Einzugsermächtigung. Der Händler zieht die Lastschrift über seine Hausbank vom Konto des Kunden ein.

Diese Zahlungsform ist für den Händler zwar kostengünstig, aber auch risikoreich, da weder eine Autorisierungs- noch eine Sperrprüfung der Girocard vorgenommen wird. Außerdem hat der Händler keine Zahlungsgarantie durch die Bank.

1.4.1.4   Nutzung der Girocard als Geldkarte (Pay-before-Karte)[1]

Der Karteninhaber lädt den in der Girocard integrierten Chip an einem Geldautomaten oder einem speziellen Ladeterminal in der Bank bis zu einem Betrag von 200,00 EUR zulasten seines Kontos auf. Die Eingabe seiner PIN ist hierbei erforderlich. Somit verfügt der Kunde über eine „elektronische Geldbörse".

Beim Händler erfolgt die Legitimation allein über den Besitz der Karte. Zur Bezahlung sind weder PIN noch Unterschrift erforderlich. Der Rechnungsbetrag wird nicht dem Konto belastet, sondern vom Chip abgebucht.

Bei Kassenabschluss werden die gespeicherten Umsätze online an die Hausbank übertragen. Diese veranlasst, dass das Karten ausgebende Institut an den Händler zahlt (Einzug per Lastschrift). Die Zahlung ist für den Händler garantiert.

Geht die Geldkarte verloren oder wird sie gestohlen, kann der Finder oder Dieb über das gespeicherte Guthaben verfügen, da keinerlei Legitimationsprüfung durch PIN-Eingabe oder Unterschrift durchgeführt wird. Auch eine Sperrung der Karte schützt das Geldkarten-Guthaben nicht, da diese Funktion der Girocard nicht gesperrt werden kann. Insofern wird ein Karteninhaber so gestellt, als hätte er Bargeld verloren bzw. es wäre ihm gestohlen worden.

---

1   Pay before (engl.): bezahle vorher. Das Konto wird belastet durch das Aufladen des Chips.

1.4.2 Kreditkarte (Pay-later-Karte)[1]

Die Kreditkarte ist ein Ausweis. Legt der Inhaber diesen vor, dann erhält er Waren oder Dienstleistungen, ohne diese sofort bezahlen zu müssen.

Die nachfolgende Grafik zeigt den Ablauf des **Kreditkartenverfahrens.**

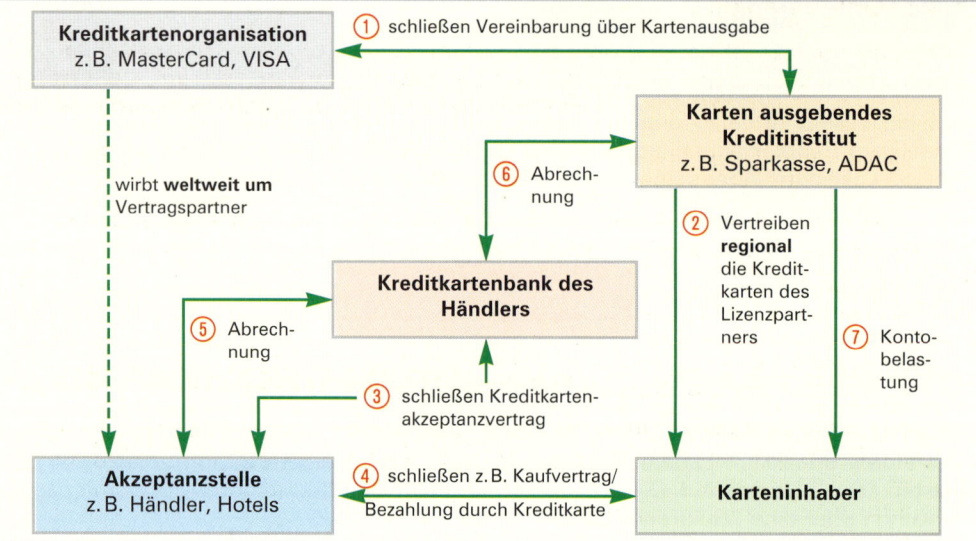

Erläuterungen:

① Das Karten ausgebende Kreditinstitut schließt eine Vereinbarung mit einer **Kreditkartenorganisation** zum Vertrieb von deren Karten.

② Wer eine Kreditkarte erwerben will, besorgt sich diese z.B. über seine Hausbank. Für die Kreditkarte ist eine jährliche Gebühr zu bezahlen.

③ Die Kreditkartenorganisationen schließen selbst keine Verträge mit Händlern ab. Deshalb benötigt ein Händler einen Kreditkartenakzeptanzvertrag (vergleichbar einem Kreditvertrag) mit einer Kreditkartenbank. Da es sich um einen kreditähnlichen Vertrag handelt, prüft die Kreditkartenbank sorgfältig das Geschäftsmodell des Händlers.

④ Mit der Karte kann der **Inhaber** bei allen Unternehmen **(Akzeptanzstellen),** die Vertragspartner dieser Kartenorganisation sind, Rechnungen bis zu einem bestimmten Verfügungsrahmen bargeldlos begleichen. Der Karteninhaber unterzeichnet einen Belastungsbeleg, auf welchen der Zahlungsempfänger (z.B. Händler) die Daten der Kreditkarte zuzüglich des Rechnungsbetrages übernommen hat. Ein Duplikat (Zweitausfertigung) behält der Karteninhaber zur Kontrolle.

---

1 Pay later (engl.): bezahle später. Charakteristisch für diese Karten ist, dass die bargeldlosen Zahlungen gesammelt und i.d.R. einmal monatlich dem Konto des Karteninhabers belastet werden. In dieser Zeitspanne verfügt der Karteninhaber über einen Kredit.

⑤ Das Original legt der Händler bei seiner Kreditkartenbank vor. Diese überweist den Rechnungsbetrag unter Abzug eines Disagios (Abschlags) in Höhe von 2–4% vom Rechnungsbetrag.

⑥ Mit dem Karten ausgebenden Kreditinstitut rechnet die Kreditkartenbank des Händlers im Normalfall monatlich ab. Per Lastschrift werden die angefallenen Beträge beim Kreditinstitut des Karteninhabers eingezogen.

⑦ Mit seinem Kontoauszug erhält der Karteninhaber eine detaillierte Aufstellung der Rechnungsbeträge.

Wird eine Karte gestohlen, haftet der Karteninhaber bis zur Sperrung bis maximal 50,00 EUR. Danach ist er von der Haftung befreit.

1.4.3 Onlinebanking

Beim Onlinebanking (Homebanking) erhält der Kunde Zugang zum Rechner der Bank über deren Internetseite. Damit kann eine Vielzahl von Bankgeschäften frei von den Öffnungszeiten der Bank oder Sparkasse vom Wohnsitz des Kunden aus erledigt werden, z.B.

- Überweisungsaufträge erteilen,
- Überblick über die Kontostände gewinnen,
- künftige Zahlungsverpflichtungen im Auge haben (Daueraufträge, Terminüberweisungen),
- Wertpapierkäufe und -verkäufe durchführen,
- Handy aufladen,
- Daueraufträge erteilen, ändern oder widerrufen.

Der nebenstehende Bildschirmausschnitt zeigt, wie die Überweisung der Singener Büromöbel AG an die Westfälische Holzwerke GmbH (siehe S. 287) als SEPA-Überweisung im Onlinebanking durchzuführen wäre.

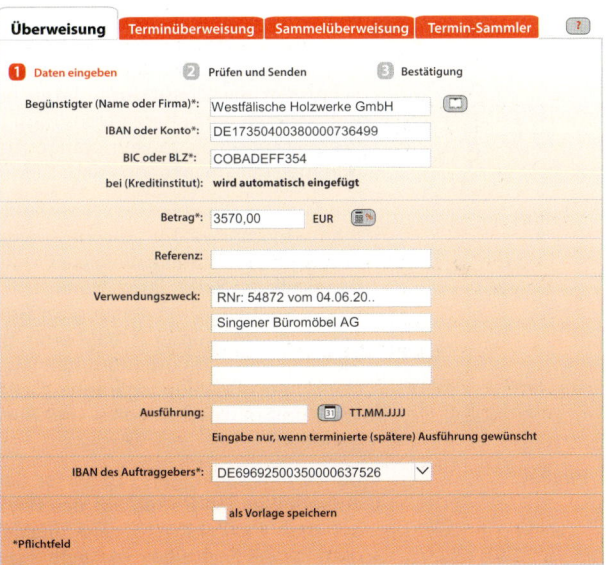

Um Zugang zum Bankrechner zu erhalten, benötigt der Kunde – nachdem er die Internetseite der Bank aufgerufen hat – seine Kontonummer und seine persönliche Identifikationsnummer (PIN). Will er eine Aktion durchführen, die Auswirkungen auf seinen Kontostand hat, muss er diese Aktion autorisieren. Dies geschieht durch die **Eingabe einer TAN** (**T**ransaktions**n**ummer). Ein kleines Gerät, der TAN-Generator, liest eine verschlüsselte Information vom Bildschirm, verlangt vom Benutzer die Bestätigung der Kontonummer des Empfängers und des Betrages und erzeugt dann die einzugebende, aktuelle TAN für diesen einen Auftrag. Sie ist gewissermaßen die „elektronische Unterschrift" des Kontoinhabers.

1.4.4 Bevorzugte Zahlungsformen beim E-Commerce[1]

Zahlungsformen	Erläuterungen
Vorauskasse	Nach Eingang des Überweisungsbetrags versendet der Anbieter die vom Kunden im Internet oder per E-Mail bestellte Ware bzw. erbringt die Dienstleistung.
Kauf auf Rechnung	Beim Kauf auf Rechnung ist der Rechnungsbetrag erst **nach** Erhalt der Ware vom Käufer zu begleichen (z. B. durch eine Überweisung).
Nachnahme	Die vom Anbieter als Nachnahmesendung z. B. mit der Post versandte Ware wird erst dann ausgehändigt, wenn die Barzahlung an die Zustellkraft erfolgt ist.
Lastschrift	Hier übermittelt der Kunde bei seiner Bestellung dem Anbieter elektronisch eine einmalige Ermächtigung zum Einzug des Kaufpreises.
Kauf mit Kreditkarte	Hier gibt der Zahler dem Anbieter seinen Namen, seine Kreditkartennummer und das Verfalldatum der Kreditkarte an. Die Unterschrift des Zahlers ist nicht erforderlich. Für den Käufer besteht das Risiko, dass der Anbieter z. B. unberechtigte Zahlungen veranlasst. Außerdem können Kreditkartendaten von „Hackern" ausgespäht (entziffert) und anschließend missbräuchlich verwendet werden.
	Der Nutzer kann bereits im Vorfeld sein Risiko verringern, indem er z. B. nur **SSL** (**S**ecure **S**ocket **L**ayer)-verschlüsselte Verbindungen wählt. Sie sind daran zu erkennen, dass die Internetadresse mit **https://** beginnt (statt mit **http://**) und am angezeigten Schloss-Symbol. SSL **verschlüsselt die Kreditkartendaten** bei dem Transport durch das Internet und stellt einen sicheren Übertragungsweg zwischen Zahlungspflichtigem (Sender) und Zahlungsempfänger dar. Das SSL-Verfahren wird heute von den meisten Onlineshops angeboten.
Giropay	Die Kunden, die bei einem Unternehmen kaufen, das dem Internetbezahlsystem „Giropay" angeschlossen ist, werden nach dem Kaufabschluss mit einem Klick auf die **Online-Banking-Seite ihrer Hausbank** geleitet. Dort steht eine ausgefüllte Überweisung zur Genehmigung (Autorisierung) durch eine Transaktionsnummer (TAN) bereit. Der Kunde erhält die Bestätigung, dass die Überweisung vorgenommen wurde und das Unternehmen erhält elektronisch eine Zahlungsgarantie. Das Internet-Bezahlsystem „Giropay" wird von den Sparkassen, Volks- und Raiffeisenbanken sowie der Postbank angeboten.
PayPal	Bei PayPal-Zahlungen überweist der Käufer von seinem Bankkonto den entsprechenden Betrag auf das PayPal-Konto. Nach Eingang des Betrags auf dem PayPal-Konto wird dieses sofort automatisch dem PayPal-Konto des Verkäufers gutgeschrieben.
Karten mit Geldkartenfunktion	Für die Zahlung von Kleinstbeträgen (Micropayments) sind Karten mit einer Geldkartenfunktion (z. B. Girocards und andere **SmartCards,** die mit einem Geldbetrag aufgeladen werden können) besonders geeignet.

---

1 E-Commerce (electronic commerce, engl.): elektronischer Handel.

1.5 Vorteile der bargeldlosen Zahlung

Der in den Kapiteln 1.3 und 1.4 dargestellte bargeldlose Zahlungsverkehr ist aus unserer hoch spezialisierten Wirtschaft, in der täglich Milliardenbeträge gezahlt werden, nicht mehr wegzudenken. Undenkbar, dass solche Beträge täglich bar gezahlt und über weite Entfernungen in Briefen oder Päckchen mit der Post versandt werden. Die Diebstahlgefahr wäre viel zu groß. Es ist daher leicht verständlich, dass der Umfang des bargeldlosen Zahlungsverkehrs im Laufe der Zeit die Bargeldzahlung um ein Vielfaches überstiegen hat.

Die bargeldlose Zahlung bringt für die Kunden und für die Banken Vorteile.

Vorteile für den Kunden	Vorteile für die Banken
● Erleichterung der Zahlung: Zahlung ohne großen Aufwand mit einem Formular; ● Zahlung kann terminiert werden, Terminüberwachung übernimmt die Bank; ● billiger als Barzahlung; ● keine Aufbewahrung und Sicherung von Bargeld.	● Kreditquelle: Da die Einlagen der Kunden nicht alle zur gleichen Zeit abgehoben werden, kann ein Teil der Giroeinlagen für Kredite verwendet werden; ● Gewinnquelle (Zinsen, Gebühren).

Zusammenfassung

■ Voraussetzung für den **bargeldlosen Zahlungsverkehr** ist das Vorhandensein eines **Girokontos** bei einer Bank.

■ Eine wichtige Art des Zahlungsauftrags ist die **SEPA-Überweisung**. Bei der Überweisung wird der Zahlende belastet, der Empfänger erhält eine Gutschrift.

■ Beim **Dauerauftrag** führen Banken wiederkehrende Zahlungen in fester Höhe zu bestimmten Terminen aufgrund einer einmaligen Auftragserteilung an bestimmte Empfänger aus.

■ Beim **Lastschriftverfahren** ist ein Kontoinhaber damit einverstanden, dass von seinem Konto wiederkehrende, jedoch unterschiedlich hohe Zahlungen vom Zahlungsempfänger abgerufen werden.

■ Das **SEPA-Basis-Lastschriftverfahren** ist durch folgende Kriterien charakterisiert:
  ● Kundenkennung durch IBAN und BIC
  ● Gläubiger-Identifikationsnummer
  ● Vorgabe eines Fälligkeitsdatums
  ● Erteilung eines SEPA-Lastschriftmandats durch den Zahler an den Zahlungsempfänger
  ● Widerspruchsrecht des Zahlers innerhalb 8 Wochen ab Belastungstag.

■ Das **Onlinebanking** gibt dem Bankkunden die Möglichkeit, eine Vielzahl von Bankgeschäften (z. B. Abrufen des Finanzstatus, Überweisung) über das Internet zu tätigen.

■ Vorteile des bargeldlosen Zahlungsverkehrs:
  ● Zahlungen können **ohne großen Aufwand** täglich oder zu bestimmten Terminen vorgenommen werden.
  ● Die Überweisung bzw. der Einzug eines Betrags ist **sicher**. (Bargeld muss vor Verlust, Diebstahl, Feuer usw. geschützt werden.)
  ● Die Überweisung bzw. der Einzug **erspart Kosten**. Die zu zahlenden Entgelte sind niedriger als die Kosten, die bei einer Barzahlung anfallen.

■ Vergleich der Zahlungsverfahren

Kartensystem	Girocardzahlung Onlineverfahren	Girocardzahlung Chip-offline-Verfahren	Elektronisches Lastschriftverfahren (ELV)	Geldkarte	V-Pay und Maestro	Kreditkarte
	Girocard	Girocard	Girocard	Girocard	in Girocard integriert	Kreditkarte
Akzeptanzzeichen	girocard	girocard	EC	GeldKarte	V PAY / Maestro	EUROCARD / MasterCard / VISA
Kurzbeschreibung	Elektronisches Zahlungssystem für inländische Debitkarten (Pay-now-Karten)	Elektronisches Zahlungssystem für inländische Debitkarten unter Verwendung des Chips	Verfahren zwischen Händlern und Netzbetreibern	Bezahlfunktion für Kleinzahlungen über Chip – integriert in der Debitkarte (Girocard)	Elektronisches Zahlungssystem für Debitkarten im Ausland	Ausweis für ein elektronisches Bezahlsystem im In- und Ausland
Legitimation	Persönliche Geheimzahl	Persönliche Geheimzahl	Unterschrift	keine	Persönliche Geheimzahl	Unterschrift, ggf. persönliche Geheimzahl
Sperrabfrage	Ja	Bei Bedarf	Nein	Nein	Ja	Je nach Bedarf
Autorisierung	Ja	Bei Bedarf	Nein	Im Chip	Ja	Je nach Bedarf
Ablauf	Zahlung wird mit Kontostand verglichen und freigegeben	Prüfung auf PIN und Verfügungsrahmen erfolgt zunächst offline. Falls positiv, wird Zahlung abgewickelt. Ansonsten Übergang in Onlineverfahren	Kunde unterschreibt einmalige Einzugsermächtigung für Lastschrift	Rechnungsbetrag wird vom Guthaben der „elektronischen Geldbörse" abgebucht	Zahlung wird mit Kontostand verglichen und freigegeben	Zahlung wird über die Kreditkartenbank des Händlers und über das Karten ausgebende Kreditinstitut abgewickelt
Sicherheit für Händler	Zahlung garantiert bis max. 2000,00 EUR/Tag	Zahlung garantiert bis max. 2000,00 EUR/Tag	Nein, daher hohes Risiko	Zahlung garantiert bis max. Chip-Guthaben bzw. 200,00 EUR	Zahlung garantiert bis max. 2000,00 EUR/Tag	Zahlung garantiert
Kosten	0,3 % vom Umsatz, mind. 0,08 EUR	Solange offline, entfallen Kommunikationskosten für Händler	Nur geringe Verbindungskosten + übliche Bankgebühren für Lastschrifteinzug	0,3 % vom Umsatz, mind. 0,01 EUR	ca. 1 % vom Umsatz	Werden mit Kreditkartenbank des Händlers ausgehandelt, z. B. abhängig vom Jahresumsatz

108 1. Besorgen Sie sich von einer Bank ein Überweisungsformular und füllen Sie diese Überweisung nach folgenden Angaben aus:

Herr Max Moser, Goethestraße 3, 88605 Meßkirch, überweist 1 500,00 EUR von seinem Girokonto mit der IBAN DE25 6905 1620 0000 0082 31 an die Möbel-Center GmbH, Bahnhofstraße 30, 72555 Metzingen. Bankverbindung: IBAN DE87 6402 0030 0000 0147 81 bei der Baden-Württembergischen Bank AG Reutlingen, BIC SOLADEST640. Vermerk: Rechnung vom 16. August d. J.

2. Beschreiben Sie den Weg, den eine Überweisung von einer Sparkasse in Stuttgart zu einer Volksbank in Hamburg nehmen kann!

3. Unterscheiden Sie den Dauerauftrag vom Lastschriftverfahren und bilden Sie zu jeder Überweisungsart drei Beispiele!

4. Beantworten Sie in Stichworten folgende Fragen:

    4.1 Lohnt sich ein Girokonto auch für einen Schüler, der nicht viel Geld zur Verfügung hat?

    4.2 Welche Möglichkeiten bietet das Girokonto neben der Geldaufbewahrung noch?

5. 5.1 Sie sind Kassierer eines Fußballvereins und möchten die Mitglieder dazu auffordern, dem Verein ein Lastschriftmandat für die Entrichtung des Vereinsbeitrags zu erteilen. Schreiben Sie diesen Brief!

    5.2 Entwerfen Sie das Formular für das SEPA-Lastschriftmandat!

6. Sabine hat verschiedene Zahlungen zu leisten und bittet um Ihren Rat, auf welche Weise sie diese Zahlungen vorzunehmen hat. Sie ist Mitglied in einem Musikverein und muss monatlich 20,00 EUR überweisen. Außerdem bezieht sie unregelmäßig CDs von einem Versandhaus und erhält stets Mahnungen, da sie die pünktliche Überweisung vergisst.

    Aufgabe:

    Nehmen Sie hierzu Stellung, und erläutern Sie Sabine kurz die mögliche Zahlungsweise(n)!

7. Welchen gemeinsamen Vorteil haben die Zahlungen mit Dauerauftrag und Lastschriftverfahren für den Zahlenden?

8. Geben Sie für die nachfolgenden Fälle die günstigste Zahlungsmöglichkeit an. Gehen Sie davon aus, dass der Zahler ein Girokonto eröffnet hat. Begründen Sie Ihre Entscheidung!

    8.1 Die Miete in Höhe von 600,00 EUR ist monatlich auf das Konto des Vermieters zu zahlen.

    8.2 Die vierteljährlich fällige Stromrechnung ist zu begleichen.

109 1. Welchem Zweck dient die Kreditkarte?

2. Erläutern Sie die Zahlung mit der Geldkarte (elektronische Geldbörse)!

3. Beschreiben Sie den Ablauf einer Girocard-Zahlung online!

4. Erläutern Sie folgende Zahlungsarten:

    4.1 Girocard-/Point-of-Sale-Zahlungen,

    4.2 Bezahlung von Internetkäufen,

    4.3 Onlinebanking.

5. Erklären Sie die Unterrichtungs- und Anzeigepflichten des Karteninhabers (Kontoinhabers) beim Verlust oder bei einer missbräuchlichen Verfügung mit seiner Bankkarte!

110 1. Herr Häfner entschließt sich, die bargeldlose Zahlungsmöglichkeit mittels Girocard (Maestro-Service) in seinem Fachgeschäft einzuführen. Lediglich über die Art des Verfahrens hat Herr Häfner noch keine Entscheidung getroffen.

Aufgabe:

Stellen Sie die Abläufe bei der Zahlung mit dem Girocard-online- bzw. Girocard-offline-Verfahren und dem elektronischen Lastschriftverfahren (ELV) dar und nennen Sie je einen Vor- und Nachteil für jedes der beiden Zahlungssysteme!

2. Weitere Möglichkeiten der Kartenzahlung sind die Kreditkarte und die Geldkarte.

Aufgabe:

Nennen Sie je zwei Vor- und Nachteile zu diesen beiden Karten aus Sicht des Einzelhändlers!

3. Frau Sarah Bach macht die Buchhaltung für den Autozubehörgroßhandel Daniel Ziegler e. K. Frau Bach überlegt sich, wie sich die nachfolgenden monatlichen Zahlungen rationeller und einfacher durchführen lassen:

3.1 Mitarbeitergehälter,

3.2 Rechnung der Tankstelle,

3.3 Pacht für die angemieteten Parkplätze,

3.4 Pauschale für den Sicherheitsdienst.

Aufgabe:

Erläutern Sie, welche Zahlungsweisen sich für die jeweiligen Fälle anbieten!

4. Susanne Nigbur, Ruhrallee 28, 45128 Essen, Kundin der Commerzbank Essen, IBAN: DE23 3604 0039 0656 8683 19, wünscht am Montag, dem 05.04.20.. an Herrn Sven Sörensen, Kopenhagen, Dänemark, 750,00 Euro als Anzahlung für die Miete eines Ferienhauses zu überweisen.[1]

Dazu legt sie nachstehende Buchungsbestätigung (Auszug) vor:

Sven Sörensen
Taarbakvej 6

DK-2100 Kobenhavn   28.03.20..
Tlf. 702010120

Sehr geehrte Frau Nigbur,

bitte überweisen Sie die Anzahlung in Höhe von 750,00 EUR für den in der Zeit vom 20.07. bis 03.08.20.. gemieteten Bungalow auf das unten angeführte Konto.

Danske Bank Kobenhavn
Amagertopvej 24,1
Kobenhavn
IBAN: DK50 0040 0440 1162 43
BIC (SWIFT-Code): DAHADKK1SPE

Aufgaben:

4.1 Füllen Sie den Überweisungsauftrag für die Kundin aus!

4.2 Informieren Sie die Kundin über die Bedeutung und den Aufbau der IBAN und der BIC – siehe auch die Eintragung auf dem Überweisungsauftrag! (Die Stellen 3 und 4 der IBAN sind Prüfziffern.)

4.3 Erklären Sie der Kundin, warum die Kreditwirtschaft die International Bank Account Number (IBAN) und den Bank Identifier Code (BIC) eingeführt hat!

---

1 Die Angaben der Bank sind nur als Beispiel anzusehen. Bitte besorgen Sie sich eine EU-Standardüberweisung von einer Bank in Ihrer Stadt.

2 Wichtige Kredit- und Darlehensarten

2.1 Grundlagen des Bankkredits

Die meisten Menschen sparen einen gewissen Teil ihres Einkommens, etwa, um sich später einen größeren Wunsch erfüllen zu können oder um sich gegen Arbeitslosigkeit und Krankheit abzusichern. Diese Ersparnisse werden überwiegend bei den Banken angelegt, um sie vor Diebstahl zu schützen und um Zinsen zu erhalten. Dieses Sparkapital setzen die Banken wiederum dazu ein, Kredite zu gewähren. Sie übernehmen damit folgende wichtige Aufgaben (Funktionen): Sammlung von Spargeldern, Weitergabe der verfügbaren Mittel, Auswahl der Kreditnehmer.

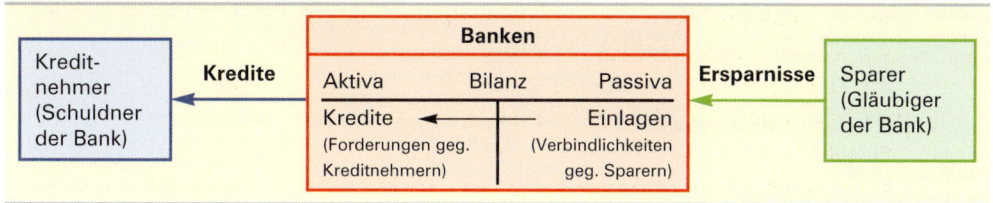

Auch die Unternehmen sparen einen Teil ihrer Gewinne (verzichten auf Gewinnausschüttungen), um z.B. größere Investitionen in das Anlagevermögen (Kauf von Maschinen, Neubau einer Lagerhalle) ohne oder mit niedrigem Fremdkapital finanzieren zu können.

Durch **Konsumverzicht** wird **Geldkapital** gebildet, das zur Versorgung der Wirtschaft mit Krediten herangezogen werden kann. Die Banken übernehmen hierbei die Vermittlerrolle zwischen Sparer und Kreditnehmer.

2.2 Kreditvertrag

(1) Begriff Kredit

Reichen die eigenen Finanzmittel nicht aus, ist die Privatperson bzw. das Unternehmen darauf angewiesen, Geld von Fremden **(Kredit)**[1] aufzunehmen. Die Fremdmittel stellen u. a. Banken, Versicherungen, Privatpersonen, evtl. sogar der Staat meistens gegen Zinszahlung zur Verfügung. Der Kredit wird der Privatperson bzw. dem Unternehmen gewährt, wenn der Kreditgeber davon überzeugt werden kann, dass sie bzw. es in der Lage sein wird, Zins und Tilgung vereinbarungsgemäß zu leisten. Hilfreich sind dabei Kreditsicherheiten, z.B. Grundstücke, Gebäude oder Wertpapiere.

> **Merke:**
>
> Unter einem **Kredit** versteht man die zeitweilige Überlassung von Geld (oder Gütern) im Vertrauen darauf, dass der Kreditnehmer den Kredit (z.B. das überlassene Geldkapital) fristgerecht zurückbezahlt.

---

1 Der Begriff Kredit kommt vom lateinischen Wort credere: glauben, vertrauen.

(2) Zustandekommen eines Kreditvertrags

In den Vorverhandlungen zwischen Kreditnehmer und Kreditgeber werden die Kreditart und die Kreditvertragsinhalte festgelegt. Das Ergebnis der Vorverhandlungen wird in der Regel in einem Kreditvertragsformular festgehalten. Im rechtlichen Sinne handelt es sich um einen Antrag des Kreditnehmers. Der Kreditvertrag kommt mit der Annahme des Kreditantrags durch die Bank zustande.

Merke:

Der **Kreditvertrag** kommt dadurch zustande, dass der **Kreditantrag** des Kreditnehmers und die **Kreditzusage** des Kreditgebers inhaltlich übereinstimmen und die Kreditzusage dem Kreditnehmer rechtzeitig zugegangen ist [§§ 145ff. BGB]. Es handelt sich um ein **zweiseitiges Rechtsgeschäft.**

(3) Inhalte des Kreditvertrags

→ Kredithöhe

Zu beachten ist, dass Kredite mitunter unter dem Rückzahlungsbetrag ausbezahlt werden. Man nennt diesen Abschlag **Disagio.**

Beispiel:

Ein Darlehen in Höhe von 10 000,00 EUR muss laut Kreditvertrag zum Nennwert (also mit 10 000,00 EUR) zurückbezahlt werden. Das Disagio beläuft sich auf 5 %. Der Darlehensnehmer erhält also nur 9 500,00 EUR ausbezahlt. Die Darlehenszinsen werden jedoch aus dem Nennwert des Darlehens berechnet.

→ Kreditkosten

Sie bestehen in der Regel aus den Zinsen und einem Disagio. Das Disagio gehört zu den Kreditkosten, weil es einem im Voraus abgezogenen Zins ähnelt. Zusätzliche Kosten können durch eine Restschuldversicherung entstehen.

Den im Kreditvertrag genannten Zinssatz bezeichnet man als **Nominalzinssatz** (nominell: dem Namen nach). Der dem Kreditnehmer tatsächlich (effektiv) berechnete Zinssatz heißt **Effektivzinssatz**, im Sprachgebrauch verkürzt als „Effektivzins" oder als „effektiver Jahreszins" bezeichnet. Der Effektivzins drückt die gesamten Kosten für den Kredit in Prozenten der Kreditsumme aus. Die Banken und andere gewerbliche Kreditgeber (Unternehmer) sind verpflichtet, den Kreditnehmern – sofern sie (private) Verbraucher sind – den effektiven Jahreszins anzugeben [§ 6 PAngV; § 492 I S. 5 Nr. 5, II BGB].

Beispiel:

Ein Kredit über 10 000,00 EUR soll nach 5 Jahren getilgt werden. Der Zinssatz beträgt 8 %. Außerdem wird eine Restschuldversicherung vereinbart, die jährlich 40,00 EUR kostet.

Aufgabe:
Wie viel Prozent beträgt der effektive Jahreszinssatz?

Lösung:

Die gesamten Kreditkosten betragen in 5 Jahren:

200,00 EUR Restschuldversicherung + 4000,00 EUR Zinsen (8 % aus 10000,00 EUR für 5 Jahre) = 4200,00 EUR

10000,00 EUR kosten in 5 Jahren 4200,00 EUR
 100,00 EUR kosten in 1 Jahr   x   EUR

$$x = \frac{4200 \cdot 100}{10000 \cdot 5} = 8,40 \text{ EUR}/100,00 \text{ EUR} = 8,4\% \textbf{ effektiver Jahreszinssatz}$$

→ Kreditsicherheiten

Falls der Kreditnehmer seinen Verpflichtungen aus dem Kreditvertrag nicht nachkommen will oder kann, schützen vereinbarte Kreditsicherheiten den Kreditgeber vor Verlusten (Näheres siehe Kapitel 4, S. 321 ff.).

> **Beispiel:**
>
> Für einen Kredit von Frau Amann, den ihr die Verbraucherkreditbank AG gewährt hat, bürgt Herr Niedermooser. Falls Frau Amann den Kredit nicht tilgen kann, muss Herr Niedermooser zahlen.

→ Rückzahlung

Kredite können z. B. in monatlichen, vierteljährlichen oder jährlichen Raten rückzahlbar sein. Es kann aber auch vereinbart werden, dass ein Kredit in einer Summe getilgt werden muss.

→ Kündigung

Im Kreditvertrag muss auch genau festgelegt sein, ob der Kredit von einer Vertragspartei oder von beiden Vertragsparteien kündbar ist oder nicht. Ferner müssen die Kündigungsfristen vereinbart sein.

2.3 Kreditarten

2.3.1 Kontokorrentkredit

(1) Begriffe

Das Wesen des **Kontokorrents**[1] besteht darin, dass die Vertragspartner die aus der Geschäftsverbindung anfallenden beiderseitigen **Ansprüche und Leistungen** sich **gegenseitig stunden** und einander einschließlich Zinsen zunächst nur in Rechnung stellen. **In regelmäßigen Zeitabständen** (meist vierteljährlich oder halbjährlich) erfolgt dann die **Verrechnung**. Schuldner ist jeweils die Partei, zu deren Ungunsten der Verrechnungssaldo (das Ergebnis der Anrechnung der gegenseitigen Ansprüche und Leistungen) steht. Der **Saldo** (Ergebnis der Aufrechnung) wird **auf die neue Rechnungsperiode vorgetragen**. Damit gehen die verschiedenen Forderungen unter, d. h., dass nur noch der Saldo eingeklagt werden kann [§ 355 HGB].

Unter **Kontokorrentkredit** versteht man eine laufende Rechnung zwischen zwei Vertragspartnern, i. d. R. zwischen einer Bank und einem Bankkunden.

---

1 Kontokorrent: laufende Rechnung.

Kreissparkasse Ravensburg
Geschäftsstelle Wangen
Gegenbaurstr. 4
88239 Wangen im Allgäu

Sparkasse

Kontokorrentkredit

Konto Nr. DE79 6505 0110 0000 1563 89
Ort, Datum Wangen, 29.07.20..

Herr Franz Hinterhofer
Im Fuchswald 35, 88789 Steinhausen

– nachstehend der Kreditnehmer genannt – schließt/schließen mit der Sparkasse folgenden Vertrag über einen Kredit in laufender Rechnung

bis zum Höchstbetrage von[1]   20.000,00 EUR
Die Personenbezeichnung *Kreditnehmer* in diesem Vertrag wird in weiblicher und männlicher Form geführt.

1 Krediteinräumung
Der Kredit wird in genannter Höhe auf Girokonto   DE79 6505 0110 0000 1563 89   zur Verfügung gestellt.

2 Kreditkosten

2.1 Der **Zinssatz** für diesen Kredit beträgt zurzeit   3,75 v. H. pro Jahr; die Zinsen werden nur aus dem in Anspruch genommenen Kreditbetrag berechnet. Bei Veränderung der Marktlage ist die Sparkasse berechtigt, jederzeit die Zinsen entsprechend dem von ihr für Kredite dieser Art jeweils festgesetzten Zinssatz zu senken oder zu erhöhen. Über Änderungen wird der Kreditnehmer jeweils im Kontoauszug informiert.
Zu jedem Rechnungsabschluss werden die bis dahin angefallenen Kreditkosten belastet. Wird dadurch der eingeräumte Kredit überschritten, so berechnet die Sparkasse für den überzogenen Betrag, wie bei jeder Kontoüberziehung, den für Überziehungen jeweils festgesetzten

Überziehungszinssatz, zurzeit   1,5 v. H. pro Jahr. Er ändert sich entsprechend der Marktlage und ist im Preisaushang jeweils ausgewiesen. Der Kreditnehmer ist verpflichtet, die Überziehung jeweils umgehend auszugleichen.

2.2 Sonstige Kreditkosten: Alle durch den Abschluss des Kreditvertrages einschließlich der Sicherheitenbestellung entstehenden Kreditkosten trägt der Kreditnehmer. Dies sind:

keine.

2.3 Effektivzinsangaben: Der anfängliche effektive Jahreszins beträgt   3,93 v. H. auf der Grundlage laufender Kreditinanspruchnahme.[2]

3 Laufzeit, Kündigung

Die Krediteinräumung erfolgt unbefristet, soweit nachfolgend keine Befristung gesondert vereinbart ist.

☐   Die Krediteinräumung ist bis   befristet.
Für die Kündigung gilt Nr. 26 der Allgemeinen Geschäftsbedingungen der Sparkasse.

4 Besondere Vereinbarungen

keine.

5 Sicherheiten

Der Kredit kann erst in Anspruch genommen werden, wenn alle Voraussetzungen dafür erfüllt sind, dass die vereinbarten Sicherheiten der Sparkasse zur Verfügung stehen und der Sparkasse hierüber ggf. eine Bestätigung vorliegt. Der Kreditnehmer stellt der Sparkasse – unbeschadet der Haftung etwa bereits bestehender oder künftiger Sicherheiten im Rahmen ihres Sicherungszwecks – in besonderen Verträgen folgende Sicherheiten:

Vorhandene Grundschuld über 120.000,00 EUR, eingetragen im Grundbuch von
Steinhausen, Band 249, Blatt 24.

193 877.000 (Fassung Jan. 2002) § 492 BGB E-Form Kooperation
Nachdruck, Vervielfältigung und DV-Einspeicherung verboten!
Deutscher Sparkassen Verlag – 0570 211.27

[1] Betrag und Währungseinheit.   [2] Der Verrechnungszeitraum einer etwaigen Bearbeitungsgebühr ist anzugeben.   Bitte wenden.

Schließen eine Bank und ein Bankkunde (z. B. ein Unternehmen) einen Kreditvertrag ab, dem das Kontokorrentprinzip zugrunde gelegt ist, so liegt ein **Kontokorrentkredit** vor. Wird mit einem Privatkunden ein Kontokorrentkredit abgeschlossen, so spricht man von einem **Dispositionskredit**.[1]

> **Merke:**
>
> - Unter **Kontokorrent** versteht man eine laufende Rechnung zwischen zwei Vertragspartnern.
> - Das Wesen des Kontokorrents besteht darin, dass sich beide Vertragspartner ihre gegenseitigen Forderungen stunden und in **regelmäßigen Zeitabständen gegeneinander aufrechnen.**
> - Der **Saldo** wird **auf neue Rechnung vorgetragen.**

(2) Wirtschaftliche Merkmale

→ Ablauf in der Praxis

Der Kontokorrentkredit bei einer Bank dient der **Abwicklung von allen eingehenden und ausgehenden Zahlungen** (z. B. Zahlungsaufträge für eingekaufte Waren, für den Kauf eines Autos, für Löhne und Zahlungseingänge für verkaufte Waren). Er sichert damit die Zahlungsbereitschaft. Der Kreditnehmer kann hierbei bis zur vereinbarten Kreditobergrenze **(Kreditlimit)** frei über das Kontokorrentkonto verfügen. Der Saldo auf dem Konto ist daher, je nach Umfang der eingehenden und ausgehenden Zahlungen, ständigen Schwankungen unterworfen. So entsteht ein Kontokorrent, d. h. eine laufende Rechnung, die ein **wechselseitiges Schuld- und Guthabenverhältnis** darstellt. Dies zeigt auch das nachfolgende Beispiel für einen Kontokorrentkredit an einen Bankkunden.

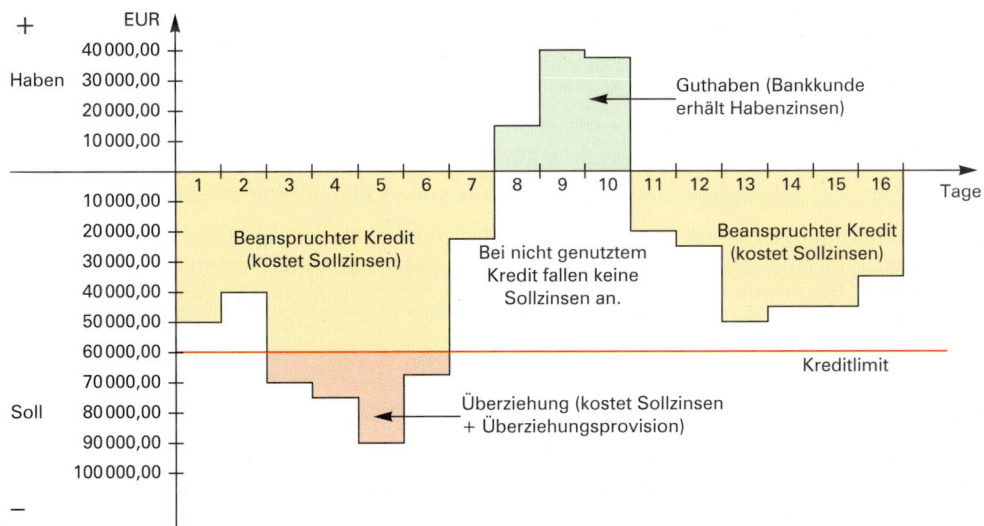

---

1 Disponieren: verfügen, ordnen.

20 Speth u. a. - ISBN 978-3-8120-0528-9

Weist das Konto ein **Guthaben** aus, erhält der Kunde **Habenzinsen**.[1] Wird ein **Kredit** beansprucht, müssen **Sollzinsen** an die Bank entrichtet werden. Aus der Sicht der Bank ist „Bewegung" auf dem Kontokorrentkonto erwünscht, denn Zahl und Umfang der Bewegungen werden als Maßstab für die wirtschaftliche Aktivität des Unternehmens gewertet. Konten mit wenig Bewegung widersprechen dem Sinn des Kontokorrentkredits.

Auf dem Kontokorrentkonto werden die täglichen Ein- und Ausgänge aufgezeichnet und in einem **Kontoauszug** festgehalten. Die Ein- und Ausgänge werden gegeneinander aufgerechnet **(saldiert)** und dem bisherigen Kontostand zugerechnet. Rechtlich gesehen kann die Bank immer nur den Sollsaldo fordern.

Der Kontokorrentkredit kann zeitlich begrenzt oder bis zur Kündigung in Anspruch genommen werden. Er ist kurzfristig kündbar, kann aber durch ständige Verlängerungen über längere Zeiträume laufen. Durch diese enge, langfristige Verflechtung von Bank und Unternehmen wird die kreditgebende Bank zur „Hausbank".

→ Sicherheiten

Wegen der schwankenden Beanspruchung des Kredits ist insbesondere die **Grundschuld**[2] als Sicherheit geeignet.

→ Kreditkosten

Üblich sind folgende Vereinbarungen:

Zinsen	Die Zinsen werden vom **in Anspruch genommenen Kredit** berechnet. Die Zinsbelastung passt sich somit der täglichen Veränderung des beanspruchten Kredits an. Die Zinsen werden dem Konto belastet bzw. gutgeschrieben. Die Kosten des Kontokorrentkredits sind verhältnismäßig hoch, da der Sollzinssatz für den Kreditsaldo erheblich höher ist als der Habenzinssatz für den Guthabensaldo.
Überziehungszinsen/ Überziehungsprovision	Zinsen sowie eine Überziehungsprovision[3] kommen dann zur Anwendung, wenn der Kunde ohne vorherige Krediteinräumung sein Konto überzieht bzw. seine ihm eingeräumte Kreditgrenze überschreitet. Der Überziehungszinssatz beträgt im Normalfall 1,5 % – 3 % p. a. und wird neben den Sollzinsen in Rechnung gestellt.
Gebühren	Um die Kosten des Zahlungsverkehrs zu decken, werden in der Regel Gebühren (z. B. für die Kontoführung und die einzelnen Buchungen) sowie die anfallenden Postentgelte berechnet.

Die Abrechnung der Kontokorrentkonten wird in der Regel vierteljährlich vorgenommen. Dabei werden dem Konto die bis zum Abrechnungstermin angefallenen Sollzinsen, Provisionen und Gebühren belastet. Habenzinsen werden dem Konto gutgeschrieben.

(3) Vorteile des Kontokorrentkredits für die Kreditnehmer

● Die Inanspruchnahme des Kredits entspricht dem jeweiligen Kreditbedarf.

---

1 Bei den meisten Banken werden jedoch Habenzinsen erst dann vergütet, wenn das Guthaben vierteljährlich einen bestimmten **Durchschnittsbetrag** (z. B. von 3 000,00 EUR) erreicht.

2 Die **Grundschuld** ist ein rein **dingliches Pfandrecht** und besagt, dass an den Inhaber der Grundschuld eine bestimmte Geldsumme aus dem Grundstück zu zahlen ist. Die Grundschuld **setzt keine Forderung voraus**. Allein das Grundstück haftet. Der Lehrplan sieht die Behandlung der Grundschuld nicht vor.

3 Im standardisierten Privatkundengeschäft (Provision) wird die Überziehungsprovision jedoch nicht getrennt ausgewiesen, sondern mit dem Sollzinssatz zu einem sogenannten **Nettozinssatz** zusammengefasst.

- Kreditzinsen werden nur vom jeweiligen Sollsaldo berechnet. Dadurch können – im Vergleich zum Darlehen – Zinskosten eingespart werden.
- Es bestehen vielfache Verwendungsmöglichkeiten, z.B. Überbrückung von zeitweiligen Liquiditätsanspannungen,[1] Ausnutzen von Skontierungsfristen.
- Der Kredit steht bei gegebener Kreditwürdigkeit durch ständige Prolongationen (Verlängerungen) meist über viele Jahre zur Verfügung.

2.3.2 Darlehen

2.3.2.1 Begriff Darlehen, die Inhalte des Darlehensvertrags und die Gliederung nach der Laufzeit der Darlehen

(1) Begriff Darlehen

Merke:

Kredite, die in einer Summe gewährt werden und dann entweder am Fälligkeitstag in einer Summe oder während einer vorher bestimmten Laufzeit in Raten (Teilbeträgen) getilgt werden müssen, heißen **Darlehen**. Rechtsgrundlagen sind insbesondere die §§ 488 ff., 607 ff. BGB und die Allgemeinen Geschäftsbedingungen der Banken.[2]

(2) Inhalte des Darlehensvertrags

Wichtige Inhalte des Darlehensvertrags sind:

→ **Kredithöhe und Rückzahlungsmodus**

Der Darlehensnehmer muss sich festlegen auf die Kreditsumme, auf die Höhe und die Zeit der Tilgung und dass er über getilgte Beträge nicht mehr verfügen kann.

→ **Kreditkosten**

Zins	Der Darlehensnehmer kann wählen zwischen einem Festzins und einem variablen Zins. Beim Festzins bleibt der Zins für eine bestimmte (vereinbarte) Laufzeit gleich, beim variablen Zins kann der Zinssatz durch Anpassungsklauseln geändert werden.
Bereitstellungs-zinsen	Wenn der Darlehensbetrag zum vereinbarten Auszahlungstermin vom Darlehensnehmer nicht in Anspruch genommen wird, kann die Bank vom vereinbarten bis zum tatsächlichen Auszahlungstermin einen Zinsausgleich (z.B. 3% p.a.) beanspruchen.
Disagio	Das Disagio stellt eine Kürzung des auszuzahlenden Darlehensbetrags dar und soll zum einen die Bearbeitungskosten decken und/oder zum anderen den Nominalzins absenken. In der Geschäftspraxis ist das Disagio vor allem eine **laufzeitabhängige Zinsvorauszahlung.** Den Kunden (Kreditnehmern) werden von den Banken oft mehrere Darlehensverträge mit unterschiedlichen Varianten (Kombinationen) der Nominalzinssätze und Disagiobeträge bzw. Auszahlungskurse angeboten.

---

1 Unter der **Liquidität** versteht man seine Zahlungsfähigkeit, d.h. die Fähigkeit, jederzeit die Zahlungsverpflichtungen erfüllen zu können.
2 Die §§ 607 ff. BGB regeln den sogenannten **Sachdarlehensvertrag,** bei dem der Darlehensgeber verpflichtet ist, dem Darlehensnehmer eine vereinbarte vertretbare Sache zu überlassen.

→ **Sicherheiten**

Langfristige Darlehen werden häufig für einen Hausbau, für den Bau neuer Fabrikanlagen oder für den Kauf eines Grundstücks verwendet. Diese Art der Darlehensgewährung wird in der Regel durch **Grundpfandrechte**[1] abgesichert.

(3) Gliederung nach der Laufzeit der Darlehen

Der Zweck des Darlehens ist, einen vorher geplanten Kapitalbedarf abzudecken. Der Kapitalbedarf kann langfristig (z. B. beim Hausbau) oder mittel- bzw. kurzfristig sein (z. B. zur Finanzierung eines Autokaufs). Nach der Laufzeit der Darlehen unterscheidet man in langfristige Darlehen und kurz- und mittelfristige[2] Darlehen.

2.3.2.2 Kurzfristige Darlehen

Kurzfristige Darlehen werden von den Unternehmen (z. B. zur Finanzierung von Maschinen) und den Konsumenten (zur Finanzierung von Konsumgütern, z. B. Kauf eines Autos, von Möbeln, eines Fernsehers, einer Weltreise) nachgefragt. Konsumkredite werden in der Regel aufgrund der persönlichen Kreditwürdigkeit des Darlehensnehmers gewährt. Das kurzfristige Darlehen kommt im Bankgeschäft insbesondere als **Ratenkredit** vor.

Wesensmerkmale	Ratenkredit
Kredithöhe	bis zu 15 000,00 EUR
Laufzeit	6 bis 36 Monate
Auszahlung	bar oder Überweisung direkt an den Verkäufer
Zweck	Finanzierung von Konsumgütern; zum Teil auch Anlagenfinanzierung für Kleingewerbe
Sicherung	Lohn- und Gehaltsabtretung und zusätzlich oft eine Sicherungsübereignung[3]

Merke:

Der **Ratenkredit** ist ein kurzfristiges Darlehen, das in einer Summe ausbezahlt wird und während einer vorher bestimmten Laufzeit in Raten getilgt werden muss.

Die vereinfachte Berechnung des effektiven Jahreszinses von Ratenkrediten erfolgt nach der Uniform-Methode:

$$\text{eff. Jahreszinssatz} = \frac{\text{Kreditkosten}}{\text{Nettokreditbetrag}} \cdot \frac{24}{(\text{Laufzeit in Monaten} + 1)} \cdot 100$$

Beispiel:

Franz Schneider kauft bei der Möbel Kungel KG eine Einbauküche zum Gesamtpreis von 20 000,00 EUR. Franz Schneider hat zwei Ratenkredite zur Wahl.

Das Möbelhaus bietet einen Teilzahlungskauf zu folgenden Bedingungen an:

Nettokredit 20 000,00 EUR ab 30. Juni 2014, Zinsen pro Monat 0,36 % vom ursprünglichen Nettokredit. Rückzahlung der ersten Rate am 30. Juli 2014 in Höhe von 612,00 EUR, 35 Folgeraten jeweils am 30. eines jeden Monats.

---

1 Durch ein Grundpfandrecht wird ein Grundstück in der Weise belastet, dass eine bestimmte Geldsumme aus dem Grundstück zu zahlen ist (dingliches Recht), d. h., das Grundstück kann verwertet werden, wenn der Kredit (z. B. das Darlehen) nicht zurückgezahlt werden kann. Ein wichtiges Grundpfandrecht ist die **Grundschuld**. Der Lehrplan sieht die Behandlung der Grundpfandrechte nicht vor.

2 Der Lehrplan sieht die Behandlung von mittelfristigen Darlehen nicht vor.

3 Die Sicherungsübereignung wird auf S. 323f. dargestellt.

Die Kreditbank AG bietet einen Ratenkredit zu folgenden Bedingungen an:

Nettokredit 20 000,00 EUR ab 30. Juni 2014, Zinssatz 5,1 % vom ursprünglichen Nettokredit, fest bis Laufzeitende. Rückzahlung der ersten Rate am 30. Juli 2014 in Höhe von 455,00 EUR, 35 Folgeraten jeweils am 30. eines jeden Monats.

Aufgaben:

1. Berechnen Sie jeweils den Gesamtkredit!
2. Berechnen Sie jeweils die Höhe der restlichen 35 Tilgungsraten!
3. Zu welchem Termin ist die letzte Tilgungsrate zu entrichten?
4. Für welches Darlehen sollte sich Franz Schneider aus Kostengründen entscheiden?
5. Wie hoch sind die effektiven Jahreszinssätze?

Lösung:

Möbel Kungel KG	Kreditbank AG

Zu 1.

Nettokreditbetrag am 30. Juni 2014		20 000,00 EUR	Nettokreditbetrag am 30. Juni 2014	20 000,00 EUR
+ Zinsen $\frac{20\,000 \cdot 0,36 \cdot 36}{100}$ =	2 592,00 EUR		+ Zinsen $\frac{20\,000 \cdot 5,1 \cdot 3}{100}$ =	3 060,00 EUR
		22 592,00 EUR		23 060,00 EUR

Zu 2.

Gesamtkredit	22 592,00 EUR	Gesamtkredit	23 060,00 EUR
− erste Kreditrate	612,00 EUR	− erste Kreditrate	450,00 EUR
Zwischensumme	21 980,00 EUR	Zwischensumme	22 610,00 EUR
Folgerate $\frac{21\,980}{35}$ =	628,00 EUR	Folgerate $\frac{22\,610}{35}$ =	646,00 EUR

Zu 3. Die letzte Tilgungsrate ist am 30. Juni 2017 fällig.

Zu 4.

Gesamtkosten Kreditbank AG	23 060,00 − 20 000,00 = 3 060,00 EUR
− Gesamtkosten Möbel Kungel KG	22 592,00 − 20 000,00 = 2 592,00 EUR
Kostenvorteil bei Finanzierung durch die Möbel Kungel KG	468,00 EUR

Zu 5.

$$p_{eff}{}^1 = \frac{2\,592}{20\,000} \cdot \frac{24}{37} \cdot 100 = \underline{\underline{8,4\,\%}}$$

$$p_{eff}{}^1 = \frac{3\,060}{20\,000} \cdot \frac{24}{37} \cdot 100 = \underline{\underline{9,9\,\%}}$$

2.3.2.3 Langfristige Darlehen

(1) Gründe für die Aufnahme von langfristigen Darlehen

Langfristige Darlehen werden von den Unternehmen zur Finanzierung von Investitionsvorhaben (z.B. Erstellung oder Erweiterung von Produktionsanlagen, Bau einer Lagerhalle) verwendet. Privatleute nehmen ein langfristiges Darlehen z.B. auf, um einen Hausbau oder den Kauf eines Bauplatzes zu finanzieren. Die Laufzeit von langfristigen Darlehen beträgt je nach Verwendungszweck bis zu 35 Jahren.

---

1 Die höheren effektiven Jahreszinssätze lassen sich damit erklären, dass zwar monatlich Zinsen + Tilgung gezahlt werden, der Kreditbetrag aber erst am Ende der Laufzeit als komplett getilgt gilt.

(2) Gliederung nach der Rückzahlung des Darlehens

Nach der Art der Rückzahlung (Tilgungsmodus) unterscheidet man:

Fälligkeitsdarlehen	Für die Rückzahlung der gesamten Darlehenssumme ist ein bestimmter Termin vereinbart (z. B. „rückzahlbar am 31. Dez. 2019"). Während der Laufzeit des Darlehens sind in vertraglich vereinbarten Zeitabständen lediglich die Zinsen zu zahlen (z. B. vierteljährlich, halbjährlich, jährlich).
Abzahlungs-darlehen	Die Rückzahlung erfolgt in gleichbleibenden Raten zu den jeweils vereinbarten Tilgungsterminen (z. B. monatlich oder jährlich). Die Zinsen werden jeweils von der Restschuld errechnet und ermäßigen sich daher von Rate zu Rate.
Annuitäten-darlehen	Die Höhe der Tilgung wird so festgelegt, dass die Summe aus den fälligen Zins- und Tilgungszahlungen in jeder Periode gleich hoch ist. Daher steigen im Laufe der Zeit die Tilgungsbeträge, während die Zinsbelastung abnimmt.[1]

(3) Tilgung und Verzinsung langfristiger Kredite

Beispiel:

Das Ehepaar Wetzel benötigt für die Renovierung seines Wohnhauses ein Darlehen über 120 000,00 EUR für die Dauer von 6 Jahren. Die Hausbank bietet den Eheleuten folgende Konditionen an: Nominalzins 8 %, Auszahlung 100 %, Tilgung nach Wunsch.[2]

Aufgabe:

Vergleichen Sie für die Eheleute Wetzel die Ausgabenbelastungen (Liquiditätsbelastungen) bei den drei Rückzahlungsarten!

Lösung:

Ein Vergleich zeigt folgende Liquiditätsbelastungen (alle Beträge in EUR):

→ **Fälligkeitsdarlehen**

Jahr	Darlehen Jahresanfang	Darlehen Jahresende	Tilgung	Zinsen	Mittelabfluss
1	120 000,00	120 000,00	0,00	9 600,00	9 600,00
2	120 000,00	120 000,00	0,00	9 600,00	9 600,00
3	120 000,00	120 000,00	0,00	9 600,00	9 600,00
4	120 000,00	120 000,00	0,00	9 600,00	9 600,00
5	120 000,00	120 000,00	0,00	9 600,00	9 600,00
6	120 000,00	0,00	120 000,00	9 600,00	129 600,00
Σ			120 000,00	57 600,00	177 600,00

---

1 Die Zinsen werden immer aus der Schuldsumme (Restschuld) berechnet.
2 Zur Vereinfachung sollen die Tilgungen jeweils am Ende des Kalenderjahres erfolgen.

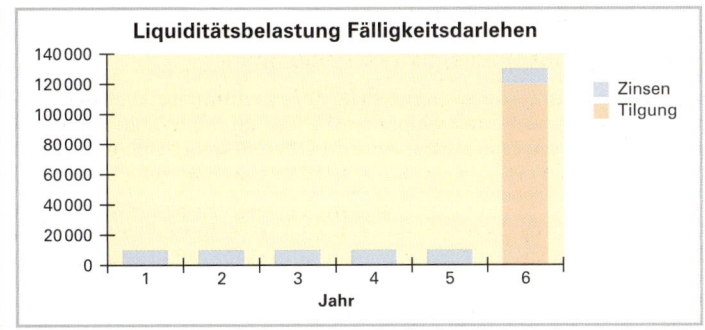

Ergebnis:

Beim Fälligkeitsdarlehen steht das gesamte Darlehen bis zum Ende der Laufzeit zur Verfügung. Die Liquiditätsbelastung ist aber im letzten Jahr sehr hoch.

→ **Abzahlungsdarlehen**

Jahr	Darlehen Jahresanfang	Darlehen Jahresende	Tilgung	Zinsen	Mittelabfluss
1	120 000,00	100 000,00	20 000,00	9 600,00	29 600,00
2	100 000,00	80 000,00	20 000,00	8 000,00	28 000,00
3	80 000,00	60 000,00	20 000,00	6 400,00	26 400,00
4	60 000,00	40 000,00	20 000,00	4 800,00	24 800,00
5	40 000,00	20 000,00	20 000,00	3 200,00	23 200,00
6	20 000,00	0,00	20 000,00	1 600,00	21 600,00
Σ			120 000,00	33 600,00	153 600,00

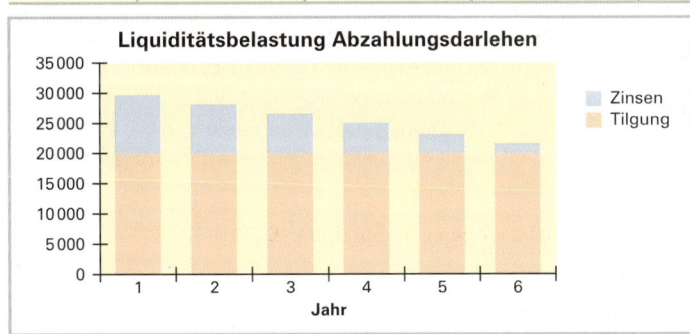

Ergebnis:

Beim Abzahlungsdarlehen sinkt die anfänglich hohe Liquiditätsbelastung von Jahr zu Jahr.

→ **Annuitätendarlehen**

Jahr	Darlehen Jahresanfang	Darlehen Jahresende	Tilgung	Zinsen	Mittelabfluss
1	120 000,00	103 642,15	16 357,85	9 600,00	25 957,85
2	103 642,15	85 975,67	17 666,48	8 291,37	25 957,85
3	85 975,67	66 895,87	19 079,80	6 878,05	25 957,85
4	66 895,87	46 289,69	20 606,18	5 351,67	25 957,85
5	46 289,69	24 035,02	22 254,67	3 703,18	25 957,85
6	24 035,02	0,00	24 035,02	1 922,83	25 957,85
Σ			120 000,00	35 747,10	155 747,10

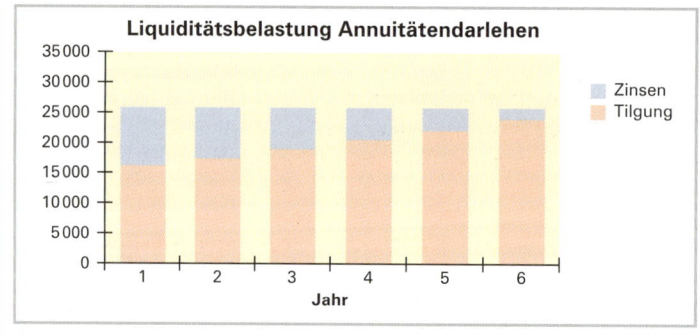

Liquiditätsbelastung Annuitätendarlehen

Legende: Zinsen, Tilgung

Erläuterungen:

Der Mittelabfluss entspricht hier der Annuität, d. h. der gleichbleibenden Summe aus Zinsen und Tilgung. Die Annuität wird mithilfe von Annuitätenfaktoren, die in der Praxis einer Tabelle entnommen bzw. mithilfe eines Computerprogramms ermittelt werden, durch Multiplikation mit der Darlehenssumme errechnet. Der Faktor ist abhängig vom Zinssatz und der Laufzeit des Annuitätendarlehens und beträgt in unserem Fall 0,2163154. Den Tilgungsbetrag erhält man durch Subtraktion der jeweiligen Zinsen von der Annuität.

Ergebnis:

Das Annuitätendarlehen gewährleistet eine gleichmäßige Liquiditätsbelastung.

Zusammenfassung

■ Unter **Kredit** verstehen wir die zeitweilige Überlassung von Geld (oder Gütern) im Vertrauen darauf, dass der Kreditnehmer das Kapital termingerecht verzinst und zurückzahlt.

■ Der **Kreditvertrag** kommt durch zwei inhaltlich übereinstimmende Willenserklärungen (z.B. Kreditgesuch des Kreditnehmers, Annahme des Kreditgesuchs durch die Bank) zustande, wenn die zweite Willenserklärung, die Annahme des Kreditgesuchs, dem Erklärungsempfänger rechtzeitig zugegangen ist.

■ Beim **Kontokorrent** werden die aus einer Geschäftsverbindung (z.B. Bankkunde und Bank) entstehenden beiderseitigen Forderungen in Rechnung gestellt. In regelmäßigen Zeitabständen erfolgt sodann eine Verrechnung und daran anschließend der Ausgleich des sich ergebenden Saldos durch den Schuldner.

■ Schließen eine Bank und ein Bankkunde einen Kreditvertrag ab, dem das Kontokorrentprinzip zugrunde gelegt ist, so liegt ein **Kontokorrentkredit** vor.

■ Der **Kontokorrentkredit (Dispositionskredit)** passt sich kurzfristig den jeweiligen Kreditbedürfnissen des Kunden an und soll vor allem die Mittel für den laufenden Zahlungsverkehr sichern. Er ist eigentlich für den kurzfristigen Kreditbedarf gedacht, wird aber von den Banken meist immer wieder verlängert. Es handelt sich um einen Kredit in laufender Rechnung, d.h., Rückzahlung und Inanspruchnahme wechseln sich laufend ab. Die Bank fordert die Zinsen nur für die jeweils beanspruchte Kreditsumme.

■ Das **Darlehen** ist in der Regel ein kurz-, mittel- oder langfristiger Kredit, um einen dauerhaften Kapitalbedarf abzudecken. **Kurzfristige Darlehen** werden häufig als **Ratenkredit** gewährt. Bei den **langfristigen Darlehen** unterscheidet man zwischen **Fälligkeits-, Abzahlungs- und Annuitätendarlehen.**

■ Die verschiedenen Tilgungspläne führen dabei zu unterschiedlichen Liquiditätsbelastungen.

● **Annuitätendarlehen** weisen eine gleichmäßige Liquiditätsbelastung auf.

● Dies gilt bis auf den hohen Tilgungsbetrag zum Rückzahlungstermin auch für das **Fälligkeitsdarlehen.**

● Beim **Abzahlungsdarlehen** ist die Liquiditätsbelastung in den ersten Jahren relativ hoch, nimmt aber bis zum Ende der Laufzeit immer mehr ab.

111 1. Erklären Sie, wie ein Kreditvertrag zustande kommt!

2. Nennen Sie drei Punkte, die ein Kreditvertrag enthalten sollte!

3. Worin unterscheidet sich der Nominalzinssatz vom Effektivzinssatz?

112 Erläutern Sie einem Interessierten die folgenden Fragen zum Kontokorrentkredit bzw. Darlehen:

1. Wodurch ist ein von der Bank eingeräumter Kontokorrentkredit gekennzeichnet?

2. Welchem Zweck dient die Aufnahme eines Kontokorrentkredits?

3. Welche Auskünfte kann die kreditgebende Bank aus den Bewegungen auf dem Kontokorrentkonto ihres Kreditnehmers entnehmen?

4. Beschreiben Sie stichwortartig den Unterschied zwischen einem Kontokorrentkredit und einem Darlehen!

5. Geben Sie Gründe dafür an, dass der Zinssatz für den Kontokorrentkredit höher ist als für das Darlehen! (Hinweis: Erfragen Sie die geltenden Zinssätze bei einer Bank!)

6. Welchem Zweck kann die Aufnahme eines Darlehens dienen?

7. Weshalb wäre es unwirtschaftlich, für einen nur gelegentlich auftretenden finanziellen Spitzenbedarf ein Darlehen aufzunehmen?

8. Ein Kredit wird als Abzahlungsdarlehen (Ratendarlehen) gewährt. Beschreiben Sie diese Darlehensart!

113 Frank Schiebel nimmt zur Finanzierung seines gebrauchten Autos einen Bankkredit auf.

1. Wird Frank Schiebel ein Darlehen oder einen Kontokorrentkredit aufnehmen? Begründen Sie Ihre Entscheidung!

2. Frank Schiebel entscheidet sich für einen Ratenkredit. Ihm liegen folgende Angebote vor:

   Bank I: Nettokreditbetrag 9 400,00 EUR, Zinsen vom ursprünglichen Nettokreditbetrag in Höhe von 6,5 % fest bis Laufzeitende, Anzahl der Raten 24.

   Bank II: Nettokreditbetrag 9 400,00 EUR, Zinsen pro Monat 0,45 %, Anzahl der Raten 24.

   Aufgaben:

   2.1 Berechnen Sie jeweils den Gesamtkredit!

   2.2 Berechnen Sie jeweils die Höhe der monatlichen Tilgungsraten! Die Raten müssen, ausgenommen die letzte Rate, auf einen vollen Eurobetrag lauten, wobei gegebenenfalls aufzurunden ist.

   2.3 Für welchen Ratenkredit sollte sich Frank Schiebel aus Kostengründen entscheiden?

   2.4 Berechnen Sie die effektiven Jahreszinssätze!

114 1. Ein Darlehen in Höhe von 100 000,00 EUR soll wie folgt zurückgezahlt werden: Tilgung vierteljährlich 2 500,00 EUR bei einem Zinssatz von 8 %.

   Aufgaben:

   1.1 Welche Darlehensart liegt vor? Begründen Sie Ihre Antwort!

   1.2 Erstellen Sie rechnerisch den Tilgungs- und Zinsplan für die ersten 3 Jahre!

   Angenommen, das Darlehen ist vertragsgemäß in der Weise zu verzinsen und zu tilgen, dass vierteljährlich ein Betrag zu zahlen ist, der Zins und Tilgung enthält. (Zins und Tilgung sollen aber konstant bleiben.)

1.3 Welche Darlehensart liegt vor? Begründen Sie Ihre Antwort!

1.4 Erstellen Sie rechnerisch den Tilgungsplan für die ersten 3 Jahre!

1.5 Nennen Sie je einen Vor- und Nachteil der in den Aufgaben 1.1 und 1.3 genannten Darlehensarten für den Kreditnehmer!

2. Die örtliche Bank gewährt Axel Schwarz ein Darlehen über 70 000,00 EUR. Der Kredit ist bei einer Auszahlung von 100 % mit 6 % nachschüssig zu verzinsen.

Vereinbart wird eine jährliche Tilgung von 10 %, erstmals am Ende des ersten Darlehensjahres.

Erstellen Sie tabellarisch den Darlehensverlauf, und ermitteln Sie die jährlichen Liquiditätsbelastungen!

3. Interpretieren Sie den folgenden Preisaushang in einer Bank!

Kredit (mit festem Zinssatz)	Laufzeiten 12 bis 36	Laufzeiten 37 bis 47	Laufzeiten 48 bis 72	Monate
Zinssatz (für Inanspruchnahme)	9,75 %	10,00 %	10,30 %	pro Jahr

3 Leasing

3.1 Begriff und Wesen des Leasings

Merke:

Unter **Leasing**[1] versteht man das Mieten[2] bzw. Pachten[3] von Anlagegütern (Maschinen, Fahrzeugen, Computern, ganzen Fabrikanlagen).

Als **Leasingobjekte** können sowohl unbewegliche Anlagegüter (Gebäude, Produktionsanlagen) als auch bewegliche Güter (Pkw, Lkw, Büromaschinen, Computer, Fernsehgeräte u. a.) dienen. Nach Beendigung der Vertragszeit hat der Leasingnehmer das Leasinggut zurückzugeben, wenn er nicht von der Möglichkeit Gebrauch machen will, einen Verlängerungsvertrag abzuschließen oder das Leasinggut käuflich zu erwerben.

---

1 To lease (engl.): mieten. Da die „geleasten" Wirtschaftsgüter nicht nur genutzt, sondern auch zur Gewinnerzielung („Fruchtziehung") eingesetzt werden, enthält der Leasingvertrag Elemente des Miet- wie auch des Pachtvertrags (siehe §§ 535 ff. BGB [Mietvertrag] und §§ 581 ff. BGB [Pachtvertrag]).

2 Beim **Mietvertrag** verpflichtet sich der Vermieter, dem Mieter gegen Entgelt (Mietzins) die vermietete Sache während der Mietzeit zum Gebrauch zu überlassen. Eine „Fruchtziehung", d. h. eine Gewinnerzielung mit der Mietsache, ist nicht erlaubt [§§ 535–580a BGB].

3 Beim **Pachtvertrag** verpflichtet sich der Verpächter, dem Pächter den Gebrauch des verpachteten Gegenstandes und den Genuss der Früchte (Ertrag) während der Pachtzeit zu gewähren. Der Pächter ist verpflichtet, dem Verpächter den vereinbarten Pachtzins zu zahlen [§§ 581–597 BGB].

Der größte Teil des Leasing-Geschäfts geht auf Verträge mit Autos zurück. Bereits jeder 10. Leasingnehmer ist ein privater Haushalt.

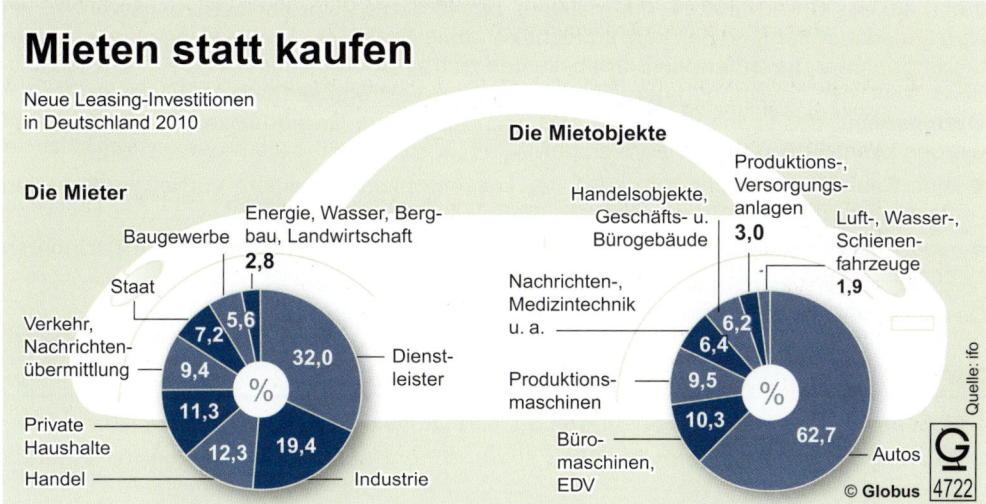

Mieten statt kaufen

Neue Leasing-Investitionen in Deutschland 2010

Die Leasing-Branche spürt nun auch die Verbesserung des Investitionsklimas. Nach dem scharfen Einbruch der Leasing-Investitionen um 22 % im Jahr 2009 konnte sie 2010 und 2011 Zuwachsraten von 6,5 und 7 % verbuchen. Das Leasing-Neugeschäft mit mobilen und immobilen Gegenständen stieg so auf 48,5 Mrd. EUR – und ist damit noch immer weit entfernt von den 54,6 Mrd. EUR des Jahres 2008. Der größte Teil des Leasinggeschäfts (im Jahr 2010) entfiel auf Straßenfahrzeuge, also Pkw, Lkw und Busse. Die größten Leasing-Branchen waren die Dienstleistungsunternehmen, die Industrie und der Handel.

Merke:

■ Durch den **Leasingvertrag** erwirbt der Leasingnehmer für einen bestimmten Zeitraum Nutzungsrechte an einer beweglichen oder unbeweglichen Sache (Sachkredit).

■ Der Leasingvertrag ist entweder ein **Miet-** oder ein **Pachtvertrag.**

3.2 Arten des Leasings

(1) Direktes und indirektes Leasing

Tritt der **Hersteller als Leasinggeber** auf, sprechen wir von **direktem Leasing.** Es ist heute selten anzutreffen. In der Regel wird zwischen Hersteller und Leasingnehmer eine **Finanzierungsgesellschaft** (Leasinggesellschaft) eingeschaltet. In diesem Fall sprechen wir von **indirektem Leasing.**

(2) Finance-Leasing

Bei Leasingverträgen mit Privatpersonen handelt es sich meist um das **Finance-Leasing**.[1] Innerhalb der Grundmietzeit, die meistens bei 40% bis 75% der betriebsgewöhnlichen Nutzungsdauer liegt, ist der Vertrag nicht kündbar. Bei dieser Vertragsgestaltung hat der Leasingnehmer die laufenden Betriebskosten zu tragen. Auch das Risiko eines Totalschadens trägt der Leasingnehmer. Finance-Leasing-Verträge enthalten üblicherweise ein **Optionsrecht**[2] **des Leasingnehmers,** das nach Ablauf der Grundmietzeit wahrgenommen werden kann. Es kann sich beziehen auf

- eine **Kaufoption** (Recht zum Kauf des Leasingobjekts zu einem vorher vereinbarten Restwert) oder
- eine **Mietverlängerungsoption** (Recht auf Verlängerung der Mietzeit mit geringeren Leasingraten).

Das Finance-Leasing ist überwiegend mittel- bis langfristig angelegt.

Merke:

- Beim Finance-Leasing sind für den Sachkredit feste Leasingraten zu zahlen.
- Diese Finanzierungsform ist relativ teuer, schont aber Kreditreserven für andere Vorhaben.

3.3 Leasingkosten

Der Leasinggeber rechnet in die Leasingrate die folgenden Kosten ein:

- seine **Anschaffungskosten,**
- seine **Finanzierungskosten,**
- die **Verwaltungskosten,**
- einen **Gewinn** und
- eine **Risikoprämie.**

Die angefallenen Kosten sind damit im Grunde „Finanzierungskosten", die für die Nutzung eines Gutes aufgewendet werden, das dem Leasingnehmer nicht gehört. So gesehen ist Leasing eine Art der Fremdfinanzierung. Der Unterschied zur gewöhnlichen Fremdfinanzierung besteht darin, dass im Falle eines Bankkredits der Kreditnehmer das aufgenommene Geldkapital in einen Vermögensgegenstand investiert, der beim Kauf (durch Einigung und Übergabe [§§ 929ff. BGB]) in sein Eigentum übergeht.

Ob sich Leasing anstelle eines Kaufs lohnt, hängt weitgehend vom Einzelfall und von der jeweiligen Vertragsgestaltung ab. Ein Anhaltspunkt: Bei langfristigen Verträgen zahlt der Leasingnehmer in dieser Zeit etwa 130% bis 150% der Anschaffungskosten.

---

1 Auf das vor allem für Unternehmen interessante **Operate-Leasing** wird aufgrund des Lehrplans nicht näher eingegangen. Beim Operate-Leasing ist die Grundmietzeit relativ kurz, sodass die Leasingraten nicht für die Amortisation (Tilgung) der Anschaffungskosten ausreichen. Die Restamortisation, die angefallenen Kosten und ein angemessener Gewinn können im Allgemeinen erst durch Folgeverträge bzw. durch den Verkaufserlös des Leasingobjekts gedeckt werden. Beim Operate-Leasing übernimmt der Leasinggeber auch alle Wartungs-, Reparatur- und Versicherungskosten. Für das Operate-Leasing werden nur Wirtschaftsgüter herangezogen, die jederzeit erneut vermietet bzw. verpachtet werden können (z.B. Autovermietung, Vermietung von Universalmaschinen, Computer-, Telefonanlagen).

2 Option: Wahl, Erlaubnis.

3.4 Beurteilung des Leasings

Mit dem Leasing sind für den **Leasingnehmer** die folgenden Vorteile bzw. Nachteile verbunden:

Vorteile	Nachteile
● Die Anschaffung eines Gutes (z.B. eines Autos) kann erfolgen, ohne dass viel eigenes Geld eingesetzt werden muss. ● Das eingesparte Geldkapital kann anderweitig eingesetzt werden. ● Rasche Anpassung an den technischen Fortschritt ist beim kurzfristigen Leasing möglich. ● Dadurch, dass das Leasinggut zu einem festgelegten Restwert zurückgegeben werden kann, trägt der Leasingnehmer kein Preisrisiko. ● Bei kurzen Leasingzeiten fallen für den Leasinggegenstand relativ geringe Reparatur- und Wartungskosten an. ● Leasing schafft feste Ausgabengrößen.	● Die Leasingkosten sind hoch, denn die Gesamtkosten des Leasinggebers müssen in relativ kurzer Zeit aufgebracht werden. ● Die Kosten fallen regelmäßig an, sodass es unter Umständen zu Liquiditätsschwierigkeiten kommen kann. ● Der Leasingnehmer kann den Leasinggegenstand in der Regel vor Ablauf der Leasingdauer nicht zurückgeben. ● Der Leasingnehmer trägt in der Regel die Risiken, die im Zusammenhang mit der Nutzung des Leasinggegenstandes stehen (z.B. Verlustgefahr, Gefahr der Beschädigung).

3.5 Vergleich von Leasing und Kredit

Der Leasingnehmer zahlt die Kosten (Wertverlust, Zins, Risikoprämie, Verwaltungskosten) und den Gewinn des Leasinggebers durch die Sonderzahlung und die Leasingraten.

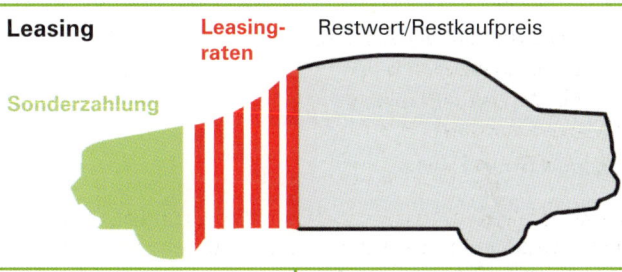

Leasing

Sonderzahlung — Leasingraten — Restwert/Restkaufpreis

Kreditfinanzierung

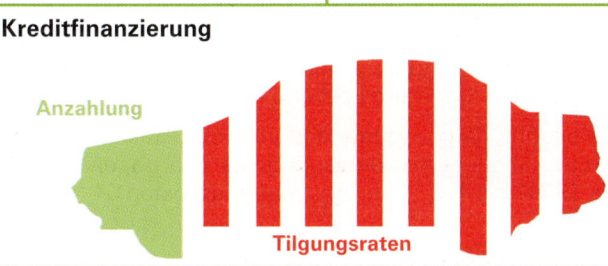

Anzahlung — Tilgungsraten

Bei der Kreditfinanzierung zahlt der Kreditnehmer den vollen Kaufpreis (plus Zinsen), und zwar durch eine Anzahlung und monatliche Finanzierungsraten.

Der Vergleich zwischen Finance-Leasing und Kreditkauf konzentriert sich auf die Ausgabenbelastung des Konsumenten bei den beiden Finanzierungsformen.

Frau Treiber beabsichtigt einen Pkw im Gesamtwert von 20975,00 EUR anzuschaffen. Das Autohaus schlägt zwei Finanzierungsalternativen vor:

Leasingangebot

Modell:	VW Golf Neufahrzeug (kW: 85)
Fahrgest.-Nr.:	4712
Fahrzeugpreis:	20 500,00 EUR
Leasingzeit:	36 Monate
Gesamtfahrleistung:	45 000 km
Leasingsonderzahlung:	4 100,00 EUR
Monatliche Leasingrate:	303,58 EUR
Restwert:	10 045,00 EUR

Für Mehrkilometer werden 0,04 EUR pro km berechnet (inkl. USt), für Minderkilometer werden 0,024 EUR pro km vergütet (inkl. USt). Das Angebot enthält die Überführungskosten in Höhe von 475,00 EUR.

Kreditfinanzierung (Kreditkauf)

Modell:	VW Golf Neufahrzeug (kW: 85)
Fahrgest.-Nr.:	4712
Fahrzeugpreis:	20 500,00 EUR
Überführung:	475,00 EUR
Fahrzeugpreis inkl. Umsatzsteuer:	20 975,00 EUR
Laufzeit:	36 Monate
Eigenmittel:	4 195,00 EUR
1. Rate:	522,62 EUR
Folgeraten zu je	522,70 EUR
Effektiver Jahreszins:	7,90 %

Das Angebot beinhaltet keine Restschuldversicherungsprämie.

Aufgabe:

Vergleichen Sie die beiden Angebote unter dem Gesichtspunkt der Ausgabenbelastung!

Lösung:

Ausgabenbelastung bei Leasing:

	Leasingsonderzahlung	4 100,00 EUR
+	36 Leasingraten zu je 303,58 EUR	10 928,88 EUR
=	gesamte Ausgaben	15 028,88 EUR

Ausgabenbelastung bei Kreditkauf:

	Eigenmittel	4 195,00 EUR
+	1. Rate	522,62 EUR
+	35 Folgeraten zu je 522,70 EUR	18 294,50 EUR
=	gesamte Ausgaben	23 012,12 EUR

Beim Kreditkauf ist der Wertverlust des Pkw zu berücksichtigen. Wird für den Vergleich der Restwert des Leasingangebots in Höhe von 10045,00 EUR zugrunde gelegt, so entstehen beim Kreditkauf Ausgaben in Höhe von 23012,12 EUR – 10045,00 EUR (theoretisch möglicher Verkaufserlös) = 12967,12 EUR.

Ergebnis: Das Leasingangebot verursacht geschätzte Mehrausgaben in Höhe von 15028,88 EUR abzüglich 12967,12 EUR = 2061,76 EUR.

Für die endgültige Entscheidung sollten jedoch vor allem die Besonderheiten des Einzelfalles Beachtung finden. So können beispielsweise bei einer Entscheidung für das Finanzierungsleasing die dadurch nicht gebundenen Mittel in andere Projekte investiert werden.

Zusammenfassung

■ Durch Leasing werden benötigte Güter nicht gekauft, sondern gemietet bzw. gepachtet. Tritt der Unternehmer selbst als Vermieter bzw. Verpächter auf, sprechen wir von einem **direkten Leasing**. Wird eine Finanzierungsgesellschaft eingeschaltet, sprechen wir vom **indirekten Leasing**.

- ● Durch Leasing wird ein Nutzungsrecht, nicht aber das Eigentum an einer Sache erworben.
- ● Als Gegenleistung zahlt der Leasingnehmer die vereinbarten Leasingraten.
- ● Das eingesparte Kapital kann für andere Zwecke eingesetzt werden.
- ● Die Leasingfinanzierung wird vor allem für solche Güter gewählt, die technisch schnell veralten.

■ **Finance-Leasing-Verträge** weisen in der Regel folgende Merkmale auf:

- ● mittel- bis längerfristige, unkündbare Grundmietzeit,
- ● Betriebskosten und Risiko des Totalausfalls trägt der Leasingnehmer,
- ● Kaufoption nach Ablauf der Mietzeit.

■ Beim **Leasing** zahlt der Leasingnehmer mit der Leasingrate die **Kosten** (Wertverlust, Zins, Risikoprämie, Verwaltungskosten) und den **Gewinn des Leasinggebers**. Bei der **Kreditfinanzierung** zahlt der Kreditnehmer den **vollen Kaufpreis** und die anfallenden **Zinsen**.

Aufgaben zur Sicherung und Vertiefung des Lernerfolgs

115 Eine Möglichkeit, die Anschaffung eines Pkw zu finanzieren, bietet das Leasing.

Aufgaben:
1. Worin liegt der Grundgedanke des Leasings?
2. Nennen Sie jeweils zwei Vor- und Nachteile der Leasingfinanzierung!
3. Eine Leasinggesellschaft wirbt mit dem Slogan: „Leasen schont Ihre Liquidität". Nehmen Sie dazu Stellung!

116 Christian Keller beabsichtigt einen Pkw im Gesamtwert von 31462,00 EUR anzuschaffen. Das Autohaus schlägt zwei Finanzierungsalternativen vor:

Leasingangebot: Leasingzeit 36 Monate, Gesamtfahrleistung 55000 km, Leasingsonderzahlung 6150,00 EUR, monatliche Leasingrate 455,37 EUR, Restwert 15068,00 EUR.

Kreditkauf: Eigenmittel 6293,00 EUR, Kreditlaufzeit 36 Monate, 1. Rate 783,93 EUR, Folgeraten zu je 784,05 EUR.

Aufgabe:
Vergleichen Sie die beiden Angebote unter dem Gesichtspunkt der Ausgabenbelastung!

117 Ein Bürogeschäft bietet ein Kopiergerät zu folgenden Bedingungen an:

Ratenkauf:

Barzahlungspreis	2 917,00 EUR
Anzahlung	250,00 EUR
Zinssatz	6,90 % pro Jahr von der Anfangsschuld
Laufzeit	12 Monate
Raten	12 am Ende des Monats

Barkauf:

Barzahlungskauf	2 917,00 EUR
Zahlungsziel	30 Tage
Skonto innerhalb 14 Tagen	2 %

Aufgaben:

1. Berechnen Sie den Gesamtpreis beim Ratenkauf!

2. Die erste Rate beträgt 272,41 EUR. Berechnen Sie die restlichen 11 Raten!

3. Beurteilen Sie Ratenkauf und Barkauf bezüglich des Kaufpreises!

4. Wie hoch ist der effektive Jahreszinssatz für den Ratenkauf und wieso ist das so?

118

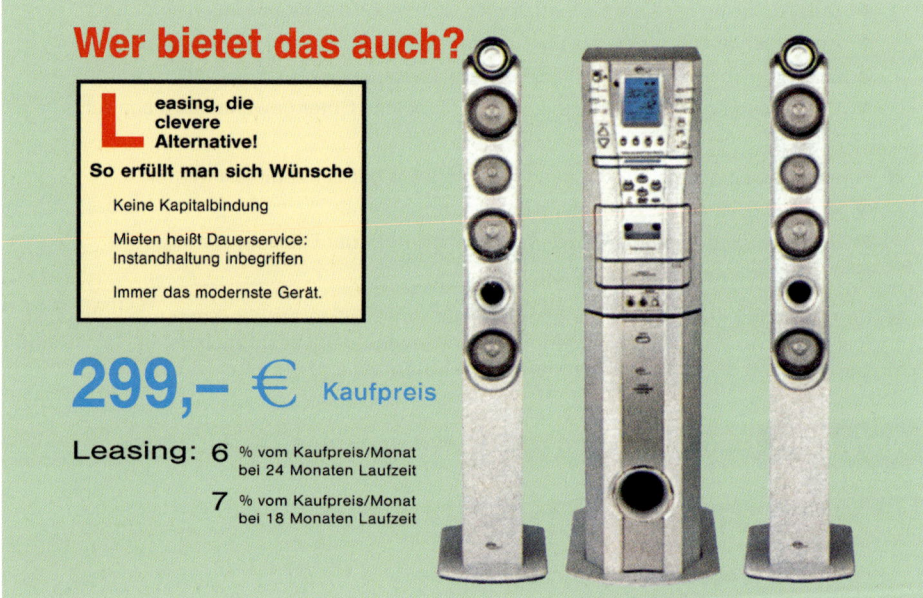

Aufgaben:

1. Berechnen Sie die Gesamtkosten des Leasings bei den in der Anzeige genannten Finanzierungsangeboten!

2. Begründen Sie die unterschiedliche Höhe der
   - monatlichen Leasingraten und der
   - Gesamtleasingkosten!

3. Beurteilen Sie die in der Anzeige aufgeführten Argumente für Leasing im Vergleich zum Kauf!

4 Kreditsicherungsmittel der Banken

4.1 Begriff und Arten der Kreditsicherung

Sicherheiten müssen vom Kreditnehmer immer dann gestellt werden, wenn seine gegenwärtigen finanziellen Verhältnisse keine sicheren Rückschlüsse auf die spätere fristgerechte Verzinsung und Tilgung des Kapitals zulassen.

Die Frage der Kreditsicherung hat für die Banken deswegen eine besondere Bedeutung, weil sie gegenüber ihren Sparern eine hohe Verantwortung tragen, denn die Verluste im Kreditgeschäft können das Kapital der Einleger gefährden. Die Banken haben daher in jedem Einzelfall zu prüfen und zu entscheiden, wie das Kreditrisiko einzuschränken ist.

Als Sicherheit kann die Kreditwürdigkeit von Personen oder der Wert einer beweglichen bzw. einer unbeweglichen Sache herangezogen werden.

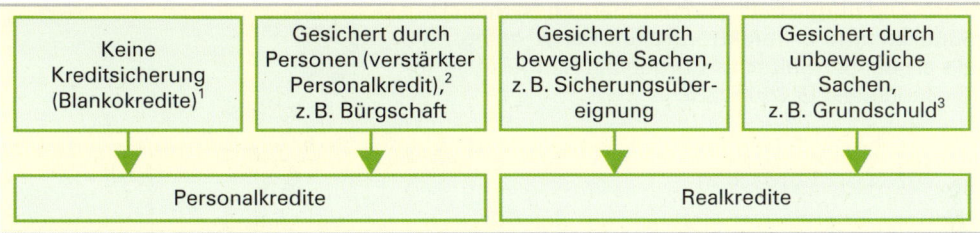

4.2 Ausgewählte Kreditsicherheiten

Im Folgenden werden die Bürgschaft als Beispiel für eine Sicherheit bei Personalkrediten und die Sicherungsübereignung als Beispiel für eine Sicherheit bei Realkrediten dargestellt.[4]

4.2.1 Bürgschaft

(1) Begriff

Durch **Abschluss eines Bürgschaftsvertrags** zwischen dem Bürgen und dem Gläubiger wird eine Forderung derart gesichert, dass der Bürge neben den eigentlichen Schuldner (dem Hauptschuldner) tritt. Der Bürge verpflichtet sich, für die Erfüllung der Verbindlichkeiten des Hauptschuldners (Tilgung, Verzinsung) einzustehen [§§ 765 ff. BGB, §§ 349 f. HGB].

> **Bürgschaftserklärung**
> Hiermit verbürge ich mich für die vertragsgemäße Erfüllung aller Verbindlichkeiten bis zum Betrag
> von maximal 15 000,00 EUR, die Herr Fritz Müller, Überlingen
> für den Kauf eines Gebrauchtwagens zum Preis von 14 500,00 EUR beim Autohaus Super KG, Salem, eingeht.
> Für alle Streitigkeiten aus dieser Bürgschaft soll das Amtsgericht Überlingen zuständig sein.
> Überlingen, den 30. Januar 20..   *Hans Kuhl*

---

1 Die „Sicherheit" des Blankokredits liegt in der persönlichen Zuverlässigkeit des Kreditnehmers. Es handelt sich dabei in der Regel um kurzfristige Kredite in begrenzter Höhe (z.B. Dispositionskredite auf Gehaltskonten und Kontokorrentkredite auf Geschäftskonten).

2 Ein **verstärkter Personalkredit** liegt vor, wenn neben dem Kreditnehmer noch weitere Personen haften.

3 Eine Grundschuld ist ein dingliches Pfandrecht und besagt, dass an den Inhaber der Grundschuld eine bestimmte Geldsumme aus dem Grundstück zu zahlen ist. Die Grundschuld setzt keine Forderung voraus. Allein das Grundstück haftet.

4 Die Behandlung weiterer Kreditsicherheiten ist im Lehrplan nicht vorgesehen.

21   Speth u.a. - ISBN 978-3-8120-0528-9

(2) Form des Bürgschaftsvertrags

Der Bürgschaftsvertrag unter **Nichtkaufleuten** ist schriftlich abzuschließen. Die Erteilung einer Bürgschaftserklärung in elektronischer Form ist ausgeschlossen (nicht rechtswirksam) [§ 766 BGB].[1] Die Bürgschaft unter **Kaufleuten** ist auch mündlich und in **elektronischer Form** gültig, falls sie auf der Seite des Bürgen ein Handelsgeschäft darstellt [§ 350 HGB].

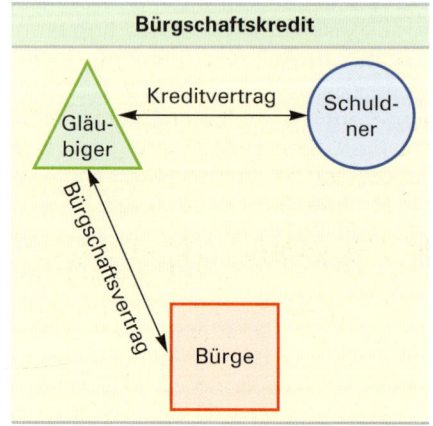

(3) Arten der Bürgschaft

Nach der Strenge der Haftung, die der Bürge übernimmt, unterscheidet man:

Ausfallbürgschaft (nachschuldnerische Bürgschaft)	Der Bürge haftet erst nach dem Hauptschuldner und nur unter der Voraussetzung, dass die Zwangsvollstreckung[2] in dessen Vermögen fruchtlos war. Es besteht für den Bürgen das Recht der **Einrede der Vorausklage** [§ 771 BGB]. Hat der Bürge gezahlt, geht die Forderung des Gläubigers gegen den Hauptschuldner auf den Bürgen über [§ 774 I BGB].
Selbstschuldnerische Bürgschaft	Im Gegensatz zur Ausfallbürgschaft haftet der Bürge bei der selbstschuldnerischen Bürgschaft genauso **wie der Hauptschuldner selbst** [§ 773 BGB, § 349 HGB]. Dem Gläubiger steht somit das Recht zu, die Leistung (z.B. Zahlung) unmittelbar vom Bürgen (oder wenn mehrere Personen gebürgt haben, von irgendeinem Mitbürgen) ohne vorherige Klage gegen den Hauptschuldner zu verlangen. Der Bürge haftet selbstschuldnerisch (so, als ob er selbst Schuldner wäre). Die Einrede der Vorausklage ist nicht rechtswirksam möglich.

Ist die Bürgschaft für den Bürgen ein **Handelsgeschäft,** dann liegt **immer** eine **selbstschuldnerische Bürgschaft** vor, weil dem Bürgen in diesem Fall das Recht der Einrede der Vorausklage nicht zusteht [§ 349 HGB].

---

1 Soweit der Bürge die Hauptverbindlichkeit erfüllt, wird der Formmangel geheilt; die mündliche oder elektronische Bürgschaft ist gültig (§ 766 S. 3 und § 125 BGB).

2 Wenn ein Schuldner seine Verpflichtungen nicht freiwillig vertragsgemäß erfüllt (der Käufer z.B. nicht vertragsgemäß zahlt), so muss er dazu gezwungen werden. Eine gewaltsame Durchsetzung seiner Forderungen im Wege der Selbsthilfe kann die Rechtsordnung dem Berechtigten (dem Gläubiger) jedoch nicht gestatten. Während sich der wirtschaftlich Schwache nicht durchsetzen könnte, besteht beim wirtschaftlich Starken die Gefahr, dass er die wirtschaftliche Existenz des Schuldners durch Übergriffe vernichtet.

Anstelle der Selbsthilfe muss deshalb der Staat die Durchsetzung der unbefriedigten Ansprüche übernehmen. Dieses Verfahren, mit dem Ansprüche des Gläubigers durch **staatlichen Zwang** durchgesetzt werden, wird **Zwangsvollstreckung** genannt [§§ 704 ff. ZPO]. Ein Beispiel für eine Zwangsvollstreckung ist die Pfändung einer Sache aufgrund eines Gerichtsurteils.

Gewähren Banken einen Bürgschaftskredit, verlangen sie jeweils die selbstschuldnerische Bürgschaft und häufig zusätzlich eine dingliche Sicherheit vom Bürgen. Der Betrag, bis zu dem gebürgt wird, liegt meistens über der ursprünglichen Schuldsumme, weil er neben der Hauptforderung (z.B. Darlehenssumme) auch die Nebenforderungen (z.B. Zinsen) umfassen soll.

4.2.2 Sicherungsübereignung

(1) Begriff und Wesen

Das Wesen der Sicherungsübereignung besteht darin, dass der Kreditgeber (meist eine Bank) zwar eine dingliche Sicherheit für seine Forderung erhält, die übereignete Sache jedoch im unmittelbaren Besitz des Schuldners bleibt [§§ 929, 930 BGB].[1] Deswegen wird mit dem Sicherungsübereignungsvertrag zugleich ein Miet-, Pacht- oder Leihvertrag abgeschlossen. Je nach Situation werden daher die §§ 535ff. BGB, die §§ 581ff. BGB und die §§ 598ff. BGB mit den §§ 929, 930 BGB angewandt.

Beispiel:

Der Sportartikelvertreter Bernhard Siegel kauft sich einen neuen Pkw im Wert von 50000,00 EUR. Da er den Betrag nicht voll in bar aufbringen kann, bittet er seine Bank um einen Kredit in Höhe von 20000,00 EUR. Als Sicherheit bietet er der Bank die Sicherungsübereignung seines Fahrzeugs an. Eine Pfandübergabe kommt nicht infrage, da er das Fahrzeug dringend für sein Geschäft benötigt.

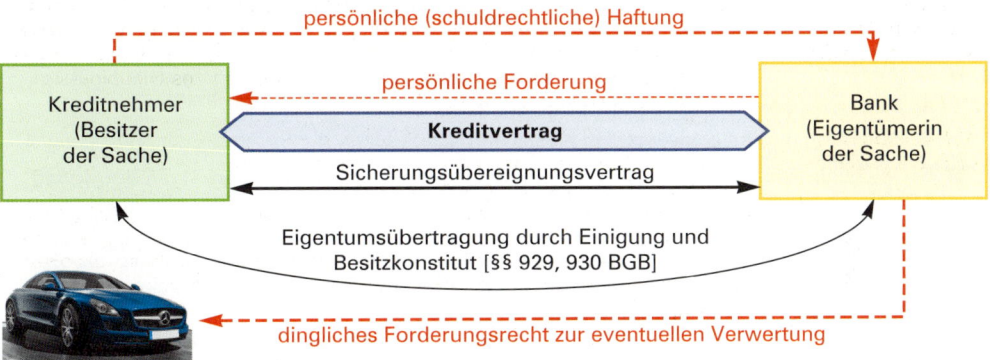

Merke:

- Bei der **Sicherungsübereignung** wird das Eigentum an einer beweglichen Sache (z.B. ein Lkw) vom Sicherungsgeber (dem Kreditnehmer) auf den Sicherungsnehmer (den Kreditgeber) übertragen. Dem Sicherungsgeber verbleibt aber der Besitz, sodass er weiterhin die übereignete Sache nutzen kann.

- Einen Kredit, der durch eine Sicherungsübereignung gesichert ist, nennt man **Sicherungsübereignungskredit**.

---

1 Bei diesem sogenannten Besitzkonstitut des § 930 BGB wird der Kreditgeber mithin Eigentümer und mittelbarer Besitzer. Der Kreditnehmer bleibt unmittelbarer Besitzer der Sache.

Die Sicherungsübereignung wurde durch die Rechtsprechung der Gerichte als Ergänzung für das Pfandrecht entwickelt. Sie ist gesetzlich nicht ausdrücklich geregelt und stellt daher ein Beispiel für ein Gewohnheitsrecht dar.

Das Eigentumsrecht des Kreditgebers ist nur bedingt gegeben, d. h., es wird erst wirksam, wenn der Kreditnehmer seinen Verpflichtungen nicht nachkommt. Dann nämlich („unter dieser Bedingung") kann der Kreditgeber erst die Herausgabe der sicherungsübereigneten Sache verlangen. Bei Rückzahlung des Kredits geht das Eigentum ohne besondere Vereinbarung wieder auf den Kreditnehmer über.

(2) Vorteile und Nachteile der Sicherungsübereignung

Der **Vorteil** der Sicherungsübereignung besteht darin, dass der Schuldner unmittelbarer Besitzer der übereigneten Sache bleibt, diese also wirtschaftlich nutzen kann. Zur Sicherungsübereignung eignen sich deshalb vor allem bewegliche Sachen wie z. B. Maschinen, Transporteinrichtungen, Kraftfahrzeuge und u. U. Warenlager. Der Kreditgeber als Eigentümer hat den Vorteil, dass er die sicherungsübereigneten Sachen nicht wie ein Pfand[1] aufzubewahren braucht.

Ein gewisser **Nachteil** der Sicherungsübereignung kann sein, dass der Schuldner die übereigneten Gegenstände an gutgläubige Dritte veräußert, an die ein Herausgabeanspruch der Bank (des Gläubigers) nicht besteht. Ein Nachteil ist ferner, dass die vom Schuldner weiter genutzten Gegenstände rascher an Wert verlieren, als der Kredit getilgt wird.

Zusammenfassung

■ Grundsätzlich kann man zwei **Arten von Sicherungsmöglichkeiten** unterscheiden:
  ● Sicherung durch Personen und
  ● Sicherung durch Sachwerte.

■ Ein wichtiges Beispiel für die **Absicherung eines Kredits durch Personen** ist die **Bürgschaft**. Kredite, die durch Personen abgesichert werden, bezeichnet man als **Personalkredite**.

■ Die **Bürgschaft** ist ein Vertrag, durch den sich der Bürge verpflichtet, eine Leistung anstelle des Schuldners zu erbringen, falls dieser seinen Verpflichtungen nicht nachkommt. Der Vertrag wird zwischen dem Bürgen und dem Kreditgeber abgeschlossen. Wir unterscheiden **Ausfallbürgschaft** und **selbstschuldnerische Bürgschaft**.

■ Beim **verstärkten Personalkredit** haften außer dem Kreditnehmer zusätzlich noch andere Personen mit ihrem Vermögen. Als Sicherungsmittel dienen häufig Bürgschaftserklärungen.

■ Ein wichtiges Beispiel für die **Absicherung eines Kredits durch Sachwerte** ist die **Sicherungsübereignung**. Kredite, die durch Sachwerte abgesichert werden, bezeichnet man als **Realkredite**.

■ Die **Sicherungsübereignung** hat sich aus der Praxis heraus als Sicherungsmittel für mittelfristige Kredite entwickelt. Bei dieser bei Kreditnehmern sehr beliebten Kreditsicherung bleibt der Schuldner unmittelbarer Besitzer. Der Gläubiger wird zwar Eigentümer, aber nur mittelbarer Besitzer **(Besitzkonstitut)**. Diese Kreditsicherung ist deshalb verhältnismäßig unsicher, da der Schuldner im Besitz der Sache ist (anderweitige Übereignung, Weiterveräußerung an gutgläubigen Dritten, Abnutzung, Verderb, Zerstörung usw.).

---

1 **Pfand** nennt man ein Vermögen (in Form einer beweglichen Sache wie z. B. ein Goldbarren oder eines Rechts, z. B. ein Patent), das als Sicherheit für eine Forderung gilt.

119 1. Welche Bedeutung hat die Kreditsicherung für die Banken und ihre Kunden?

2. Erklären Sie den Unterschied zwischen einem einfachen Personalkredit (Blankokredit) und dem verstärkten Personalkredit! Nennen Sie einen verstärkten Personalkredit!

3. Herr Brecht und Herr Groß sitzen beim Stammtisch. Herr Brecht braucht einen Bankkredit, muss aber einen Bürgen beibringen. Er fragt deshalb Herrn Groß, der sofort zustimmt.

   Aufgaben:

   3.1 Ist der Bürgschaftsvertrag geschlossen? Wenn nein, warum nicht?

   3.2 Herr Brecht entschließt sich, bei seiner Hausbank einen Bürgschaftskredit aufzunehmen. Welche Bürgschaft wird die Bank verlangen? (Begründung!)

120 Der Lebensmittelgroßhändler Gut e.Kfm. besitzt ein Warenlager im Durchschnittswert von 400 000,00 EUR. Zur Erweiterung seines Lagers benötigt er einen Bankkredit in Höhe von 250 000,00 EUR. Als Kreditsicherheit will er einen Teil seines Warenlagers sicherungsübereignen. Die Bank lehnt ab. Warum wohl?

121 Familie Höfler, Heidelberg, beantragt bei ihrer Bank einen Kredit in Höhe von 50 000,00 EUR zur Finanzierung eines neuen Wohnmobils. Die Bank fordert brauchbare Sicherheiten.

   Aufgaben:

   1. Ein guter Freund ist zur Übernahme einer Bürgschaft bereit. Welche Arten der Bürgschaft gibt es und wie unterscheiden sich diese?

   2. Zwischen welchen Beteiligten käme der Bürgschaftsvertrag zustande?

   3. Welche Risiken bestehen für die Bank bei dem Wohnmobil als Kreditsicherheit?

   4. Begründen Sie, welche Sicherungsart für den Kredit am zweckmäßigsten ist!

122 Die Familie Bühner benötigt zum Kauf eines Pkw mit Anhänger 45 000,00 EUR. Zur Finanzierung stehen folgende Alternativen zur Diskussion:

   – Darlehen mit einer Laufzeit von 5 Jahren,

   – Leasingangebot des Autohauses.

   Aufgaben:

   1. Erläutern Sie je zwei Vorteile und zwei Nachteile für die einzelnen Finanzierungsarten!

   2. Als Kreditsicherheit besteht die Bank auf einer Sicherungsübereignung. Erläutern Sie diese Kreditsicherheit!

   3. Die Bank finanziert den Pkw mit einem Tilgungsdarlehen, Laufzeit 5 Jahre, Zinssatz 5,5 %, Kreditbetrag 45 000,00 EUR, Zins und Tilgung werden jeweils am Ende eines Kalenderjahres fällig. Welchen Betrag wird die Bank am Ende des ersten Kalenderjahres vom Girokonto der Familie Bühner als Darlehensrate abbuchen?

   4. Geben Sie an, wer Eigentümer und wer Besitzer des Pkw gewesen wäre, wenn sich die Familie Bühner für das Leasingangebot entschieden hätte!

   5. Die Abbuchung für die Darlehensrate vom Konto der Familie Bühner erfolgt per Lastschrift. Erläutern Sie, warum in diesem Fall das Lastschriftverfahren sinnvoller ist als die Erteilung eines Dauerauftrages durch die Familie Bühner!

5 Bedürfnisse und Konsumverhalten der Menschen

5.1 Bedürfnisse der Menschen

5.1.1 Begriff und Arten der Bedürfnisse

Der Mensch hat zahlreiche Bedürfnisse. Wenn er Durst hat, hat er das Bedürfnis zu trinken. Hat er Hunger, will er essen. Friert er, wird in ihm der Wunsch nach warmer Kleidung und/ oder nach einer Behausung wach. Die Reihe der Beispiele ließe sich beliebig fortsetzen. Um noch ein nicht körperliches Bedürfnis zu nennen: Ist es dem Menschen langweilig, hat er z.B. den Wunsch, sich zu unterhalten oder sich unterhalten zu lassen. Er möchte z.B. ein Buch lesen, ins Kino gehen oder eine Diskothek besuchen.

> **Merke:**
>
> Unter **Bedürfnissen** versteht man Mangelempfindungen der Menschen, die diese befriedigen wollen. Die Bedürfnisse sind die Antriebe (Motive) für das wirtschaftliche Handeln der Menschen.

Die verschiedenen Bedürfnisse lassen sich wie folgt gliedern:

(1)   Gliederung der Bedürfnisse nach der Dringlichkeit

Die wichtigste Unterscheidung der Bedürfnisse ist die nach ihrer Dringlichkeit.

	Existenzbedürfnisse	Kulturbedürfnisse	Luxusbedürfnisse
Begriff	Befriedigung von lebensnotwendigen körperlichen Bedürfnissen.	Ansprüche, die sich aus der technischen, wirtschaftlichen und kulturellen Entwicklung ableiten.	Bedürfnisse, die sich in einer Gesellschaft nur wenige Begüterte leisten können.
Beispiele	Essen, Trinken, Schutz vor Regen und Kälte.	Modische Kleidung, Wunsch nach einer Ferienreise, Kino- oder Theaterbesuch.	Designerkleidung, Villa mit Swimmingpool, Segeljacht.

Eine genaue Abgrenzung zwischen Kultur- und Luxusbedürfnissen ist nicht möglich. Gemeinsam ist ihnen, dass ihre Befriedigung **nicht** unbedingt lebensnotwendig ist.

(2)   Gliederung der Bedürfnisse nach dem Bedürfnisträger

Die Bedürfnisse können auch danach gegliedert werden, ob ein Bedürfnis eher von einer einzelnen Person ausgeht oder ob Mitglieder einer Gesellschaft gemeinsam (kollektiv)[1] dieses Bedürfnis äußern.

---

1 Kollektiv: Gesamtheit, Gemeinschaft.

	Individualbedürfnisse	Kollektivbedürfnisse
Begriff	Bedürfnisse, die sich der Einzelne für sich allein bzw. innerhalb seiner Familie erfüllen will.	Bedürfnisse nach Gütern, die allen Mitgliedern einer Gesellschaft zur Verfügung stehen sollten.
Beispiele	Lieblingsbrotsorte, spezielles Getränk, persönlicher Schmuck, eigenes Auto.	Straßen, öffentliche Verkehrsmittel, Schulen, Krankenhäuser, saubere Umwelt.

Mit zunehmender Industrialisierung ist zu beobachten, dass die Kollektivbedürfnisse wachsen. Die Ansprüche an den Staat werden immer umfangreicher (z.B. Forderungen nach besseren Schulen, mehr Universitäten, mehr Umweltschutz, bessere Krankenhäuser). Allerdings ist damit nicht gesagt, dass nur der Staat in der Lage sei, Kollektivbedürfnisse zu befriedigen. Die Bereitstellung von kollektiv genutzten Gütern kann auch durch private Unternehmen erfolgen (z.B. private Autobahnen, private Telefon- und Eisenbahnnetze, private Universitäten).

(3) Gliederung der Bedürfnisse nach dem Gegenstand des Bedürfnisses

● **Materielle**[1] **Bedürfnisse.** Diese Bedürfnisse können durch den Kauf von materiellen Gütern (Auto, PC, Fernseher, Haus) befriedigt werden. Die Arbeit des Einzelhandels orientiert sich vor allem an diesen Bedürfnissen.

● **Immaterielle**[2] **Bedürfnisse.** Hier handelt es sich um geistige und seelische Bedürfnisse wie Zuneigung, Liebe, Geborgenheit, Geselligkeit sowie Gerechtigkeit. Sie können durch materielle Güter nicht befriedigt werden.

---

1 Materiell: stofflich.
2 Immateriell: unkörperlich, geistig.

5.1.2 Bedürfnispyramide nach Maslow

Der Mensch wird, wenn er vernünftig (rational) handelt, zunächst die Bedürfnisse zu befriedigen suchen, die ihm am dringlichsten erscheinen. Der amerikanische Psychologe Abraham Maslow hat deshalb das Konzept einer Bedürfnispyramide entwickelt. Nach Maslow wird der Wunsch zur Befriedigung der Bedürfnisse einer höheren Pyramidenstufe erst dann erreicht, wenn die Bedürfnisse der Vorstufe weitestgehend befriedigt sind.

A. Maslow

	Konsumtyp
Bedürfnisse nach Selbstverwirklichung	Der Statusbewusste
Geltungsbedürfnisse	Der Anerkennungserwartende
Soziale Bedürfnisse	Der Beratungserwartende
Sicherheitsbedürfnisse	Der Qualitätsbewusste
Grundbedürfnisse	Der Preisbewusste

Beispiel:

Ein Kunde kauft einen Pullover und erfüllt damit ein Grundbedürfnis, weil er nicht frieren möchte. Fordert er bewusst eine gute Faserqualität, so erreicht er damit das Sicherheitsbedürfnis. Mit der Auswahl von Farbe und Design befriedigt er das soziale Bedürfnis und zum Teil das Geltungsbedürfnis. Beim Einkauf erwartet er Beratung und Anregung zum Kombinieren mit Hemd, Krawatte, Tuch und befriedigt damit sein Geltungsbedürfnis. Indem er eine besondere Marke kauft (der Pullover trägt das Zeichen einer Premiummarke) in der Absicht, einen Lebensstil zu erreichen, wird ein Statuskauf vorgenommen. So trägt der Pullover durch die Selbststilisierung zur Selbstverwirklichung bei.

5.1.3 Bedarf

Bedürfnisse hat jeder Mensch. Ob er sie alle befriedigen kann, hängt in der Regel von seinem Vermögen und/oder von seinem Einkommen (Gehalt, Lohn, Rente, Pension, Arbeitslosengeld usw.), also der **Kaufkraft** ab.

Merke:

Die mit Kaufkraft versehenen Bedürfnisse bezeichnet man als **Bedarf**.

- Der Mensch hat eine Vielzahl von Bedürfnissen, die er befriedigen möchte.

- Unter **Bedürfnissen** versteht man Mangelempfindungen der Menschen, die diese zu beheben bestrebt sind.

- Nach der Dringlichkeit unterscheidet man **Existenzbedürfnisse, Kulturbedürfnisse** und **Luxusbedürfnisse.**

- Je nachdem, ob eine einzelne Person oder die gesamte Gesellschaft ein Bedürfnis hat, spricht man von **Individual-** und **Kollektivbedürfnissen.**

- Der Mensch hat neben **materiellen** auch **immaterielle Bedürfnisse.**

- Die Rangordnung der Bedürfnisse wird in **Maslows Bedürfnispyramide** sichtbar:

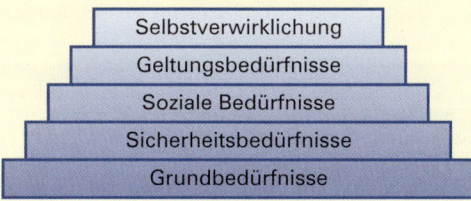

- Die mit Kaufkraft versehenen Bedürfnisse bezeichnet man als **Bedarf.**

Aufgaben zur Sicherung und Vertiefung des Lernerfolgs

123 1. Bilden Sie zu der folgenden Aussage vier Beispiele und begründen Sie Ihre Ansicht!

> „Die Feststellung, dass die Bedürfnisse den ganzen wirtschaftlichen Prozess in Gang setzen, ist eine Vereinfachung und wird der heutigen Wirklichkeit nicht voll gerecht. Es ist nicht immer so, dass zuerst Bedürfnisse vorhanden sind und als solche empfunden und dann durch Kaufentschluss und Kaufkraft zur wirksamen Nachfrage werden, dass dann Güter und Mittel produziert werden, um dem Bedürfnis zu entsprechen. Immer häufiger geht die Produktion einfach neue Wege und schafft Güter, für die zunächst keine Nachfrage vorhanden sein kann, weil niemand diese Güter kennt: Die Nachfrage muss vielmehr erst geweckt werden ..."

Quelle: Störig, Wirtschaft im Entscheidungsbereich, 6. Aufl., Frankfurt/München 1971, S. 27.

2. Nennen Sie je fünf eigene Beispiele für lebensnotwendige und nicht lebensnotwendige Bedürfnisse!

3. Erklären Sie an einem eigenen Beispiel, warum in der Bundesrepublik Deutschland die heutigen Kulturbedürfnisse vor wenigen Jahrzehnten noch Luxusbedürfnisse waren!

4. Worin unterscheiden sich die Existenzbedürfnisse von den Kulturbedürfnissen?

5. Grenzen Sie den Begriff Bedürfnis vom Begriff Bedarf ab!

5.2 Konsumverhalten der Menschen

5.2.1 Problemstellung

Das zur Verfügung stehende Einkommen einer Privatperson kann entweder für Konsumzwecke ausgegeben oder gespart werden. Unter Konsum[1] versteht man die Inanspruchnahme von Gütern zur unmittelbaren Bedürfnisbefriedigung. Das Konsumverhalten (Verbraucherverhalten) ist neben der Höhe des Einkommens von vielen anderen Faktoren abhängig und verändert sich im Laufe der Zeit.

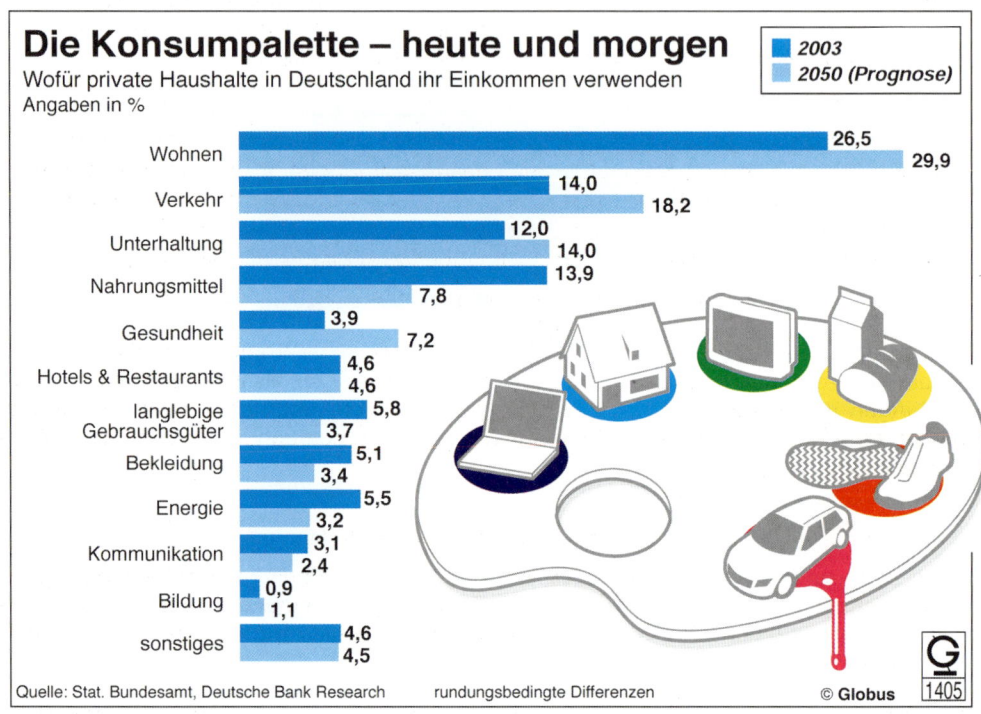

Die Konsumpalette – heute und morgen
Wofür private Haushalte in Deutschland ihr Einkommen verwenden
Angaben in %

■ 2003
■ 2050 (Prognose)

	2003	2050 (Prognose)
Wohnen	26,5	29,9
Verkehr	14,0	18,2
Unterhaltung	12,0	14,0
Nahrungsmittel	13,9	7,8
Gesundheit	3,9	7,2
Hotels & Restaurants	4,6	4,6
langlebige Gebrauchsgüter	5,8	3,7
Bekleidung	5,1	3,4
Energie	5,5	3,2
Kommunikation	3,1	2,4
Bildung	0,9	1,1
sonstiges	4,6	4,5

Quelle: Stat. Bundesamt, Deutsche Bank Research   rundungsbedingte Differenzen   © Globus 1405

Das Konsumverhalten der Verbraucher wird laufend wissenschaftlich erforscht, da es sowohl für die Entwicklung der gesamten Volkswirtschaft als auch für die Selbstverwirklichung jedes Einzelnen von großer Bedeutung ist. Der aufgeklärte Verbraucher ist sich des eigenen Konsumverhaltens bewusst und kann so Fehlentwicklungen in seinem Verhalten rechtzeitig erkennen.

Merke:

Um das Konsumverhalten der Verbraucher zu ermitteln, werden insbesondere folgende zwei Fragen gestellt:
■ Wie lässt sich das Konsumverhalten der Verbraucher erklären?
■ Wie verwirklichen (realisieren) die Verbraucher ihre Konsumwünsche?

---

1 Konsumieren: verbrauchen, verzehren.

5.2.2 Erklärungsansätze zum Konsumverhalten

Im Folgenden stellen wir ökonomische, psychologische und soziologische Erklärungsansätze zum Konsumverhalten (Verbraucherverhalten) vor.

(1) Ökonomische Erklärungsansätze zum Konsumverhalten

Ökonomische Erklärungsansätze zum Konsumverhalten unterstellen, dass der Verbraucher sich immer nach dem **ökonomischen Prinzip** verhält. Dieses besagt, dass der Verbraucher versucht, die Ware möglichst billig zu erwerben **(Minimalprinzip)** bzw. mit dem vorhandenen Geld möglichst viele Waren zu kaufen **(Maximalprinzip)**. Der Preis eines bestimmten Gutes bestimmt also vorwiegend das Kaufverhalten.

> **Merke:**
>
> Der gut informierte und rational handelnde Konsument zeigt nach dem ökonomischen Ansatz auf einem Markt mit mehreren Anbietern folgende theoretische **Grundverhaltensweisen:**
> - Steigt der Preis eines Gutes, sinkt die nachgefragte Menge dieses Gutes.
> - Fällt der Preis eines Gutes, steigt die nachgefragte Menge dieses Gutes.

Die Hauptkritik an den ökonomischen Erklärungsansätzen des Konsumverhaltens bezieht sich auf die Tatsache, dass allein wirtschaftliche Überlegungen als entscheidend für Kaufhandlungen angesehen werden. Sowohl die subjektiven Wahrnehmungen der Konsumenten als auch das soziale Umfeld von Konsumentscheidungen werden außer Acht gelassen.

(2) Soziologische Erklärungsansätze zum Konsumverhalten

Die soziologischen[1] Ansätze untersuchen hinsichtlich des Konsumverhaltens die Wechselbeziehungen zwischen dem einzelnen Verbraucher und seiner sozialen Umwelt. Typische soziologische Ansätze sind beispielsweise das Bezugsgruppenmodell und das Meinungsführermodell.

Bezugsgruppenmodell	Unter Bezugsgruppen werden solche Gruppen verstanden, mit denen sich ein Mensch identifiziert, und zwar unabhängig davon, ob er dieser Gruppe angehört oder nicht. Für das Konsumverhalten bedeutet dies, dass sich der Konsument bei seiner Kaufentscheidung an den Norm- und Wertvorstellungen (Verhaltensregeln) bestimmter sozialer Gruppen (Familie, Freundeskreis, Kollegen, soziale Schicht) ausrichtet. Das Einhalten von diesen Norm- und Wertvorstellungen wird von seinem sozialen Umfeld belohnt, das Abweichen bestraft. Von besonderer Bedeutung als Bezugsgruppen sind die Familie und die Clique.
Meinungsführermodell	Meinungsführer (opinion leaders) gelten als besonders sachverständig und kompetent, ihre Ansichten und Urteile werden von vielen Gruppenmitgliedern anerkannt und/oder übernommen. Das Meinungsführermodell besagt, dass diese Meinungsführer das Kaufverhalten und die Kaufentscheidungen von Gruppenmitgliedern in stärkerem Maß beeinflussen als andere.

---

1 Soziologisch: von den Zusammenhängen in der menschlichen Gesellschaft ausgehend.

5.2.3 Veränderung der Konsumwünsche

Das Konsumverhalten hat sich in den letzten Jahrzehnten grundlegend verändert. Der Verbraucher, der seinen Bedarf im Rahmen eines starr geplanten Verhaltens deckt, wird seltener. Stattdessen rückt die spontane, erlebnishafte Bedürfnisbefriedigung in den Vordergrund.

(1) Gründe für die Veränderung des Konsumverhaltens

● Die vergangenen Jahre waren durch einen **Wertewandel** hin zur Individualisierung und Erlebnisorientierung gekennzeichnet.

● Es hat eine bisher nie gekannte **Flexibilisierung** sowohl im **Privat-** als auch im **Arbeitsleben** stattgefunden.

● Das Verständnis der Geschlechterrollen hat sich erheblich verändert. Immer mehr **Frauen** sind berufstätig und haben ein **eigenes Einkommen.**

● Die Globalisierung beeinflusst den Lebensstil. Das Warenangebot aus aller Herren Länder vervielfacht die **Konsumalternativen.**

● Großen Einfluss auf das Konsumverhalten hat auch der **demografische Wandel** mit sinkenden Haushaltsgrößen und einer alternden Bevölkerung.

● Die Verbraucher sehen im Konsum eine Belohnung für die geleistete Arbeit. **Einkaufen** („Shoppen") wird zu einer beliebten Form der **Freizeitgestaltung.**

(2) Vom Versorgungskonsum zum Erlebniskonsum

Der Wandel vom Versorgungs- zum Erlebniskonsum begann zunächst im Urlaubs- und Freizeitbereich und hat mittlerweile auch den Bereich der allgemeinen Lebensführung erreicht.

Die Erlebnisqualität wird zu einem immer wichtigeren Kaufkriterium. Konsumgüter ohne erkennbaren Erlebniswert verlieren zunehmend an Attraktivität.

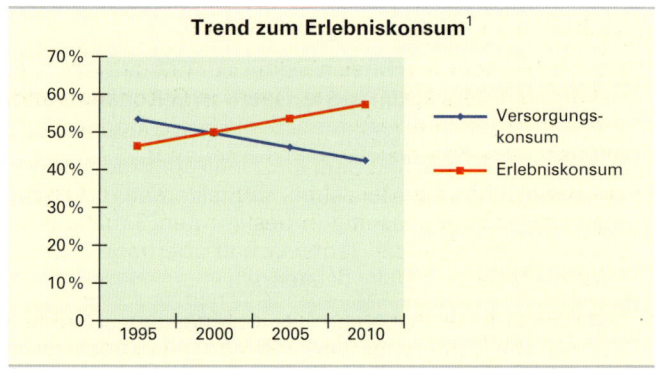

Trend zum Erlebniskonsum[1]

5.2.4 Fehlentwicklungen im Konsumverhalten

Die zunehmende Konsumorientierung führt nicht selten zu einem Konsumzwang. Gekauft wird nicht mehr in erster Linie, um seine Versorgung sicherzustellen, sondern um akzeptiert zu werden oder um Spaß zu haben – koste es, was es wolle.

---

1 Quelle: B.A.T. Freizeit-Forschungsinstitut.

(1) Konsumententypen

Insbesondere die folgenden drei Konsumententypen schieben sich immer stärker in den Vordergrund:

Anpassungs-konsument	Die Anpassungskonsumenten wollen sich nicht ausschließen, haben Angst vor dem „Out-Sein" und passen sich daher an. Sie sind fasziniert vom Konsumieren und leben in einer Freizeitwelt zwischen Feten, Superstar und „Superschlitten". Sie leben häufig über ihre Verhältnisse. Zu den Anpassungskonsumenten zählen überwiegend Jugendliche, vor allem Schüler und Auszubildende.
Geltungs-konsument	Die Geltungskonsumenten tragen ihre erworbenen Konsumgüter zur Schau. Für sie gehören Geld und Geltung zusammen und sie lassen sich ihren demonstrativen Konsum von anderen bestätigen. Dabei sind ihnen ihre persönlichen Interessen wichtiger als feste Bindungen. Zu den Geltungskonsumenten sind überwiegend Singles und Ledige unter 40 Jahren zu rechnen.
Erlebnis-konsument	Die Erlebniskonsumenten möchten in der Freizeit etwas Außergewöhnliches unternehmen und sich damit von „familiären" Typen abgrenzen. Alltägliches langweilt sie. Sie konsumieren in Superlativen, sind materialistische Egozentriker[1] und könnten die Erfinder der Wegwerf-Gesellschaft gewesen sein. Zu den Erlebniskonsumenten gehören überwiegend Männer unter 40 Jahren, vor allem ledige und geschiedene.

(2) Gefahren der Konsumorientierung

Diese drei Konsumententypen stehen in der Gefahr, dass sie aus einem „Frust heraus" konsumieren. Die Lust auf Konsumieren entspringt dann der Angst vor der eigenen inneren Leere. Aus einer zu starken und sehr zeitintensiven Konsumorientierung heraus erwachsen insbesondere folgende Gefahren:

● Der Konsument macht sich selber zum Mittelpunkt des Lebens. Soziale Beziehungen bekommen Vertragscharakter, werden Geschäftsgrundlage. Die Folge ist: Der Zusammenhalt in der Familie nimmt ab, die Beziehungen zur Verwandtschaft werden weniger intensiv, tiefe Freundschaften sind seltener.

● Die Bereitschaft der Menschen, selbst Verantwortung und Verpflichtungen zu übernehmen und sich gegenseitig in bestimmten Situationen zu helfen, sinkt rapide. Soziale Dienste werden an die Gemeinschaft übertragen. Gegenseitige Anteilnahme und Hilfe wird zur bezahlten Dienstleistung.

● Die Konsumgesellschaft fördert im Menschen Trägheit und Bequemlichkeit. Sie bringt persönliche Desorientierung und Verhaltensunsicherheit mit sich. Man hat Angst vor dem Verlust von sozialen Statussymbolen und damit auch vor Einschränkungen der eigenen gesellschaftlichen Identität. Konsum überdeckt die innere Leere, die man aus eigener Kraft nicht füllen kann.

● Das Kreditkartenzücken ist oftmals sichtbarer Ausdruck einer neuen Form der Konsumabhängigkeit. Das „Über-die-eigenen-Verhältnisse-Leben" ist ein weiteres Merkmal dieser Fehlentwicklung im Verbraucherverhalten.

Diese Gefahren dürfen nicht unterschätzt werden. Der Konsument muss daher in die Lage versetzt werden, Konsumentscheidungen mehr mit Vernunft und weniger vom Gefühl her zu treffen. Der Informationsaustausch mit Freunden, aber auch Verbraucherberatungsstellen können helfen, den Weg zu einem verantwortungsbewussten Konsumverhalten zu finden.

---

1 Egozentrisch: alles auf sein eigenes Ich beziehend.

5.2.5 Marktmacht der Konsumenten

Allgemein gilt: Je informierter die Menschen als Verbraucher sind und je größer ihre Unabhängigkeit gegenüber den Verlockungen des Konsumangebots ist, desto stärker können sie die Entwicklung der Konsumgesellschaft beeinflussen, sie in ihrem Sinne mitgestalten und verändern.

● Jeder Einzelne kann durch seine Kaufentscheidung auf die Produktionsentscheidung der Anbieter einwirken und damit die Entwicklung von Wirtschaft, Gesellschaft und Umwelt mitbestimmen.

● Die Konsumenten können durch ihre Kaufentscheidungen und Konsumgewohnheiten die Umweltbelastung verringern. Ökologische Fehlentwicklungen, die zum Verlust von Lebensqualität in Gegenwart und Zukunft führen, lassen sich auf diese Weise verhindern.

Zusammenfassung

■ Das Konsumverhalten kann **ökonomisch, psychologisch** oder **soziologisch** erklärt werden.

■ **Ökonomische** Erklärungsansätze zum Verbraucherverhalten liefern insbesondere Aussagen zu den **Wechselbeziehungen zwischen Gütermengen und Güterpreisen.** Die Komplexität des menschlichen Verhaltens in Kaufsituationen wird allerdings nicht ausreichend berücksichtigt.

■ **Soziologische** Erklärungsansätze berücksichtigen zur Erklärung des Verbraucherverhaltens die **zwischen dem einzelnen Verbraucher und seiner sozialen Umwelt** bestehenden Beziehungen. Aus soziologischer Sicht gehen wichtige Einflüsse auf das Kaufverhalten der Verbraucher von Bezugsgruppen oder Meinungsführern aus.

■ Konsum wird oft dazu benutzt, das **Selbstwertgefühl** zu **stärken** und die individuelle Persönlichkeit zu profilieren helfen. Dies kann zu Geltungskonsum, Prestigekonsum oder Profilierungskonsum führen.

■ Durch exzessives[1] Konsumverhalten soll das Gefühl der **Sinnentleerung** und der **Unsicherheit überdeckt** werden.

■ Die wachsende Konsumorientierung hat **negative Auswirkungen** auf das **soziale Zusammenleben** der Menschen, für das **ökologische Gleichgewicht** und für die **Persönlichkeitsentwicklung** der Individuen.

■ Die Verbraucherbildung muss das kritische Bewusstsein, die soziale und ökologische Verantwortlichkeit sowie die Bereitschaft zum Handeln fördern.

Aufgaben zur Sicherung und Vertiefung des Lernerfolgs

124 1. Worin unterscheiden sich allgemein die ökonomischen und soziologischen Erklärungsansätze des Verbraucherverhaltens?

2. Warum kann das Konsumverhalten nicht nur aus rein ökonomischer Sicht erklärt werden?

3. Erläutern Sie das Bezugsgruppen- und das Meinungsführermodell! Welche Aufgaben haben beide Modelle im Kaufentscheidungsprozess eines Verbrauchers?

---

1 Exzessiv: das normale Maß überschreitend.

4. 4.1 Welche Kaufrisiken werden mit folgenden Beispielen angesprochen?
   Kleid für den Abschlussball der Wirtschaftsschule, Kauf einer Eigentumswohnung.
   Begründen Sie Ihre Entscheidung!

   4.2 Durch welche Handlungsweisen können Kaufrisiken vermindert werden?

5. Erläutern Sie an zwei auf Ihre Person bezogenen Beispiele, wie verschiedene Bezugsgruppen bzw. Meinungsführer Einfluss auf Ihre Kaufentscheidung nehmen können!

6. Familie Klaus Holzer mit zwei Kindern (9 und 11 Jahre) plant, eine 14-tägige Pauschalreise bei einem Veranstalter zu buchen.

   Aufgabe:
   Welche Einflussfaktoren können sich auf die Buchungsentscheidung auswirken?

7. Nach weit verbreiteter Auffassung sind die Bedürfnisse der Menschen unbegrenzt. Lesen Sie nachstehenden Text durch. Wie stellen Sie sich selbst hierzu?

> „In den hoch industrialisierten Ländern wird zwar der Mensch dazu erzogen, viel zu konsumieren. So hängt sein Sozialprestige, also das Ansehen, das der Einzelne in der Gesellschaft genießt, von dem Konsumstandard ab, den er sich leisten kann. Es verwundert deshalb nicht, wenn der Einzelne durch Steigerung seines Konsums seine soziale Position zu verbessern oder zumindest zu erhalten sucht und wenn auf diese Weise die Bedürfnisse immer schneller steigen. … Es gibt andere Kultursysteme, in denen der Mensch zur Selbstgenügsamkeit erzogen wird. Hier ist keineswegs selbstverständlich, dass die Bedürfnisse mit der Produktion zunehmen. Aber selbst in den entwickelten Ländern scheint das Wachstum der Bedürfnisse abzuflachen. Wie anders wäre es sonst erklärlich, dass das Problem der Absatzschwierigkeiten und der damit verbundenen Arbeitslosigkeit sich in den Vordergrund schiebt. Die Unternehmen werden gezwungen, den Absatzmarkt planmäßig zu gestalten (Marketing), um ihren Absatz zu sichern und auszuweiten. Es hieße die Augen vor der Wirklichkeit verschließen, wollte man auch hier noch davon sprechen, dass die Bewältigung der Knappheit das einzige und wichtige Problem sei.“

Quelle: Külp, B.: Grundfragen der Wirtschaft, 1967, S. 49f.

125 Ein Vergleich der nachgefragten Warengruppen ergab in Bezug auf ihre Anteile an den Gesamtausgaben folgende Veränderungen in Prozent:

Milch, Milcherzeugnisse, Speisefette und -öle sowie Eier	+ 1
Tabakwaren	− 17
Kartoffeln, Gemüse, Obst und Marmelade	+ 3
Getränke	± 0
Fische und Fischwaren	+ 2
Bekleidung	+ 2
Waren für Körperpflege	− 3
Schuhe und Schuhwaren	− 7
Kraftstoffe	+ 9
Arzneimittel (innere Anwendung)	+ 11
Brennstoffe	+ 16

Aufgaben:

1. Welche Ursachen könnten diese Veränderungen im Konsumverhalten haben?
2. Wodurch können die Bedürfnisse des Einzelnen und die Bedürfnisse der Gesellschaft beeinflusst werden?

126

Haufenweise Waren als Ersatz für Liebe

Der krankhafte Zwang immer wieder zu kaufen – Menschen mit gestörtem Selbstwertgefühl besonders betroffen

Michaela R. steht an der Kasse. Ihre Stimmung ist euphorisch. Ihre Hände können die Waren kaum noch halten – Schmuck, Parfüm, Kleider und Schuhe. Sie bezahlt und verlässt mit prallgefüllten Tragetüten das Kaufhaus. Doch ihr emotionaler Höhenflug hält nicht lange an. Sie starrt auf die Tüten und fühlt sich plötzlich leer. In ihren Schränken daheim gibt es kaum noch Platz. Sie besitzt über vierzig Paar Schuhe. Und doch kauft sie fast wöchentlich neue Dinge hinzu. Sie braucht sie nicht. – Michaela R. ist krank. Sie leidet unter einer Sucht, die in den Vereinigten Staaten schon seit einigen Jahren bekannt ist und sich zunehmend auch in der Bundesrepublik ausbreitet.

„Kaufen wird als Zwang erlebt, dem man sich nicht entziehen kann", erklärt Gerhard Scherhorn, Professor für Haushalts- und Konsumökonomik an der Universität Hohenheim bei Stuttgart.

Flucht und Verdrängung

Beim Kaufen geht es nicht um die Ware, die man erwirbt, sondern um das Gefühl dabei. Einsamkeit, innere Leere, Minderwertigkeit werden kurzfristig verdrängt und kompensiert. Die Betroffenen wollen sich ablenken und verwöhnen. Für eine kurze Zeit fühlen sie sich in rauschhafter Stimmung, doch bald darauf folgt die Enttäuschung. Eine dauerhafte Befriedigung lässt sich nicht erreichen. Im Gegenteil, der Kauf wird bereut, Gewissensbisse stellen sich ein – die meist unbewusste Ursache bleibt allerdings weiterhin bestehen. Eine kurze Zeit, einige Tage, vielleicht auch eine Woche vergeht, bis erneut ein zwanghafter Anfall erfolgt.

Die Betroffenen sprechen tatsächlich von Entzugserscheinungen, von einer anwachsenden inneren Unruhe bis hin zu körperlichen Symptomen wie Kopfschmerzen, Schwindel und Grippe. Diese verschwinden mit einer neuen Einkaufstour, aber die Probleme wachsen rasant. Es kommt bald zu finanziellen Schwierigkeiten bis hin zu hoher Verschuldung. Partnerprobleme schließen sich an und es wird immer schwerer, aus dem Teufelskreis zu entkommen.

Kern des Suchtverhaltens ist immer ein verunsichertes und gestörtes Selbstwertgefühl, führt Scherhorn in einer Fachzeitschrift aus. Besonders anfällig sind Menschen, die schon in früher Jugend erlebt haben, dass ihren Eltern Sachen (das Geldverdienen, Konsumgüter) wichtiger sind als das Kind. „Das Kaufen ersetzt die Zuwendung, die sich der Käufer wünscht." Das krankhafte Konsumverhalten ist im Grunde also ein Schrei nach Umarmung oder deren Ersatz.

Vom Haben zum Sein

Wie kann die Sucht behandelt werden? Die wichtigste Voraussetzung, so Professor Scherhorn, ist „zu erkennen, dass man selber süchtig ist". Es gibt keinen inneren Zwang, jeder Mensch kann bewusst entscheiden. Diese Einsicht und die Überzeugung der Selbstverantwortlichkeit setzt freilich Selbstkritik und Ehrlichkeit voraus. Doch wer wirklich loskommen will von der Sucht, schafft es meistens auch. Selbsterfahrungsgruppen, die es nun auch schon in Deutschland gäbe, seien ebenfalls Türen zur Heilung.

Letztlich muss die gesellschaftliche Einstellung, Sachen seien wichtiger als Personen, geändert werden, betont Scherhorn ausdrücklich: „Im Grunde müssen wir, mit Erich Fromm gesprochen, von der Haben- zur Seinsmoral finden."

Quelle: Südwestpresse, 24. Januar 1990 (gekürzt).

Aufgaben:

1. Nennen Sie die im Text beschriebenen Symptome und Auswirkungen einer Kaufsucht!

2. „Nicht das Suchtobjekt, das Suchterleben macht süchtig!" Erörtern und diskutieren Sie diese Aussage!

6 Verschuldung der Konsumenten

6.1 Gründe für den privaten Schuldenberg

Die Kreditfinanzierung des Konsums ist in Deutschland so kräftig gestiegen, dass viele Familien den laufenden Zahlungsverpflichtungen nicht mehr nachkommen können.

Konsumentenkredite sind in aller Regel leicht zu bekommen. Neben den Banken vergeben vor allem Einrichtungs- und Versandhäuser großzügig Ratenkredite. Viele Verbraucher verlieren dabei die Übersicht über ihre finanziellen Möglichkeiten.

Kommt zu einem falschen Konsumverhalten noch Arbeitslosigkeit, Krankheit oder eine Ehescheidung dazu, wird der Schuldenberg schnell zu groß.

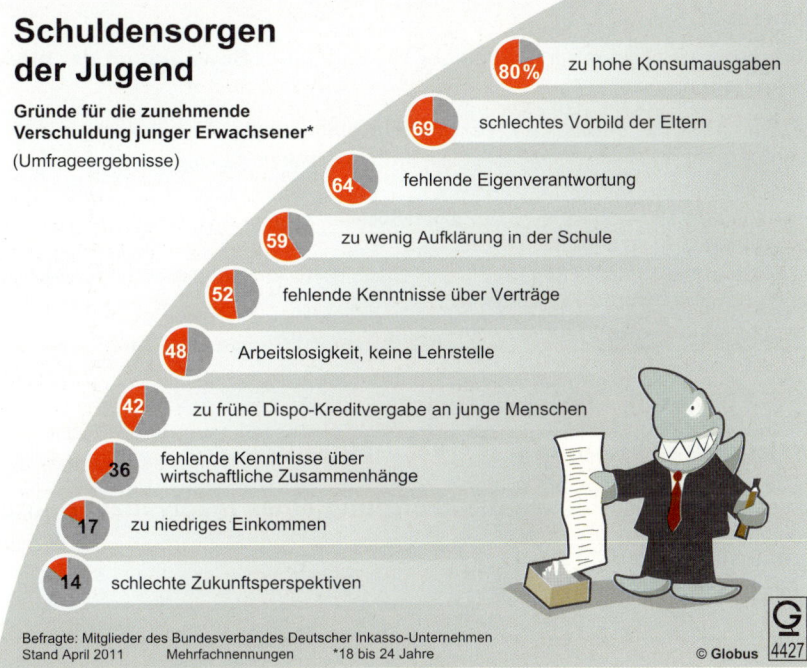

Schuldensorgen der Jugend

Gründe für die zunehmende Verschuldung junger Erwachsener*

(Umfrageergebnisse)

- 80 % zu hohe Konsumausgaben
- 69 schlechtes Vorbild der Eltern
- 64 fehlende Eigenverantwortung
- 59 zu wenig Aufklärung in der Schule
- 52 fehlende Kenntnisse über Verträge
- 48 Arbeitslosigkeit, keine Lehrstelle
- 42 zu frühe Dispo-Kreditvergabe an junge Menschen
- 36 fehlende Kenntnisse über wirtschaftliche Zusammenhänge
- 17 zu niedriges Einkommen
- 14 schlechte Zukunftsperspektiven

Befragte: Mitglieder des Bundesverbandes Deutscher Inkasso-Unternehmen
Stand April 2011   Mehrfachnennungen   *18 bis 24 Jahre

© Globus 4427

Merke:

Eine **Überschuldung** liegt vor, wenn das Vermögen des Schuldners kleiner ist als die bestehenden Schulden.

6.2 Schuldnerberatung

(1) Grundlegendes

Drückt der Schuldenberg einen Konsumenten bereits, so ist es wichtig, dass er sich nicht von den Schulden in die Enge treiben lässt, sondern Hilfe bei einem professionellen Berater sucht – je früher, desto besser. Viele gemeinnützige Organisationen (z. B. DRK, Caritas)

22   Speth u. a. - ISBN 978-3-8120-0528-9

bieten Schuldnerberatungsdienste an. Nach dem Sozialgesetzbuch XII hat jede Privatperson einen Rechtsanspruch auf Schuldnerberatung.

Die Schuldnerberatung befasst sich zunächst mit den Ursachen für die Schulden und entwickelt anschließend Vorschläge zur Bewältigung des Schuldenstandes.

(2) Situationsanalyse

Zuerst erfolgt eine Analyse der Situation und der Ursachen für die Schulden. Grundlage sind dabei die Erstellung einer vollständigen **Schuldenliste** sowie die lückenlose Zusammenstellung aller laufenden **Einnahmen** (z. B. Lohneinkommen, Arbeitslosengeld, Kindergeld, Verdienste aus Nebentätigkeiten) und **Ausgaben** (z. B. Miete, Stromkosten, Versicherungen, Kreditraten).

(3) Hilfsangebot

Die Schuldnerberater können in vielfältiger Weise bei der **Bewältigung der privaten Krisensituation** helfen:

- Aufarbeitung der persönlichen und beruflichen Gründe für die Überschuldung,
- Erstellung eines Haushaltsplans,[1] der Einsparmöglichkeiten zur Verringerung von Ausgaben aufzeigt,
- Überprüfung, ob alle möglichen gesetzlichen Sozialleistungen (z. B. Wohngeld) und Verdienstmöglichkeiten ausgeschöpft werden,
- Unterstützung bei Verhandlungen mit den Gläubigern, um Schuldenstundungen[2] zu erreichen, und, sofern nicht zu vermeiden,
- Begleitung während des Verbraucherinsolvenzverfahrens.

6.3 Verbraucherinsolvenz (Privatinsolvenz)

6.3.1 Begriff und Gründe für die Eröffnung eines Insolvenzverfahrens

(1) Begriff Insolvenzverfahren

Merke:

Das **Insolvenzverfahren** ist ein gerichtliches Verfahren. Es verfolgt den Zweck, das (pfändungsfähige)[3] Vermögen des Schuldners gleichmäßig und anteilig auf die Gläubiger zu verteilen. Dem redlichen Schuldner wird außerdem die Möglichkeit verschafft, sich von seinen restlichen Verbindlichkeiten zu befreien.

Das Insolvenzverfahren kann über das **Vermögen von Unternehmen oder von Privatpersonen** eröffnet werden. Ziel des Insolvenzverfahrens ist es, hochverschuldeten Unternehmen über ein gerichtliches Verfahren die Existenz zu sichern bzw. Privatpersonen eine Perspektive (Aussicht) zu eröffnen, ihre Schulden abzutragen.[4]

---

1 Zur Erstellung eines privaten Haushaltsplans vgl. S. 343 ff.

2 Schuldenstundungen bedeuten eine Verlängerung der Zahlungsfrist.

3 Bestimmte bewegliche Sachen sind **unpfändbar**, um die wirtschaftliche Existenz des Schuldners nicht zu gefährden, z.B. Kleidungsstücke, Wäsche, Betten, Haus- und Küchengeräte. Unpfändbar sind auch Gegenstände, die der Erwerbstätigkeit des Schuldners dienen, z.B. das Auto des Taxifahrers.

4 Aufgrund des Lehrplans wird auf die Unternehmensinsolvenz nicht eingegangen.

Zuständig für das Insolvenzverfahren sind die **Amtsgerichte**. Örtlich zuständig ist das Amtsgericht (Insolvenzgericht), in dessen Bezirk der Schuldner seinen Wohnsitz hat.

(2) Gründe für die Eröffnung eines Insolvenzverfahrens

Das Insolvenzverfahren wird nur auf Antrag eröffnet [§ 13 I InsO]. Ein Antrag auf Eröffnung des Insolvenzverfahrens kann aus folgenden Gründen gestellt werden:

Zahlungsunfähig-keit	Der Schuldner ist außerstande, seinen Zahlungsverpflichtungen nachzukommen.
Drohende Zahlungs-unfähigkeit	Der Schuldner ist voraussichtlich nicht in der Lage, bestehende Zahlungsverpflichtungen zum Zeitpunkt der Fälligkeit zu erfüllen.
Überschuldung	Überschuldung liegt vor, wenn das Vermögen des Schuldners kleiner ist als die bestehenden Schulden.

Der Antrag kann gestellt werden vom Schuldner selbst oder von einem Gläubiger. Allerdings muss der Gläubiger die Rechtmäßigkeit seiner Forderung sowie den Forderungsgrund nachweisen (z. B. durch eine erfolglose Zwangsvollstreckung).[1]

6.3.2 Voraussetzungen für die Eröffnung des Verbraucherinsolvenzverfahrens

Das Verbraucherinsolvenzverfahren wird auf Schuldner angewendet, die natürliche Personen sind und die keine oder nur eine geringfügige selbstständige wirtschaftliche Tätigkeit ausüben [§ 304 InsO]. Hat der Schuldner eine selbstständige wirtschaftliche Tätigkeit ausgeübt, wird das Verbraucherinsolvenzverfahren nur angewendet, wenn seine Vermögensverhältnisse überschaubar sind und gegen ihn keine Forderungen aus Arbeitsverhältnissen bestehen. Als „überschaubar" gelten Vermögensverhältnisse nur dann, wenn der Schuldner zum Zeitpunkt des Antrags auf Eröffnung des Insolvenzverfahrens weniger als 20 Gläubiger hat.

6.3.3 Ablauf des Verbraucherinsolvenzverfahrens

(1) Stufe I: Versuch einer außergerichtlichen Einigung (Schuldenbereinigungsverfahren)

Der Schuldner muss versuchen, sich außergerichtlich mit seinen Gläubigern auf der Grundlage eines **Schuldenbereinigungsplans** zu einigen. Das Aufstellen eines Schuldenbereinigungsplans bedeutet, dass der Schuldner den Gläubigern seine Einkommens- und Vermögensverhältnisse darlegen und einen konkreten Zahlungs- und Tilgungsplan unterbreiten muss. Dieser Versuch kann mithilfe einer hierzu geeigneten Person oder Stelle unternommen werden. Geeignete Stellen sind z.B. Rechtsanwälte, Steuerberater oder von Gemeinden, Wohlfahrtsverbänden und Kirchen eingerichtete Schuldnerberatungsstellen.

Kommt eine außergerichtliche Schuldenregulierung nicht zustande, kann der Schuldner das **gerichtliche Verbraucherinsolvenzverfahren** beantragen [§ 305 InsO].

---

1 Zur Erinnerung: Die **Zwangsvollstreckung** ist ein Verfahren zur zwangsweisen Eintreibung einer Geldforderung mithilfe eines Gerichtsvollziehers oder Gerichts.

(2) Stufe II: Gerichtliches Verbraucherinsolvenzverfahren

Das gerichtliche Verbraucherinsolvenzverfahren gliedert sich in drei Abschnitte. Im ersten Abschnitt versucht das Gericht nochmals eine gütliche Einigung zwischen Gläubigern und Schuldner zu erzielen. Gelingt das nicht, folgt in einem zweiten Abschnitt die Verwertung der pfändbaren Gegenstände. Der dritte Abschnitt sieht nach einer Wohlverhaltensperiode die Restschuldbefreiung vor.

1. Abschnitt: Erneuter Versuch einer gütlichen Einigung

Im ersten Abschnitt des gerichtlichen Verfahrens versucht das Gericht zum frühestmöglichen Zeitpunkt noch einmal, eine gütliche Einigung zwischen dem Schuldner und seinen Gläubigern herbeizuführen. Das Insolvenzverfahren wird also noch nicht eröffnet, sondern der Antrag auf Eröffnung des Verfahrens „ruht", wie die Juristen sagen. Das Gericht stellt den beteiligten Gläubigern die Unterlagen zu und fordert sie zur Stellungnahme innerhalb eines Monats auf [§ 307 InsO].

Stimmen die Gläubiger dem Schuldenbereinigungsplan zu oder wird die Zustimmung durch das Insolvenzgericht ersetzt, wird das Verfahren beendet.

Lehnen die Gläubiger den Schuldenbereinigungsplan ab, kommt es zum eigentlichen Verbraucherinsolvenzverfahren mit Verwertung der pfändbaren Gegenstände.

2. Abschnitt: Verwertung der pfändbaren Gegenstände und Verteilung des Erlöses

Das Insolvenzgericht bestimmt einen Treuhänder, der zur Verwertung der pfändbaren Gegenstände und zur Verteilung des erzielten Erlöses an die Gläubiger berechtigt ist. Danach stellt der Treuhänder die Höhe der Restverbindlichkeiten gegenüber den Insolvenzgläubigern fest.

Unter bestimmten Voraussetzungen hat das Insolvenzgericht jetzt die Möglichkeit, dem Schuldner anzukündigen, dass er von den nicht erfüllten Verbindlichkeiten gegenüber den Insolvenzgläubigern befreit werden kann (Restschuldbefreiung).

3. Abschnitt: Restschuldbefreiung

→ Voraussetzungen der Restschuldbefreiung

Der Schuldner (natürliche Person) kann unter folgenden Voraussetzungen von den im Insolvenzverfahren nicht erfüllten Verbindlichkeiten gegenüber den Insolvenzgläubigern befreit werden:

- Der Schuldner muss einen Antrag auf Restschuldbefreiung beim Insolvenzgericht stellen.
- Der Schuldner muss erklären, dass er seine pfändbaren Forderungen auf Bezüge aus einem Dienstverhältnis oder an deren Stelle tretende laufende Bezüge für die Zeit von sechs Jahren nach der Aufhebung des Insolvenzverfahrens an einen vom Gericht bestimmten Treuhänder abtritt [§ 287 InsO]. Die Sechsjahresfrist wird als Wohlverhaltensperiode bezeichnet. Sie beginnt bereits mit der Verfahrenseröffnung.

→ Pflichten des Schuldners während der Wohlverhaltensperiode

Der Schuldner muss z. B. während der sechsjährigen Laufzeit der Abtretungserklärung

- eine angemessene Erwerbstätigkeit ausüben,
- ererbtes Vermögen zur Hälfte des Werts an den Treuhänder herausgeben,

- jeden Wechsel des Wohnsitzes oder der Beschäftigungsstelle unverzüglich dem Insolvenzgericht und dem Treuhänder anzeigen und
- Zahlungen zur Befriedigung der Insolvenzgläubiger nur an den Treuhänder leisten.

→ Entscheidung über die Restschuldbefreiung

Nach Ablauf der sechsjährigen Wohlverhaltensperiode[1] erlässt das zuständige Amtsgericht die bisherigen Schulden, falls der Schuldner sich redlich verhalten hat. Der Schuldner wird damit von Vermögensansprüchen, die gegen ihn zum Zeitpunkt der Eröffnung des Insolvenzverfahrens bestanden, befreit. Die Restschuldbefreiung wirkt gegen alle Insolvenzgläubiger [§ 310 InsO].

Kommt der Schuldner seinen Pflichten nicht nach, versagt das Gericht die Restschuldbefreiung.

Zusammenfassung

■ Ablauf des Verbraucherinsolvenzverfahrens:

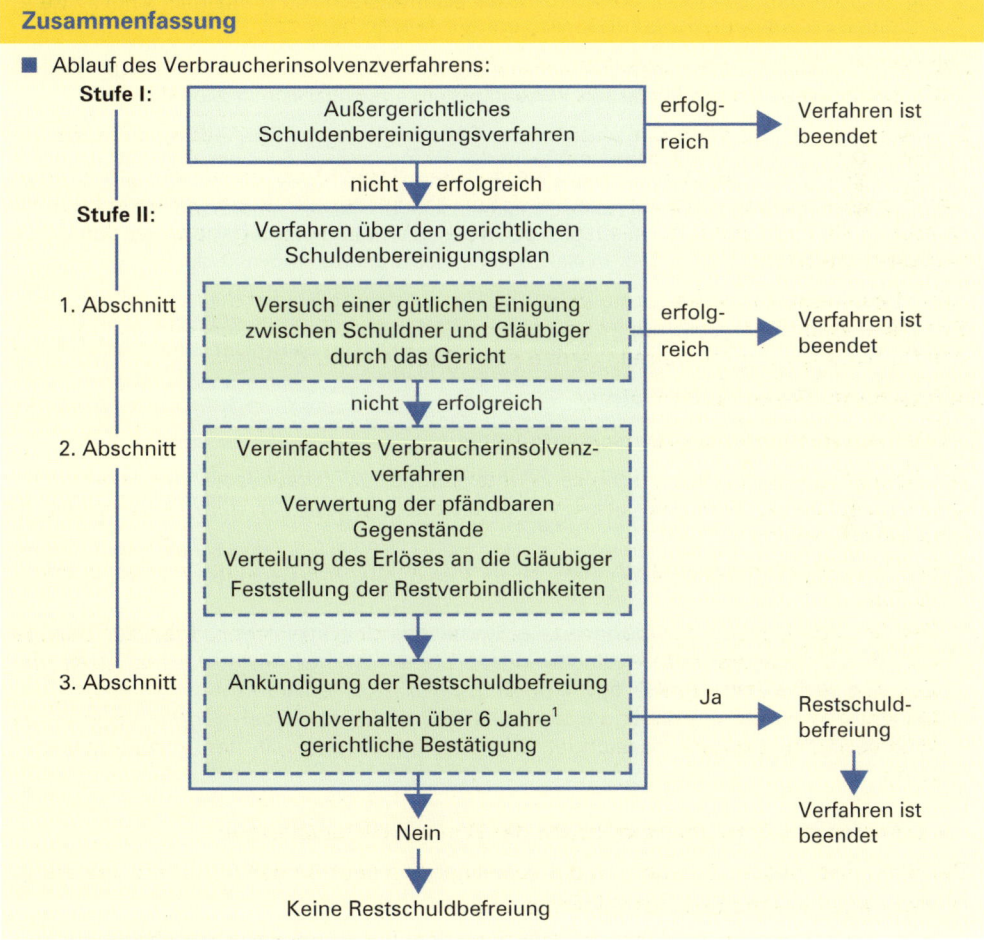

---

1 Diese Frist kann auf bis zu 3 Jahre verkürzt werden, wenn es dem Schuldner gelingt, mindestens 35% der Schulden sowie die gesamten Verfahrenskosten zu bezahlen.

- Das **Verbraucherinsolvenzverfahren** findet bei Schuldnern Anwendung, die natürliche Personen sind und keine oder nur eine geringfügige selbstständige Tätigkeit ausüben.

- Dem **außergerichtlichen Schuldenbereinigungsverfahren** sollte grundsätzlich Vorrang eingeräumt werden.

Aufgaben zur Sicherung und Vertiefung des Lernerfolgs

127
1. Nennen Sie Ursachen, die bei einem privaten Haushalt zu einer Zahlungsunfähigkeit führen können!
2. Wann liegt Ihrer Meinung nach bei einem privaten Haushalt eine Überschuldung vor?
3. Welche Maßnahmen können private Haushalte ergreifen, um eine Entschuldung zu erreichen?
4. Beschreiben Sie mögliche Folgen, die bei einer Überschuldung innerhalb der Familie auftreten können!

128 Frau Erna Behr ist alleinstehend und arbeitet in einer Textilfabrik, die 12 km von ihrem Wohnort entfernt und nicht mit öffentlichen Verkehrsmitteln erreichbar ist. Ihr Monatseinkommen beträgt netto 1500,00 EUR.

Im Mai des vergangenen Jahres eröffnete der Neffe von Frau Behr ein Textilgeschäft. Seine Bank verlangte eine Bürgschaft. Deshalb bat der Neffe seine Tante, der Bank gegenüber zu bürgen. Frau Behr übernahm eine selbstschuldnerische Bürgschaft[1] über 50000,00 EUR, obwohl sie nur ein Bankguthaben von 12500,00 EUR besaß. Wider Erwarten entwickelte sich das Geschäft ihres Neffen schlecht. Er musste Anfang dieses Jahres wegen Zahlungsunfähigkeit aufgeben.

Frau Behr wurde von der Bank in Anspruch genommen und zahlte 20000,00 EUR. Die Bank drohte mit Klage, wenn Frau Behr die restlichen 30000,00 EUR nicht zahlt. Das pfändbare Monatseinkommen von Frau Behr beträgt 300,00 EUR.

Aufgaben:
1. Kann Frau Behr einen Antrag auf ein Verbraucherinsolvenzverfahren stellen?
2. Frau Behr hat ihrem Antrag auf Verbraucherinsolvenzverfahren einen Schuldenbereinigungsplan beigelegt. Nach diesem Plan will sie an die Bank während der Wohlverhaltensperiode monatlich 250,00 EUR überweisen. Der Rest der Forderungen soll erlassen sein. Frau Behr hat keine weiteren Verbindlichkeiten. Die Bank lehnt den Schuldenbereinigungsplan ab. Könnte das Insolvenzgericht die Zustimmung zum Schuldenbereinigungsplan ersetzen?
3. Welche Folgen hat die Ablehnung des Schuldenbereinigungsplans für Frau Behr? Pfändbares Vermögen ist nicht vorhanden. Den fünf Jahre alten Kleinwagen braucht Frau Behr, um zu ihrer Arbeitsstelle zu gelangen.

---

1 Vgl. zur Bürgschaft Kapitel 4.2.1, S. 321 ff.

6.4 Maßnahmen der privaten Haushalte zur Vermeidung von Zahlungsunfähigkeit und Überschuldung

6.4.1 Überblick

Maßnahmen, die geeignet erscheinen, die Zahlungsunfähigkeit bzw. die Überschuldung eines privaten Haushaltes zu vermeiden, sind

● das Aufstellen eines Haushaltsbudgets,

● das Führen eines Haushaltsbuchs und/oder

● das Aufsuchen einer Schuldnerberatungsstelle.

Beispielhaft wird im Folgenden das Aufstellen eines Haushaltsbudgets dargestellt.

6.4.2 Haushaltsbudget

(1) Wesen und Begriff

Der Bedarf eines Haushalts, so haben wir erkannt, ergibt sich aus den Bedürfnissen (Wünschen) der Haushaltsmitglieder. Sollen die Bedürfnisse der einzelnen Haushaltsmitglieder optimal befriedigt werden, müssen sie nach ihrer Dringlichkeit geordnet werden. Erst dann können die zur Verfügung stehenden (Geld-)Mittel so verteilt werden, dass der von Haushaltsmitgliedern angestrebte Lebensstandard im Rahmen dieser Mittel erreicht wird. Die einfachste Form, die zur Verfügung stehenden Mittel mit den Bedürfnissen der Haushaltsmitglieder in Einklang zu bringen, ist die Gegenüberstellung der in einem bestimmten Zeitraum (z. B. einem Monat) zu erwartenden Einnahmen mit den zu erwartenden Ausgaben im Rahmen eines Haushaltsbudgets.

Der Planungszeitraum ist je nach Anlass unterschiedlich lang.

Planungszeitraum	Beispiel
Für ein Jahr, nach Monaten unterteilt	Für die gewöhnlich anfallenden Einnahmen und Ausgaben des Haushalts.
kurzfristig	Weihnachten, Urlaub, Ölrechnung, Heizung.
langfristig	Erwerb eines teuren Gutes, Berufsausbildung der Kinder.

Merke:

Als **Haushaltsbudget** bezeichnet man die geordnete Zusammenstellung der voraussichtlichen Haushaltsaufwendungen unter Berücksichtigung des voraussichtlichen Haushaltseinkommens für einen bestimmten Zeitraum.

(2) Aufbau

Der Aufbau des Haushaltsbudgets richtet sich an den jeweiligen Gegebenheiten der einzelnen Haushalte aus. Allerdings ist es sinnvoll, die fixen (festen) Zahlungen für einen bestimmten Zeitraum zusammenzufassen, um den Betrag ermitteln zu können, der für den Planungszeitraum noch zur freien Verfügung steht. Die Einnahmen und Ausgaben je Zeitabschnitt (z. B. je Monat) können in verschiedene Gruppen eingeteilt werden, wie das Beispiel auf S. 344 zeigt.

(3) Beispiel für den Aufbau eines Haushaltsbudgets

Einnahmenübersicht	Jan.	Febr.	März	...
I. Einnahmen aus nichtselbstständiger Arbeit (Lohn oder Gehalt) Auszahlungsbetrag				
II. Einnahmen aus Vermögen **1. Aus Geldvermögen:** Zinsen, Dividenden, ... **2. Aus Sachvermögen:** Miete, Pacht, ...				
III. Einnahmen aus Vermögensauflösungen und Krediten Abhebungen von Sparguthaben, Auszahlungen von Versicherungen, Verkauf von Wertpapieren, Verkauf eines Grundstücks, ...				
IV. Sonstige Einnahmen Wohngeld, Renten, Ausbildungsförderung, Kindergeld, Arbeitslosengeld, Erbschaft, ...				

Ausgabenübersicht	Jan.	Febr.	März	...
I. Fixe Ausgaben[1] • Wohnungsausgaben (Miete, Nebenkosten: z.B. Heizung, Strom, Gas, Wasser) • Zeitung, Zeitschriften, Rundfunk- und Fernsehentgelte • Telefon • Transport und Verkehr (Auto, Garage, öffentliche Verkehrsmittel) • Versicherungen, Abgaben, Zins- und Tilgungsraten • Beiträge (z.B. Verein, Partei, Gewerkschaft) • Taschengeld • Vermögensbildung usw.				
II. Sonstige (variable) Ausgaben[2] • Ernährung (Nahrungs- und Genussmittel, Getränke) • Putz- und Waschmittel • Bekleidung (Neuanschaffung, Reinigung, Instandhaltung) • Gesundheits- und Körperpflege • Hausrat, Einrichtungsgegenstände • Unterhaltung, Bildung, Freizeitgestaltung, Hobby • Geschenke • Ausbildung, Weiterbildung usw.				
Einnahmen – Ausgaben				
+/– Ersparnisse/Schulden				

(4) Vorteile

Die Aufstellung eines Haushaltsbudgets bietet insbesondere folgende Vorteile:

● Die Aufstellung eines Haushaltsbudgets ermöglicht es, Ausgaben und Einnahmen des Haushalts aufeinander abzustimmen.

● Die verfügbaren Finanzmittel können besser an die Bedürfnisse der einzelnen Haushaltsmitglieder angepasst werden.

● Außerordentliche Ausgaben oder anstehende Investitionen im Haushalt können leichter vorausgeplant werden, sodass Liquiditätsengpässe vermieden werden können.

● Es wird eine Entscheidungshilfe für den zukünftigen Finanzmitteleinsatz geschaffen, was besonders bei knappen finanziellen Mitteln von Bedeutung ist.

---

1 **Fixe Ausgaben** sind Zahlungen, die sich von Zeitabschnitt (z.B. Monat, Vierteljahr) zu Zeitabschnitt nicht oder nur unwesentlich verändern.

2 **Variable Ausgaben** sind Ausgaben, die sich in der Höhe verändern. Sie hängen i.d.R. von der Höhe des Einkommens ab: Je höher (niedriger) das Einkommen, desto höher (niedriger) sind die variablen Ausgaben.

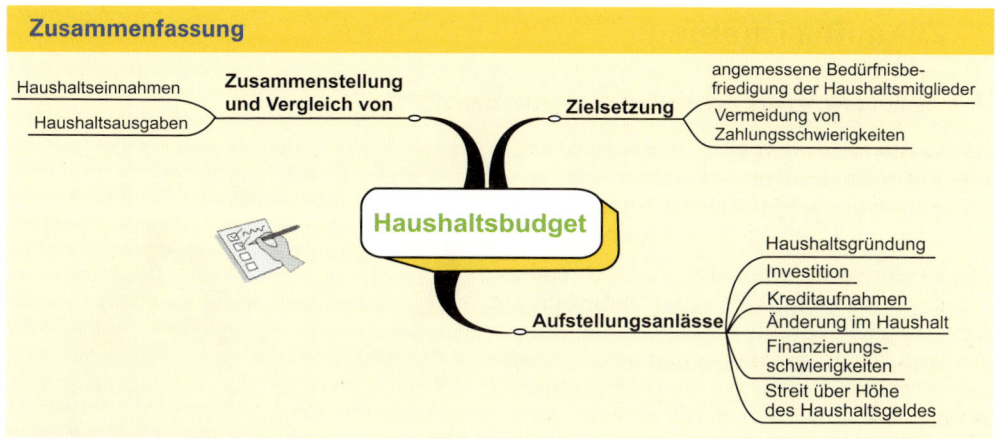

129 Familie Rosner, ein Ehepaar mit zwei Kindern im Alter von 2 und $3\frac{1}{2}$ Jahren, plant den Kauf eines gebrauchten Pkw. Herr Rosner, 29 Jahre alt, hat nach 4-monatiger Arbeitslosigkeit eine neue Stelle in einem ca. 40 km entfernt gelegenen Ort angenommen, den er mit öffentlichen Verkehrsmitteln nur schwer erreichen kann. Frau Rosner ist nicht berufstätig.

Aufgaben:

1. Berechnen Sie aufgrund der unten stehenden Angaben die monatliche Belastung, die Familie Rosner einkalkulieren muss, wenn sie das Auto kauft!
   - Kaufpreis des Pkw   8 958,00 EUR
   - Der Wagen soll 4 Jahre gefahren und dann mit 40 % des Kaufpreises verkauft werden.
   - Der durch den Wiederverkaufspreis des Altfahrzeugs nicht gedeckte Anteil des Nachfolgefahrzeugs soll durch eine monatlich Rücklage angespart werden. Zinsen bleiben unberücksichtigt.
   - Die Preissteigerungsrate wird mit 3 % pro Jahr angenommen.
   - Kfz-Steuer   74,00 EUR
   - Haftpflichtversicherung: pro Jahr   350,00 EUR
   - Vollkaskoversicherung: pro Jahr   307,00 EUR
   - Rechtsschutzversicherung: pro Jahr   40,00 EUR
   - Werkstattkosten: pro Monat   44,00 EUR
   - Benzinkosten: 5,2 Liter je 100 km, 1 Liter zu 1,65 EUR; angenommene Fahrleistung pro Jahr 20 000 km.

2. Familie Rosner entwirft folgende Einnahmen- und Ausgabenvorausplanung (Angaben für einen Monat):
   - Nettoeinkommen von Herrn Rosner   1 382,65 EUR
   - Kindergeld   368,00 EUR
   - Fixe Ausgaben   596,00 EUR
   - Sonstige (variable) Ausgaben   579,00 EUR

   Die Kosten für das Fahrzeug sind nicht berücksichtigt.

   2.1 Wie wird in der Haushaltsbuchführung eine solche Aufstellung genannt und wo kann Familie Rosner die Erfahrungswerte nachschlagen?

   2.2 Erläutern Sie, welche Bedeutung die Ausgabenstruktur für Kaufentscheidungen hat!

   2.3 Beurteilen Sie, ob der Autokauf finanziell verkraftet werden kann!

7 Zukunftssicherung

7.1 Notwendigkeit der privaten Vorsorge

Damit niemand in die im nebenstehenden Bild gezeigte Situation kommt, muss sich jeder gerade in jungen Jahren um eine solide Absicherung künftiger Risiken kümmern.

Auch wer erst ganz am Anfang seines Berufslebens steht, sollte den Gedanken an eine mögliche Berufsunfähigkeit nicht verdrängen. Wenn jemand wegen einer schweren **Krankheit** oder wegen eines **Unfalls** nicht mehr in seinem Beruf arbeiten kann, muss sein Lebensunterhalt auf andere Weise sichergestellt sein.

Wer für den Fall der Berufsunfähigkeit nicht privat vorgesorgt hat, kann in ernsthafte **finanzielle Schwierigkeiten** kommen. Die von der gesetzlichen Rentenversicherung gezahlte **Rente wegen verminderter Erwerbsfähigkeit** bietet allenfalls einen Grundschutz. Dieser reicht meist nicht aus, um selbst oder mit der Familie über die Runden zu kommen.

Die Rente wegen verminderter Erwerbsfähigkeit wird grundsätzlich nur befristet zuerkannt und richtet sich nach der Anzahl der Stunden, die eine Person nach einem Unfall oder nach einer Krankheit täglich noch arbeiten könnte.

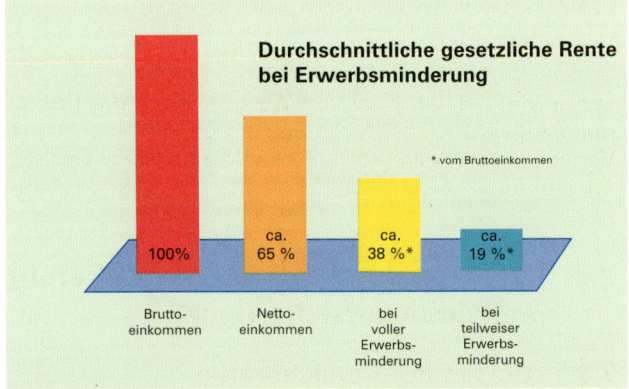

Hinzu kommen aufgrund der demografischen Entwicklung Unsicherheiten bei der **gesetzlichen Altersversorgung,** weil die Zahl der Rentenbezieher bei sinkender Zahl der Beitragszahler steigt. Die Gründe liegen in der höheren Lebenserwartung und in der abnehmenden Geburtenrate.

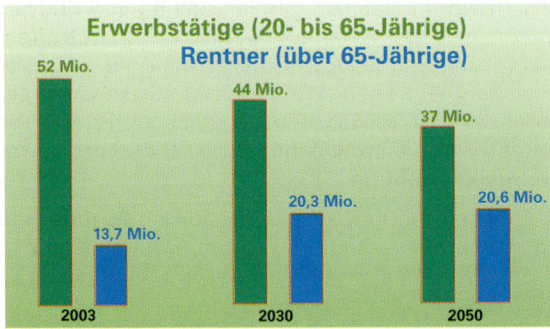

Quelle: Kolpingblatt, März 2004, S. 5.

7.2 Überblick über die privaten Vorsorgemöglichkeiten

Verantwortungsvoll handelnde Privatpersonen nehmen die Risiken (Gefahren, Wagnisse) nicht als etwas „Unabänderliches" hin. Um ihre wirtschaftliche Existenz zu sichern, bemühen sich diese vielmehr, **Risiken** zu **verhindern,** zu **begrenzen** und erforderlichenfalls gegen Prämienzahlung auf Versicherungsunternehmen (Versicherungen) abzuwälzen.

Unter den vielen Möglichkeiten **privater Vor-**

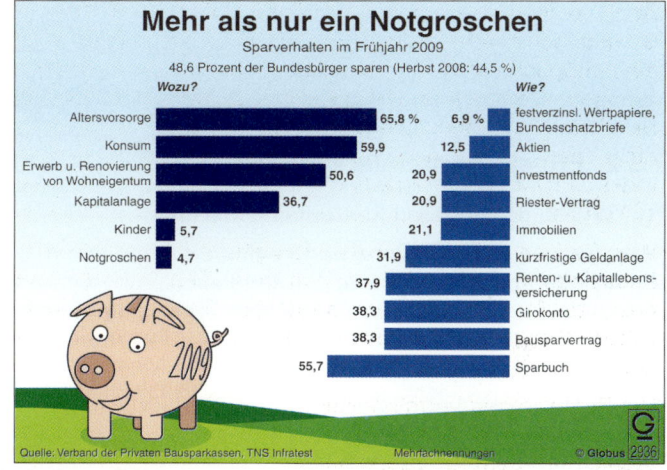

Mehr als nur ein Notgroschen
Sparverhalten im Frühjahr 2009
48,6 Prozent der Bundesbürger sparen (Herbst 2008: 44,5 %)

Wozu? / *Wie?*

Wozu?	%	%	Wie?
Altersvorsorge	65,8 %	6,9 %	festverzinsl. Wertpapiere, Bundesschatzbriefe
Konsum	59,9	12,5	Aktien
Erwerb u. Renovierung von Wohneigentum	50,6	20,9	Investmentfonds
Kapitalanlage	36,7	20,9	Riester-Vertrag
Kinder	5,7	21,1	Immobilien
Notgroschen	4,7	31,9	kurzfristige Geldanlage
		37,9	Renten- u. Kapitallebensversicherung
		38,3	Girokonto
		38,3	Bausparvertrag
		55,7	Sparbuch

Quelle: Verband der Privaten Bausparkassen, TNS Infratest   Mehrfachnennungen   © Globus 2936

sorge, wie z. B. der Kauf von Wertpapieren, das Kontensparen und der Erwerb von Wohnungseigentum (z. B. durch Bausparen), spielt in Deutschland der Abschluss von privaten Versicherungen die größte Rolle. Wir beschränken uns im Folgenden daher auf die wichtigsten Versicherungsarten.

7.3 Vorsorge durch private Versicherungen (Individualversicherungen)[1]

7.3.1 Wesen der Versicherung

Versicherungsunternehmen sind Unternehmen, die Risiken gegen Zahlung von Prämien übernehmen. Sie vereinigen z. B. viele von gleichen Schadensmöglichkeiten betroffene Personen und/oder Unternehmen, um den künftigen Schaden, der einem oder mehreren Versicherungsnehmer(n) entsteht, gemeinsam zu tragen. Während das Risiko eines einzelnen Versicherungsnehmers nicht voraussehbar ist, kann das durchschnittliche Risiko aller Versicherten ziemlich genau berechnet werden. Im Schadensfall profitiert der betroffene Versicherungsnehmer also von der **Risikostreuung**.

Um ein bestimmtes Risiko (z. B. Unfall, Diebstahl) durch eine Versicherung abzudecken, muss man einen **Versicherungsvertrag** mit einem Versicherungsunternehmen abschließen.

---

1 Der Begriff **Individualversicherung (Privatversicherung)** bringt zum Ausdruck, dass dieser Versicherung im Gegensatz zu den gesetzlichen Sozialversicherungen ein individueller (personenbezogener) Vertrag **(Versicherungsvertrag)** zugrunde liegt, auch wenn die Versicherungsverträge durch allgemeine Versicherungsbedingungen vereinheitlicht sind.

- Der Versicherungsvertrag kommt durch den **Antrag** des Versicherungsnehmers und die **Annahme** des Versicherungsunternehmens (des Versicherers) zustande.[1]

- Der Antrag ist angenommen, wenn der Versicherer dem Versicherungsnehmer ein Bestätigungsschreiben schickt oder den **Versicherungsschein (Police)** aushändigt.

- Der Versicherungsvertrag wird erfüllt, indem der Versicherungsnehmer die vereinbarte Prämie pünktlich bezahlt, der Versicherer den Versicherungsschutz gewährt sowie im Schadensfall die vereinbarte **Versicherungsleistung** erbringt [§ 1 VVG].

7.3.2 Private Rentenversicherung

(1) Wesen der privaten Rentenversicherung

Die private Rentenversicherung garantiert von einem bestimmten Zeitpunkt an eine monatliche lebenslange Rente. Sie kann auch „mit Hinterbliebenenschutz" abgeschlossen werden, also mit einer teilweisen Weiterzahlung der Rente nach dem Tod des Versicherten an die Hinterbliebenen.

(2) Einfluss des Zeitfaktors

Neben der Auswahl der richtigen Versicherungsgesellschaft ist bei einer bestimmten monatlichen Versicherungsprämie vor allem die Laufzeit des Versicherungsvertrags bis zum Rentenbeginn entscheidend für die Höhe der späteren Privatrente. Oder anders ausgedrückt: Der Beitrag für eine bestimmte Monatsrente ist umso geringer, je früher ein Versicherungsnehmer diesen Vertrag abschließt.

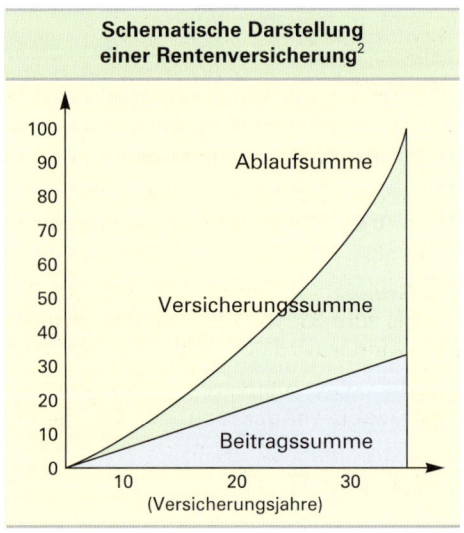

Schematische Darstellung einer Rentenversicherung[2]

Beispiel:

Für eine monatliche Zusatzrente in Höhe von 100,00 EUR ab dem 60. Lebensjahr muss ein 50-jähriger Mann (Versicherungsdauer 10 Jahre) eine monatliche Prämie in Höhe von 170,00 EUR bezahlen. Ein 20-jähriger Mann (Versicherungsdauer 40 Jahre) bezahlt dafür hingegen nur einen monatlichen Beitrag in Höhe von 53,00 EUR.

---

1 In der Regel ist der Versicherungsnehmer (die Versicherungsnehmerin) zugleich der (die) Versicherte. Wenn der Versicherungsvertrag jedoch zugunsten eines Dritten abgeschlossen wird, dann sind der Versicherungsnehmer und der (die) Versicherte verschiedene Personen. Der Ehemann (Versicherungsnehmer) schließt z.B. zugunsten seiner Ehefrau oder seiner Kinder (Versicherte) eine private Unfallversicherung ab.

2 Quelle (modifiziert): www.akademischerdienst.de/fklv1.html.

(3) Private Altersvorsorge durch staatlich geförderte Altersvorsorgeverträge (Riester-Verträge)

→ Problemstellung

Weil das derzeitige Rentenniveau in der gesetzlichen Rentenversicherung langfristig abgesenkt werden muss, steigt die Bedeutung der privaten Altersvorsorge. Der „Einstieg" in eine staatlich geförderte private Altersvorsorge erfolgte durch das Altersvermögensgesetz [AVmG]. Nach diesem Gesetz haben Personen, soweit sie bestimmte Voraussetzungen erfüllen, einen Anspruch auf eine vom Staat geleistete Altersvorsorgezulage.

→ Voraussetzungen für die Erlangung einer Altersvorsorgezulage

Die begünstigten (zulageberechtigten) Personen haben unter bestimmten Voraussetzungen einen Anspruch auf eine vom Staat geleistete **Altersvorsorgezulage** [§ 79 EStG].

Abschluss eines Altersvorsorge-vertrages	Grundvoraussetzung ist, dass die pflichtversicherten Personen einen auf ihren Namen lautenden **Altersvorsorgevertrag** abschließen.
Zahlung von Alters-vorsorgebeiträgen	Im Altersvorsorgevertrag muss sich der Vertragspartner z.B. verpflichten, bestimmte **Mindesteigenbeträge (Altersvorsorgebeiträge)** zu leisten. Werden diese nicht in voller Höhe erbracht, wird die Zulage gekürzt. Die Leistungen für den Vertragspartner zur Altersversorgung dürfen auch nicht vor Vollendung des 60. Lebensjahrs erbracht werden. Die Altersvorsorge-beiträge, die erwirtschafteten Erträge und Veräußerungsgewinne müssen außerdem in bestimmte Anlagen (Produkte) wie z.B. in Rentenversicherungen, Bankguthaben mit Zinsansammlung oder in Anteilen an Investmentfonds angelegt sein.
Zertifizierung des Altersvorsorge-vertrages	Die von den Anbietern[1] der Altersvorsorgeverträge gegebenen Leistungszusagen müssen **zertifizierungsfähig**[2] sein.

→ Grund- und Kinderzulage[3]

Abhängig von den geleisteten Altersvorsorgebeiträgen erhalten die Zulageberechtigten auf Antrag eine Zulage, die sich aus einer **Grundzulage** und einer **Kinderzulage** zusammensetzt.

Die **Grundzulage** beträgt derzeit (2014) 154,00 EUR. Die **Kinderzulage** beträgt für Kinder, die bis zum 31.12.2007 geboren wurden, 185,00 EUR. Für ab dem 1. Januar 2008 geborene Kinder wird eine jährliche Zulage von 300,00 EUR gewährt.

Um die vollen Altersvorsorgezulagen zu erhalten, muss der Zulageberechtigte einen **Mindesteigenbeitrag** leisten, der 4 % der beitragspflichtigen Einnahmen des Versicherungspflichtigen beträgt. In jedem Fall muss vom „Vorsorgesparer" ein sogenannter **Sockelbeitrag** geleistet werden.

---

1 Anbieter von Altersvorsorgeverträgen sind die im § 1 II AltZertG genannten Unternehmen (vor allem Lebensversicherungs-unternehmen).

2 Die Zertifizierung eines Altersvorsorgevertrags ist die Feststellung, dass die Vertragsbedingungen des Altersvorsorgever-trags des Anbieters den gesetzlichen Anforderungen entsprechen [§ 1 III AltZertG]. Zweck der Zertifizierung ist der Schutz der Vertragspartner vor unseriösen Anbietern und Versicherungsverträgen.

3 Zentrale Stelle für die Ermittlung des Zulageanspruchs und Auszahlung der Zulagen an die Anbieter zugunsten der Zulage-berechtigten ist die Bundesversicherungsanstalt für Angestellte.

→ Einbeziehung von Wohneigentum

Angespartes Geld aus einem Altersvorsorgevertrag (Riester-Vertrag) kann alternativ auch komplett entnommen und in eine selbst genutzte Immobilie investiert werden. Damit soll das mietfreie Wohnen als Baustein der Altersabsicherung gefördert werden.

7.3.3 Berufsunfähigkeitsversicherung[1]

Die finanzielle Sicherheit und Unabhängigkeit vieler Menschen (vor allem der Arbeitnehmer) hängt allein von deren Erwerbs- und Berufstätigkeit ab. Sowohl bei der Ausübung des Berufs (bei der Erwerbstätigkeit) als auch im privaten Bereich (z.B. beim Sport) besteht das ständige Risiko (die Gefahr), z.B. durch eine schwere Krankheit und/oder einen Unfall berufs- und/oder erwerbsunfähig zu werden.

Es ist daher sinnvoll, sich gegen die Folgen einer Berufs- und Erwerbsunfähigkeit abzusichern. Vor allem Berufsanfänger benötigen eine **Berufsunfähigkeitsversicherung,** da sie gerade in der Anfangsphase ihrer Berufstätigkeit nur unzureichend finanziell versorgt sind.

In der Regel sind die Versicherungsverträge so abgefasst, dass der Versicherte die vereinbarte Leistung aus der Berufsunfähigkeitsversicherung (z.B. Rente) erhält, wenn er zumindest 50 % berufsunfähig ist. Generell mitversichert ist heute der Pflegefall. Die Versicherungs- und Beitragszahlungsdauer kann auf ein bestimmtes Alter – z.B. 45 Jahre – beschränkt werden. In der Regel werden Leistungen aus der Berufsunfähigkeitsversicherung nicht über das 65. Lebensjahr hinaus erbracht.

Wird die Berufsunfähigkeitsversicherung in Verbindung mit einer **Kapital bildenden Lebensversicherung** oder einer **privaten Rentenversicherung** abgeschlossen, so bietet sie außerdem den Vorteil, dass diese Lebens- bzw. Rentenversicherung im Schadensfall beitragsfrei weiterläuft. Das heißt: An Stelle des Versicherungsnehmers sorgt dann die sogenannte Berufsunfähigkeitszusatzversicherung dafür, dass die Beiträge weitergezahlt werden. So werden die Leistungen aus diesen Verträgen im Falle einer Berufsunfähigkeit abgesichert.

Wegen der strengen Anforderungen an die gesetzlichen Renten wegen verminderter Erwerbsfähigkeit und deren relativ niedrigen Höhe wird die Bedeutung, sich auch gegen die finanziellen Risiken einer Erwerbs- und Berufsunfähigkeit privat abzusichern, weiter zunehmen.

7.3.4 Erwerbsunfähigkeitsversicherung

Die Erwerbsunfähigkeitsversicherung tritt in der Regel ein, wenn der Versicherte vollständig außerstande ist, irgendeine regelmäßige Erwerbstätigkeit auszuüben. Diese Form der Absicherung stellt für alle Versicherungsnehmer eine kostengünstige Alternative dar, die nur den schlimmsten aller Fälle (worst case) absichern wollen.

---

1 Während bei der Berufsunfähigkeit nur der erlernte Beruf nicht mehr ausgeübt werden kann, ist bei der (vollen) Erwerbsunfähigkeit überhaupt keine Erwerbstätigkeit (keine Berufstätigkeit) mehr möglich.

7.3.5 Private Unfallversicherung[1]

Die Leistung der privaten Unfallversicherung besteht darin, den Versicherten gegen die finanziellen Folgen von Unfällen im privaten Bereich abzusichern (Ergänzung der gesetzlichen Unfallversicherung).

Vereinbarte Versicherungsleistungen können sein:

- Tagegeld für vorübergehende Arbeitsunfähigkeit,
- Zuschüsse zu den Heilkosten,
- einmalige Kapitalzahlung (Summenversicherung) im Fall der Arbeitsunfähigkeit oder
- Rentenzahlung im Fall der Arbeitsunfähigkeit,
- Kapitalsumme im Todesfall.

Zusammenfassung

- Angesichts der bereits erfolgten und der zu erwartenden Leistungskürzungen sowie der auf Grund von Unfall und Krankheit drohenden Risiken ist es erforderlich, auch privat zur Sicherung eines angemessenen Lebensstandards z. B. im Falle einer Erwerbsminderung oder nach Eintritt ins Rentenalter vorzusorgen.

- Möglichkeiten der privaten Vorsorge sind u. a. der Abschluss einer privaten Rentenversicherung, einer privaten Unfallversicherung, einer Berufsunfähigkeitsversicherung oder einer Erwerbsunfähigkeitsversicherung.

- Zwischen der Sozialversicherung und der Individualversicherung bestehen wesentliche Unterschiede.

- Die private Altersvorsorge fördert der Staat mit nach dem Familienstand gestaffelten Zulagen.

- Der Abschluss einer privaten Rentenversicherung in jungen Jahren führt zu geringeren monatlichen Versicherungsbeiträgen.

Aufgaben **zur Sicherung und Vertiefung des Lernerfolgs**

130 1. Unterscheiden Sie zwischen Sozial- und Individualversicherung!

2. Beschreiben Sie das Zustandekommen des Versicherungsvertrags!

3. Wie heißen die am Versicherungsvertrag beteiligten Personen?

4. Welche Hauptpflicht hat der Versicherungsnehmer, welche Hauptpflicht der Versicherer aus dem Versicherungsvertrag?

5. 5.1 Erläutern Sie, aus welchen Gründen eine zusätzliche private Vorsorge notwendig ist!

5.2 Welche Ihnen bekannten Versicherungsarten sind besonders zur Sicherung eines angemessenen Lebensstandards im Falle einer Erwerbsminderung und nach Eintritt ins Rentenalter geeignet?

5.3 Begründen Sie, warum der Staat eine kapitalgedeckte private Altersvorsorge durch finanzielle Anreize zu fördern sucht!

5.4 Wodurch unterscheidet sich prinzipiell die staatlich geförderte kapitalgedeckte private Altersvorsorge von der gesetzlichen Rentenversicherung?

---

1 Die **gesetzliche Unfallversicherung**, für die der Arbeitgeber zuständig ist, zahlt nur dann, wenn dem Arbeitnehmer im beruflichen Bereich ein Unfall passiert. Deshalb sollte er sich überlegen, ob er eine private Unfallversicherung abschließen möchte. Sie sichert seinen Lebensunterhalt in der vereinbarten Höhe, unabhängig davon, ob ihm während der Arbeit, auf einem Arbeitsweg oder in der Freizeit ein Unfall zugestoßen ist – und das rund um die Uhr und weltweit.

Vorschlag zur Partner- oder Gruppenarbeit:

1. Erarbeiten Sie alle in der Abbildung genannten Begriffe, die Ihnen mehr oder weniger unbekannt sind!

2. Erläutern Sie die auf Folie kopierte Grafik Ihren Mitschülern!

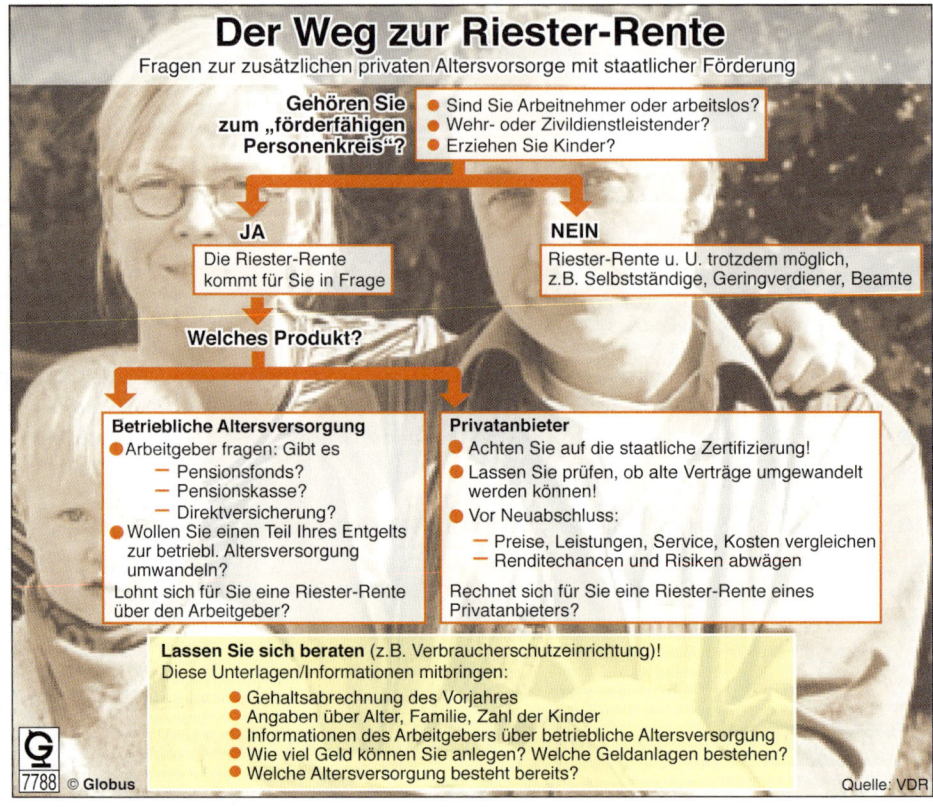

Der Weg zur Riester-Rente

Fragen zur zusätzlichen privaten Altersvorsorge mit staatlicher Förderung

Gehören Sie zum „förderfähigen Personenkreis"?
● Sind Sie Arbeitnehmer oder arbeitslos?
● Wehr- oder Zivildienstleistender?
● Erziehen Sie Kinder?

JA
Die Riester-Rente kommt für Sie in Frage

NEIN
Riester-Rente u. U. trotzdem möglich, z.B. Selbstständige, Geringverdiener, Beamte

Welches Produkt?

Betriebliche Altersversorgung
● Arbeitgeber fragen: Gibt es
  – Pensionsfonds?
  – Pensionskasse?
  – Direktversicherung?
● Wollen Sie einen Teil Ihres Entgelts zur betriebl. Altersversorgung umwandeln?
Lohnt sich für Sie eine Riester-Rente über den Arbeitgeber?

Privatanbieter
● Achten Sie auf die staatliche Zertifizierung!
● Lassen Sie prüfen, ob alte Verträge umgewandelt werden können!
● Vor Neuabschluss:
  – Preise, Leistungen, Service, Kosten vergleichen
  – Renditechancen und Risiken abwägen
Rechnet sich für Sie eine Riester-Rente eines Privatanbieters?

Lassen Sie sich beraten (z.B. Verbraucherschutzeinrichtung)!
Diese Unterlagen/Informationen mitbringen:
● Gehaltsabrechnung des Vorjahres
● Angaben über Alter, Familie, Zahl der Kinder
● Informationen des Arbeitgebers über betriebliche Altersversorgung
● Wie viel Geld können Sie anlegen? Welche Geldanlagen bestehen?
● Welche Altersversorgung besteht bereits?

7788 © Globus

Quelle: VDR

1 Softwareunterstützung der Geschäftsprozesse

1.1 Bedeutung

Der Einsatz eines Softwaresystems zur Unterstützung der betrieblichen Geschäftsprozesse (Geschäftsabläufe) ist heutzutage selbstverständlich. Solche Softwaresysteme bestehen aus mehreren integrierten Modulen (Finanzbuchhaltung, Verkauf, Einkauf, Lager usw.) und werden auch als ERP-Systeme[1] bezeichnet. Über eine zentrale, unternehmensweite Datenbank sind die genannten Module integriert, d.h. eng miteinander verzahnt.

So können z.B. Verkaufs- und Einkaufsprozesse, die sich in weitere Teilprozesse aufgliedern, zusammenhängend bearbeitet werden, wobei unmittelbar die warenwirtschaftlichen Auswirkungen im Lager und die finanzwirtschaftlichen Auswirkungen in der Finanzbuchhaltung sichtbar werden.

Die Abbildung zeigt das (auf einige wenige Module reduzierte) Hauptmenü des im Bereich mittelständischer Unternehmen führenden ERP-Systems „Microsoft Dynamics NAV®".

Bedienerfreundlichkeit und eine optische Ausrichtung an Microsoft-Standards ermöglichen einen weitgehend intuitiven[2] Umgang mit dem Programm.

1.2 Praktische Hinweise zum Einsatz des Softwaresystems

(1) Installation

Sofern Sie die integrierte Unternehmenssoftware in der Schule einsetzen, wird die Software vom Netzwerkadministrator bereits im Schulnetz installiert sein. Für eine Installation auf der lokalen Festplatte eines häuslichen Computers benötigen Sie das Datenbanksystem (Programm und Datenbank) sowie eine (Schul)Lizenz.[3]

---

1 Enterprise Resource Planning.

2 Intuitiv: durch Anschauung erkennbar.

3 Das Programm wird Ihnen die Schule zur Verfügung stellen oder kann durch Download vom Landesinstitut für Schulentwicklung, Stuttgart, über nachfolgenden Link besorgt werden:
http://www.ls-bw.de/dienstleistungen/berufsschulen/umat/kfm/navision.
Neben dem Programm darf auch die Einzelplatzlizenz für unterrichtsbezogene Übungszwecke an die Schüler ausgehändigt werden, jedoch muss vorab vom Schüler eine Nutzungsvereinbarung unterschrieben werden. Diese Nutzungsvereinbarung dient zum Schutz gegen Missbrauch und verbleibt an der Schule. Das Formular für die Nutzungsvereinbarung kann ebenfalls unter obigem Link im Register *Allgemein* heruntergeladen werden.

(2) Datenbankanmeldung

Nach dem Programmstart muss man sich mit der Benutzer-ID „BFW" (ohne Kennwort) in der Datenbank anmelden. Anschließend erhält man Zugang zum obigen Hauptmenü.

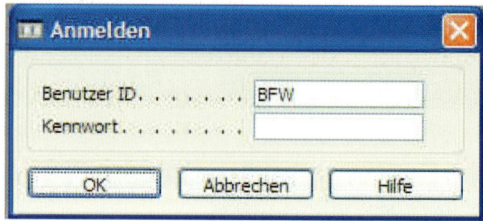

(3) Datensicherung importieren[1]

Soll zu Beginn einer Arbeitssitzung ein bestimmter Datenstand (Mandant) in die Datenbank des Programms importiert werden, so ist in der Menüleiste über *Extras/Datensicherung importieren* der Pfad zum Ordner, in dem die Datenstände hinterlegt sind, anzuwählen. Mit einem Doppelklick auf den entsprechenden Datenstand (oder Datenstand markieren und Schaltfläche *Öffnen*) wird der Mandant im Import-Fenster angezeigt. Mit Klick auf die Schaltfläche *OK* werden die Daten des ausgewählten Mandanten in die Datenbank eingelesen.

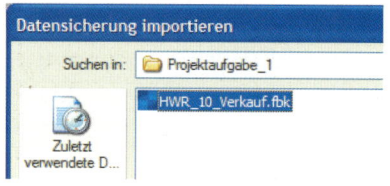

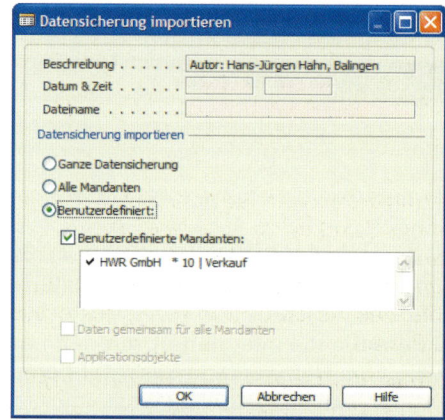

---

1 Ein Verzeichnis der Datenstände (Mandanten) befindet sich auf der Begleit-CD sowie im Lösungsheft.

In der Datenbank können gleichzeitig die Daten mehrerer Mandanten gehalten werden. Daher ist im nächsten Schritt der entsprechende Mandant zu öffnen. In der Menüleiste ist über *Datei/Mandant/Öffnen* aus der angezeigten Liste der jeweilige Mandant mit einem Doppelklick (oder Mandant markieren und Schaltfläche *OK*) zu aktivieren.

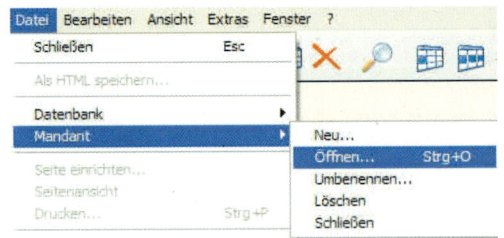 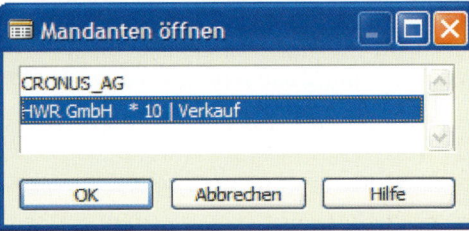

(4) Datensicherung erstellen

Soll am Ende einer Arbeitssitzung ein Datenstand für eine spätere Arbeitsfortsetzung gesichert werden, so ist in der Menüleiste über *Extras/Datensicherung erstellen* vorzugehen.

 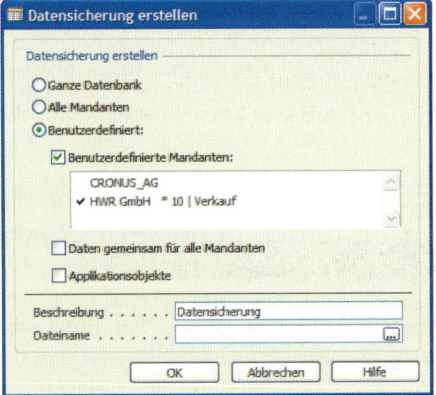

Benutzerdefiniert ist von den angezeigten Mandanten der zu sichernde Mandant mit einem Häkchen zu markieren (keine Häkchen setzen bei *Daten gemeinsam für alle Mandanten* und bei *Applikationsobjekte*). Im unteren Teil des Fensters kann im Feld *Beschreibung* eine Kurzbemerkung zum Datenstand angegeben werden. Im Feld *Dateiname* ist über den Assist-Button (Dreipunkte-Symbol) das Folgefenster *Datensicherung erstellen* zu öffnen.

Nun ist der Ordner anzuwählen, in dem der Datenstand gespeichert werden soll. Weiterhin ist der Datenstand mit einem Dateinamen zu versehen. Über die Schaltfläche *Speichern* gelangt man zurück ins obige Fenster. Dort ist im Feld *Dateiname* nun der Pfad des Ordners zu sehen, in dem sich der Datenstand nach der Speicherung befindet. Mit *OK* wird der Speicherungsvorgang gestartet.

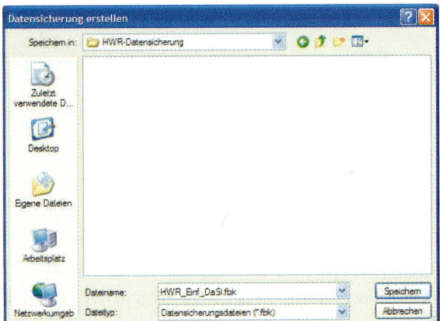

(5) Mandant löschen

Nicht mehr benötigte Mandanten sollten aus Platzgründen in der Datenbank wieder gelöscht werden.

Das Löschen des Mandanten geschieht in der Menüleiste über *Datei/Mandant/Löschen.*

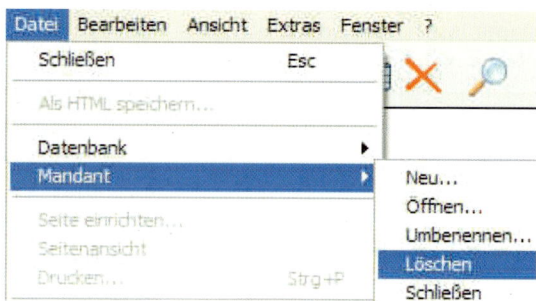

1
1. Importieren Sie den Mandanten „HWR_10_Verkauf"!

2. Löschen Sie den Mandanten CRONUS AG!

3. Nachdem Sie im Mandanten „HWR_10_Verkauf" einige Prozessabläufe abgewickelt sowie Daten verändert haben, möchten Sie den ursprünglichen Mandanten wieder in die Datenbank importieren. Wie ist vorzugehen?

1.3 Überblick über das Modellunternehmen und Einstieg in das ERP-System

(1) Situation

Die HWR GmbH ist ein Handelsunternehmen, zu dessen Stammkundschaft hauptsächlich Fachgeschäfte für Artikel aus dem Bereich Hobby, Werken und Renovieren gehören. Zur Abwicklung seiner Geschäftsprozesse setzt das Unternehmen eine integrierte Unternehmenssoftware ein.

In der Datenbank der Unternehmenssoftware ist bereits eine umfangreiche Datenbasis über Konten, Kunden, Lieferanten, Artikel, Bestände usw. der HWR GmbH vorhanden, die die Grundlage für die Abwicklung der Geschäftsprozesse bildet.

(2) Programmnavigation

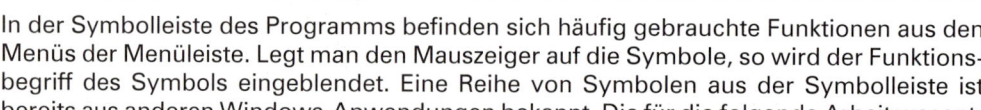

In der Symbolleiste des Programms befinden sich häufig gebrauchte Funktionen aus den Menüs der Menüleiste. Legt man den Mauszeiger auf die Symbole, so wird der Funktionsbegriff des Symbols eingeblendet. Eine Reihe von Symbolen aus der Symbolleiste ist bereits aus anderen Windows-Anwendungen bekannt. Die für die folgende Arbeit wesentlichen Symbole werden nachfolgend kurz erläutert:

Mit diesen Symbolen kann z.B. bei den Kunden, Lieferanten, Artikeln in den jeweiligen Karten (Datensätzen) navigiert, d.h. vorwärts und rückwärts geblättert bzw. eine Gesamtübersicht aller Datensätze angezeigt werden.

Aus der Gesamtheit der Datensätze (z.B. Kunden, Lieferanten usw.) werden über diese Symbole je nach Filtersetzung nur Datensätze nach bestimmten Kriterien angezeigt.

Befindet man sich z.B. in einer Artikelkarte oder in der Artikelübersicht, so kann über diese Suchfunktion ein Artikel beispielsweise über Artikelnummer oder Artikelbezeichnung ausfindig gemacht werden. Bevor die Suchfunktion gestartet wird, muss der Cursor in das entsprechende Datenfeld (Artikelnummer oder Artikelbezeichnung) gestellt werden. Für andere Suchvorgänge bei Kunden, Lieferanten usw. gilt dies analog.

Über diese Symbole lassen sich Datensätze bei Konten, Kunden, Lieferanten, Artikeln einfügen bzw. wieder löschen.

Projektaufgabe

2 Erkunden Sie in den einzelnen Modulen der eingesetzten Software wichtige Geschäftsdaten der HWR GmbH!

Stellen Sie fest bzw. ermitteln Sie ...

1. bei den Buchführungskonten,

... welches Bankguthaben vorhanden ist.

... welchen Betrag an Zahlungseingängen die HWR GmbH von Kunden noch zu erwarten hat.

... welchen Betrag an Zahlungsverpflichtungen das Unternehmen momentan gegenüber Lieferanten hat.

2. bei den Kunden,

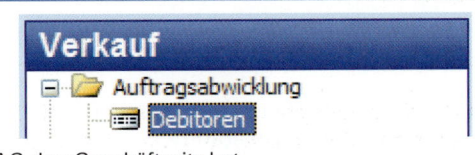

... wo der Kunde (Debitor) Bauland AG den Geschäftssitz hat.

... welchen Betrag die HWR GmbH von diesem Kunden noch zu bekommen hat.

... welche Zahlungsbedingung die HWR GmbH diesem Kunden einräumt.

3.	bei den Lieferanten,	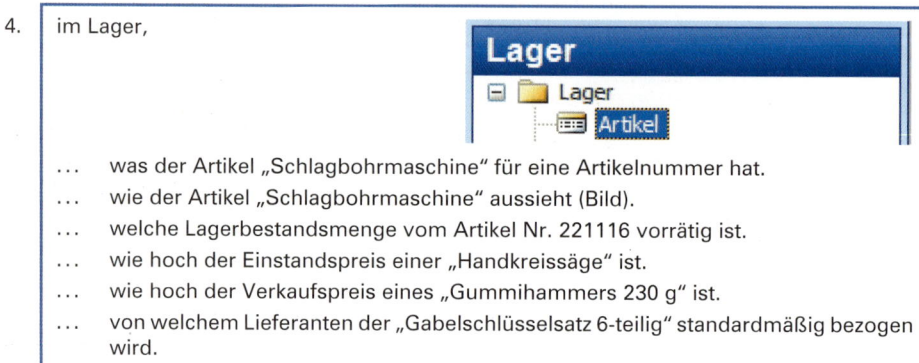

... wo der Lieferant (Kreditor) Breuer-Technik GmbH & Co. KG den Geschäftssitz hat.

... welchen Betrag die HWR GmbH an diesen Lieferanten noch zu zahlen hat.

... welche Zahlungsbedingung dieser Lieferant der HWR GmbH einräumt.

4.	im Lager,

... was der Artikel „Schlagbohrmaschine" für eine Artikelnummer hat.

... wie der Artikel „Schlagbohrmaschine" aussieht (Bild).

... welche Lagerbestandsmenge vom Artikel Nr. 221116 vorrätig ist.

... wie hoch der Einstandspreis einer „Handkreissäge" ist.

... wie hoch der Verkaufspreis eines „Gummihammers 230 g" ist.

... von welchem Lieferanten der „Gabelschlüsselsatz 6-teilig" standardmäßig bezogen wird.

2 Projekt: Verkaufsprozess

2.1 Grundlagen

Situation

Die HWR GmbH hat ein sehr umfangreiches Warensortiment mit Artikeln aus dem Bereich Hobby, Werken und Renovieren. Laufend gehen von Kunden Artikelanfragen in der HWR GmbH ein. Anschließend werden Angebote an die Kunden abgegeben, die meist auch zu Aufträgen führen und im Weiteren zuverlässig und zur Zufriedenheit der Kunden abgewickelt werden.

Bei den gängigen und „schnelldrehenden" Warenartikeln wird ein Lagerbestand gehalten, der in der Regel eine sofortige Lieferfähigkeit aus dem Lagerbestand heraus ermöglicht.

Die HWR GmbH setzt im Betrieb eine integrierte Unternehmenssoftware ein, mit deren Unterstützung Sie die anfallenden Arbeitsaufträge im Rahmen des betrieblichen Verkaufsprozesses durchführen sollen.

3 1. Anfragen nach Artikeln erfolgen bei der HWR GmbH meist telefonisch, per Fax, per E-Mail oder postalisch. Aufgrund dieser Anfragen gibt die HWR GmbH verbindliche Angebote ab, die im Softwaresystem erfasst, gespeichert und an die Kunden auf den entsprechenden Kommunikationswegen übermittelt werden.

Aufgaben:

1.1 Überprüfen Sie, welche Angebote an Kunden bereits abgegeben wurden, und lassen Sie sich die Angebote über die Schaltfläche *Drucken* und im Weiteren über die Schaltfläche *Seitenansicht* am Bildschirm anzeigen!

1.2 Stellen Sie stichprobenartig fest, ob die Lagerbestände der angebotenen Artikel für eine sofortige Lieferung ausreichen, falls die Angebote zu Aufträgen führen würden!

2. Der Auftragseingang bei der HWR GmbH erfolgt mit oder ohne vorausgegangenes Angebot in der Regel telefonisch, per Fax, per E-Mail oder postalisch. Der Kunde erhält eine Auftragsbestätigung. Bei Auslieferung der Artikel werden aus den Daten des Auftrags ein Lieferschein und eine Rechnung als Begleitpapiere erzeugt, verbunden mit den entsprechenden Buchungen im Lager und in der Finanzbuchhaltung.

Aufgaben:

2.1 Überprüfen Sie, welche noch nicht abgewickelten Kundenaufträge bereits vorhanden sind, und lassen Sie sich die Aufträge bzw. Auftragsbestätigungen über die Schaltfläche *Drucken* und im Weiteren über Schaltfläche *Seitenansicht* am Bildschirm anzeigen!

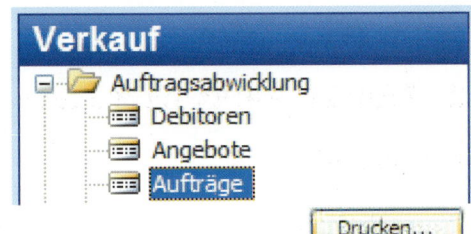

2.2 Erläutern Sie, in welchen Fällen grundsätzlich eine Auftragsbestätigung für das Zustandekommen eines Kaufvertrags notwendig ist!

2.3 Prüfen Sie stichprobenartig am Beispiel eines Artikels aus einem Auftrag, ob die Auftragsmenge im Lager verfügbar ist!

2.4 Inwiefern ist aus der Artikelkarte ersichtlich, ob bei einem Artikel ein zu erfüllender Kundenauftrag vorliegt?

3. Die HWR GmbH hat seit Beginn des Geschäftsjahres bereits eine Reihe von Kundenaufträgen abgewickelt.

(1) Stellen Sie fest, wie viel Ausgangsrechnungen bislang an Kunden erstellt wurden!

(2) Stellen Sie fest, an welchen Kunden die Ausgangsrechnung Nr. 26011 ging, auf welchen Betrag die Rechnung lautete und wie viel verschiedene Artikel an den Kunden geliefert wurden!

(3) Ermitteln Sie in der Finanzbuchhaltung, zu welchem Umsatzerlös die an die Kunden verschickten Rechnungen seit Jahresbeginn geführt haben!

(4) Begründen Sie, warum die Umsatzerlöse niedriger sind als die Summe der Rechnungsbeträge der Kundenrechnungen!

2.2 Abwicklung des Verkaufsprozesses

Die folgende Abbildung skizziert vereinfacht den grundsätzlichen Ablauf eines Verkaufsprozesses. Vereinfachend nehmen wir zunächst noch an, dass die Auftragsabwicklung aus einem ausreichend verfügbaren Lagerbestand heraus ohne Einkaufsprozess möglich ist.

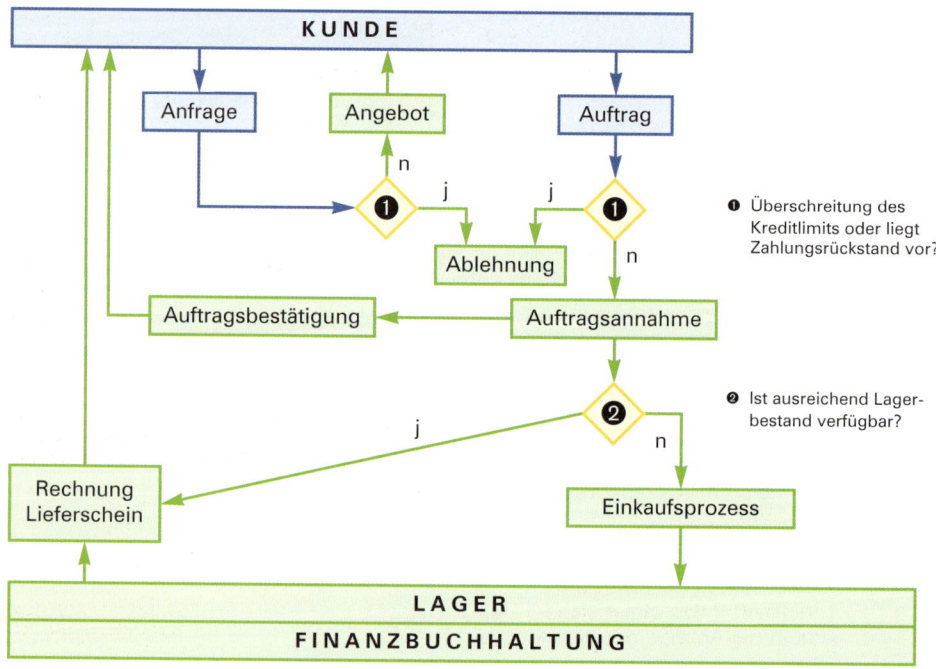

Erläuterung

Nach Eingang einer Kundenanfrage führt das System bereits bei der Erstellung des „Angebotskopfes" (Nr. und Datum des Angebotes, Adressdaten des Kunden) eine sogenannte Bonitätsprüfung durch. Dabei wird geprüft, ob mit dem Angebot (falls es zu einem Auftrag führen würde) das dem Kunden laut Debitorenkarte eingeräumte Kreditlimit überschritten wird und/oder ob aufgrund bereits früher abgewickelter Aufträge der Kunde einen „überfälligen Saldo" hat, also im Zahlungsrückstand ist. Gegebenenfalls hat hier der Sachbearbeiter auch einen Entscheidungsspielraum, ob ein Angebot an den Kunden abgegeben wird oder nicht.

Bei einem Auftragseingang (mit oder ohne vorausgegangenes Angebot) führt das System im Rahmen der Auftragserfassung ebenfalls zunächst eine Bonitätsprüfung durch, die gegebenenfalls zu einer Auftragsablehnung führt. Außerdem wird bei der Erfassung der Auftragspositionen vom System die Verfügbarkeit des Artikels im Lager geprüft. Bei nicht ausreichender Verfügbarkeit müsste in einen Einkaufsprozess verzweigt werden, um schließlich dem Kunden die Artikel ausliefern zu können.

Projektaufgabe

4   Anfrage und Angebot

1. Erläutern Sie, was man unter der Bonität eines Kunden versteht und was bei einer Bonitätsprüfung des Kunden überprüft wird!

2. Folgende Gesprächsnotiz wurde von einem Telefongespräch mit einem Kunden, mit dem bereits früher Geschäfte getätigt wurden, angefertigt:

Telefonnotiz
Datum: *12.01.*
Kontakt: *Herr Braun, Hobby-Center GmbH*
Notiz: *Wünscht schnellstmöglich ein Angebot über 200 Stück Artikel Nr. 221071 Gartenschere und 50 Stück Artikel Nr. 221075 Elektro-Heckenschere.*

Aufgaben:

2.1 Prüfen Sie vor einer eventuellen Angebotsabgabe anhand der Debitorenkarte, ob der Kunde das eingeräumte Kreditlimit überschreitet, falls das Angebot zu einem Auftrag führen würde, und ob der Kunde aufgrund eventuell früherer Lieferungen im Zahlungsrückstand ist!

Bearbeitungshinweis

Einen Überblick über die „offenen Posten" eines Kunden erhält man sehr schnell über das Register *Allgemein* der betreffenden Debitorenkarte.

Über die Pfeilschaltfläche im Betragsfeld *Saldo* öffnet sich im Weiteren die Anzeige der offenen Posten.

2.2 Erstellen Sie unter dem Arbeitsdatum des 12.01. ein Angebot an die Hobby-Center GmbH mit Einräumung eines Rabattes in Höhe von 5%!

Bearbeitungshinweis

Über das Einfügesymbol der Symbolleiste oder über Funktionstaste F3 erhält man eine leere Angebotsmaske. Im Feld *Angebot Nr.* der Angebotsmaske erhält man für das Angebot über die Enter-Taste einen Nummernvorschlag. Im folgenden Feld ist über die Pfeilschaltfläche die Auswahl des Kunden möglich, sodass die Adressdaten in den „Angebotskopf" übernommen werden.

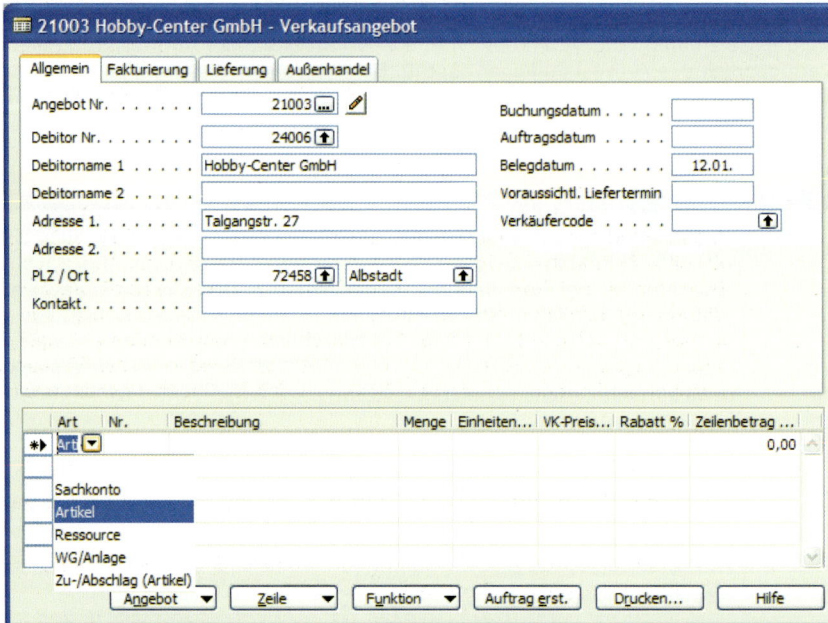

Der untere, tabellarische Teil der Maske dient der Erstellung der Angebotspositionen. Im Feld *Art* ist *Artikel* auszuwählen, um im Weiteren den Angebotsartikel mit Verkaufspreis aus dem Artikelverzeichnis zu übernehmen. Die Angebotsmenge und ein eingeräumter Rabattsatz sind in den entsprechenden Feldern der Zeile noch zu erfassen. Im Falle einer Kreditlimitüberschreitung soll trotzdem ein Angebot für den Kunden erstellt werden.

Über die Schaltfläche *Drucken* kann man sich das Angebot als Dokument ausdrucken oder anzeigen lassen. Hierbei kann im Folgefenster über das Register *Optionen* ein bereits vorhandener, einleitender und abschließender Text zum Angebotsinhalt entsprechend abgeändert werden.

2.3 Das angezeigte/ausgedruckte Angebot enthält auch die dem Kunden eingeräumten Liefer- und Zahlungsbedingungen, obwohl diese nicht ausdrücklich im Angebot erfasst wurden.

Begründen Sie, wo die dem einzelnen Kunden gewährten Liefer- und Zahlungsbedingungen hinterlegt sein müssen und überprüfen Sie diese!

3. Von der Bauland AG ging folgende E-Mail ein:

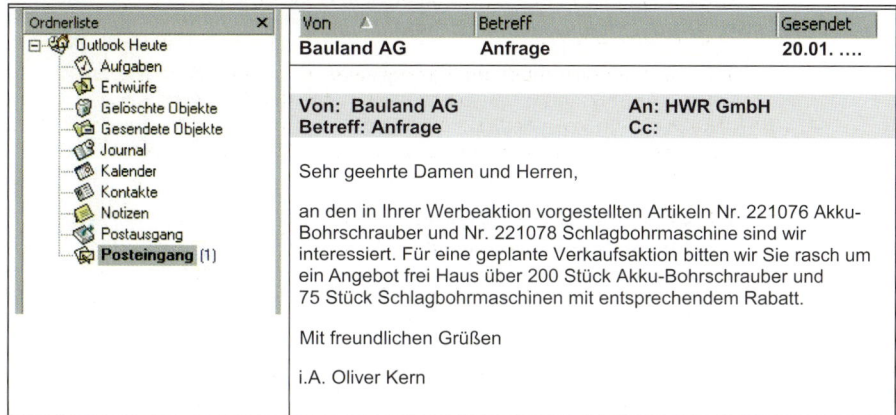

Die Bauland AG ist bereits ein langjähriger, guter Kunde. Im Falle einer Überschreitung des Kreditlimits oder bei fälligen offenen Posten soll trotzdem ein Angebot abgegeben werden. Beachten Sie bei Ihrer Einräumung des Rabattes, dass die HWR GmbH bei ihren Waren für die innerbetrieblichen Kosten mit einem Handlungskostenzuschlag von 25 % auf den Einstandspreis kalkuliert und unter Berücksichtigung der Kundenzahlungsbedingung bei den Artikeln eine Gewinnspanne von etwa 5 % realisieren möchte. Für eventuelle Angebotsnachverhandlungen soll noch ein Spielraum für ein Rabattzugeständnis möglich sein.

Aufgaben:

3.1 Führen Sie vor der Angebotserstellung eine Bonitätsprüfung durch!

3.2 Ermitteln Sie, welcher Rabattsatz der Bauland AG aufgrund der genannten Faktoren eingeräumt werden könnte!

3.3 Erstellen Sie unter dem Arbeitsdatum des 20.01. für die Bauland AG ein Angebot mit Einräumung eines Rabattes!

5 Angebot und Auftrag

1. Rückfragen zu abgegebenen Angeboten kommen von Kundenseite sehr häufig durch Telefonanruf.

Aufgaben:

1.1 Am 28.01. kam von der Hobby-Center GmbH ein Telefonanruf. Sie nimmt unser Angebot vom 12.01. unverändert an und bittet um schnellstmögliche Lieferung.

Begründen Sie, ob der Kaufvertrag mit der Hobby-Center GmbH bereits durch den Telefonanruf oder erst mit einer Auftragsbestätigung zustande kommt!

1.2 Prüfen Sie die Verfügbarkeit der angebotenen Artikel im Lager und erzeugen Sie aus dem Angebot einen Auftrag!

Bearbeitungshinweis

Rufen Sie das Angebot an die Hobby-Center GmbH auf und ändern bzw. ergänzen Sie im „Angebotskopf" die entsprechenden Datumsangaben.

Erzeugen Sie anschließend aus dem Angebot über die Schaltfläche *Auftrag erstellen* einen Auftrag!

Überprüfen Sie anschließend unter dem Menüpunkt *Aufträge* den erzeugten Auftrag und lassen Sie sich den Auftrag bzw. die Auftragsbestätigung als Dokument über die Schaltfläche *Drucken* ausdrucken oder über *Seitenansicht* am Bildschirm anzeigen!

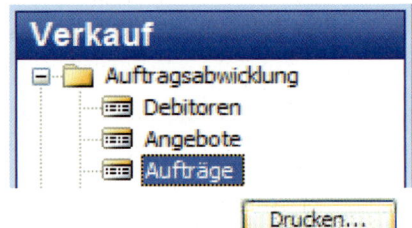

1.3 Inwiefern ist aus der Artikelkarte der betreffenden Artikel nun ersichtlich, dass ein zu erfüllender Kundenauftrag vorliegt?

2. Folgende Gesprächsnotiz wurde von einem Telefongespräch mit einem weiteren Kunden angefertigt:

Telefonnotiz

Datum: 02.02.

Kontakt: Herr Wunder, Kurz GmbH

Notiz: Bezug auf unser Angebot Nr. 21001 vom 04.01. Auftragserteilung nur, wenn beim Artikel Schraubstock ein Rabatt von 25% und beim Artikel Lochsäge ein Rabatt von 20% möglich ist. Gewünschtes Lieferdatum bis 13.02.

Aufgaben:

2.1 Prüfen Sie, ob bei den Vorgaben des Kunden wenigstens die kalkulierten innerbetrieblichen Kosten (Handlungskostenzuschlag) in Höhe von 25 % auf den Einstandspreis noch gedeckt wären, wenn der Kunde entsprechend der Kundenzahlungsbedingung eventuell noch den Skontoabzug vornimmt!

2.2 Nennen Sie Gründe, die im vorliegenden Fall trotz unbefriedigender Gewinnsituation für eine Auftragsannahme sprechen könnten!

2.3 Der Auftrag soll zu den Bedingungen des Kunden angenommen werden. Prüfen Sie, ob ein ausreichender Lagerbestand für die Auslieferung an den Kunden vorhanden ist!

2.4 Erzeugen Sie aus dem Angebot einen Auftrag!

Bearbeitungshinweis

Nehmen Sie unter dem Arbeitsdatum des 02.02. im „Angebotskopf" und bei den Angebotspositionen des zugrunde liegenden Angebotes die entsprechenden Änderungen vor.

Überprüfen Sie anschließend unter dem Menüpunkt *Aufträge* den erzeugten Auftrag und lassen Sie sich den Auftrag bzw. die Auftragsbestätigung als Dokument über die Schaltfläche *Drucken* ausdrucken oder über *Seitenansicht* am Bildschirm anzeigen!

3. Am 03.02. meldet sich Herr Kern von der Bauland AG wegen unseres abgegebenen Angebotes vom 20.01. am Telefon. Während die Akku-Bohrschrauber wie angeboten mit 20 % Rabatt geliefert werden können, musste nach zähen Verhandlungen der Rabatt für den Artikel Schlagbohrmaschine auf 30 % erhöht werden, um den Auftrag insgesamt bei rascher Lieferung zu erhalten. Die Lieferung wurde für den 09.02. zugesagt.

Aufgaben:

3.1 Nehmen Sie unter dem Arbeitsdatum des 03.02. im „Angebotskopf" und bei der betreffenden Angebotsposition die entsprechende Aktualisierung vor und erzeugen Sie aus dem Angebot einen Auftrag!

3.2 Auf wie viel Prozent beläuft sich der Rabatt bei diesem Auftrag insgesamt?

3.3 Erläutern Sie, welche Auswirkung die Rabatterhöhung auf Umsatzerlös, Umsatzsteuer und die Lagermenge haben wird!

6 Lieferung und Ausgangsrechnung

1. Am 05.02. liefert die HWR GmbH den Auftrag von der Bauland AG mit nachfolgender Rechnung aus:

Aufgaben:

1.1 Erläutern Sie, welche Auswirkung die Auslieferung des Auftrages im Lager (Artikelkarte) hervorruft!

1.2 Stellen Sie für die obige Ausgangsrechnung die Buchung, die im ERP-System automatisch vorgenommen wird, auf den entsprechenden Konten dar!

1.3 Neben dem Warenverkauf (Umsatzerlös/Ertrag) bucht das System sofort bei jedem Verkaufsvorgang auch den Wert der aus dem Lager abgegangenen Artikel als Aufwand (sogenannter Wareneinsatz).

Ermitteln Sie mithilfe des in der Artikelkarte hinterlegten Einstandspreises, wie viel die verkaufte Ware beim Einkauf gekostet hat!

1.4 Stellen Sie für die obige Ausgangsrechnung auch die Warenaufwandsbuchung, die im ERP-System automatisch vorgenommen wird, auf den entsprechenden Konten dar!

1.5 Aus der Differenz zwischen Warenumsatzerlös und Warenaufwand ergibt sich sofort bei jedem Verkaufsgeschäft der sogenannte Warenrohgewinn.

Ermitteln Sie aus den vorgenommenen Buchungen den Warenrohgewinn aus diesem Kundenauftrag!

1.6 Aktualisieren Sie im erfassten Auftrag der Bauland AG die Datumsangaben und erzeugen Sie über die Schaltflächen *Buchen/Buchen* eine Lieferung und Rechnung!

1.7 Lassen Sie sich für die Lieferung und Rechnungsstellung (Fakturierung) vom System auch die Belege ausdrucken!

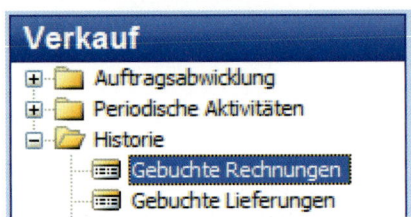

1.8 Öffnen Sie in der *Finanzbuchhaltung* den Menüpunkt *Journale* und analysieren und vergleichen Sie die Buchungen unter LWERTBUCH (Lagerwertbuch) und VERKAUF mit den Buchungen in Aufgabe 1.2 und 1.4!

Bearbeitungshinweis

Alternativ zum Journal lassen sich die Buchungen auch im Kontenplan der Finanzbuchhaltung über die Schaltflächen *Saldo/Saldo* analysieren.

Setzen Sie als Datumsfilter den Tag der Rechnung, um gezielt nur diese Buchungen angezeigt zu bekommen!

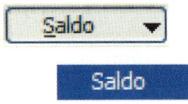

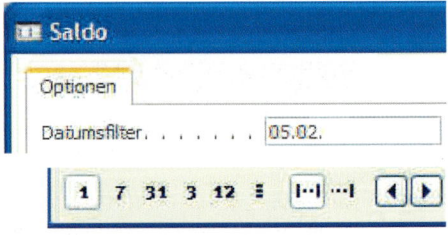

Setzen Sie links unten im Bildschirm die Schaltflächen auf einen | begrenzten Zeitabschnitt | und auf 1 Tag.

2. Am 06.02. wurden die Aufträge der Kunden Hobby-Center GmbH und Baupraktiker GmbH mit gleichzeitiger Rechnungsstellung ausgeliefert.

Aufgabe:

Nehmen Sie die entsprechenden Arbeiten im System vor!

7   Rücksendung und Verkaufsgutschrift

Am 10.02. ruft Herr Anger von der Baupraktiker GmbH wegen der Rechnung Nr. 26018 an. Durch ein innerbetriebliches Versehen seien vom Artikel Nr. „221035 Gummihammer 230 g" 200 Stück statt 100 Stück bestellt worden. Seiner Bitte um Rücknahme und Gutschrift von 100 Stück hat die HWR GmbH aus Kulanzgründen entsprochen. Am 13.02. traf die Rücklieferung in der HWR GmbH ein.

Aufgaben:

1. Erläutern Sie, welche Auswirkung bzw. Veränderung die Gutschrift in der Finanzbuchhaltung und im Lager haben wird!

2. Rufen Sie im System die gebuchte Rechnung auf und ermitteln Sie manuell den sich ergebenden Gutschriftbetrag!

3. Erstellen und buchen Sie unter dem Arbeitsdatum des 13.02. die Gutschrift im System und drucken Sie die Gutschrift aus!

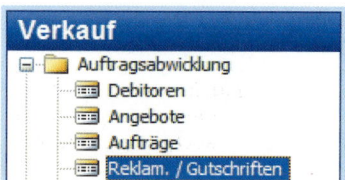

Bearbeitungshinweis

In der Gutschriftmaske erhält man über die Enter-Taste einen Vorschlag für die Gutschriftnummer.

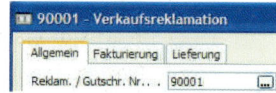

Anschließend ist über die Schaltflächen *Funktion/Beleg kopieren* am unteren Bildschirmrand die gebuchte Rechnung aufzurufen, auf die eine Gutschrift erteilt werden soll.

Durch das Setzen des Häkchens in der vorigen Abbildung werden die Adressdaten und der Inhalt der gebuchten Rechnung in den „Gutschriftkopf" übernommen. Die von der Gutschrift nicht betroffenen Positionen (Zeilen) sind zu löschen, während betroffene Positionen entsprechend mit der Rücksendungsmenge zu korrigieren sind.

4. Stellen Sie für die Rücksendung die Buchungen, die im ERP-System automatisch vorgenommen werden, auf den entsprechenden Konten dar!

Bearbeitungshinweis

Vergleichen Sie hierzu auch die Buchungen, die aufgrund der vorausgegangenen Lieferung und Ausgangsrechnung vorgenommen wurden.

5. Überprüfen bzw. vergleichen Sie in der *Finanzbuchhaltung* in *Journale* die Buchungen unter LWERTBUCH (Lagerwertbuch) und VERKAUF mit Ihren Buchungen aus der vorigen Aufgabe!

8 Zahlungseingang

Die HWR GmbH erhielt von ihrer Hausbank nachfolgenden Kontoauszug.

SPARKASSE ZOLLERNALB   **Auszug 10**   IBAN: DE47 6535 1260 0024 9991 11
BIC: SOLADES1BAL

Alter Kontostand vom 08.02.   EUR   118.774,85+

Tag	Text	Wert	Belastung	Gutschrift
10.02	WEBER KG, KD-NR 24004 R-NR 25494	10.02		3.179,94
18.02	BAULAND AG, KD-NR 24002 R-NR 26016 ABZÜGL. SKONTO	18.02		18.593,17
19.02	HOBBY-CENTER GMBH, KD-NR 24006 R-NR 26017 ABZÜGL. SKONTO	19.02		7.180,00
19.02	BAUPRAKTIKER GMBH, KD-NR 24003 R-NR 26018 ABZÜGL. GUTSCHRIFT NR 28001 UND SKONTO	19.02		1.554,70
	Neuer Kontostand vom 20.02.			149.282,66+

++++ NEUER ZINSSATZ SEIT 15.01. 10,75%

Aufgaben:

1. Die Weber KG hat die Rechnung ohne Abzüge mit korrektem Betrag überwiesen. Geben Sie den Buchungssatz an, der sich durch diesen Zahlungseingang ergibt!

2. Prüfen Sie die sachliche und rechnerische Richtigkeit des Zahlungseinganges vom Kunden Bauland AG anhand der weiter vorne abgebildeten Ausgangsrechnung (siehe S. 365)!

3. Geben Sie den Buchungssatz an, der sich durch den Zahlungseingang mit Skontoabzug von der Bauland AG ergibt!

4. Ermitteln Sie, ob es für den Kunden Bauland AG von Vorteil war, die Rechnung mit Skontoabzug zu zahlen, wenn sie von ihrer Bank dazu Kredit zum im Kontoauszug genannten Zinssatz in Anspruch genommen hat!

5. Der glatte Überweisungsbetrag der Hobby-Center GmbH lässt vermuten, dass die Hobby-Center GmbH bei der Zahlung zu ihren Gunsten „gerundet" hat.

   Stellen Sie fest, ob die Vermutung zutrifft, und ermitteln Sie gegebenenfalls den Differenzbetrag!

   Bearbeitungshinweis

   Lassen Sie sich zur Bearbeitung der Aufgabe die entsprechende gebuchte Rechnung am Bildschirm anzeigen.

6. Erläutern Sie, wovon Sie es abhängig machen würden, dass bei unberechtigten Abzügen auf eine Nachforderung verzichtet werden soll, und treffen Sie gegebenenfalls im vorliegenden Fall eine entsprechende Entscheidung!

7. Stellen Sie rechnerisch dar, wie sich der Zahlungsbetrag der Baupraktiker GmbH ergibt!

   Bearbeitungshinweis

   Lassen Sie sich zur Bearbeitung der Aufgabe die entsprechenden Belege am Bildschirm anzeigen.

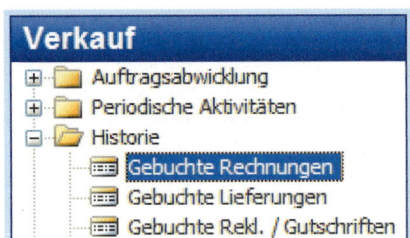 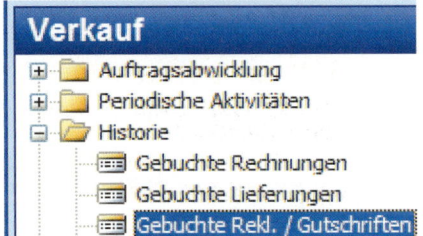

8. Erfassen Sie die Zahlungsvorgänge laut Kontoauszug in der Finanzbuchhaltung!

   Bearbeitungshinweis

   Im Feld Belegart ist *Zahlung* einzustellen. Die Nr. des Kontoauszuges ist zugleich sowohl interne als auch externe Belegnummer. Im Feld *Kontonr.* bzw. *Gegenkontonr.* ist aus dem Kontenplan das entsprechende Sach- bzw. Personenkonto auszuwählen.

Im Feld *Ausgleich mit Belegnr.* ist über die Pfeilschaltfläche der offene Posten auszuwählen, der ausgeglichen werden soll.

24   Speth u.a. - ISBN 978-3-8120-0528-9

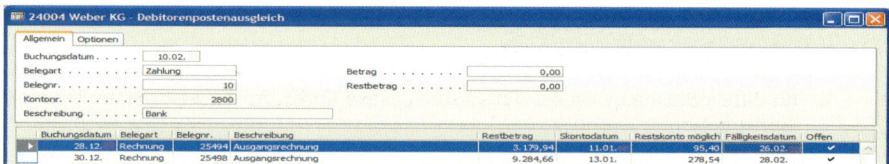

Über die Schaltfläche *OK* in diesem Fenster wird der Betrag in das Betragsfeld der Buchungszeile übertragen.

Nun muss überprüft werden, ob der Betrag laut Kontoauszug mit dem vom System vorgeschlagenen Betrag übereinstimmt. Sollte dies nicht der Fall sein, wäre der vorgeschlagene Betrag durch den tatsächlichen Betrag laut Kontoauszug zu ersetzen.

Liegt der Betrag innerhalb einer im Programm eingestellten Toleranzspanne, so wird vom System abgefragt, wie mit dem Differenzbetrag verfahren werden soll (als Zahlungstoleranz buchen oder einen offenen Restposten übrig lassen). Der Sachbearbeiter muss dies dann entscheiden.

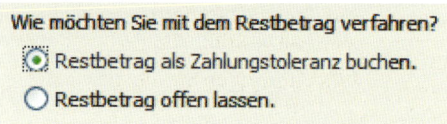

Mit einem kurzen Beschreibungstext für den Zahlungsvorgang kann nun die Buchungszeile fertiggestellt und anschließend die nächste Buchungszeile für einen weiteren Zahlungsausgleich erfasst werden.

9. Vor dem Buchen der erfassten Zahlungsvorgänge im Buchungsblatt sollte eine Kontoabstimmung erfolgen. Hierbei kann abgeglichen werden, ob die erfassten Zahlungsvorgänge in der Finanzbuchhaltung zum gleichen Kontostand führen wie im Bankkontoauszug ausgewiesen. Bei Abweichungen sind die erfassten Buchungen nochmals zu überprüfen. Hierdurch lassen sich spätere Korrekturbuchungen vermeiden.

   Führen Sie eine Kontoabstimmung durch und buchen Sie anschließend die erfassten Zahlungsvorgänge über die Schaltflächen *Buchen/Buchen* in das System ein!

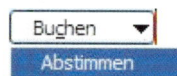

10. Analysieren Sie die Buchungen über *Journale* und vergleichen Sie diese mit Ihren manuellen Buchungen in Aufgabe 1. und 3.!

9 1. Im Zusammenhang mit der Abwicklung eines Verkaufsprozesses haben sich folgende Belege ergeben:

Ausgangsrechnung, Kundenanfrage, Kontoauszug, Angebot, Lieferschein, Bestellung des Kunden

1.1 Bringen Sie die aufgeführten Belege aus dem Verkaufsprozess in die richtige sachlogische Reihenfolge!

1.2 Welche der aufgeführten Belege sind interne und welche externe Belege?

1.3 Welche der aufgeführten Belege führen in der Unternehmenssoftware zu einer Auswirkung in der Finanzbuchhaltung und welche zu einer Auswirkung im Lager (Artikelkarte)?

2. In der Finanzbuchhaltung sind im laufenden Jahr die Umsätze der bis Ende Februar abgewickelten Kundenaufträge erfasst.

2.1 Stellen Sie im Kontenplan der Finanzbuchhaltung fest, welcher tatsächliche Umsatz erzielt wurde!

2.2 Überprüfen Sie, ob die im Kontenplan ausgewiesene Umsatzsteuer rechnerisch korrekt ist!

2.3 Mit welchem Jahresumsatz könnte die HWR GmbH rechnen, wenn sich die Umsätze so weiterhin gleichmäßig und kontinuierlich über das Jahr hinweg entwickeln?

2.4 Mit welcher Jahresgewinnerwartung kann die HWR GmbH rechnen, wenn aus der Erfahrung der Vergangenheit ca. 8 % des Umsatzes als Gewinn im Unternehmen verbleiben?

3. 3.1 Stellen Sie im Modul _Lager_ anhand der Berichte _Artikel – Top 10 Liste_ oder _Lager – Verkaufsstatistik_ fest, welche drei Artikel bislang den größten Umsatzanteil haben!

3.2 Welchen prozentualen Umsatzanteil haben diese Artikel am bisherigen Gesamtumsatz?

3.3 Stellen Sie im Modul _Verkauf/Auftragsabwicklung_ anhand des Berichtes _Debitor – Top 10 Liste_ fest, mit welchen drei Kunden im laufenden Jahr der größte Umsatz getätigt wurde!

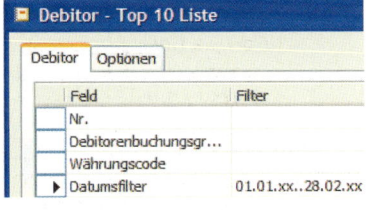

Bearbeitungshinweis:

Geben Sie unter dem Datumsfilter den Zeitraum ein. An Stelle von „xx" ist die entsprechende Jahreszahl einzugeben. Das Anfangsdatum und das Enddatum wird durch „.." (zwei Punkte) getrennt.

3.4 Welchen prozentualen Umsatzanteil haben diese Kunden am bisherigen Gesamtumsatz?

3.5 Nennen Sie Möglichkeiten, wie die HWR GmbH den Umsatz mit anderen Kunden steigern könnte!

4. 4.1 Der Kunde Hahn & Widmann OHG hat am 23.02. telefonisch wegen einer möglichen Bestellung von 100 Stück des Artikels „Profi-Werkzeugkoffer" um ein Angebot gebeten. Der Preis des Artikels sollte maximal 24,00 EUR/St. betragen.

Wie viel Prozent Rabatt müsste dem Kunden auf den Listenpreis dieses Artikels eingeräumt werden, um seiner Preisvorstellung gerecht zu werden?

4.2 Erfassen Sie unter dem Arbeitsdatum des 23.02. ein Angebot für den Kunden mit dem entsprechenden (gerundeten) Rabattsatz!

5. Folgender Belegauszug wird Ihnen zur weiteren Bearbeitung vorgelegt:

Talgangstr. 27, 72458 Albstadt, Tel.: 07431 483531, Fax: 07431 47155

Hobby-Center GmbH *Talgangstr. 27 * 72458 Albstadt

HWR GmbH
Im Industriegebiet 20
72336 Balingen

E-Mail: kontakt@hobby-center.de
Internet: www.hobby-center.de

Datum: 23.02. 20..

Bestellung Nr. 48153

Sehr geehrte Damen und Herren,

aus Ihrem Sortiment bestellen wir zur schnellstmöglichen Lieferung folgende Artikel:

Art.-Nr.	Text	Menge	Einzelpreis/ME
221015	Flachzange	250	6,90
221039	Rollbandmaß	300	2,20
221043	Schraubstock	100	49,90

Lieferung möglichst bis 02.03. ..

5.1 Ist durch die Bestellung des Kunden ein Kaufvertrag zustande gekommen?

5.2 Überprüfen Sie mögliche Gründe, die zu einer Ablehnung des Kundenauftrages führen könnten!

5.3 Die Geschäftsleitung hat sich entschieden, den Kundenauftrag anzunehmen.
Erfassen Sie den Kundenauftrag und drucken Sie die Auftragsbestätigung aus!

5.4 Nennen Sie Gründe, warum die Geschäftsleitung eventuell trotz Vorliegen möglicher Ablehnungsgründe, den Kundenauftrag angenommen hat!

6. 6.1 Der Auftrag der Kurz GmbH wird auf Wunsch des Kunden am 24.02. abgewickelt.
Nehmen Sie im System die entsprechenden Arbeiten vor!

6.2 Geben Sie an, welche Buchungen im System durch die Auftragsabwicklung erzeugt werden!

7. 7.1 Der Kunde Hahn & Widmann OHG bestellt am 25.02. entsprechend dem abgegebenen Angebot. Lieferung soll am 28.02. erfolgen.
Führen Sie den entsprechenden Arbeitsschritt im System durch!

7.2 Bezogen auf den ursprünglichen Listenverkaufspreis hat die HWR GmbH an diesem Artikel bisher durchschnittlich einen Gewinn von 30% erzielt (Handlungskostenzuschlag 25 %).

Ermitteln Sie, ob bei diesem Auftrag noch Gewinn erzielt wird!

8. Im Kontoauszug Nr. 11 sind folgende Zahlungsvorgänge enthalten:

SPARKASSE ZOLLERNALB **BIC: SOLADES1BAL**		Auszug 11	IBAN: DE47 6535 1260 0024 9991 11	
Alter Kontostand vom 25.02.			EUR	149.282,66+
Tag	**Text**	**Wert**	**Belastung**	**Gutschrift**
04.03	WEBER KG, KD-NR 24004, R-NR 25498	04.03		9.284,00
10.03	KURZ GMBH, KD-NR 24005, R-NR 26019, ABZÜGL. SKONTO	10.03		2.499,35
	Neuer Kontostand vom 10.03.			161.066,01+
++++	**NEUER ZINSSATZ SEIT 15.01. 10,75%**			

8.1 Prüfen Sie die Richtigkeit der Zahlungseingänge und treffen Sie im Falle von Differenzen eine begründete Entscheidung!

8.2 Erfassen und buchen Sie anschließend die Zahlungseingänge im System!

8.3 Unsere Zahlungsverpflichtungen gegenüber Lieferanten sind bereits alle zur Zahlung fällig. Es sind auch schon Mahnungen eingegangen. Prüfen Sie, ob wir in der Lage sind, den Zahlungsverpflichtungen nachzukommen, wenn wir erwarten, dass in den folgenden zwei Wochen unsere Kunden ca. 20% der offenen Rechnungsbeträge zahlen!

8.4 Nennen Sie mögliche Maßnahmen, die unsere Zahlungsfähigkeit verbessern könnten!

9. Geben Sie den Sachverhalt an, der zur nachfolgenden Journalbuchung geführt hat!

Buchungsdatum	Belegnr.	Sachkontonr.	Gegenkontonr.	Sollbetrag	Habenbetrag
10.03.	11	2800	24005	2.499,35	
10.03.	11	4800			12,34
10.03.	11	2400	2800		2.576,65
10.03.	11	5000		64,96	

1 Brainstorming-Methoden

Die Brainstorming-Methoden zeichnen sich durch eine Vielzahl von möglichen Methoden aus, die in besonderer Weise geeignet sind, **offene** und **schüleraktivierende** Lernprozesse zu fördern. Zu den gängigsten Methoden gehören das „klassische" Brainstorming sowie das in unterschiedlicher Art und Weise durchführbare Brainwriting.

1.1 Klassisches Brainstorming

Zielsetzung. Das Brainstorming[2] zielt darauf ab, in möglichst gelöster Atmosphäre eine Vielzahl von Lösungsvorschlägen für ein bestehendes Problem zu erhalten. Dadurch soll der Einstieg in ein neues Thema (z.B. ein Projekt) erleichtert werden.

Vorgaben. Die Teilnehmerzahl kann je Gruppe zwischen 5 und 15 betragen. Es kann auch die ganze Klasse einbezogen werden. Als Zielvorgabe für die Ideensammlung sollten ca. 10 bis 15 Minuten angesetzt werden.

Ablauf. Es sind fünf Grundregeln zu beachten:

- Die Teilnehmer sollen **frei** und **ungehemmt** ihre Gedanken aussprechen. Auch völlig unsinnig und fantastisch erscheinende Ideen sind willkommen, da diese andere Teilnehmer inspirieren können.
- Die Ideen der anderen Teilnehmer sollen aufgegriffen und **weiterentwickelt** werden.
- Es darf während der Sitzung **keinerlei** Bewertung und Kritik an den vorgebrachten Ideen geübt werden.
- Es sollen **möglichst viele** Ideen vorgebracht werden. Allgemein gilt der Grundsatz: Quantität geht vor Qualität.
- **Jede Idee** eines Teilnehmers wird von einem Protokollanten sofort (z.B. an der Tafel oder auf einer Folie) **festgehalten**.

Im Anschluss an die Ideensammlung werden gleichartige Vorschläge zusammengefasst und auf ihre Umsetzbarkeit hin überprüft. Nicht brauchbare Vorschläge werden gestrichen.

1.2 Brainwriting

Beim Brainwriting[3] sollen die Ideen im Gegensatz zum klassischen Brainstorming **schriftlich** fixiert werden, wobei unterschiedliche Techniken Anwendung finden können.

---

1 Die Ausführungen gehen teilweise auf Eberhard Boller zurück. Vgl. Boller/Schuster: Praxisorientierte Volkswirtschaft für das Fachgymnasium, 11. Auflage 2012, Rinteln, S. 14ff.

2 Die Brainstorming-Methode wurde von dem amerikanischen Werbeberater A. F. Osborne entwickelt.
   Brain (engl.): Gehirn, Verstand; storm (engl.): stürmen, toben. Brainstorming könnte mit „Verstand stürmen" oder „Ideen freien Lauf lassen" übersetzt werden.

3 Writing (engl.): Schreiben.

1.2.1 635-Methode

Zielsetzung. Die 635-Methode zielt darauf ab, durch das Zusammentragen von Ideen auf einem Arbeitsblatt zur Lösung eines Problems beizutragen.

Vorgaben. Bei dieser Methode bilden jeweils sechs Schüler eine Arbeitsgruppe. Die vorgegebene Arbeitszeit sollte 30 Minuten nicht überschreiten.

Ablauf. Jeder Teilnehmer einer Arbeitsgruppe erhält ein Arbeitsblatt mit insgesamt 18 „Feldern" (vgl. Abbildung unten). Jedes Gruppenmitglied trägt innerhalb eines vorab vereinbarten Zeitraumes (ca. 5 Minuten) in die oberste Reihe **drei als Schlagwort formulierte Ideen** ein und reicht das Blatt im Uhrzeigersinn an seinen Nebenmann weiter. Im Gegenzug erhält er von seinem anderen Nachbarn ein Blatt, das ebenfalls **drei** Ideen enthält.

Die Teilnehmer können die dort bereits gefundenen Ideen in Ruhe prüfen und weiterentwickeln. Auf dieses Blatt schreibt er nun wiederum drei Ideen, wobei er durchaus an die dort schon genannten Vorschläge gedanklich anknüpfen kann. Nach weiteren 5 Minuten gibt er dieses Blatt erneut im Uhrzeigersinn weiter. Insgesamt wiederholt sich der Vorgang der Weitergabe fünfmal, sodass nunmehr jeweils alle 18 Felder der insgesamt sechs Arbeitsblätter ausgefüllt sind. Da jeder Teilnehmer für seine Vorschläge ca. fünf Minuten zur Verfügung hat, können in 30 Minuten bis zu 108 verschiedene Ideen zusammengetragen werden.

Beispiel:

Problem: Wie kann ich den Kunden mein Warenangebot (Sportartikel, Sportkleidung) trotz kleiner Schaufensterfront optimal präsentieren?

Lösungsvorschläge:

1. Vorschlag	2. Vorschlag	3. Vorschlag	Name
attraktive Schaufenstergestaltung	durch Entfernung einer Begrenzung Ladentiefe sichtbar machen	in kurzen Abständen Spezialdekorationen	Müller
darin Bedarfsbündel mit Verwendungszweck (z. B. „Alles für den Pferdesport") als Aktion	Ladentiefe durch gut sichtbare Warenaufteilung gestalten	bei jeder Neudekoration eine andere Sportart wählen	Martens
Bedarfsorientierung im Laden fortsetzen, erleichtert Kunden die Orientierung	Einsetzen von Spiegeln zur optischen Vergrößerung	durch Aktionen (z. B. Autogrammstunden) Kunden in Laden bringen	Sommer
Verbindung von Straßendekoration zu Bedarfsgruppendekoration	Fernseh- oder Spiegelübertragung aus Obergeschoss direkt in das Frontfenster	mit örtlichen Sportvereinen abstimmen, evtl. um Unterstützung bitten	Klauser
dabei mit wechselnden Lichteffekten arbeiten	Vitrinen und Verkaufsständer im Fußgängerbereich stärker einbeziehen	Reiterverein: Woche des Pferdes; Wassersportverein: Woche des Tauchens usw.	Schneider
und bewegte Dekoration nutzen	dabei mit Fotos anderer Warenbereiche mischen, auch Randsortiment	jeweilige Zielgruppe vor und während der Zeit durch Direktwerbung persönlich ansprechen	Freder

Ausgefüllter Vorschlagssammelbogen der Methode 635[1]

---

1 Knieß, Michael: Kreatives Arbeiten, Methoden und Übungen zur Kreativitätssteigerung, München 1995, S. 71.

1.2.2 Kartenabfrage

Zielsetzung. Zusammentragen von Ideen auf Karten zur Lösung eines Problems.

Vorgaben. Bildung von Kleingruppen mit jeweils ca. 5 Schülern. Die Zeit für die Ideenfindung sollte ca. 10 bis 15 Minuten betragen.

Ablauf. Bei der Kartenabfrage werden Ideen **stichwortartig** mit einem dicken Filzstift auf eine farbige Karte geschrieben. Nach Ablauf der Ideensammlung werden die Karten in der Kleingruppe thematisch zu **„Ideenklumpen"** zusammengefasst (geclustert) und mit Themenüberschriften versehen. Danach präsentieren die einzelnen Gruppen ihre Ideensammlung, indem sie die Karten an eine Pinnwand heften oder mittels Klebebandstreifen an der Tafel anbringen.

Die Lerngruppe kann nunmehr auf der Basis des **visualisierten Plans** mit der Diskussion und Bewertung der strukturierten Ideen beginnen. Dabei können beispielsweise zum gleichen Thema vorgestellte Ergebnisse zu einem gemeinsamen Plan zusammengefasst werden. Im weiteren Verlauf lassen sich zu den einzelnen Ideenklumpen Arbeitsgruppen bilden, um Teilprobleme tiefer gehend zu behandeln.

Bei der Entscheidung, welche der Vorschläge tiefer gehend bearbeitet werden sollen, bietet sich eine Abstimmung mittels **Punktabfrage** an. Bei dieser Auswahltechnik erhält jeder Teilnehmer einen oder mehrere bunte **„Klebepunkte"**. Die Stimmabgabe erfolgt nunmehr dadurch, dass die Teilnehmer die Klebepunkte ihren Interessen gemäß den auf dem Plan dargestellten Vorschlägen zuordnen. Die Rangordnung der zu bearbeitenden Schwerpunktthemen ergibt sich aus der Anzahl der Punkte, die die einzelnen Vorschläge erhalten haben.

Beispiel:

Der Verkauf von Fahrzeugen an Jugendliche hat sich in der jüngeren Vergangenheit für ein Autohaus zu einem äußerst interessanten Geschäftsfeld entwickelt, da Jugendliche – wie Untersuchungen in diesem Bereich verdeutlichen – auch bei Autos eine gewisse **Markentreue** entwickeln, die sich zu einer entsprechend langjährigen Kundenbindung ausbauen lässt. Ist der Jugendliche einmal von den Vorzügen einer bestimmten Fahrzeugmarke überzeugt, ist es durchaus möglich, dass er Fahrzeuge dieses Herstellers auch künftig beim Kauf bevorzugt.

Umso wichtiger erscheint es, mögliche **Kaufmotive** der Jugendlichen beim Erwerb von Kraftfahrzeugen zu kennen. Vor diesem Hintergrund fordert der Vertriebsleiter „Kleinwagen" seine Mitarbeiter auf, stichwortartig die für jugendliche Kunden wahrscheinlich wesentlichen Aspekte bei der **Auswahl** eines Fahrzeugs zu notieren, um diese dann gezielt bei der Werbung berücksichtigen zu können.

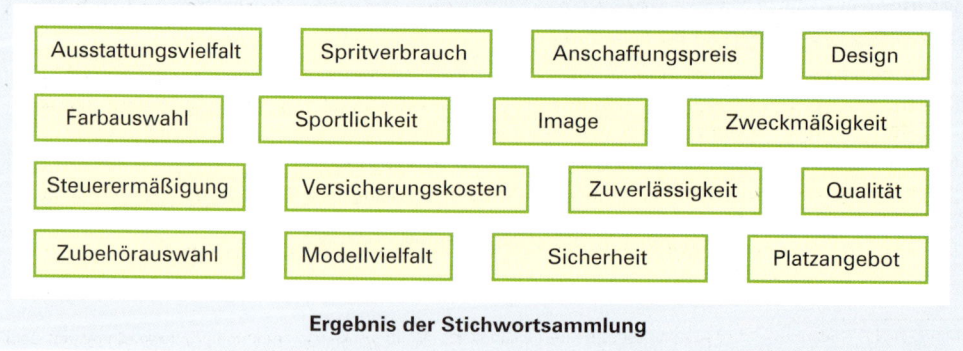

Ergebnis der Stichwortsammlung

Die Ergebnisse der Kartenabfrage könnten z. B. zu folgenden „Ideenklumpen" zusammengefasst werden:

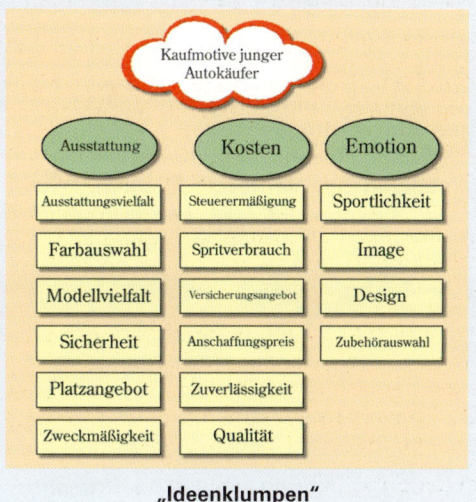

„Ideenklumpen"

2 Mind-Mapping

Zielsetzungen. Mind-Mapping[1] verfolgt drei Ziele:

1. Gedanken, Ideen und Sachverhalte sollen aufgeschrieben werden.
2. Die aufgeschriebenen Gedanken, Ideen und Sachverhalte werden in Form von Verästelungen bildlich dargestellt.
3. Durch die Verbindung von sprachlicher und bildlicher Darstellung können die Gedanken und Vorstellungen strukturiert (geordnet) werden.

Vorgaben. Mind-Mapping kann in Einzel-, Partner- und Gruppenarbeit durchgeführt werden. Der Zeitbedarf hängt mit der Aufgabenstellung zusammen. Für eine Gruppenarbeit kann der Zeitbedarf bis zu 30 Minuten betragen.

Ablauf. Zunächst wird das zu bearbeitende Problem bzw. Thema in die Mitte eines DIN-A4-Blattes im Querformat (bzw. Tafel, Flipchart) geschrieben und eingekreist. Danach werden themenbezogene Einfälle der Schülerinnen und Schüler entweder durch Zuruf oder innerhalb einer Partner- oder Gruppenarbeit um dieses Thema herumgeschrieben, wobei folgende **Regeln** zu beachten sind:

- Die Teilnehmer sollen **Schlüsselbegriffe formulieren,** wobei – möglichst durch unterschiedliche Farben hervorgehoben – Oberbegriffe auf „Hauptästen" und Unterbegriffe auf „Nebenästen" zu notieren sind.
- Jedem „Ast" sollte nur **ein** Schlüsselwort zugeordnet werden.
- Es darf während der Ideensammlung **keinerlei Bewertung und Kritik** an den vorgebrachten Ideen geübt werden.
- Es sollen **möglichst viele** Ideen gesammelt werden. Quantität geht vor Qualität.

---

1 Mind (engl.): Gedanken, Arbeitsergebnisse; ap (engl.): Landkarte. Mindmap könnte somit mit „Gedankenlandkarte" übersetzt werden.

Erst im Anschluss an die Ideensammlung können unwichtige „Äste" gestrichen, Verbindungen zwischen Ästen hergestellt, Äste – falls erforderlich – nummeriert oder farbige Symbole bzw. Zeichen eingesetzt werden.

Diese schnell erlernbare Kreativitätstechnik zeichnet sich insbesondere durch ihre **vielseitigen Einsatzmöglichkeiten** aus, da sie sowohl in Planungs- als auch Lösungs- oder Sicherungsphasen genutzt werden kann. Zudem fördert diese einprägsame Form der Darstellung das **vernetzte Denken,** macht Zusammenhänge überschaubar und ist als **„Handlungsprodukt"** der Lerngruppe im Rahmen des behandelten Themas jederzeit gegenwärtig und ergänzungsfähig.

Beispiel:

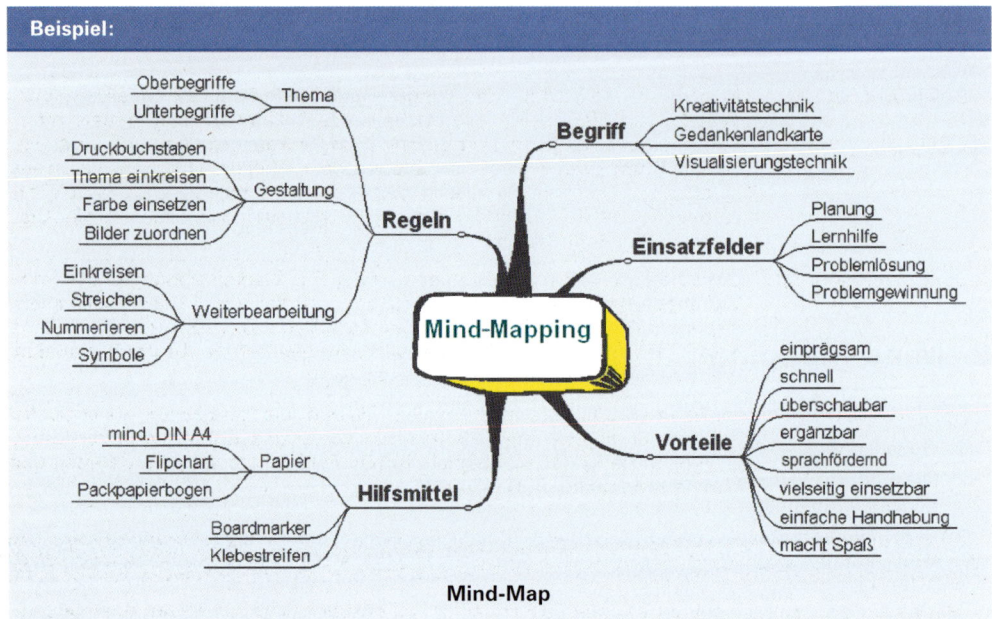

Mind-Map

3 Rollenspiel

Zielsetzungen. Das Rollenspiel ermöglicht den Schülern, ihre Verhaltensweisen in einer Spielsituation, und dennoch realitätsnah, zu üben und zu erweitern. Die Schüler können lernen, Verhaltensweisen anderer vorweg zu bedenken, ihre Partner zu verstehen bzw. sich auf sie einzustellen. Das Rollenspiel fördert in besonderem Maße auch das Sprachverhalten der Schüler. Sie erfahren, dass die Sprache ein Mittel ist, Interessen durchzusetzen. Gefördert wird auch die Erkenntnis, dass reale Entscheidungssituationen in der Regel keine eindeutigen Lösungen und eindeutigen Lösungsregeln besitzen.

Vorgaben. Bei dem Rollenspiel wird auf der Grundlage einer mehr oder weniger präzise vorgegebenen **Situationsbeschreibung** versucht, die Realität nachzuspielen, wobei sich die Teilnehmer auf kreative und konstruktive Art und Weise in die von ihnen übernommene Rolle hineinversetzen und die Wirklichkeit aus ihrer rollenspezifischen Perspektive heraus nachvollziehen und gestalten. Im Spielverlauf versuchen die Teilnehmer, ihre jeweilige Interessenlage im Rahmen einer Diskussion zu artikulieren und – mehr oder weniger kompromissbereit – durchzusetzen. Je nachdem, wie stark die vorgegebene Situation strukturiert und angeleitet ist, unterscheidet man zwischen **gebundenem** und **spontanem Rollenspiel**.

Rollenspiele lassen sich als **Simulationsspiele** (Schüler spielen eine vorgegebene Situation nach), als **Entscheidungsspiele** (Schüler treffen im Rahmen einer offen gestalteten Situation eine Entscheidung) oder als **Konfliktspiele** (Schüler arbeiten bei einer vorgegebenen Situation den entscheidenden Streitpunkt heraus) aufbauen.

Ablauf. Der Ablauf eines Rollenspiels lässt sich in die drei Abschnitte Spielvorbereitung, Spieldurchführung und Spielauswertung aufgliedern.

Spielvorbereitung	In dieser Phase wird die Handlungssituation (z. B. über eine Spielkarte) vorgestellt, die Zielsetzung besprochen, die Rollenverteilung mittels mehr oder weniger präziser Rollenbeschreibung vorgenommen und eventuelle **Beobachtungsaufträge** an die „Zuschauer" vergeben. Um die Wirklichkeit so gut als möglich zu simulieren, bietet sich an, entsprechende Requisiten zu beschaffen. Zudem erleichtert der Einsatz einer Videokamera die Auswertung des Rollenspiels.
Spieldurchführung	Die Spieldurchführung ist von der Art des Rollenspiels abhängig. Beim **gebundenen Rollenspiel** sind die Situation und der Verlauf des Rollenspiels geplant (z. B. genaue Festlegung der Rollen und zum Teil auch der Rollentexte). Das **spontane Rollenspiel** gibt dagegen nur die Ausgangssituation vor. Das Rollenverhalten ist nicht festgelegt.
Spielauswertung	Im Rahmen der Auswertung sollten sowohl die Beobachter als auch die Teilnehmer des Rollenspiels ihre Eindrücke und Erfahrungen schildern. Eine Bewertung der schauspielerischen Fähigkeiten steht im Rahmen der Auswertung **nicht** zur Diskussion.

Beispiel:

Bei einer Lebensmittelkette ist es innerhalb einer Projektgruppe zur Entwicklung eines neuen Getränkesortiments für die Zielgruppe der 16- bis 20-jährigen Käufer zu Streitigkeiten gekommen. Der zuständige Abteilungsleiter der Lebensmittelkette bittet einige jugendliche Teilnehmer zu einer Krisensitzung.

Einziger Tagesordnungspunkt ist die Beilegung des wesentlichen Streitpunktes, der die jugendlichen Teilnehmer in zwei Lager spaltet. Während ein Teil der Gruppe auf die Hereinnahme neuer alkoholischer Getränke für Jugendliche in das Sortiment großen Wert legt, sieht ein anderer Teil eher einen Zukunftstrend hin zu gesunden, alkoholfreien Getränken, die zudem eine „energiespendende" Wirkung aufweisen. Mit zu dieser Konferenz eingeladen wurden zudem Personen, die von diesem Thema indirekt betroffen sind:

- ein Betreiber mehrerer Lokale und Diskotheken speziell für die jugendliche Zielgruppe sowie
- ein Redakteur einer großen deutschen Jugendzeitschrift, der sich mit den neuesten Trends bei Jugendlichen beschäftigt.

Im Rahmen der Krisensitzung sollen nunmehr die unterschiedlichen Standpunkte der Teilnehmer in sachlicher Form ausgetauscht werden, um die grobe Richtung für das Getränkesortiment entsprechend festzulegen.

4 Expertenbefragung

Zielsetzung. Wissen, das weder Lehrbuch noch Lehrer in allen Einzelheiten vermitteln kann, wird durch einen Experten (Fachmann) vermittelt.

Vorgaben. Es ist kein Geheimnis, dass im Unterricht immer wieder Detailfragen[1] aufkommen, die in den vielen Lehrbüchern nicht behandelt werden, da sie sehr spezifische Inhalte berühren. Hierzu bietet sich an, derartige **Fragen** im Rahmen einer Unterrichtseinheit zu **sammeln** und am Ende eines Themenkomplexes zu einem **Fragenkatalog** zu bündeln.

Zur Klärung dieser Fragen kann dann im Rahmen einer Unterrichtsstunde ein **Experte** (z. B. Politiker, Mitarbeiter von Verbänden oder bestimmten Organisationen) eingeladen werden, der mit seinem fundierten praktischen und theoretischen Hintergrundwissen wichtige Informationen, Anregungen zur Orientierung und zur eigenen Urteilsbildung weitergeben kann.

Ablauf. Im Rahmen der Durchführung einer solchen Expertenbefragung sollten folgende **Regeln** Beachtung finden:

- Die Auswahl des Experten ist möglichst durch gemeinsame Überlegungen vorzunehmen, wobei das Kriterium der notwendigen **Sachkenntnis** im Vordergrund steht.
- Dem Experten sollte der Fragenkatalog bereits **im Vorfeld** offengelegt werden, um ihm eine optimale Vorbereitung zu ermöglichen.
- Die Teilnehmer der Expertenbefragung sollten **gut informiert** in die Expertenbefragung gehen und den Themenbereich nochmals durcharbeiten, um durch eventuell erforderliche Rückfragen das Gespräch ertragreich zu gestalten.
- Der Fragenkatalog sollte **systematisch** abgearbeitet werden. Hierzu bietet sich an, dass die Teilnehmer bereits vorab Zuständigkeiten für die einzelnen Fragen oder Themenbereiche festlegen.

Beispiel:

Die Schulklasse einer Wirtschaftsschule lädt einen Experten aus einer Werbeagentur ein, der ihnen Informationen darüber geben kann, welche Aktivitäten notwendig sind, um eine Werbeaktion erfolgreich durchzuführen.

5 Projekt

Zielsetzungen. Wichtige Ziele der Projektarbeit sind insbesondere in den folgenden Punkten zu sehen. Die Projektarbeit

- führt zu mehr Selbstständigkeit und Eigeninitiative der Lernenden,
- fördert bislang nicht bekannte Schülerneigungen und -interessen,
- fördert kooperatives Verhalten und Rücksichtnahme,
- versucht, persönliche Bedürfnisse der Beteiligten zu berücksichtigen,
- erhöht die Motivation durch Festlegung gemeinsamer Ziele,

---

[1] Detail: Einzelheit, Einzelteil.

- kann die Zusammenhänge zwischen verschiedenen Themenbereichen aufdecken,
- erhöht die Bindung zwischen schulischen und außerschulischen Lernbereichen,
- fördert die persönlichen Kompetenzen zur Bewältigung komplexer Praxisprobleme.

Vorgaben. Der Grundgedanke eines Projekts lässt sich am einfachsten mit der Formel seines geistigen Begründers John Dewey verdeutlichen: **„Learning by doing".** Unter einem Projekt versteht man im Allgemeinen ein Arbeitsvorhaben, bei dem die Projektteilnehmer eine selbst gewählte, fest umrissene, **komplexe** und **praxisrelevante** Aufgabenstellung lösen. Die Durchführung des Projekts erfolgt größtenteils in **Teamarbeit,** wobei sich die Gruppe die zur Bearbeitung erforderlichen Kenntnisse und Fertigkeiten möglichst selbstständig aneignet.

Ein Projekt ist im Allgemeinen durch folgende **Merkmale** bestimmt:

- Projekte beinhalten **Probleme, Fragestellungen, die unmittelbar der** wirtschaftlichen und sozialen **Realität entstammen.** Sie erzeugen damit eine stabile Motivationslage beim Schüler. Projekte sind in aller Regel komplex aufgebaut.
- Die Schüler übernehmen zum Lösen des Projekts **selbstverantwortlich Planungsschritte** und bestimmen auch die zur Erreichung des Projektziels erforderlichen Vorgehensweisen. Neben der Förderung von Selbsttätigkeit und Selbstverantwortung lernt der Schüler insbesondere Kommunikations-, Problemlösungs- und Analysetechniken sowie die Fähigkeit zur Koordination. Der Lehrer hat hierbei Unterstützungsarbeit zu leisten, indem er Verfahrensregeln anbietet und arbeitsmethodische Hinweise gibt.
- Projektarbeit ist durch **gemeinsame Problemlösung** charakterisiert, was notwendigerweise zur **Kooperation** zwingt. Die traditionelle Unterrichtsorganisation (Zeitrhythmus, Sitzordnung, Bezogenheit auf den Klassenraum usw.) wird dabei aufgelöst.
- Eine komplexe Problematik zu lösen, kann nur gelingen, wenn es **ganzheitlich** gesehen und **mit Kopf, Herz, Händen und allen Sinnen** angegangen wird.
- Gegenstand der Projektarbeit sind reale Aufgaben oder Probleme (**„Handlungsprodukte"**), die häufig öffentlich und damit **der Beurteilung anderer zugänglich** gemacht werden. Neben der Fähigkeit, produktorientiert zu arbeiten, lernt der Schüler, insbesondere bei der Aufarbeitung und Vorstellung der Projektergebnisse, vielfältige Handlungsformen kennen, die im herkömmlichen Unterricht nicht oder nur schwer vermittelbar sind.

Der zeitliche Aufwand für ein Projekt hängt von der gewählten Thematik ab. Er kann bis zu zehn Unterrichtsstunden umfassen.

Ablauf. Der Ablauf eines Projekts umfasst in der Regel folgende **Phasen:**

Findung des Projektthemas ▷ Projektplanung ▷ Projektdurchführung ▷ Präsentation der Projektergebnisse ▷ Wertung der Projektergebnisse u. Projektkritik

(1) Findung des Projektthemas

Am Anfang eines Projekts steht eine **Themensammlung.** Hierbei unterbreiten die Schüler Themenvorschläge. Falls die Schüler keine Projekterfahrung besitzen, kann der Lehrer mehrere Themen oder Themenbereiche vorschlagen.

Stehen mehrere Themen zur Auswahl, werden sie z. B. auf einer Plakatwand festgehalten. Die Themen werden anschließend von den Schülern **gewichtet** und es wird ein **Rang ermittelt**. Die Gewichtung der Themen kann z. B. dadurch erfolgen, dass der Lehrer den Schülern Klebepunkte ausgibt, die diese dann auf die verschiedenen Themen verteilen.

Das Thema mit den meisten Punkten (Rangplatz 1) wird dann gewählt.

(2) Projektplanung

Im ersten Schritt der Projektplanung werden die interessanten **Fragestellungen, Probleme** und **Unterthemen** z. B. auf einer Plakatwand **festgehalten** und anschließend in der gerade besprochenen Weise **gewichtet**. Eine Ideengewinnung kann z. B. über die Brainstorming-Methode oder über das Mind-Mapping erfolgen.

Stehen die zu erarbeitenden Fragen fest, so ist jetzt ein **Arbeitsplan** zu erstellen. In ihm werden die zu lösenden Aufgaben, die jeweilige Gruppenzusammensetzung, die Arbeitsschritte, der Zeitbedarf und auch eventuell anfallende Kosten aufgelistet.

Beispiel:

Einführung eines neuen Produktes (Biogemüse) bei einem Einzelhandelsgeschäft

Themen-bereiche	Gruppen-mit-glieder	Zeitplan					
		14.01.	21.01./ 28.01.	05.02./ 12.02.	19.02.	26.02.	03.03.
Produkt-beschreibung • Produktei-genschaften • Erzeugung • Zielgruppe • Marktpreis	Hans, Lena …	Erstellen eines Ar-beitsplans	Beschaf-fen von Informa-tionen	Bearbei-ten, Aus-werten der Informa-tionen Protokol-lieren der Ergebnisse	Dokumen-tation er-stellen Vorberei-tung der Präsen-tation	Präsen-tation	Wertung des Pro-jektergeb-nisses Projekt-kritik
Fiktive Markt-forschung • Fragebogen entwerfen • Markt-chancen be-schreiben (Absatz-menge, Umsatz u. a.)	Eva, Fabian …						
Werbung • Anzeige • Handzettel • Plakate im Verkaufs-raum	Markus, Ines …						

(3) Projektdurchführung

Die zuvor geplanten Schritte sind nun „abzuarbeiten". Hierbei hat sich folgende Schritt-
abfolge bewährt:

Schritte	Beschreibung	Beispiele
1. Schritt	• Zuordnung der anfallenden Ar-beiten auf die einzelnen Grup-penmitglieder, • Aufstellen eines Zeitplans.	• Hans und Lena übernehmen die Beschreibung der Produkteigen-schaften. • Die Beschaffung der Informatio-nen erfolgt bis spätestens 28.01. • Die Beschreibung der Produktei-genschaften liegt am 05.02. vor.
2. Schritt	Innerhalb der Gruppe: • Informationsbedarf ermitteln, • Methoden für die Informations-gewinnung festlegen, • Informationen einholen.	• Suche im Internet, • Befragung eines Experten, • Auskünfte einholen bei Behör-den, Gewerkschaften, IHK, Bun-desagentur für Arbeit u.Ä., • Befragung in einem Betrieb durchführen.
3. Schritt	Innerhalb der Gruppe: • Bearbeiten und Auswerten der erhaltenen Informationen durch die beauftragten Gruppenmit-glieder, • Überprüfung der Einzelergebnis-se durch die Gruppe, • Projektergebnisse der Gruppe werden zusammengestellt und dokumentiert.	• Die Produktbeschreibung wird von Hans und Lena erstellt. • Die Produktbeschreibung wird von der Gesamtgruppe kontrol-liert, ergänzt, gebilligt … • Die einzelnen Ergebnisse wer-den zum Abschlussbericht „Pro-duktbeschreibung" zusammen-gefasst.

Nicht jede Gruppenarbeit läuft immer reibungslos ab. Es ist daher sinnvoll, je nach Bedarf
noch die nachfolgenden Zwischenschritte „einzubauen".

● **Fixpunkte.** Sie dienen dazu, Teilergebnisse vorzustellen und abzustimmen, den Zeitab-
lauf zu überprüfen, gegebenenfalls eine Nachplanung vorzunehmen u.a.

● **Zwischengespräch.** Hier sollen Fragen der Zusammenarbeit in der Gruppe, aufgetre-
tene und vorhersehbare Probleme des Umgangs miteinander u.Ä. besprochen werden.

(4) Projektpräsentation

Im Rahmen der Projektpräsentation werden die Projektergebnisse der einzelnen Projekt-
gruppen vorgestellt. Ziel der Präsentation ist, die Projektergebnisse so darzustellen, dass
sie beim Zuhörer „ankommen", ihn zum Mitdenken anregen und zur Diskussion auffordern.

Im Folgenden erhalten Sie einige Hinweise, was Sie bei der Vorbereitung und Umsetzung
einer Präsentation beachten müsssen.

Präsentations-bereiche	Fragestellungen	Tipps
Zielsetzung der Präsentation festlegen	● Sollen dem Zuhörer vor allem Fachinhalte vermittelt werden? ● Sollen die Zuhörer durch die Projektergebnisse zu einer Änderung ihrer Verhaltensweisen gebracht werden?	● Inhalte in Schaubildern, Schemata, Merksätzen, Diagrammen u. Ä. zusammenfassen. ● Neben der Wissensvermittlung müssen über Bilder, Texte u. Ä. auch die Gefühle der Zuhörer angesprochen werden.
Aufbereitung des Inhalts vornehmen	● Wie lautet der Titel der Präsentation? ● Welchen Umfang sollen die Ausführungen haben? ● Wie viel Anlagen sollen zur Präsentation mit herangezogen werden? ● Wie sind die Inhalte zu gliedern?	● Das schriftliche Informationsmaterial (Texte, Grafiken u. Ä.) muss lesbar sein. ● Kurzfassen: Es gilt der Grundsatz „Weniger ist mehr". ● Richten Sie Ihre Ausführungen an den Interessen und Erwartungen der Zuhörer aus. ● Stellen Sie die Ausgangssituation und die Problem- und Aufgabenstellung deutlich heraus und bauen Sie hierauf Ihre Lösung Schritt für Schritt auf. Legen Sie einen „roten Faden". ● Überziehen Sie niemals Ihre Zeitvorgaben.
Wahl des Medieneinsatzes treffen	● Welche Medien sollen eingesetzt werden? ● Welches Informationsmaterial soll der Zuhörer erhalten?	● Vor Beginn der Präsentation sollte kein umfangreiches Informationsmaterial an die Zuhörer ausgegeben werden. ● Achten Sie darauf, zumindest zwei verschiedene Medien einzusetzen! ● Passen Sie den Medieneinsatz den räumlichen Gegebenheiten an. ● Achten Sie darauf, dass auch der Zuhörer in der letzten Reihe alles erkennen kann!
Auf Sprache und Körpersprache achten	● Wie wirkt meine Stimme auf Zuhörer? ● Betone ich die einzelnen Wörter und Sätze richtig? ● Spreche ich nicht zu schnell? ● Sind meine Gestik und Mimik auf die Präsentation abgestimmt?	● Sprechen Sie deutlich. ● Versuchen Sie frei zu sprechen und lesen Sie die Texte nicht nur monoton ab. ● Wenden Sie sich den Zuhörern zu und halten Sie, wo immer möglich, Blickkontakt mit den Zuhörern. ● Vermeiden Sie Verlegenheitsgesten! ● Da Sprechfehler und -störungen unvermeidlich sind, beachten Sie diese nicht. ● Wenn Sie auf einen Punkt im Infomationsmaterial eingehen wollen, lassen Sie den Zuhörern Zeit, diese Stelle zu finden. ● Ermuntern Sie die Zuhörer zu Fragen, um die Präsentation zu beleben.

(5) Wertung der Projektergebnisse und Projektkritik

Nach der erfolgten Präsentation ist das Projekt beendet. Allerdings ist es sinnvoll, positive und negative Erfahrungen aus dem Projekt festzuhalten, um diese Erfahrungen in künftige Projekte einzubringen. Die Nachbereitungsphase bezeichnet man auch als **Reflexionsphase.**[1]

Im Rahmen der Projektnachbereitung sollten insbesondere folgende Fragestellungen beantwortet werden:

- In welchem Umfang wurden die Projektziele erreicht?
- Welche positiven Erfahrungen können aus der Projektarbeit gezogen werden?
- Welche Schwierigkeiten sind aufgetreten?
- Wie war die Zusammenarbeit in den Gruppen und zwischen den Gruppen?
- Welche Rolle hat die Steuerung der Projektarbeit durch den Lehrer gespielt?
- Was kann beim nächsten Projekt besser und/oder anders gemacht werden?

6 Feedback geben

Zielsetzungen und Vorgaben. Feedbackgeben bedeutet eine Rückmeldung geben. Dies ist z. B. bei einem Rollenspiel von großer Bedeutung. Es ist für die Mitglieder des Rollenspiels wichtig, zu erfahren, ob die Zuhörer die Ausführungen so verstanden haben, wie sie gemeint waren. In einem Feedback melden die Zuhörer den Mitgliedern des Rollenspiels, was sie verstanden haben.

Ablauf. Feedback-Fragen und Einstiege könnten lauten:

- Habe ich richtig verstanden, dass …?
- Wenn ich dich richtig verstehe, dann möchtest du sagen, …
- Ich will versuchen, deine Gedanken zusammenzufassen. …
- Ich möchte gerne wissen, ob ich dich richtig verstanden habe …

Feedbacks machen dem Empfänger des Feedbacks „blinde Flecken" bewusst. Das sind jene Flecken, die dieser nicht kennt, die aber die anderen festgestellt haben.

Im Folgenden werden wichtige **Feedback-Regeln für das Geben** und das **Empfangen** vorgestellt.[2]

Regeln für das Geben von Feedback	Regeln für das Empfangen von Feedback
• Beobachtungen konkret benennen. Verhalten genau beschreiben.	• Entgegennehmen – Verständnis zeigen statt verteidigen.
• Den Gegenüber wissen lassen, welche Empfindungen das Verhalten ausgelöst hat.	• Kein Rechtfertigen, keine Verteidigung.
• Die eigenen Gefühle in der Ich-Form äußern. „Es hat **mich** erstaunt …"	• Nachfragen, wenn etwas nicht verstanden wurde.
• Eigene Ziele und Wünsche klar äußern.	• Für das offene Feedback danken.
• Auf Wertungen und Vorurteile verzichten.	• Selbst entscheiden, was man beibehalten, was man verändern möchte.
• Direkte Feedbacks geben (unter vier Augen, persönlich, die Person direkt ansprechen).	• Dem Feedback-Geber sagen, was das Feedback bewirkt hat.
• Keine verallgemeinernden Abrechnungen.	
• Die passende Situation wählen. Feedbackempfänger soll das Gesicht nicht verlieren.	
• Positives (Anerkennung) ebenfalls nennen.	

---

1 Reflexion: Spiegelung, Betrachtung, Nachdenken.
2 Quelle: http://www.rhetorik.ch/Johari/Johari.html; 16.08.2014.

25 Speth u.a. - ISBN 978-3-8120-0528-9

I. Situation

Zwischen der Kundin und der Kassiererin entsteht folgender Dialog:

Kundin: „Ich habe mir dieses Kleid gegönnt!"

Kassiererin: „Schön, das haben wir schon über zwanzig Mal verkauft. Das macht 149,90 EUR."

Kundin: „Kann ich mit einem 200,00-EUR-Schein bezahlen?"

Kassiererin: „Ja, aber ich muss zuerst prüfen, ob er nicht gefälscht ist."

Nach der Pfüfung legt die Kassiererin das Geld in die Kasse und entnimmt das Wechselgeld.

„Das sind dann 50,10 EUR zurück. Soll ich Ihnen eine Tüte geben?"

Kundin: „Ja, bitte. Auf Wiedersehen."

II. Aufgaben

1. Beurteilen Sie das Verhalten der Kassiererin an der Kasse! Nennen Sie gegebenenfalls ein Fehlverhalten der Kassiererin und machen Sie jeweils einen Verbesserungsvorschlag!

2. Die Hauptkassiererin hat den Dialog verfolgt und möchte ihrer Kollegin ein Feedback zu ihrem Verhalten geben.

   2.1 Nennen Sie drei Regeln, die beim Geben von Feedbacks zu beachten sind!

   2.2 Formulieren Sie das Feedback als Dialog zwischen der Hauptkassiererin und ihrer Kollegin!

Lösungen:

Zu 1.: – Der Hinweis, dass das Kleid schon zwanzig Mal verkauft worden ist, mindert den Wert des Kleides als „alltäglichen" Kauf.
Besser: „Es freut mich, dass Sie bei uns ein schönes Kleid gefunden haben."

– Die Anweisung, den 200,00-EUR-Schein zu prüfen, sollte diskret umgesetzt werden. Der Hinweis, den Geldschein auf seine Echtheit hin überprüfen zu müssen, setzt den Käufer einem Verdacht aus.

– Die Frage „Soll ich Ihnen eine Tüte geben?" ist unhöflich.
Besser: „Darf ich Ihnen eine Tüte anbieten?"

– Die Kundin wird von der Kassiererin nicht verabschiedet. Ein schwerer Fehler.

Zu 2.1: – Beobachtungen konkret benennen. Verhalten genau beschreiben.

– Auf Wertungen und Verurteilungen verzichten. Das Feedback muss ein positives Verstärken enthalten.

– Direkte Feedbacks geben, d.h. unter vier Augen, direkt ansprechen, keine globalen verallgemeinernden Abrechnungen vornehmen.

Zu 2.2: Individuelle Lösungen.

7 Teamarbeit

Zielsetzungen. Mit dem Einsatz von Teamarbeit sollen deren Stärken zum Tragen kommen:

- Durch die Mitarbeit mehrerer Personen, die jeweils ihre spezifischen Stärken einbringen können, kommmt es zu einer **besseren Ergebnisqualität.**
- Die Gruppe gibt einzelnen Teammitgliedern eine **höhere Sicherheit,** damit eine **verstärkte Motivation**, und führt zu mehr Engagement.
- Entscheidungen lassen sich im Team auf einer breiteren Basis treffen, sodass das **Risiko von Fehlentscheidungen** geringer wird.

Vorgaben. Voraussetzungen einer guten Teamarbeit sind:

- Das Team muss über ein gemeinsames Ziel verfügen.
- Das Ziel muss eindeutig formuliert sein.
- Alle Entscheidungen während der Teamarbeit müssen gemeinsam beschlossen werden.
- Die Teammitglieder müssen sich in ihrer Arbeit gegenseitig unterstützen (im Notfall ersetzen).
- Der Teamleiter muss die Arbeit koordinieren und entstehende Konflikte schlichten.
- Das Team muss sich klare Regeln geben und Verantwortungsbereiche zuordnen.

Ablauf. Die Teamarbeit durchläuft folgende Phasen:

1. Phase: Zielvereinbarung	Das Team einigt sich auf ein gemeinsames Ziel (Thema). Die Zustimmung aller Mitglieder ist erforderlich.
2. Phase: Einzelarbeit der Teammitglieder	Jedes Mitglied erstellt in Eigenarbeit Lösungsvorschläge zum Thema. Es erarbeitet diese selbstständig ohne Anleitung der anderen Teammitglieder.
3. Phase: Offenlegung der Einzelarbeit und Diskussion über die einzelnen Lösungsansätze	Die einzelnen Lösungsvorschläge werden offengelegt und auf Schwächen und Stärken untersucht (ohne zu kritisieren).
4. Phase: Entwickeln einer gemeinsamen Lösung	Zunächst werden die Lösungsansätze ungeordnet erfasst. Anschließend werden die Ideen zusammengelegt, geordnet und zu einer gemeinsamen Lösung zusammengeführt.
5. Phase: Präsentation	Die Lösung des Themas wird der Klasse präsentiert.

Was zeichnet ein gutes Team aus?

- Jedes Teammitglied trägt zum Erfolg bei und fühlt sich für das Gelingen verantwortlich.
- Ein Team schafft bessere Ergebnisse als die Summe seiner Mitglieder.
- Im Team fördert, motiviert und hilft man sich gegenseitig.
- Durch gemeinsame Erfolge eines Teams steigt die Motivation.

Stichwortverzeichnis

A

Abnahme 151
Abschluss
 – Bestandskonten 65f.
 – Erfolgskonten 80f.
 – mit Bestands- und Erfolgskonten 83f., 97ff.
 – Schuldkonten 52
 – Vermögenskonten 45
Abzahlungsdarlehen 310f.
Aktiva 108f.
Aktivkonten 102, 111
Altersvermögensgesetz 349
Altersvorsorge 349
Anfangsbestand 40, 45, 52
Anfechtung 140ff.
Anfrage 155
Angebot 157
 – Begriff 157
 – Beispiel 164
 – Inhalt 159ff.
 – rechtliche Bindung 157
Anlagevermögen 105f., 109
Annahme 144ff., 151, 167
Annuitätendarlehen 310f.
Anpassungskonsument 333
Antrag 144, 157, 167
Arbeitnehmersparzulage 278f.
Arbeitsentgelt 273f.
Arbeitslosenversicherung 277
Arbeitsschutz
 – Elternzeit 270
 – Erziehungsgeld 270
 – Jugendarbeitsschutz 266f.
 – Kündigungsschutz 269
 – Mutterschaftsgeld 269
 – Mutterschutz 268
 – Mutterschutzfristen 268
arglistige Täuschung 142
Auflassung 135
Auftragsbestätigung 168
Aufwandskonten 74ff., 80f.
Aufwendungen 73
Aufzeichnungspflicht 184
Ausbildender 262
Ausbilder 262
Ausbildung 261
Ausbildungsberuf 261
Ausbildungsberufsbild 261
Ausbildungsordnung 261
Ausbildungsrahmenplan 261
Ausfallbürgschaft 322
Ausgangsrechnung 176
außergerichtliches Mahnverfahren 234

Auszahlungsbetrag 273
Auszubildender 261ff.

B

Bank Identifier Code 287
Bankkredit 301
Bareinkaufspreis 193
Bargeld 283f.
bargeldlose Zahlung 285f., 297
Barverkaufspreis 198
Barzahlung 284
Basiszinssatz 219
Bearbeitung der Buchungsbelege 59f.
Bedarf 328
Bedingungssatz 23
Bedürfnispyramide 328
Bedürfnisse 326
Beförderungsaufwendungen 162
Beglaubigung 131
Beitragsbemessungsgrenze 277
Beleg 59
Bemessungsgrundlage 180
Berufe 240
Berufsausbildungsvertrag 261
Berufswahl 238
Berufswahlentscheidung 241
Beschreibungsmittel 172
Besitz 134
Besitzkonstitut 135, 323
Bestellung 167
Bestellungsannahme 146
Beurkundung 131
Bewerbung
 – Aktions- und Zeitplanung 242
 – Bewerbungsgespräch 249ff., 258f.
 – Bewerbungsmanagement 242f.
 – Bewerbungsmappe 243, 246
 – Bewerbungsschreiben 245
 – Bewerbungsunterlagen 243, 245
 – Einstellungstests 246f.
 – Lebenslauf 245
Bezugsgruppenmodell 331
Bezugskalkulation 192f.
Bezugskosten 193
Bezugspreis 193
BIC 286
Bilanz
 – Begriff 103
 – Gegenüberstellung Inventar 113
 – gesetzliche Grundlagen 101, 108
 – gleichungen 110
 – gliederung 109

- konten 111
- Zusammenhang Inventar, Buchführung 114
Blankokredite 321
Boni 161
Brainstorming 374
Brainwriting 374
Bruchsatz 23
brutto für netto 163
Bruttoentgelt 273
Bruttopreise 160
Buchbestand 103
Bücher der Buchführung 184f.
Buchführung
- Begriff 37
- konventionell 37ff.
- Organisation 91f., 184f.
- softwareunterstützt 353ff.
- System der doppelten Buchführung 47, 50, 65, 101
Buchgeld 283f.
Buchungsregeln für
- Aktivkonten 45
- Aufwandskonten 75f.
- Ertragskonten 75f.
- Passivkonten 52
- Schuldkonten 52
- Vermögenskonten 45
Buchungssatz
- einfacher 56
- zusammengesetzter 63
Bürgschaft 321

D
Damnum 302
Darlehen 307
- Abzahlungsdarlehen 310f.
- Annuitätendarlehen 310f.
- Begriff 307
- Darlehensvertrag 307f.
- Fälligkeitsdarlehen 310
- kurzfristige 308f.
- langfristige 309ff.
- Ratenkredit 308f.
Datenbankanmeldung 354
Datensicherung
- erstellen 355
- importieren 354
Dauerauftrag 288
Debitorenbuchhaltung 185ff.
Debitorenkonten 185ff.
Differenzkalkulation 206f.
Disagio 302, 307
Dispositionskredit 305
Distanzzonen 256
doppelte Buchführung 47, 50, 65, 101

Dreisatzrechnung
- gerades Verhältnis 23
- ungerades Verhältnis 24

E
E-Commerce 296
Effektivzinssatz 302, 308f.
Eigenkapital 66f., 73ff., 105, 109
Eigentum 134ff.
Eigentumsübertragung
- an beweglichen Sachen 134
- an Rechten 136
- an unbeweglichen Sachen 135
Eigentumsvorbehalt 136
einfaches Zeugnis 265
Einkaufskalkulation 192f.
Einrede der Vorausklage 322
einseitige Rechtsgeschäfte 127
Einstandspreis 87, 193
Einstellungstests 246
Einwilligung 122
Electronic Banking 295
elektronische Form 130
elektronisches Geld 283
elektronisches Lastschriftverfahren 293
ELStAM 275
Elterngeld 270
Elternzeit 270
empfangsbedürftige Willenserklärung 127
Entgelt 272
EPK-Methode 172
ereignisgesteuerte Prozessketten 172, 174
Erfolgskonten 73ff., 80f.
Erfüllungsgeschäft 145ff.
Erfüllungsort 148, 150
Ergebniskonten 73
Erlebniskonsument 333
Eröffnungsbilanz 102
Eröffnungsbilanzkonto 69, 102, 111
ERP-System 353, 356ff.
Erträge 73
Ertragskonten 74ff., 80f.
Europäische Zentralbank 283
Existenzbedürfnisse 326
Expertenbefragung 380

F
Fälligkeitsdarlehen 310
Feedback 385
Fernkauf 149
Finance-Leasing 316
Finanzierung 111
Fixkauf 163
Form der Rechtsgeschäfte 129
Formfreiheit 129
Formzwang 130
Fragesatz 23

Freizeichnungsklausel 157
Fremdkapital 110

G
Gattungsschulden 160
Gefahrübergang 150
Gehalt 272
Gehaltsabrechnung 280
Geldkarte 293, 296
Geldschulden 151, 161
Geltungskonsument 333
Genehmigung 122
gerades Verhältnis 23
Gerichtsstand 150, 163
Geschäftsfähigkeit 121f.
Geschäftsprozesse 116
– Beispiel Kundenauftrag prüfen 172f.
– Darstellung 172ff.
– Darstellungselemente 172f.
– Kernprozess Verkauf 119
– Kernprozesse 117
– Serviceprozesse 117
– Teilprozesse 119, 173f.
– unterstützende Prozesse 117
Geschäftsunfähigkeit 121
Geschäftsvorfälle
– Begriff 37
– Buchung 47
– erfolgsunwirksam 72
– erfolgswirksam 72ff.
gesetzlicher Gerichtsstand 150
Gestik 255
Gewinn 80, 198, 206, 207
Gewinn- und Verlustkonto 80f.
Gewinn- und Verlustrechnung 101ff., 112
Gewinnsatz 198
Giralgeld 283
Girocard 290ff.
Girocard-Zahlung
– mit Chip 292
– online 291
girogo-Verfahren 290
Girokonto 284, 290
Giropay 296
Grundbuch 184
Grundpfandrechte 308
Grundschuld 306, 321
Grundwert 28
gutgläubiger Eigentumserwerb 136
Gutschriften, Kunden 210
GuV-Konto 80f.

H
Haben 39
halbbare Zahlung 284
Handlungskosten 195f.

Handlungskostenzuschlagssatz 195
Hauptbuch 184
Hauptbuchhaltung und Nebenbuchhaltung
    185ff.
Holschulden 149, 151, 162
Homebanking 295

I
IBAN Code 286
immaterielle Bedürfnisse 327
Individualbedürfnisse 327
integrierte Unternehmenssoftware 353, 355
Inventar 102ff.
– Bilanz 113
Inventur 102, 104
Inventurbestand 103
Investierung 111
Irrtum 141
Istbestand 103f.

J
Jugendarbeitsschutz 266
juristische Personen 121

K
Kalkulation 192ff.
Kalkulationsschema 202
Kapital 111, 223
Kartenabfrage 376
Kaufvertrag 145
– Begriff 145
– Erfüllung durch Käufer 151ff.
– Erfüllung durch Verkäufer 147f.
– Erfüllungsgeschäft 146f., 149
– Erfüllungsort 148f.
– Leistungsort 148, 150
– Leistungsstörungen 217
– Leistungszeit 148
– Verpflichtungsgeschäft 145
– Zustandekommen 145
Kernprozesse 117
Kirchensteuer 274, 276
Kollektivbedürfnisse 327
Kommunikation 250f.
Konsum 330
Konsumententypen 333
Konsumverhalten 330
– Begriff 330
– Erklärungsansätze 331
– Fehlentwicklungen 332f.
– Marktmacht der Konsumenten 334
– Umsetzung der Konsumwünsche 332
kontaktlose Zahlung 290
Kontierung 56, 59
Konto
– Abschluss 41
– art 92

- Aufbau 40
- Aufwands- 74, 80f.
- Eigenkapital 66f., 73ff., 109
- Erfolgs- 73f.
- Ertrags- 74, 80f.
- gruppe 92
- plan 91
- rahmen 91
- Schuldkonten 52f.
- Vermögens- 45
Kontokorrentkredit 303
Kontovertrag 285
Körperhaltung 255
Körpersprache 254
- Distanzzonen 256
- Elemente 254
- Gestik 255
- Körperhaltung 255
- Mimik 254
Krankenversicherung 277
Kredite
- Begriff 301
- Bürgschaft 321f.
- Darlehen 307ff.
- Dispositionskredit 305
- Kontokorrentkredit 303, 306
- Kreditsicherheiten 321ff.
- Kreditvertrag 301f.
- Ratenkredit 308f.
- Sicherungsübereignung 323f.
- Vergleich Kredit- und Leasingfinanzierung 317f.
Kreditkarte 294
Kreditlimit 305
Kreditsicherheiten 321ff.
Kulturbedürfnisse 326
Kundenauftrag 167
Kundenkonten 185ff.
Kundenrabatt 201
Kundenskonto 201, 213f.
Kündigung 264
Kündigungsschutz 269

L
Lastschriftmandat 289
Lastschriftverfahren 289
Leasing
- Arten 315f.
- Begriff 314
- Kosten 316f.
- Vergleich Leasing und Kreditfinanzierung 317f.
- Vorteile/Nachteile 317
Lebenslauf 245
Leistungsort 148, 163
- Arten 148
- Bedeutung für Geldschulden 150
- Bedeutung für Warenschulden 149
- Begriff 148

Leistungsstörungen 216
Leistungszeit 148
Lieferbedingungen 162
Liefererrabatt 193
Liefererskonto 193
Lieferfrist 163
Lieferschein 168
Listeneinkaufspreis 193
Listenverkaufspreis 201
Lohn- und Kirchensteuer 274f.
Lohnsteuer
- karte 275
- klassen 274
Luxusbedürfnisse 326

M
Maestro 290, 292
Mahnung 218, 234
Mandant löschen 356
materielle Bedürfnisse 327
Maximalprinzip 331
mehrseitige Rechtsgeschäfte 128
Mehrwert 180f.
Meinungsführermodell 331
Mietvertrag 314
Mimik 254
Mind-Mapping 377f.
Minimalprinzip 331
Motivirrtum 141
mTan-Verfahren 295
Münzenregal 283
Mutterschaftsgeld 269
Mutterschutz 268
Mutterschutzfristen 268

N
Nachlässe 210
Nachnahme 295
nachträgliche Preisänderungen 210
natürliche Personen 121
Navision 353
Nebenbücher 185
Nebenbuchhaltung 185ff.
Nettoentgelt 273
Nettopreise 160
Nettoverkaufspreis 201
nicht empfangsbedürftige Willenserklärung 128
Nominalzinssatz 302
Notenprivileg 283

O
Onlinebanking 295
Organisationsformen der Buchführung 91f., 184f.

P
Pachtvertrag 314
Passiva 108f.

Passivkonten 102, 111
PayPal 296
Pay-before-Karte 293
Pay-later-Karte 294
Pay-now-Karte 291
Personalkosten
 − Begriff 272
 − Berechnung 273f.
 − vermögenswirksame Leistungen 278
Personalkredite 321
Personenkonten 185f.
persönliche Fähigkeiten und Fertigkeiten
 (Checkliste) 239
Pfand 324
Pflegeversicherung 277
PIN 290, 295
Planspiel „Brunos Brezeln" 14f.
Preisnachlässe, Kunden 210
Prinzip der doppelten Buchführung 47, 50, 65,
 101
Probezeit 264
Programmnavigation 356
Projekt 380ff.
Projektkompetenz
 − Brainstorming-Methoden 374ff.
 − Expertenbefragung 380
 − Mind-Mapping 377f.
 − Projekt 380ff.
 − Rollenspiel 378f.
Promille 27
Prozent 27
Prozentrechnung
 − auf Hundert 34
 − Begriffe 27
 − Berechnung des Grundwertes 28
 − Berechnung des Prozentsatzes 31
 − Berechnung des Prozentwertes 29
 − im Hundert 32
 − vermehrter Grundwert 34
 − verminderter Grundwert 32
 − vom Hundert 28

Q
qualifiziertes Zeugnis 265
Quittung 284

R
Rabatt 160, 193
Ratenkredit 308
Realkredite 321
Rechnungsabgrenzungsposten 108
Rechtsfähigkeit 121
Rechtsgeschäfte 126, 141
 − Begriff 126
 − einseitige 127, 140
 − Form 129
 − mehrseitige 144
 − zweiseitige 128, 144

reiner Grundwert 32, 34
Reingewinn 72, 80
Reinverlust 80
Reinvermögen 52, 105
Rentenversicherung 277
retrograde Kalkulation 204
Rohgewinn 87, 89
Rohvermögen 52, 105
Rollenspiel 378f.
Rücktritt vom Kaufvertrag 220
Rückwärtskalkulation 204, 206

S
Sachdarlehensvertrag 307
Saldenbilanz 102
Saldo 40, 52
Schadensersatz statt der Leistung 220
Schadensersatz wegen Verzögerung
 der Leistung 220
Schickschulden 150f., 161
Schlussbestand 40, 52
Schlussbilanz 102
Schlussbilanzkonto 65, 102
Schriftform 130
Schulden 52, 105f.
Schuldkonten 52, 67, 111
Schuldnerverzug 219
Schulkontenrahmen 93
Secure Socket Layer 296
Selbstkosten 195f.
selbstschuldnerische Bürgschaft 322
SEPA-Lastschrift 289
SEPA-Überweisung 286f.
Serviceprozesse 117
Sicherungsübereignung 321, 323f.
Sichteinlagen 283
Skonti 161, 193
 − Kunden- 213
Sofortnachlässe (Warenverkauf) 210
Solidaritätszuschlag 274f.
Soll 39
Sollbestand 103f.
Sollbesteuerung 180
Sozialversicherung 276
Sozialversicherungsbeiträge 276, 280
Speziessachen 160
SSL 296
Staffelform 112
Stückschulden 160
System der doppelten Buchführung 47, 50, 65,
 101

T
Tageberechnung, Zinsen 226
TAN 295
Taschengeldparagraf 122
Teilprozesse 119, 173

Teamarbeit 387
Textform 130
Transportgefahr 151
Transportkosten 150
Transportrisiko 149

U
Überlegungsschema 47, 49, 55f.
Überweisung 285f.
Überziehungsprovision 305f.
Umlaufvermögen 105f., 109
Umsatzerlöse 87
Umsatzsteuer 200
unbeschränkte Geschäftsfähigkeit 122
Unfallversicherung 276
ungerades Verhältnis 24
Uniform-Methode 308
unterstützende Prozesse 117
unverzüglich (Fußnote 2) 141

V
Verbindlichkeiten 53, 109
Verbraucherinsolvenz
– Ablauf des Verbraucherinsolvenzverfahrens
  339, 341
– Begriff Insolvenzverfahren 338
– Gründe für ein Insolvenzverfahren 339
– Voraussetzungen 339
Verbraucherverhalten 330
Verkaufskalkulation 192ff.
Verlust 80
vermehrter Grundwert 34
verminderter Grundwert 32
Vermögen 45, 52
Vermögensbildungsgesetz 278f.
Vermögenskonten 45
vermögenswirksame Leistungen 278
Verpackungsaufwendungen 162
Verpflichtungsgeschäft 145f.
Verschuldung der Konsumenten 337
Versendungskauf 150
Versendungskosten 150
Versendungsverkauf 173
verstärkter Personalkredit 321
Vertrag
– Begriff 128, 144
– einseitig verpflichtend 128
– mehrseitig verpflichtend 128
– Zustandekommen 145
Verträge 128
Vertrauensschaden 141
Vertreterprovision 200f.
Verzugsschäden 220
Verzugszinsen 220
V-Pay 292
Vorauskasse 295
Vorwärtskalkulation 192, 206

W
Waren
– abnahme 151
– abschluss 88f., 97ff.
– annahme 151
– aufwandskonto 87
– boni 87
– handelskalkulation 192ff.
– kosten 193
– prüfung 152
– rohgewinn 72, 87
– schulden 149f., 162
– umsatzerlöse 87
widerrechtliche Drohung 142
Willenserklärung
– Begriff 126
– Bestandteile 127
– empfangsbedürftig 127, 157, 167
– nicht empfangsbedürftig 128
– Wirksamwerden der 129

Z
Zahlungen mit Bankkarte
– elektronisches Lastschriftverfahren 293
– Girocard-Zahlung offline 292
– Girocard-Cash-Zahlung online 291
– Geldkarte 293
– Girocard 291
Zahlungsbedingungen 161
Zahlungseingang 177
Zahlungsformen
– Dauerauftrag 288
– Einzugsermächtigungsverfahren 289
– Lastschriftverfahren 289
– Überweisung 285, 288
Zahlungsfristen 161
Zahlungsverzug 217
– Begriff 217
– Eintritt des 217f.
– Rechtsfolgen 219f.
Zeugnis 246, 265
Zieleinkaufspreis 193
Zielgeschäft (Fußnote 1) 147
Zielverkaufspreis 201
Zinsen 223
Zinsfuß 223
Zinsrechnung 223f.
– Berechnung der Zeit 230
– Berechnung des Kapitals 229
– Berechnung des Zinssatzes 232
– Jahreszinsen 224
– Monatszinsen 225
– Tageszinsen 227
– Zinsformel 227
Zinssatz 223
Zug-um-Zug-Geschäft (Fußnote 1) 147
zusammengesetzter Buchungssatz 63
Zwangsvollstreckung 322

AUFWENDUNGEN	ERGEBNIS-RECHNUNG

Kontenklasse che Aufwendungen	7 Kontenklasse Weitere Aufwendungen	8 Kontenklasse Ergebnisrechnung

	70 Betriebliche Steuern	80 Eröffnung/Abschluss

ungen für bezogene
d Betriebsstoffe
vendungen Warengruppe I
enaufwand)
Bezugskosten
Preisnachlässe und
Rücksendungen
Liefererskonti
Liefererboni
vendungen Warengruppe II
vendungen für sonst. Vor-
(z. B. Verpackungsmaterial)
vendungen für Energie und
ostoffe
vendungen für Recycling/
orgung
ungen für bezogene
n
ndhaltung u. Reparaturen
ten und Fremdlager
iebsprovisionen
tige Aufwendungen für
gene Leistungen

ogaben und Aufwendun-
ltersversorgung und
zung
itgeberanteil zur Sozial-
cherung
äge zur Berufsgenossen-
ft
ungen
hreibungen auf Sach-
gen
chreibung auf geringwerti-
Virtschaftsgüter
Personalaufwendungen
ungen für die Inanspruch-
on Rechten und Diensten
ten, Pachten
sing
ten des Geldverkehrs
ts- und Beratungskosten
tige Aufwendungen für
nanspruchnahme von
ten und Diensten
ungen für Kommunikation
material
entgelte
onentgelte
ekosten
rtung und Repräsentation

7 Kontenklasse Weitere Aufwendungen:

70 Betriebliche Steuern
  702 Grundsteuer
  703 Kraftfahrzeugsteuer
  707 Verbrauchsteuern
  708 Sonstige betriebliche Steuern
75 Zinsen und ähnliche Aufwendungen
  751 Zinsaufwendungen
76 Außerordentliche Aufwendungen
77 Steuern vom Einkommen und Ertrag
  770 Gewerbesteuer
  771 Körperschaftsteuer

687 Werbung
688 Spenden
689 Sonstige Aufwendungen für Kommunikation
69 Aufwendungen für Beiträge und Sonstiges sowie Wertkorrekturen u. periodenfremde Aufwendungen
  690 Versicherungsbeiträge
  692 Beiträge zu Wirtschaftsverbänden und Berufsvertretungen
  693 Verluste aus Schadensfällen
  696 Verluste aus dem Abgang von Gegenständen des Sachanlagevermögens
    6961 Erlöse aus dem Abgang von Gegenständen des Sachanlagevermögens bei Buchverlust (Verrechnung mit Konto 696)

8 Kontenklasse Ergebnisrechnung:

80 Eröffnung/Abschluss
  800 Eröffnungsbilanz
  801 Schlussbilanz
  802 GuV-Konto

9 Kontenklasse
Kosten- und Leistungsrechnung

Vorgesehen für die buchhalterische Abwicklung der Kosten- und Leistungsrechnung

PASSIVA		ERTRÄGE	
3 Kontenklasse	**4 Kontenklasse**	**5 Kontenklasse**	**6**
Eigenkapital, Wertberichtigungen und Rückstellungen	Verbindlichkeiten und Passive Rechnungsabgrenzung	Erträge	Betriebli

30 Eigenkapital/Gezeichnetes Kapital	41 Anleihen	50 Umsatzerlöse	60 Aufwend
Bei Einzelkaufleuten:	42 Verbindlichkeiten gegenüber Kreditinstituten	500 Umsatzerlöse Warengruppe I	Waren ur
300 Eigenkapital	44 Verbindlichkeiten aus Lieferungen und Leistungen	5001 Preisnachlässe und Rücksendungen	600 Aufv (Wa
3001 Privat	48 Sonstige Verbindlichkeiten	5002 Kundenskonti	6001
	480 Umsatzsteuer	5003 Kundenboni	6002
	483 Sonstige Verbindlichkeiten gegenüber Finanzbehörden (z. B. abzuführende Lohnsteuer)	501 Umsatzerlöse Warengruppe II Untergliederung wie 500	6003 6004
	484 Verbindlichkeiten gegenüber Sozialversicherungsträgern	54 Sonst. betriebliche Erträge	601 Aufv
	486 Verbindlichkeiten aus vermögenswirksamen Leistungen	540 Erträge aus Vermietung und Verpachtung	604 Aufv räte
		541 Provisionserträge	605 Aufv Trei
		543 Andere sonstige betriebliche Erträge	607 Aufv Ents
		546 Erträge aus dem Abgang von Gegenständen des Sachanlagevermögens	61 Aufwend Leistunge
		5461 Erlöse aus dem Abgang von Gegenständen des Sachanlagevermögens bei Buchgewinn (Verrechnung mit Konto 546)	613 Insta 614 Frac 615 Vert 617 Son bezc
		57 Sonstige Zinsen und ähnliche Erträge	62 Löhne
		571 Zinserträge	63 Gehälter
		58 Außerordentliche Erträge	64 Soziale A gen für A Unterstü
			640 Arbe vers
			642 Beitr scha
			65 Abschrei
			650 Abs anla
			654 Abs ge V
			66 Sonstige
			67 Aufwend nahme v
			670 Mie
			671 Lea
			675 Kos
			677 Rech
			679 Sons die I Rech
			68 Aufwend
			680 Büro
			682 Post
			683 Tele
			685 Reis
			686 Bew

Vereinfachter Schulkontenrahmen Großhandel[1]

AKTIVA		
Anlagevermögen		**Umlaufvermögen**
0 Kontenklasse	**1 Kontenklasse**	**2 Kontenklasse**
Immaterielle Vermögensgegenstände und Sachanlagen	**Finanzanlagen**	**Umlaufvermögen und aktive Rechnungsabgrenzung**

Immaterielle Vermögensgegenstände

02 Konzessionen, gewerbliche Schutzrechte und ähnliche Rechte und Werte sowie Lizenzen an solchen Rechten und Werten

Sachanlagen

05 Grundstücke, grundstücksgleiche Rechte und Bauten einschließlich der Bauten auf fremden Grundstücken

07 Technische Anlagen und Maschinen
   070 Technische Anlagen
   071 Maschinen

08 Andere Anlagen, Betriebs- und Geschäftsausstattung
   083 Lager- und Transporteinrichtungen
   084 Fuhrpark
   085 Betriebsausstattung
   087 Geschäftsausstattung
   089 Geringwertige Wirtschaftsgüter

13 Beteiligungen

15 Wertpapiere des Anlagevermögens

16 Sonstige Finanzanlagen
   (z. B. Darlehensforderungen)

20 Waren
   200 Warengruppe I
   201 Warengruppe II

21 Sonstige Vorräte
   (z. B. Verpackungsmaterial)
   Untergliederung wie 20

24 Forderungen
   240 Forderungen aus Lieferungen und Leistungen
   241 Zweifelhafte Forderungen

26 Sonst. Vermögensgegenstände
   260 Vorsteuer
   263 Sonstige Forderungen an Finanzbehörden
   265 Forderungen an Mitarbeiter (z. B. Vorschüsse)

28 Flüssige Mittel
   280 Guthaben bei Kreditinstituten (Bank)
   282 Kasse

---

1 Von den Autoren wurde eine Vielzahl von Konten, die nach den Lehrplanvorgaben nicht mehr benötigt werden, gestrichen.

Konventionelle Finanzbuchhaltung – Debitorenliste

24001 Ihle & Klein OHG
24002 Franz Abel OHG
24003 Fritz Bebel KG
24004 Claus Cebel e. K.
24005 Fabian Schlau KG
24006 Gertrud Traub OHG
24007 Franz Leib OHG
24008 Hans Rab OHG
24009 Schwaben Plastik AG
24010 Heinz Umme e. K.
24011 Franz Rief KG
24012 Josef Sigg e. K.
24013 Bauder GmbH
24014 Ulrike Schnell e. Kfr.
24015 Möbelhaus Schmid e. K.
24016 Möbel Maihofer KG
24017 Papierfabrik Saulgau GmbH
24018 Vereinigte Verlage Calw AG
24019 Czerny & Widmann OHG